DENGKOU YEARBOOK 2016—2017

磴口年鉴

（2016—2017）

磴口年鉴编纂委员会　编

方志出版社
Publishing House of Local Records

图书在版编目（CIP）数据

磴口年鉴. 2016—2017 / 磴口年鉴编纂委员会编 .
-- 北京：方志出版社，2018.11
ISBN 978-7-5144-3358-6

Ⅰ. ①磴… Ⅱ. ①磴… Ⅲ. ①磴口县—2016—2017—
年鉴 Ⅳ. ① Z522.64

中国版本图书馆 CIP 数据核字（2018）第 237782 号

磴口年鉴（2016—2017）

编　　者：磴口年鉴编纂委员会
责任编辑：高孟君

出 版 人：冀祥德
出 版 者：方志出版社
地址　北京市朝阳区潘家园东里 9 号（国家方志馆 4 层）
邮编　100021
网址　http://www.fzph.org
发　　行：方志出版社图书经销中心
电话　（010）67110500
经　　销：各地新华书店
排　　版：北京中文天地文化艺术有限公司
印　　刷：北京中科印刷有限公司

开　　本：889 × 1194　　1/16
印　　张：30.25
字　　数：805 千字
版　　次：2018 年 11 月第 1 版　2018 年 11 月第 1 次印刷

ISBN　978-7-5144-3358-6　　**定价**：363.00 元

序

贫困问题一直是困扰人类社会发展的重大问题。中国作为世界上最大的发展中国家，为解决贫困问题进行了长期不懈的努力。改革开放以来，特别是党的十八大以来，以习近平同志为核心的党中央把脱贫攻坚作为全面建成小康社会的底线任务和标志性指标，纳入“五位一体”总体布局和“四个全面”战略布局，以前所未有的力度推进精准扶贫、精准脱贫，扶贫开发成就举世瞩目，显著改善了贫困地区和贫困群众生产生活条件，具有重大的现实意义和深远的历史意义。身处中华民族几千年发展历史上将首次整体消除绝对贫困现象的伟大时代，如何更好地发挥地方志的存史、育人、资政的作用，是新时代全国地方志系统必须深入研究和着力解决的重大课题。

党的十八大以来，在党中央国务院的正确领导下，全国地方志系统深入学习贯彻习近平新时代中国特色社会主义思想和党的十九大精神，紧紧围绕党和国家事业发展需要，深入推进地方志改革创新发展，凝心聚力，稳扎稳打，勇于担当，主动作为，全国地方志形势和地方志工作者的精神面貌发生了深刻变化，取得了优异成绩。其中，为贯彻落实《全国地方志事业发展规划纲要（2015—2020 年）》，经中国地方志指导小组领导批准，中国地方志指导小组办公室于 2015 年、2017 年先后启动民族地区与贫困地区志书、年鉴出版资助工程（以下简称“志鉴出版资助工程”），对国家级贫困县（区、旗、县级市），中西部地区、少数民族边疆地区面临出版经费困难的志书和综合年鉴给予出版资助。实施志鉴出版资助工程是紧扣时代脉搏、坚持创新发展、传承弘扬中华优秀传统文化的一项创举，不仅有力推动了“两全目标”的实现，而且数十部资助出版的志书、年鉴及时记述了民族地区与贫困地区在全面建成小康社会伟大征程中取得的新成绩和新经验、出现的新情况和新问题、涌现的优秀人物和典型事迹，留住地方文化的“根”和“魂”，为这些地区的经济社会发展、地域文化传播、爱国主义教育、精神文明建设等提供了历史借鉴和智力支持，对全面提升民族地区与贫困地区文化建设水平、确保民族地区与贫困地区和全国其他地区同步全面建成小康社会具有重要意义。

尤为可喜的是，志鉴出版资助工程促成了一批扶贫志书的编纂出版，在文化脱贫攻坚中发挥了独特的作用。例如，《贵州省减贫志》全面系统客观记述了从 1978

年至 2015 年贵州省扶贫、减贫工作的历程及取得的经验，为贵州省实施大扶贫战略提供了有力的资政辅治参考，集中体现了地方志工作因时而动、顺势而为的新作为。前不久，由福建省地方志编委会和人民网共同编纂的《闽宁扶贫协作图志》，是全国首部扶贫协作图志，图文并茂、直观立体、全方位地展现闽宁扶贫协作波澜壮阔的历程，弘扬“闽宁一家亲”“携手奔小康”的深厚情谊和滴水穿石、久久为功的精神，是贯彻落实习近平总书记扶贫工作重要论述精神，服务国家精准扶贫、精准脱贫战略的有力举措。希望各地以此为鉴，编纂出版更多、更好的扶贫志书、年鉴，助力国家精准扶贫、精准脱贫战略的实施，充分展现地方志的独特价值和作用。

当前，我国脱贫攻坚已进入全面决战决胜的关键时期，尚未脱贫的贫困地区集中分布在中西部深山区、极端干旱山区、高寒阴湿地区等，文化建设还比较薄弱，文化产品还不够丰富，文化精品更是少之甚少。同时，这些地区往往是民族文化、历史文化、红色文化、生态文化富集区，具有发展文化旅游、推进文化扶贫的巨大潜在优势，也是繁荣发展地方志事业的巨大文化宝库。要发挥好文化扶贫凝聚人心的优势，善于利用方志文化优势为贫困地区“赋能”，在脱贫攻坚中做出方志人应有的贡献。要发挥好中国名镇志文化工程、中国名村志文化工程的引领作用，大力加强乡镇村志编纂，让百姓记得起乡情、记得住乡愁，凝聚贫困乡镇村庄的强大民心，补齐贫困乡镇村庄的文化短板，以“扶智”的方式“扶志”，践行习近平总书记强调的“扶贫先扶智，扶贫必扶志”的重要理念。

求木之长者，必固其根本；欲流之远者，必浚其泉源。扶贫扶起的是志气骨气，传承的是家国情怀，守护的是绿水青山。扶贫既要富口袋，也要富脑袋。必须坚持文化脱贫和物质脱贫两手抓，筑牢贫困地区文化之基，补足信仰精神之钙，引领脱贫发展之舵。全国地方志系统要围绕中心、服务大局，坚决投入脱贫攻坚这场必须打赢的硬仗，积极参与脱贫攻坚战，发挥优势和特长，深入挖掘文化资源，着力补齐文化短板，努力帮助民族地区与贫困地区的文化建设实现较大的发展提升，在全面建成小康社会、实现中华民族伟大复兴中国梦的征程中贡献方志人的力量。

是为序。

中国社会科学院院长
中国地方志指导小组组长　谢伏瞻

民族地区与贫困地区年鉴出版
资助工程领导小组

组　　　长：高　翔　中国社会科学院副院长

常务副组长：冀祥德　中国地方志指导小组秘书长

　　　　　　　　　　中国地方志指导小组办公室主任

副　组　长：高京斋　中国地方志指导小组办公室党组书记

　　　　　　邱新立　中国地方志指导小组办公室副主任

民族地区与贫困地区年鉴出版
资助工程领导小组办公室

主　　　任：冀祥德　中国地方志指导小组秘书长

　　　　　　　　　　中国地方志指导小组办公室主任

副　主　任：邱新立　中国地方志指导小组办公室副主任

成　　　员：于伟平　方志出版社总编辑

　　　　　　刘永强　中国地方志指导小组办公室年鉴处处长

　　　　　　冷晓玲　中国地方志指导小组办公室年鉴处副调研员

　　　　　　李　静　方志出版社地情与专业年鉴编辑部副主任

《磴口年鉴（2016）》编纂委员会

主　　任：樊　文

副 主 任：王玉林　弓建刚　李　山

委　　员：吕红兵　李玉梅　卢爱林　李　军　赵军伟
　　　　　张忠朝　郑　亮　庞占斌

编纂委员会办公室

主　　任：李　山

副 主 任：李玉梅

《磴口年鉴（2016）》编纂人员

主　　编：李玉梅

副 主 编：庞美仙

总 编 纂：庞美仙

审　　校：李玉梅　庞美仙

编　　校：庞美仙　王　虹　王金霞

彩页策划编辑：庞美仙

《磴口年鉴（2017）》编纂委员会

主　　任：樊　文

副 主 任：王玉林　弓建刚　韩志业

委　　员：吕红兵　李玉梅　吴占义　李　军　汪俐坪
张忠朝　崔耀忠　信宝成

编纂委员会办公室

主　　任：韩志业

副 主 任：李玉梅

《磴口年鉴（2017）》编纂人员

主　　编：李玉梅

副 主 编：庞美仙

总 编 纂：庞美仙

审　　校：李玉梅　庞美仙

编　　校：庞美仙　王　虹　王金霞

彩页策划编辑：庞美仙

编辑说明

一、《磴口年鉴》为地方综合性年鉴，由中共磴口县委员会领导，磴口县政府主办，磴口县党史地方志办公室征集资料实施编纂。《磴口年鉴（2016—2017）》为合订本，全面、准确、客观地记载磴口县2015年和2016年取得的各方面成就，为各级各部门查阅资料、以史为鉴，提供参考依据。全书内容翔实、资料完整、数据权威，成为社会各界了解磴口县、认识磴口县的参考物和权威工具书。

二、《磴口年鉴（2016—2017）》以马克思列宁主义、毛泽东思想、邓小平理论、"三个代表"重要思想、科学发展观、习近平新时代中国特色社会主义思想为指导，坚持辩证唯物主义和历史唯物主义的主场、观点和方法，注重突出时代特点、地区特点和民族特点，为全县经济社会各项事业发展服务。

三、《磴口年鉴（2016）》记述的时限为2015年1月1日至12月31日，《磴口年鉴（2017）》记述的时限为2016年1月1日至12月31日，为保持事物的完整性、连续性和可比较性，部分内容、数据作上溯处理。

四、《磴口年鉴（2016—2017）》采用分类编纂法，以类目为单元，下设分目、条目，条目标题统一用黑体字加【 】表示。

五、《磴口年鉴（2016—2017）》资料由全县各入编单位提供，由于统计数据的来源、口径、方式、时间的不同可能有差异，请读者以统计局提供的统计资料为准。

磴口县地图

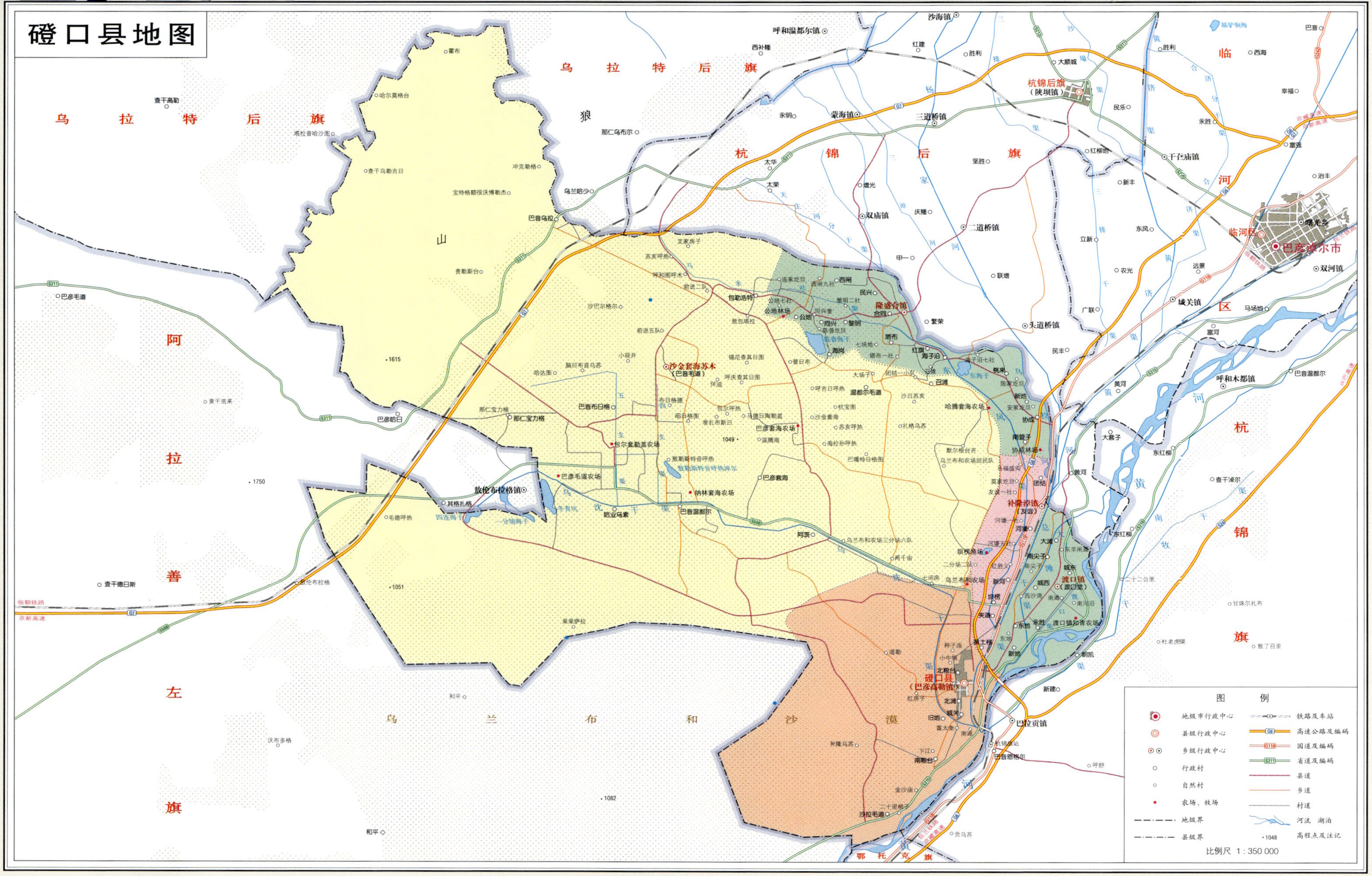

审图号：蒙S（2019）02号 内蒙古自治区地图院编制 二〇一九年一月

2016 年 7 月 24 日 至 26 日，中国共产党磴口县第十五次代表大会

2016 年 12 月 29 日 至 30 日，磴口县第十六届人民代表大会第五次会议

2016 年 12 月 28 日 至 30 日，政协磴口县第九届委员会第五次会议

城镇夜景

西翠湖

城镇道路建设

补隆淖镇坝楞新村

巴音宝力格嘎查牧民新村

巴音乌拉嘎查

京藏高速公路黄河大桥

蒙牛乳业

圣牧高科奶业有限公司

昌盛日电磴口光伏农业示范园

中电投光伏太阳能发电

金牛煤电

恒泰新能源公司厂区

丰收麦田

协成村温室大棚

林业生态建设

梭梭林

圣牧高科有机牧场

荣威仔猪养殖

渠道衬砌

东风渠衬砌

河套文化艺术节磴口专场

老年大学夕阳红艺术团演出

隆盛合镇同兴村秧歌队

乡村文化室

剪纸（谢爱兰　摄）

书画笔会现场

田径运动会

环湖自行车赛

第一中学

诚仁中学

一完小校园文化

三完小道德讲堂

县医院门诊大厅

渡口镇永胜村卫生院

三盛公水利枢纽工程

万亩葵园

黄河流凌景观

奈伦湖

百年天主教堂

冯玉祥西北军粮仓博物馆

南湖

北海

乌兰布和沙漠

探险驼队

沙漠越野赛

金马湖景区

万泉湖景区

纳林湖景区

金马湖垂钓大赛

候鸟栖息

梦幻峡谷

人根峰

阿贵庙

鸡鹿塞

狮子山

卧佛山

华莱士瓜

火参果

甘草

锁阳

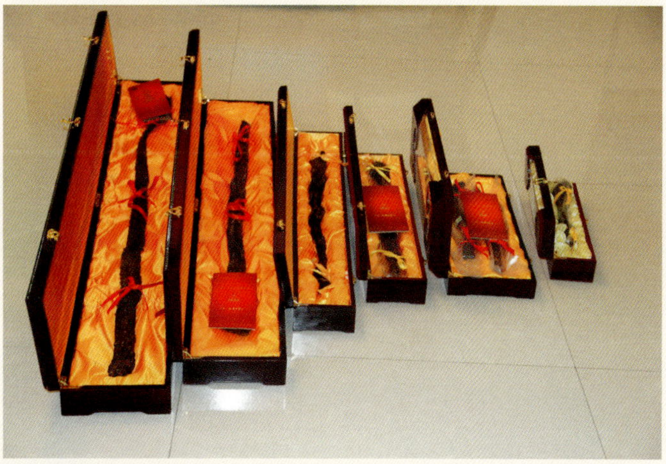

肉苁蓉礼盒

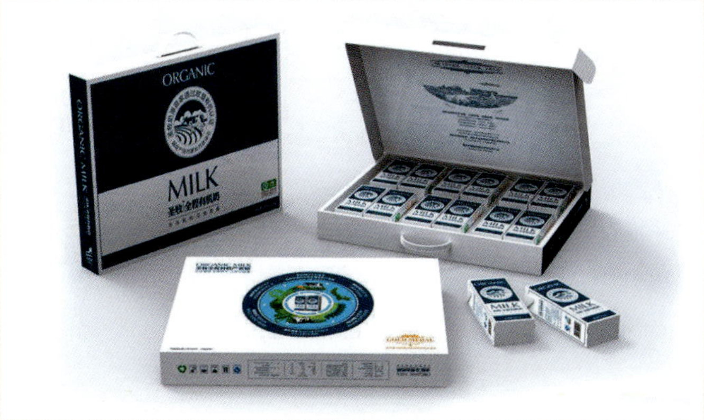

“圣牧”有机奶

山药

“多力”植物油

黄芪

黄河鲤鱼

“多多美”番茄汁

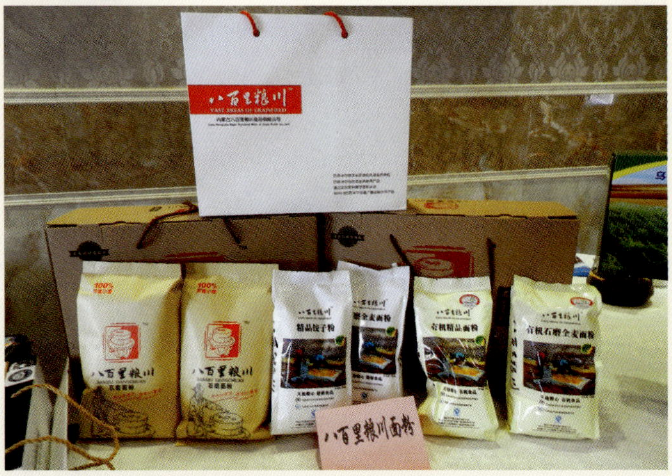

“八百里粮川”面粉

目　录

2016卷

中国共产党磴口县委员会

综　述

县委办工作

组织工作

宣传工作

统战工作

司法行政

人事劳动·社会保障

人力资源和社会保障

社会保险

医疗保险

就业服务

民政·扶贫

民 政

安全生产监督

审 计

统 计

烟草专卖

农 业

交 通

铁路运输

公路运输

城乡建设·环境保护

城乡建设

城乡规划

房地产管理

住房公积金

市政环境卫生

园林管理

渡口镇

隆盛合镇

沙金套海苏木

乌兰布和农场

巴彦套海农场

石　油

2017卷

特 载

大事记

概 况

中国共产党磴口县委员会

综　述

县委办工作

组织工作

宣传工作

统战工作

纪律监察

机构编制

共青团

妇 联

科 协

残 联

工商联

文 联

军　事

人民武装

武　警

人民防空

法　治

政法委及综治

法　院

检　察

公　安

司法行政

人事劳动·社会保障

人力资源和社会保障

社会保险

医疗保险

就业服务

民政·扶贫

民　政

扶贫开发

民族·宗教

民　族

宗 教

经济监督与管理

发展和改革

经济商务和信息化

国土资源

市场监督管理

疾病控制

卫生监督

红十字会

文化·体育

文 化

包尔盖农场

纳林套海农场

驻县上三级单位

黄河工程管理

林科院沙漠林业实验

供 电

石 油

2016 卷

特 载

在中共磴口县委十四届九次全委（扩大）会议上的讲话

（2015 年 12 月 20 日）

中共磴口县委书记　李建军

一、正确分析我县当前面临的形势

2015 年，全县上下以“四个全面”战略布局为引领，深入贯彻落实自治区“8337”发展思路，按照市委的决策部署，紧紧围绕“加快发展，赶超升位”的战略目标，坚持做好“四篇文章”，做强“四大产业”，经济社会各项事业持续健康发展。预计地区生产总值完成 51.6 亿元，同比增长 8%；公共财政预算收入实现 2.4 亿元，增长 9%；固定资产投资完成 38.8 亿元，增长 29.5%；城乡居民人均可支配收入分别达到 24234 元和 14146 元，增长 10% 和 11%，圆满完成了全年目标任务。

（一）优化结构、突出特色，三次产业协调发展

旅游抓引领上实现了新突破。按照产业结合旅游做、旅游带动产业发展的思路，大力发展旅游产业。根据我县旅游资源和景点布局，重点打造了历史古迹类、自然风光类、产业园区类三类景区，建成丝绸之路骆驼雕塑，完成冯玉祥西北军粮仓博物馆、兵团博物馆布展工程，实施了三盛公、纳林湖、万泉湖等景区基础设施配套工程。三盛公水利风景区至临河黄河湿地公园、纳林湖至万泉湖等四条旅游航线低空观光试飞成功，立体式旅游发展新格局正在形成。成功举办了第二十三届华莱士节、“金马湖”杯全国沙漠垂钓大赛和第一届内蒙古兵团文化艺术节等影响较大的文体活动，“百湖之乡”已经成为全市旅游业的一张“烫金”名片。万亩葵园、圣牧高科、蒙牛工业园、光伏园区等现代农牧业和工业产业化成果已经成为新的旅游景点。同时有力拉动了物流、餐饮、住宿、零售等服务业发展。预计全年接待游客 90 万人次，实现旅游综合收入 4 亿元，分别增长 28.6% 和 33.3%。实践证实，旅游强县的思路符合现阶段磴口经济发展的特征。

农牧业种养殖结构调整上实现了新突破。农作物总播面积达到 78 万亩，增长 19.5%，全年新增温室大棚 3630 亩，流转土地面积达到 26 万亩，种植业精细化、规模化水平进一步提高；全年新建 3 座有机牧场，新改扩建标准化肉羊养殖场 44 个、家庭牧场 15 个，建成渔业健康养殖基地 2 万亩，5 家养殖场通过农业部验收，牲畜饲养量 156 万头（只），在圣牧高科、荣威、草原宏宝等龙头企业带动下的养殖业健康发展；积极发展沙产业，酿酒葡萄、肉苁蓉、山药等种植面积稳步扩

大，文冠果、黑枸杞试种成功，产业治沙走上了良性循环道路。

工业抓项目上实现了新突破。完成圣牧高科、蒙牛、利川等龙头企业的技改升级项目，产值和效益稳步提升，落实番茄原料种植基地1.3万亩，中粮公司重新启动生产，泰顺公司运行平稳；宇乐化工累计完成投资17.5亿元，氯碱循环经济项目进展顺利；中电投、青岛昌盛等一批光伏项目顺利推进，光伏园区面积达到5000亩，装机容量达到200兆瓦。预计全年规模以上企业实现总产值60亿元，增长12%；完成增加值17亿元，增长11%。

（二）夯实基础、完善设施，综合承载能力显著提升

全年完成城建投资13.4亿元，实施了金典等12.6万平方米棚户区改造和27.3万平方米房地产开发项目，继续完善南湖、北海绿化等基础设施配套工程，城区绿化面积达到392.6公顷，人居环境持续改善；新建和改扩建贺兰路等城区道路5公里、乌兰布和农场至沙金苏木公路12公里，乌兰布和生态大道等园区道路6.7公里、拓宽北绕城、巴哈路7.8公里，全县黑色道路总里程达到1785公里，出行条件日益改善；新修供气、供热、供水、排污等各类管网12.8公里，城市功能更加健全。全年实施土地整治项目16万亩，改造中低产田7万亩，新增高效节水灌溉11万亩，林业生态建设面积15.8万亩，农牧业生产条件进一步改善。临哈高速、铁路沿线综合改造等一批打基础、利长远的重大项目进展顺利，支撑和保障发展的能力进一步提升。

（三）上下齐心、三级联动，“十个全覆盖”工程取得阶段性成果

坚持规划先行、分类实施，政府主导、群众主体，因地制宜、突出特色，公开透明、社会评议的原则，累计投资8亿元实施了302个嘎查村、分场“十个全覆盖”工程。共改造危旧房7729户，硬化巷道233公里，新建改造8所小学、2所幼儿园，新建18个卫生室、50个便民超市，改建41个嘎查村文化室、修建43处文化活动广场，为农牧民安装“户户通”4100套，为92个嘎查村、分场安装“村村响”智能广播，修建院墙23万米，清理垃圾33万吨，腾退出复垦耕地6000多亩，解决了6670人的安全饮水，农村牧区常住人口医保、低保、社保及高龄津贴实现了应保尽保。工程实施中，我们推行“三级四定五包”责任制，县、镇、村三级联动，层层传导压力、压实责任，选派3000多名干部驻村下乡，与群众同吃同住同劳动，团结和依靠群众，圆满完成了自治区巡回观摩检查任务。广大群众对“十个全覆盖”工程争相点赞，对各级干部真抓实干、一心为民的作风高度认可，这种干事创业的激情、决战决胜的信心是我们成就各项事业的不竭动力，也必将激励我们在今后的征程中取得更大的辉煌。

（四）深化改革、扩大招商，发展活力进一步增强

全面深化改革工作取得实质性进展，119项改革任务全部完成，形成制度成果199个。深入推进政府机构改革，完成工商、质监、食药和卫生、计生部门的撤并整合工作，市场监督管理服务职能进一步理顺。教育、卫生去行政化改革成效显著，成为全市深化改革的亮点。公立医院改革全面推进，实现了药物零差率销售。圆满完成了纪委对同级党委及常委会成员监督试点工作，形成了9项高质量制度成果，为全区推进纪律检查体制改革积累了经验。积极走出去、请进来，多次到北京、天津、青岛等地招商引资，成功引进首航节能、环球鼎晟太阳能光热项目，全年引进国内区外资金31亿元，为今后的发展积蓄了力量。

（五）以人为本、改善民生，人民群众的幸福感进一步提升

优先发展教育事业，实验小学幼儿园综合

楼、三完小专用教学综合楼和沙金民族幼儿园建成运行，以全区第三名的优异成绩通过全国“义务教育发展基本均衡县”验收，荣获“全国薄弱学校改造先进县”称号。县级医疗联合体运行平稳，各级医院自主管理、自我发展能力增强，医疗卫生水平稳步提高。深入开展“大众创业、万众创新”，新增城镇就业 802 人，转移农牧区劳动力 8966 人。社会保障体系不断完善，为 2622 户受灾群众发放救灾款 174 万元，为城乡低保对象发放低保金及取暖补贴 4293 万元，为城镇住房困难家庭发放廉租住房补贴 179 万元。投资 2305 万元大力推进扶贫攻坚工程，帮助 3996 人稳步脱贫。大力发展老年事业，投资 240 万元建成老年大学，极大地丰富了老年人地文化生活。

（六）从严管理、转变作风，党的建设全面加强

以自治区党委从严治党“1+3”制度体系建设为抓手，认真开展“三严三实”专题教育，并在政法系统开展了纪律作风整顿活动，积极配合自治区党委巡视组开展巡视工作，认真整改发现的问题和不足，各级党组织和党员干部的理想信念、工作作风、执政能力得到了锤炼。大力开展“三超两乱”专项整治，消化超职数领导干部 93 人，完成了 64.6% 的年度消化任务。大力实施干部素质提升工程，积极组织干部参加各级各类培训班 35 次，培训覆盖率达到 95% 以上。加强基层组织建设，新建 4 个村委会阵地，投资 2000 万元建成南开、和平、西环 3 个精品社区，完成了嘎查村“两委”换届工作，村务监督委员会实现了全覆盖，为每个嘎查村配备了“第一书记”，为重点企业和“两新”组织派驻了党建指导员，基层党组织的战斗堡垒作用更加凸显。认真落实党风廉政建设主体责任，对落实“一岗双责”不力的 23 名责任人给予撤职、降级和党纪政纪处分。

2015 年，是我县发展历程中具有里程碑意义的一年，以王君书记、巴特尔主席为首的自治区四大班子领导多次到我县检查指导工作，对我县的发展思路、发展举措、发展潜力给予了充分肯定。我们在发展速度、发展质量、发展成果等各方面取得了重大进步，既为“十二五”画上了精彩的句号，也为“十三五”奠定了坚实的基础。一年来，县委常委会充分发挥统揽全局、协调各方的核心作用，支持人大、政协和“一府两院”依法履行职能，充分发挥工、青、妇等人民团体的桥梁纽带作用，切实加强党管武装工作，统筹推进统一战线、民族宗教等各项事业发展。特别是在“十个全覆盖”等重点难点工作中，常委会成员率先垂范、以上带下，一级做给一级看、一级带动一级干，凝聚各方力量共同努力、共同担当、共同奋进，成就了磴口一年的发展变化。这些成绩的取得，得益于市委、市政府的正确领导，得益于四大班子的精诚团结，得益于各位委员和同志们的扎实苦干，得益于全县干部群众的艰辛努力。在此，我代表县委，向所有关心支持磴口发展的社会各界表示衷心的感谢！

在看到成绩的同时，我们也要清醒地认识到存在的问题和不足，一是经济下行压力持续加大，部分企业开工率不足，生产经营困难，财政收入增长放缓，刚性支出不断增加，稳增长任务繁重；二是经济总量偏小，存量不足，带动力强的龙头企业较少，重大项目依然缺乏；三是“十个全覆盖”、棚户区改造、脱贫攻坚等工程进入关键阶段，一些群众关注的热点难点问题还没有彻底解决，民生工作还有很多历史欠账。四是个别干部思想保守，引领发展和服务群众的能力亟待提高。

发展中的问题必须用发展的方法来解决，我们要牢固树立问题导向，善于在挑战中抓住机遇，赢得先机。从全国看，中央“十三五”规划建议提出要继续深入实施西部大开发，支持西部地区改善基础设施，加大对农产品主产区和生态功能区的转移支付力度，为我们争取投资带来了重大机遇。同时，“一带一路”“互联网+”以及《深化农村改革综合性实施方案》等政策措施的深入推进，也为我们经济社会发展注入了新的活力。从全区、全市看，自治区九届十四次全委会指出，“十三五”时期要进一步加强沿黄沿线经济带建设，推进呼包鄂协同发展，统筹乌海及周边地区一体化发展，加大贫困县的项目和资金投入力度，确保2020年全体贫困县脱贫摘帽。市委三届十一次全委会也提出，要积极承接发达地区产业转移，主动融入呼包银榆经济区发展，这些有利因素都将为我们加快发展带来更多机遇。从我县的发展态势看，“十二五”时期，我县实施了圣牧高科、宇乐化工、万亩光伏园等一大批重大项目、重点工程，后续效应逐渐显现。随着国家产业结构调整力度和环保约束力的增强，我县良好的生态环境和丰富的水、土资源日益成为支撑发展的独特优势，必将吸引更多的企业前来投资兴业，广大干部群众对磴口未来的发展前景充满信心。综合判断，“十三五”时期，无论是外部环境还是内生动力，我们都处于大有作为的重要战略机遇期。全县上下一定要坚定信心、奋发有为，努力把经济社会持续健康发展的良好态势长期保持下去。

二、2016年工作总体思路和主要任务

2016年是“十三五”规划的开局之年，做好全年工作意义重大。全县经济社会发展的总体要求是：以十八大，十八届三中、四中、五中全会精神为指导，深入贯彻自治区“8337”发展思路，坚持创新、协调、绿色、开放、共享发展理念，围绕“加快发展、赶超升位”目标，做好“水、绿、沙、文化”四篇文章，做强旅游业、农畜产品加工业、电力新兴能源产业、循环化工产业，以项目和投资为抓手，不断扩张经济总量，提高发展的质量和效益；全面深化改革，保障和改善民生，落实从严治党各项要求，加快建设生态富裕和谐美丽的新磴口，确保如期全面建成小康社会。

2016年预期目标是：地区生产总值增长8.5%，公共财政预算收入增长8%，固定资产投资增长13%，城乡居民人均可支配收入分别增长9%和10%。全面完成节能减排任务。

围绕上述目标，明年要争取在以下四个方面取得新成效：

（一）坚持调整结构，转型升级，努力在提升经济总量和质量效益上取得新成效

坚定不移地打好旅游强县牌。坚持“围绕三线（沿河、沿沙、沿山三条精品旅游线路）、打造三区（历史古迹类、自然风光类、产业园区类景区）、实现三通（水、陆、空通航），全力打造生态旅游大县的发展思路，推进旅游业与农牧业、工业和现代服务业深度融合。继续完善景区基础设施，加快三盛公北岸码头接待中心、万泉湖祈福敖包、奈伦湖子夫岛、金马湖餐饮中心等建设进度，完成奈伦湖—乌沈干渠通航工程，实现生态补水、灌溉用水和漂流项目的有机结合。推进南湖机场项目申报、审批等前期工作，加快简易机场建设进度，力争明年实现水陆空立体通航。积极开发特色旅游项目，加大招商引资力度，启动乌兰布和穿沙越野项目，精心策划和宣传万亩葵园、流凌观光、冰雪乐园等旅游项目，逐步实现四季旅游的目标。积极组织摄影、垂钓、龙舟大赛和华莱士节等各类活动，以节庆赛事促动旅游发展。深入挖掘人文历史和河套民俗文化内涵，精心打造牧民新村、黄河渔村、纳林小镇等农家旅游景区，进一步提升乡村旅游的档次和品位。稳步提高服务层次和水平，修编完善旅游产业发展规划和配套制度，出台旅游专业人才、旅游策划、旅行社等中介组织引进政策。升级改造商贸、住宿、餐饮等服务设施，加强相关服务行业的培训和文明宣传教育，不断适应旅游业发展的新要求。深化与旅游院校、旅游公司、

旅游网站等专业团体的合作交流，打造吃、住、行、游、购、娱一体化产业链。借助“互联网+”积极推进信息技术与旅游产业融合，开展智慧旅游建设。力争全年接待游客突破百万人次，实现旅游综合收入4.5亿元。

促进工业经济扩量提质。农畜产品加工业要继续打好绿色有机牌，积极延伸产业链条，发展精深加工，创建名优品牌。开工建设圣牧高科三期和蒙牛乳业辅料库及生产线技改项目，日处理有机奶能力达到1000吨，打造产值超百亿元企业。稳步扩大原料生产基地，保障中粮、泰顺、佳格等企业的原料供给。建成两个葡萄酒庄，实现葡萄酒产业的精深加工。要利用“百湖”的水域资源，加快引进水产品深加工企业，提升渔业生产规模和效益。电力新兴能源产业要大力开发清洁能源，开工建设首航节能投资35亿元的2×100兆瓦、环球鼎晟投资18亿元的2×50兆瓦光热发电项目，力争中广核投资10亿元的100兆瓦光热发电项目落地实施。要推动光伏企业加快建设进度，尽快实现并网发电，提高财政贡献率。争取华润金牛电厂满负荷生产，完成宇乐自备电厂主体厂房建设。循环化工产业要加快重点项目建设进度，宇乐化工完成投资8.4亿元，加快建设10台电石炉项目。启动实施利川化工投资1.4亿元的年产3000吨聚苯硫醚项目。积极帮助企业解决要素制约，保障华油、恒泰等液化气企业正常运行，百盛源、祝成工贸等建成的企业早日生产。工业园区要不断加快水、电、路、排污等基础设施建设，计划投资5100万元，进行主干道和污水管网建设，启动奈伦湖向工业园区供水项目。力争2016年规模以上工业增加值增长10%。

加快农牧业产业化进程。按照打造绿色有机农畜产品生产加工输出基地的定位，大力引进农畜产品精深加工企业，提升农牧业的组织化和市场化水平，实现农畜产品就地转化升值，农牧民持续增收。利用华莱士瓜、甜瓜等品牌优势，新增设施农业3000亩，引导土地、草场向种养大户、龙头企业有序流转，提高种植业的精细化、规模化、机械化水平，加大中低产田改造力度，不断提高农业生产效益，增加农牧民收入。稳步推进圣牧高科、草原宏宝等企业为代表的规模化养殖，新建及改扩建标准化奶牛养殖场5个，肉羊养殖场10个，全县牲畜饲养总量稳定在160万（头）只。积极推进渔业生产，建成自治区首个全国渔业健康养殖示范县。大力发展沙产业，打造以酿酒葡萄为主的果蔬加工、以肉苁蓉、甘草为主的中草药加工、以山药、黑枸杞、文冠果为主的经济林果加工、以牛、羊为主的乳肉加工产业链。进一步改善农牧业生产条件，实施好4.8万亩中低产田改造、10.2万亩土地整治和6万亩节水灌溉项目。

加快发展现代服务业和新兴产业。大力发展金融服务业，用好用活各类银行金融信贷政策，引导金融机构加大对小微企业、扶贫开发、农牧区基础设施建设的资金扶持力度。不断推进“互联网+”和各类产业的深度融合，充分利用区位交通优势，挖掘腾达物流的配送潜力，打造河套大市场电子商务创业孵化基地，加快建设集电子商务、冷链保鲜、农机展销、中小企业创业基地于一体的中储现代物流园，将我县打造成为沿黄沿线物流的重要节点。认真落实好国务院关于促进农村电子商务加快发展的指导意见，依托绿色有机农畜产品的独特优势，抓住农村电子商务的先机，完善县、镇、村物流体系，为农产品市场化拓展更大空间。鼓励“大众创业、万众创新”，大力发展养老托幼、社区医疗、家政服务等产业，努力提升创业带动就业的能力和水平。

（二）坚持招商引资，改革创新，努力在扩大投资和项目建设上取得新成效

加大投资和项目建设力度。要深刻认识我县还属于不发达地区的历史定位，准确把握当前发展的阶段性特征，始终把投资作为发展的第一抓手，牢固树立“抓项目就是抓发展”的理念，集中力量争取一批符合国家政策导向、切合县情实际、成长性好的项目。要围绕资源和产业引项目，立足资源、区位、土地、电价等综合优势，主动承接先进地区产业转移，加强与呼包鄂及周边地区的交流合作，形成资源互补、利益互惠、集聚产业优势的新格局。发挥宇乐化工、圣牧高科等重大项目带动示范作用，加快引进一批与“四大产业”关联度高的项目。要围绕民生上项目，谋划一批城市路网、棚户区改造、公租房建设、给排水和燃气热网等民生项目，紧盯国家将投入千亿资金实施的易地扶贫搬迁工程，加快贫困人口易地扶贫搬迁步伐。要围绕“十三五”规划抓项目，认真研究国家、区、市“十三五”规划，争取在道路交通、农田水利、生态环保、重大工业项目等领域让更多的项目进入自治区和市里的“十三五”规划盘子。

打好绿色有机牌。抓好华莱士等特色产品标准化建设，引导龙头企业、种养合作社建设无公害、绿色、有机食品基地。支持圣牧高科、蒙牛、中粮等大型企业加强技术研发，用标准化生产和质量可追溯保证产品质量和食品安全，保护好我们的绿色有机金字招牌。扶持乌兰布和、王爷地、清源保等中小企业发展壮大，鼓励扶持有能力的企业通过创业板、新三板上市。大力开展农村实用人才培训，打造适应现代农牧业发展的职业农牧民队伍。

深化各领域改革。组建不动产登记管理局，开展土地、房屋、林地、草原等不动产登记工作。认真贯彻落实中央出台的《关于进一步推进农垦改革发展的意见》，加快农场改革步伐，推进资源资产的有效整合，增强农垦经济发展活力。扩大预算公开部门范围，除法定涉密信息外，逐步使部门预决算和“三公”经费全面公开。完成公务用车改革任务，做好人员安置和车辆处置工作。率先在机关事业单位推行无纸化办公，提高工作效率。深化公安行政管理体制改革，进一步增强公安机关的执法公信力。在干部管理、社会治理等领域勇于探索，敢于创新，逐步形成一整套操作简便、高效实用的工作制度，用改革的成果推动各项事业协调发展。

（三）坚持建管并重，完善功能，努力在城乡统筹发展上取得新成效

全力推进“十个全覆盖”工程。2016年，我们要完成177个村庄“十个全覆盖”工程，全面完成农村牧区“十个全覆盖”工程建设三年任务。要巩固好建成村庄的整治成果，认真总结今年的建设经验，学习借鉴其他地区的先进做法，利用今冬时间，继续选派600名干部下乡驻村推动三项重点工作，按照《关于进一步做好“十个全覆盖”工程村庄改造的指导意见》提前做好建设标准、布局规划、群众发动等工作，实施好“四清三治”和危旧房拆除工作，做到危房必拆、土房必改、“五堆”必清、巷道必通，为明年开春全面启动工程建设打好基础。结合“十个全覆盖”工程，精心规划建设中心集镇和中心村，有序撤并空心村和较小的自然村，促进产业和人口向中心集镇、中心村集聚。

完善城镇基础设施。以“五城同创”为抓手，进一步做美扮靓中心城区，全年计划完成城建投资12亿元，实施嘉德学府等3.5万平方米棚户区改造，中央公园等14.6万平方米房地产开发工程。新建2980平方米的综合档案馆，新修利民街等城区道路5.7公里，铺设各类管网22公里，完成朝霞路等两侧街景立面改造，新增供热15万平方米、供气600户，加快“旱改水”公厕建设步伐。要进一步完善城镇功能，加快老城区和旧街道的改造，选择1—2处条件较好的平房区，探索试行居民自主建设的棚改新模式。要整合社区公共服务资源，不断提高居民小区物业管理水平，建设宜居宜业城镇。

提高城乡管理水平。严格执行城乡规划，坚决拆除违章建筑，严厉打击占道经营、私搭乱建、乱涂乱画、乱停乱放等行为。推进城镇管理和服务向城中村、背街小巷、城乡接合部延伸，营造干净整洁的市容环境和村容村貌。建立农村牧区环境卫生长效管护机制，明确管护主体，及时清运垃圾，做好日常保洁，杜绝“脏乱差”现象回弹反复，确保群众长期受益。

实现美丽与发展共赢。坚持绿色发展理念，着力改善生态环境。大力开展全民绿化工程，在“十个全覆盖”、道路交通、农田水利、铁路沿线整治等重大工程中，及时跟进造林绿化工作。继续实施好京津风沙源治理和天然林保护、飞播造林等工程，计划完成林业生态建设10.6万亩。制定出台乌兰布和沙漠综合治理和产业发展规划，加大沙区绿化力度，所有沙区企业必须高标准建设防沙林带，切实保护好乌兰布和沙区生态环境。积极争取生态补水、节水灌溉等项目，严格控制地下水使用，实行“以水定产”，在沙区推广滴灌、喷灌等节水技术，高效利用水资源。大力开发清洁能源，积极争取大气、水污染防治等专项资金，坚决防止破坏生态、污染环境事件发生，保护好磴口的碧水蓝天。

（四）坚持以人为本、改善民生，努力在提高人民群众幸福感和满意度上取得新成效

推进脱贫攻坚工程。最近，国家、自治区党委、市委先后召开扶贫开发工作会议，立志举全党全社会之力，坚决打赢脱贫攻坚战。我们要把脱贫攻坚作为当前和今后的重大政治任务来抓，认真落实扶贫对象、项目安排、资金使用、措施到户、因村派人、脱贫成效“六个精准”要求，解决好“扶持谁、谁来扶、怎么扶、如何退”四个方面的问题，力争2016年实现2658人稳步脱贫，2017年实现自治区贫困县摘帽。

扎实抓好事关民生的各项社会事业。重视和加强教育工作，全面促进义务教育均衡发展，逐步实现城镇和农牧区学校教师资源均衡配置；以提高教育教学质量为重点，办好高中教育，千方百计解决学生外流问题；完善贫困学生资助体系，确保每个孩子上得起学、上得好学。加强医疗卫生服务体系建设，加快县医院向二级甲等医院升级步伐。推进城乡医疗救助衔接工作，做好城乡医疗“一站式”结算服务，建成蒙中医院门诊楼。积极发展老年人事业，充分发挥好老年大学、幸福互助院的作用，使老年人老有所学、老有所养、老有所乐。启动生态养老产业园项目。稳步提高社会保障水平，进一步扩大城乡居民养老、医疗、工伤、生育和失业等保险覆盖面，关注残疾人、低保户等困难群体的生产生活。落实创业培训、贷款扶持、融资担保等优惠政策，打造“大众创业、万众创新”的优良环境。继续推进文化体育、精神文明、人口计生等社会事业稳步发展。

切实维护社会稳定。强化依法行政工作，加强和创新社会治理，深入推行城乡网格化、精细化管理。加强社会矛盾纠纷排查化解，依法处理信访矛盾，消化信访积案、规范信访行为，把群众的诉求解决好、处理好。建立完善应对自然灾害、重大疫情、食品安全、群体性事件等联合处置机制，加强安全生产有关配套制度建设，杜绝重大事故发生。

三、全面加强和改进党的建设

（一）着力加强思想政治建设

各级党组织要深入学习党的十八届三中、四中、五中全会，自治区九届十四次全会、市委三届十一次全会精神，加强党性修养，坚定理想信念，始终做到对党忠诚。要大力发扬理论联系实际的学风，围绕破解我县深入推进“四个全面”和自治区“8337”发展思路等工作中遇到的难题，进一步解放思想，主动作为。要牢牢掌握舆论主导权，抓好重大主题、重点工作的宣传，凝聚干事创业的浓厚氛围。要围绕迎接自治区成立

70 周年和推进“五城同创”，大力宣传在富民强县实践中涌现出的先进典型，弘扬正气，积蓄发展的正能量。

（二）着力加强民主政治建设

认真贯彻实施《中国共产党党组工作条例》，规范党组工作，更好发挥党总揽全局、协调各方的领导核心作用。坚持民主集中制原则，认真落实常委会权力清单制度，支持人大及其常委会依法行使各项职权，充分发挥政协参政议政职能，重视统一战线重要法宝作用，引导和支持各民主党派、工商联和无党派人士围绕全县改革、发展和稳定的重点领域建言献策。全面落实民族宗教政策，支持人民武装和工青妇等群团组织依法依规开展工作，充分发挥各自在民主政治、经济社会发展中的作用。

（三）着力加强基层组织建设

把基层党组织书记述职、群众评议作为党建工作的重要抓手，切实增强党组织书记管党治党主业意识。以服务型党组织建设为抓手，扎实推进嘎查村（社区）、农场分场、机关事业单位、非公企业和社会组织等各领域党组织规范化建设，逐步推进农村社区化建设，每个苏木镇完成 1 个农村社区化建设示范村。结合“十个全覆盖”“一事一议”及标准化卫生室等项目，加强基层阵地建设，切实保障村级组织有效运转，不断提高村干部待遇，使基层干部有归宿感。

（四）着力加强干部队伍建设

持续开展干部队伍素质提升工程，制定符合各层次干部需求的年度培训计划，通过教育培训使各级干部的信念更加坚定、思想更加解放、能力更加突出、服务更加全面。要树立正确的用人导向，进一步健全完善考核评价体系，加大“十个全覆盖”、信访维稳、脱贫攻坚等重点工作的考核权重，真正把敢于担当、勇于负责，能够干成事、干好事的干部选拔上来。坚持“好干部”标准，严肃换届工作纪律，科学统筹安排好县委和苏木镇党委换届工作。运用好干部“召回”有关办法，进一步健全完善《超职数配备干部整改消化实施方案》，结合党委换届工作，明年完成消化任务。高度重视老干部工作，加强对少数民族、妇女、非党和年轻干部的培养和使用，完善人才工作考核机制，抓好各类人才的培养和引进。

（五）着力加强党风廉政建设

认真落实党风廉政建设主体责任，坚持依规治党，把纪律挺在法律前面。各级党委书记和部门“一把手”必须认真落实“一岗双责”。纪检监察机关要切实履行好监督责任，进一步加大违法案件的查办力度，集中整治发生在群众身边的不正之风和腐败问题。坚持“三重一大”事项集体研究，完善“五个不直接分管”等制度，加强对制度落实情况的监督检查。要建立完善“不想腐、不能腐、不敢腐”的体制机制，营造风清气正、干净干事的政治生态环境。

各位委员，同志们，2016 年的任务已经明确，能否在“十三五”开局之际实现开门红，意义非常重大。我们一定要按照中央、自治区党委和市委的新部署、新要求，以更加昂扬的斗志、更加饱满的激情、更加务实的举措，团结拼搏、真抓实干，为全面建成小康社会做出不懈努力！

政府工作报告

——在磴口县第十六届人民代表大会第四次会议上

（2015 年 12 月 21 日）

磴口县人民政府县长 樊 文

一、“十二五”时期和 2015 年工作回顾

“十二五”时期，是我县经济社会实现跨越式发展的重要时期。在市委、市政府和县委的正确领导下，全县上下大力弘扬“总干”精神，守望相助，团结奋斗，如期完成了“十二五”规划确定的主要目标和任务，在赶超升位的道路上实现了精彩跨越。

——坚定不移地转变发展方式，经济实力大幅提升。预计“十二五”末，地区生产总值完成 51.6 亿元，是“十一五”末的 1.5 倍；公共财政预算收入完成 2.4 亿元，是“十一五”末的 2.5 倍；五年争取国家转移性支付 47 亿元；固定资产投资五年完成 158 亿元，是“十一五”时期的 1.4 倍，建成了一批打基础、利长远、惠民生的重大项目；三次产业结构由“十一五”末的 17.7 : 63.9 : 18.4 演进为“十二五”末的 19.7 : 57.5 : 22.8。传统农牧业加快向现代农牧业转变。设施农业达到 1.5 万亩，建成以肉苁蓉、酿酒葡萄、优质牧草种植为主的沙草产业基地 20.5 万亩。建成圣牧高科有机牧场 18 座，有机奶牛存栏 5.2 万头，有机原奶产量占到全国一半以上。肉羊饲养量 140 万只，牲畜饲养总量 156 万头（只）。建成特色水产养殖基地 4.5 万亩。工业主导型经济更加突出。全部工业增加值达到 25.4 亿元，比“十一五”末增长 1.5 倍。招商引资量质并举，宇乐、中电投、山路、青岛昌盛等一批知名企业成功入驻。圣牧高科有机奶项目建成投产，成为全市首家在香港成功上市的本土企业。光伏发电势头强劲，发电装机容量达到 200 兆瓦。工业园区基础设施进一步配套完善，成为自治区第六批循环经济示范园区。节能减排任务全面完成。旅游产业重点突破。纳林湖景区成功晋升为国家 AAAA 级旅游景区和国家级湿地公园，接待人次超百万。沿河、沿沙、沿山三条精品旅游线路更具特色，水、陆、空三线基本贯通，“百湖之乡、魅力磴口”品牌全面打响。

——坚定不移地加快基础建设，城乡面貌焕然一新。农牧区建设力度空前加大，基础条件明显改善，完成了 125 个村庄的“十个全覆盖”工程，农牧民普享实惠、欢欣鼓舞。隆盛合镇协成新村、补隆淖镇坝楞新村被评为“自治区美丽乡村”。通过实施黄河水权盟市间转让试点、土地整治、中低产田改造等工程，40 万亩农田高标准配套，公路、电力、信息等基础设施水平全面跃升。围绕“五线十点”大规模造林绿化，完成林业生态建设 63 万亩，是造林投入最多、面积最大、效果最好的时期之一，全县森林覆盖率由 17% 提高到 19.95%，我县荣获“全国防沙治沙先进集体”称号。县城面貌发生崭新变化。争取国开行贷款 3.2 亿元，建成保障性住房 2713 套，完成棚户区改造 2001 户。供热、供水、供气、排污能力全面提升。湿地保护与恢复工程高标准完成，人均公园绿地面积达到 13 平方米，城区实现居民开门见绿、千米见园，绿化、美化、亮化水平大幅提升。

——坚定不移地推进重点改革，发展活力充分迸发。新一轮政府机构改革全面完成，机构设置得到优化。行政审批制度改革取得实效，公

共资源交易中心、新政务服务大厅投入运行，行政权力清单正式公布。农牧区产权制度改革全面推进，基本草原划定全面完成，土地确权登记颁证试点工作接近尾声，草原确权承包工作有序推进。农场体制改革取得重大突破，5个国有农场及人事下划地方管理。沙业兴公司平台效应充分发挥，累计完成土地流转26万亩，已改造2万亩，上缴税金462万元。财政体制改革深入实施，部门预算公开、政府采购、国库集中支付顺利推行，“营改增”范围稳步扩大，农村信用联社增资扩股全面完成。教育卫生事业改革动真碰硬，在全市率先实行学校校长、医院院长去行政化管理和聘任制，新县医院委托市医院管理成效显著，我县进入“国家医改百强县”。教育事业焕发新活力，2015年接受国家义务教育发展基本均衡县达标验收，取得了全区第三名的骄人成绩，被评为全国薄弱学校改造先进县。

——坚定不移地统筹社会事业，人民生活明显改善。财政直接用于民生的投入占一般预算支出的比重达到72%。城乡居民人均可支配收入分别达到24234元、14146元，是“十一五”末的1.8倍、1.7倍。1.4万名贫困农牧民稳定脱贫，“零就业”家庭实现动态消零。社会保障标准大幅提高，养老、医疗保险实现制度全覆盖，城乡低保应保尽保。发放低收入农牧户“暖心煤”补贴2640万元，资助贫困学生7419人次。为卫生、教育系统招聘专业技术人才202名。新县幼儿园、3所城镇小学综合楼、农牧区幼儿园建成投用。公共卫生和文化服务水平显著提升，精神文明创建和全民健身活动广泛开展。科技服务能力明显加强，成功创建“全国科普示范县”。国防建设、妇女儿童、老龄、残疾人、统计、气象等各项工作都取得了新进展。

——坚定不移地提高行政效能，自身建设全面加强。政府党组党的群众路线教育实践活动和“三严三实”专题教育成效明显，“四风”和“不严不实”问题有力整治，违规公务用车、超标办公用房、“吃空饷”人员全面清理到位，“三公”经费明显压减。自觉接受人大法律监督和政协民主监督，五年共办理人大代表议案、建议和政协委员提案528件，办复率100%。加强行政执法监督和普法教育，严格执行民主决策和“三重一大”制度，依法行政水平明显提高。强化行政监察和审计监督，节约财政资金1.9亿元。“平安创建”全面加强。集中解决了一批群众反映强烈的突出问题，打掉了以刘青为首、横行磴口20余年的19人黑社会组织，刑事案件、治安案件大幅下降，安全生产形势平稳。民族团结、社会稳定的局面进一步巩固。

各位代表，2015年，我们面对的任务十分繁重，遇到的困难前所未有，付出的努力非比寻常，经济社会发展亮点纷呈，各项工作取得了新成绩。

（一）“十个全覆盖”战果振奋人心

把“十个全覆盖”工程作为贯彻落实“四个全面”战略布局的重要抓手，举全县之力，奋力攻坚，扎实推进，取得了阶段性重大成果。累计完成农牧区危房改造7729户，解决安全饮水6670人，街巷硬化233公里，农网改造升级394公里，安装“户户通”4100户、为92个村庄安装广播“村村响”，校舍安全改造全部完成，新建嘎查村标准化卫生室18所、便民超市50个，改建文化活动室41个，修建活动广场43处，农牧区常住人口医保、低保、社保、高龄津贴实现了应保尽保。“十个全覆盖”工程的深入实施，使农牧区发生了翻天覆地的变化，农牧民多年梦想中的美好生活正在变为现实。“十个全覆盖”工程的深入实施，也让各级干部经历了难忘的锤炼和洗礼，展示了属于我们自己的风采，得到了自治区党委、政府的充分肯定，工程建设走在了全市前列。“十个全覆盖”工程创造了无比珍贵的精神财富，将永远激励我们奋勇前进。让我们为自己点赞、为人民喝彩！

（二）经济发展稳中向好

全社会固定资产投资、规模以上工业增加值、公共财政预算收入等主要经济指标增速进入全市前列。农作物播种面积达到78万亩。新增设施农业3630亩，规模化养殖场达到357个。华莱士、西甜瓜、番茄、饲料玉米等特色作物种植面积明显扩大。蒙牛乳业产能扩建、圣牧二期新上酸奶生产线、利川化工技改搬迁等项目建成投产，宇乐氯碱化工、青岛昌盛光伏设施农业等项目加快推进，光伏园区初具规模。旅游强县思路深入实施，“红色旅游”全面推进，阿贵庙、万泉湖等重点景区提档升级，飞机通航启动实施，三盛公景区滑雪场投入运行，旅游综合收入突破4亿元。

（三）基础建设全面提速

完成土地整治16万亩，三年排水改造工程全部完工，沈乌灌域凌汛分洪及生态补水工程正在施工。500千伏变电站开工建设，临哈高速磴口段路基工程顺利完成。包兰铁路、国道、高速公路等主要干道沿线环境整治效果突出。北绕城、巴哈路、贺兰路拓宽改造如期完成，新修乌兰布和生态大道2.5公里。保障性安居工程全力推进，2个进出口改造高标准完成，穿沙路骆驼雕塑全部建成，城镇园林绿化水平显著提升。健全市政维护管理长效机制，制定出台了《城镇建设管理办法》《农村牧区环境卫生管理细则（试行）》《物业管理办法》，城乡管理规范化、精细化、常态化水平有效提升，进入了整体推进、全面加强的新阶段。

（四）水、绿、沙、文化彰显特色

依托“百湖”优势，建成了南湖北海西翠湖、北出口湿地保护与恢复工程，积极创建全国渔业健康养殖示范县。完成林业生态建设15.8万亩，实施了北绕城、生态大道等一批精品绿化工程。文冠果、黑枸杞种植成功，沙草产业扩量提质。兵团文化博物馆、冯玉祥西北军粮仓、百年天主教堂对外开放，老县委大院修缮恢复开工建设，三盛公地质博物馆室内工程正在进行。首届“金马湖”杯全国沙漠垂钓大赛、自治区第一届兵团文化艺术节、纳林湖沙漠足球赛、黄河观流凌等活动成功举办。水、绿、沙、文化正在成为磴口的靓丽名片。

（五）民生和社会建设成效显著

在财力十分困难的情况下，优先保障民生支出。“七件实事”认真办理，重大水利工程、城区供热首站改造、3个精品社区、老年大学和残疾人康复中心、沙金苏木民族幼儿园、农牧区综合敬老院建设等实事全面完成。公立医院改革实现药物零差率销售。依法治县开启新征程，“六五”普法全面完成。扎实开展“万名干部下基层”活动，党风政风持续转变。与此同时，习近平总书记提出的三项改革有序推进，销售收入500万元以上的龙头企业全部建立农企利益联结机制；生态文明体制改革明显加快，《乌兰布和沙区管理办法》制定出台。经过一年的艰苦努力，我们胜利完成了县十六届人大三次会议确定的主要任务，为“十二五”画上了圆满的句号，也为“十三五”奠定了坚实的基础。

各位代表，“十二五”时期，是我们咬定目标不放松、凝心聚力大干事业的五年；是全县上下负重前行、奋勇争先，各项工作创新突破的五年。磴口故事从未像今天这样精彩，磴口人民从未像今天这样自信。这些成绩的取得，是市委、市政府和县委统揽全局、正确领导的结果，是县人大、县政协有效监督、鼎力支持的结果，是全县人民团结拼搏、无私奉献的结果。在此，我代表县人民政府，向全县各族干部群众，向所有为磴口建设和发展做出贡献的同志们，向关心和支持磴口工作的朋友们，表示衷心的感谢和崇高的敬意！

与此同时，我们应清醒地看到，磴口欠发展的基本县情还没有得到根本改变，发展不足仍然是我们面临的主要矛盾，经济社会发展中还存在不少困难和问题，主要表现在：在经济下行等因素影响下，有的行业和企业生产经营困难，短期内走出困境的难度还比较大；新开工项目和大项目少，内生动力不足；财政可用财力增长远远不能满足保障性支出的增长，2016 年刚性支出缺口达 4.3 亿元，政府性债务压力巨大；特色产业规模小、层次低，优势还没有得到充分发挥；关系群众切身利益的就业、住房、教育、医疗等方面还存在不少问题，土地征收、回迁安置、产权办理、利益纠纷等社会矛盾还比较突出；行政审批慢、部分机关和工作人员办事效率不高的问题仍然存在，不思进取、坐摊守业的思想还没有完全杜绝。新的一年，我们要坚持问题导向，加倍努力，寻求突破，在真抓实干中再创佳绩。

二、“十三五”时期的主要任务

“十三五”时期是我县加快推进富民强县进程、全面建成小康社会的决胜期，也是我县跻身全市先进行列的冲刺期。做好“十三五”时期的工作，对于我县扩大总量、加快发展、缩小差距、实现赶超，具有决定性意义。

“十三五”期间我县经济和社会发展的指导思想是：根据县委《关于制定国民经济和社会发展第十三个五年规划的建议》精神，坚持“四个全面”战略布局，牢固树立创新、协调、绿色、开放、共享的发展理念，以赶超升位为目标，坚持富民强县不动摇，进一步加快新型工业化、信息化、城镇化和农牧业现代化进程，进一步加快基础设施和生态建设步伐，进一步深化改革开放，进一步加强以改善民生为重点的社会建设，进一步推进依法治县，确保如期全面建成小康社会，为实现第二个百年奋斗目标、谱写磴口未来华彩篇章奠定更加坚实的基础。

——把握“三个坚持”：一是坚持统筹协调。要把统筹兼顾作为加快转变经济发展方式的根本方法，更加注重改革开放和创新驱动，实施“互联网 +”行动计划，重点促进水、绿、沙、文化融合发展，促进新型工业化、信息化、城镇化、农牧业现代化同步发展，县域硬实力和软实力同步提升，不断增强发展的整体性。二是坚持绿色发展。要把生态文明理念贯穿于经济社会发展全过程和各领域，坚守节约资源和保护环境的基本国策，注重科技创新，大力发展低碳经济、循环经济、生态经济。实行最严格的环境保护制度，实施山水林田湖生态保护和修复工程，实现资源合理开发和永续利用。三是坚持民生优先。要把保障和改善民生作为政府工作的根本出发点和落脚点，按照人人参与、人人尽力、人人享有的要求，更加注重社会建设，提高公共服务质量。实施脱贫攻坚工程、全民参保计划、城乡居民大病保险制度和健康磴口建设。加强法治建设，促进公平正义，提高人民群众对政府工作的满意度，使人民群众在共享改革发展成果中有更多获得感。

——做强“四大产业”：一是做强旅游业。加大景区景点开发和旅游资源整合力度，提升文化内涵，打造精品线路，形成与周边地区融合贯通的大旅游圈，“百湖之乡、魅力磴口”品牌更加响亮，建成生态旅游大县和全市旅游产业核心区，成为自治区西部独具河套特色的生态休闲旅游度假地。二是做强农畜产品加工业。依托农牧业资源和产业基础，走产出高效、产品安全、资源节约、环境友好的农牧业现代化道路。大力发展粮油、乳肉鱼、肉苁蓉、酿酒葡萄、文冠果精深加工，沙草产业和水产业形成规模，圣牧高科成为营业收入超百亿元的龙头企业。建成全市乃至自治区重要的绿色有机农畜产品生产加工输出基地。三是做强电力新兴能源产业。坚持借光治沙，科学引进实施光伏发电与生态治理紧密结合的新能源项目，光热项目取得重大突破，到 2018 年，装机容量达到 1000 兆瓦，实现税收 5000 万元；到 2020 年，建成光伏产业园区 6 万亩，装机容量达到3000兆瓦，实现税收1亿元，成为自治区光伏农业示范园。华润金牛热电厂双机保持稳定运行，宇乐2×330兆瓦低热值发电、北京首航2×100兆瓦和环球鼎晟2×50兆瓦光热发电项目建成投产，形成光伏、光热、热电为主的多元化电力新兴能源产业发展新局面。四是做强循环化工产业。充分发挥水煤电组合优势，建成宇乐氯碱化工循环经济项目，积极促成天津渤天氯碱化工与宇乐化工合作，形成70万吨电石、50万吨PVC、200万吨水泥、5万吨硫化碱生产能力，利川化工扩产增效。建成自治区重要的氯碱化工基地。

——实现“五项目标”：一是综合实力显著增强。经济增速不低于全市平均水平，公共财政预算收入年均增长15%，固定资产投资年均增长13%，自我积累和发展能力显著增强，经济总量增速在全市各旗（县、区）中保持领跑。二是产业结构更趋合理。现代农牧业特色鲜明，新型工业支撑更加有力，旅游强县效应更加明显，基本形成具有比较优势、多元发展、多极支撑的现代产业体系。三是城乡环境更加美丽。“十个全覆盖”工程全面完成并不断巩固提升，农牧区面貌发生根本性变化。新型城镇化建设全速推进，集中连片的棚户区全部完成改造。加快集镇、场部所在地基础设施配套建设，增强辐射带动和吸附能力，实现农牧区部分人口就地城镇化。生态建设全面加强，森林覆盖率达到24%以上。四是人民得到更多实惠。社会事业全面发展，社会保障水平大幅提升。按照中央提出的“两个确保”和“两不愁、三保障”的目标要求，吹响脱贫攻坚战的冲锋号，立下愚公移山志，咬定目标、苦干实干，坚决打赢脱贫攻坚战，确保到2017年基本消除绝对贫困现象、摘掉我县自治区重点贫困县帽子，到2020年实现农牧区贫困人口稳定脱贫。城镇登记失业率控制在4%以内。城乡居民人均可支配收入翻一番。人民群众安居乐业，共同迈入全面小康社会。五是法治政府全面加强。政府活动全部纳入法治化轨道，全面依法行政，持续深化作风整改和问题整治，建设高素质、敢担当、作风正的公务员队伍，政府执行力和公信力大幅提升。

各位代表，我们坚信，只要全县各族人民团结拼搏、苦干实干，“十三五”时期的宏伟目标一定能够实现，我们的家园会更加美丽，我们的生活会更加美好！

三、2016年工作安排

2016年是实施“十三五”规划的开局之年，也是全面深化改革的加速年，做好今年政府工作具有十分重要的意义。

今年经济社会发展的主要预期目标是：地区生产总值增长8.5%，公共财政预算收入增长8%，固定资产投资增长13%，城乡居民人均可支配收入分别增长9%和10%；全面完成节能减排任务。

围绕上述目标，重点要做好以下七个方面工作。

（一）突出增效益、夯基础，加快发展现代农牧业

大力发展现代农牧业。不断调整优化农牧业产业结构，确保粮油稳定增产和农畜产品有效供给。加强产业基地建设，加快华莱士瓜等名优特产提纯复壮，番茄、油葵原料基地达到5万亩。坚定不移地推进设施农业建设，加大科技人才引进和一线科技人员奖补的力度，新建设施农业3000亩，突出新品种引进、规模经营和市场拓展，提高设施农业利用率和收益率。稳定发展畜禽规模养殖，深入实施中央财政支持现代肉羊项目，做大做强荣威生猪养殖基地，新建有机牧场10座，牲畜饲养总量稳定在160万头（只）。科学合理发展沙产业，促进林下经济和林果业扩量提质，新增酿酒葡萄1000亩、肉苁蓉5000亩、山药2000亩、文冠果5000亩、黑枸杞5000亩，引种油用牡丹和优质牧草。成功创建全国渔业健

康养殖示范县，新建特色水产养殖基地2万亩，打响沙漠有机水产品牌。积极发展观光农业，建设一批农业观光示范园。大力发展品牌农牧业、特色农牧业和绿色优质农牧业，健全农畜产品质量安全监管体系，完善农畜产品销售网络，积极发展下订单、入超市、进社区、建网点、搞配送等营销模式，在重点地区设立直销“窗口”，新增绿色农畜产品5个以上。引导农牧民到种养殖大户和企业就近打工，实现多渠道持续增收。

着力夯实农牧业基础。继续实施黄河水权盟市间转让试点等重大农牧业配套工程，完成灌溉渠道整治衬砌415公里，高效节水改造6万亩，中低产田改造4.8万亩，土地整治10.2万亩，逐步扩大抗旱井灌面积。建成沈乌灌域凌汛分洪及生态补水工程，实现生态补水和黄河漂流项目的综合效益。完成黄河磴口段二期防洪工程。积极培育家庭农场、农牧民合作社等新型经营主体，发展专业合作组织10家、家庭农场30户以上，力争规模化经营面积达到20万亩。围绕增强抵御自然和市场风险能力，强化信息、科技、气象、农机等方面的支撑，培育新型职业农牧民。

（二）突出稳增长、上项目，着力发展工业经济

提升产业支撑力。专项推进重大项目建设，完成工业固定资产投资28亿元以上，规模以上工业增加值增长10%。提升农畜产品加工业。投资1.5亿元，实施圣牧高科三期工程，日处理有机奶达到1000吨。实施蒙牛技改扩建，积极推进泰顺技改搬迁。建成2座葡萄酒庄。做强电力新兴能源产业。建成投资6亿元的青岛昌盛20兆瓦光伏农业示范项目，山路15兆瓦并网发电，中电投三期50兆瓦、国华二期50兆瓦光伏发电和北京首航、环球鼎晟光热发电项目开工建设，光伏园区发电装机容量突破300兆瓦。全力保障华润金牛热电厂双机运行。宇乐低热值电厂主体厂房完工，氯碱化工10台电石炉项目加快建设。培育壮大循环化工产业。实施利川化工聚苯硫醚项目，华油、德胜液化天然气企业恢复生产。

提升平台承载力。积极争取项目支持，投资6亿元，加快工业园区基础设施配套。新修主干道6公里，铺设污水管网3.5公里，中水回用项目投入运行。实施奈伦湖向工业园区供水工程，建成500千伏变电站，新建1座220千伏变电站。加大服务企业力度，促进现有企业增资扩股、转型升级，实现存量再造。建立企业市场化退出机制，让“僵尸企业”有序退出，盘活闲置资源。力争新增规模以上工业企业2家，孵化一批发展潜力好的小微企业。

提升招商吸引力。针对主导产业发展需求和缺失环节，坚持建链、补链、强链，整合各类特色资源，搭建产业招商平台。以建设承接产业基地为目标，突出招大、引强、选优，制定专项招商计划和个性化招商方案，提升招商吸引力和精准度。积极鼓励和支持磴口籍在外创业人士回乡投资兴业，发展“回归经济”。抓住扩大内需的有利时机，在道路交通、农田水利基础建设、工业经济、民生事业等领域争取一批重大项目，让更多项目挤进国家和自治区项目盘子。加强重点项目跟踪服务，提高项目履约率、开工率、达产率。争取引进超亿元项目5个以上。

（三）突出建景区、扩市场，强力打造旅游品牌

建景点抓创建。依托资源优势，鼓励各类资本投入旅游发展，精细化打造沿河、沿沙、沿山三条精品旅游线路，加快建设历史古迹、自然风光、产业园区三类景区。实施景区升级工程，建成三盛公欢乐岛游乐场，三盛公水利风景区晋升为国家AAAA级旅游景区。加快奈伦湖景区建设，开工建设黄河渔村，启动黄河楼和乌兰布和穿沙越野项目，社会化运作启动南湖北海娱乐项目。冯玉祥西北军粮仓、兵团文化博物馆进一步提档升级，老县委大院博物馆、地质博物馆实现对游客开放，培育建设“文化产业园”和“红色旅游”基地。开通拦河闸至奈伦湖水上航道，奈伦湖至沈乌干渠漂流项目投入运营，加快建设三盛公低空飞行项目简易机场，实现沿河、沿沙一线，磴口到临河重要景区空中通航。进一步配套完善纳林湖景区设施，建成湿地漂流、滑雪场等娱乐项目。万泉湖景区正式运营，阿贵庙景区观光索道全面建成。招商筹建纳林小镇，依托金马湖建设新村，提升沙金苏木牧民新村旅游接待水平。鼓励农场、合作社和工业企业兴办观光农场、观光厂区、观光车间，出台对农牧民创建特色旅游示范村和星级农家乐的奖补政策，积极发展乡村旅游经济，增加农牧民收入。

优服务重营销。加强旅游市场主体培育、线路规划、产品开发、客源市场开拓，推出一批旅游诚信单位、旅行社和优秀导游。深化与宁陕甘、呼包鄂旅游合作，多角度、全方位、立体式包装推荐，创作一批与磴口旅游密切关联的系列微电影。用活新媒体宣传服务功能，做好以节促旅文章，创新“华莱士节”活动内容，开展沿黄骑行、沙湖垂钓、摄影采风等活动，实现文化与旅游互融共促。全年接待游客突破百万人次，实现旅游综合收入4.5亿元。

抓商贸促消费。完善县乡物流服务体系，王爷地肉苁蓉交易市场全面建成，加快建设中国特色养生食材交易集散地。全力促成中储物流与荷兰瓦郝宁根大学合作，努力打造一个集电子商务、冷藏保鲜、农机展销、中小企业创业园等为一体的现代物流园。加快建设大河套电子商务产业园，新村易购、乐村淘等电子商务项目落地实施，农村电商网络破题起步。支持发展医疗、保健、养老等健康产业，积极发展家政、社区服务等便民服务业，开工建设生态养老产业园。

（四）突出提品质、强管理，统筹推进城乡建设

建设美丽乡村。以“万名干部下基层”活动为引领，突出群众主体，坚持因地制宜，结合村庄合并、“土改砖”工程，投资4亿元，实施177个村庄“十个全覆盖”工程，全面完成村庄综合整治任务，坚决打赢三年建设任务的决胜战，实现农牧区面貌的彻底转变。把“十个全覆盖”与产业发展、基层建设、扶贫开发、造林绿化、文明创建等紧密结合，使“十个全覆盖”由“单项推进”转向“综合发展”，建成一批主导产业突出、传承乡情乡愁的特色村庄。严格“十个全覆盖”工程进度、质量考核验收，对苏木镇、农场分别进行排名，排名最后的追责问责。

打造特色城镇。城镇建设计划完成投资12亿元。充分发挥国开行贷款资金使用效益，完成棚户区改造尾留工程，试行居民自主改造新模式，完成棚户区改造3.5万平方米。坚持宜拆则拆、宜改则改，在条件较好的平房区，推进房、水、路、电、暖配套改造。启动城区供热主管网综合改造工程，新增供热面积15万平方米。铺设各类管网22公里，新修城镇道路5.7公里，实施公厕“旱改水”工程。积极创建自治区园林城镇，精心规划园林绿化和景观配置，建设绿带、花海，建成北绕城、巴哈路、生态大道绿化景观带，新增绿地16万平方米。继续提升南湖、北海和北出口湿地保护与恢复工程景观水平，实施朝霞路两侧立面改造，扮靓城镇进出口，打造“路网大连通、功能大配套、景观大提升”的美丽城镇。同时，引导产业、资本、人口等要素向集镇集聚，培育一批各具特色的小城镇。

加强城乡管理。加快社区建设，增强城镇发展内涵和综合服务功能，精品社区实现数字化平台管理。加大城镇管理综合执法力度，推进网格化管理，持续开展交通秩序、卫生环境等专项整治行动，切实解决占道经营、私搭乱建等突出问题，创建自治区卫生县城。加强物业管理，提升服务水平。完善城乡保洁长效机制，积极探索实行城乡环卫一体化，持续改善人居环境。

推进生态建设。继续围绕“五线十点”，突出“十个全覆盖”工程观摩点和“四环”重点，大力推进城乡造林绿化。实施好京津风沙源治理、“三北”防护林、天然林保护和村屯绿化等工程，重点完成村屯绿化76个、通道绿化89公里，完成林业生态建设10.6万亩，城乡绿化水平大幅提升。加强湿地保护和恢复，加大生态补水力度，奈伦湖晋升为国家级湿地公园，争取建成2处国家级沙漠公园。继续强化林草病害防治和禁牧防火，保护生态建设成果，全县森林覆盖率达到20%以上。坚持最严格的水资源管理、环境整治和耕地保护制度。健全完善水权制度，严格管理沙区用水，完成水土保持治理5.4万亩。加快淘汰落后产能，开展节能环保全民行动，加快取缔或改造城区10蒸吨以下燃煤小锅炉。加大土地复垦力度，深入清理闲置土地，科学配置建设用地，积极创建全国国土资源节约集约模范县。

（五）突出抓改革、促发展，切实增强发展活力

推进行政管理体制改革。加快政府职能转变，促进政府机构改革从“换牌子”“换名称”向“换思维方式”“换服务方式”转变。创新行政审批服务方式，努力把审批减到位、环节压到位、收费降到位。认真执行机关事业单位养老保险制度和工资制度，建立公务员职务与职级并行制度。按照上级要求，完成公务用车改革。抓好深化公安行政管理改革，进一步增强公安机关的执法公信力。组建不动产登记管理局，稳步开展不动产登记工作。进一步降低市场准入门槛，培育市场主体，让大众创业、万众创新蔚然成风。

推进农牧区综合改革。完成土地承包经营权确权登记颁证和草原确权承包工作，稳妥推进流转、抵押等机制建设，积极探索适度规模经营。完成小型水利工程管理体制改革、乡村道路管理体制改革。深化集体林权制度和国有林场改革，建立健全规范有序的林权管理、流转交易和服务体系。推进农场体制改革，力争在资产股份制改革上取得突破，为县域经济发展注入新动力。

推进其他领域改革。深化财税体制改革，以预算改革规范支出，以债务管理严控风险，提高财政资金使用绩效。积极推行政府与社会资本合作模式（PPP），扩大公共产品和服务供给。支持金融机构争取国家大额低息长期贷款，提升服务县域经济发展水平。创新社会治理体制，深化信访制度改革。继续推进公立医院后续改革。统筹加快文化、教育和公共服务领域改革。

（六）突出惠民生、促和谐，均衡发展社会事业

全力推进脱贫攻坚。坚持“六个精准”，突出“五个一批”，依托“三到村三到户”、金融扶贫富民和生态脆弱地区移民等扶贫工程，实施精准扶贫、精准脱贫，因村、因户、因人施策，定点、定人、定责帮扶，提高扶贫实效。发放金融扶贫贷款2亿元，移民搬迁210户692人，年内实现2658人稳定脱贫。同步加强城乡养老保险、低保医保、救助救济等社会保障，强化就业创业扶持，转移农牧区劳动力7800人，保持城镇“零就业家庭”动态为零，城镇登记失业率控制在4%以内。

繁荣发展社会事业。巩固全国义务教育均衡县成果，加强教育管理，规范办学行为，强化教师队伍建设，力争教育质量有新突破。投资880万元，建设磴口一中、诚仁中学2座室内体育活动室，年内全部向市民开放，更好地满足学生和市民开展体育活动和健身的需求。建立公立医院医疗联合体，做强县医院，做特蒙中医院，做精妇幼保健院，城镇医疗资源向苏木镇、农场延伸。加快县医院二级甲等医院创建，开工建设蒙中医院门诊楼，大力提升城乡公共医疗服务水平。新农合智能审核系统投入运行，农牧民实现刷卡看病、即时即报。全面实施一对夫妇可生育两个孩子政策，促进人口均衡发展。加大教育、医疗、农牧业等领域高层次人才引进力度，实现引才育才层次规模与经济发展质量效益同步攀升。加快文化事业发展，加强文化遗产保护，启动鸡鹿塞文物保护工程。办好群众文化活动，公共文化服务窗口的辐射带动水平明显提高。扎实推进精神文明创建活动，提高公民文明素质。促进国防建设。认真开展第三次全国农业普查工作。积极支持工商联、工会、妇联、共青团、关工委、残联、科协等开展工作。

全力维护社会稳定。继续深化“平安磴口”建设，实施“七五”普法，努力形成办事依法、遇事找法、解决问题用法、化解矛盾靠法的法治环境。落实重大决策社会稳定风险评估机制，加大矛盾隐患排查，改进信访工作。加强市场监管，保障食品药品安全。严格实行安全生产“党政同责、一岗双责”，确保安全生产形势持续平稳。健全立体化社会治安防控体系，进一步扩大治安卡口、公共场所视频监控覆盖面，严厉打击各类违法犯罪行为，积极防范暴力恐怖活动。认真执行党的民族宗教政策，巩固民族团结的大好局面。让社会更平安，让群众更满意。

（七）突出强法治、提效能，全面加强自身建设

以“实”为先，专心致志谋干事。进一步巩固和扩大党的群众路线教育实践活动和“三严三实”专题教育成果，把作风建设引向深入。加强政务督查、效能监察和绩效考核，大力整治“庸、懒、散、拖”等问题，强化执行力和落实力。对确定的每一项工作，要绘好“路线图”，定好“时间表”，以“钉钉子”精神予以推进。改进文风会风，用更多时间深入基层、对接农企、推进工作，营造风清气正的干事创业环境。

以“法”为纲，规范行为会干事。建立政府责任清单制度，确保法定职责必须为、法无授权不可为。主动接受人大工作监督、法律监督和政协民主监督，重视群众监督和舆论监督。认真办理人大代表议案、建议和政协委员提案。完善政府重大行政决策合法性审查制度，建立重大决策终身责任追究制度及责任倒查机制。加快电子政务建设，加大政务公开，促进信息互通互认、开放共享，让数据“多走路”、群众“少跑腿”，让权力在阳光下运行。

以“责”为要，敢于担当干成事。面对愈发繁重的任务，坚持敢于负责、勇于担当、肯于实干。加快转变政府职能，不断提升履职能力。充分发挥市场在资源配置中的决定性作用，严厉打击干扰重点项目建设、企业生产经营等行为，严厉打击欺行霸市、假冒伪劣等行为，优化发展环境，维护公平正义，形成有效市场、有为政府的有机统一。

以“廉”为重，守住底线不出事。认真落实党风廉政建设责任制，严格执行廉洁自律各项规定。加强行政监察和审计监督，严控“三公”经费支出，严禁奢侈浪费。坚持从严治政，坚决查处各类违法违纪案件，保持惩治腐败的高压态势，树立务实为民、清正廉洁的政府形象。

各位代表，加快发展、赶超升位的艰巨任务鞭策着我们，富民强县、全面小康的美好前景鼓舞着我们。没有比人更高的山，没有比脚更长的路。让我们在县委的坚强领导下，紧紧依靠全县人民，凝心聚力，改革创新，攻坚克难，锐意进取，为建设生态富裕和谐美丽的新磴口而努力奋斗！

大事记

1月

12日　磴口县宝牛养殖有限责任公司大型沼气工程发电机成功发电，运行平稳。

截至月底　全县5个农场共有1275户、1701人享受了城乡低保待遇。年发放各类补贴及低保金808万元。

是月　磴口县浩丰、金马湖、纳林湖、沣源4个水产养殖场被农业部评为水产健康养殖示范场。磴口县已有部级水产健康养殖示范场5家。

2月

10日　磴口县召开2014年重大项目表彰会，会议表彰2014年度在重点工作、重大项目及其他方面做出贡献的先进集体和先进个人。县委副书记、县长樊文主持会议。县委书记李建军在会上作重要讲话。县委副书记王玉林宣读《关于表彰2014年度先进集体、先进个人的决定》。县四大班子领导出席会议。

同日　县委书记李建军看望慰问县人民武装部、武警中队和部分老干部、农村困难老党员、伤残军人、烈属，向他们送去新春祝福。县四大班子领导参加慰问。

是月　由磴口县旅游局主办的磴口县旅游网（http://www.dkxly.com）正式上线运行，为全国各地的旅游爱好者提供磴口最新最热的旅游活动、服务、游娱等资源信息。

是月　磴口县与华丰瑞通工贸公司签订年产5万吨酒精项目合作协议书。该项目初步选址在工业园区，项目总投资2亿元。

3月

1日　磴口县举行首届黄河三盛公流凌旅游文体活动启动仪式。活动的主题为“观赏流凌、保护黄河、绿色出行”，活动从3月开始，一直持续到4月中旬。活动期间，举办观流凌健康行感恩母亲河亲子游活动、自行车绿色出行体验活动、巧媳妇开河鱼美食烹饪大赛、书画摄影采风、流凌景观摄影大赛、生态采摘游等一系列活动。

4日　磴口县政法委干部唐永刚被评为巴彦淖尔市第二届道德模范。2012年10月，唐永刚加入中国造血干细胞志愿者行列，成为中华骨髓库的一名志愿捐献者。

4—5日　在富源广场举行元宵节文艺演出和各类庆祝活动。

18日　全县嘎查村“两委”换届选举工作会议在会展中心召开，会议贯彻落实全县嘎查村“两委”换届选举工作领导小组会议精神，安排部署换届选举具体工作。县人大常委会副主任武世强主持会议，县委副书记、全县嘎查村“两委”换届选举工作领导小组副组长王玉林在会上做重要讲话。县委常委、组织部部长、全县嘎查村“两委”换届选举工作领导小组副组长梁景就嘎查村“两委”换届选举有关精神要求进行专题辅导。市嘎查村“两委”换届选举工作第二督查指导组组长赵军、副组长申贺华应邀参加会议，县领导张秀文，全县嘎查村“两委”换届选举工作领导小组成员、督查指导组成员，各苏木镇负责人、部分嘎查村党支部书记代表参加会议。

31日 磴口县民间艺术团体——夕阳红艺术团的24名成员到北京参加中央电视台综艺频道《舞蹈大世界》节目录制。

是月 磴口县与巴运公司北京首航直升机通用航空服务有限公司三方共同签订通用航空产业项目框架协议。

是月 由磴口县民晟农业开发有限公司建设的1万亩文冠果栽培基地项目在沙金苏木巴音宝力格嘎查开工建设。先期将投资7000万元，建成1万亩文冠果栽培基地。

是月 磴口县规模化节水灌溉增效示范项目开工建设。该项目建设地点涉及全县4个苏木镇，共分为8个片区。项目总投资1363.02万元。

4月

17日 全县召开迎接区、市重点项目观摩工作推进会。会上，县委书记李建军认真听取县直相关单位和各苏木镇、国有农场重点项目工作进展情况的汇报，并强调重点工程现场准备要更充分，抓好准备工作的各个细节，切实做到工程完成保质保量，努力在重点项目观摩中出成果、见成效。县领导樊文、袁兴国、弓建刚、李山、闫永生、温志红、斯日古楞参加会议。

26日 第二届乌兰布和沙漠“纳林湖”沙雕艺术大赛暨纳林湖开湖节开幕。

5月

14日 根据自治区党委统一部署，党委第十一巡视组开始对磴口县开展常规巡视。并召开动员汇报会，会议由县委书记李建军主持。自治区党委第十一巡视组组长侯秉权就即将开展的巡视工作作了讲话，巴彦淖尔市委副书记胡丰就如何配合做好巡视工作提出要求，县委书记李建军作表态发言并汇报两年来全县工作的相关情况。自治区党委第十一巡视组全体成员，磴口县全体处级干部，副科以上领导干部，“两代表一委员”、退休干部代表，县纪委、县委组织部班子成员参加会议。

20日 县委召开全县“三严三实”专题教育工作部署暨专题党课报告会，全县“三严三实”专题教育全面启动。县委书记李建军围绕深刻领会“三严三实”的重大意义、深刻理解“三严三实”的丰富内涵、充分认清“不严不实”的具体表现和严重危害、准确把握“三严三实”的实践要求，全力争做“三严三实”好干部作了深入浅出的精彩讲解，并就如何扎实有序开展好磴口县“三严三实”专题教育工作进行安排部署。县领导樊文、田有光、王玉林等县处级领导及全县科级以上领导干部参加会议。

30日 县委书记李建军带领考察团赴五原县、临河区对基层党建工作及农村牧区“美丽乡村”建设工程建设情况进行考察。考察团先后到五原隆兴昌镇王善村、刘四拉新村，临河区狼山镇富强村、城关镇万丰村，实地察看了基层党建工作及农村牧区“美丽乡村”建设工程建设情况。

是月 中国治沙暨沙业学会公布2014年度全国沙产业示范企业（基地）的评选结果，内蒙古王爷地苁蓉生物有限公司荣获“2014年度全国沙产业示范企业（基地）”的称号。

是月 乌兰布和沙漠兴套川农林开发公司基地，引进一新品种——菊芋，种植1000余亩菊芋。

6月

9—10日 磴口县第十八届中小学生运动会在诚仁中学举行。

11—14日 河南大地通用航空有限公司董事长王洪杰一行到磴口县考察洽谈，并与磴口县签订了磴口县航空产业项目框架协议。该项目选址在南湖湿地公园南侧，计划投资6亿元，逐步分期建设三类机场。

19日 县委书记李建军主持召开县委常委会“三严三实”专题教育学习研讨会，围绕“严以修身”这一主题，总结前一阶段学习成果，交流修身体会，进一步锤炼党性修养，筑牢理想信念，以更加严实的作风推动全县改革发展稳定各项工作干在实处、争先创优。樊文、田有光、王玉林等四大班子领导参加会议。

27—28日 2015年，乌兰布和沙漠“金马湖”杯全国垂钓大赛暨第四届“四海之星”城市友好对抗赛——磴口分站赛在金马湖国际垂钓中心举办。比赛吸引了北京、深圳、湖南、湖北、辽宁、山西、陕西、宁夏、青海等地的近千名垂钓手到此挥竿竞技。市县领导贾润莲、吐嘎、李建军、樊文、赵淑兰、王玉林、谢金、李山、温志红、宋巨宾、武世强、秦霞、黄永利、邢旺喜、马海波出席比赛开幕式和闭幕式。

是月 青岛昌盛日电太阳能科技有限公司投资建设光伏农业示范园区项目在磴口县开工建设。该项目位于工业园区南滩110千伏变电站以西，占地面积1万亩，总投资45亿元建设总规模200兆瓦的光伏农业示范园区项目。

是月 磴口县工业园区引进年产3万吨酒精技术改造建设项目。该项目由华丰瑞通工贸有限责任公司建设，项目占地面积412.3亩。

7月

1日 磴口县举行庆“七一”党建知识竞赛。来自全县41家单位的123名选手报名参加比赛。磴口一中代表队荣获一等奖，司法局代表队和人大机关代表队荣获二等奖，乌兰布和农场代表队、渡口镇代表队、工商联代表队荣获三等奖。

3日 五原县委副书记、代县长张广明一行到磴口县考察农村牧区“美丽乡村”建设工程。考察组先后深入磴口县补隆淖镇坝楞新村、黄土档村、渡口镇新地村，实地了解当地“美丽乡村”建设工程建设和产业化发展情况。看街巷硬化、看危旧房改造、进农户新居、问农户收入来源，考察组成员都认真听取介绍，详细询问工程建设细节，纷纷表示磴口县“美丽乡村”建设工程，坚持因地制宜、规划先行、注重基础设施建设、特点突出，取得的效果是明显的。

8日 乌拉特中旗委书记徐茂龙带领党政考察团到磴口县考察农村牧区“美丽乡村”建设工程。考察团一行先后深入磴口县补隆淖镇坝楞新村、黄土档村、乌兰布和农场二分场和渡口镇新地村实地了解情况，并认真听取汇报，询问各村产业发展情况，并交流了工程建设中的好经验、好做法。

27日 磴口县第23届华莱士节开幕。县委常委、宣传部部长、副县长温志红致开幕辞并宣布开幕。本届华莱士节的主题是“以瓜为媒、以游为介，打响百湖之乡旅游品牌，展示魅力磴口迷人风采”。市领导程国权、吐嘎，县领导李建军、樊文、赵淑兰、王玉林等出席开幕式。

29日 在“八一”建军节即将来临之际，李建军、樊文、赵淑兰、王玉林、谢金等四大班子领导分成两组看望慰问4个驻县部队官兵和魏富明、刘明普等4名重点优抚对象。

8月

1日 磴口县在富源广场举行首届“蒙银杯”磴口县10名好青年颁奖晚会。

3日 清华大学教育扶贫现代远程教学点在磴口县教育局举行揭牌仪式。

7日 由自治区旅游局主办的“相约亮丽内蒙古体验激情与浪漫碰撞”2015年百名媒体旅行商内蒙古旅游踩线活动团到磴口县踩线。踩线活动中，由北京、天津、上海、广东、江西、浙江、四川等全国各地的90多家媒体记者和旅行商组成的130人旅游踩线考察团，先后到磴口县各大景区进行实地了解。

19日 自治区党委第十一巡视组在磴口县召开巡视情况反馈会。会上，自治区党委第十一巡视组组长侯秉权传达了自治区党委“五人小组”听取巡视综合情况汇报时的讲话精神，并代表巡视组向全县领导班子反馈巡视意见。巴彦淖尔市委副书记胡丰出席会议并讲话。县委书记李建军主持会议并作表态发言。县委、县人大、县政府、县政协领导班子成员出席会议。副处级以上领导干部、老干部代表、“两代一委”代表、纪委监察局和组织部班子成员等列席会议。

21日 磴口县举办第一届内蒙古兵团文化艺术节。来自全国各地的兵团战友700余名，其中包括内蒙古自治区检察院原检察长邢宝玉、《人民日报》海外版原副总编钱江等。自治区领导王惠中，市领导郭介中、吐嘎、袁增柱、胡延春、刘建忠、刘俊英，县领导李建军、樊文、田有光、赵淑兰等出席本次活动。

9月

2日 全县百名干部下基层“推进四个全面，加强重点工作”动员大会召开，会议对全县“美丽乡村”建设工程、农牧区基层党建工作、“三到村三到户”扶贫攻坚工程，农牧区产业发展、结构调整工作进行安排部署。县委副书记、县长樊文主持会议并作重要讲话。王玉林等四大班子领导及各苏木镇、农场主要负责人，各嘎查村第一书记和书记，包联单位负责人，包村干部，“三到村三到户”包村干部参加会议。

10月

23日 县委书记李建军主持召开县委2015年第十五次常委（扩大）会议。会议通报全县2015年前三季度经济运行情况，传达市委第十九次常委（扩大）会议精神，研究部署下一步全县“美丽乡村”建设工程有关工作以及第四季度重点工作，对下一年迎接自治区观摩检查进行安排部署。各苏木镇、国有农场就下一步做好“美丽乡村”建设工程进行表态发言。自治区调研督导组驻县工作组组长冉建生，成员李铁峰、何晓敏，县领导樊文、赵淑兰、王玉林等参加会议。

11月

5日 县委书记李建军主持召开乌兰布和农场、渡口镇“美丽乡村”建设工程片区推进会，对下一阶段的“美丽乡村”建设工程进行再动员、再部署，确保高效率、高质量完成目标任务。会上，县委常委、县委办公室主任李山传达了全县关于《第二批干部下乡驻村和部门包村推进重点工作实施方案》和《关于进一步做好美丽乡村工程村庄改造的指导意见》的文件，听取了乌兰布和农场、渡口镇、市场监督管理局等苏木镇农场和驻村单位负责人的发言。县领导刘峰、李山、张秀文参加会议并作表态发言。

17日 全县农村牧区重点工作推进会召开，副县长斯日古楞主持会议。会议通报了土地草原确权颁证和秋冬季防疫工作进展情况、全县深化小型水利工程管理体制改革工作、全县冬春造林工作进展情况、水权置换工程进展及更新造林工作情况、2015年农业综合开发项目进展及2016年项目安排情况。苏木镇、国有农场汇报了冬春造林绿化、土地草原确权工作进展情况及下一步工作安排。县领导樊文、王玉林、秦霞出席会议。

25日 县委副书记王玉林主持召开全县全面深化改革工作推进会。会议听取了来自全县经济、文化、党建、社会治理等6个专项小组全面深化改革工作推进情况，并就下一步全县全面深化改革和当前重点工作进行安排部署。县领导袁兴国、弓建刚、温志红、梁景及各相关部门负责人参加推进会。

26日 全市推进旅游产业发展会议在磴口县召开。市委副书记、市长段志强，副市长师银来，县领导樊文、温志红以及各旗县区政府主要领导、分管领导和旅游局负责人，市直相关部门及重点旅游企业主要负责人参加会议。

30日 磴口县召开三项重点工作调度大会，传达全市三级干部学习贯彻中共十八届五中全会、自治区党委九届十四次全委会议精神暨“美丽乡村”建设工作培训会精神，全面总结“美丽乡村”建设工程“大干60天”攻坚战成绩，交流和推广农村牧区“美丽乡村”建设、产业发展和结构调整、基层党组织建设“三项重点工作”推进中的好经验、好做法，研究、分析存在的困难和问题，全面部署下一阶段工作任务。县委副书记王玉林主持会议，县委副书记、县长樊文作重要讲话。自治区驻县调研督导组组长冉建生、市驻县工作推进组常务副组长胡剑出席会议。全体县处级领导，各苏木镇、农场和县直部门主要领导参加会议。

是月 京津风沙源二期工程水利水保项目在磴口县启动。

12月

1日 巴彦淖尔市首个以观光旅游为主的低空飞行项目在磴口县三盛公国家水利风景区北岸码头试航成功。据悉，该项目所用直升机为罗宾逊R44 RAVEN II直升机，标准4座，一次可载客2人，实用载荷为373千克，最大航程为556公里。

20日 中共磴口县委第十四届九次全委（扩大）会议召开。县委副书记、县长樊文主持会议，并在会上讲话。县委书记李建军代表县委常委会向全委会报告工作，并对《中共磴口县委关于制定国民经济和社会发展第十三个五年规划的建议（讨论稿）》作说明。县四大班子领导出席。会议邀请自治区推进三项重点工作调研督导组有关负责人列席本次会议。

20—21日 政协磴口县第九届委员会第四次会议隆重召开。会议听取了政协主席赵淑兰代表政协第九届常委会所作的工作报告，以及政协副主席马海波代表磴口县第九届委员会常务委员会作的提案工作情况报告。县委书记李建军出席会议并作重要讲话。

21—22日 磴口县第十六届人民代表大会第四次会议召开。人大常委会副主任宋巨宾主持会议。会上，县委副书记、县长樊文作政府工作报告，县人大常委会主任田有光作人大常委会工作报告。

概 况

自然地理

【区域位置】 磴口县位于内蒙古自治区西部，隶属于巴彦淖尔市；地处河套平原与乌兰布和沙漠衔接带，地理坐标北纬40°9′—40°57′、东经106°9′—107°10′；东南隔黄河与鄂尔多斯市杭锦旗、鄂托克旗相望，北及东北与巴彦淖尔市乌拉特后旗、杭锦后旗搭界，西南与阿拉善盟阿拉善左旗为邻。东西约长92公里，南北约宽65公里，总面积4167平方公里，约占内蒙古自治区总面积的0.31%，占巴彦淖尔市总面积的5.57%。磴口县辖1个苏木、4个镇，5个国有农场。

【地势地貌】 磴口县地势由东南向西北倾斜，黄河流经县境52公里。地貌分3个单元，即山地、平原和沙漠，海拔1030—2046米。

西北部多为山地，系阴山山脉狼山西端。在南北向应力作用下，地壳褶皱隆起，形成东西向构造带。经历多次地壳运动、火山喷发，形成如今层峦叠嶂、沟壑纵横、怪石嶙峋的山地景观。山地有八大沟系，呈西南—东北走向，山体相对高差800米。山地总面积为970万公顷，是磴口牧区，盛产阿拉善双峰红驼、蒙古黄牛和二狼山白山羊。山地蕴藏着铜、铁、红柱石、大理石、白瓷石、花岗岩、硅石等20多种矿物，已探明储量的有10种。

东部及东北部为平原，属内蒙古河套平原西部，海拔在1037—1053米，总面积303万公顷。地势平坦、土层深厚、土壤肥沃、物产丰富，是国家商品粮生产基地。出产小麦、玉米、番茄、油葵、大豆、土豆、蔬菜等。平原与沙漠衔接地带盛产华莱士瓜、甜瓜。华莱士瓜以其浓郁的芳香和独特的口味享誉国内外，因此磴口县被国务院特产办命名为“华莱士蜜瓜之乡”。磴口华莱士蜜瓜成为磴口县的知名品牌。

中部和西部为乌兰布和沙漠，沙丘形态复杂，有流动沙丘，固定、半固定沙丘。濒临黄河的西南部多新月形或垄冈形流动沙丘链，县域中、北部多半固定或固定沙丘。沙丘一般高1—10米，最高达到50多米，总面积2846万公顷。沙地中有形状不同、大小不等的湖泊160多个，平均水深2米左右，水质pH值在8左右。湖中遍生水草和各种鱼类，是天鹅等候鸟迁徙必经之地。每年初春深秋，众多珍禽异鸟在湖中嬉戏。

【气候气象】 磴口县属温带大陆性季风气候，其特征是冬季寒冷漫长，春秋短暂，夏季炎热，降雨量少，日照充足，热量丰富，昼夜温差大，积温高，无霜期短。四季分明，冬长夏短，多风少雨，气候干燥。

日照。2015年日照时数为3267.4小时，其中月平均气温低于0℃期间日照总时数为662.4小时，大于10℃期间日照总时数为1857.0小时。4—9月，农作物生长季节，每月日照时数平均在

309.5 小时以上。年最多日照时数的 5 月为 340.7 小时，最少日照时数的 11 月为 164.6 小时。

气温和湿度。2015 年年均气温为 10.0℃，较常年偏高 1.2℃。一年最高气温为 38.4℃，出现在 7 月 28 日；一年最低气温为 –16.4℃，出现在 1 月 27 日。最热的 7 月平均气温为 25.2℃，最冷的 1 月平均气温为 –5.7℃。1 月平均最低气温在 –10.6℃，7 月平均最高气温在 31.4℃。年平均相对湿度在 45%。

地温和冻土。2015 年平均地表温度 13.2℃。年极高地表温度为 68.1℃，出现在 8 月 3 日；极端最低地表温度 –17.5℃，出现在 2 月 22 日。2015 年最大深冻土为 65 厘米。

降水量。2015 年降水量 148.9 毫米。全年最长连续无降水共计 141 天。

风。2015 年年平均风速在 2.2 米 / 秒。全年大风日为 6 天。

霜。2015 年无霜期为 177 天。霜冻终日为 4 月 14 日，初日为 10 月 7 日。

雪。2015 年出现积雪日数 4 天，最大雪深 4 厘米。

资源能源

【自然资源】 磴口县濒临黄河，依乌兰布和沙漠，北靠阴山，独特地理优势和气候特征，使这里的自然资源十分丰富。磴口县濒临黄河，依乌兰布和沙漠，北靠阴山，独特地理优势和气候特征，使这里的自然资源十分丰富。盛产小麦、玉米、油葵、甜菜、番茄等农作物。名优特产华莱士瓜、王爷地甘草、苁蓉、南瓜、二狼山山羊绒等在国内外久负盛名；野生植物主要有山榆、胡杨、梭梭林、中药材等；动物主要有天鹅、灰鹤、野鸭、野鸡、黄羊、野兔、各种鱼类等，其中尤以黄河鲶鱼、鲤鱼最为出名。县域内有着丰富的矿产资源，已发现的有 20 多种。

【土地资源】 磴口县土地总面积 4167 平方公里。其中，有耕地 65.3 万亩，盐碱地 20 万亩。乌兰布和沙漠延伸到磴口境内 426.9 万亩，有近 200 万亩沙地适宜开发治理。

【水资源】 磴口县水资源丰富，水质良好，有很大的开发利用空间。黄河水是磴口县最大的水资源，可用来灌溉农田，且是磴口地下水补给的主要来源。磴口县多年平均引黄水量 6.0 亿立方米左右，全部用于农林牧业灌溉和生态用水。那仁宝力格沟、哈日格那沟的潜流作为人畜饮水集中供水工程的水源地进行利用。地下水资源量为 7.131 亿立方米，可开采量为 2.11 亿立方米，可开采模数为 5.06 万立方米 / 平方公里，地下水年平均埋深 1.83 米。磴口县地下水补给量为 4.927 亿立方米，其中黄河侧渗和灌溉入渗补给量约为 4.35 亿立方米，大气降水入渗补给和狼山侧向补给量约为 0.557 亿立方米。磴口县海子平均蓄水量约 2.5 亿立方米，主要用于水产养殖和芦苇生长。

地表水资源。磴口县降雨量小，多年平均降水量约 137 毫米，基本形不成地表径流。黄河径流磴口县境内全长 52 公里，县内有人工渠道总干渠 1 条，干渠 1 条，分干渠 6 条，排水干沟 2 条，分干沟 5 条，近几年全县平均引黄水量 6.0 亿立方米左右。县境内的阴山上分布有 8 条较大的沟谷，平时大都有泉水溢出，其中哈日格那沟流量最大，约 0.13 立方米 / 秒。

地下水资源。山前洪积扇地下水较为丰富。一般埋深在 3—30 米以下，矿化度 0.5—2.5 克 / 升，单井涌水量 100—140 立方米 / 小时。套区和沿黄河沙区边缘因补给量大，地下水埋深一般在 0.5—3 米之间，矿化度 0.7—2 克 / 升，单井涌水量 50—100 立方米 / 小时。乌兰布和沙区中部地下水埋深一般在 1—10 米以下，矿化度 3 克 / 升左右，单井涌水量 40—80 立方米 / 小时，到山前洪积扇前沿洼地矿化度增高，达 4—7 克 / 升。地下水补给主要是灌溉入渗补给和黄河侧渗补给。

海子湖泊。磴口县湖泊水域主要类型为风蚀湖、人工湖两大类，大小湖泊160个，总水面面积为24.4万亩（内陆水面面积为18万亩；黄河流经磴口县境内52公里，面积为1.56万亩）。湖泊水域面积百亩以上145个，其中万亩以上2个；万亩以下千亩以上（包括1000亩）46个；千亩以下百亩以上97个；百亩以下15个。全县总湿地面积为58.7万亩（包括黄河河道面积24.2万亩）。

【风能资源】 磴口县北部地处在贺兰山和狼山风口上，风力资源十分丰富。据测量，年平均风速达4.5米/秒，年大于或等于3米/秒的时间达6800小时以上，大于或等于6米/秒的时间每年有2200—2500小时，是中国除东南沿海外，全国内陆仅有的几个风能丰富区之一。加上磴口县土地面积大，地形开阔，地热平坦，距电网较近，交通便利，具备建设大型风电场的条件。为把风能资源转变为现实生产力，磴口县与工菱公司等5家公司积极洽谈并签订合作协议书，已做前期工作。磴口地区历年平均最大风速为23米/秒，瞬间最大风速28米/秒。

【太阳能资源】 磴口县太阳能资源十分丰富，属中国太阳能资源富集区域，是自治区规划的发展太阳能发电的重点区域。太阳的年总辐射量为200—204瓦/平方米，各月总辐射的高值在5月、6月、7月，其次为8月、4月、9月，其中5月达到极高值，此时云量少、晴天多、日照足，辐射强烈。磴口县2015年日照时数在3100—3300小时以上。其中，乌兰布和沙区2015年日照时数在3380小时以上，属全市最高地区。磴口县多年年平均气温7.6℃，极端最高气温38.2℃，极端最低气温-34.2℃。4—9月平均日照1807.2小时，占年值的55.9%，春季为27.2%，夏季为28.4%，秋季为27.5%，与总辐射一致，全市日照5月达到最大，日照百分率为71%—75%。

【国土资源】 2015年，全县土地总面积367626.93公顷。其中农用地面积为172714.41公顷，占全县土地面积的46.98%；建设用地8108.82公顷，占全县土地面积的2.2%；未利用地面积186803.7公顷，占全县土地面积的50.81%；全县耕地面积54381.59公顷。

建置·区划

【行政区划】 磴口县辖4个镇、1个苏木、5个农场，分别为巴彦高勒镇、补隆淖镇、隆盛合镇、渡口镇；沙金套海苏木；乌兰布和农场、巴彦套海农场、哈腾套海农场、包尔盖农场、纳林套海农场。

人口·民族·宗教

【人　口】 2015年年末，磴口县总人口11.63万人（户籍人口），比2014年年末减少433人。其中非农业人口5.13万人、农业人口6.50万人，城乡人口比例为44.1∶55.9。全年出生人口540人，出生率5.36‰；死亡人口451人，死亡率4.48‰；自然增长率0.89‰。“十二五”规划时期，全县总人口年均下降1.3%，低于“十一五”规划时期平均增速1.54个百分点。

【民　族】 磴口县是一个多民族群众聚居和散杂居并存的地区，全县共有16个少数民族，少数民族人口为11314人，占全县总人口的9.2%。其中，蒙古族人口为5199人，占全县总人口的4.2%，占少数民族人口的46%；回族人口为5405人，占全县总人口的4.4%，占少数民族人口的47.8%；满族人口为466人，占全县总人口的0.4%，占少数民族人口的4.1%；其他民族人口合计为244人，占全县总人口的0.2%，占少数民族人口的2.1%。

【宗　教】 磴口县是一个宗教工作任务较重的地区，天主教、基督教、伊斯兰教、汉佛教、藏传佛教在县都有活动。全县共有已登记的宗教活动场所18处、宗教活动处所1处。有天主教信教群众6000余人，有教堂3处，弥撒点3个，信教群众主要分布在巴彦高勒镇、渡口镇和补隆淖镇；基督教信教群众近500人，有教堂2处，家庭聚会点2个，信教群众主要分布在巴彦高勒镇和包尔盖农场；伊斯兰教信教群众3000多人，有清真寺9处，信教群众主要分布在巴彦高勒镇、渡口镇、补隆淖镇、乌兰布和农场和哈腾套海农场；藏传佛教信教群众600—700人，有寺庙1处，信教群众主要分布在沙金套海苏木；汉佛教信教群众约1000人，有寺庙3处，信教群众主要分布在巴彦高勒镇、渡口镇和隆盛合镇。

国民经济和社会发展

【综　述】 2015年，全县生产总值50.87亿元，比2014年增长7.9%。其中，第一产业增加值9.36亿元，增长5.4%；第二产业增加值29.79亿元，增长8.3%；第三产业增加值11.72亿元，增长8.6%。第一、二、三产业结构由2014年的19.8∶57.7∶22.5调整为18.4∶58.6∶23.0。人均生产总值43642元，按年平均汇率折算7008美元。

"十二五"规划时期，全县地区生产总值累计235.6亿元，是"十一五"规划时期的1.6倍；年均增长7.1%，低于"十一五"规划时期平均增速8.9个百分点，其中，第一产业、第二产业、第三产业年均分别增长4.3%、8.0%、6.7%。

全年居民消费价格比2014年上涨1.6%。其中，食品类上涨1.8%，烟酒类与2014年持平，衣着类上涨3.5%，医疗保健及个人用品上涨0.8%，交通和通信下降0.4%，居住价格上涨0.7%，娱乐教育文化用品及服务价格上涨3.0%，家庭设备用品及维修服务价格上涨2.01%，商品零售价格上涨0.7%，农业生产资料价格下降1.1%。

全县就业人员66178人，增长3.3%。全年城镇新增就业人员850人；就业困难人员实现再就业240人；安置下岗失业人员再就业160人；农牧区劳动力转移就业人员9403人；城镇登记失业率3.9%，与2014年持平。

全年公共财政预算收入累计完成24393万元，同比增收2383万元，增长10.8%。从征收部门看，国税部门完成3725万元，下降2.8%；地税部门完成17230万元，增长11.7%；财政部门完成3438万元，增长24.9%。全年公共财政预算支出154164万元，增长37.3%。其中，一般公共服务支出12801万元，增长48.3%；教育支出13618万元，增长21.8%；医疗卫生支出9683万元，增长37.4%；社会保障与就业支出28487万元，增长2.7%；农林水事务支出41742万元，增长64.6%；节能环保支出7832万元，下降10.2%；城乡社区事务支出6786万元，增长142.6%。

"十二五"规划时期，全县公共财政预算收入年均增长20.1%，高于"十一五"规划时期平均增速12.7个百分点。

【农　业】 全年农业总产值143443.99万元，下降1.1%，农、林、牧、渔业及其他服务业结构比例为61∶6.3∶30.4∶1.2∶1.1。

农作物总播种面积84.6万亩，比2014年增长19.47%。粮食作物面积39.85万亩，增长11.84%。其中，小麦面积2.5万亩，下降44.5%；玉米面积37.27万亩，增长10.33%。经济作物面积33.16万亩，增长18.8%。其中，油料面积23.91万亩，增长18.37%；番茄面积1.16万亩，下降26.1%。饲草作物面积11.59万亩，增长59.4%。粮、经、草比例由2014年的50.3∶39.4∶10.3调整为47.1∶39.2∶13.7。主要大宗农作物良种率达到100%。设施农业成效显著，全县设施农业面积累计达到1.5万亩，其中日光温室0.47万亩、塑料大棚1.03万亩，初步形成反季节甜瓜、蔬菜生产及育苗的规模化种植。

化肥施用量41307吨，同比增长28.2%；农村非生产用电量1031.78万千瓦时，增长5.5%；

年末农牧业机械总动力 48.47 万千瓦，增长 3.1%。

【畜牧业】 全年畜牧业产值 43686.8 万元，下降 0.7%，占农业总产值的比重达 30.46%。牧业年度（2015 年 6 月末）牲畜存栏总数 66.26 万头（只），同比增长 10.6%；牲畜总增 65.71 万头（只），总增长率 109.68%；良种及改良种比率 91.99%；能繁母畜 39.57 万头（只），占牲畜总头数的 59.72%。畜牧业养殖规模化、标准化水平稳步提升，全县规模化养殖总户数达 370 户。

年度牲畜存栏总数 46.86 万头（只），同比增长 4.6%。其中，大牲畜 8.02 万头，比 2014 年增长 97.8%（其中奶牛 6.26 万头，当年购进 2.72 万头）；羊 36.51 万只，下降 5.09%；猪 2.23 万头，增长 32.39%。出栏总数为 61.22 万头（只），比 2014 年增长 23.5%；出栏率 136.67%，比 2014 年提高 19.18 个百分点。全年肉类总产量 11020 吨，同比减少 1.16%。其中，猪肉产量达到 1950 吨，增长 12.26%；牛肉产量达到 1899 吨，下降 28.8%；羊肉产量达到 6976 吨，增长 6.4%。牛奶产量 148811 吨，增长 101.7%；禽蛋产量 467 吨，增长 8.4%；水产品产量 1033 吨，增长 16.98%；山羊绒产量 41 吨，增长 20.6%。

【林　业】 全年共完成人工造林面积 5.89 万亩，飞播造林 6.0 万亩，年末实有封山育林面积 118.78 万亩。

【工　业】 全年全部工业总产值 637992.6 万元，比 2014 年增长 7.3%，其中规模以上工业总产值 576149.3 万元，增长 8.3%；全部工业增加值 257000 万元，增长 8.4%，其中规模以上工业增加值 164347.1 万元，增长 9.2%；产品销售率 90%，同比提高 0.1 个百分点。

在规模以上工业增加值中：

食品制造业 92897.9 万元，增长 26.8%；化学原料及化学制品制造业 10883.2 万元，下降 -18.8%；电力、热力生产供应业 44760.5 万元，增长 3.8%；燃气生产和供应业 7603.9 万元，下降 31.3%；黑色金属冶炼及压延加工业 3452.7 万元，下降 0.9%；非金属矿物制品业 4749 万元，下降 4.6%。

轻重工业增加值比例由 2014 年的 39.5 : 60.5 调整为 56.5 : 43.5。轻工业增加值 92897.9 万元，增长 26.8%；重工业增加值 71449.2 万元，下降 6.9%。

全年规模以上工业主营业务收入 501191.8 万元，增长 7.56%；实际上缴税金 26494 万元，下降 4.9%；亏损企业亏损额 25.1 万元，下降 87.06%。

“十二五”规划时期，全县规模以上增加值累计 70.07 亿元，比“十一五”规划时期增长 9.9%；年均增长 7.1%，低于“十一五”规划时期平均增速 21.4 个百分点。

【建筑业】 全年全社会建筑业增加值 4.09 亿元，比 2014 年增长 8.2%。

【固定资产投资】 全年全社会固定资产投资 389488 万元，比 2014 年增长 28.43%。其中，500 万元以上固定资产投资 388491 万元，增长 29.5%；农村限下固定资产投资 997 万元，下降 69%。按投资控股类型划分，其中国有控股 120794 万元、私人控股 267697 万元。

在 500 万元以上固定资产投资中，第一产业投资 7357 万元，下降 93.3%；第二产业投资 280611 万元，增长 141.54%；第三产业投资 100523 万元，增长 35.74%。按主要行业划分：制造业 59679 万元，增长 20.49%；电力、热力生产和供应业 220932 万元，增长 253.81%；水利管理业 27329 万元，下降 38.61%；农林牧渔业 7357 万元，下降 93.3%；交通运输、仓储和邮政业 24026 万元，增长 126.13%。全部建成投产项目 39 个，投产率达 95%；新增固定资产 272612 万元，交付使用率 90%。房屋建筑施工面积 2.2 万平方米，增长 6.53%，其中住宅施工面积 1.4 万平方米，下降 15.6%。竣工房屋面积 1.9 万平方米，下降 7.6%，其中住宅竣工面积 1.4 万平方米，下降 15.6%。

“十二五”规划时期，全社会固定资产投资

累计164.2亿元，比“十一五”规划时期增长30.3%；年均增长6.26%，低于“十一五”规划时期平均增速10.7个百分点。其中，工业投资年均增长20.1%，低于“十一五”规划时期平均增速0.6个百分点。

【国内外贸易】 全年社会消费品零售总额141949.8万元，同比增长8.3%。按经营地统计，城镇零售额125073.6万元，增长8.1%；农村零售额16876.2万元，增长9.2%。按行业统计，批发零售贸易业115946.6万元，增长8.0%；住宿餐饮业26003.2万元，增长9.3%。

“十二五”规划时期，社会消费品零售总额累计实现57.92亿元，是“十一五”规划时期的1倍；年均增长13%，高于“十一五”规划时期年均增速0.4个百分点。

全年对外贸易出口交货值2176.6万美元，比2014年增长88.7%。出口的主要产品有番茄酱、硫化碱等。全年引进国内（区外）资金15.04亿元，下降24.8%；引进区内（市外）资金15.96亿元，增长22.5%。

【交通运输】 全年交通运输和邮电通信业增加值1.87亿元，比2014年增长2.4%。年末全县公路总里程1799公里，其中等级公路1289公里，等级公路率72%，在等级公路中有铺装路面793.9公里。全年公路货运量508.2万吨，下降1.3%，货物周转量4254.65万吨/公里，下降17.4%；客运量26.25万人，下降42.2%，旅客周转量2388.59万人/公里，下降66.5%。

【邮　电】 全年邮电业务总量8679.9万元，增长2.65%。其中邮政业务955万元，增长0.1%；电信业务7724.9万元，增长2.97%。本地网固定电话用户17061户；移动电话用户13.1万户，每百人拥有电话普及率（包括固定和移动电话）125部。互联网注册用户2.2万户。

【金　融】 年末金融机构各项存款余额426444万元，增长16.8%，其中住户存款余额298239万元，增长16.6%；非金融企业存款余额32769万元；广义政府存款余额95259万元。

年末金融机构各项贷款余额305915万元，增长18.6%，其中住户贷款余额214137万元；非金融企业贷款余额91778万元。

全年保险业保费收入10896万元，比2014年增长21.5%，其中财产险收入4761万元，增长5.7%；人寿险收入6135万元，增长24.8%。保险赔款及给付支出3239万元，增长11.1%，其中财产险2794万元，增长7.2%；人寿险445万元，增长39.1%。

【教　育】 全县共有幼儿园8所（教育部门办2所），入园人数727人；在园人数1835人，下降0.3%；离园人数613人。普通中学2所，其中完全中学1所，初级中学1所。高中招收学生488人，下降14.1%；在校生1600人，下降14.1%；毕业生736人，增长9.52%。初中招收学生580人，下降13.7%；在校生2016人，下降8.2%，其中少数民族253人；毕业生704人，下降10.5%；初中适龄人口入学率100%，初中毕业生升学率97.57%。小学校11所（镇区3所、乡村8所），招收学生651人，下降3%；在校生3918人，下降3.3%，其中少数民族454人，增长7.6%；毕业生639人，下降14%。

【卫　生】 年末共有卫生机构12个，其中医院3个，苏木镇卫生院7个，卫生监督所1个，疾病防控中心1个。有社区卫生服务中心1个，社区服务站3个，诊所38个，村卫生室40个；医疗卫生单位拥有病床904张，其中医院拥有637张；拥有卫生技术人员605人（医院有339人），其中执业医师166人，助理医师36人，注册护士210人。

【科　技】 年末拥有科学研究开发机构1个，科技经费支出262万元，下降52.3%；拥有自治区高新技术企业1家；拥有自治区名牌产品6个，自治区著名商标5个。

【文 化】 磴口县“十个全覆盖”工程取得阶段性重大成果。累计完成农牧区危房改造7729户，解决安全饮水6670人，街巷硬化233公里，农网升级改造394公里，安装“户户通”4100户、为92个村庄安装广播“村村响”，校舍安全改造全部完成，新建嘎查村标准化卫生室18所、便民超市50个，改建文化活动室41个，修建活动广场43处。

水、绿、沙、文化彰显特色。依托“百湖”优势，建成南湖北海西翠湖、北出口湿地保护与恢复工程，积极创建全国渔业健康养殖示范县。文冠果、黑枸杞种植成功，沙草产业扩量提质。兵团文化博物馆、冯玉祥西北军粮仓、百年天主教堂对外开放，老县委大院修缮恢复开工建设，三盛公地质博物馆室内工程正在进行。首届“金马湖”杯全国沙漠垂钓大赛、自治区第一届兵团文化节、纳林湖沙漠足球赛、黄河观流凌等活动成功举办。

全县拥有艺术表演团体1个、从业人员20人，文化馆1个，图书馆1个，文物站1个，档案馆1个，农村牧区文化站5个，博物馆1个；拥有差转台1座，电视发射台1座，电视发射机9部，调频广播发射台1座，广播发射机5部，有线电视居民用户11000户，增长4.8%。《磴口时事》全年发行47期，总计8.46万份。

【人民生活】 全体居民人均可支配收入17454元，增长7.9%。其中，城镇常住居民人均可支配收入23749元，比2014年增加1718元，增长7.8%。城镇常住居民人均消费支出15043元，增长2%。恩格尔系数29.5%。

农村牧区常住居民人均可支配收入13751元，比2014年增加1007元，增长7.9%。其中，农民人均可支配收入13678元，增长7.8%；牧民人均可支配收入13932元，增长7.99%。农牧民来自畜牧业的可支配收入1888元，占可支配收入的14.8%。农村牧区常住居民人均消费支出8334元，增长0.4%。恩格尔系数38.4%。

“十二五”规划时期，城镇居民人均可支配收入年均增长11.48%，农村居民人均可支配收入年均增长10.84%。

【社会保障】 年末全县城镇职工参加基本养老保险人数16929人，其中企业参保人员（含农场）6598人；离退休11448人，其中企业人员（含农场）11224人。城乡居民基本养老保险参保人数28528人，退休人员10527人。参加城镇医疗保险人数43182人，其中，参加城镇职工医疗保险人数16204人；参加城镇居民医疗保险人数26978人。参加工伤保险人数6533人，参加生育保险人数8696人，参加失业保险人数6286人。参加新型合作医疗的农牧民57238人，参合率达99%，基金共计286万元。

城市居民低保对象3794户5181人，月人均补助水平389.7元；农村低保对象5458户6202人，月人均补助水平209元。

为老年人与残疾人提供服务的机构3个，拥有床位数580张。其他提供住宿的社会服务机构1个，床位数10张。不提供住宿的社会服务机构15个，社会散居孤儿52名。

城市三无救济人员60人，全县五保供养455人，其中集中供养106人。民政部门救助缴纳医保、新农合人数9837人，国家抚恤、补助各类优抚对象323人，社区服务机构14个，社区日间照料床位数40张。

【自然灾害】 磴口县部分地区出现地震灾情，全县2个苏木镇、4个国有农场不同程度遭受旱灾，造成直接经济损失5470万元，上级下拨救灾款174万元。其中，以惠农一卡通发放，下拨各苏木镇、农场125万元，为2622户受灾户给予不同数额的现金救助；通过政府采购口粮下拨各苏木镇及农场米面1300份，合款30万元，为1300户受灾群众给予口粮救助；为485户受灾户采购取暖用煤500吨，合款19万元。

【资源、环境保护】全年全县国有建设用地供应总量118.1371公顷，比2014年增长2.8倍。其中，商业用地0.9147公顷，下降70.2%；工业用地71.1816公顷，增长2.62倍；住宅用地14.2128公顷，增长1.47倍；公共管理与公共设施用地31.828公顷，下降94.9%。

全年降水总量148.9毫米。全年总用水量61793万立方米，比2014年下降3.2%。其中，居民生活用水340万立方米，下降8.1%；工业用水206万立方米，下降21.7%，农业用水55806万立方米，下降11.7%。万元工业增加值用水量15.1立方米，下降25.6%。人均生活用水量29立方米，下降6.5%。

全县年平均气温10℃，与2014年平均气温持平。年末拥有国家级自然保护区（哈腾套海自然保护区）1个，面积186平方公里。环境保护系统职工49人，其中环境监测站1个，监测人员17人。初步核算，全年全县单位GDP能耗下降5.41%。

年末城市污水处理厂平均日处理能力达到10003立方米，比2014年年末增长33.9%，城市污水处理率达到43%，提高4个百分点。城市集中供热面积206万平方米，增长3%。城市建成区绿地率达到33.5%，提高4.2个百分点；绿化覆盖率达到35.6%，提高4.3个百分点。

【旅　游】年末，有AAAA级景区2家，AAA级景区2家，AA级景区4家，四星级接待户4家，三星级接待户4家，自治区休闲农牧业与乡村牧区旅游示范点1家。2015年，全县接待游客88.46万人次，实现旅游收入4亿元，分别比2014年增长25.4%和33.3%。

中国共产党磴口县委员会

综　述

【中共磴口县委员会领导名录】

书记：李建军

副书记：樊　文

王玉林

常委：李建军

樊　文

王玉林

谢　全

袁兴国

弓建刚

刘　峰

李　山

闫永生

温志红（女）

梁　景（蒙古族）

【经济概况】 2015年，磴口县地区生产总值完成50.87亿元，同比增长7.90%；公共财政预算收入实现2.43亿元，增长10.80%；固定资产投资完成38.95亿元，增长28.43%；城乡居民人均可支配收入分别达到23749元和13751元，增长7.80%和7.90%，圆满完成了全年目标任务。

【农　业】 磴口县农作物总播面积达到84.60万亩，增长19.47%，全年新增温室大棚3630亩，流转土地面积达到26万亩，种植业精细化、规模化水平进一步提高。

【畜牧业】 全年畜牧业产值43686.80万元，下降0.70%。占农业总产值的30.46%。新建3座有机牧场，新改扩建标准化肉羊养殖场44个、家庭牧场15个，牲畜饲养量156万头（只），在圣牧高科、荣威、草原宏宝等龙头企业带动下的养殖业健康发展。

【渔　业】 渔业健康养殖基地2万亩，5家养殖场通过农业部验收。

【沙产业】 积极发展沙产业，酿酒葡萄、肉苁蓉、山药等种植面积稳步扩大，文冠果、黑枸杞试种成功。

【工　业】 磴口县完成圣牧高科、蒙牛、利川等龙头企业的技改升级项目，产值和效益稳步提升，落实番茄原料种植基地1.3万亩，中粮公司重新启动生产，泰顺公司运行平稳；宇乐化工累计完成投资17.50亿元，氯碱循环经济项目进展顺利；中电投、青岛昌盛等一批光伏项目顺利推进，光伏园区面积达到5000亩，装机容量达到200兆瓦。全年规模以上企业实现总产值60亿元，增长12%；完成增加值17亿元，增长11%。

【旅游业】 根据磴口县旅游资源和景点布局，重点打造历史古迹类、自然风光类、产业园区类3类景区，建成丝绸之路骆驼雕塑，完成冯玉祥西北军粮仓博物馆、兵团博物馆布展工程，实施三盛公、纳林湖、万泉湖等景区基础设施配套工程。三盛公水利风景区至临河黄河湿地公园、纳林湖至万泉湖等四条旅游航线低空观光试飞成功，立体式旅游发展新格局正在形成。成功举办第二十三届华莱士节、“金马湖”杯全国沙漠垂钓大赛和第一届内蒙古兵团文化艺术节等影响较大的文体活动，“百湖之乡”成为巴彦淖尔市旅游业的一张名片。万亩葵园、圣牧高科、蒙牛工业园、光伏园区等现代农牧业和工业产业化成果已经成为新的旅游景点。同时有力拉动了物流、餐饮、住宿、零售等服务业发展。全年接待游客90万人次，实现旅游综合收入4亿元，分别增长28.60%和33.30%。

【基础设施建设】 2015年，磴口县完成城建投资13.40亿元，实施金典等12.60万平方米棚户区改造和27.30万平方米房地产开发项目，继续完善南湖、北海绿化等基础设施配套工程，城区绿化面积达到392.60公顷，人居环境持续改善；新建和改扩建贺兰路等城区道路5公里、乌兰布和农场至沙金苏木公路12公里，乌兰布和生态大道等园区道路6.70公里、拓宽北绕城、巴哈路7.80公里，全县黑色道路总里程达到1785公里，出行条件日益改善；新修供气、供热、供水、排污等各类管网12.80公里，城市功能更加健全。全年实施土地整治项目16万亩，改造中低产田7万亩，新增高效节水灌溉11万亩，林业生态建设面积15.80万亩，农牧业生产条件进一步改善。临哈高速、铁路沿线综合改造等一批打基础、利长远的重大项目进展顺利。

【“美丽乡村建设”工程】 磴口县累计投资8亿元实施302个嘎查村、分场“美丽乡村建设”工程。共改造危旧房7729户，硬化巷道233公里，新建改造8所小学、2所幼儿园，新建18个卫生室、50个便民超市，改建41个嘎查村文化室、修建43处文化活动广场，为农牧民安装户户通4100套，为92个嘎查村、分场安装“村村响”智能广播，修建院墙23万米，清理垃圾33万吨，腾退出复垦耕地6000余亩，解决6670人的安全饮水，农村牧区常住人口医保、低保、社保及高龄津贴实现了应保尽保。工程实施中，推行“三级四定五包”责任制，县、镇、村三级联动，层层传导压力、压实责任，选派3000多名干部驻村下乡，与群众同吃同住同劳动。

【深化改革】 119项改革任务全部完成，形成制度成果199个。深入推进政府机构改革，完成工商、质监、食药和卫生、计生部门的撤并整合工作，市场监督管理服务职能进一步理顺。教育、卫生去行政化改革成效显著，成为全市深化改革的亮点。公立医院改革全面推进，实现药物零差率销售。

【招商引资】 采取“走出去”“请进来”的办法，多次到北京、天津、青岛等地招商引资，成功引进首航节能、环球鼎晟太阳能光热项目，全年引进国内区外资金31亿元。

【社会事业】 优先发展教育事业，实验小学幼儿园综合楼、三完小专用教学综合楼和沙金民族幼儿园建成运行，以内蒙古自治区第三名的优异成绩通过全国“义务教育发展基本均衡县”验收，荣获“全国薄弱学校改造先进县”称号。县级医疗联合体运行平稳，各级医院自主管理、自我发展能力增强，医疗卫生水平稳步提高。开展“大众创业、万众创新”，新增城镇就业802人，转移农牧区劳动力8966人。为2622户受灾群众发放救灾款174万元，为城乡低保对象发放低保金及取暖补贴4293万元，为城镇住房困难家庭发放廉租住房补贴179万元。投资2305万元大力推进扶贫攻坚工程，帮助3996人稳步脱贫。投资240万元建成老年大学，极大地丰富了老年人的文化生活。

县委办工作

【县委办公室领导名录】

主任：李　山

副主任：池慧茹（女）

李玉梅（女）

郝　伟

刘　鹤

【概　况】 县委办公室以创建学习型、服务型、创新型、效率型机关为目标，围绕中心，着眼大局，结合“三严三实”专题教育，不断强化办公室“政治意识、大局意识、核心意识、看齐意识”，认真履行参谋助手、督促检查、综合协调和后勤保障四大职能，全面提升“三服务”水平，为县委各项工作的开展和全县经济社会赶超发展做出了应有的贡献。

【办文办会】 组织起草全委（扩大）会、经济形势分析会等各类文件、讲稿100多篇，为各项工作有序开展提供了保障。全年共办理各级来文来电1000多件，承办各类会议30多次，及时快捷办理上级领导和县委领导批示交办的事项，共办理领导批示交办事项100余件，办结率100%。

【县委、县政府督查工作】 对党政联席会、县委常委会、县政府常务会议定的90项决定事项进行跟踪落实，对县委、县政府主要领导的165件批示件办理情况及时进行督办。办结1件市政协委员提案，24件人大代表建议办理情况及时整理上报县政府，79件政协委员提案办结率达到95%。共编发《督查专报》62期，形成督查报告21件、督查通报12件，向市委、市政府督查室上报督查调研报告3篇。每日通过电子政务平台向县级包联领导报送“美丽乡村建设”工程进展短信，共编报142条，平均每条短信内容在300字以上，总字数达到5万字。

（席　伟）

【政研工作】 承担自治区农牧部安排的全区农村牧区固定观察点的调查工作。磴口县落实补隆淖镇黄土档村和巴彦高勒镇城关村两个观察点，每个观察点有20户农户，政研室每年年初将观察点日记账送到农户手中，年底再进行汇总，并录入系统。配合巴彦淖尔市政研室开展各项调研工作。

【党史地方志工作】 完成1万字《内蒙古年鉴（2016）》（磴口县资料）的供稿任务。完成2万字《巴彦淖尔年鉴（2016）》（磴口县资料）的供稿任务。完成5000字《磴口县抗战历史》的供稿任务。完成第二批内蒙古中共党史宣传教育基地推荐上报工作。

磴口县志编纂委员会编纂的《磴口县志（1988—2010）》由内蒙古出版集团、内蒙古文化出版社出版发行。志书上限为1988年，下限至2010年，全书总字数1100千字，印数2000册。于2015年5月开始正式向全县各级各部门发放，并与各省、市、县交流。

按照自治区地方志办公室要求，2015年6月开始筹备史志馆工作，确定史志馆地点。书柜、书桌已订货，并筹备史志馆内藏图书及设备。收集、收藏图书有200余册。

编写印发《县委一周大事记》12期，约2万字。从2005年4月起，累计编写印发229期，约20万字，及时为四大班子领导传递工作信息，得到领导的支持和肯定。为党史修编工作积累第一手资料，并将2015年的《县委一周大事记》装成合订本。

启动首部年鉴编纂工作，下发《磴口县委办公室关于开展编纂部门志（专业志）工作的通知》《关于组织编纂〈磴口县年鉴（2011—2015卷）〉的通知》，全县各级各部门收集、编写2011—2015年年鉴资料，指导各单位年鉴编写工作。计划2016年3月完成年鉴资料的征集，进入初稿的编纂工作。收集、整理2015年各级各部门史志相关资料及2011—2015卷的党代会、全委会、人代会、政府工作报告、统计公报、大事记等编纂工作。

参与新农村建设和全县"新农村新牧区建设"干部下基层工作。史志办1名干部抽调常年下基层，开展"三到村三到户"工作。

（庞美仙）

【信息工作】 紧紧围绕"上报区市信息"和"服务同级党委"两个重点，狠抓基层信息员信息网络作用的发挥，自我创新，加压奋进，以新的思路新的措施实现新的突破。为各级党委、政府了解情况、进行决策和推动工作提供高效、优质、全面的信息服务，使信息工作地位和作用得到加强。截至11月底，共向自治区、市委上报动态类信息1340条，调研类信息35篇；被自治区采用43条，被巴彦淖尔市采用381条，被市委、县委主要领导批示3篇。信息报送量、采用量、领导批示量较2014年度均有所增加，较好地落实紧急重大信息和问题类信息的报送工作制度。

（朱　晓）

组织工作

【县委组织部领导名录】

部长：梁　景（蒙古族）

副部长、人社局局长：何承刚

副部长、老干局局长：李　瑞

副部长：石　碏

副部长：李占英（编办主任）

刘志刚

柴雪峰（女）

【"三严三实"专题教育】 2015年4月以来，全县在市委的正确领导下，周密部署，精心安排，多措并举，确保"三严三实"专题教育工作落到实处，取得成效。

5月5日，县委组织召开全县"三严三实"专题教育工作座谈会，对全县"三严三实"专题教育工作做出安排部署，县委印发《关于开展"三严三实"专题教育工作的实施方案》。各党组（党委）召开部署推动会议25次，召开调度会21次，组织督促检查17次，听取专题汇报17次，通报情况16次。

通过中心组学习、聘请专家教授、党校集中授课等方式，组织37名县处级领导干部参加集中学习15次、双休日讲座学习21次，在各自单位参加支部学习20余次，接收"磴口党建"双信平台推出"三严三实"微课堂26期。

5月20日，县委书记李建军结合全县实际，为全县420余名科级以上领导干部讲党课。5月28日前，其他县处级领导也紧扣"三严三实"要求讲党课。

6月19日、8月26日、10月28日，县委常委会分别以"严以修身""严以律己""严以用权"为主题召开3次专题学习研讨会。截至10月30日，各参学党组（党委）全部召开"三严三实"专题研讨会。

2016年1月20日，县委常委班子召开"三严三实"专题民主生活会。其他各党委（党组）专题民主生活会于1月25日之前召开完毕。37名处级领导个人累计查摆出"不严不实"问题181个，已整改181个；县四大班子共查摆出班子"不严不实"问题45个，已整改45个。为加强"不严不实"问题整改，全县制定出台《磴口县本级党政机关对外公务活动礼品管理实施办法》等20项制度文件。

【农牧区党建】 在嘎查村级党组织规范化建设上，先后打造13个示范点。在基层民主建设上，在嘎查村全面推广"532"工作法，制定《关于建立和规范村务监督委员会建设的通知》和《村务监督委员会工作细则》，并严格按照要求落实办公场所和办公设备，做到有牌子、有印章、有工作制度、有履职记录。同时，为扭转农场党建工作滞后面貌，实现组织工作统筹推进、均衡发展，开展苏木镇与农场党建工作结对帮联工作，坚持干部相融、经验共享，通过结对帮带推进会、签订工作责任状、印发细则通知等措施，实现苏木镇与农场党建工作的有效对接。在此基础上，从县直农、林、牧、水等部门、副科级后备干部中选调89名干部下派嘎查村（农场分场）担任党组织第一书记，实现第一书记“全覆盖”。

【社区党建】 严格选举程序，圆满完成社区换届，产生党支部委员42名，产生居委委员40名。以落实区域化共建为重点，将原有的8个社区优化整合为6个，并普遍推行联合党工委工作机制，建立完善章程、制度、机构，全县98个县直单位及驻县单位与6个社区签订共建协议，1478名在职党员进社区报到，开展志愿服务承诺2556人次。不断丰富社区活动内容，各社区党组织先后举办普法讲堂进社区、“消夏”文艺演出、社区趣味运动会、走访慰问等服务活动26场次。注重打造社区管理服务品牌，在社区党组织探索实施“三化四全”工作法（通过实施党建工作区域化、社会管理扁平化、精细服务多元化，实现社区服务全覆盖、服务流程全公开、服务效能全提升、服务效果全考评工作目标）。在落实精细化服务工作中，通过实施“定向帮扶、定组包片、定人包联”的“三定三包”责任制，将社区内的残疾人、80岁以上老人、危房户以组为单位，每个社区都选派30名社区党员干部进行“1+N”责任帮扶，彰显社区服务工作的亮点。

【非公企业和社会组织党建】 按照上级要求成立磴口县非公经济和社会组织党工委，党工委分别在市场监督管理局、工商联、民政局设立3个党建办公室，分别负责全县非公企业、个体工商户、社会组织的党建工作。在党组织组建上，通过“单建、联建”的方式，新组建企业党支部4个、社会组织联合党支部5个，改选4户企业支部班子。全县社会组织106户，通过“单建、联建”方式共组建党组织41个，组建率达到39%，对未建立党组织的企业社会组织，先行组建群团组织48个。深入推进示范党组织创建工作，将圣牧高科党建示范点、宇乐化工重点培育、蒙牛公司规范化建设作为党建工作着力点，通过组织观摩和经验交流会，狠抓党建提档升级。积极开展“企业党员亮身份”“劳动最美”等活动，发挥党员示范带动作用。

【机关党建】 围绕学习型、服务型、创新型、廉洁型“四型”机关建设，认真开展党员教育培训工作，先后举办党务干部、基层党支部书记、普通党员和入党积极分子培训班3期，培训党员干部2300余人次。以加强队伍建设为重点，集中开展岗位练兵、业务技能竞赛、主题演讲等主题教育活动，提升党员干部综合素养。同时，制定机关事业单位规范化建设标准，围绕阵地建设、“四型”机关创建、党员星级化管理和基础业务等重点工作，全力推进机关党建晋位升级。年内组织开展2次全县机关党建工作观摩和经验交流会，创建部分示范党组织，较好地发挥示范带动作用。

【基层党建】 采取“嘎查村自筹一点、项目争取一点、包扶单位资助一点、财政补贴一点”的办法，5年来，全县累计筹集资金1150万元，新建村级活动室16个，改扩建活动室14个，新建和改扩建80%的嘎查村完成电暖器配备，50%的嘎查村完成投影仪配备。在社区，通过整合、置换、购买等方式，投资3000多万元完成3个2000平方米以上精品社区建设，5个社区活动场所已达到自治区标准，剩余1个300平方米以下社区正在采取租赁和改造等途径进行解决，年内全部达标。在此基础上，严格落实自治区基层基础保障标准要求，制定《磴口县嘎查村干部绩效考核管理办法》，全面推行“基本报酬+绩效报酬”工资结构模式，并按要求落实嘎查村工作经费，全面实行“村财民理镇代管”制度，确保运转经费补助资金的安全运行。从2014年开始，为社区干部每人每年补贴2000元工作经费纳入财政预算。

【干部违规兼职、“裸官”、“吃空饷”和违规因私出国（境）】 严格执行《自治区党政领导干部在企业兼职（任职）审批管理办法》，及时转发市委组织部《转发中组部〈关于进一步规范党政领导干部在企业兼职（任职）问题的意见的通知〉的通知》文件，县委组织部牵头，会同相关部门对全县领导干部在企业和社会组织中兼职情况进行摸底排查，及时清理和规范领导干部在企业和社会组织中兼职行为。其中，清理在企业兼职的11人，在社会组织兼职的领导干部有44名，对不符合兼职条件的13名干部进行清理，31名按规定重新办理兼职审批手续。

按照中组部有关规定，认真开展“裸官”清查工作。对全县各单位国家工作人员配偶已移居国（境）外，或者没有配偶、子女均已移居国（境）外情况进行摸底调查，并以单位名义填报《配偶已移居国（境）外的国家工作人员统计汇总表》，对全县在职科级以上领导干部进行摸底调查。通过个人申报和组织排查两轮的调查摸底，未发现“裸官”。

县委、县政府下发《关于清理整治“吃空饷”问题的紧急通知》和《关于上报“吃空饷”问题治理工作自查报告和承诺书的通知》，共辞职辞退“吃空饷”人员35名，退缴违规领取的工资、补贴等80751元。同时，按照“问题查不清不放过、整改责任不落实不放过、整改不到位不放过”的“三不放过”要求，强化审核把关。

按照上级党委、组织部门因私出国（境）证照集中管理办法要求，制定下发《关于对全县在职科级干部出国护照（通行证）进行统一管理的通知》，对领导干部的因私护照进行统一收缴和集中管理，共有102名科级领导干部上缴139本因私护照、港澳通行证和台湾通行证，有效杜绝违规因私出国（境）现象的发生。

【人才培训】 县委制定下发《2015年磴口县干部教育培训实施意见的通知》，以县委党校为主阵地，举办磴口县嘎查村、农场干部，团干部，社区干部，第七期后备干部，机关党务干部和妇女干部，政法干部培训班12期。培训各级领导干部2156人次。安排组织17期自治区双休日讲座，参学人员达到1500余人次。选派38名县处级领导干部、26名科级领导干部和29名村干部、社区干部、非公企业党组书记参加市级以上各类培训。做好县内20名县处级领导干部自主选学申报工作，共申报42课题，1100学时。

2015年，大力发展以县委组织部牵头，县科技局协调配合，依托内蒙古王爷地苁蓉公司及一批沙生作物生产研发企业成立的内蒙古肉苁蓉产业技术创新战略联盟，建立起政策、技术、资金“三位一体”的肉苁蓉产业支撑平台和合作交流平台。

（刘浩宇）

宣传工作

【县委宣传部领导名录】

部长：温志红（女）

副部长：贺秀峰（女）

李　强

贾新霞（女）

赵丽霞（女）

【概　况】 2015年，宣传思想工作在县委的正确领导和市委宣传部的具体指导下，以学习宣传贯彻中共十八大、十八届三中、四中、五中全会精神和习近平系列重要讲话精神为主线，围绕中心，服务大局，讲好磴口故事、传播好磴口声音，为经济社会发展提供强大的精神动力和智力支持。

【机构设置】 县委宣传部内设党教理论科、宣传报道科、文明办、时报编辑部、网络信息办公室和办公室。

【理论宣传】 围绕全县发展大局，结合“三严三实”专题教育活动和经济社会发展新常态，年内开展集中学习12次，其中邀请专家授课2次，组织中心组成员参加双休日讲座18次。加强学习型党组织创建，制定印发《全县“三带三创”工作考核标准》，将创建学习型党组织纳入各级党委（党组）工作重要议事日程和年度考核目标，“三带三创”工作走向规范化、常态化，做到全年有计划、半年有总结。注重培育和推广典型，向上级党委宣传部推荐报送一批学习型党组织示范基地、优秀组织、示范讲堂、优秀宣讲员。在全县农村、牧区、机关、社区等成立105个讲堂，百名宣讲员队伍已经健全，各类讲堂和宣讲团共举办学习会、讨论会、培训班等70多场（次），受众人数达12000余人（次）。向全县广大干部群众推荐“内蒙古学习网”和“北疆理论风景线”“微磴口”“磴口党建”等公众号，实现理论学习全覆盖。

【对外宣传】 宣传工作重心在于把握在群众舆论导向，增强政府形象影响，新闻宣传正确核心价值观成效显著。加强新闻媒体专题策划，每月组织召开新闻策划会1次，对重大主题、重点工作的新闻宣传进行动态安排部署。在电视台开设《五城同创在行动》《〈新农村新牧区建设〉亮丽新家园》《弘扬社会主义核心价值观》等栏目；在《巴彦淖尔日报》直通磴口版组织策划专版20块，主题性和专题性宣传占到全年专版数量的一半以上。改进新闻宣传方式，指导各新闻媒体开展主题宣传、成就宣传、民族团结宣传、典型宣传栏目。

【新闻宣传】 电视台、电台做好《热点关注》《精准扶贫》及《乡音》本土节目的创作力度，不断提高节目整体质量。引导人们深刻把握“四个全面”的重大意义、丰富内涵、内在联系和实践要求，凝聚起协调推进“四个全面”的强大力量。各新闻媒体要在主要版面、重点时段集中开栏，全面及时反映全县经济社会发展各领域奋力推进“四个全面”战略目标的生动实践，加强社会敏感话题、焦点问题的舆情监控，对有可能引发社会负面舆论的事件进行及时研判，并制定相应新闻报道应急预案，充分发挥主流媒体传播主渠道作用，引导社会舆论，避免负面舆论发酵扩大。建立完善的舆情监看制度，完善突发舆情应急处置预案，共发现舆情信息31条，编印《网情快报》12期，收到反馈4期，未发生大规模恶性炒作事件。

【精神文明建设】 广泛开展“德润磴口·文明之行”主题实践活动，突出价值内涵，引领社会风尚，为推动科学发展、富民强县，建设生态富裕和谐美丽新磴口提供强大精神动力。

【践行社会主义核心价值观】 春节期间，按照《自治区党委宣传部关于把社会主义核心价值观融入挂灯笼、贴春联、逛庙会等百姓生活主题活动的通知》要求，县文明办、县文联、县文体局组织全县文艺志愿者开展该项活动，活动中免费为市民赠送社会主义核心价值观主题对联2000多副，同时在街道、广场等公共场所悬挂主题灯笼，张贴主题对联。组织召开全县社会主义核心价值观公益广告宣传推进会，就全县公共场所开展社会主义核心价值观公益广告宣传工作进行部署，全县主要抓好五个方面的宣传。抓好城市公共场所和街头宣传。在火车站、汽车站、广场、公园、街道、社区、商场楼宇、城市出入口等公共场所，张贴喷涂宣传标语，打造街头正能量。抓好农村牧区基层的宣传。结合全区新农村新牧区建设惠民工程，广泛利用农村牧区文化广场、村镇街道、村居墙壁等阵地，喷涂宣传标语和悬挂宣传条幅进行宣传，使“三个倡导”24字、中国梦和新农村新牧区建设深入全县农村牧区。抓好各单位内部的宣传。全县所有单位都在办公室、楼道、院落、宣传栏中张贴或布置核心价值观和中国梦等公益广告，所有沿街单位都在围栏上制作大型广告牌。抓好交通网络宣传。在县内的铁路、公路沿线两侧、高速公路收费站、交叉路口、立交桥等制作公益广告、悬挂宣传标语，通过纵横交错的铁路、公路构筑正能量网络。抓好各类新闻媒体和网络宣传。《磴口时报》、磴口电台、电视台每天刊播2次以上公益广告。同时，扩大公益广告在互联网、手机等媒体平台的覆盖面，磴口新闻网、微磴口、党建网、政府网等都在主页上刊登公益广告，全年置放“三个倡导”24字、中国梦、新农村新牧区建设、文明城市创建等公益广告。在包头召开的全区“尽责圆梦　培育和践行社会主义核心价值观”工作经验交流会上，磴口县委常委、宣传部部长、副县长温志红作经验交流汇报，自治区委宣传部部长乌兰对磴口县的成功做法给予高度评价，并指出磴口县“找准切入点，助推中国梦”，确保“尽责圆梦”活动在基层落地见效。磴口县的“勤俭持家·致富圆梦”经验在全区推广。征集“讲文明树新风”公益广告，在《磴口时报》、磴口电视台、电台发出“关于开展‘讲文明树新风’公益广告征集活动的通知”，调动个人、媒体单位、各界群众积极参与公益广告的原创。公益广告突出社会主义核心价值观、生态文明、文明旅游、法治精神等内容。共征集作品60多幅。各参与原创征集活动的单位或个人认真填写征集作品登记表，作品发送到市文明办。同时向区委、市委宣传部报送磴口县关于“新农村新牧区建设”“六道风景线”“精神文明建设”“核心价值观”“中国梦”等方面的原创标语42条。开展“中国人民抗日战争暨世界反法西斯战争胜利70周年”纪念活动，在磴口新闻网、《磴口时报》上刊发图片及标语，倡导全县各部门、各单位开展形式多样的纪念活动。

【德润磴口·文明之行】 从3月开始，完善群众评选、部门推荐、媒体发布的“身边好人”评选机制。磴口烈士王太平家庭获自治区最美家庭荣誉，王静获市级最美家庭荣誉，郭翠梅、王翠梅获市级最美家庭提名奖。郭翠梅获全区学雷锋标兵称号，唐永刚和王宪德获第二届巴彦淖尔市道德模范荣誉，唐永刚登上“中国好人榜”。沙金牧民银花、隆盛合农民赵玉兰分别荣获全区第四届“双百佳”人物奖。

县文明办与县总工会联合举办“磴口县最美环卫工人”评选活动。采取基层推荐、公开评选等程序，在150余名环卫工人参与投票的大会上评选出5名“磴口县最美环卫工人”以及5名提名奖。县文明办与县旅游局联合开展文明旅游倡议活动，借助黄河三盛公旅游文体系列活动的举办，开展文明旅游倡议活动，近千人参加文明旅游现场签名活动。

县文明办与县旅游局又在富源广场共同举办系列文明旅游倡导行动，向千余群众发出8条文明旅游倡议，散发宣传材料2000余份。活动中还组织劳动模范、道德模范、“磴口好青年”、“最美环卫工人”、残疾人等100余人开展为期一天的“磴口人爱磴口”免费旅游活动。按照市文明办要求，组建网络文明传播志愿者队伍。全县所有市级以上文明单位，每个单位确定3名网络文明传播志愿者，全部开通新华网、腾讯网、新浪网等官方微信、微博以及博客等，开展网上社会主义核心价值观宣传、网络文明传播、网上精神文明建设宣传。

推动全县志愿服务活动规范化、制度化、社会化是当年重点工作。县文明办印发《关于推进全县志愿服务制度化的实施意见》的通知（磴文明委发〔2015〕2号）和《贯彻落实〈关于推进全县志愿服务制度化的实施意见〉任务分工》的通知（磴文明办发〔2015〕6号），推动各部门、各单位特别是文明行业、文明单位建立志愿服务组织。全县还成立磴口县志愿服务联合会，出台磴口县志愿服务联合会章程和管理办法。

积极组织开展志愿服务活动。按照自治区《关于推进社区志愿服务的意见》精神，由组织部牵头，继续推动机关、企事业单位共产党员到社区报到、进社区服务，充分发挥青年志愿服务、巾帼志愿服务、职工志愿服务、“周末妈妈”等志愿服务组织和服务品牌的积极作用，广泛开展以法律、文体、科技、医疗卫生“四进”社区志愿服务活动，持久深入地开展社会急缺、群众期盼、雪中送炭的居家养老、日常照料服务等“邻里守望”志愿服务，定期开展便民类志愿服务。

【未成年人思想道德建设】 按照区、市文明办要求，全面部署全县“净化社会文化环境专项治理行动”，通知及要求下发到文体局、公安局、教育局、网信办4个部门，采取联合行动开展“互联网管理”“校园周边出版物市场治理”“校园周边文化市场环境整治”三项整治内容。

按照区、市文明办要求，对全县运用重要时间节点深化“我的中国梦”主题教育实践活动进行部署。由文明办、教育局、团委、妇联、关工委共同实施此项活动，主要有“学习和争做美德少年”“童心向党”“向国旗献礼”三项活动，分3个时间段进行。

积极为乡村学校争取彩票公益金支持乡村学校少年宫建设项目。按照自治区关于组织实施2015年度中央暨自治区彩票公益金支持乡村学校少年宫项目的通知要求，选定5所学校申请该项目。最后纳林套海总校和协城总校获得2015年度彩票公益金支持少年宫项目。

按自治区宣传部要求对全区纪念设施进行审核登记造册，并上报给自治区进行备案。磴口县冯玉祥西北粮仓博物馆、兵团战士博物馆、乌兰布和农场纪念基地、黄河水利枢纽、县博物馆、杨立生纪念碑等12处设施符合纪念设施要求。

在巴彦淖尔市未成年人思想道德建设暨廉政文化进校园现场会上，磴口一中、诚仁中学被授予“全市中小学德育工作先进集体”荣誉；磴口一中被授予“全市中小学心理健康教育先进集体”荣誉；由县文明办推荐的梁佳雪和陈慧荣获第一届巴彦淖尔市“文明友善美德少年”和“孝老爱亲美德少年”荣誉；王艳萍等12名教师荣获“全市中小学优秀班主任”“全市中小学德育工作先进个人”等荣誉。

按照市文明办要求，对全县未成年人思想道德建设工作进行检查测评。县文明办制定“全国未成年人思想道德建设工作测评体系任务分解表”和测评通知发送到25家责任单位中，各单位根据测评体系进行档案整理，测评最后取得良好成绩。

按照市文明办和市教育局的要求，积极组织第一期巴彦淖尔市未成年人心理健康辅导中心心理志愿者培训工作。县文明办和县教育局从各中小学校选出11名心理辅导志愿者参加培训，培训进行5天。

【文明城市、文明单位、文明村镇创建】 按照县委、县政府“五城同创”战略要求，磴口县力争在2019年创成全区文明县城（简称“创城”）。县委成立由县委书记任创城总指挥，县长任创城常务总指挥的争创全区文明县城指挥部，下设创城办公室和10个工作推进组，制定《磴口县创建全区文明县城工作方案》等文件，将创城360多项工作任务层层分解，逐项落实责任单位、分管领导、承办单位和责任人，做到“目标任务、工作标准、完成时限、责任人员”四明确，确保部门单位创城工作有人抓、具体事项有人干。文件印发至90多家成员单位中，并从相关部门抽调2名工作人员成立创城办，创城工作全面推开。

全面推动“以城带乡，共建美丽乡村”任务的落实。下发《磴口县开展文明共建、文化共享“结对子、种文化”活动实施方案》，全县40家文明单位与及40个村嘎查（连部）结成共建对子，大力帮扶农村文化建设。各文明单位根据自身情况和对口村镇的情况，明确共建内容、标准、责任人、完成时限，通过分步实施完成共建目标。

争取全国、全区文明村“四个一”建设项目。按照市文明办要求，对年初申报的区级文明村隆盛合镇桃来村和市级文明镇补隆淖镇的资料进行补充，两地最终获得2015年度文明村镇“四个一”建设项目，建设资金总额为10万元。

配合市文明办圆满完成全县2015年度市级文明单位的验收。在文明单位创建活动中，重点加强文明单位网上创建管理系统，按照自治区文明办对区级文明单位网络管理的要求，完成全县18个区级文明单位的文件的上传与审核。

（范维纶　刘继忠）

统战工作

【县委统战部领导名录】

部长：刘　峰

副部长：李白玲（女）

赵志刚（蒙古族）

【民族宗教工作】 5月，县委统战部会同县民宗局开展《中华人民共和国民族区域自治法》宣传月活动，通过板报、标语、知识竞赛等形式进行大力宣传。展出板报专栏3期，悬挂街面宣传标语3条，出动宣传车3辆次，发放宣传资料300多份。特别重视民族发展资金项目的申报工作，全年共争取民族发展资金150万元，支持少数民族聚居区的经济建设，促进全县民族经济的发展。严格把好民族成分变更审核关，共审核民族成分变更3人。

组织开展和谐寺观教堂创建活动，加强对教职人员的教育和规范，使宗教教职人员做到“三好”。科学合理安排宗教活动场所，严格抓好现有场所的管理，开展对宗教团体、宗教活动场所七项管理制度建立健全情况以及财务管理情况的检查工作；组织开展“宗教政策法规学习月”活动，提高宗教界人士和信教群众的法治意识；组织宗教干部和宗教活动场所负责人参加自治区宗教政策宣传教育培训班。7月10日，在县委统战部的主持下，在县民宗局、县公安局国保大队的积极配合下，召开阿贵庙庙管会选举大会，经过21名代表的投票选举，产生新一届庙管会领导班子。在春节、圣诞节、开斋节等重大节日期间对宗教界代表人士进行走访慰问，并力所能及地为他们解决一些实际困难和问题，在服务中体现党的关心和温暖，在服务中促进宗教与社会的和谐稳定。对三盛公天主教堂进行修缮和恢复原貌工程。

【非公有制经济统战工作】 做好非公有制经济人士思想政治工作，充分发挥非公有制经济人士在全县经济发展中的作用。县委统战部、工商联组成非公经济调研组，深入上海佳格、河套大市场、葡萄产业基地、圣牧高科、光伏电厂等重点企业进行调研，及时向县委、县政府进行反馈，为县委、县政府的决策提供重要依据。成立筹备小组，研究部署筹备工作，为基层商会的成立做好充分准备。举办全县首期非公有制经济人士培训班，引导教育好非公有制经济人士，帮助他们牢固树立在党的领导下走建设有中国特色社会主义道路的信念，做到爱国、敬业、诚实、守信。协调、督促有关部门帮助企业解决实际问题。

【党外知识分子、党外干部】 继续深入贯彻落实中共中央和自治区党委有关文件精神，加强党外代表人士的培养、选拔和使用工作。把党外干部的选拔使用列入全县干部队伍建设的整体规划当中，通过多种渠道进行安排。全县各级各类领导班子当中配备党外干部27名。探索与组织部门的联席会议制度，建立党外干部安排使用的工作机制，形成党外干部选拔任用合力。建立培养党外干部和党外代表人士人才库，对党外干部和党外代表人士实行“跟踪”管理，提升服务效果，助推党外干部和党外代表人士的健康成长。建立县领导与党外代表人士的联谊交友机制，县委、县政府党员领导干部每人联系一名党外代表人士，通过交心、谈心，邀请参加调研和考察活动，及时了解党外代表人士的思想、工作和生活情况，有针对性地开展思想政治工作。为全面提升党外代表人士的政治素质和业务能力，增强责任感和使命感，积极选送党外干部和党外代表人士5人次赴自治区、市参加培训学习，和市有关部门一道对党外代表人士开展两次企业管理培训，提升党外干部和党外代表人士干事创业的能力和水平，为推动全县经济转型发展加快发展提供有力的人才支撑。

纪律监察

【县纪律检查委员会、监察局领导名录】

书记：袁兴国

副书记：崔耀中

张　勇

局长：张　勇

副局长：叶树果

闫淑华（女）

【概　况】 中共磴口县纪律检查委员会机关与磴口县监察局合署办公，一套人马两块牌子，在县委、县政府和市纪委、监察局的双重领导下进行工作，履行党的纪律检查和政府行政监察两项职能。全县各级党组织和纪检监察组织认真落实党风廉政建设主体责任和监督责任，按照“三严三实”的要求，积极推进纪律检查体制改革，坚持把纪律挺在前面，持之以恒抓好作风建设，认真落实自治区巡视组交办案件的纪律审查，坚定不移惩治腐败，全县党风廉政建设和反腐败工作成效明显。

【机构设置】 2015年，磴口县纪检监察局机关内设办公室、组织部、宣传部、党风政风监督室、信访室、案件监督管理室、第一纪检监察室、第二纪检监察室、第三纪检监察室、审理室。

【纪律检查体制改革】 制定《磴口县2015年纪律检查体制改革工作要点》，形成全县纪律检查体制改革相关制度性成果12项。全面推进机关转职能、转方式、转作风。全面加强苏木镇纪委建设，2015年3月底，完成5个苏木镇专职纪委书记和专职纪检干部的选配工作，做到苏木镇纪委书记单设、专职专用。大力推进部门纪检组建设，严格落实纪检组长、纪委书记不分管其他工作的要求，职能作用充分发挥。按照自治区纪委《关于开展纪委对同级党委常委会成员监督的试点工作方案》要求，制定出台《县纪委监督县委常委会成员试点工作方案》《磴口县党员领导干部述职（述责）述廉制度》等9项配套制度和措施，并认真实施，扎实推进，成效良好。磴口县纪委对县委常委会成员监督试点工作在全区建立完善“三重一大”决策制度改革试点工作经验交流会上进行交流介绍，得到自治区纪委的肯定。

【廉政文化建设】 各级党组织坚决贯彻中共中央总书记习近平提出的全面从严治党要求，严明党的纪律特别是政治纪律和政治规矩、组织纪律，努力营造全县良好的政治生态。全县各级党组织严格落实抓纪律建设的责任，2015年，邀请专家学者开展《中国共产党廉洁自律准则》和《中国共产党纪律处分条例》专题辅导，全县672名科级干部受到教育培训；在全县96个部门和单位中开展“一把手”讲廉政党课、廉政影视片专题放映活动，受教育干部达3600人（次）。磴口县国家税务局被评为自治区级“廉政文化示范点”。组织全县各单位党政一把手和纪检监察干部369人（次）接受典型案件警示教育，切实提高领导干部预防职务犯罪和岗位廉政风险意识。对新任职的22名正科级领导干部进行集体廉政谈话。

县纪委充分发挥党内监督机关的作用，综合运用提醒约谈、专项检查、问责追究、通报曝光等方式，开展纪律执行和重大决策部署落实情况的监督检查，严肃查处上有政策、下有对策和有令不行、有禁不止行为，增强纪律刚性约束，确保政令畅通。严格执行民主集中制、请示报告等制度，组织涣散、纪律松弛等问题得到有效遏制。

【纪律审查】 2015 年，县纪委、监察局共受理群众信访举报 210 件（次），比 2014 年增加 17 件，增长 8.80%。经初核转立案 46 件，给予党政纪处分 74 人，其中处分副科级以上领导干部 37 人，占处分人员总数的 50%。立案数、处分人数是 1989 年恢复纪委以来的历史最高。

【依纪依法安全文明办案】 坚持把依纪依法安全文明的要求贯穿于办案工作全过程，严明办案纪律，规范办案程序，强化内部监督。认真落实市纪委“查办案件五个严禁”要求，提高监督审查的质量和效率。加强重要问题线索集中管理，按照拟立案、初核、谈话函询、暂存、结案五类标准分类处置，定期清理，规范管理。加强案件审理工作，认真履行审核把关和监督制约职责。坚持抓早抓小，对党员干部的问题早发现、早处置，及时约谈、函询、诫勉，惩前毖后、治病救人。深入剖析典型案例，组织 21 名党员领导干部旁听职务犯罪案公开审理，组织 85 名党员领导干部参观警示教育基地，达到查处一案、警示一片的目的。

机构编制

【县机构编制委员会办公室领导名录】

主任：李占英

副主任：乌兰花（女，蒙古族，至 2015 年 4 月）

张拥军

李秀梅（女，2015 年 4 月任）

【事业单位登记管理局领导名录】

局长：乌兰花（女，蒙古族，至 2015 年 4 月）

李秀梅（女，2015 年 4 月任）

副局长：马　文（回族）

【机构编制管理】 2015 年 1 月，成立磴口县全面深化改革领导小组办公室，与县委办公室一个机构两块牌子。4 月，磴口县森林公安分局更名为磴口县森林公安局。6 月，成立磴口县市场监督稽查大队，挂磴口县食品药品投诉举报中心牌子，隶属于磴口县市场监督管理局，副科级事业单位。10 月，磴口县国土资源局加挂不动产登记局牌子。10 月，按照“减一建一”的原则，撤销磴口县国土资源业务中心，成立磴口县不动产登记中心，隶属于磴口县国土资源局，副科级事业单位。

【车辆编制管理】 2015 年，车属单位 145 个，车辆 416 辆。行政直属单位共有车辆 145 辆，其中一般公务用车 112 辆（小轿车 74 辆，越野车 25 辆，其他用车 13 辆），执勤车合计 33 辆（小轿车 10 辆，越野车 6 辆，其他用车 17 辆）。事业单位共有车辆 114 辆，其中一般公务用车 110 辆（小轿车 43 辆，越野车 32 辆，其他用车 35 辆），执法执勤用车 4 辆。公检法司单位共有执法执勤用车 102 辆（小轿车 75 辆，越野车 21 辆，其他用车 6 辆）。驻县上三级单位共有车辆 55 辆。一般公务用车 30 辆（小轿车 9 辆，越野车 11 辆，其他用车 10 辆），执法执勤用车 25 辆（小轿车 16 辆，越野车 2 辆，其他用车 7 辆）。

（满都日娃）

直属机关工委

【县机关工委领导名录】

书记：刘　彬

副书记：汪　勤（女）

樊忠林

纪检书记：全建国

【党员培训】 5月22—27日，举办党支部书记、党务工作者、入党积极分子及新党员、普通党员的学习教育培训。发展党员22名，转正党员21名。

【责任制落实】 12月，党支部书记向总支书记述职，各总支书记及直属支部书记向工委述职。打造机关党建工作先进示范点11个。

【评先选优】 在纪念建党94周年活动中，共评选先进基层党组织9个，优秀共产党员14名，优秀党务工作者12名。

【基层组织】 直属机关工委有支部（总支）128个，代管支部9个。共有23个基层党组织及时进行换届改选。

（汪　勤）

老干部工作

【县老干部局领导名录】

局长：李　瑞（蒙古族）

副局长：赵双明

美勒孟（女，蒙古族）

【机构设置】 老干部局内设办公室、老干部活动中心。磴口县关心下一代工作委员会，挂靠磴口县老干部局。

【基本情况】 全县有离休干部、副处级退休干部及遗属149人。其中，离休干部31人，男30人、女1人，享受县级待遇的4人、享受科级待遇的27人；离休干部遗属62人；代管处级退休干部56人，男55人、女1人，正处27人、副处29人。

【关心下一代工作】 为了给留守儿童营造一个健康成长的良好环境，磴口县关工委协调有关部门在全县范围内启动“留守儿童关爱工程”。针对留守儿童、单亲家庭子女，学校和社区做“一帮一”的帮扶活动，共同形成以学生为中心的关爱网络。

2015年，县教育基金会共募集助学基金20.55万元，发放11.50万元资助87名贫困大学生和6名贫困中小学生，国家拨款发放大学生交通补贴4万元给61名贫困大学生，为82名低保家庭的大学生发放助学资金283万元。市景智基金资助4名贫困大学生0.80万元。树华基金资助0.82万元给4名中小学生，使他们能够继续完成学业。“五老”积极参与，使学校法制教育工作经常化。通过开展“青少年模拟法庭”活动，培养学生“学法、知法、守法、护法”的法律意识和养成教育。

（赵庆惠）

党校工作

【县党校领导名录】

常务副校长：尤利民

副校长：李文斌

马玉军

【概　况】 2015年，县委党校有常务副校长1人，副校长2人，内设教务室、科研室、财务室、办公室、电大工作站。

【主要工作】 2015年，共举办各类培训宣讲班次28期，培训宣讲8200人次。共有电大学历教育班级5个，学员389人。其中，2013秋78人，2014春43人，2014秋71人，2015春88人，2015秋109人。校内现有专职教师7名，从市电大、政协、县农业局、司法局、检察院、交警队、消防大队、卫计局、科技局等单位聘请兼职教师20名，通过内培外聘、建起25人的人才师资库，基本满足磴口县各种教学和宣讲需求。党校在磴口县会展中心办公，共有7间自主用房，约270平方米。现全校共有一台便携式投影仪，每个办公室都有电脑，初步实现电子存档、数字报盘和无纸化办公，校内藏书2000余册。

（张　乐）

磴口县人民代表大会

领导名录及机构设置

【第十六届人民代表大会常务委员会领导名录】

主任：田有光

副主任：宋巨宾

武世强

朝格图（蒙古族）

秦　霞（女）

副调研员：孟福荣（至2015年2月）

常委会委员：李志荣　卢爱林

卢　敏（女）　尹银才

张小平　吴占义

葛红昇（蒙古族）

郭丽萍（女）

何小勇　徐世杰

庄彦青　柴尔强

刘向军　李福山

赵海晨

王瑞霞（女）

孙丽英（女，2015年12月任）

魏雅婷（女，2015年12月任）

【机构设置】

办公室

主任：卢爱林

副主任：杜　伟

财政经济工作委员会

主任：赵　勇

副主任：刘银兰（女）

科教文卫工作委员会

主任：孙丽英（女）

副主任：张小平

内务司法工作委员会

主任：卢　敏（女）

副主任：李　筠（女）

人事代表工作委员会

主任：吴占义

副主任：侯中平（女）

吴奋升（蒙古族）

重要会议

【县十六届人民代表大会第四次会议】 12月20—22日，在磴口县会展中心三楼报告厅召开，全县130名人大代表出席会议。会议补选孙丽英、魏雅婷为磴口县十六届人大常委会委员，王新平为磴口县人民检察院检察长，须报巴彦淖尔市人大常委会批准。会议通过各项决议，圆满闭幕。

【县十六届人大常委会会议】 2月12日，县十六届人大常委会第十三次会议在县人大会议室召开。听取并审议通过《磴口县乌兰布和沙区管理办法》的报告；会议通过表决，决定任命周凯为县国土资源局局长。

5月8日，县十六届人大常委会第十四次会议在县人大会议室召开。会议通过表决，决定免去贾军司法局局长、汪俐坪卫生局局长、唐培宾计划生育局局长、陶吉荣食品药品监管局局长职务；任命贾军为市场监督管理局局长、孟巴特尔为司法局局长、汪俐坪卫生和计划生育局局长，许晓东为旅游局局长。

6月17日，县十六届人大常委会第十五次会议在县人大会议室召开。会议听取人大财经委主任赵勇做近期常委会财经工作方面的有关事项说明；调整人大常委会主任、副主任工作分工。会议通过表决，同意曹汉辉辞去巴彦淖尔市第三届人大代表职务。

7月24日，县十六届人大常委会第十六次会议在万泉酒店会议室召开。会议听取并审议通过县政府关于追加2015年公共财政预算支出的报告和县政府关于全县旅游产业发展情况的报告。听取县政府关于《中华人民共和国道路交通安全法》贯彻情况的报告。会议通过表决，决定免去郝建强副县长职务，任命刘琼、张毅为磴口县政府副县长。

8月25日，县十六届人大常委会第十七次会议在县人大会议室召开。会议先集中视察城镇重点项目建设情况，实地察看钢铁路街景改造工程、高速公路连接线拓宽改造工程、北海湿地恢复与保护工程、贺兰路拓宽改造工程、团结南路两侧房屋亮化美化工程及南湖绿化等。审查批准《关于2014年磴口县本级财政决算和2015年预算上半年执行情况的报告》，听取并审议并通过县政府《关于申请变更学府花园B区西、幸福街北、皮革巷南、西环路东地段用地性质的报告》，听取并审议批准《磴口县县域村镇体系规划（2013—2030）》。

12月17日，县十六届人大常委会第十八次会议在会展中心二楼多功能厅召开。会议听取和审议2015年“一府两院”部分领导和职能部门主要负责人的专项工作报告，并进行满意度测评。听取县政府关于十六届人大三次会议代表建议办理情况的报告；审议通过磴口县十六届人大常委会代表资格审查委员会关于补选县十六届人大代表的代表资格审查报告（补选贺士明、马振兵、周凯、王新平等为县十六届人大代表）。

重要工作

【工作监督】 4月29日，按照巴常办发〔2015〕12号文件要求，县人大常委会对学前教育工作进行自查，并对自查中存在的问题提出改进建议。

7月7日，县人大常委会主任田有光，副主任宋巨宾、秦霞带领县人大各委办主任及部分常委会委员20余人对全县“新农村新牧区建设”工程实施情况进行考察。

9月1日，磴口县人大常委会调研全县耕地保护工作进展情况。针对存在问题，提出如下建议：处理好保护耕地与保障发展的关系，坚决摒弃以牺牲耕地为代价换取发展的错误认识，切实做到依法合理用地，节约集约用地。同时，要积极地盘活存量土地，助推经济社会发展；处理好土地开发与质量提升的关系。土地开发整理既要增加数量，也要提高质量；处理好加大财政投入与提高建设效率的关系；完善责任追究制度和加大打击土地违法行为的力度。

9月11日，县人大常委会副主任朝格图带领驻村工作队，在隆盛合镇民兴村、西闸村检查指导“新农村新牧区建设”和“四清三治”工作推进情况。与老党员农民代表进行座谈，听取他们对“新农村新牧区建设”的意见和建议。

9月16日，县人大常委会副主任宋巨宾、武世强、朝格图、秦霞分别带领驻村工作队员和包村责任单位负责人，深入隆盛合镇黎明、海子沿、西闸、南营子、红旗等村和哈腾套海农场四分场，督查推进“新农村新牧区建设”工程、农村牧区产业发展和产业结构调整、基层党组织建设等重点工作落实。

11月4日，按照市人大常委会《关于开展和谐矿区建设情况专项调研的通知》要求，磴口县人大常委会成立以副主任武世强为组长，部分人大代表组成的调研组，对全县矿区建设进行专题调研。对调研中发现的问题，提出建议：协调上级部门合理调整磴口县生态红线区面积，重点调整金属与非金属矿开采面积；磴口县境内已发现的矿产共有20多种，已探明储量的有13种。建议协调上级部门将临策铁路以西一线矿区划为开采区，既有利于生态治理，又有利于地区经济社会发展。

12月1日，由县人大常委会副主任宋巨宾带队，人事代表委负责人及部分常委会委员、县人大代表组成调研组，对2015年部分专项报告工作部门重点工作完成情况进行调研。

12月8日，磴口县人大常委会主任、各副主任带领县人大代表考察磴口县重点工业。深刻剖析制约磴口县工业经济发展的不利因素，引导工业经济转型升级，提质增效。

【法律监督】 5月6日，按照市人大常委会的要求，磴口县人大常委会对《中华人民共和国审计法》的执行情况进行跟踪检查。

8月27日，受市人大常委会委托，县人大常委会对《中华人民共和国律师法》在磴口县的贯彻实施情况进行调研。

9月7日，按照市人大常委会的要求，磴口县人大常委会对《内蒙古自治区农村牧区扶贫开发条例》在磴口县的贯彻实施情况进行自查。

11月20日，按照市人大常委会要求，磴口县人大常委会开展《物业管理条例》执法检查自查工作。

【代表工作】 4月15日，市人大常委会人事代表委主任刘志德一行深入磴口县，对各苏木镇人大工作、创建“人大代表之家”活动进展情况进行全面督查指导。刘志德针对下一步创建工作提出具体意见：“人大代表之家”要在硬件设施完善的基础之上，进一步丰富活动内容，形式多样，亮点纷呈，紧紧依托“代表之家”这个载体，积极组织人大代表有效开展各项活动，切实把“代表之家”建设成为人大代表的“培训基地”“活动阵地”“交流平台”和“服务窗口”。力争把市人大常委会提出的苏木镇人大工作推进年和“代表之家”建设年两项目标完成好。

5月6日，县人大常委会主任田有光，副主任宋巨宾、秦霞带领县人大各委办主任及部分常委会委员深入巴彦高勒镇、渡口镇、补隆淖镇实地考察全县“人大代表之家”创建工作开展情况。

8月3日，县人大常委会副主任朝格图带领常委会第四联系回访代表小组，深入沙金苏木，以召开座谈会的形式进行回访市县代表活动，同时参加沙金苏木人大第三季度代表小组活动。并征集对人大常委会和“一府两院”工作的建议意见，提出“部分嘎查因地势高，浇水困难，造成农田减产，希望政府予以解决；水费逐年增长，增加农民负担；解决农场干部待遇”等十余条建议。

（王丽东）

磴口县人民政府

综　述

【县人民政府领导名录】

县长：樊　文

副县长：弓建刚

闫永生

温志红（女）

张秀文（女，蒙古族）

仲向明

斯日古楞（蒙古族）

张　宇

黄永利（蒙古族）

郝建强（挂职，至2015年5月）

刘　琼（女，挂职，至2015年6月）

张　毅（挂职，至2015年6月）

【经济概况】 2015年，地区生产总值完成50.87亿元，公共财政预算收入完成2.43亿元，固定资产投资完成38.95亿元。建成一批打基础、利长远、惠民生的重大项目；三次产业结构比例为19.7∶57.5∶22.8。传统农牧业加快向现代农牧业转变。全社会固定资产投资、规模以上工业增加值、公共财政预算收入等主要经济指标增速进入全市前列。农作物播种面积达到78万亩。新增设施农业3630亩，规模化养殖场达到357个。华莱士、西甜瓜、番茄、饲料玉米等特色作物种植面积明显扩大。蒙牛乳业产能扩建、圣牧二期新上酸奶生产线、利川化工技改搬迁等项目建成投产，宇乐氯碱化工、青岛昌盛光伏设施农业等项目加快推进，光伏园区初具规模。旅游强县思路深入实施，“红色旅游”全面推进，阿贵庙、万泉湖等重点景区提档升级，飞机通航启动实施，三盛公景区滑雪场投入运行，旅游综合收入突破4亿元。

【农　业】 全年农业总产值143443.99万元，农作物总播面积84.60万亩，设施农业达到1.50万亩，建成以肉苁蓉、酿酒葡萄、优质牧草种植为主的沙草产业基地20.50万亩。

【畜牧业】 全年畜牧业产值43686.8万元。建成圣牧高科有机牧场18座，有机奶牛存栏5.20万头，有机原奶产量占到全国一半以上。肉羊饲养量140万只，牲畜饲养总量156万头（只）。

【渔　业】 建成特色水产养殖基地4.50万亩。工业主导型经济更加突出。

【林　业】 全年共完成人工造林面积5.89万亩，飞播造林6.0万亩，年末实有封山育林面积118.78万亩。

【工　业】 全部工业增加值达到25.40亿元，比“十一五”规划末增长1.5倍。宇乐、中电投、山路、青岛昌盛等一批知名企业成功入驻。圣牧高科有机奶项目建成投产，成为全市首家在香港成功上市的本土企业。光伏发电势头强劲，发电装机容量达到200兆瓦。工业园区基础设施进一步配套完善，成为自治区第六批循环经济示范园区。节能减排任务全面完成。

【旅游业】 纳林湖景区成功晋升为国家AAAA级旅游景区和国家级湿地公园，接待超100万人次。沿河、沿沙、沿山三条精品旅游线路更具特色，水、陆、空三线基本贯通，“百湖之乡、魅力磴口”品牌全面打响。

【基础设施建设】 完成125个村庄的“美丽乡村”工程，农牧民普享实惠、欢欣鼓舞。隆盛合镇协成新村、补隆淖镇坝楞新村被评为“自治区美丽乡村”。通过实施黄河水权盟市间转让试点、土地整治、中低产田改造等工程，40万亩农田高标准配套，公路、电力、信息等基础设施水平全面跃升。围绕“五线十点”大规模造林绿化，完成林业生态建设63万亩，是造林投入最多、面积最大、效果最好的时期，全县森林覆盖率由17%提高到19.95%，磴口县荣获“全国防沙治沙先进集体”称号。县城面貌发生崭新变化。争取国开行贷款3.20亿元，建成保障性住房2713套，完成棚户区改造2001户。供热、供水、供气、排污能力全面提升。湿地保护与恢复工程高标准完成，人均公园绿地面积达到13平方米，城区实现居民开门见绿、千米见园，绿化、美化、亮化水平大幅提升。

【深化改革】 新一轮政府机构改革全面完成，机构设置得到优化。行政审批制度改革取得实效，公共资源交易中心、新政务服务大厅投入运行，行政权力清单正式公布。农牧区产权制度改革全面推进，基本草原划定全面完成，土地确权登记颁证试点工作接近尾声，草原确权承包工作有序推进。农场体制改革取得重大突破，5个国有农场及人事下划地方管理。沙业兴公司平台效应充分发挥，累计完成土地流转26万亩，改造2万亩，上缴税金462万元。财政体制改革深入实施，部门预算公开、政府采购、国库集中支付顺利推行，“营改增”范围稳步扩大，农村信用联社增资扩股全面完成。教育卫生事业改革，在巴彦淖尔市率先实行学校校长、医院院长去行政化管理和聘任制，新县医院委托市医院管理，磴口县进入“国家医改百强县”。2015年，接受国家义务教育发展基本均衡县达标验收，取得了全区第三名的成绩，被评为全国薄弱学校改造先进县。

【社会保障】 2015年，共发放低收入农牧户“暖心煤”补贴2640万元，资助贫困学生7419人次。卫生、教育系统招聘专业技术人才202名。新县幼儿园、3所城镇小学综合楼、农牧区幼儿园建成投用。

【社会事业】 公共卫生和文化服务水平显著提升，精神文明创建和全民健身活动广泛开展。科技服务能力明显加强，成功创建“全国科普示范县”。国防建设、妇女儿童、老龄、残疾人、统计、气象等各项工作都取得新进展。财政直接用于民生的投入占一般预算支出的比重达到72%。城乡居民人均可支配收入分别达到24234元、14146元，是“十一五”规划末的1.80倍、1.70倍。1.40万名贫困农牧民稳定脱贫，“零就业”家庭实现动态消零。

【“美丽乡村建设”工程】 累计完成农牧区危房改造7729户，解决安全饮水6670人，街巷硬化233公里，农网改造升级394公里，安装“户户通”4100户、为92个村庄安装广播“村村响”，校舍安全改造全部完成，新建嘎查村标准化卫生室18所、便民超市50个，改建文化活动室41个，修建活动广场43处，农牧区常住人口医保、低保、社保、高龄津贴实现了应保尽保。“美丽乡村建设”工程的深入实施，使农牧区发生翻天覆地的变化，农牧民多年梦想中的美好生活正在变为现实。

【基础建设】 完成土地整治16万亩，排水改造工程全部完工，沈乌灌域凌汛分洪及生态补水工程正在施工。500千伏变电站开工建设，临哈高速磴口段路基工程顺利完成。包兰铁路、国道、高速公路等主要干道沿线环境整治效果突出。北绕城、巴哈路、贺兰路拓宽改造如期完成，新修乌兰布和生态大道2.50公里。保障性安居工程全力推进，2个进出口改造高标准完成，穿沙路骆驼雕塑全部建成，城镇园林绿化水平显著提升。

【精品绿化工程】 依托“百湖”优势，建成南湖北海西翠湖、北出口湿地保护与恢复工程，积极创建全国渔业健康养殖示范县。完成林业生态建设15.80万亩，实施北绕城、生态大道等一批精品绿化工程。文冠果、黑枸杞种植成功，沙草产业扩量提质。兵团文化博物馆、冯玉祥西北军粮仓、百年天主教堂对外开放，老县委大院修缮恢复开工建设，三盛公地质博物馆室内工程正在进行。首届“金马湖”杯全国沙漠垂钓大赛、自治区第一届兵团文化艺术节、纳林湖沙漠足球赛、黄河观流凌等活动成功举办。水、绿、沙、文化成为磴口的靓丽名片。

【民生事业】 重大水利工程、城区供热首站改造、3个精品社区、老年大学和残疾人康复中心、沙金苏木民族幼儿园、农牧区综合敬老院建设等实事全面完成。公立医院改革实现药物零差率销售。依法治县开启新征程，“六五”普法全面完成。扎实开展“万名干部下基层”活动，党风政风持续转变。销售收入500万元以上的龙头企业全部建立农企利益联结机制；生态文明体制改革明显加快，《乌兰布和沙区管理办法》制定出台。

县政府办工作

【县政府办公室领导名录】

主任：吕红兵

副主任：安凯恒

柳培富

马　克

汪　军

陈建来

石建华

【政务工作】 对会议方案、领导讲话、下发文件、会后报道等各种材料都做到严谨细致，严把行文、运转、审批关，特别是在综合文稿起草上，努力吃透上级精神，体现领导意图，反复琢磨观点，精心锤炼文字，完成县委扩大会总结讲话、政府工作报告、全市设施农业典型发言等综合材料的拟写，共拟写领导讲话、工作汇报、典型发言等综合材料50多篇，得到领导的肯定和好评。严格控制发文数量，县政府和县政府办共发文件322件，较2014年同期明显下降，没有出现政策和文字上的差错，及时高效地处理各级来文900余件。

围绕全县总体工作部署和重点工作，筛选出关系全县大局、有针对性的课题进行深入调研，先后对全县转方式调结构、发展设施农业、实施“新农村新牧区建设”工程、重点项目等事关全县经济社会发展的重大问题、重点工作进行专题深层次调研，撰写一系列质量较高的调研报告，为领导科学决策提供参考依据。

及时对全县发展社会经济的新做法、新亮点进行总结、提升和宣传，做好信息整理上报工作，共采写政务信息200多篇，被市、自治区采用信息100余篇。

【外事侨务】 为帮助归侨侨眷解决养老、医疗等实际困难，对辖区内归侨侨眷生活状况进行详细的摸底调查，积极引导和帮助困难归侨侨眷参加城镇基本养老保险、城镇居民医疗保险和农牧区新型合作医疗保险。对符合参保条件的归侨家庭，与民政、卫生等部门沟通协调，开通绿色通道，给予优先审核和报销，切实解决困难归侨侨眷看病难、看病贵的问题，让归侨侨眷老有所养、老有所依。

利用办公室每周四下午集中学习制度，对现行外事侨务政策法规等进行学习，增强干部职工对侨务工作的了解，提高工作水平和服务效能，为外事侨务工作的有序开展奠定理论基础。

加强外侨干部政治、政策和纪律教育，提高“全员学习”“团队学习”意识，做到“工作学习化、学习工作化”，对外事、侨务工作路线方针政策和外事侨务政策法规，以增强做好外事侨务工作的荣誉感、责任感，优化知识结构，提高综合素质，增强创新能力，提升服务水平。

【法　治】 2015 年，为贯彻落实中共十八届三中、四中、五中全会精神，加快推进政府职能转变，强化权力运行制约监督，全县行政审批改革的重点工作是行政权力清单梳理。按照《内蒙古自治区人民政府关于切实做好行政权力梳理工作的通知》，在全县范围内启动行政权力清单的梳理工作。2015 年 6 月底，本级行政权力清单经县政府第九次常务会议审议通过后，于 7 月 1 日正式在县政府门户网站上向社会公布。

按照《中共中央关于全面推进依法治国若干重大问题的决定》提出的“建立政府法制办机构人员为主体、吸收专家和律师参加的法律顾问队伍”的要求，以及《内蒙古自治区人民政府办公厅关于印发自治区普遍建立政府法律顾问制度实施方案的通知》（内政办发〔2015〕43 号）文件精神，结合工作实际，制定《磴口县关于推行法律顾问制度实施方案》。成立由县政府办、县法制办、县司法局等单位人员组成的政府法律顾问选聘小组，采取单位推荐、个人申报、定向邀请、公开选拔等方式，对推荐、申报的政府法律顾问候选人进行考核后择优录取，选聘程序要公开、公正、透明。政府聘用法律顾问费用要列入各级政府财政预算。

【信　息】 政务信息紧紧围绕全县中心工作，大力弘扬“总干”精神，精心做好“水、绿、沙、文化”四篇文章，全面打好“新农村新牧区建设”攻坚战，重点对工业经济运行（宇乐、圣牧高科等）、设施农业、工业园区基础设施配套完善、光伏产业发展、旅游产业重点突破等重点工作进行信息编报和调研，政务信息工作得到县领导的高度重视，成绩得到充分肯定。全年共编报信息 1294 条，被自治区采用 6 条，被市政府办公厅采用 70 条。在自治区信息通报中，磴口县被评为信息报送优秀单位，张海军被评为优秀个人；在全市工作考评中，项钰被评为信息报送先进个人。

【网络办】 2015 年，配合区、市两级网络中心，完成党政视频备用系统数据所的建设工作、调试、运行工作。配合县领导完成县行政服务大厅的电子政务网络的建设工作。日常工作中，努力确保电子政务网络的正常运行，开好党政视频会议，认真完成网站的信息管理发布工作。

信　访

【县信访局领导名录】

局长：高　勇

副局长：赵玉珍（女）

　　　　马忠生

　　　　庞海滨

社会矛盾排查调处和投诉中心

主任：韩　瑞

副主任：恩和毕力格（蒙古族）

【机构设置】 县信访局内设办公室、来访接待室、社会矛盾排查调处和投诉中心、督查室、综合信息室、联合接访中心。

【信访接待】 2015 年，来信来访总量 448 批 6662 人次。2015 年，全年共编发《昨日访情》171 期，《信访动态》39 期。

【领导干部定期接访】 2015 年，县领导接访日 249 个，县领导下访、主动约访群众 60 余次，接待来访群众 176 批 3069 人次（包括重复访）。

档　案

【县档案局领导名录】

局长：庞占斌

副局长：金　玉（女）

卞俊娥（女）

【机构设置】 县档案局内设办公室、业务监督指导股和保管利用股3个股室。

【档案社会服务】 2015年3月12日，县档案局接收县民政局2010—2014年婚姻档案328盒10833卷。10月19日，县档案局对全县党的群众路线教育实践活动档案进行接收，共整理接收档案241卷，其中永久保存的有15件、保存期限30年的有110件、保存期限10年的有116件。2015年，共接待查阅利用者600余人次，提供利用档案3000余件次，摘抄复制1800余页。

【档案业务指导】 2015年，以全县机关企事业单位档案工作实现规范化管理为目标，对组织部的党的群众路线教育实践活动档案、财政局的财务档案、消防队搬迁档案阵地建设和编办成立以来的文书档案进行专题指导。4月23日，巴彦淖尔市档案局副局长沈瑞斌、保管利用科科长高春光、法规宣传教育科科长王霞、保管利用科科员越媛一行对磴口县的档案工作进行调研指导。从5月26日开始，对全县各苏木镇、国有农场、县直各单位、驻县各有关单位的档案工作进行为期一个月左右的档案行政执法检查。

【档案信息化建设】 2015年，根据档案局馆藏档案的信息化程度，年内对利用率相对高的婚姻档案和人事档案进行目录数字化，共完成5000余条。

【档案法制建设】 2015年5月，参加全县法律、法规集中宣传活动。6月9日，组织全体干部职工走上街头开展“6·9”国际档案日档案法律法规宣传活动，共悬挂档案法制宣传标语2条，发放宣传材料400余份，接待群众咨询30多人次。

机关事务管理

【县机关事务管理局领导名录】

局长：薛　茂

副局长：赵星光（至2015年4月）

张满忠（2015年4月任）

【概　况】 不断强化机关事务管理措施，努力做好党政机关后勤服务工作，扎实开展公共机构节能工作、公车治理工作，深入推行精细化管理，认真贯彻落实党风廉政建设的各项规定，为领导机关顺利开展工作、扩大对外交流和招商引资、推动全县经济社会又好又快发展做出应有的贡献。

【接待工作】 全年大型公务接待230多批次，接待来宾5500多人；接待客商30多批次，400多人。

【后勤服务】 开展物业维修500余次，更换和修理党政办公大楼及会展中心6台开水器、消防卷帘门控制器、会展中心的电动门等设施；网购电动门皮带、会议室主席台座椅、LED灯具、电开水器、便池感应器等重要设备设施，投资2万余元委托消防维保公司对会展中心消防设施进行维保，各项节约资金约5万余元；对办公大楼的楼道灯具及电力线路进行更换维修、对办公大楼及博物馆楼顶进行防水维修，确保各单位工作的正常开展。

【会　务】 完成县委全委会、人大、政协“两会”、市对县实绩考核及各类会议的服务共计490多场次，会务工作基本做到“全天候”“无条件”“零差错”和“高风格”。

（王　震）

公共资源交易

【县公共资源交易中心领导名录】

主任：唐培宾（2015年4月任）

副主任：陶　飞（2015 年 4 月任）
　　　　李玉善（2015 年 4 月任）

【概　况】 磴口县公共资源交易中心（以下简称“中心”）自 2015 年 1 月正式启动运行，是全县进行公共资源交易的有形市场和统一服务平台，承担着建设工程招投标、土地使用权出让、产权交易、政府采购等各类公共资源交易活动的组织、管理、服务职责，是直属政府管理的正科级全额拨款事业单位。

【机构设置】 公共资源交易中心内设综合部、工程及资源交易部、政府采购部、运行监督及网络信息部 4 个部室。2015 年，中心正式编制人员 8 人，其中领导职数一正二副。

【公共资源交易情况】 2015 年，共完成交易项目 246 宗，交易总额 45298.40 万元，节约预算经费 4499.23 万元。其中建设工程项目 27 宗，计划金额 11246.96 万元，交易总额 11074.98 万元，节约预算经费 171.98 万元；政府采购项目 195 项，计划金额 31474.61 万元，成交总额 27196.45 万元，共节约金额 4278.15 万元；产权交易项目 14 项，总起拍价 1149.87 万元，总成交价值 1198.97 万元，与起拍价相比，总溢价值为 49.10 万元；土地拍卖项目 10 项，评估价 5741.94 万元，出让金共计 5828 万元，溢出价 86.06 万元。完成的较大项目有：磴口县高速公路连接线拓宽改造工程、磴口县包兰铁路沿线景观改造工程、磴口县东亿新天地公租房建设等项目。

【服务与交易】 全年发布采购招标公告 236 条、中标公示 180 条、政策法规 5 条，对规范全县公共资源交易活动，扩大信息发布范围，增强交易服务功能，为实现公共资源交易“公开透明、阳光交易”起到积极的作用。

【专家评审库的建设】 结合公共资源交易市场建设的需要，中心聘请 113 名具有中级以上职称或同类专业水平的技术、经济方面的专家，并对专家进行日常学习和集中培训，健全评标专家综合考评制度，实行动态管理，对不合格的专家实行严格的淘汰制度，形成各类专家资源齐全、科学合理的管理机制。

【“三严三实”主题教育活动】 加强政治理论、法规政策和业务技能的学习，采取集中学习与自主学习相结合、专家授课与外出调研相结合、理论学习与实务操作相结合的形式，充分调动学习的积极性和主动性；加强对业主单位、招标代理中介机构的走访工作，针对招标程序、评标办法、中标后项目实施情况等问题，进行交流探讨，广泛听取意见和建议，以利于提高服务质量。

【“新农村新牧区建设”工程】 2015 年 9 月，抽调工作人员先后到补隆镇新河村、补隆镇坝楞新村、渡口镇新地村，帮助村民们进行村容村貌环境整治。在驻村干部的指导下，深入到帮扶村民家中，自备铁锹、扫帚、锄头等工具，与村民一起拆除废弃棚圈、整理院落环境、归拢木柴、清理垃圾。2015 年年底，根据《磴口县委、政府关于全面开展“新农村新牧区建设”工程冬季攻坚行动的通知》精神，积极备战，派驻 2 名干部深入到包扶的巴彦高勒镇旧地村三社，经过详细的测量和入户调查，汇总旧地三社现有 52 户农民的两表一图，并为村民讲解县政府“新农村新牧区建设”各项补偿政策，为 2016 年的“新农村新牧区建设”奠定基础。

行政服务

【县政务服务中心领导名录】

主任：李国渊
副主任：班　琪
　　　　樊星勇

【概　况】 2015 年，政务服务中心在县委、县政府的正确领导下，在各窗口单位的大力支持下，认真贯彻落实中共十八大精神，牢牢围绕全县工作重点，为全县人民和外来投资者搭建优良高效的政务服务平台，为实现高效快捷服务做出应有的贡献。

2015年，政务服务中心被县人大纳入评议“一府两院”部门之一，县人大调研组、县人大常委们对中心全年工作进行评议，全票通过，满意率为100%。充分体现人大对政务服务中心工作的重视和认可。2015年，中心共受理办理办结各类行政许可及公共服务事项28840件，实现按时办结率98%，群众满意率100%，群众投诉率为零。

【政务服务中心新址】 2015年，为推动政务服务中心建设，着力打造政务服务新形象，按照政务服务标准化阵地建设，由磴口县农村信用联社投资装修的政务服务中心办公业务用房，经县委、县政府同意，设在新人社局大楼附属楼一二层，总办公面积3200平方米（包括民政、司法一楼大厅）。入驻中心的人员、项目于2015年1月4日全部到位，入驻窗口部门27个，办理事项90项。中心是集“城建规划、市场准入、便民服务”于一体的政府最大的公共服务综合体，向全县百姓提供所有相关服务需求，为企业法人提供生产经营涉及的所有审批服务。依照统一标准、规范管理、服务群众的要求，所有入驻窗口部门全部成立“审批办”，按照“两集中两到位”在政务服务中心集中办公，设立AB岗，确保每个窗口人员在位。中心还成立监督值班岗，负责接待处理群众咨询和来访以及维护大厅办公秩序。

（贺　云）

中国人民政治协商会议磴口县委员会

综　述

【政协磴口县委员会领导名录】

主席：赵淑兰（女）

副主席：邢旺喜

刘秀玲（女）

赵多义

马海波（回族）

副秘书长：马逸勋

办公室

主任：马逸勋（兼）

学习和提案委员会

主任：赵国琴（女）

副主任：李月芬（女）

经济和资源环境委员会

主任：邱瑞芳（女）

副主任：刘　青

民族宗教侨务群团社会法制委员会

主任：杜林泉

副主任：陈丽珍（女）

文史教科文卫体委员会

主任：李　军

副主任：艾　乐

【概　况】 2015年，县政协组织动员全体委员和社会各界人士，紧紧围绕全县工作大局，认真履行政协职能，在关注改革、推动发展、维护稳定、促进和谐、改善民生中发挥积极作用。切实发挥政协作为协商民主的重要渠道和专门协商机构的作用，制定年度协商计划，规范协商程序，搭建协商平台。聚焦全局性、前瞻性，对“十三五”规划编制、“新农村新牧区建设”工程等开展专题协商；对重点景区、重点企业建设开展对口协商；对乌兰布和沙漠治理、城市绿地管护和环境卫生整治，开展界别协商。深化政协全体会议、常委会议、主席会议、参加党政工作会议等协商形式，完善工作机制，以会议协商、座谈交流、专题讨论、调研考察等多种形式。坚持把民主监督贯穿政协履行职能的全过程，先后组织委员视察“四清三治”、通道绿化及铁路沿线综合治理、工业园区基础设施建设，调研巴彦高勒镇各住宅小区绿化及环境卫生管理中存在的问题，召开座谈会，共同协商解决办法；围绕改善民生，对人民群众普遍关注的供电供水、医疗卫生、创业就业、均衡教育、住房保障、食品药品安全等，通过座谈讨论、听证议政、行风评议形式，开展民主监督，推动工作落实。组织委员视察纳林湖、万泉湖、冯玉祥粮仓、三盛公天主教堂保护修缮、兵团文化基地等建设情况，围绕发展旅游业建言献策。密切关注工业经济发展，组织政协委员及相关部门负责人实地察看宇乐化工循环经济、光伏园区、利川技改搬迁、蒙牛乳业产能扩建等建成项目运营状况和在建项目的建设情况，召开重点项目建设专题议政会，推进项目建设进度。组织委员赴乌拉特中旗学习考察优质、绿色农畜产品加工输出基地及工业园区建设。配合自治区、市政协对全县农牧业发展、乌兰布和沙漠生态治理等的调研、考察。建立提案办理电子化平台，提高提案工作效率和水平；开展提案知识培训，提高政协委员的理论水平和履职能力。全年共收到委员提案89件，经提案审查委员会审查，立案88件。从立案的提案中选出13件，作为重点提案，由政协主席会议成员督办，加大提案落实力度。坚持联系走访政协委员，邀请民主党派、人民团体和无党派人士参加政协的专题协商和重大调研活动，鼓励和支持他们通过政协舞台参政议政。加强同区内外政协的密切联系，宣传磴口，增进了解。征集、编辑生态建设、华润金能煤电引进历程的文史资料共70万字。组织政协委员和机关干部参加全市政协系统第六届运动会，获得乒乓球项目第二名。深入开展“三严三实”专题教育活动，不断转变工作作风，全面落实农村牧区“三到村三到户”精准扶贫工程包联责任制，及时组织包扶沙金苏木、包尔盖农场的县领导、职能科局深入包联点，按时落实各项帮扶任务。精心组织、全力参与，扎实推进“新农村新牧区建设”工程。

【机构设置】 2015年，内设机构有办公室、学习和提案委员会、经济和资源环境委员会、民族宗教侨务群团社会法制委员会，文史教科文卫体委员会。

重要会议

【县政协九届四次全委会议】 中国人民政治协商会议磴口县第九届委员会第四次会议，于2015年12月20—21日举行。会议应出席委员133人，实到委员125人。会议听取磴口县委书记李建军所作的重要讲话，认为讲话深刻地分析全县当前面临的形势，确定新一年的奋斗目标，对今后的政协工作提出指导性意见，不仅充分体现县委对政协工作的高度重视和大力支持，而且推动全县政协工作的扎实开展；会议听取并分组讨论第十六届人民代表大会第四次会议上县长樊文所作的政府工作报告和其他报告，认为政府工作报告对过去工作的总结实事求是，对今后一个时期的总体工作思路明确、措施有力、发展目标切实可行；会议审议政协磴口县第九届委员会主席赵淑兰所作的常委会工作报告、副主席马海波所作的提案工作情况报告，委员们一致表示赞同；会议对九届一次会议以来17名政协委员、11件优秀提案、6个提案承办先进单位进行表彰。会议期间共收到提案71件，经审查立案69件。

【县政协常委会议】 2015年4月9日召开县政协九届九次常委会议。传达贯彻中国人民政治协商会议第十二届全国委员会第三次会议、第十二届全国人民代表大会第三次会议精神；传达贯彻内蒙古自治区政协十一届三次会议、第十二届区人民代表大会第三次会议精神；传达贯彻巴彦淖尔市政协第三届第三次会议、第三届市人大第三次会议精神；学习中国人民政治协商会议全国委员会提案工作条例；学习“以四个全面引领推动两会精神全面落实”为题的两会精神辅导讲座。

2015年7月28日召开县政协九届十次常委会议。考察补隆淖镇黄土档村、渡口镇新地村“新农村新牧区建设”工程，圣牧高科、南湖湿地公园、兵团文化博物馆、利川化工新厂区建设、工业园区万亩光伏园、乌兰布和沙漠治理情况，召开座谈会，同县委、县政府及相关部门开展协商。

2015年12月16日召开县政协九届十一次常委会议。会上听取县政府对政协磴口县九届三次会议以来提案办理情况的通报；审议通过关于召开政协磴口县九届四次会议的决定；审议通过政协磴口县第九届委员会常务委员会工作报告（讨论稿）及报告人名单（草案）；审议通过政协磴口县九届委员会常务委员会提案工作情况的报告（讨论稿）及报告人名单（草案）；审议通过政协磴口县九届四次会议议程、日程、大会执行主席、主持人名单、会议秘书长、副秘书长、小组召集人；审议通过取消、撤销第九届委员会政协委员资格名单；审议通过政协磴口县第九届委员会增补委员建议名单；决定表彰优秀政协委员、优秀提案、提案承办先进单位及个人。

重要工作

【县政协办公室】 组织筹备常委会议、全委会议。组织委员赴乌拉特中旗学习考察优质、绿色农畜产品加工输出基地及工业园区建设。密切配合自治区、市政协对全县农牧业发展、乌兰布和沙漠生态治理等的调研、考察。对人民群众普遍关注的供电供水、医疗卫生、创业就业、均衡教育、住房保障、食品药品安全等，通过座谈讨论、听证议政、行风评议形式，开展民主监督，推动工作落实。组织政协委员为患病牧民和学生捐款救助。

深入开展“三严三实”专题教育活动，不断转变工作作风，全面落实农村牧区“三到村三到户”精准扶贫工程包联责任制；组织包扶沙金苏木、包尔盖农场的县领导、职能科局深入包联点，按时落实各项帮扶任务。统筹协调阿贵庙景区建设，积极帮助解决建设中存在的困难和问题。推进“新农村新牧区建设”工程，完成沙金、巴彦高勒镇、补隆、渡口的各项任务。

协助各专委会对“十三五”规划编制、“新农村新牧区建设”工程建设等开展专题协商；对巴彦高勒镇各住宅小区绿化及环境卫生管理情况进行调研；对乡镇“四清三治”、通道绿化及铁路沿线综合治理、工业园区基础设施建设开展视察；对纳林湖、万泉湖、金马湖休闲观光生态园、阿贵庙景区、冯玉祥粮仓、三盛公天主教堂保护修缮、兵团文化基地等建设情况开展视察。组织政协委员及相关部门负责人实地察看宇乐化工循环经济、光伏园区、利川技改搬迁、蒙牛乳业产能扩建等建成项目运营状况和在建项目的建设情况，召开重点项目建设专题议政会。

接待黑龙江、广东江门、甘肃嘉峪关、河南洛阳、呼和浩特等地政协对磴口县光伏产业、旅游业、“新农村新牧区建设”工程和政协工作的考察；组织政协委员和机关干部参加全市政协系统第六届运动会，获得乒乓球项目第二名。

加强信息宣传工作。共编发社情民意信息146篇，自治区政协采纳14篇，市委、市政府采纳23篇，市政协采纳59篇。连续6年被评为全市信息宣传工作先进集体。

【文史教科文卫体委员会】 5月11—25日，政协文史委牵头对全县住宅小区绿化及环境卫生管理情况开展调研。采取实地走访、实景拍照的方式，对小区内的卫生状况和绿地情况进行分类统计，梳理出存在的问题，召开相关单位、物业公司、居民代表参加的座谈会，共同协商解决办法。8月10—11日，政协调研组对各单位整改落实情况进行实地走访，开展“回头看”，召开座谈会，县政府分管领导根据协商意见，现场逐项做出整改安排。调研组针对整改情况跟踪调研，对各小区治理情况开展“回头看”，及时向责任单位通报情况，不断促进城市人居环境改善。11月19日，组织部分市、县两级政协委员对生态养老产业园、冯玉祥粮仓、工业园区等工程的建设情况进行视察。

充分发挥政协文史资料“存史、资政、育人”的作用，抓好文史资料征编工作。查漏补缺，补充完善生态建设专辑资料；征集以“引进华润金能煤电”为内容的文史资料共12万字，详细记录金牛煤电热电联产项目落地的曲折历程，反映磴口人秉承“总干”精神，发扬吃苦耐劳、不畏艰辛的优良传统，体现磴口人民坚定的理想信念和对美好生活的不懈追求，具有翔实的资料性和可读性。为纪念中国人民抗日战争胜利70周年，文史委密切配合市政协征集全县抗战时期文史资料5篇，揭露日本侵略者罪行，反映磴口人民抗战事迹。

12月8日，以弘扬“总干”精神、“迎庆创城”为主题，组织全县书画摄影作品参加市政协举办的大型书画摄影作品展；做好磴口展区的布展工作，充分展现磴口人民抢抓机遇、投身改革、推动发展的时代精神，展望全面建成小康社会、实现“中国梦”的美好前景。

【学习和提案委员会】 2015年九届三次会议共收到政协委员提案88件，立案87件，1件未立案，主席会成员督办重点提案13件；7月7日，对旅游业发展现状进行视察，委员们参观南湖、拦河闸、兵团博物馆、金马湖、纳林湖、牧民新村、万泉湖、阿贵庙；12月4日，召开科技界、特邀界委员座谈会，年底集中走访。

【经济和资源环境委员会】 7月15日，组织召开宇乐化工循环经济、光伏园区、利川技改搬迁、蒙牛乳业产能扩建等重点工业项目建设推进专题协商议政会。11月，组织经济界政协委员及其他界别相关委员对磴口县工业园区基础设施及城镇配套工程建设情况进行视察。重点察看园区主干道工程，亮化美化绿化工程，供电、供水、供热、排污工程。11月20日，组织经济界委员其他界别政协委员开展联谊活动。委员们参观冯玉祥西北军粮仓博物馆、三盛公游乐区、光伏园区生态园、兵团文化纪念馆等。

【民族宗教侨务群团社会法制委员会】 组织委员围绕重点、抓住热点、立足焦点开展对全县乡村“三清三治”“通道绿化”及铁路沿线绿化工程进行视察，提出在新农村建设中要规划引领，示范带动，逐步推开；加大宣传，提高广大人民群众对新农村建设的了解和认识，充分调动群众参与的积极性，发挥群众在新农村建设过程的主体作用；要因地制宜，调动社会力量，积极探索新农村新牧区建设的经验和途径，创新管理长效机制，把“三清三治”“通道绿化”等环境整治工作做好，确保在工作中实现新突破。组织联系界别委员赴乌拉特中旗进行学习考察，学习和借鉴乌拉特后旗政协履职工作的先进经验和当地城镇建设、新农村建设等方面的先进做法，发挥政协优势，推进政协各项工作不断向前发展。

通过调研、考察、提案、走访委员等形式，收集社情民意和委员建议，积极反映委员的意见和建议，截至年底，上报的社情民意被自治区政协、市政府、市政协采纳12篇。运用多种形式加强与委员之间的联系交流，了解委员工作、学习、生活情况，并将此形式作为互助沟通、增进友谊、加深感情、互相促进的有效形式，也得到广大委员的认可和积极支持。共走访委员45人次。协助分管主席督办主席会确定重点提案2件。专委会3名委员参与全县主要部门的民主评议工作，3名委员被聘为县法院陪审员，通过评议、监督，做到使党委和政府满意、被评议部门满意、政协委员和人民群众满意。

按照磴口县委“新农村新牧区建设”工程的要求，专委会积极参与，努力工作，圆满完成2015年“新农村新牧区建设”工程的各项任务，并得到县委、县政府的好评和肯定。

（马逸勋）

社会团体

总工会

【县总工会领导名录】

主席：苏日嘎拉图（蒙古族）

副主席：余海东（至2015年4月）

王永维（2015年4月任）

【概　况】 2015年，磴口县总工会在县委、县政府及上级工会的领导下，围绕贯彻中共十八届三中、四中、五中全会精神及党的群团工作会议和习近平系列讲话精神，扎实做好职工服务工作，各项工作取得明显成效。

【机构设置】 磴口县总工会内设组宣部、综合部、保障部、财务部、女工部、办公室、帮扶中心。

【党工共建】 结合基层工会组织建设“落实年”活动，开展非公企业工会组织建设专题调研。全县70多家届满到期的工会组织都依法进行换届改选。下发《关于进一步加强苏木镇（社区）工会工作意见》和《关于进一步加强工业园区工会工作意见》，举办苏木镇、农场、社区工会干部近30参加业务知识培训班。3名社会化工会工作者被安排到非公企业较集中的社区、行业工会联合会。在沙金苏木阿茨嘎查建立村级工会，打造精品社区工会，开展乡镇（社区）、工业园区工会规范化建设“双创优”活动，推进补隆淖镇工会达标升级。深入工业园区、建筑项目、物流（快递）业、餐饮业、家庭服务业、农牧业专业合作社组织等区域和行业进行摸排调研，开展农民工入会集中行动。会员实名制登记工作取得实质性进展。

【农民工集中入会】 县总工会把农民工入会工作列为工会工作年度考核的一项重要内容，制定《磴口县“农牧民工入会集中行动”实施方案》，明确工业园区、苏木镇社区、企业在建工程项目、快递（物流）公司、家庭服务企业、农业合作社、餐饮服务7类重点区域和行业，逐步推动从“要我入会”向“我要入会”的转变，建立长效工作机制，确保农民工集中入会工作任务的圆满完成。统一印制了千余份农民工入会登记表，利用微信公众平台、网站、QQ群等现代手段加强宣传，增强农民工对工会的认同感，形成强有力的舆论氛围，用工会组织的真心服务和真情温暖，吸引农民工入会。2015年，全县农民工工会会员达7588人。

【劳动竞赛活动】 深入开展以“劳动托起中国梦‘8337’建新功”为主题的劳动竞赛活动，全县开展岗位练兵、技能比赛等劳动竞赛的企事业单位达到180家，参赛职工32566人次。“五一”前夕，举办全县职工“劳动打造亮丽风景线”主题演讲比赛，37名选手通过预赛、决赛，胜出的3名选手参加全市职工演讲比赛，1名获得二等奖，1名获得三等奖。培育蒙牛公司胡珊珊和县医院杨志平“劳模创新工作室”2家；举办餐饮业开河鱼烹饪技能比赛活动，共有9家企业10名选手参赛。推荐评选上报的1名全国劳模、4名区级劳模、13名市级劳模和先进工作者受到表彰。开展“最美职工”“最美职工家庭”和“最美环卫职工”评选活动。对评选出的5名“最美环卫职工”、5名“最美环卫职工提名奖”进行表彰奖励。

【关心爱护劳模】 县总工会认真做好劳模管理工作，关心爱护劳模。县总工会出资16100元与磴口县医院合作，对全县23名区级以上劳模（先进工作者）进行免费体检，并组织3名市级劳模赴厦门工人疗养院进行疗养。向新闻媒体及时提供劳模事迹宣传材料及新评选2015年全国劳动模范、自治区劳动模范的事迹材料，县总工会选编部分劳模事迹在微信公众平台进行宣传。组织部分劳模开展“磴口美景一日游”和“磴口旅游资源调研”活动。为10名区级以上劳模发放荣誉津贴7340元。区总工会走访慰问区级劳模2人，发放慰问金4000元；慰问2名困难劳模，发放生活补贴7200元；春节送温暖，对23名区级以上劳模进行入户走访慰问，并送去慰问信和慰问金，合计11500元。

【关爱环卫工】 县总工会采取多项措施关心关爱环卫职工。开展“最美环卫职工”评选表彰活动。5名职工获得“最美环卫职工”荣誉称号，5名职工获得“最美环卫职工”提名奖，并为其颁发荣誉证书及价值6000元奖品。同时组织10名获奖职工参加“磴口美景一日游”活动。为10个环卫“爱心驿站”发放补助资金，建成暖心驿站。金秋助学活动让1名困难环卫家庭子女圆了大学梦，发放资助学费3000元。帮扶救助活动中，1名困难职工获得大病救助2000元；7名困难职工获得生活救助，每人1000元。“两节送温暖”活动中，为270名环卫职工每人购买一件棉服、一双手套、一双棉鞋，价值8万余元。春节期间，235名环卫工人可以到指定美容美发店免费理发。

【荣　誉】 2015年度，胡珊珊、呼格吉乐、杨志平、王翠梅获自治区级劳模，胡珊珊获全国劳模，马晓杰获全市优秀工会工作者，蒙牛公司获全国“模范职工小家”，樊翠梅、宋学斌、唐培福、乔德成、包瑞琴、郭培志、胡文锐获全县“最美职工”，王维清、马小杰、李志刚、李军来、徐海军、贾毅龙获全县“最美职工家庭”，杨玲玲、李青梅、张淑琴、卢志华、陶吉玉获全县“最美环卫职工”，李瑞仙、汪丽红、刘美英、唐金鸽、丁淑琴获全县“最美环卫职工”提名奖，樊翠梅（卫计局）、唐培富（德田）获全市“最美职工”，王维清（广电）、马小杰（圣牧）获全市“最美职工家庭”荣誉称号，梁玲芝、何敏、孟德尔、王贺东、张有良、刘计先获全县优秀工会工作者。

（刘计先）

共青团

【县共青团磴口县委员会领导名录】

书记：黄金龙

副书记：陈　红（女）

【机构设置】 共青团磴口县委员会（以下简称团县委）内设办公室、组织宣传联络部、青工农牧部、学少部、志愿者部。

【青少年道德教育】 以春节、“3·5”学雷锋日、清明节、“五一”、国庆等重点节庆假日为契机，组织团员青年开展服务春运、慰问敬老院、公共场所卫生清扫、热水饮用服务、社区免费理发等志愿服务活动。

以各中小学校少先队员、团员青年为重点培育对象，在各学校开展一系列以“学雷锋”“少先队心中有核心”等为主题的板报团队会评比、征文比赛、纪念先烈扫墓、参观博物馆、中学生课本剧大赛等丰富多彩的教育实践活动。与各行政企事业单位、社会各界爱心人士联系，开展“希望工程”结对互助帮扶助学活动。同时，为加大宣传，团县委自制社会主义核心价值观卡通宣传册10000余份，分别下发到各中小学校和基层团组织，让广大团员青年更直观地了解和体会社会主义核心价值观的内涵。

以创新工作形式、丰富实践内容为载体，组织30余名退伍老兵开展驻地一日游活动。组织中学生自主编创的《守护蓝天的天使》微电影参加2015华北五省中学生环保微电影大赛，荣获华北五省中学生微电影大赛“优秀影片奖”。

【基层团建】 组织举办团干部培训班2期，北疆青年“学习进行时”团干部如何健康成长大调研、大学习、大讨论活动4次。利用各类媒体共发表有关北疆青年“学习进行时”微博微信信息91篇，微博阅读量2900人次，微博讨论量1121人次，微信转发量1425人次，微信阅读量8387人次。组织成立网宣员队伍和磴口共青团清朗网络志愿者分队共计200余人，微话题、微博原创和转发、跟帖活动11000多条。组织开展微信转发600余条。

全县共青团认识大局、服务大局“新农村新牧区建设”工程观摩活动，共有130余名团干部及优秀创业就业青年代表参加此次活动。

共刊出《团队工作动态》216期；向各级刊物和网站投稿216篇，其中县级各类媒体采用29篇；市级采用13篇；自治区级采用130篇；中国青年网采用2篇，中国共青团网采用2篇。

借助全区“百企强百乡”活动开展这一契机，磴口县团委积极与内蒙古山路能源集团和圣牧高科集团对接，分别帮扶巴彦高勒镇和沙金苏木，已签订帮扶协议，协议金额10万元。按照“百县千乡”活动方案要求，积极制定农村、社区区域化团建实施方案，大力推进农村牧区、社区区域化团建工作。

【青年志愿服务】 积极动员行政事业单位、学校、社区、企业和社会组织团员青年成为青年网络文明志愿者和注册志愿者，截至年底，共录入志愿者3284人。累计开展各类志愿服务活动15次，参与志愿者人数360人。

【“西部计划”志愿者慰问活动】 积极开展在岗西部计划志愿者慰问活动，完成2015届“西部计划”大学生志愿者招考、培训及岗位对接工作。磴口县项目办荣获2014—2015年度全国大学生志愿服务西部计划绩效考核优秀等次服务县。

【青年创业就业】 举行“春风行动”现场招聘会。12家企业参与，达成就业意向300余人。全县共组织开展青年农牧民培训会15场次，培训人员达到800余人次。打造青年创业就业孵化基地1个，已入驻企业、商户35家（河套大市场）；有青年见习基地4个。

【“保护母亲河”活动】 积极承办全市开展的“保护母亲河　美丽中国梦”——2015年度全市绿色环保、勤俭节约植树活动启动仪式，来自市、县两级相关单位志愿者及磴口县少先队员代表、青联委员等140余名志愿者参与植树活动。继续与中国国际青年交流中心合作，签订《中日绿化交流基金项目合作协议书》并启动“2015年中日青年保护母亲河生态绿化示范林”项目植树活动。

【“希望工程”结对互助活动】 开展“希望工程”结对互助帮扶助学活动。组织5家“青年文明号”集体负责人看望慰问11名贫困生，组织实验小学的少年儿童为红领巾基金捐款5331.50元；开展“希望工程圆梦大学行动——加多宝·学子情”公益助学活动，有2名大学新生符合条件；为巴彦高勒镇3名贫困大学生每人争取资助金1500元。

（宋述文）

妇　联

【县妇女联合会领导名录】

主席：郭丽萍（女）

副主席：金格玛（女，蒙古族）

【“三八”妇女节庆祝活动】 2015年，妇联召开庆祝“三八”国际劳动妇女节105周年暨全县妇女工作总结表彰会议，总结2014年全县妇女工作，安排部署2015年的工作，并隆重表彰为全县妇女儿童事业做出贡献的15个支持妇女儿童工作先进集体、15名“三八红旗手”、10名优秀“巾帼志愿者”、5名“干净人家，精巴媳妇”、10户“最美家庭”和5个优秀“妇女之家”。在表彰活动的同时，还穿插精彩的文艺演出，来自全县各行各业的15个表演队，为大家展示舞蹈、独唱、歌伴舞、舞台剧等节目，充分展示全县妇女的精神风貌和靓丽风采。

【“双学双比”活动】 妇联围绕促进农村妇女增收致富这一主题，以实现生产发展、生活宽裕的要求为重点，在农村妇女中开展“学习新知识、创造新业绩、展示新风采”主题活动，组织发动妇女积极参与社会主义新农村建设。加大农业科技培训力度，提高农村妇女的科技素质和增收能力。实施“新型女农民科技培训”项目，提高农村妇女的科技致富能力。全县各级妇女组织共举办农作物科技培训班50期，参加培训950人；养殖培训班42期，参加培训500人。

【“巾帼志愿者”行动】 妇联充分发挥巾帼文明岗的示范带动作用，在全县窗口单位、服务行业按照“比技能、比作风、比业绩”的要求，引导女职工深入开展职业竞赛、岗位练兵、技能比武等活动；充分发挥“巾帼志愿者”服务组织优势、职能优势和人才优势，推进巾帼志愿者服务进社区、进村镇，引导成员履行社会责任，参与公益活动，与就业困难妇女、农村留守儿童、贫残孤寡老人结成帮扶对子，提供力所能及的帮助，使之常态化、经常化。

【“十全美丽庭院”争创行动】 为丰富全县“新农村新牧区建设”工程内涵，充分发挥妇联组织的职能及广大妇女群众的优势，在农牧区开展“十全美丽庭院”争创行动，通过宣传发动、教育培训，组织农牧民妇女从自身做起，从家庭做起，开展“四清”“三化”活动，从而达到人美、室美、厨厕美、院美、村庄美。在活动中，县妇联通过层层评选，为全县3个示范村的120个农户挂上“十全美丽庭院”示范户牌匾，并为每户配备垃圾桶、暖壶等生活必需品。推动美丽庭院行动的纵深发展。

【寻找“最美家庭”活动】 为丰富群众文化生活，展示家庭成员的精神风貌，推进家庭文化建设，县妇联以“妇女之家”为载体，广泛开展寻找“最美家庭”活动。在寻找的过程中，注重家庭特色类型的广泛性、典型性和影响力，尤其注重发掘自主创业并带动其他家庭增收致富的典型家庭，广泛发掘广大群众的闪光点，使“最美家庭”内涵更加丰富饱满。寻找活动的开展，涌现出一大批先进典型，如苏晓娟家庭被评为自治区级“最美家庭”。王翠梅、王多民家庭，郭翠梅、李文斌家庭，王静、张青家庭获得市级“最美家庭”。

【家庭亲子游活动】 2015年3月，妇联会同旅游局在黄河三盛公水利风景区举办“观流凌、健康行、感恩母亲河亲子游”活动。来自全县55个家庭及游客共1500多人参加“走进母亲河、感恩母亲河、保护母亲河·我们在行动”千人签名活动，55名儿童在父母的陪护下参观黄河三盛公水利枢纽工程，听导游阿姨讲解黄河三盛公历史文化，观看晶莹剔透、千姿百态的流凌奇观。活动中设计了别开生面的游戏活动，有运福娃、划旱船、宝贝找妈妈等，让孩子在活动中促进与父母的亲密关系，锻炼孩子参与和探索的能力，促进他们身心健康的发展。

【“六一”儿童节慰问活动】 为迎接“六一”国际儿童节，县妇联下发“六一”活动通知，要求妇儿工委成员单位结合各自工作实际，开展形式各样的活动丰富全县广大少年儿童的节日生活。同时，在“六一”儿童节前夕，磴口县妇联、县妇儿工委联合工商个体协会、大地保险公司深入到全县城镇小学和5个苏木镇中心校开展“六一”儿童节慰问活动，为贫残孤儿童送去节日的祝愿和价值7000元的书包、文具盒、彩笔、笔记本等文化用品。

【青年联谊会】 县妇联组织举办“相约纳林湖，开启幸福缘”青年联谊会活动。为帮助全县青年扩大交友范围、扩宽沟通渠道，增进青年之间的沟通与交流，也为提升纳林湖的旅游知名度，妇联会同团委、工会在美丽的纳林湖举办单身青年联谊会。共有40多名单身青年和100多名游客参加此项活动。通过两人三足跑、拔河等8个互动小游戏，为年轻人创造良好的沟通氛围，增进情感的交流，同时也有力地营销、宣传纳林湖。

【“巧媳妇”开河鱼美食烹饪大赛】 县妇联和县旅游局共同举办的“赏流凌、品美食、巧媳妇”开河鱼美食烹饪大赛，在磴口县三盛公假日大酒店开幕。来自全县12名巧媳妇以新鲜黄河鱼为食材，采用一鱼多做的方法，在规定时间内每人烹饪出三道菜品，完成后由评委从“色、香、形、味、名”5个方面打分。活动中，参赛选手各展所长，蒸、煮、炸、炖齐上手，做出“羊年鸿运”“蒸蒸日上”等香气扑鼻、唇齿留香的30道菜品，获得观众和评委们的一致好评。

【春节慰问】 春节前夕，县妇联深入到5个苏木镇和5个国有农牧场，对全县50名困难女党员、老妇女干部进行慰问，为她们送去食品、烟酒等慰问品。同时，看望慰问身患宫颈癌和乳腺癌的5名贫困妇女，并给她们分别送去“贫困母亲两癌救助”中央专项彩票公益金每人10000元。

【维护妇女儿童合法权益】 县妇联强化法制宣传教育，扎实推进妇女儿童维权工作。在“三八”妇女节期间，联合公、检、法、司等单位在富源广场，开展以“贯彻十八届四中全会精神，深入推进社会治安综合治理”为主题的“三八”妇女维权周普法宣传活动。活动期间发放各种宣传资料5000余份，接待咨询群众200余人。县妇联始终把接待群众来信来访工作作为妇联工作的一个窗口，作为维权工作的一个重点，不断规范信访接待工作，热情接待群众来信来访，积极调解纠纷、化解矛盾。2015年，共接待群众来信来访15件，处理率达100%。

【妇科病普查】 县妇联在“三八”妇女节期间，与县妇幼保健院联合开展妇科病普查活动，对全县624名城镇妇女实行半价优惠普查；“母亲健康快车”也深入到基层一线开展“关爱贫困母亲”活动，为贫困母亲进行常规的身体检查。

【妇女教育培训】 为深入贯彻落实中共十八大精神和中国妇女十一大精神，打造高素质妇联干部队伍，充分发挥干部教育培训的先导性、基础性、战略性作用，根据《2014—2018年全国妇联干部教育培训规划》的要求，结合磴口县妇联干部教育培训工作实际，制定出台《2014—2018年全县妇女干部教育培训计划》。5月20—23日，县妇联联合机关工委、党校在全县开展为期三天的全县机关党务干部和妇女干部专题培训。通过培训，开阔视野、增长知识、增进交流，提高做好妇女工作的能力和水平。

（梁丽华）

科　协

【县科学技术协会领导名录】

主席：马建新

副主席：李　栋

【概　况】 2015年，县科协共组织开展各类科普活动25场，培训农牧民4500人次。加强全县科普志愿者队伍建设，新增科普志愿者10名；磴口县首届青少年科技节暨少年儿童科普竞赛在第三完全小学隆重举办，全县5所学校143名中小学生，23名科技辅导员参加此次活动；组织全县44

名中小学和11名辅导员参加全市第八届青少年科技节暨创新大赛；组织科技人员进行建言献策活动，共征集意见15篇上报市科协以及县委、县政府。共征集优秀论文8篇参加全市自然科学学术年会评选。

【机构设置】 县科协内设办公室、科学技术普及部、青少年科技教育部、学会协会部。

【科学技术普及宣传】 共组织开展各类科普活动25场，培训农牧民4500人次。1月29日，县科协联合贺兰社区举办“老年人科普知识竞赛暨联谊会”活动，共有90余人参加此次活动。3月13日，全市“科普之春”下乡服务活动在补隆淖镇河壕村举办，县农牧业局、林业、水利、气象、疾控中心、地震局、团委、农机局、科技信息所、消防支队、计生等单位和20多家涉农企业参与，市科协向补隆淖镇捐赠1000册农业科技图书。4月20日，在实验局一场和二场举办“百名专家进百村”科技讲座，共培训农牧民200人次，发放技术资料2000余份，现场解答农牧民提问50余次。5月15日，磴口县2015年科技活动周暨第二十届科普活动宣传周在富源广场举办。县科协、科技局、残联、卫生等部门组织专业人员在现场开展咨询，各单位科普志愿者共30人参加活动。加强全县科普志愿者队伍建设，新增科普志愿者10名。

【青少年科技教育】 2015年，组织青少年科技辅导员开展“智力七巧板”培训。在磴口县实验小学多功能厅，70多名来自全县各中小学校的科技辅导员参加市、县科协组织的智力七巧板辅导员培训。5月5日，启动“磴口一中机器人学生实践室”开班典礼，并于5月6日开课。6月6日，磴口县首届青少年科技节暨少年儿童科普竞赛在第三完全小学隆重举办。市科协副主席杨树林等11名领导，全县5所学校143名中小学生，23名科技辅导员参加此次活动。此次活动由磴口县科协和教育局承办，参赛选手围绕“科技、快乐、成长”这一主题，开展“智力七巧板”、科普演讲、科普剧等5项科普竞赛活动。磴口县第三完全小学和磴口县第一完全中学被评为“优秀组织奖”，王玲、刘畅、刘世博等32名学生获得一等奖，杨万鑫、张真顺、马柏杨等40名学生获二等奖，陶本昌、赵媛琦、刘普州等62名学生获优胜奖。11月13日，组织全县44名中小学和11名辅导员赴乌拉特前旗参加全市第八届“地纯杯”青少年科技节暨创新大赛。全县高中思辨能力竞赛、初中计算机知识竞赛、初中科普DV和动漫竞赛等项目分获一、二等奖，谢港生、王振文、姜苏予等27名学生以及夏永阳等8名教师获市级表彰奖励。加强青少年科普教育基地建设。将拦河闸建成青少年科普教育基地，配备科普读物展架，编印《磴口县拦河闸青少年科普教育示范基地简介》4000册以及《科普小常识》5期6000册。

【科技协会建设】 全县企业科协达到5家。年初，与县经信局、工会、科技局联合下发《开展“讲理想、学科技、搞创新、比贡献”活动的实施方案》，督促企业科协积极开展相关科技活动，促进企业科技创新发展。2015年，县科协作为全县人才工作领导小组成员，推荐张鸿毅等3人参加全市学术技术带头人评选，推荐马学献等3人参与全市突出贡献奖评选。8月19日，在全县人才工作会议上，将人才工作做简要汇报，受到县委、县政府的重视。组织科技人员进行建言献策活动，共征集意见15篇上报市科协以及县委、县政府。共征集优秀论文8篇参加全市自然科学学术年会评选。

（焦志立）

残　联

【县残疾人联合会领导名录】

理事长：温海仙（女，至2015年4月）

　　　　乌兰花（女，蒙古族，2015年5月任）

副理事长：樊军林

【概　况】 县残疾人联合会内设残疾人办公室、综合部、康复部、教就部。据残疾人基础信息普查，全县共有各类残疾人 7373 人，占全县总人口的 6.34%。截至年底，办理残疾证 7184 人，其中肢体残疾 4448 人，听力残疾 612 人，视力残疾 865 人，智力残疾 329 人，精神残疾 343 人，言语残疾 57 人，多重残疾 530 人。

2015 年，磴口县有贫困残疾人 3085 人，其中农村 1911 人、城镇 1174 人，全部纳入最低生活保障。五保供养 176 人。民政、残联在临时救助中优先重点给予保障。

【调查复录】 全面完成残疾人基本服务状况和需求专项调查复录工作。共录入在籍持证残疾人 6138 名。

【残疾人康复】 完成白内障复明手术 55 例（其中依据政策对特困残疾人全免费 15 例），完成低视力助视器适配 3 人；完成盲人定向训练 3 人；免费发放手杖 2 个；采取家庭与社区训练的形式开展肢体康复训练 10 人，发放轮椅 50 辆。

【0—6 岁贫困残疾儿童抢救性康复】 完成 1 名低视力儿童康复；完成 1 名贫困聋儿助听器康复；完成 1 名脑瘫儿童康复；完成 2 名贫困智力残疾儿童康复；完成 1 名贫困孤独症儿童康复。完成 1 名贫困聋儿（助听器）康复；完成 2 名贫困脑瘫儿童康复；完成 4 名贫困孤独症儿童康复。

【残疾人工作】 上报残疾大学生和残疾人家庭子女 33 名，救助金额 5 万元。为 33 名残疾学生每人发放价值 150 元的学习用品。为 17 名学前残疾儿童每人发放 2880 元的教育救助金。135 名残疾人参加职业技术教育。通过培训有 346 人实现就业。登记求职残疾人 50 人。上级下拨金额 121 万元，补贴残疾人 3190 人，其中城镇 1154 人、农村 2036 人。下拨重度残疾人护理补贴金额 76.15 万元，县财政应匹配 25.20 万元，年初预算已安排，补贴残疾人 2027 人。

享受低保的 2225 名农村残疾人在新农合参保中个人缴费的 50 元、城镇享受低保的 1188 名残疾人在参加城镇居民医疗保险个人缴费的 110 元，全部由政府代缴。在新农合实施方案中，二级以上残疾人住院实行零起付线。

磴口县 16—59 周岁残疾人参加新型基本养老保险 851 人，享受政府补贴 305 人，每人补贴 100 元；60 岁以上领取基本养老保险金 2370 人。

【托养服务】 对智力障碍和重度残疾人进行居家托养补贴，上级下拨金额 4.20 万元，补贴残疾人 70 名。

【残疾人扶贫】 县直各单位各部门结对帮扶贫困残疾人救助 500 人，发放救助金 6.10 万元。出资 4.80 万元为 12 名残疾人安装假肢。免费发放辅助器具 435 件，受助残疾人 451 人。精准扶贫贫困残疾人 163 人。投入 8.44 万元，为 2636 名贫困残疾人购买意外伤害保险。

【助残日宣传】 利用“全国助残日”等重大节日，通过报纸、电视台、电台、新闻网、手机短信、信息平台大力宣传《中华人民共和国残疾人保障法》，发放宣传材料达 1000 份以上，由残联会同民政、扶贫卫生、教育、就业等部门开展扶残助残慰问活动。上报各类信息 41 篇（条），其中，在区级新闻媒体、网站刊播稿件 40 篇（条），在市新闻媒体、网站刊播稿件 10 篇（条），在县新闻媒体、网站刊播稿件 3 篇（条）。

为 103 名残疾人免费发放轮椅 103 辆。为 10 名贫困肢体残疾人安装假肢。为 4 名孤独症儿童每人发放康复训练救助金 2000 元。为 1 名自主创业的残疾人发放就业扶持金 2 万元。

【换发第二代残疾人证】 为符合条件的 1624 名残疾人办理第二代残疾证。

（王忠清）

工商联

【县工商联领导名录】

主席：郭常春

副主席：张雪君
张大伟
丁　耀（女）

【概　况】 2015年，实现乡镇基层商会全覆盖，巴彦高勒镇商会成功创建为全市基层示范商会。巴彦高勒镇商会新增会员12个，新增企业会员3家，会员总数达56个。行业涉及金融、商业、餐饮、旅游、养殖、农牧业等各个领域。3月20日，召集各基层商会工作负责人举办基层商会业务工作培训班；5月24日，县非公有制经济人士培训班在会展中心开班，全县30多家中小企业的经理参加此次培训。多次组织驻会干部和非公有制人士参加市工商联举办的"非公经济大讲堂"培训班。

年初，由县工商联牵头，国税、地税、市场监督管理局配合组成摸底调查工作小组，对全县69家在工商局注册并正常纳税的非公企业进行走访，并进行详细的调查摸底，摸清企业的基本情况、党群组织建设情况等，健全非公企业数据库，更新相关台账。2015年，共组织小魏商贸公司、名人鞋城、春城家电等9家企业，从蒙银村镇银行获得担保贷款700多万元，促进一批企业由小变大，由弱变强，实现了快速发展。

【机构设置】 工商业联合会内设办公室、会员部、经济部。

【走访调研】 积极开展党的群众路线教育实践活动"回头看"及非公有制经济人士理想信念教育实践活动，巩固理想信念教育成果。8月18日，县工商联组织全县各非公企业、各基层商会代表近30人召开会议并传达自治区深入开展非公有制经济人士理想信念教育实践活动电视电话会议精神。按照上级要求，整理上报圣牧高科、乌兰布和乳业、农垦情旅行社开展活动的典型材料。

【公益活动】 以履行社会责任为切入点，鼓励非公经济人士参与社会公益事业，积极投身光彩事业。坚持"发展企业，回馈社会"的宗旨，组织会员和会员企业积极参加光彩事业和扶贫捐助活动，为公益事业奉献爱心。9月，组织18家会员企业出资2万多元支持全县"新农村新牧区"建设，并深入农村积极参与"新农村新牧区"工程建设。2015年8月，组织发起向贫困大学生捐资助学活动，会员企业泰顺公司总经理张典慧捐款10万元赞助15名大学生上学读书；利川化工董事长杨林连续10年每年出资3万元资助贫困大学生，累计资助30余名贫困大学生完成学业；其他会员企业及个体工商户捐资6.70万元，为贫困大学生解了燃眉之急。访贫问苦和慰问老弱病残及救助原工商业者遗孀共筹集慰问金2.60万元。11月底，开展"向贫困家庭送温暖"活动，为13户因病致贫的家庭送去米、面、油、牛奶等生活日用品，并在活动后成立向贫困家庭送温暖基金会，建立长效常态帮扶机制。

（郝福春）

文　联

【县文联领导名录】

主席：贺秀峰（女）
副主席：姜有智

【文学创作】 2月16日，磴口县文联组织县团委、县民间二人台歌剧团、蒙牛公司、广通汽贸等单位及文艺志愿者到磴口县民族敬老院举办"敬老、孝老、爱老"义演活动。4月，磴口文艺志愿者服务队被巴彦淖尔市文明办、共青团、青年志愿者协会评选为优秀青年志愿者服务集体，并代表巴彦淖尔市参加全区文艺志愿服务现场经验交流会。4月30日，磴口县委常委、副县长温志红出席文艺普查调研座谈会，听取来自基层文艺工作者的汇报发言。

5月17日，县文联带领书画协会、文艺志愿者服务队走进企业，开展两期“深入生活、扎根人民”文艺惠民笔会活动。5月23日，县文联派队参加全市“端午情”诗朗诵比赛，获三等奖。8月，举办“百湖之乡”首届音乐节暨2015“磴口农信杯”青年业余歌手大奖赛。9月，举办歌手大奖赛初赛、复赛、决赛及颁奖晚会各一场。10月，磴口县委宣传部主办的“纳林湖杯”中国摄影报走进“百湖之乡魅力磴口”影友联谊会在磴口举办，自治区文联副主席、摄影家协会主席额博参加此次活动。

【协会建设】 2015年8月，磴口县成立音乐协会。

（姜有智）

军 事

人民武装

【县人民武装部领导名录】

部长：刁望岭

政委：谢　金（2015 年 3 月任）

副部长：武玉峰

【概　况】 认真贯彻落实军分区党委扩大会议精神，按照“扭住安全保底线、突出重点创特色、瞄准差距促发展、发挥优势上台阶”的工作思路，努力推动人民武装部各项工作发展，思想政治建设卓有成效、党委班子和干部队伍不断加强，战备训练工作不断强化，部队安全稳定有较大跃升，兵员征集工作完成，单位建设呈现上升趋势。

【机构设置】 人民武装部设军事科、政工科、后勤科 3 个科室。

【民兵编组】 民兵整组工作从 2 月 1 日开始至 6 月 30 日结束，历时 120 天，完成全县民兵整组任务。整组工作以太原会议精神为指导，以乌拉特前旗专武干部集训精神为统揽，扎实抓好民兵出入转队、民兵教育和军事训练工作，通过整组，分为基干民兵、普通民兵。通过民兵组织整顿，优化结构，增加科技含量，巩固民兵工作调整改革成果，为开展各项民兵工作奠定坚实的基础。

【民兵政治教育】 牢牢抓住铸魂育人这个根本任务，进行“坚定理想信念、坚决听党指挥”“牢记使命职责、提高能力素质”“强化战斗精神、培养胆识勇气”“追求高尚情趣、纯正品行修养”四课专题教育，开展以“学讲话学传统学先进、立标准立规矩立形象”为主要内容的群众性讨论辨析活动，强化民兵队伍履职尽责的思想基础。

【民兵训练】 2015 年，首长机关共完成 40 天 280 小时的训练任务，民兵队伍共完成 40 天 280 小时的训练任务。完成《大纲》规定的军事训练任务。针对训练中的薄弱环节，领导亲自授课，组织大家对军事理论、体能和指挥技能进行为期 20 天的强化训练，为完成半年考核任务奠定基础。在年终军事训练考核中取得优异成绩，军事科制定科学详细的训练计划，首长率先垂范，较好地完成年终考核任务。

全年共参训基干民兵（含专武干部、民兵干部）训练时间 40 天，其中支援队伍训练时间 15 天，储备队伍训练时间 10 天，应急队伍和其他保障队伍训练时间 15 天，分 5 个阶段进行。普通民兵分队也严格按照计划完成所有训练任务，保证年度军事训练的“四落实”。

针对黄河开河，组织县民兵应急连到黄河大堤进行昼夜巡堤查防，并结合担负的抢险任务进行针对性拉动演练，提高民兵队伍应急处突能力。为迎接内蒙古军区对磴口县民兵应急队伍的军事考核验收，在县政府广场组织县民兵应急连进行为期 15 天的军事训练，通过训练，提高民兵应急队伍的军事训练水平，达到民兵队伍平时应急、战时应战的目的。

9月，协调县驻地部队对磴口县一中、诚仁中学300多名学生进行军训。按照军训实施计划，完成国防教育、队列、基本体能等科目的训练，受到政府领导和学校领导的一致好评，从而也强化学生的国防观念和国防意识。

【专武干部选拔任用】 严格按照《专职人民武装干部工作规定》（政联〔2013〕2号）文件精神，对专武干部从"德、能、绩、廉"等方面进行全面考核，并以此作为实施奖励、辞退以及调整职务、级别和工资的依据。主要新调整黄文韬、戈明、巴特尔分别任巴彦高勒镇、补隆淖镇、沙金苏木专武部长。5名现任专武部长在年终考核中总评均为优秀。

【扶贫帮困】 团级干部每人拿出500元，资助1名贫困学生。组织干部"博爱一日捐"活动。开展学雷锋3次，主动为地方社区服务。对口帮扶渡口镇城西村，拿出1万元进行帮建。看望慰问贫困军人家属，送去米、面、油等物资。

【生态建设】 4月20—26日，在县委、县政府的指导下，组织干部职工在巴彦高勒镇北郊进行植树造林，植树2000株，占地面积约7亩，并及时浇水维护，使树苗的成活率达到95%以上。按照县委、县政府指示，组织干部职工参与地方"新农村新牧区建设"工程，为期约40天，宣传政策、清整垃圾、援助建设。

【国防教育】 "八一"建军节期间，组织驻地党政军领导过好"军事日"活动。联合人民防空办到磴口一中和诚仁中学进行国防知识讲座，开展好"国防教育宣传日"活动。组织干部职工和驻地部队官兵对磴口一中学生进行军训。

【征　兵】 征兵从4月1日开始，6月30日前进行网上兵役登记，8月5日前征兵网上报名结束，体检、政治考核安排在8月中旬进行，9月1日至10日发放新兵被装，9月10日后起运新兵，9月30日结束。严格按照网上报名、初审初检、体格检查、政治考核、走访调查、预定新兵、张榜公布、批准入伍8个步骤抓好征兵工作。开展征兵宣传；认真组织征兵体检、政治考核业务培训会；严格抓好征兵政治考核、体格检查，并先后进行2次复检、1次抽检；联合县政府、县纪检委下发《关于扎实做好廉洁征兵工作的通知》，公布两级军区、军分区及本级廉洁征兵举报电话，完成年度征兵任务。

武　警

【县武警中队领导名录】

指导员：刘国忠（至2015年2月）

　　　　梁云飞（2015年2月任）

队长：董　伟

【概　况】 坚决贯彻三级党委（扩大）会议精神，牢牢把握稳中求进总基调，严格落实从严治党、依法治军指示要求，始终坚持举旗铸魂抓"绝对"，"中心"居中不偏移，紧紧围绕战斗力建设标准，狠抓实战化军事训练，狠抓正规化执勤管理，狠抓现代化后勤建设，不断建立健全激励机制，强化争先创优荣誉意识，高标准实现"两个确保"，争创先进中队。

【思想政治】 中队结合官兵现实思想，围绕"学习践行强军目标，做新一代革命军人"的政治工作主题，开展专题教育，坚决防止政治上的自由主义，始终与中共中央、中央军委保持高度一致，确保部队政治安全。学习落实"八个从严、六个严禁"，教育引导党员、干部自觉履行职责，模范发挥带头作用。全年发展党员4人，11人被评为"优秀士兵"，1人荣立三等功，中队新闻报道工作在全支队排名第一。

【双拥共建】 积极贯彻落实国务院、中央军委关于"拥政爱民"工作的指示精神，做好拥政爱民工作，牢固树立全心全意为人民服务的宗旨。视驻地为故乡，积极慰问驻地老革命军人。同共建单位县公安局、县移动公司、诚仁中学、县妇幼保健医院开展双拥共建活动，积极参与地方植树造林活动，巩固和发展驻地“同呼吸、共命运、心连心”的新型警民警政关系。

（梁云飞）

人民防空

【县人民防空办公室领导名录】

主任：刘　健

副主任：薛金成

【概　况】 根据人民防空法律法规，城镇新建民用建筑，必须依法同步修建防空地下室，确因地质等原因难以修建的，必须缴纳防空地下室易地建设费。按照军政联合、统一高效、平战结合的要求，2015 年建成磴口县人民防空防灾信息化指挥中心（磴口县突发公共事件应急指挥中心），集数据、视频、语音为一体的“三网合一”综合信息网络和无线短波通信网，2016 年年底投入使用，实现自治区、盟市、旗县（市、区）防空防灾应急指挥中心互联互通。

【机构设置】 县人民防空办公室为县政府办公室下属“准军事化”管理的人防行政执法部门。

【人防知识宣传教育】 把人民防空知识宣传教育纳入国防教育、普法教育和社会公共安全教育计划，落实国家防空防灾宣传教育进机关、进学校、进企业、进社区、进网络的要求。

法 治

政法委及综治

【中共磴口县委政法委员会领导名录】

书记：刘　峰

副书记：贺有才

伊拉特（蒙古族）

翟红兵

【概　况】 2015年，磴口县政法委认真贯彻落实中共十八大、十八届三中、四中全会和习近平系列重要讲话精神，按照中央、区、市政法工作会议部署，紧紧围绕县委、县政府工作大局，以“三严三实”教育活动为抓手，按照“三化四全五确保”的工作要求，以打好“四个攻坚战”、实施好“四项重点工程”为主线，深入推进平安、法治磴口建设，为筑牢祖国北疆安全稳定屏障，服务全县经济社会发展大局营造良好的社会环境。

【机构设置】 政法委内设职能科室为综合办、政治处、执法监督室和信息调研室。磴口县社会治安综合治理委员会办公室、磴口县维护稳定工作领导小组办公室与政法委机关合署办公。

【社会治安整治】 以“发案少，秩序好，社会稳定，群众满意”为目标，出台《磴口县社会治安重点地区和突出治安问题排查整治专项行动方案》，对汽车站、城郊接合部、旅店、校园周边以及娱乐场所等重点部位进行集中整治。共出动警力320余人次，检查娱乐场所38家228次，清查行业场所42家450余次，发现各类安全隐患12处并责令全部整改。查处治安行政案件128起，共处理违法人员164人，行政治安案件查处率为100%。加强特种行业场所管理，对旅馆业、二手机交易、机动车修理等，全部建档管理，出动警力160人次对辖区内的宾馆进行12次不定期检查，共检查宾馆210家次，处罚8家次，宾馆治安管理系统安装率达到100%，真正把特种行业场所管好管牢，使辖区社会风气良好，治安秩序稳定。

【社会矛盾化解】 建立社会矛盾隐患排查化解常态化机制。各苏木镇、农场坚持“谁主管、谁负责”和“属地管理”原则，坚持矛盾排查化解经常化、制度化，每月组织开展1次矛盾纠纷排查活动，每季度对重点领域、重点人群开展1次专项排查化解活动。截至年底，全县各级调解组织共调解各类矛盾纠纷623件，成功率达99%，涉及金额539万元，预防纠纷57件，无1件民事转刑事案件。

同时，各苏木镇健全多元化的矛盾调处机制，在嘎查村设立“老百姓说事室”，把干部问事、村民说事、集中议事、及时办事有机结合起来，推行“流动调解”工作模式，注重运用法治手段在化解社会矛盾中的作用，努力提高矛盾纠纷化解率，有效筑牢维护社会稳定的第一道防线。

【公共安全隐患消除】 以公共安全为目标，集中开展整治爆炸物品、枪支弹药、管制刀具专项行动。坚持严打、严管、严制的原则，加大对公务用枪单位的监督、检查力度，认真落实各项工作措施。到2015年年底，对2家公务用枪单位各检查4次，指导公务用枪单位持枪人员进行实弹射击1次。检查涉爆矿山企业2家40余次，收缴各类枪支8支、子弹468发、管制刀具5把，有效地遏制涉枪、涉爆违法犯罪的高发态势；加强对各类大型群众性活动的安全管理，圆满完成全国、全区“两会”和“金马湖”全国垂钓比赛以及“新农村新牧区建设”等各类节庆、重大活动的安全保卫任务，累计出动警力1188人次，排查各类重点群体17个，排查重点人员333人，确保重大会议、活动期间全县社会大局持续稳定；加强安全生产值班调度，健全责任体系，落实责任主体，强化安全生产工作监管机制，对全县高危行业进行全面隐患排查和专项整治，共检查各类生产经营单位107个，查出隐患61条，下达各类法律文书98份，隐患整改率达到100%。截至年底，全县共发生各类安全生产事故82起，与2014年相比增加59起，死亡3人，造成直接经济损失76万元；强化道路交通秩序管理工作。通过认真组织开展“降速度、保安全、保畅通”“酒驾整治行动”等系列专项行动，营造良好的道路交通秩序。2015年，新聘用4名铁路护路员，并签订铁路护路联防责任书。截至年底，全县共发生一般程序处理的道路交通事故6起，死亡5人，受伤4人。与2014年同期相比，事故起数减少7起，下降49%，死亡人数减少2人，下降29%，受伤人数减少6人，下降60%，直接经济损失下降39%。强化消防安全工作的监督管理。在工业园区新建二级普通消防站，于7月搬迁入住。开展“劳动密集型企业”消防安全专项治理行动、组织在建工程、公共娱乐场所和易燃易爆等场所的专项检查工作，圆满完成纪念抗日战争胜利70周年和国庆等重大节假日期间的消防安全保卫工作，确保全县火灾形势基本稳定。到2015年年底，消防部门共接警230起，其中火灾201起，参与抢险救援24起，社会救助5起，抢救被困人员42人，抢救财产价值934余万元，无人员伤亡；加强对重点内部单位及水、电、油、气等涉及国计民生场所的检查力度，出动警力140人次检查上述场所40家次，全县重点内部单位视频监控设备安装率达到100%，无重特大公共安全事故的发生。

【维护社会稳定】 修订完善《磴口县重大社会安全事件应急处置预案》《磴口县处置群体性事件应急预案》《磴口县处置大规模暴力犯罪事件应急预案》，健全完善群体性事件应急机制。

【社会治安综合治理】 坚持“打团伙犯罪、打流窜犯罪、破系列案件”的工作原则，加大“两抢一盗”等侵财性犯罪打击力度，深入开展“禁毒百城会战”“吸毒人员排查万人计划”专项行动。全年共立“两抢一盗”案件183起，共破案56起，破获侵财性犯罪案件70起，破获毒品案件4起，缴获毒品海洛因138克，抓获犯罪嫌疑人5人，受理经济案件27起，破案2起，打击处理3人，刑事拘留2人，逮捕2人，移送起诉4起4人次，有效提高群众的安全感和满意度。

【创新社会管理】 依照“因地制宜、镇村定界、规模适度、动态调整”的原则，在苏木镇设立一级网格，嘎查村（社区）设立二级网格，村民小组（居委会）设立三级网格，共设立三级网格315个，有专职网格员89人，兼职383人，综合开展群众事务代办、矛盾纠纷调解、治安群防群治等工作，有效提升为民谋事办事的能力。

【公正廉洁执法】 2015年，认真落实领导干部违反法定程序干预司法活动、插手具体案件的记录、通报和责任追究等制度，促进公安机关、检察机关、审判机关和司法行政机关各司其职，侦查权、检察权、审判权、执行权相互配合、相互制约，确保司法权力规范运行。健全涉法涉诉信访案件质量评查、错案与违法审判责任追究制度，构建起开放、动态、透明、便民的阳光司法机制。

审判部门改革立案审查制，实行立案登记制，开通"12368"诉讼服务热线，简化办事程序，加大执行工作力度。定期开展"两评查"活动，加强对裁判文书的释法析理工作，积极从审判绩效考核、案件信息管理、案件质量评查等方面开展审判工作，自觉接受群众的监督，到2015年年底，共受理各类诉讼、执行案件2281件，审执结1101件，为经济有困难的当事人缓减免交诉讼费22万元。执行案件752件，执结121件，执结标的金额2084万余元。

检察部门稳步推进职务犯罪查办和预防工作，扎实开展刑事检察工作，加强对刑事诉讼、民事诉讼、行政诉讼的法律监督，细化对立案、侦查、审判、执行等环节的法律监督措施，出台新闻发布暨新闻发言人制度，深入开展控告申诉和检察延伸工作。到2015年年底，共初查各类贪污贿赂类犯罪线索9件，立案8件8人；受理提请批准逮捕案件24件26人，经审查后批准逮捕19件21人，所受理的案件均在法定时限内审结，捕诉准确率都保持在100%；对监管活动中的违法行为提出口头检察建议11次，书面检察建议2次，确保监管场所规范管理和文明执法。

公安机关强化窗口服务工作，以提升队伍整体执法水平为目标，深入推进执法规范化建设，制定并出台《磴口县公安局执法检查"回头看"活动实施方案》《磴口县公安局立案突出问题专项治理工作方案》等方案，有效提升执法精细化水平。到2015年年底，共审批行政处罚175人，刑事拘留21人，提请逮捕11人，批准逮捕11人，审核的刑事案件正确率为100%，无滥用强制措施、超期羁押等现象的发生。司法局制定《案件受理风险告知制度》《法律服务机构、执业人员服务质量监督制度》等制度，规范法律服务机构和法律服务人员的执业行为，共办理法律援助案件261件，接待咨询196人次，代写文书161件，积极引导群众运用法律武器维护合法权益。

法　院

【县人民法院领导名录】

院长：菅永胜

副院长：郭治文

李　东

苏义龙

苗金龙

纪检组长：刘　勇

【机构设置】 截至2015年，磴口县人民法院设立立案庭、刑事审判庭、行政审判庭、民事审判一庭、民事审判二庭、民事审判三庭、婚姻家庭案件专业审判庭、道路交通事故专业法庭、审判监督庭、巡回法庭、执行局、执行一庭、执行二庭、法警大队、政治处、办公室、研究室、监察室、审管办、宣传科、网络管理科、档案科、信访接待科、隆盛合人民法庭、渡口人民法庭、纳林套海人民法庭、沙金套海人民法庭等机构。

【重点工作】 2015年，磴口县人民法院全面贯彻中共十八届三中、四中和五中全会精神，努力为"四个全面"战略布局提供有效司法服务和司法保障。全面推行小额速裁工作，对法律关系单一、事实清楚、争议标的金额较低的民事案件，适用小额速裁；依照新修订的《中华人民共和国行政诉讼法》，降低行政诉讼门槛，行政诉讼受案范围由具体行政行为扩大为行政行为，受保护的权益扩展为"人身权、财产权"等合法权益，依法保障行政相对人获得司法救济；建立执行查控室，与全国多家大中小型银行实现联网查询，有效节约了执行成本，提高执行效率；从5月1日起，按照《关于人民法院推行立案登记制改革的意见》的要求，改立案审查制为立案登记制，不再对起诉进行实质审查，彻底解决人民群众反映强烈的“立案难”问题；深入开展“三严三实”专题教育活动，党组书记带头讲党课，积极开展征求意见和谈心谈话活动，召开班子民主生活会，认真开展批评与自我批评，查找问题准，剖析问题深，相互批评严，整改措施实，充分达到发现问题、深化认识、增进团结、共同提高的预期目的；加强基础设施建设，建立远程信访接访平台及远程视频提讯系统，配备巡回审判车。2015 年，磴口县人民法院共受理各类案件 3671 件，审执结 2631 件，一审案件陪审率 97.70%，一审案件改发率 0.76%，一审案件调撤率 67.10%，法定审限内结案率 99.90%，一审服判息诉率 95.30%，生效案件改发率 0。

【刑事审判】 2015 年，磴口县人民法院共受理各类刑事案件 65 件，审结 55 件，申请延长审限案件 1 件，法定审限内结案率 98.20%。其中审结盗窃、伤害、诈骗等犯罪案件 16 件 17 人；判处金融诈骗、合同诈骗等经济犯罪案件 2 件 2 人；依法审理国厦房地产公司和张某庆非法吸收公众存款案件，犯罪金额达到 27392.15 万元，对该案的依法审理，保障县域经济秩序和社会秩序的和谐稳定；判处贪污、贿赂、渎职等犯罪案件 4 件 5 人，审结刑事附带民事案件 6 件，为被害人追回经济损失 48 万余元。

【民商事审判】 2015 年，磴口县人民法院共受理各类民商事案件 2463 件，审结 1906 件，法定审限内结案率 100%，以调解撤诉方式结案 1279 件，调撤率 67.10%。其中，依法审理金融、房地产等商事纠纷案件 163 件，民间借贷纠纷案件 498 件，审理赡养、扶养、婚姻家庭、相邻关系、人身损害纠纷案件 278 件，适用小额速裁审理民商事案件 34 件。

【行政审判】 2015年，磴口县人民法院共受理行政案件 15 件，审结 13 件，法定审限内结案率 100%。

【执　行】 2015 年，磴口县人民法院共受理各类执行案件 1128 件，执结 657 件，执结标的金额 6279 万元，实际执行率 73.30%。

【派出法庭】 2015 年，磴口县人民法院渡口人民法庭共受理各类案件 196 件，审结 161 件，结案率 82.10%；调解 84 件，撤诉 31 件，调撤率 71.40%。隆盛合人民法庭共受理各类案件 247 件，审结 166 件，结案率 67.20%；调解 70 件，撤诉 38 件，调撤率 65.10%。纳林套海人民法庭共受理各类案件 153 件，审结 134 件，结案率 87.60%；调解 66 件，撤诉 18 件，调撤率 62.70%。沙金套海人民法庭共受理各类案件 221 件，审结 189 件，结案率 85.50%；调解 87 件，撤诉 24 件，调撤率 58.70%。

检　察

【县人民检察院领导名录】

代检察长：王新平
检察长：王新平（2015 年 12 月任）
党组书记：王新平（2015 年 7 月任）
副检察长：徐先成
　　邱丽凤（女）
　　卢红冰（女）
　　史挨云
　　杨海棠（女）
党组成员：徐先成
　　邱丽凤（女）
　　官泊达
　　庞　梅（女）
　　许文刚
　　卢红冰（女）
　　史挨云
　　马绍云
纪检组长：官泊达

【概　况】 2015 年，在县委和上级检察院的正确领导下，以科学发展观和习近平系列重要讲话为指导，围绕“强化法律监督，维护公平正义”主题，贯彻落实中共十八届三中、四中、五中全会和高检院两个会议精神，深入开展“三严三实”专题教育活动和规范司法行为专项整治工作，以“八化”建设示范院创建活动为载体，加强班子建设、队伍建设、业务建设和信息化建设，各项检察工作取得成效并呈现出良好的发展态势。

【预防职务犯罪】 2015年，深入到各国有农场、苏木镇开展预防“新农村新牧区建设”工程实施中职务犯罪巡回宣讲；进行警示教育和各种形式宣传22次，开展警示教育讲座14次，对339家单位进行行贿犯罪档案查询，出具行贿犯罪档案结果告知函201份，对环境卫生管理局进行预防调查并提出检察建议2件，提供预防咨询1次。

【自觉接受监督】 2015年，开展查办和预防农村牧区“新农村新牧区建设”工程实施中职务犯罪专项工作，牵头召开专项工作联席会议及工作推进会，组织深入到各国有农场、苏木镇开展巡回宣讲，为“新农村新牧区建设”工程顺利实施提供有力法律保障。自觉接受人大及其常委会的监督和政协的民主监督。认真办理代表建议、政协提案和人大、政协交办转办的案件。加强与代表委员的经常性联系，通过调研、座谈和上门走访，举办“检察开放日”活动等方式，广泛听取代表委员意见。2015年4月，开通磴口县人民检察院“两微一站”新媒体，及时发布检察工作相关动态，宣传法律知识，进行职务犯罪预防教育，收集涉检舆情，回应社会关切。微信发布150余期500余条，多次进入全自治区检察机关公众号影响力榜单。

【信息化建设】 2015年，先后投资120余万元建设和改造办案工作区、案管大厅、侦查指挥中心、控申接待大厅、视频会议室、控申信访接待大厅等改造工程；按照检察信息化建设推进年活动要求，加强信息化网络平台、基础设施建设和专线网、局域网、网络安全建设，投资30余万元稳妥推进涉密信息系统分级保护工作和网上办公、网上办案系统；投资200余万元用于购置警务用车及各类办公办案技术装备。分级保护建设使用、监所专网联网使用、检察门户网站开通。

【诉讼监督】 2015年，办理申请监督案件25件，其中执行监督案件16件，发出检察建议1件，督促履行职责案件7件，发出检察建议4件。市检察院交办案件2件，已审结。共向公安机关了解发现破案情况200余起，实施定期排查工作3次，根据案件实际，制发逮捕案件继续侦查取证意见书17份。针对办案超期、回避与告知违法、文书、印章不规范、一人讯问签字等问题提出书面及口头纠正违法通知15件（次），为案件的快速批捕、顺利起诉、准确判刑奠定坚实的基础。

对监管活动中的违法行为提出口头检察建议11次，书面检察建议2次，发出纠正违法通知书4份，公安机关已纠正，确保监管场所规范管理和文明执法。在监外执行专项检察中对档案中存在的不规范的地方及时向司法所提出口头纠正违法10次，都及时得到了纠正；针对监管履行职责不当发出纠正违法通知书5份，公安机关已纠正。

【侦查监督、公诉业务】 2015年，受理提请批准逮捕案件30件32人，经审查后批准逮捕23件25人，不捕7件7人；受理审查起诉案件70件83人，其中提起公诉47件65人，不起诉3件5人。认真贯彻宽严相济刑事政策，对涉嫌犯罪但无社会危险性的依法决定不批准逮捕3人，对犯罪情节轻微，社会危害后果不大的决定不起诉1人。

【涉检信访、控告申诉检察】 2015年，受理控告举报13件，移送公安机关办理1件，直接答复8件，举报中心初核职务犯罪线索2件，分送本院相关部门办理2件。先后“下访”“巡访”3次，办理县政府及纪检部门交办和移送的信访案件2件，接待和解答群众40余人次，全面开展派驻乌兰布和农场检察室规范化建设工作。

【反贪反渎】 2015年，共受理各类贪污贿赂类犯罪线索10件，初查8件，立案8件8人，法院均作有罪判决。受理上级院交办渎职侵权类犯罪线索2件，初查后立案2件3人，1人移送起诉，2人免于刑事处罚。依法执行拘传、传唤、看管、押解、保护犯罪现场等警务工作出警58次146人，未出现安全事故。

【荣 誉】 2015年7月，张慧在巴彦淖尔市“优秀公诉人”评选活动中获得“业务笔试优秀奖”和“论辩赛优秀奖”；8月，黄堃被市检察院评为全市“人民满意检察官”。

（康建华 周建军 王 磊）

公 安

【县公安局领导名录】

局长：黄永利（蒙古族）

政委：张永平

副书记：马珍云

副局长：邢永胜

张智强

苏雅拉达来（蒙古族）

李 楠

纪检书记：陈 涛

【概 况】 2015年，磴口县公安局在县委、县政府和市公安局的坚强领导下，认真贯彻落实上级各项工作决策部署，把全面深化公安改革和扎实推进“四项建设”作为全年工作的一条主线，科学制定全县公安工作思路，求真务实，勇于担当、奋力争先，圆满完成各项工作目标任务，取得令人欣慰的成绩，得到县委、县政府、上级公安机关和人民群众的充分肯定和赞誉。

【机构设置】 县公安局内设纪检委、政治工作科、纪检监察室、指挥中心、警务督察大队、警务保障室、办公室、机要科、审计科、信访科、宣教科、法制股、情报信息大队、网络安全保卫大队、四级互联网监控中心、基层基础工作科、国内安全保卫大队、经济犯罪侦查大队、食品药品和环境犯罪侦查大队、治安管理大队、刑事犯罪侦查大队、禁毒缉私大队、反恐怖大队、巡特警大队、出入境管理科、接处警大队、监所管理大队、看守所、行政拘留所、科技信息通信科、汽车站警务室。派出机构：东风派出所、东升派出所、城郊派出所、渡口派出所、补隆淖派出所、隆盛合派出所、沙金派出所、乌兰布和派出所、巴彦套海派出所、哈腾套海派出所、包尔盖派出所、纳林套海派出所、市场派出所、工业园区派出所。

【案件办理】 2015年，接报总有效警情4203起；刑事受理立案299起，破案176起，刑事案件破案率59%；刑事拘留48人、取保候审46人，提请逮捕39人，审结移送起诉107人。

【重大恶性案件侦破】 2015年10月26日，“刘某等19人涉黑案”在巴彦淖尔市中级人民法院依法进行公开开庭审理；一审判决刘某等19人分别判处有期徒刑二十年至有期徒刑两年不等的刑罚。

【打击“两抢一盗”】 2015年，共立“两抢一盗”案件214起，破案72起。摧毁一个由湖北籍、四川籍“两劳”释放人员组成的技术开锁团伙，一举破获磴口县、临河区技术开锁案件17起，涉案价值4万余元。

【禁 毒】 开展“6·26”禁毒日宣传、《中华人民共和国禁毒法》集中教育等7次活动，受教育群众达1万余人。

【治安整治】 开展社会治安重点地区、治安突出问题整治、校园周边秩序整治、“扫黄打非”专项行动、流动人口和房屋租赁专项整治等一系列社会治安专项整治行动。全年共查处治安案件145起，行政拘留123人，治安案件查处率为100%。

【打击经济犯罪】 开展“打击整治发票犯罪”、“打击假币犯罪活动”、维护银行业金融机构合法权益严厉打击恶意逃废金融债权专项治理活动、“银行卡网上非法买卖专项行动”、电话“黑卡”治理等专项行动，共受理经济犯罪案件31起，破案30起。取保候审3人，刑拘2人，逮捕2人，移送起诉9人。

【消防管理】 全年共检查单位1180家次，发现火灾隐患1254处，整改火灾隐患1212处，临时查封8家，“三停”5家，行政拘留1人，行政处罚20家。

【交通管理】 2015年，共查纠各类违法行为227007人次。行政拘留107人，扣留机动车394辆，扣留驾驶证224本；共发生道路交通事故6起，死亡6人，受伤2人，直接经济损失17600元。与2014年同期相比，事故起数持平；死亡人数增加3人，上升100%；受伤人数减少4人，下降66.67%；直接财产损失增加13500元，上升329.27%。全年共办理机动车注册登记1020辆。

【公共安全管理】 督促落实石油企业建立汽油零售台账、实名登记制度；加强邮政、快递业的管理，严格寄件人身份证查验登记备案制度；对购进、销售射钉枪弹的单位和个人进行审批、备案，登记信息1270余条。累计检查矿山企业9次21家，下发整改通知书3份，累计发放宣传资料15000余份。

【出租屋及行业管理】 召开娱乐场所业主培训会议4次，检查38家228次，出动警力人850余人次，清查行业场所42家450余次，发现各类安全隐患12处并责令全部整改。

【人口管理】 2015年10月1日起，居民身份证异地办理便民措施正式开始实施，具有内蒙古自治区常住户口，离开户口所在地在巴彦淖尔市居住并已办理暂住登记的人员，居民身份证丢失、损坏或者有效期满需要补领、换领身份证的，都可以在磴口县公安局办证大厅办理。

【监管场所】 连续保持24年监管场所安全无事故。开展每日常态巡逻，全力打造城区1、3、5分钟出警圈。开展五次反恐怖模拟演练，首次在校园开展反恐防暴演练，强化校园师生面对突发暴恐事件的防范意识，提高处置校园暴恐事件的能力，该项工作被自治区公安厅予以采纳并全区推广。首次与磴口县一中联合开展“校园少年模拟法庭”现场法律宣讲活动。模拟法庭上，以学生迷恋网络游戏，没有上网费用，导致在校园、校外持刀抢劫的案例为切入点，从理论到自身实践，为学生上了一堂普法教育课。

【执法规范】 加强刑事案件两个统一工作。根据市局两个统一实施方案的要求，由政委分管法制部门工作；制定磴口县公安局统一刑事案件审核、统一出口程序规定，磴口县公安局重大、疑难案件集体审议制度。全年审核的刑事案件正确率为100%。通过初级考试的达78.80%，中级的达67.10%，高级的达3.80%。制定并出台《磴口县公安局执法检查“回头看”活动实施方案》《磴口县公安局立案突出问题专项治理工作方案》等方案，完善并下发《关于加强网上办理案件的通知》《磴口县公安局执法质量考评实施办法》等规范性文件。

【改革建设】 破除区域壁垒，打破警种界限，创建大警务格局。县公安局与铁路公安联勤联动，建立完善反恐及应急处置协作机制，设立日常联络机构和战时联勤指挥部，在警力协同调度、信息共享、应急处置方面，完善预案，开展模拟实战的演练，整体布局，在火车站及周边实现防范和打击暴力恐怖警务机制的无缝对接。在启动一级治安检查站工作中，县公安局打破常规，东南与跨盟市的友邻旗县鄂尔多斯市杭锦旗公安局，西北与阿拉善盟左旗公安局密切协作，实施治安检查站区域一体化，将相邻两地检查站合二为一，统一站点，实行统一用警、布警的警务衔接新机制，实现协作共赢，既减少重复用警，提高警务效率，实现有限警力的最大效能化，也避免相邻三地公安机关重复检查、重复动作，方便群众和过往车辆，产生良好的社会效应，真正体现公安“一家人”、警务“一盘棋”的深刻内涵。以警务实战化建设为基础，强化打击违法犯罪能力。警务实战化工作开展中，以突出实战指挥、动态防控，构建日常协同有序、战时集中统一的指挥体系为主。110指挥中心实行局领导24小时带班和部门负责人现场指挥调度制度，规范履行接处警指令、一般案事件直接处置指挥和重大案事件先期处置指挥职能，110指挥中心可代表局党委直接下达指令，切实发挥警务实战龙头作用。在打击犯罪工作中，建立以刑警、巡特警为尖刀，其他各警种密切配合的合成作战机制；加强刑警、巡特警队伍训练，强化单兵能力训练，既可单兵作战，也可合成作战。加强公安机关与行政执法单位工作协作机制。制定公安机关与行政执法单位的协作工作机制，设立日常办事联络机构，通过建立和完善联席会议、定期会商、联合执法，应急处突、隐患整治等方面协调运行举措，加强公安部门和各行政执法部门的沟通协作和资源共享，形成安全监管和隐患整治联勤联动的强大合力。为改变流浪、乞讨等人员救助和无名尸体处置混乱的现象，和县民政局搭建起处置通报和联络沟通渠道。为推进政府所在地的综合执法工作，创新社会管理方式，加强城市管理，更有效地维护好社会治安，积极争取县委、县政府将全县巴彦高勒镇城区东风、东升两个派出所所长兼任为县行政执法局副局长。队伍正规化建设取得明显成效。从优待警方面，在任务繁重、人力紧张的情况下，继续强力推进民警年休假制度的真正落实；组织民警进行定期体检；积极向县委争取民警的政治待遇；协调县医院开通民警因公负伤、因公致病快速救治通道。在教育训练方面，全年组织、参加应急拉动演练3次，为队伍随时能“拉得出、冲得上、打得赢”奠定坚实的基础。

【宣　传】 在各级新闻媒体上稿219篇，《“百湖之乡”磴口县公安局》被《现代世界警察》杂志刊登，《磴口公安局开展分期分批练兵》被《人民公安报》刊登。

（杜　燕）

【县消防大队领导名录】

教导员：石玖伟

大队长：段志强

【荣　誉】 巴彦淖尔市人民政府常务会纪要〔2015〕8号，巴彦淖尔市人民政府2015年第八次常务会议纪要，给予磴口县消防大队荣记二等功1次。

（朱　敏）

【交通警察支队磴口大队领导名录】

大队长：赵卫军

　　　　韩　强

教导员：王建军

　　　　郭兴旺

副大队长：刘培忠

　　　　　张如意

【辖区道路交通事故】 2015年，磴口县辖区共发生一般程序处理的道路交通事故6起，死亡6人，受伤2人，直接经济损失17600元。共接处警544起，适用简易程序处理道路交通事故487起。

【交通秩序整治】 2015年，先后开展并圆满完成春运交通安全管理工作，酒后驾驶机动车等严重交通违法行为集中整治行动，非机动车电动车交通违法行为专项行动，2015年“震慑一号”“震慑二号”“震慑五号”专项行动，“平安1号”交通秩序集中整治行动，出租车、公交车道路交通违法行为专项整治行动，严重道路交通违法行为专项整治行动，“打非治违”集中整治交通违法统一行动，“查隐患、防事故、保安全专项行动”，推进2015“平安3号”行动，强化冬季道路交通安全管理工作，以及全国、全区、全市、全县“两会”期间道路交通安全管理工作和重大节日期间的道路交通安全保卫工作，开展区域联动整治涉牌涉证交通违法行为专项行动、道路交通安全大检查、“严打、严防、严管、严治”社会治安整治冬季攻势等各项交通管理工作。共开展统一行动19次，纠正违法行为227007次，受教育人数85395人，处罚人数141612人，警告16182次。扣留机动车驾驶证224个，扣留机动车394辆，拖移机动车328辆，血液检测345人，暂扣驾驶证33个，收缴非法装置107个，查处无证驾驶308人，饮酒驾驶46起，行政拘留107人，查处超速行驶19433起，客运超员4起，货运车辆超载443起。

【基础设施建设】 2015年，共在贺兰路、团结路、东风路等城区主干道新增护栏2000米，施划交通标线20274.65平方米，新增减速带200米，防撞墙200米，新增警示闪烁灯5个，新增标志牌260块，翻新覆膜大型指路标志8块，更换老旧交通标志牌41块。新增高清交通违法电子抓拍10处，并全部升级完毕。新增红绿灯2组，更换老旧信号灯3处。共投入资金280余万元。

【执法规范化建设】 2015年，开展一系列领导干部集中轮训、交通协管员培训、路面执勤民警执法技能培训、事故预防与处理培训、车驾管岗位业务知识培训、宣传教育业务培训、科技运用专题培训、法制教育培训及法制专题讲座等岗位培训工作，均取得较大成效。坚持按照“政治过硬、业务过硬、责任过硬、纪律过硬、作风过硬”的工作要求，扎实开展2015年大练兵活动，不断推进队伍正规化建设，全面提高公安交通民警的政治、业务、体能素质和实战本领，不断适应新形势、新任务对公安工作的新要求。

【交通安全宣传】 2015年，深入开展“你我文明交通，携手迎庆创城”主题宣讲活动，“拒绝违法，平安出行”交通安全宣传活动，“安全生产月”宣传活动，深入辖区农牧区学校与学生家长展开交通安全面对面活动，在城镇市区开展“出行不做低头族”“文明过马路”“青春志愿行，温暖回家路”等交通安全志愿劝导活动。共开展宣传活动132场次，发放各种宣传资料70000余份，利用多媒体上交通安全课70场，设置宣传站点7处，摆放宣传展板245块，交通安全授课123次，播放光盘70场次，悬挂标语横幅196条，张贴宣传画300余张，使受教育人数达10万余人次。共发布交通安全宣传提示短信43万余条，发送微博370余条，转发、评论180余条。共在《人民公安报》、《内蒙古日报》、《内蒙古法制报交通安全周刊》、《巴彦淖尔日报》、《黄河晚报》、《磴口周报》、内蒙古电视台、巴彦淖尔电视台、磴口电视台等新闻媒体刊播稿件90余篇（条），在巴彦淖尔交通广播电台《一路平安》节目播发稿件264篇条，在“交广在线”现场直播《交警话交通》节目3期。在湖北日报传媒集团主办，湖北特别关注传媒有限责任公司编辑出版的2015年第4期《特别关注》杂志发布两版“客运驾驶人安全指引”等相关内容，在《内蒙古风采》、内蒙古《公安文艺》杂志多次刊发报道，树立磴口交警服务群众的良好形象。

【便民利民服务】 车驾管窗口服务坚持按照“执法文明，热情服务，快捷方便，清政廉洁”的原则，公开收费标准，公开办事程序，公开办事制度，公开当日号牌，在服务大厅设立触摸电脑查询系统和大型电子显示屏，在办公区域设置引导指示标牌，明示各办公地点的业务范围，实行“首问负责制”，对群众的咨询和业务申请当场予以答复、办理或指引至办理岗位，属于退办业务的，向群众出具退办单。推行“开放式”办公模式，在办证窗口设置低柜台和群众座椅，在等候休息区为办事群众提供足够的座椅，以及饮用水及水杯等便民服务设施。

【贫困救助】 2015年，共资助沙金苏木前进嘎查魏计花、俞天才、潘进花、黄发录、石培生5户贫困家庭2500元。慰问交通事故返贫户巴彦高勒镇北粮台高德清、补隆淖镇田阳，每户1000元。慰问困难民警3人，退休民警及遗属9人。共开展主动上门或提供服务7次，改进服务措施5条，赢得广大群众的一致好评。

（胡松柏）

司法行政

【县司法局领导名录】

局长：贾　军（至2015年4月）

孟巴特尔（蒙古族，2015年4月任）

副局长：刘小娟（女）

高振东

纪检组长：王　伟

【机构设置】 县司法局内设办公室、基层股、宣教股、公律股、社区矫正股、法制股，下设法律援助中心、公证处、5个基层司法所。

【普法工作】 2015年，以深化“六五”普法工作为目的，以“法律六进”活动为载体，以“法律大讲堂”活动为依托，共举办各类法律知识讲座12场次，主办和协办各类法制宣传活动23场次，组织和参加各类法律知识竞赛6场次，散发各类普法宣传资料2万余份；利用广播媒体、LED显示屏、微信平台等形式宣传法律法规；利用法治宣传月和各种节日、纪念日等有利时机，组织开展主题宣传活动；向农牧民发放《磴口县农牧民典型案例汇编》法律知识读本1000余本；在全县各级各部门按照“谁执法、谁普法”的原则，开展系统内法制宣传教育工作；向全县13所中小学校赠送《磴口县“小手拉大手·送法进校园”法律知识问答》小学、初中、高中版共900册作为普法教材使用。同时，发放推广依法治县办法制微信公众平台服务宣传单共1.20万余份，刊发普法简报20期；为确保“六五”普法的验收之年各项目标任务能顺利实现，成立3个工作组对全县119个单位和部门进行自查，并于8月顺利通过市检查组的检查验收，工作业绩得到上级业务部门的好评。

【社会矛盾纠纷排查调处】 在全县范围内开展“小事不出村、大事不出苏木镇”活动，使得矛盾纠纷的排查覆盖率达到100%；每月组织各司法所开展矛盾纠纷排查2次，使得调解成功率达到99%以上；每月将各司法所排查化解矛盾纠纷登记汇总、统计分析，上报县委、县政府、县政法委和上级业务部门。2015年牵头组建磴口县专业性综合人民调解委员会，聘请6名专职人民调解员。截至年底，共排查化解各类矛盾纠纷697件，调解成功696件，司法确认5件，履行684件，成功率达99.90%，司法确认5件，涉及金额648.02万元，预防纠纷104件。组织开展人民调解卷宗、人民调解协议书质量评查活动，把评选出优秀案卷最多的司法所作为授予“人民调解能手称号”的依据之一。

【社区矫正和安置帮教】 工作中，根据刑满释放人员的具体情况，坚持以教育为主、预防为主、管控为主的原则，实行不定期走访摸底排查；采取多种形式开展帮教活动，坚持对刑满释放人员定期回访和面对面谈话教育制度，努力使管控对象从内心深处认识自己的错误。2015年7月初，为保障社区矫正工作的开展，正式成立社区矫正执法大队，建立健全《社区服刑人员分类管理分阶段教育制度》《重大事项请示报告制度》等制度；各司法所完善工作流程、职责和纪律，并依照“一人一档”的要求建立社区服刑人员工作档案。同时，对社区服刑人员实行宽管、普管、严管三级动态管理，提高社区矫正监管质量。2015年，认真开展对社区服刑人员、刑满释放人员的监管和安置帮教工作，无脱管、漏管和重新犯罪现象。

【法律援助】 在法律援助工作中，实现法律援助服务申请快捷化、审批便捷化、服务全程化。2015年，共办理法律援助案件316件，其中非诉类案件275件、诉讼类案件41件（包括民事案件34件，刑事案件7件），接待咨询256人次，代写文书190件。加强对法律援助工作的宣传，为各法律援助工作站（点）发放法律援助便民服务卡，提升法律援助的社会影响力；定期开展执业检查和案卷评查、案件回访活动，切实提高法律援助服务质量和办案水平。

【法律服务】 有针对性地加强对公证律师和法律工作者队伍的职业道德和执业纪律教育，并在律师队伍中开展律师作风整顿活动。8月，制定《案件受理风险告知制度》《法律服务机构、执业人员服务质量监督制度》《法律援助、公证及律师管理工作阳光执业制度》和《律师执业信息诚信档案管理制度》等制度，规范法律服务机构和法律服务人员的执业行为。2015年，公证处办理各类公证事项527件，其中民事类452件、经济类70件、执行公证类5件；律师事务所办理民事案件82件、刑事案件8件、法律援助7件，接待法律咨询400余人次，代书100余份。在办证办案过程中，未接到群众投诉举报的情况，未发现有公证律师队伍和法律服务工作者违纪违规和不廉洁的行为。

（王　彦）

人事劳动·社会保障

人力资源和社会保障

【县人力资源和社会保障局领导名录】

局长：何承刚

副局长：马春娥（女）

孙建新

许荣华

纪检组长：杜　蒙

【机构设置】 县人力资源和社会保障局内设办公室、公务员管理科、事业单位管理科、专业技术管理科、社会保险科、调解仲裁科、就业促进科、统计信息管理中心、档案管理中心、财务室、劳动保障监察大队、人力资源中心。

【就　业】 新增城镇就业850人，完成目标任务850人的100%。失业人员实现再就业160人，完成目标任务160人的100%。就业困难人员实现再就业240人，完成目标任务240人的100%。城镇登记失业率为3.90%，控制在目标任务的4%以内。

实现农牧区劳动力转移9403人次，完成目标任务9300人的101%，其中6个月以上的7232人次，完成目标任务7100人的102%。

完成农牧民转移技能培训781人，完成目标任务750人的104%。家庭服务企业人员培训100人，完成目标任务100人的100%。城镇就业技能培训821人，完成目标任务820人的100%。培训后实现就业人数697人。创业培训401人，完成目标任务400人的100%。培训后成功就业人数320人，创业带动就业1040人。

全年累计发放创业担保贷款122笔、705万元（期限两年），其中劳动密集型小企业1笔100万元，高校毕业生8笔40万元，实现创业带动就业428人。

安排企业储备高校毕业生40人，见习毕业生35人，人才市场推荐实现就业100人。做好"三支一扶"高校毕业生、"社区民生志愿者"人员分配。

【社会保险概况】 截至12月底，企业基本养老保险参保人员达16929人（其中农垦1891人），完成县下达目标任务16895人的100.20%；企业基本养老保险费征缴入库达10771万元，完成县下达目标任务9174万元的117%。

征缴工伤保险费263万元，完成县下达目标任务数234万元的112%，支付工伤保险待遇87万元，工伤保险滚存结余316万元。

截至12月底，工伤保险参保人员6533人，完成县下达目标任务数6443人的101.40%；征缴工伤保险费263万元。生育保险参保人员8696人，完成县下达目标任务数9113人的95%；征缴生育保险费109万元，完成县下达目标任务数100万元的109%，支付生育保险待遇60万元，生育保险滚存结余258万元。城乡居民养老保险覆盖人数28528人，参保缴费人数为16653人，待遇发放人数为10486人，暂停缴费人数为654人，暂停待遇领取人数为735人。缴费收入687万元，各级财政补贴收入1309万元，利息收入205万元，累计发放养老金1287万元，年末基金滚存结余4165万元。城镇职工基本医疗保险参保16204人，完成全年任务数16300的99%。基金征缴完成5201万元（统筹收入2979万元、个人账户收入2222万元），基本医疗保险支出4878万元（统筹支付3004万元，个人账户支付1874万元），统筹支付享受报销待遇5599人次，平均享受报销待遇费5365元，个人账户享受待遇19894人次，平均费用942元；滚存结余1729万元（统筹结余354万元，个人账户结余1375万元）；大额医疗保险征缴完成96万元，支出101万元，享受报销待遇244人次，平均享受报销待遇费用4139元，滚存结余389万元。城镇居民基本医疗保险参保26978人，完成全年任务数26200人的102%。基金征缴完成1413万元（其中，中央匹配736.18万元，自治区匹配170.86万元，市级匹配35万元，县级匹配78.38万元，个人缴费392.58万元），居民医保累计支出1551万元，基本医疗保险享受报销待遇4450人次，平均享受报销待遇费用3485元。

【失业保险】 失业保险参保事业单位68家，企业75家，核定征缴6286人，核定590.70万元，完成目标任务300万元的197%。

【人事人才】 在卫生和教育系统推行医院和学校的去行政化工作，县内3所医院和两所中学实行全员竞聘上岗，原有的14名科级干部全部免去行政职务，妥善安置。

【津补贴调整】 对下划单位工商局、质量技术监督局在职与离退休人员的工资进行核定。严格按照自治区《关于事业单位实施绩效工资的意见》和市人社局《事业单位绩效工资实施办法》的要求核定事业单位奖励性绩效工资。对全县行政事业单位工作人员2014年10月以后的养老保险进行核定；并严格按照内政办发电〔2015〕52号文件要求调整机关事业单位工作人员基本工资标准，增加离退休人员的离退休费。按照中华人民共和国人事部令第9号要求，发放机关事业单位工作人员带薪休假工资及机关事业单位离退休人员的疗养补贴。

【专业技术人员管理】 对全县专业技术人才信息库进行更新。截至2015年年底，全县的专业技术人才总数达到4551人。其中，专业技术人才3528人，职业技能人才1023人。

对2014年度自治区和市级评审通过的高中级专业技术人员进行核准发证工作，共核准高中级专业技术人员61人。其中，高级24人（教育系统4人、其他系统20人），中级37人（教育系统27人、其他系统10人）。

完成2015年高级职称申报审核上报工作，共审核上报25人，其中教育系统10人、其他系统15人。完成中级职称申报审核上报工作，共审核上报51人，其中教育系统35人、其他系统16人。完成全县卫生高级职称申报审核工作，共审核上报8人。完成全县初级专业技术资格的评审和核准备案工作，2015年，共核准初级专业技术人员共68人。

【劳动关系和劳动者权益保护】 集中开展禁止使用童工和未成年工特殊保护规定、农牧民工工资支付情况、劳务派遣情况、劳动用工执法情况等专项检查，开展用人单位劳动保障书面审查，清理整顿人力资源市场秩序行动等多项工作。共检查用人单位111户，办理书面审查111户，涉及劳动者3284人，签订劳动合同2421人，补签劳动合同872人。劳动用工备案285户，涉及2244人。劳动监察受理案件6起，结案3起，移送3起，涉及75人、168万元；未立案调解处理3起，涉及134人、202万元。劳动仲裁受理劳动争议案件11起，裁决7起，调解4起；不予受理2起。工伤鉴定受理案件19起，工伤认定案件14起。

【档案管理】 建立标准档案室，购置和配齐自治区要求的档案专用密集架、A4专用档案盒等设备和用品；配备专职人员3名，抽调"三支一扶"、社区民生等工作人员7名，完成档案的整理工作。主要负责除教育系统以外全县各单位副科级以下干部职工人事档案的管理工作，现共管理人事档案2393卷。管理档案中在职人员人事档案1516卷，已经完成初审、复审1314卷，占应审核总数的86.60%，已完成签字认定1183卷。

社会保险

【县社保局领导名录】

局长：张晓明

副局长：彭海军

赵晓飞

王　霞（女）

【养老保险】 2015年，参保16929人，基金征缴收入10771万元。

【工伤和生育保险】 2015年，工伤保险参保6533人，基金征缴收入263万元，待遇支出87万元。生育保险参保8696人，基金征缴收入109万元，待遇支出60万元。

【养老金发放】 2015年，离退休11099人，退休金支出27734万元。

医疗保险

【县医保办领导名录】

主任：王桂琴（女）

副主任：高志文

【城镇职工基本医疗保险】 截至2015年年底，城镇职工基本医疗保险参保16204人，基金征缴完成5201万元（统筹收入2979万元，个人账户收入2222万元），基本医疗保险支出4878万元（统筹支付3004万元，个人账户支付1874万元），统筹支付享受报销待遇5599人次，平均享受报销待遇费用5365元，个人账户享受待遇19894人次，平均费用942元；滚存结余1729万元（统筹结余354万元，个人账户结余1375万元）；大额医疗保险征缴完成96万元，支出101万元，享受报销待遇244人次，平均享受报销待遇费用4139元，滚存结余389万元。

【城镇居民基本医疗保险】 截至2015年年底，城镇居民基本医疗保险参保26978人，基金征缴完成1413万元（中央匹配736.18万元，自治区匹配170.86万元，市级匹配35万元，县级匹配78.38万元，个人缴费392.58万元），居民医保累计支出1551万元，基本医疗保险享受报销待遇4450人次，平均享受报销待遇费用3485元，基本医疗保险滚存结余347万元。

【医疗保险待遇】 将恶性肿瘤靶向药物纳入城镇基本医疗保险可支付范围；职工医保尿毒症透析、器官移植患者慢性病报销比例由80%调整为85%，器官移植年限额由原来的5万元调整为7万元。增加职工医保有两种以上慢性病的补贴限额。经鉴定批准，在其中最高限额的基础上增加2000元；居民慢性病除尿毒症、器官移植、肿瘤、支架植入、高血压三期外，其他病种年限补贴金额由1000元调整为1500元，报销比例由55%调整为60%。被鉴定有两种以上的慢性病的，在高限额病种基础上再增加300元。肿瘤、心脏支架患者限额由原来的1000元分别调整为3500和2500元，报销比例由原来的55%提高到60%。支架慢性病补贴时限为术后18个月，超出不再补贴。尿毒症患者报销比例由原来的55%调整为75%，不设特殊限额。器官移植补贴年限额由原来的35000元调整为50000元，报销比例由原来的55%提高为75%。

（武　海）

就业服务

【县就业服务局领导名录】

局长：高义文

副局长：孙　瑞（女）

薛文泽

李海燕（女）

纪检组长：冯永胜

【概　况】 磴口县就业服务局内设办公室、就业促进股、失业保险股、创业贷款中心、职业介绍所、培训中心、农转办、创业指导中心和财务室。

【就业创业】 2015年，共为670人发放就业失业登记证，发布劳务信息153条，办理求职登记的人数为1235人，共为5000多人提供服务，零就业家庭动态消零。9项实名制录入及时，误差在±5%以内。就业窗口被政务服务中心评为红旗窗口，1名工作人员被评为服务标兵。新增城镇就业850人，完成目标任务850人的100%。失业人员实现再就业160人，完成目标任务160人的100%。就业困难人员实现再就业240人，完成目标任务240人的100%。城镇登记失业率为3.90%，控制在目标任务的4%以内。

【培　训】 2015年，共开展创业培训15期，城镇技能培训17期，其中包括保健按摩、家政服务、电子商务、物业管理、市场营销、电焊工等。农牧民转移技能培训15期，其中包括农艺工、种养殖等专业。按照有关文件的要求对保健按摩、电子商务等专业进行技能鉴定考试。就业技能实训基地完全按照“五个有”标准建设，电工专业已经申报为品牌特色专业。

2015年，共完成农牧民转移技能培训781人，完成目标任务750人的104%。家庭服务企业人员培训100人，完成目标任务100人的100%。城镇就业技能培训821人，完成目标任务820人的100%。培训后实现就业人数697人。创业培训401人，完成目标任务400人的100%。培训后成功就业人数320人，创业带动就业1040人。

【创业贷款】 通过上级业务部门和县政府的大力支持，市财政拨付担保金96万元、县财政拨付担保金100万元，与邮政储蓄银行和农村信用联社两家银行发放创业贷款，全年累计发放创业担保贷款705万元，累计贴息440.54万元，其中手工贴息315.56万元、同期贴息124.98万元。

同时，完善创业项目库，包含创业项目300项，成立30人创业专家团队，并成立创业企业协会。全年累计发放创业担保贷款122笔705万元（期限两年），其中劳动密集型小企业1笔100万元、高校毕业生8笔40万元，实现创业带动就业428人。

【失业保险】 2015年，失业保险参保事业单位68家，企业75家，核定征缴6286人，核定590.70万元，完成目标任务300万元的197%。

虽然管磴口县领取失业保险金人数最多，但根据市局1月至11月失业保险待遇系统录入与统计报表对比，磴口失业保险待遇系统录入率全市排名第二。失业保险工作进入信息化管理系统，但从企业申报到受理，在时间和缴费方面严格要求，逐渐形成一套规范的业务流程。磴口县将蒙牛、佳格等13家企业确定为失业动态监测企业。

【劳动保障平台】 为给城乡劳动者提供更为优质的就业服务，全面推进基层就业服务平台功能化、多元化、制度化建设。依托劳动保障平台，主动地深入企业、苏木镇、社区（街道）、村社了解用人单位招用工情况，掌握劳动力供求状况，及时搜集发布空岗信息，有计划、有组织地引导用工单位录用城乡求职者，实现扩大就业与经济发展的良性互动和协调推进。

（刘天婷）

民政·扶贫

民　政

【县民政局领导名录】

局长：郭生海

副局长：韩友良

丁玉英（回）

尹军才

李晓燕（女）

纪检组长：高新军

【机构设置】 民政局内设办公室、财务室、社会事务股、优抚安置股、双拥办、救灾救济股、城乡低保办、经济状况核对中心、医疗救助办、后勤服务中心、社区建设股、老龄办，社会工作股、婚姻登记处；下属单位：殡仪馆、社会救助管理站、救灾物资储备库、中心敬老院、民族敬老院。

【低　保】 2015年，全县共有城市低保对象3794户5181人，农村低保对象5458户6202人。保障标准月人均分别提高20元和19元，补助水平分别达到389.70元和209元。全年共发放城乡低保资金2477.47万元和1547.28万元，发放残疾人补贴121万元，电价补贴64.46万元，为城市低保对象发放取暖补贴151.49万元（不包括国有农场城市低保对象）。出台《磴口县最低生活保障对象认定办法》和《磴口县开展城乡低保对象重新审核认定工作的通知》，对所有在册和新申请的城乡低保对象进行综合指标体系重新认定。

【社会救助】 2015年出台磴政办字〔2015〕113号文件《磴口县关于进一步完善城乡医疗救助实施办法》，不断完善城乡医疗救助"一站式"及时结算服务，全年所有医疗救助数据纳入信息化系统管理。全年通过"一站式"和"一卡通"共发放城乡医疗救助金451.70万元，救助城乡特困户12786名，其中为9837名城乡低保、五保、孤儿、城镇"三无"人员缴纳医保、新农合52.70万元。全年共发放临时救助331.69万元，救助困难群众2532人；全县有符合供煤条件的低收入户15246户（其中低保户、五保户6272户，低收入家庭8974户）。煤补采取统一发放现金的方式，为每户低收入农牧户发放600元，通过财政部门直接打入"一卡通"。共发放补贴资金914.76万元。

【五保供养工作】 2015年，全县共有五保对象455人。其中，集中供养106人，年供养标准6718元；分散供养349人，年供养标准3815元。全年共发放五保资金199.16万元。

【灾害救助】 2015年，磴口县部分地区出现地震灾情，全县2个苏木镇、4个国有农场不同程度遭受旱灾，造成直接经济损失5470万元。上级下拨救灾款174万元，其中，以惠农一卡通发放，下拨各苏木镇、农场125万元，为2622户受灾户给予不同数额的现金救助；通过政府采购口粮下拨各苏木镇及各农场米、面1300份，合款30万元，为1300户受灾群众给予口粮救助；为485户受灾户采购冬季取暖用煤500吨，合款19万元。

【优　抚】 将优抚对象定补15.30万元列入财政预算，全年共发放优抚定补202万元。优抚对象自然增长机制每人950元，将20.14万元列入财政预算，全部发放到位。发放义务兵家属优待金186万元，发放医疗补助和门诊费共25万元。财政匹配20.80万元，为39名优抚对象缴纳职工医疗保险，为88名优抚对象缴纳居民医保，并积极开展优抚对象医疗救助，共发放医疗救助金21万元。筹资8.80万元为43名重点优抚对象解决“三难”问题。6月，换发因公伤残人民警察证书。完成优抚对象电子数据更新工作，及时纠正错误数据，填补缺失内容，加强优抚对象个人信息档案管理，根据类别完善资料分类存档。

【退伍军人安置】 2015年，共接收退伍军人31名，其中转业士官2名、城镇退伍军人16名、农村退伍军人13名，并将符合安置的2名转业士官、1名二等功、1名伤残军人共4人分别安置在公安局、人武部、机关事务局，已全部上岗。组织29名退伍军人开展由中央广播电视大学举办的再教育专科、本科学历培训。根据《关于解决磴口县城镇退役士兵安置遗留问题的通知》（磴政办字〔2015〕96号）文件，解决全县24名城镇退役士兵安置遗留问题，发放自谋职业安置费27万元。为29名选择自主就业的退役士兵发放退役士兵自主就业地方经济补助金115万元。

【双拥活动】 春节、“八一”建军节期间，为全县4个驻镇部队共送去4万元慰问金及慰问信，筹资2.40万元慰问104户重点优抚对象。会同团委、文联组织4个驻镇部队的33名官兵开展“退伍军人游磴口”活动；召开全县双拥领导小组联席会，完善双拥档案资料，积极开展创建自治区双拥模范县活动。

【基层政权】 按照上级安排部署，全县从3月中旬启动嘎查村“两委”班子换届选举工作。截至8月13日，47个行政嘎查村顺利完成换届选举工作，共选举产生嘎查村“两委”换届班子成员257名。

【老龄事业】 全县共有80周岁以上的老年人1799名（享受低保的老年人有858人）。全年共为80周岁以上的老年人发放老年人高龄津贴178.60万元，其中为858名低收入老年人发放高龄津贴总计102.80万元。

【社会事务】 成立磴口县第二次全国地名普查工作领导小组办公室，下发《关于开展第二次全国地名普查工作》的通知，出台《磴口县第二次全国地名普查实施方案》及《磴口县第二次全国地名普查宣传工作方案》。全面搜集地名普查的相关档案资料，编辑地名普查目录。

【婚姻和收养登记】 2015年全年共办理结婚登记862对，离婚登记423对，补发结婚证1311对。办理收养登记1例。

【殡　葬】 2015年，不断加大殡仪馆内美化绿化建设，栽植各类树木近300株，各类花草千余株（苗）。健全完善困难群众殡葬救助制度，全年共火化尸体339具，为困难群众减免基本殡葬服务费25.46万元。

（郝　燕）

扶贫开发

【县扶贫开发办公室领导名录】

主任：张相国

副主任：王一滨

马红军（蒙古族）

纪检组长：包金泉（蒙古族）

【机构设置】 扶贫开发办公室设办公室、社扶股、项目办、财务室。

【异地移民】 2015年，完成生态脆弱移民工程171户600人。投入生态移民专项资金900万元，整合城建、水利、林业、交通、农牧业、农业综合开发及农网改造、土地整理、退牧还草、财政“一事一议”等项目配套资金544.60万元，群众自筹资金2599.90万元。已建成纳林套海农场场部住宅楼3栋4层12个单元9696平方米，完成移民96户331人。

【社会帮扶】 2015年，全县140个机关、企事业单位，组成5个社会扶贫工作团，分别帮扶5个苏木镇的47个嘎查村，28名副处级以上领导帮扶56户贫困户，430名副科级以上领导包扶430户贫困户。全县17名后备干部踊跃参与“三到村、三到户”项目建设，被县委组织部选派为驻村工作队队长，担任所驻嘎查村、农场分场第一副书记、驻村嘎查长。县委将驻村工作经历视为干部提拔任用的优先条件。在安排县级驻村工作队时，统筹考虑5个市直驻村工作队，实行市、县干部双重驻村帮扶，合力推进扶贫攻坚工作。全县共安排36个县直（驻县）单位和5个市直驻村工作队、17个县直驻村工作队共65名工作队员帮扶17个“三到村三到户”项目嘎查村。

【“三到村三到户”扶贫攻坚工程】 2015年，投入765万元实施17个嘎查村“三到村三到户”扶贫攻坚工程。截至年底，建成钢架大棚402栋309亩，承包种植温室17栋13亩，建棚圈278户16920平方米，购买基础母羊986只，打机电井7眼，购买良种500公斤，整体工程形象进度完成70%，11月底项目全面完工。

【产业化扶贫项目】 2015年，争取市级财政扶贫资金130万元，实施巴彦套海农场五七分场、渡口镇南滩村、隆盛合镇民兴村、补隆淖镇新河村、沙金苏木温都尔毛道嘎查5个嘎查村的市级财政扶贫资金项目，扶持387户贫困户发展设施农业，改善养殖基础设施条件。

【金融扶贫富民工程】 2015年，继续抓好金融扶贫富民工程。又投入500万元金融扶贫贷款担保补偿金，担保补偿金总额达1500万元。累计发放贷款6700万元，覆盖8个苏木镇（农场）的30个嘎查村（分场），受益农牧户1807户，其中贫困户1290户，扶持扶贫龙头企业和农牧民专业合作社8家。

【“雨露”计划扶贫项目】 2015年度实施完成“雨露”计划扶贫项目，拨付财政资金10.35万元，为69名就读中职中专和高职高专的建档立卡户子女每人发放助学补贴1500元。

民族·宗教

民　族

【县民族宗教事务局领导名录】

局长：包嘎尔迪（蒙古族）

副局长：高树荣（蒙古族）

杨阿拉腾岱（蒙古族）

丁俊霖（回族）

纪检书记：包苏和（蒙古族）

【机构设置】 县民族宗教事务局内设办公室、民族股、宗教股。下设蒙古语文工作委员会，简称蒙语办，属股级事业单位。

【民族人才培训教育】 按照《磴口县2015年干部教育培训实施意见》的安排，2015年8月13日至14日举办为期2天的全县少数民族干部培训班，全县行政事业单位少数民族干部职工，各苏木镇、农场党委书记，组织宣传、统战委员共计230余人参加培训。

【蒙古语文工作】 召开全县蒙古语文工作座谈会，共有18家相关单位、72户美工部负责人参加会议。配合城建局、文明办对钢铁路实施靓化改造工程，对该路的108块牌匾全部实行蒙汉文并用。

【民族扶贫】 2015年，积极争取“自治区扶持少数民族发展资金”项目12个，投资总额为230万元。积极关注包扶村那仁宝力格嘎查的生产生活，除捐助扶贫款2万元外，为嘎查捐助办公桌椅电视等价值13000元的办公用品。

【民族古籍整理】 组织相关人员撰写整理收集莲花生洞历史沿革资料。

宗　教

【宗教工作】 全县有汉传佛教、藏传佛教（喇嘛教）、伊斯兰教、基督教（耶稣教）、天主教。

【汉传佛教地】 有渡口白云寺、四坝慈云寺、公地慈善寺。每年正月十五、二月十九、四月初八、七月十五、九月十九有大型法会活动。

【藏传佛教（喇嘛教）地】 全县有1处藏传佛教（喇嘛教）地，为阿贵庙。农历七月初十、九月二十五有阿贵庙庙会活动。

【伊斯兰教场所】 全县有9处伊斯兰教清真寺，分别是巴彦高勒镇清真寺、三盛公清真寺、三盛公清真北寺、北粮台村清真西寺、渡口南滩村清真南寺、渡口南滩村清真北寺、补隆清真寺、乌兰布和农场清真寺、哈腾套海农场清真寺。有两大节日：开斋节、古尔邦节。

【基督教（耶稣教）场所】 全县有2处基督教（耶稣教）教堂，分别是巴彦高勒镇基督教堂、包尔盖农场基督教堂。有四大节日，分别为复活节、圣灵降临节（五旬节）、感恩节、圣诞节。

【天主教场所】 全县有3处天主教教堂，分别为三盛公天主教堂、补隆天主堂、渡口天主堂。四大节日，分别为复活节、圣神降临节、圣母升天节、圣诞节。

【宗教场所与活动】 认真组织开展对全县 18 个宗教场所、教职人员基本情况的调研工作。

【宗教事务管理】 宣传贯彻党的宗教政策，依法加强对宗教事务的管理，加强宗教两支队伍建设，引导宗教界开展爱国主义和社会主义核心价值观的学习，评选文明教职人员和和谐寺观教堂活动，组织开展宗教慈善周活动、宗教教职人员教风建设活动。

（达古拉）

经济监督与管理

发展和改革

【县发展和改革局领导名录】

局长：余　寒

副局长：王占虎

李庆和

李　刚

纪检组长：陈　波（女）

【国民经济】 2015年，全县生产总值预计达50.87亿元，比2010年增长1.30倍，“十二五”规划期间年均增长6%；公共财政预算收入达2.44亿元，年均增长20%；全社会固定资产投资5年累计达163亿元。

【项目建设】“十二五”规划期间，全县支持风光互补型和新能源与设施农业结合型发展模式，推进神舟光伏发电、中电投光伏发电、国华光伏发电、国电光伏发电、山路集团蒙华50兆峰瓦光伏发电沙漠治理一体化等重大项目的建设。加大荣威养殖有限公司、草原宏宝和晶烨肉羊标准化规模养殖场的扶持力度，加快肉羊养殖专业合作社的建设步伐，实现统一供料、统一技术、统一销售。加大纳林湖、三盛公风景区、阿贵庙等一批重点成型景区的投入力度，完善配套设施，开发娱乐项目。万泉湖、奈伦湖等重点景区以及银杏庄园、金马湖、二十里柳子度假村等为代表的生态观光农庄、乡村旅游接待户等纷纷加快建设步伐，整体呈现良好的发展态势。

【基础设施和城乡建设】“十二五”规划以来，全县共改造农牧区危旧房3717户，完成县辖各集镇通村小油路212.20公里的新建翻修任务；建成补隆171栋蔬菜温室大棚及3000平方米的农畜产品交易市场；完成沙金苏木、渡口、隆盛合镇集镇给水、排污、人行道、绿化、公厕配套建设，完成3个村委会及干部用房建设，村容村貌进一步提升。规划实施湿地保护与恢复工程（“南湖、西翠湖、北海”等重要节点及“五渠”景观带配套建设工程）。城区日产生各类垃圾约155吨，清运量为90%。绿地率30.20%，人均公共绿地面积达到10.50平方米。

【社会事业】 教育改革和发展得到进一步加强，教育发展水平持续提高。医药卫生体制改革稳步推进。社会保障水平进一步提高，城乡低保实现应保尽保。文化事业生机勃勃，城区有线电视数字化改造基本完成。低生育水平趋于稳定。城镇居民人均可支配收入、农牧民人均可支配收入达24234元和14146元，年均增长12%和11%。社会保障体系初步形成，各类保险覆盖面明显扩张。

【民生工程和公共服务】 工业及服务业的发展拉动城镇新增就业人数稳定增长，城镇登记失业率控制在4%以内，转移农村剩余劳动力46473

人。养老金标准逐步提高，工伤保险补助力度加大。公共卫生服务体系继续完善，农村医疗保险顺利推行。“十二五”规划时期，累计开工建设保障性住房2211套，其中廉租住房1814套、公共租赁住房397套，实施23个棚户区改造项目，征收2001户21.30万平方米，新建住宅58万平方米。

【生态建设与环境保护】 环保建设力度加大，生态环境日趋好转。退耕还林、退牧还草、京津风沙源治理二期工程等生态项目加快建设，为可持续发展奠定基础。节能减排成效明显，单位GDP能耗和主要污染物排放均达国家标准。

【经济运行监测工作】 认真编制2015年国民经济和社会发展指导计划，并及时组织下达。在日常工作中认真搞好国民经济运行监测、预测，及时向县委、县政府反馈调控建议。通过上下共同努力，全县国民经济和社会事业保持又好又快发展态势。全县地区生产总值预计（下同）完成51.63亿元，同比增速为8%。其中，第一产业完成10.16亿元，同比增长8%；第二产业完成29.67亿元，同比增长7.50%；第三产业完成11.80亿元，同比增长10%。全社会固定资产投资达33.90亿元，同比增长13%；公共财政预算收入完成2.38亿元，同比增长8%；社会消费品零售总额达到14.29亿元，同比增长11%；城镇居民人均可支配收入达24234元，同比增长10%；农牧民人均可支配收入达14146元，同比增长11%。

【争取项目】 争取到上级投资项目28项，项目总投资26227万元，其中争取到上级投资9920.24万元（中央投资9401.30万元，自治区投资518.94万元）。

【重点项目建设】 2015年，全县固定资产投资目标任务为34亿元，同比增长13%。截至12月，全县全社会固定资产投资开工项目48项，完成投资34.50亿元，完成全年投资计划的100%。其中，农、林、牧、水项目完成投资35700万元；工业项目完成投资186158万元；交通道路项目完成投资41330万元；城市建设项目完成投资15473万元；社会事业及服务业项目完成投资65957万元。2015年，市政府确定考核全县重大项目23项，投资目标任务为28亿元。截至12月，重大项目开工18项（其中策划项目1项），开复工率78%，完成投资278155万元，完成全年目标任务的96%。

【重大项目进展】 1. 全县设施农业建设项目，总投资4000万元，计划建设设施农业5000亩，其中温室2000亩、大棚3000亩。截至年底，建成大棚1330亩，完成投资3500万元。

2. 河套灌区续建配套与节水改造工程，投资6100万元，配套各类建筑物30座，新增高效节水灌溉面积3.70万亩。其中1.20万亩完成招投标，2.50万亩待批复后实施。截至年底，完成投资6000万元。

3. 河套灌区排水设施改造工程，投资7400万元，沟道清淤151公里，建筑物200座。截至年底完成投资6800万元。

4. “新农村新牧区建设”工程，总投资10.27亿元，建设期为2014—2016年。2015年投资3.57亿元实施34个村嘎查分场全建设任务。截至年底，全县所有的村嘎查分场全覆盖工程全面开工，完成投资48000万元。

5. 全市输变电工程，投资13000万元，建设220千伏、110千伏、35千伏变电站各1个。工业园区110千伏变电站开工建设。截至年底，完成投资2000万元。

6. 临河至哈密高速公路建设项目，2015年计划投资40000万元，磴口县境内建设38公里，工程全线开工。截至年底，完成投资37000万元。

7. 内蒙古宇乐化工循环经济建设项目，总投资103亿元，建设期为2014—2018年，建设年产50万吨PVC、50万吨烧碱、70万吨电石、

2×330兆瓦CFB热电项目。截至年底70万吨电石、2×330兆瓦CFB热电项目开工，完成投资127567万元。

8. 磴口县圣牧高科公司奶牛养殖及有机奶生产项目，总投资24亿元，建设期2010—2015年，2014年年底，累计完成投资220000万元。2015年计划投资20000万元，新建三期工程和扩建一期、二期有机奶生产线。因牛奶市场原因，圣牧高科有限公司原定新建三期项目改为一期和二期技改项目。一期新上有机奶生产线1条，二期新上酸奶生产线4条。截至年底，完成投资8000万元。

9. 山路集团磴口县光伏发电项目，总投资55000万元，建设55兆瓦光伏发电项目，建设期2014—2015年，2014年年底，累计完成投资13600万元。截至年底主体完工，正在进行收尾工程，完成投资10000万元。

10. 磴口县纳林湖生态旅游景区项目，总投资4亿元，建设期为2012—2020年，计划建设国家AAAAA级生态旅游景区。2015年，计划投资2600万元，完成地质遗迹园、千亩荷花苑等项目建设。地质遗迹园基础工程已完成，正在进行布展。已进行员工培训工作，计划引进建设漂流、飞艇、滑雪场和农博园等项目。截至年底，完成投资2600万元。

11. 磴口县世外沙金生态旅游项目，总投资4.90亿元，建设期2013—2020年，建设总占地面积3.33万亩，水域面积1.60万亩，集观光、休闲、文化体验、生态人居为一体的综合性休闲旅游基地。2015年，计划投资3000万元，建成荷花岛、金童岛、游客服务中心。完成投资3000万元。

12. 磴口县王爷地特色农产品交易市场，总投资1.50亿元，建设期为2011—2015年，建设占地面积180亩，建筑面积7.70万平方米，肉苁蓉、枸杞等药材交易市场。2015年，计划投资2000万元，完成市场收尾工程。截至年底，进行交易市场装修，完成投资1500万元。

13. 全市规模化养殖场建设项目，全市总投资5500万元，改扩建奶牛、肉羊、生猪养殖场。截至年底，圣牧3个牧场正在完善，肉羊养殖场建成10个，另有7个在办手续，生猪场扩建成2个。已完成投资5000万元，年底前全部建成并投入运行。

14. 保障性住房项目，2015年计划投资8000万元，棚户区改造工程：计划完成征收1061户，基本建成棚户区改造住房660套。公租房建设：开工建设公租房500套。农牧区、垦区危房改造工程：农牧区基本完成1900户，国有垦区基本完成1455套。截至年底，棚户区改造项目已确定，积极争取国家开发银行贷款。公租房建设项目已分配在北海宇乐花园、东亿新天地小区中进行配建，完成投资9688万元。

15. 中低产田改造工程，计划投资5170万元，7万亩中低产田改造项目已完成规划设计，4月进行招投标，7月开工建设。截至年底，完成投资2500万元。

16. 京津风沙源治理二期工程，投资4400万元，计划完成水土保持治理面积17平方公里、林业生态建设完成16万亩，森林覆盖率达到20%。围栏封育1万亩，人工饲草料基地建设1.25万亩。7月开工建设。截至年底，完成投资4000万元。

17. 巩固退耕还林建设项目，投资1200万元，完成年度渠道衬砌、建筑物、防护林。7月开工建设。截至年底，完成投资1000万元。

【加强价格监督检查】 加强节假日市场价格监管，组织开展涉农价费、行政事业单位强制收费、违规收费行为和教育收费、医药价格的专项检查，完善明码标价制度、价格收费公示制度，加强对快递、洗车、保洁等新兴服务业价格的监管，依法对误导性价格标示、虚假的原价标示等违法行为进行查处。

（张　炜）

经济商务和信息化

【县经济商务和信息化局领导名录】

局长：张忠朝

副局长：邬举皇

张银山

郭海龙

纪检组长：刘国防

【机构设置】 县经济商务和信息化局内设综合办公室、节能与综合利用办公室、投资规划办公室、经济运行办公室。

【工业经济情况】 2015年，全县工业经济总体呈现平稳运行、增势趋缓的态势。全县14户规模以上企业实现工业总产值57.60亿元，同比增长8.30%；实现规模以上工业增加值16.40亿元，同比增长9.20%。

【工业重点项目】 全县实施工业重点项目23项，其中续建项目7项，新建项目13项，输变电工程3项，完成投资28.89亿元。

【节能降耗与资源综合利用】 2015年年底，7户企业能耗下降4008吨标准煤、超额完成上级下达磴口县“十二五”规划节能目标任务的119%。和7户重点用能企业签订目标责任状。

按照工业和信息化部《关于下达2015年工业行业淘汰落后和过剩产能目标任务的通知》（工信部产业〔2015〕129号）和“内淘汰落后办发〔2015〕5号”文件精神，全县2015年淘汰落后产能的行业有淘汰铁合金行业1.70万吨、化工行业2万吨，涉及企业3户，均完成拆除任务。鼓励和引导企业积极开展清洁生产工作。截至2015年年底，蒙牛公司完成审核工作，华油天然气公司、清源保公司也在进行。

【人才摸底调查】 成立县经济商务和信息化局人才工作领导小组，制定2015年度企业经营管理人才工作方案并培训，对县内新增企业人才的底数及状况进行摸底调查。

【“两化”融合】 “两化”融合作为增强企业核心竞争力、加快转变发展方式的重要抓手，从上到下由点到面稳步推进，按照市委、市政府的统一安排，全县推荐上报蒙牛、圣牧高科、乌兰布和乳业、王爷地4家“两化”融合试点企业，从试点示范抓起，积极推动全县工业企业创新发展，转型升级。

国土资源

【县国土资源局领导名录】

局长：周　凯

副局长：巴　生（达斡尔族）

米　强

杜震东

【机构设置】 县国土资源局内设办公室、政策法规股、土地利用股、规划测绘股、矿产资源管理股；下设土地收购储备中心、土地整理中心、不动产登记中心、执法监察大队、纳林套海中心所、沙金所、隆盛合所、城郊所。

【土地利用总体规划调整完善】 按照2015年磴口县重点项目用地需求，3月初全部完成土地利用总体规划调整完善前期准备工作，县政府成立工作领导小组，印发工作方案。本次土地利用总体规划调整以全县二次土地调查成果和连续变更到2013年的数据为基础，围绕提高城镇化发展质量的要求，以精细化和实用性为原则，在规划设计时将城区、苏木镇、嘎查村社的规划统筹考虑，争取做到应调尽调、应保尽保。土地利用规划调整完善工作采取“两条腿一起走路”的工作办法，一方面聘请专家和作业队伍入驻，根据县情实际、利用现状和国家的政策形势科学开展调整完善；另一方面组织工作人员和规划专家成立工作组，深入到各级党政领导、企业、“两代表一委员”以及发改、城建、规划等部门当中广泛听取意见和建议。最终要将科学规划和意见建议有机结合，做到既符合发展实际，又符合应用要求。土地利用总体规划调整要与永久性基本农田划定工作成果科学结合，预计2016年上半年全面完成。

【“新农村新牧区建设”项目审批】 根据自治区国土资源厅《关于当前土地管理工作中几个具体问题的通知》（内国土发〔2015〕121号）文件精神，加大“新农村新牧区建设”项目用地保障力度。调查摸清全县涉及“新农村新牧区建设”工程项目建设和手续审批情况，查清在建项目占地面积、建设和审批情况。已经建成的“新农村新牧区建设”工程项目都要套核土地利用总体规划图、土地利用现状图，对符合土地利用总体规划的，及时组件报批；不符合规划的，借助土地利用总体规划修改完善的契机，修改完善乡镇、村级规划，边修改边上报，争取最短时间内上报审批，确保所有“新农村新牧区建设”项目符合规划。加大支持力度，对所有“新农村新牧区建设”工程项目，全部责成各国土所专人跟踪服务，开通绿色通道，简化审批程序，切实提高此类项目的审批效率。全县共涉及“新农村新牧区建设”项目29个面积18.79公顷，审批15个面积16.99公顷，剩余14个面积1.80公顷不符合规划采取措施积极化解。

【不动产统一登记】 按照《巴彦淖尔市人民政府关于成立巴彦淖尔市不动产统一登记工作领导小组的通知（巴政字〔2015〕1号）》文件要求，磴口县于2015年3月16日成立磴口县不动产登记领导小组及局际联席会议制度。8月25日，全市国有土地使用权确权登记发证工作推进会在磴口召开，市国土资源局局长刘进升听取全市各旗县不动产统一登记工作进展情况并对下一步工作提出具体要求。县国土资源局和县委、县政府积极协调并得到大力支持，制定出台实施方案和进行工作人员调整。

【土地整治】 2015年，全县7个项目共10.74万亩土地整理项目前期勘测、设计全部完成。10月13日完成项目施工招投标工作，项目监理部、施工项目部全部进场施工。2015年，项目土方工程全部完成，按照项目设计工期，预计2016年11月全部完工。

【耕地保护】 基本农田划定方面，磴口县永久基本农田划定工作总规模为36936.02公顷（净面积），满足土地利用总体规划。划定基本农田的规模和质量都达到上级要求，完成上级下达给磴口县的基本农田划定任务；数据库成果已提交自治区土地勘测规划院并审核通过。按照上级要求积极与规划对接，城镇周边永久基本农田划定工作已进行前期资料收集，巴彦高勒镇规划控制区域按要求划定；与规划同步，在县乡级土地利用总体规划调整完善工作结束后三个月内完成永久基本农田划定和成果完善工作。

补耕库建设方面：为改善磴口县生态环境，提高土地节约集约利用水平，实现耕地占补平衡的需求，利用沙金套海苏木境内现有的沙地和荒漠化草地，由巴彦淖尔市泰润农林开发有限公司以社会投资的方式建设补充耕地项目库。项目库计划投资1.20亿元，总面积约为3224.84公顷，新增耕地约2674.97公顷，新增耕地率可达83%。2015年1—3月，各项目库规划设计评审由巴彦淖尔市国土资源局组织农业、水利、土地整理中心等相关专家形成专家组进行复核，并通过评审。2015年，新增建设用地项目占用耕地8宗，面积12.77公顷，全部落实先补后占、占优补优，实现耕地占补平衡。

责任状签订方面：强化苏木镇政府国有农牧场的保护责任，严格落实耕地保护责任制，将耕地保护纳入苏木镇、国有农牧场各年度目标责任考核体系，签订县、苏木镇、国有农牧场、村责任书，明确耕地保有量和基本农田保护面积，建立健全基本农田保护档案，形成一级抓一级、层层抓落实的耕地保护责任体系。

【土地利用】 成立创建机构，抽调专门人员，积极总结节约集约经验，把节约集约机制常态化、制度化，确保创建活动全面推进。抽调单位业务骨干加班加点做好报送材料整理，已经整理成果资料4册上报自治区，根据自治区审核意见做好成果资料的整改和完善。开展“五进”活动20余次，发放宣传资料2万余册，通过进企业、进机关、进社区、进学校、进厂矿，提升社会各界节约集约利用国土资源的意识和氛围。联合市、县两级电视台制作播出宣传片2部，在高速路出口悬挂巨幅广告牌3面，在县城主干道交通护栏制作宣传栏15块，联合县教育局在全县中小学开展“保护耕地、集约节约用地”主题教育宣传周活动。在做好资料收集、宣传报道的同时，切实加大闲置土地清理和土地供应工作。开展乌兰布和城镇建设用地清理整顿工作，注销土地使用证、收回土地使用权3宗，面积11万亩。磴口县前五年平均供地率92%，位列全市第一，自治区第三。

2015年，积极向上级部门争取用地指标，保障宇乐化工、光伏发电、旅游开发等全县重点项目建设和民生保障用地需求。同时，严格控制城镇建设用地总量，强化土地用途管制，提高城镇土地利用效率。2015年，上报自治区7个批次面积40.04公顷；上报市局1个批次3个单独选址项目面积8.60公顷。

【专项工作】 完成耕地质量等别年度更新工作，数据库成果全部完成，并将成果上报国土资源部审核备案。完成工业园区土地集约节约利用评价成果更新工作，通过自治区国土厅组织的专家评审。完成沙金套海苏木巴音宝力格牧民新村耕地补充项目引黄补水工程，积极准备验收工作。

【矿山地质环境治理及和谐矿区建设】 加大矿业整治力度，重点开展矿山企业地质环境治理百日专项行动，有力地打击违法采矿行为，遏制非法采矿反弹的势头。同时，调整充实磴口县矿产秩序整治工作人员，定期开展全方位巡查，加强重点矿区的巡察监守，巩固集中治理整顿成果。全年共开展矿山动态巡查38次，协助县政府开展矿山专项整治2次，共查处无证、越界开采砂石料违法行为6起，罚款7万元，自然保护区内无证开采砂料矿1起。

完成全县2014年度矿山企业开发利用基础统计和矿产资源储量统计数据库汇总会审工作及2014年度采矿权年检工作，通过网络报备系统将数据入库并上报年检工作总结和统计报表，完善年检档案。协助市国土资源局出让3家砂料采矿权，收取采矿权价款163万元。

磴口县废弃黏土矿地质环境治理项目实施方案通过评审，治理资金1200万元。该项目完成招标，计划2016年实施完毕。按照《磴口县矿山地质环境治理百日专项行动实施方案》要求，全县3家闭坑矿山企业通过市级验收，在期的10家矿山企业地质环境阶段性治理工作全部通过市国土资源局验收。

【信息化建设】 市国土资源局《关于进一步推进基层国土资源所建设的通知》要求，严格按照自治区国土资源厅建设“十有”基层国土所的目标，积极推进基层国土所建设。确定建设一类中心所1个，二类中心所3个。纳林套海一类中心所全部按照“十有”标准完成建设，建成服务大厅，配备工作人员6名，执法车辆、执法仪器以及信息化设备、金土内网、工作制度、服务流程、便民手册等软硬件措施一应俱全。业务股室和中心所全部实现网上登记、网上审批。

【执法监察】 充分利用“3·19”矿法宣传日、“4·22”地球日、“6·25”土地宣传日，采取张贴标语、悬挂横幅、发放宣传资料、开展街头咨询等多种形式，深入农村、企业、矿区广泛开展国土资源法律法规和政策宣传，提高干部群众的法律意识、安全意识和保护资源意识。认真贯彻国土资源部、自治区国土资源厅文件精神，加大巡查和执法监察力度，及时制止和严厉查处国土资源违法行为。2015年度，共开展土地动态巡查161次，立案查处22件，收缴罚没款43.62万元。做好土地矿产卫片执法监督检查工作，2015年度土地矿产卫片执法共涉及23宗地，面积318.45亩，耕地64.71亩。其中，合法用地11宗，面积234.89亩，耕地63.28亩；违法用地12宗，面积83.56亩，耕地1.43亩。按政策要求，扣除自治区“新农村新牧区建设”、国家及自治区重点公路铁路、往年卫片违法案件后，全县的三大比例为：面积比12.67%，宗数比47.62%，耕地比0%。

【其他各项基础业务】 认真贯彻落实《土地登记办法》，规范土地登记行为，严格履行土地登记程序，确保土地登记无误，维护权利人合法权益。业务中心共办理抵押登记167宗，办理初始登记239宗，办理变更登记61宗，办理出让登记9宗，收取出让金5122万元。全县开展农村牧区集体土地确权登记发证工作调查宗地总量为25088宗，面积为17073596.67平方米。其中，宅基地18024宗，面积为11604800.07平方米；集体建设用地223宗，面积660377.91平方米；国有土地使用权确权登记6841宗，面积4808418.69平方米。全县农村集体土地确权登记发证预算经费315万元，落实117万元，数据库报自治区进行审验，截至年底，全部完成国有、集体内业纸质建档工作。共征收集体土地3宗，面积12.70亩。完成国有建设用地储备2宗，面积86.24亩。下达收回国有建设用地使用权决定书2份。按照《中华人民共和国信访条例》的要求，认真解决群众反映的问题，接待群众上访8人（次），处理群众上访4件，回复上级转批信访件2件，接受政策性咨询、解答约7人（次），信访回复率100%。

（王　磊　孟　璐）

市场监督管理

【县市场监督管理局领导名录】

局长：贾　军（2015年4月任）

副局长：刘志刚（2015年4月任）

孙　志（2015年4月任）

石　宇（2015年4月任）

马红霞（2015年4月任）

甄世俊（2015年4月任）

吴慧玲（2015年4月任）

【机构设置】 县市场监督管理局内设办公室、监察室、政策法规股、财务装备股、市场规范管理股、企业监督管理股、商标广告管理股、质量监督管理股、网络商品交易监督管理股、标准计量管理股、特种设备安全监察股、食品监督管理股、药械化妆品监督管理股、行政审批股、公平交易和消费者权益保护股、12315投诉举报中心。

所设的派出机构分别为车站市场监督所、黄河市场监督所、隆盛合市场监督所、补隆淖市场监督所、东风市场监督所、纳林套海市场监督所。

【服务地方经济发展】 截至2015年11月，全县各类市场主体共有6587户，其中内资企业实有197户，占市场主体总额的2.99%；私营企业实有752户，占市场主体总额的11.42%；农民专业合作社实有377户，占市场主体总额的5.72%；个体工商户实有5261户，占市场主体总额的79.87%。从2014年3月1日起至2015年年底，全县新登记各类市场主体2579户，认缴注册资本（金）总额254726.25万元。其中，新登记企业361户，认缴注册资本（金）总额204891万元；新登记个体工商户2084户，注册资金29822万元，新登记农民专业合作社135户，出资总额29822万元。

【市场规范管理】 创新监管方式，提升监管能力，建立具有普遍约束力和激励作用的监管规则及方法，创造统一开放、规范有序的市场环境和秩序。开展商品交易市场规范管理、红盾护农、合同格式条款规范监管、拍卖市场监管、汽车市场监管、旅游市场监管、成品油市场监管等市场规范管理工作，为保障消费者合法权益、维护良好市场秩序、促进市场繁荣有序和地方经济社会发展做出积极贡献。

【商标广告管理】 对各类商品批发市场、集贸市场、商场超市、各类专卖店进行拉网式检查，对生产、销售驰名商标、著名商标商品情况进行深入摸底，提升各类市场主体商标维权意识，有效维护商标专用权。大力规范广告发布行为，清理“五类”广告，净化广告市场，完善广告监测体系，明确职责，齐抓共管，抓好落实。特别是对药品、保健品、化妆品、医疗服务、美容美发、房地产广告、户外广告作为重点监管对象。对广播电视、报纸、印刷品等媒体广告做到全天候、全方位、全覆盖监测，强化执法监管力度。以新《中华人民共和国广告法》的实施为契机，不断强化广告行政监管和广告监测，为全县广告事业发展做出积极贡献。全年，共检测各类广告 48 条，行政建议 25 条，行政告诫 11 条。

【网络商品交易市场管理】 基础数据健全，网络经营主体规范。全县网络市场经营主体总户数 7141 户，实际搜索 7141 户，搜索率 100%，建档户数 14 户，建网站 14 户。按照上级部门的安排积极部署，开展经常性的网上巡查和“红盾网剑”专项行动，坚持依法管网、以网管网，全面提升网络市场监管能力现代化水平，网络市场环境净化。

【食品监管】 全面落实“三化”监管责任制。解决责任到人、监管重点到位、监管问责有依据的问题，极大提升监管效能，扩大监管广度和深度。校园周边安全监管区和示范街、示范店等重点创建工作有序开展。在全县校园周边设立食品安全严管街区，把校园周边作为流通环节食品安全监管的重点区域。积极推行食品安全责任保险试点工作。针对流动餐车管理难度大，食品安全风险隐患大，监管力量薄弱等方面的原因考虑，对实行备案登记流动餐车强制要求购买食品安全责任保险。专项整治活动成效明显。开展学校及托幼机构、肉及肉制品、学校周边小摊贩、旅游景点等食品安全专项整治活动。出动执法人员 2190 人次；检查食品经营户 3621 户次，其中检查农村食品经营户 826 户次；取缔无照经营 49 户，查办案件 46 起，结案 44 起，收缴罚没款 6.30 万元，查扣过期食品 176.50 公斤，不符合食品安全标准的调味面制品 1760 袋；受理消费者投诉举报 9 件，接受消费者及经营者咨询 131 次，为消费者挽回经济损失 11.32 万元。净化食品安全市场。

【药品医疗器械监管】 全面推进药械市场网格化管理。将辖区内 55 家单体零售药店和 91 家医疗机构划分为两个网格，统一悬挂药械安全监管公示牌，由 4 名执法人员进行不定时抽查。全面实行药械销售人员备案、零售企业药品安全信息分类工作。增强监管针对性和可追溯性。全面推行零售药店电子监管试点工作。全县 45 家零售药店已建立电子监管平台，并全部完成药品信息录入。做好药品、医疗器械不良反应 / 事件报告工作。年初，下发《关于进一步加强药品、医疗器械不良反应 / 事件报告和监测工作的通知》，建立奖惩、催报和通报机制。深入开展专项整治工作。组织开展中药饮片、特殊药品、含麻制剂等 14 项药械安全专项整治工作。出动执法人员 1216 人次，监督检查经营企业和使用单位 290 家次。完成自治区布置的抽检任务，共计 6 个品种、10 个批次。

【特种设备监管】 多措并举扎实推进电梯安全监管大会战。摸清全县电梯底数并登记建档，以签订承诺书的形式，落实电梯使用管理责任，确保做到“九个到位”。全力打响燃煤锅炉节能减排攻坚战。对全县 10 吨 / 时及以上的燃煤工业锅炉进行普查并建立能效数据库，加快发展全县节能环保产业，推进大气污染防治。深入开展油气输送管道隐患整治攻坚战。认真开展隐患排查治理，对有关隐患进行分级分类管理，逐步推进隐患整治攻坚的有效实施，通过日常检测检验，提升管道本质安全水平。开展重大节日、“打非治违”、游乐设施、液化石油、天然气瓶和各类特种设备专项检查，及时发现安全隐患、排查隐患，确保特种设备安全运行。共检查特种设备使用单位48家，下达特种设备安全监察指令书25份，全年未发生一起特设设备安全事故。

【质量、标准化和计量工作管理】 认真做好企业标准化工作，推动企业建立健全符合自身发展需要的企业标准体系。把危险化学品、化工、液化天然气等行业作为使用安全防护用强检计量器具的重点行业，严格监督管理。以民生计量为重点，开展计量器具周期检定和定量包装商品净含量检验工作。加大对能源计量标准实施的监督、检查力度，先后开展从事金银制品加工、收购和销售、电能表、水表等专项监督检查和检定工作，并且督促重点耗能企业按照标准配备能源计量器具，继续推进计量检测体系认证，指导中小企业加强计量管理，完善计量检测体系，提高计量保证能力，促进企业的节能降耗。全年共检定计量器具2493台（件），其中加油机282台（3个周期）、电子汽车衡53台、天平73台、台秤256台、电子秤45台、液态物料定量包装灌装机47台、压力表1661块（两个周期）、电流电压表76块。检验醋、酱油、牛奶、农资商品等定量包装商品9种35个批次。

（张志强　刘亚君　徐慧贤）

安全生产监督

【县安全生产监督管理局领导名录】

局长：郜秉信

副局长：刘建成

　　　　尉海云

【概　况】 2015年，紧紧围绕安全生产工作重点，认真贯彻落实各级安全生产工作精神，加强安全生产监督队伍和机构建设。提高安全生产执法水平，强化服务意识、规范执法行为、积极开展安全生产宣传教育。以安全生产月宣传咨询日为契机，加大宣传力度、提升全民安全意识。强化行风和职业道德建设，加强党的基层组织建设，圆满完成全年的各项工作任务。县安全生产监督局内设办公室、安监大队。

【安全生产总体情况】 截至年底，全县共发生安全生产事故92起，比2014年增加63起，上升271.20%；死亡3人，比2014年增加2人；直接经济损失92.18万元，比2014年减少3.15万元，下降3.30%。其中，消防事故89起，比2014年增加62起，上升229.60%；直接经济损失28.53万元，比2014年减少3.79万元，下降11.70%。生产经营性道路交通事故2起，比2014年增加1起；死亡2人，比2014年增加2人；直接经济损失0.65万元，比2014年增加0.64万元。工矿商贸企业发生安全事故1起，死亡1人，与2014年持平；直接经济损失63万元，与2014年持平。未发生较大以上事故。

【安全生产责任制及监管体系建设】 依据市委、市政府关于安全生产“党政同责、一岗双责”的实施意见（巴党发〔2015〕6号），及时制定《磴口县委、县政府关于安全生产“党政同责、一岗双责”实施意见》，并及早召开会议，提前周密部署，全面推进此项工作落实。同时，调整由县委书记任安全生产委员会主任，各分管副县长任安全生产委员会副主任，分管安全生产副县长任安全生产委员会办公室主任的工作领导小组，加强对安全生产工作组织领导。

2015年元旦、春节来临之际，及时召开全县安全生产工作会议，制定并下发《磴口县人民政府办公室关于认真做好2015年春节期间安全生产工作的紧急通知》（磴政办发〔2015〕2号）及

《磴口县元旦、春节前后安全生产大检查暨值班调度工作的通知》，并按照“管行业必须管安全，管业务必须管安全，管生产经营必须管安全”的原则，明确各级政府部门的监管责任和企业的安全管理主体责任，安全生产委员会成员单位对全县非煤矿山企业，危险化学品生产、经营，八大行业企业涉氨制冷企业，烟花爆竹批发与零售门店，道路交通、建筑施工、特种设备及人员密集场所、消防安全等行业领域进行全面的安全生产大检查。

【安全责任制】 与5个苏木镇、5个国有农场、各安全生产委员会成员单位及20户企业签订2015年安全生产责任状。完善考核制度，细化考核内容，将2015年市政府下达的安全生产控制指标，分解到各苏木镇、部门，实行年终考核制度。同时，按季度及时召开全县安全生产工作会议，总结前段工作，安排部署下阶段工作。

对新、改、扩建企业进行上门服务，详细地向企业负责人介绍国家关于安全生产工作的有关法律、法规和政策，要求县内未按规定履行相关手续的生产经营单位必须依法履行安全设施“三同时”审验手续，从源头上提升企业本质安全，预防和减少安全隐患。对利川化工有限公司和黄河工贸有限公司等3户企业履行安全设施“三同时”情况进行督查，要求企业依法依规按时履行。

【宣传教育】 根据上级的有关要求，印发《磴口县学习宣传贯彻新的〈中华人民共和国安全生产法〉实施方案》，并认真学习和宣传贯彻新《中华人民共和国安全生产法》和《生产经营单位安全培训规定》，在广播、电视等媒体进行广泛宣传，印发新安全生产法宣传材料2万余份。邀请市党校教授到磴口县辅导新修订的《中华人民共和国安全生产法》，组织县领导及各安全生产委员会成员单位负责人和企业负责人等200多人参加学习。认真落实生产经营单位安全生产风险抵押金和高危行业安全生产费用提取工作，为防范安全生产事故、提高企业应对风险能力提供基础保障。同时，按照上级安全监管部门要求积极安排部署第十四个全国安全生产活动月，下发《磴口县2015年安全生产活动月实施方案》的通知，于6月16日组织安全生产委员会成员单位及各企业在富源广场开展集中宣传咨询，悬挂宣传横幅10余条，发放宣传材料及宣传物品12000余份，并深入各企业以“加强安全法治，保障安全生产”为主题开展专题宣传，就党和国家安全生产方针、政策，新修订的《中华人民共和国安全生产法》《内蒙古自治区安全生产条例》等8项法律法规、条例有针对性地与企业进行交流座谈，提高安全意识和自我防护意识。

【专项整治和重点领域监管】 根据自治区关于《输油输气管道及城镇燃气管网安全隐患排查治理方案》的有关规定，及时制定印发《磴口县油气输管道安全隐患专项治理实施方案》，明确各部门在油气输送管道安全监管工作中的职责。县委、县政府及时成立天然气长输管线隐患排查治理领导小组，县长任组长，分管副县长任副组长，安监、发改、规划等部门为成员单位。领导小组积极与相关部门协调，配合西部天然气公司对途经磴口县长约42.80公里的天然气长输管线进行安全隐患排查，燃气管道2.85公里改线工程已完成。对协成村村委会办公用房占压管道隐患，及时下发《关于停用隆盛合镇协成村村委会办公室的通知》，协成村村委会办公用房部分拆除，占压所形成的隐患已消除。协成“亿鑫液化气供应站”安全间距不足的隐患，已责令该企业停业整顿，消除隐患，企业将3个煤气储罐移到安全距离，经西部天然气公司验收，符合相关要求，该处隐患已整改完毕。

【非煤矿山企业的安全监管】 县安监局在县国土局等部门配合下多次深入到各采石采砂场检查企业安全生产许可证持证情况，对无证开采的下达相关法律文书 7 份，严厉打击违法生产和无证盗采行为，对 2 户非法违法采矿企业下达相关法律文书并依法进行处罚，通过严格执法，引导和督促企业严格落实安全生产主体责任，认真履行安全生产“三同时”手续，制定安全防范措施，防止安全事故的发生。

【危险化学品生产经营企业监管】 按照上级关于“九打九治”打非治违和危险化学品生产经营单位安全生产 10 条规定以及危化企业安全生产标准化建设的统一要求，检查危化企业 7 户，发现隐患 15 处，下达各类法律文书 7 份。在严厉打击非法违法生产经营行为的同时，积极推进企业法人安全承诺制度和安全生产标准化建设。危险化学品生产经营企业全部达到安全生产标准化三级标准。

【责任追究】 2015 年 2 月 13 日，巴彦淖尔市新拓商贸有限公司发生一起维修电工触电死亡事故，磴口县及时成立事故调查组，按照“科学严谨、依法依规、实事求是、注重实效”的要求和“四不放过”的原则对该起事故进行调查处理，对事故责任单位和责任人按照《中华人民共和国安全生产法》新修订的处罚标准予以处罚，该起事故按时结案。

【安全生产宣传和培训教育】 县安监局牵头印发 23000 余份新《中华人民共和国安全生产法》等法律法规宣传手册，定制安全宣传用品 3500 余份，宣传条幅 8 条。认真组织全县安全生产法律宣传，在 2015 年安全生产活动月进行广泛宣传。同时在电视台定制 1 个月的安全生产法律法规宣传栏目。

加强安全生产培训教育工作，努力提高企业员工特别是新员工的安全生产知识，加强安全法治教育，保障安全生产。积极协调相关企业和市安全培训中心培训涉案制冷企业员工 650 人，培训企业负责人和安全管理人员 62 人，培训危险化学品生产企业员工 220 人。

【强化行业部门监管责任】 水路运输方面未发生水上交通事故。公路工程施工方面未发生因公路标志、标线、危险路段不善造成的交通事故，未发生公路施工企业职工重大伤亡事故。制定《磴口县交通运输局 2015 年安全生产监督检查计划》，并成立安全生产工作领导小组，各领导班子成员按照“党政同责、一岗双责、齐抓共管”的制度各负其责。县交警大队加大对“两客一危、三超一疲劳”无证驾驶等各类交通违法行为的查处，纠正违法违章 101553 人次、无证驾驶 125 人次、酒驾 22 人、超速行驶 7217 人次，罚款 55211 人次，暂扣驾驶证 17 人，拘留 47 人。

【特种设备安全管理】 积极开展特种设备安全宣传活动，努力提高企业及人民群众特种设备安全意识。在“安全生产月”设立宣传咨询台，受理咨询服务 20 余人次，发放宣传资料 1000 多份，悬挂宣传横幅 1 条。重点宣传与人民群众生活密切相关的特种设备安全知识，尤其是液化石油气瓶、电梯使用知识和安全注意事项。开展安全隐患集中排查整治行动。截至年底，共检查企业 28 家，特种设备 105 台，下达监察指令书 12 份并责令企业限期改正。

【建筑施工领域的安全监管】 按照《建设工程安全生产管理条例》《中华人民共和国建筑法》《建筑起重机械安全监督管理规定》等法律法规对施工单位进行督导，加强对施工现场的督导管理，帮助施工企业分析梳理安全生产中存在的问题和薄弱环节，对检查施工现场存在的安全隐患要求施工单位限期整改，下发事故隐患整改通知书，对屡教不改的单位该停工的停工，该处罚的处罚，绝不手软。截至年底，共下发事故整改通知单 74 份，处罚施工单位 2 家。

【“劳动密集企业”消防安全专项整治】 开展“劳动密集型企业”消防安全、在建工程、公共娱乐场所和易燃易爆等场所的检查。通过联合执法，始终保持火灾隐患高压整治态势。截至年底，共检查单位701家，发现火灾隐患875处，整改火灾隐患841处，临时查封5家，关停3家，行政拘留1人，行政处罚10家，罚金5万元。

【农业机械安全管理】 紧紧围绕“加强安全法治，保障安全生产”活动主题，在咨询日活动期间，制作展板10块，发放宣传资料500余份。出动执法人员120人次，出动执法车辆60辆次，检查农业机械90台次，共查处无牌、无证驾驶10起，未年检车辆18起，纠正不按规定操作农业机械等违规行为10起，确保农机安全生产。

【生产安全事故应急救援演练】 为切实加强对突发事故处置的综合指挥协调能力，提高应急救援工作的快速反应水平，有效地应对可能发生的重特大生产安全事故，10月1日由安监和消防、卫生、质监、环保等部门在华润金牛热电有限公司组织一次液氨泄漏事故应急救援演练。通过演练，提高各部门应急救援综合协调能力，增强应急救援水平。

【强化职业危害监管】 严格按照《中华人民共和国职业病防治法》和《加强企业职业健康安全监管》的有关要求，加强对全县境内有职业危害的各相关企业进行全面的隐患排查，严格按照《作业现场职业危害申报管理办法》对企业职业危害进行危害申报；坚持点面结合、突出重点的原则深入开展粉尘和高毒物品危害专项检查。共有15户企业完成登记备案，其中2户企业有153人接触粉尘和化学毒物。通过企业自查，未发现职业病患者，保障劳动者的健康，维护职工的合法权益。3月初，按上级的要求开展水泥行业、石材加工、粉尘等专项整治工作；7月中旬，对涉氨制冷企业及危化企业从业人员843人进行安全生产知识培训。截至年底，通过职业危害评价的企业有13户，其他企业稳步推进。

（魏文月）

审　计

【县审计局领导名录】

局长：彭义荣

副局长：高建平

孟学峰

张润祥

王　荣

侯玮昀（女）

纪检组长：冯　洁（女）

【概　况】 2015年，共完成审计及审计调查项目30项，查出违规金额2252万元。应上缴财政35万元，已上缴财政35万元，审减工程结算1010万元，提出审计建议56条，向有关监管部门移送审计查出的问题线索4件；根据审计建议，磴口县政府制定出台《关于严格实施“十个覆盖工程”的通知》等规范性文件。

2015年8月，磴口县审计局将历年审计查出问题的整改情况汇总上报磴口县政府。县长樊文主持召开审计整改工作会议，要求被审计单位主要领导认真履行审计整改工作“第一责任人”的职责，对不能按要求完成审计整改任务的单位和部门的主要领导，责令向县政府做出书面说明及检查。县政府专门制定出台《磴口县人民政府办公室关于加强审计整改工作的意见》，推动和规范审计整改工作的深入开展。被审计单位对审计查出的问题认真进行整改，审计决定落实率达到85%。

【财政预算执行审计】 2015年同级财政预算执行审计，以维护财政安全和提高财政资金绩效为主线，以民生审计为重点，加强专项资金的审计（调查），全面提升预算执行审计的层次和水平；审计涉及财政、国资、资产经营公司、政府采购、国库集中支付中心5个部门单位。审计结束后，及时向县政府上报审计结果报告，并代政府向县人大常委会做审计工作报告。

【行政事业单位财政财务收支审计】 2015年4月，对磴口县巴彦高勒镇2014年“一事一议”北粮台村街巷硬化工程等18个项目的实施情况及资金筹集、管理和使用情况进行审计。

2015年，根据磴口县委主要领导的指示要求，磴口县审计局对磴口县委、县人大、县政府、县政协四大班子办公室2013—2014年机关财政收支情况进行审计，针对审计中发现的磴口县四大班子在机关财务管理方面存在的一些共性问题，磴口县审计局以审计专报的形式向磴口县委、县政府做专题汇报，磴口县四大班子主要领导高度重视并积极配合支持审计工作，专门听取审计结果汇报，要求按照审计整改方案认真整改规范机关财务管理工作。

2015年，按照磴口县委的统一安排部署，为规范政法系统各单位的财政财务收支行为，磴口县审计局对磴口县公检法司系统2013—2015年6月财政财务收支情况进行全面审计。

【重点民生资金审计】 2015年，县审计局对磴口县2014年各类城镇保障性安居工程（包括廉租住房、各类棚户区改造）的投资、建设、分配、运营等情况进行审计。针对审计发现的问题，县政府制定出台《磴口县保障性住房并轨管理实施方案》，通过审计，保证项目健康顺利实施，促进国家各项重大政策有效贯彻落实。

2015年，根据审计署的统一安排部署，对全县贯彻落实“稳增长、促改革、调结构、惠民生、防风险”等重大政策措施情况进行跟踪审计，主要对财政存量资金的规模和结构、财政存量资金的管理和盘活情况，水利资金、精准扶贫资金、2015年国家取消和下放行政审批事项、推进简政放权政策措施落实情况、城市污水处理及垃圾场建设项目等贯彻落实稳增长政策措施情况进行跟踪审计，并督促相关部门对审计查出的问题进行认真整改。

2015年，对磴口县“新农村新牧区建设”工程进行跟踪审计。重点审计磴口县财政、人力资源社会保障、民政、住房城乡建设、交通、卫生等主管部门11个，审计项目实施苏木乡镇（农场）10个、嘎查村（分场）64个，走访农牧户596户，调查建设项目81个，审计总金额48634.79万元。

【重点惠民资金审计】 2015年，共对3家项目单位涉农资金进行审计，其中对水务局2011年至2012年巩固退耕还林成果基本口粮田建设项目专项资金的管理和使用情况、2012年牧区节水灌溉示范项目资金管理和使用情况、2013年京津风沙源治理二期工程水利水保项目资金管理和使用情况进行审计。审计涉及金额3370万元，审计查出水利专项资金管理不规范金额合计124.56万元。根据巴彦淖尔市审计局的统一部署，对磴口县2012年至2014年度农业综合开发资金进行审计。审计涉及金额12874万元，审计查出管理不规范金额67.66万元。审计中发现个别单位存在着违反规定重复、多头申报项目，个别工程项目未按设计要求施工等问题。

【政府重点投资项目审计】 2015年，完成18项政府投资项目竣工决算审计，审计总金额7189.38万元，审减工程结算1010万元。

【经济责任审计】 2015年，主要对10家县直单位及部门的10名领导干部进行经济责任审计，其中离任审计9名、任中审计1名。查出违规金额393.05万元，其中被审计领导干部应负直接责任问题金额121.47万元，应负主管责任问题金额271.58万元，上缴财政9.35万元，向相关部门移送审计查出问题线索2件。

【机关作风建设】 2015年，县审计局机关为隆盛合镇红旗村帮扶2万元；投资1万多元为该村温室大棚配套建设1眼深井，投入近10万元对村委会广场进行硬化；为“新农村新牧区建设”工程包联村补隆镇新河村帮扶2万元；对隆盛合镇新地村的联系户实行“一对一”的包联，出资5000元帮助该村的一户住房困难户翻修50平方米的住房；在开展“奉献爱心尽责圆梦”活动中，共计捐款7000多元。

2015年9月中旬至10月中旬，按照县委、县政府的统一部署，县审计局组织机关全体干部先后深入到补隆镇新河村、隆盛合镇红旗村、隆盛合镇新地村参加“新农村新牧区建设”工程集中攻坚劳动，圆满完成工作任务，受到当地干部群众、县委、县政府及相关部门的一致好评。编印《磴口县审计干部助力新农村新牧区建设杂记》一书，展示审计人员的优秀素质和优良风采，受到县委、县政府领导和巴彦淖尔市审计局领导的高度评价。在全县民主评议行风活动中，磴口县审计局群众满意度测评在县直机关中名列前茅。

【干部队伍建设】 县审计局实有干部职工32名（另有人才储备2名，“三支一扶”2名）。共有科级干部9人（正科级3人），其中班子成员1正5副，纪检组长1名，副科非领导职务2名。磴口县编办核定人员编制34个，其中行政编13个、事业编19个、工勤编2个。大学本科以上学历25名，大专6名，高级职称3人，中级职称9人。

【审计信息化建设】 县审计局成立信息化建设领导小组，加强硬件建设，自筹资金28.20万元，建成机关内部网络、购置笔记本电脑29台、激光打印机15台、台式计算机6台。在上级审计机关的统一安排和支持下，利用原有局机关内部网络，重新采购配备部分设备，建成审计专网、会商系统，能够保证和满足审计人员参加上三级审计机关组织召开的各类远程会议、培训以及其他远程视频培训的需要。

加强审计信息化人才培养，有8人参加巴彦淖尔市审计局计算机攻关小组。24名审计干部（占总人数的85.60%）通过审计署计算机AO认证考试，并有1人通过审计署计算机中级考试。

（孟学峰　李林晓）

统　计

【县统计局领导名录】

局长：郑　亮

副局长：梁世晨

　　　　白　雪（女）

纪检组长：彭秀梅（女）

【概　况】 2015年新增专业：文化产业、小微企业和个体经营户调查，并将固定资产投资、建筑业、房地产开发3个专业合并为建筑领域专业。

2015年年底，县统计局有在职干部24人，其中男9人，女15人；平均年龄43岁；蒙古族1人，畲族1人，汉族22人。中共党员19人，大专以上22人，中专2人，统计师12人。正科级干部2人，副科级干部5人。退休17人，其中提前退休7人、正式退休10人。

【1%人口变动情况抽样调查】 调查的标准时点为2015年11月1日零时。调查对象为抽中调查小区内的全部人口（不包括港澳台居民和外国人）。应在抽中调查小区内登记的人包括：2015年10月31日晚居住在本调查小区的人；户口在本调查小区，2015年10月31日晚未居住在本调查小区的人。调查首次采用调查员手持电子终端设备（PDA）入户登记与互联网自主填报相结合的方式。住户可以选择由调查员手持电子终端设备（PDA）入户登记的方式，也可以选择在互联网上填写调查表直接上报的方式。调查表分为“2015年全国1%人口抽样调查表”“2015年全国1%人口抽样调查死亡人口调查表”。

抽样调查中，磴口县共抽中7个镇、苏木、农场的14个调查小区，1538户的3619人的调查任务。经样本推算，磴口县常住人口11.60万人，其中城镇人口5.18万人，乡村人口6.42万人；出生率6.73%，死亡率5.04%。

【城乡一体化农村社会经济住户调查】 为更加全

面、准确、及时地反映全县农牧区居民收入、消费及其他生活状况，客观监测居民收入分配格局和不同收入层次居民的生活质量，更好地满足研究制定城乡统筹政策和民生政策的需要，为国民经济核算和居民消费价格指数权重制定提供基础数据，依照《中华人民共和国统计法》规定，开展住户收支与生活状况调查。

根据城乡一体化农村住户（50户）抽样调查数据显示，2015年全县农牧民人均可支配收入13751元，比2014年同期增加1007元，增长7.90%。

【城乡一体化城市社会经济住户调查】 2015年，磴口县城镇居民人均可支配收入23749元，与2014年的22031元相比增加1718元，增幅为7.80%。从分项收入看：工资性收入为16554.20元，比2014年的15479.30元增加1074.9元，增幅为6.90%；经营性净收入为3250.50元，比2014年的2819.40元增加431.10元，增幅为15.30%；财产性收入为823.60元，比2014年的787.90元增加35.70元，增幅为4.50%；其他转移性收入为3136.10元，比2014年的2944.40元增加191.70元，增幅为6.50%。2015年磴口县城镇居民人均消费性支出15043.50元，比2014年的14748.20元增加295元，增幅为2%。

【贫困监测抽样调查】 2015年，为更加全面、准确、及时地反映全县农村贫困状况和贫困缓解趋势，掌握和了解扶贫重点区域的经济发展和社会进步情况，县统计局开展贫困监测抽样调查。

磴口县抽中的苏木镇村有巴彦高勒镇南粮台村、渡口镇城西村、补隆淖尔镇河壕村、沙金苏木包日浩特嘎查、巴音布日格嘎查。调查设县级统计报表、村级调查表、住户基本情况调查表、住户收支情况调查表、个人调查表。住户调查采用日记账和问卷调查相结合的方式采集现金收入与支出、实物收入与支出基础数据，上报采集数据以季报、半年报和年报的形式上报。贫困监测调查客观真实地反映全县农牧区居民生产、收入、消费、积累和经济社会扶贫活动情况，监测数据对全县各苏木镇的贫困村、贫困户具有科学的代表性，为县委、县政府统筹城乡发展、制定新的农村扶贫攻坚政策、推进城乡一体化进程和提高农民生活质量提供科学依据。

【规模以上工业经济调查】 规模以上工业经济调查的目的和意义主要是掌握全县规模以上工业企业的经济运行趋势。调查的范围内容、对象是主营业务收入达到2000万元以上的企业。2015年规模以上工业主要经济总产值为57.61亿元，营业收入为50.12亿元，利润总额为3.65亿元。

【“两纲”调查】 2015年，全县经济实力明显增强，财政收入显著增加，人们的物质文化生活水平进一步提高，妇女儿童发展环境得到更加有效的改善。全县年末总人口11.63万人，其中女性4.99万人。全县人均国内生产总值43642元，比2014年增长9.20%。城镇常住居民人均可支配收入23749元，农村常住居民人均可支配收入13751元，分别比2014年增长7.80%和7.90%。随着经济的快速发展，国家和地方用于有关妇女儿童方面的经费投入不断加大。2015年，全县用于教育方面的投入16859万元，比2014年增长12%；用于卫生经费的投入9683万元，比2014年增长37%；妇幼卫生经费投入386万元，比2014年增长17.30%；疾病预防控制经费投入465万元，比2014年增长18.90%；人口与计划生育事务费投入330万元，比2014年减少24%。

【妇女就业与社会保障调查】 2015年，全县就业人员6.85万人，其中女性2.87万人，与2014年同期持平，占就业人员总数的41.90%。城镇单位就业人数为8900人，其中女性4700人，与2014年同期持平，占城镇单位就业人数的52.80%。2015年年末，全县城镇登记失业人员1028人，其中女性423人。城镇职工基本养老参保人数为1.70万人，其中女性为0.70万人；城乡居民社会养老保险参保人数为2.90万人，其中女性为1.20万人；城镇职工基本医疗保险参保人数为1.70万人，其中女性为0.70万人，与2014年持平；城镇居民基本医疗保险参保人数为2.60万人，其中女性为1.20万人；失业保险参保人数0.60万人，其中女性0.30万人；参加工伤保险的人数为0.70万人，其中女性为0.30万人；参加生育保险的人数为0.90万人，其中女性为0.30万人。2015年，城镇居民最低生活保障人数为5119人，其中女性为2639人，比2014年同期分别下降1.20%、1.60%；农村居民最低生活保障人数为6141人，其中女性为2959人，比2014年略长1.10%；农村五保人数为442人，其中女性58人，比2014年同期减少4人。

【妇女儿童教育调查】 全县积极实施“科教兴县”战略，不断加大对教育事业的投入，有效地保障妇女儿童受教育的权利。2015年，全县城市公办幼儿园5个，与2014年一样；农村公办幼儿园9个，比2014年增加1个；在园幼儿1716人，其中女童845人；小学在校生3918人，其中女生1969人，少数民族学生487人；初中在校生2016人，其中女生959人；普通高中在校生1600人，其中女生833人；学前三年毛入园率88.10%，小学学龄女童净入学率达100%；初中阶段女生毛入学率达100%；高中阶段毛入学率达95.70%；九年义务教育巩固率达100%。

【妇女参政议政调查】 2015年，全县人大代表、政协委员中女性比例分别达到33.8%、35%，在县委、县人大、县政府、县政协四大班子中各配1名副处级以上女领导，在县委和县政府工作部门领导班子正职中女干部比例57.5%，100%的妇代会主任进“两委”，且有1名女支部书记和1名女村主任，有力地推动县民主政治建设的进程。

【妇女儿童卫生保健调查】 2015年，孕产妇产前筛查率99.57%；卡介苗接种率100%；百白破、脊髓灰质炎疫苗、含麻疹成分疫苗、乙肝疫苗、流脑疫苗、乙脑疫苗、甲肝疫苗接种率分别为96.80、97.50、97.50、97.40、99.86、99.87、96.70，均比2014年提高；0—6个月婴儿纯母乳喂养率87%，比2014年提高3.20个百分点；住院分娩率为100%，其中农村牧区孕产妇住院分娩率为100%，高危孕产妇住院分娩率为100%，婚前医学检查率为51%。

【妇女儿童法律保护调查】 全县各级政府高度重视保护妇女儿童的合法权益，公安部门严厉打击侵害妇女儿童权益的违法犯罪行为。2015年，县公安部门共破获强奸案件2起，没有发生一起拐卖妇女、拐卖儿童案件，妇女获得法律援助人数为49人，得到法律机构援助的未成年人数为9人，有效地遏制侵害妇女儿童权益的违法犯罪活动，较好地保护妇女儿童人身权利；未成年人犯罪人数占同期犯罪人数的比例为2.63%，少年法庭数为1个。

【妇女儿童生存环境调查】 改善妇女儿童的生存环境，提高妇女儿童生活质量，是“两纲”规定的目标要求。2015年，全县农村集中式供水受益人口比重为90%；农村自来水普及率为95%；农村卫生厕所普及率为51.03%，城市污水处理率为95%，城市垃圾无害化处理率为85%，均与2014年一样；城市建成区绿化覆盖率为35%，2014年为33%。家长学校数27个，家长学校培训人数为16800人。

【文化产业调查】 2015年，从事文化产业的企业有8个，从业人员100人，全年收入合计1127.50万元，其中文化产业营业收入1127.50万元，缴纳税金18.15万元；个体工商户有77个，从业人员199人，全年收入合计1431.70万元，其中文化产业营业收入1232.70万元；行政事业单位8个，从业人员146人，全年收入合计1664.60万元，其中文化产业营业收入为零。

【规模以下工业抽样调查】 规模以下工业抽样调查目的是反映规模以下工业的基本情况、基本总量，调查范围为被抽中的目录企业和样本村（居委会）中个体经营单位。2015年度磴口县更换样本，企业样本为1户，个体样本3个村（居委会）。

【规模以下服务业抽样调查】 为反映中国规模以下服务业企业的经营状况、经营环境，为政府宏观经济政策提供参考依据，国家统计局于2009年决定开展此项调查，调查范围为辖区内年末从业人员50人以下，且年营业收入1000万元以下的服务业样本法人单位。2015年，磴口县共抽中4户服务业企业进行调查。

【城市物价调查】 2015年居民消费价格比2014年上涨1.60%。其中，食品类上涨1.80%，烟酒类与2014年持平，衣着类上涨3.50%，医疗保健及个人用品上涨0.80%，交通和通信下降0.40%，居住价格上涨0.70%，娱乐教育文化用品及服务价格上涨3%，家庭设备用品及维修服务价格上涨2.01%，商品零售价格上涨0.70%，农业生产资料价格下降1.10%。

【夏季农牧业普查】 夏季农牧业普查主要数据分为农作物播种面积和牲畜头数。2015年，农作物总播面积为84.60万亩。其中，粮食作物39.85万亩，经济作物33.16万亩，饲草料11.59万亩。主要牲畜存栏总头数为66.30万头，出栏总头数为61.20万头。其中，大牲畜存栏8.30万头，出栏1.70万头；羊存栏53万头，出栏56.20万头；猪存栏4.90万头，出栏3.30万头。

【粮食产量抽样调查】 根据农作物成熟季节，粮食产量抽样调查分为小麦测产和秋季农作物产量调查。小麦产量调查的范围为全县所有的农业生产单位，2015年小麦总面积为2.50万亩，单产为363公斤/亩，总产为906.065万公斤。2011—2015年，磴口县小麦播种面积呈逐年下降趋势，单产基本保持稳定。秋季农作物产量调查每年9月中旬进行，调查的范围为全县所有的农业生产单位，只调查玉米一种粮食。2015年，全县玉米单产为720.5公斤/亩，总产量为26854.72万公斤。由于玉米品种优化单产稳步调高，在养殖业的带动下需求量大幅提高，价格相应上涨，种植面积迅速增长。

【基本单位调查】 基本单位名录库可以及时、准确反映一个地区单位的总体状况及各类单位的组织形式、经济构成、规模结构、生产要素的配置以及地区分布、行业分布等情况，是政府进行宏观决策的基础信息库。统计范围包括全县企业、事业单位、机关、社会团体等，每个季度进行全面统计。统计内容包括：组织机构代码、单位详细名称、单位负责人、地址、行业、开业时间、机构类型、从业人员、企业主要经济指标等。主要是利用统计、工商、税务、质监、民政、编办等管理部门的新增名录资源，通过实地走访核查，让新增单位填报基本情况表，县统计局名录库维护人员将其录入基本单位名录库平台完成维护工作。2015年基本单位名录库中共有单位725家，其中法人498个、产业活动单位227家。

烟草专卖

【县烟草专卖局（营销部）领导名录】

局长：贺玉萍（女）

副局长：李发茂

【概　况】 县烟草专卖局（营销部）在市局（公司）和县委、县政府的正确领导下，深入学习贯彻中共十八大精神和认真贯彻落实区局、市局（公司）烟草工作会议精神，按照“改革创新、规范运作、真抓实干、再创辉煌”的工作方针和“全员营销、改善服务、提升结构、调整布局、错位销售”的发展思路，以经济运行为核心，狠抓销量稳增长，紧扣税利总额核心指标，真抓实干，各项工作取得较好的成绩。县烟草专卖局内设综合办公室、客户服务部、专卖管理股、内管派驻组。

【经济指标完成情况】 2015年，卷烟销售5024.69箱，完成全年卷烟销售任务5010箱的100.29%；销售收入（含税）12064.07万元，同2014年持平；单箱结构24009.59元，同比减少2.37%；条均价95.93元，同比减少2.37元；1—5类卷烟销售比重分别为9.83%、21.39%、33.42%、27.67%、7.45%，同比增减分别为-3.16%、3.22%、-0.70%、1.70%、-1.10%，一、三、五类卷烟比重下降，二、四类卷烟比重上升；重点品牌销售4347.56箱，同比增长2.81%，占比86.52%；低焦油卷烟销售1519.75箱，同比增长7.62%，占比30.25%；毛利率27.24%，同比增长1.96%；雪茄烟销售11.75箱，同比增长15.08%。

【打击贩售假烟行为】 2015年，共查获案件27起（真烟案件20起，假烟、走私烟案件7起，假烟、走私烟案值25185.60元；2万元以上的大要案1起，1万元以上大要案2起），总案值134896.24元。共查获卷烟1395.40条（真烟1292条，假烟35.40条，走私烟68条，市内串码413条，市外串码827条）。

（郝　磊）

农　业

农牧业

【县农牧业局领导名录】

局长：张长路

总支书记：刘海军

纪检组长：斯日古楞（蒙古族）

副局长：常久林

李锁军

敖特庚桑（蒙古族）

张振业（蒙古族）

【机构设置】 农牧业局内设综合办公室、种植业股、畜牧业股、财务室、项目办、农畜产品质量监管办、农牧业信息中心，局内行政编制定为16人，下属农牧业技术推广中心、农牧业经营管理站、种子管理站、农业广播电视学校、华莱士瓜研究所、绿色食品发展中心、水产管理站、农业多种经营管理站、农村生态能源环保站、农机监理站、家畜改良站、动物疫病预防控制中心、动物卫生监督所、草原监理执法大队、草原工作站、农牧业机械服务站。

【农牧业新品种实用技术引进推广】 2015年，种植业新品种引进推广玉米（泓丰656、金艾130、封单189、先正达408、金创998、宏博1236、KAX4574）7个品种。向日葵（SH363、SH361、A081、A061、F3939、A081、SH909、TK0409）8个品种。牧草（标靶）1个品种。

推广设施农业“五提五增两防控”技术0.50万亩。推广玉米宽覆膜高密度栽培技术1.20万亩。推广小麦套晚播杂交向日葵技术1.10万亩。推广麦后复种小秋作物高效栽培技术1.20万亩。推广地膜玉米后茬免耕技术3.30万亩。推广瓜菜开沟起垄栽培技术3.10万亩。推广小麦、玉米、向日葵三大作物施肥控量增效技术20万亩。推广耕地质量保护与提升综合配套技术1.20万亩，其中推广耕地机械深松旋耕技术0.50万亩。推广玉米红蜘蛛“三防两治”绿色防控技术21万亩。推广向日葵螟“1+3”绿色防控技术10万亩。推广向日葵黄萎病绿色防控技术10万亩。

畜牧业新品种引进推广生猪（美系杜洛克）1个品种。肉牛（鲁西黄牛）1个品种。

畜牧业实用技术推广人工授精技术，奶牛人工授精技术普及率达到100%，肉羊人工授精技术普及率达到60%，生猪人工授精技术普及率达到50%。推广同期发情和胚胎移植技术，应用肉羊同期发情技术0.50万只，引进胚胎1500枚。推广羔羊早期断奶技术25万只。推广肉羊直线育肥技术45万只。推广奶牛、肉羊、生猪标准化防疫技术84万头（只）。推广优质高产苜蓿种植0.50万亩。推广饲草料加工与储藏技术65万吨。

【种植业结构调整】 在农业科学技术推广力度的

不断加大及大宗农副产品稳定的经济效益，不断激发农牧民的种植积极性，全县农作物播种面积出现持续增加；尤其是近年来畜牧业发展的强劲势头，拉动粮饲兼用型的玉米和优质牧草的种植面积，加之玉米新品种、新技术的推广，且机械化作业程度较高，由于稳定的经济效益，致使全县玉米种植面积不断增加；而小麦由于生产成本高、效益较低等因素，种植面积变化较大，减少1.50万亩，但全县粮食作物种植面积总体上是稳中有升；经济作物由于受市场需求的影响，种植面积有升有降，尤其是市场供求影响较大的籽瓜等作物种植面积受市场影响波动较大，而脱水菜由于采取订单种植，变化幅度不大；番茄受农村劳动力老龄化原因及设施农业高效益瓜类影响，加之病害的增多，种植面积呈逐年减少态势；瓜类由于在政府主导的发展温室、大棚瓜类、小弓棚瓜类等高效益设施瓜类的带动下，农户种植积极性有增无减，种植面积持续上升。

【畜牧业发展】 截至2015年年底，全县共建成规模养殖场336家，较2014年度增长58家，增长20.90%；牲畜饲养总量156万头（只），较2014年减少7.70%。建成奶牛养殖场41个，奶牛存栏达到6.50万头，较2014年增长44.40%；建成肉羊规模养殖场270个，肉羊饲养量达140万只，较上一年度减少9%；建成肉牛养殖场（户）12个，肉牛饲养量达到1.20万头，较2014年增长33.30%；建成大型生猪繁育场1处，中小型生猪养殖场12个，生猪饲养量达到8万头，较2014年减少7%；马属动物0.20万头。

【设施农业发展】 2015年，全年共建成设施农业3100亩，其中，温室500亩，大棚2600亩。截至2015年年末，全县共建成温室0.47万亩，大棚1.08万亩；其中，65%的温室用于鲜食蔬菜生产，10%的温室用于华莱士瓜及其他甜瓜生产；20%的温室用于育苗生产；5%的温室用于花卉等其他生产。每棚温室平均效益达到2.50万—3.10万元。96%的大棚用于甜瓜生产，4%的大棚用于蔬菜等生产，每均效益0.80万—1.20万元。

【渔业生产】 2015年，实现渔业生产水面15.70万亩，养殖品种主要有黄河鲤鱼、鲶鱼、鲫鱼、鲢、鳙、草鱼、河蟹等，全年水产品产量达到4369吨，实现产值1.40亿元；其中，养殖产量4020吨，推广中小水面半精养面积1.80万亩，并推广鱼蟹混养技术1.80万亩，推广水产健康养殖技术2.70万亩，纳林西湖引起河鲈等新品种进行试养，取得成功。

【农牧业标准化生产及品牌创建】 2015年，共11.30万亩标准化生产基地，其中，10万亩有机沙林产业基地，1.30万亩有机水产品生产基地。巴彦淖尔市圣牧六和牧业有限公司磴口县伟业牧业的牛乳通过中绿华夏有机食品中心认证。巴彦淖尔市套海牧业有限公司磴口县伟业牧业的牛乳通过中绿华夏有机食品中心认证。巴彦淖尔市哈腾牧业有限公司磴口县伟业牧业的牛乳通过中绿华夏有机食品中心认证。巴彦淖尔市五星牧业有限公司磴口县伟业牧业的牛乳通过中绿华夏有机食品中心认证。巴彦淖尔市新禾牧业有限公司磴口县伟业牧业的牛乳通过中绿华夏有机食品中心认证。巴彦淖尔市七星牧业有限公司磴口县伟业牧业的牛乳通过中绿华夏有机食品中心认证。内蒙古圣牧高科奶业有限公司磴口县食品工业园区的圣牧全程有机奶、圣牧全程低脂奶、有机儿童牛奶、圣牧有机酸奶4个产品中绿华夏有机食品中心认证。巴彦淖尔市宝林农牧业开发有限公司的草鱼通过中绿华夏有机食品中心认证。磴口县洪涛沙产业开发有限责任公司的山药通过五岳华夏有机食品中心认证。内蒙古晶烨农业科技发展有限公司的苜蓿、玉米、羊肉3个产品通过五岳华夏有机食品中心认证。

【动物疫病防控】 2015年，累计完成口蹄疫免疫131.84万头（只），其中，免疫奶牛16.37万头次（奶牛一年3次免疫，新生犊牛和新购入牛实行常年补针），免疫肉牛0.66万头，免疫羊108.38万只，免疫骆驼0.07万峰，免疫猪6.36万头。完成猪瘟、猪高致病性蓝耳病免疫6.36万头。完成高致病性禽流感免疫60.63万羽次，其中免疫鸡59.68万羽、水禽0.96万羽。完成小反刍兽疫免疫37.22万只（对新生羔羊和补栏羊重点免疫）；布病灌服免疫完成53.23万头（只），其中，奶牛灌服免疫5.96万头，肉牛灌服免疫0.32万头，羊灌服免疫46.96万只；完成羊痘免疫75.12万只次；羊三病免疫62.60万只（次）。重大动物疫病做到应免尽免，免疫率100%，重大动物疫病免疫抗体合格率86%，达到70%以上的标准。

【土地流转】 2015年，全县累计流转土地总面积为262633亩。其中，转包196588亩，转让1952亩，互换910亩，出租63183亩。

【农机具拥有情况及推广】 2015年，农机总动力495218千瓦，拖拉机总量15885台，其中大中型拖拉机10895台；各种配套农机具达30997台，其中精少量播种机5052台、激光平地机55台；饲草料及秸秆加工机具4986台；各类收获机械1217台，其中玉米收获机（大型）145台、青贮机53台、捡拾压捆机50台。2015年，共推广青贮机23台、激光平地机29台、玉米联合收获机11台、捡拾压捆机12台。

【草原保护】 2015年，全县天然草原发生沙葱萤叶甲危害，发生区域分布在沙金套海苏木那仁宝力格嘎查，面积569亩，以多根葱、细叶葱等葱类植物为主的建群种草场上，平均密度为22头/平方米，最高密度为50头/平方米。虫害防治面积达到569亩，通过对防治区12小时、24小时、48小时、72小时药效调查，害虫死亡率在90%以上，达到防治要求。

【二级单位领导名录】

磴口县农业推广中心
主任：宿志安
副主任：姜小平

农业经营管理站
站长：胡志远
副站长：韩　君
　　　　刘　桃（女）
　　　　玉　花

种子管理站
站长：张树生
副站长：王登云
　　　　张凤英（女）

农业广播电视学校
校长：李锁军
副校长：赵云霞

华莱士瓜研究所
所长：甄　煜
副所长：高培德

磴口县绿色食品发展中心
主任：马鹏举
副主任：刘春元

水产管理站
站长：谢仁君
副站长：杨　琼（女）
　　　　石学峰

农业多种经营管理站
站长：刘培丽（女）

农村生态能源环保站
站长：郭利川

农机监理站
站长：侯利华
副站长：段智峰
　　　　党　华

家畜改良站
站长：郭福锁
副站长：卢占鹏
　　　　刘鹏程

动物疫病预防控制中心
主任：徐创福

副主任：孙伟光

动物卫生监督所

所长：刘中伟

副所长：陈福泉

草原监理执法大队

队长：刘兴龙

副队长：呼格吉乐（蒙古族）

草原工作站

站长：敖特根（蒙古族，女）

副站长：吉日格乐（蒙古族）

农牧业机械服务站

站长：魏曙光

副站长：王月明

刘建勋

杨国山

纪检组长：张俊琪

（石学峰　丁　波）

林　业

【县林业局领导名录】

局长：刘宪峰

总支书记：刘　晓

副局长：何立伟

马学献

纪检组长：韩应联

【机构设置】 林业局内设办公室、财务审计股、林政股、业务股、产业办、天保办、退耕办。

【主要工作】 天然林资源保护工程、京津风沙源治理工程、退耕还林工程。

落实防火责任制，修订《磴口县森林草原防扑火预案》，成立30人的专业扑火队，全年共发生一般森林火灾1起。

认真落实林木凭证采伐制度，严格执行伐前公示制度，共发放采伐证275份，采伐林木40700立方米，全年共受理上报自治区使用地项目8宗，自治区已审核批准征占用林地项目4宗。全年共完成各类苗木检验3700多万株，两证一签共计131份，发放林木种苗经营许可证16份。共受理各类森林及野生动植物案件43起，侦破43起，查处43起，查处率100%。共计完成植树12万株，参与人数4.60万人。

成立一支80人组成的专业管护队伍服务在造林一线。

完成各级通道绿化121公里，完成高速出口至坝楞新村7公里的110国道绿化，包兰铁路27公里绿化，高速公路出口4公里绿化，县城至纳林湖43公里的巴哈路贯通路绿化，以及40公里乌兰布和沙漠防风林带灌木体表绿化。

2015年，完成林业建设面积10.60万亩。按工程项目分：完成天保工程5.10万亩，完成京津风沙源治理工程5.50万亩。按造林类型分：完成人工造林3.60万亩（乔木造林1.60万亩、灌木造林2万亩），完成工程固沙1万亩，完成飞播造林3万亩，完成封山（沙）育林3万亩。

【重点造林工程】 全县共完成重点区域绿化面积8000亩，其中通道绿化120公里4600万亩，城镇及周边绿化800亩，村屯（养殖园区）绿化52个2300亩，工业园区及厂矿企业绿化1个300亩。

【二级单位领导名录】

森林公安

局长：杨培云

防沙林场

场长：姜吉荣

湿地保护局

局长：崔　赟

森防站

站长：成建新（女）

林工站

站长：曹景华（女）

规划队

队长：赛　西（蒙古族）

种苗站

站长：寇　峰

（何立伟）

水　务

【县水务局领导名录】

局长：李介钧（兼总支书记）

副局长：李茂华

柳永光

纪检组长：张　俊

【概　况】 磴口县水务局是主管全县水行政的职能部门，主要负责全县农牧区水利政策、法规宣传与调研、水利工程建设与管理、新技术推广与示范、水土流失监测、黄河防凌防汛、抗旱及堤防建设管理等工作。

【机构设置】 水务局内设办公室、财务股、业务股、河道管理段、堤防管理段、防汛综合股、抗旱服务队、人饮办、供水站、灌排站、水利工程维修养护站、水保站。下设磴口县人民政府防汛抗旱指挥部办公室、磴口县黄河河道管理段、磴口县堤防管理段、水利抗旱服务队、排干管理段、水土保持站6家事业单位。

【防汛抗旱减灾】 2015年，针对全县入春以来旱情严重和黄河来水偏少的紧张形势，采取各种抗旱措施扩大水源工程建设。全县各级各部门共投入抗旱资金300多万元，采取新建和维修机电井、配套维修水泵、安装临时泵站等工程措施，有效缓解部分旱情。

2015年，实施完成投资650万元的内蒙古自治区磴口县乌兰布和农垦灌区抗旱应急水源工程和投资260万元的内蒙古磴口县原哈腾苏木那仁宝力格抗旱应急水源工程。工程的实施可有效缓解部分旱情。

2015年6月25日，开工建设黄河二期防洪工程永胜险工段。黄河内蒙古段二期防洪工程批复磴口段河道整治永胜险工段1800米，顺堤河治理（迎水侧填壕）4140米，总投资3300万元。

2015年，实施沈乌灌域凌汛分洪及生态补水工程。项目投资4000万元，建设内容包括开挖引渠8.40公里，采用膜袋衬砌；新建进水闸1座，退水闸1座，交通桥3座。

【农村牧区饮水安全】 2015年，饮水安全全覆盖工程。为全面推进2015年“新农村新牧区建设”饮水安全工程建设任务，在没有专项资金的情况下，水务局克服困难、多方筹资，积极组织工程施工。完成管道铺设87公里，建成水源井1眼，建设管理房24平方米，完成投资303万元，解决3380人的饮水安全问题。

2015年，实施投资180万元的磴口县农村牧区饮水安全工程水质检测中心建设，水质检测中心已完成装修，设备已进厂并投入运行。

【节水灌溉】 2015年，实施2014年度规模化节水灌溉增效示范项目，建设节水改造面积1.23万亩，完成投资1172万元。项目的建成将极大地改善项目区的灌溉条件并提高农业用水利用率，为节水增收提供良好的水利条件。

2015年度规模化节水灌溉增效示范项目，投资3497万元，完成节水改造面积2.80万亩。项目的建成将极大地改善项目区的灌溉条件并提高农业用水利用率，为节水增收提供良好的水利条件。

【农田水利基本建设】 2015年，实施2014年巩固退耕还林成果基本口粮田建设项目。投资250万元，发展节水面积0.51万亩，新打机电井10眼，砌衬渠道3公里，建筑物57座。

2015年，开始实施总投资约5亿元实施黄河水权盟市间转让试点工程，到2016年年底，计划完成建设一分干、建设二分干渠道衬砌，实现30

万亩田间水利工程全面整治任务。

【水土保持生态建设】 2015年，实施磴口县京津风沙源二期工程。项目投资1045万元，计划完成治理面积17平方公里，水源井40处，节水灌溉33处。

【三年排水整治工程】 整合大型灌区节水改造、小型农田重点县、农业综合开发、土地整理、扶贫开发等项目以及财政配套资金2112万元，完成各类建筑物200座，排水沟整治150条，长度151公里，全面完成三年排水整治任务。保证排水畅通，周边耕地盐碱化程度得到控制。

【水土保持生态建设】 实施完成投资1045万元的2014年度磴口县京津风沙源二期工程，完成治理面积17平方公里，水源井40处，节水灌溉33处。

（赵永增）

自然保护

【内蒙古哈腾套海国家级自然保护区领导名录】

局长：周建忠（至2015年6月）

斯日古楞（蒙古族，2015年6月起）

副局长：李文成

张 勇

【概 况】 内蒙古哈腾套海自然保护区于2005年7月经国务院批准晋升为国家级自然保护区。2006年10月，经县政府批准成立哈腾套海国家级自然保护区管理局，为独立核算的正科级事业单位，实行管理局—保护管理点—保护点三级管理体制。工作职责明确，管理队伍健全，能够较好的开展保护区各项工作。内蒙古哈腾套海国家级自然保护区位于内蒙古自治区巴彦淖尔市磴口县西北部的乌兰布和沙漠的东缘，距磴口县城60余公里。地理位置为北纬40°30′—40°57′，东经106°9′—106°50′。南北宽约42公里，东西长约53公里。海拔高度为1030—2046米。北部与杭锦后旗交界，西北部与乌拉特后旗毗邻，西南部、南部与阿拉善左旗及纳林套海农场相邻，东部与磴口县隆盛合镇交界，行政区域涉及沙金苏木，总面积123600公顷，由山地、沙漠、平原湿地三种地貌类型组成。保护区划为核心区、缓冲区、实验区。其面积分别是51610公顷、32180公顷、39810公顷。分别占保护区总面积的41.80%、26.08%、32.28%。

【机构设置】 自然保护局内设办公室、计划财务股、保护管理股、科研宣教股、社区事务股。并设立哈腾套海、沙金套海、德拉胜呼都格、塔和勒4个管理站；沙尔雷、查布干浩尧尔乌兰2个检查站；同兴奎、沙金套海、沙尔雷、那仁呼热、查布干5个管护点。

【人口与民族】 保护区社区有2500户6036人，各功能区均有分布保护区社区，主要民族为蒙古族，此外还有汉族、回族、满族、藏族、朝鲜族、达斡尔族等13个民族。

【保护区地势地貌】 保护区地层属于内蒙古中部槽区，出露地层有较老的古生界志留系的哈达呼舒群，较新的地层为白垩系下统以及第四系全新统。哈腾套海国家级自然保护区地貌西部为屹立在蒙古高原南部边缘的阴山山脉西段的狼山，海拔1050—2046米。由太古代片麻岩、石英岩及古生代的砂页岩、砾岩组成的阴山山脉是内蒙古高原草原区与黄土高原草原区的天然分界线；其中部为以固定沙丘为主的沙漠地貌；东部为有大片湖泊的平原地貌，地势总趋向是从东南向西北倾斜，至山前徒然突起。

【保护区植被】 保护区植被类型多样，有荒漠草原植被、荒漠植被、盐化草甸植被和草本沼泽植被等。荒漠草原植被位于保护区西部的狼山山地，狼山不但阻止乌兰布和沙漠的东扩、阻挡沙尘暴东侵，而且还是保护区荒漠动物重要的栖息地，因此，狼山植被的保护有着重要的生态战略意义。荒漠植被位于保护区中部，既起固沙作用，也是荒漠动物的栖息地，荒漠植被的保护重点为灌木林。盐化草甸植被和草本沼泽植被位于保护区的东部，是保护区候鸟的栖息地、繁殖地或停歇地，重点保护对象为芦苇等沼泽植物。

【保护区气候】 保护区气候特点属于中温带大陆性季风气候，全年大部分时间受高空西风环境控制，气候特点是：降水稀少，极端干旱、风大沙多、光照充足，冬季严寒而漫长，夏季炎热而短促。保护区在季风气候的背景下，由于经度、纬度、海拔高度、距海洋远近等因素的影响气候有所不同。

【保护区湖泊湿地】 磴口县地势为东南高、西北低。因此位于保护区东南部的黄河灌区，在每年种地灌水之后，部分灌溉水渗透入保护区的低洼地处，形成海子（湖泊）。经调查保护区大小湖泊十余个，湖泊总面积达3600公顷以上。其中水域面积100公顷以上的湖泊有7个，最大面积达1000公顷。

【保护区植物】 保护区的植物区系属于亚非荒漠区—亚洲中部亚区—阿拉善荒漠植物省—东阿拉善州。该区的植物区系成分是以干旱地区的种类占主导地位。保护区内有高等植物54科161属304种（包括变种及栽培种），其中，蕨类植物1科1属2种，为木贼科木贼属的问荆（Equisetum arvense）和节节草（Equisetum ramosissimum）；种子植物53科160属302种。在种子植物中，裸子植物1科1属3种，被子植物52科159属299种（野生植物有40科128属239种）。

根据1984年国务院环境保护委员会公布的《中国濒危保护植物名录（第一批）》，保护区有6种国家濒危保护植物：

绵刺（Potaninia mongolica）（Ⅱ级）、沙冬青（Ammopiptanthus mongolicus）（Ⅱ级）、肉苁蓉（Cistanche deserticola）（Ⅱ级）、蒙古扁桃（Amygdalus mongolica）（Ⅲ级）、梭梭（Haloxylon ammodendron）（Ⅲ级）、胡杨（Populus euphratica）（Ⅲ级）

其中国家二级重点保护植物绵刺、沙冬青、肉苁蓉，面积约1.02万公顷，盖度在30%以上的面积为1万公顷；国家三级重点保护植物油蒙古扁桃、梭梭、胡杨，面积0.53万公顷，盖度在30%以上的面积仅0.45万公顷。

根据1999年公布的《国家重点保护野生植物名录（第一批）》则有国家重点保护植物2种：沙芦草（Agropyron mongolicum Keng）、野大豆。

【保护区动物】 野生动物分类。动物区系以古北界蒙新区的特点为主，兼有华北区特点。兽类中啮齿类种类多，以跳鼠科和沙鼠科的种类占优势，且数量多，分布广，有一定的危害性。

鸟类区系成分以中古北界种类数多，多为夏候鸟。旅鸟种数占保护区鸟类总种数的78%；留鸟仅占22%。在保护区繁殖的鸟类约有10种，占保护区鸟类种数的16.10%。

保护区有陆生野生脊椎动物96种，其中兽类6目11科27种，占脊椎动物种数的28.10%；鸟类有14目28科62种，占脊椎动物种数的64.60%；两栖爬行类7种，占7.30%。

保护野生动物名录。保护区国家重点保护野生动物有22种，其中国家一级重点保护动物有北山羊、金雕、黑鹳、白鹤、大鸨、波斑鸨6种；国家二级保护动物有盘羊、青羊、鹅喉羚、黄羊、漠猫、大天鹅、疣鼻天鹅、蓑羽鹤、灰鹤、红隼、秃鹫、草原雕、鸢、大鵟、纵纹小鸮16种。有60种动物属国家保护有益的或者有重要经济、科学研究价值的野生动物；7种动物隶属于《濒危野生动物国际贸易公约》的物种；13种鸟类属《中日候鸟保护协定》的保护物种，占中日候鸟保护协定种类的9%；8种鸟类属《中澳候鸟保护协定》的保护物种，占中澳候鸟保护协定规定种类的5%。

【资源利用状况】 灌木林利用情况。梭梭6500公顷、沙冬青10000公顷、绵刺5000公顷、肉苁蓉1400公顷、蒙古扁桃1000公顷、柠条10000公顷。均有防风固沙作用，其中沙冬青、肉苁蓉具有药用价值。另外，保护区又是采种基地、种子繁育场。为野生植物自然繁育创造有利条件。

湖泊湿地利用情况。湖泊湿地3600公顷，是野生动物的水源地。促进水生动植物的生长、生存、发展等。有泄洪、蓄水、调节气候、改善环境等作用。

（王艳萍）

乌兰布和灌域管理

【乌兰布和灌域管理局领导名录】

局长：何宝成

副局长：吴小勤

张　勇（至2015年4月）

吕子华

樊利文（2015年4月起）

【机构设置】 乌兰布和灌域管理局为正处级建制，设局党委；局机关下设办公室、人事科、供排水科、工程科、计财科、监审科、信息科、群团科8个正科级建制科室，并设机关党支部；管理局下辖东风所、渡口所、一干所、建设一分干所、建设二分干所、建设三分干所、排干所、试验站、水土资源站、水利工程队10个正科级建制管理所站，各所站均设党支部。

【灌　溉】 全年实际引水量5.83亿立方米，完成浇地261.91万亩，浇地效率392亩/日。其中，夏秋灌从4月11日放口开灌，截至9月底，灌域共引水4.82亿立方米，完成夏秋灌面积219.57万亩，平均灌溉效率397亩/日，比2014年提高2亩/日。秋浇从10月10日放口至11月10日关口，实引水量1.01亿立方米，完成浇地42.34万亩，预留干地36.33万亩。

【排水工作】 全年一、二排干共排水量622.50万立方米，共排盐6411吨，矿化度1.83克/升。各排干沟运行水位都控制在指标以内，无洪水退排现象。

【工程建设】 黄河内蒙古河套灌区续建配套与节水改造工程2015年度（一批）的大滩分干渠膜袋混凝土衬砌建设项目工程总投资1400多万元，全线长8050米。内蒙古黄河干流水权转让河套灌区沈乌灌域试点工程项目（一批）主要对一干渠上游、建设一分干渠中游和建设二分干渠，以及下级渠道实施衬砌，计划完成投资4.05亿元。工程进展顺利，分干渠膜袋混凝土衬砌全部完成，下级渠道衬砌完成80%。一、二排干沟进行疏通清障工程总投资552万元，项目2015年8月全面完成，共清除水草、杂物1.50万立方米，改善排水通畅，降低沟道水位。

共投入维修养护资金120万元，主要维修内容包括渠道整治、建筑物维修、启闭机及机电更换维修等。通过维修养护，有力保障工程运行安全和灌域农田的适时灌溉。

【植树造林】 在两大工程项目实施后，绿化植树造林重心以衬砌渠道树木砍伐后补植为主。通过精心组织，全体动员，严把质量关，抢抓春、冬造林适宜时机，全年共种植大杆杨树10.8万株，合计687亩，当年成活率达85%以上。

【征收水费】 2015年，水费预算任务为3889万元。截至12月9日，共收回水费3610万元，占预算任务的93%。

（马　军）

农业综合开发

【县农业综合开发项目建设中心领导名录】

主任：温建军

副主任：汪守海

邓永光（蒙古族）

武建忠

【机构设置】 农业综合开发内设办公室、财务股、业务股 3 个股室。核定事业编制 17 个，在职人员 14 名。

【开发项目投资情况】 2015 年，磴口县农业综合开发项目总投资 10130.55 万元。其中，中央财政投资 5272 万元，自治区财政配套投资 2555 万元，市级财政配套投资 541 万元，县级财政配套投资 538 万元，自筹资金 1224.55 万元。

【土地治理项目建设】 2015 年，进行高标准农田项目建设 7 万亩，项目总投资 7832 万元。其中，中央财政投资 4472 万元，自治区财政配套 2267 万元，市级财政配套投资 525 万元，县级财政配套投资 522 万元，群众投工投劳 46 万元。共完成土方 204.03 万立方米，衬砌各级渠道 70.15 公里，新建修复各类水工建筑物 2873 座，营造农田防护林 12.20 万株，新建和维修道路 450.48 公里，新打及修复机电井 1 眼。

【产业化项目建设】 2015 年，产业化经营财政补助项目 6 个，投资 2298.55 万元。分别完成内蒙古食为天面粉油脂有限责任公司新增 5 万吨优质面粉深加工扩建项目、磴口县博得来种养殖农民专业合作社 3000 只肉羊养殖基地扩建项目、磴口县胜利养殖农民专业合作社 2500 只肉羊养殖基地扩建项目、磴口县康泰养殖农民专业合作 3500 只肉羊养殖基地扩建项目、磴口县益兴养殖农民专业合作 2000 只肉羊养殖基地扩建项目、内蒙古晶烨农业科技发展有限公司 15000 只肉羊繁育基地扩建项目各项工程建设任务，新建厂房 1150 平方米、库房 470 平方米、成品中转库 400 平方米、中转仓 100 立方米；购置设备 39 台（套）。新建羊舍及附属设施 19310 平方米，建青贮窖池 500 立方米，硬化场地 1600 平方米，硬化场区 5770 平方米，硬化道路 13000 平方米，购置饲草料粉碎机 1 台、拌料机 5 台，播种机 2 台，打配机井 4 眼，修筑田间道路 2.50 公里。

【中低产田改造项目】 2015 年，磴口县通过水利、农业、林业、科技四大措施，实施 7 万亩高标准农田建设项目，分别是哈腾套海农场三、五分场 0.90 万亩，乌兰布和农场六分场 0.50 万亩，乌兰布和农场一分场 0.50 万亩，纳林套海农场七分场 1 万亩，包尔盖农场八、九分场 1.60 万亩，巴彦套海农场四、八分场 0.80 万亩，沙金苏木包勒浩特 0.70 万亩，隆盛合镇海子沿 1 万亩。

【产业化经营项目】 2015 年，磴口县实施 6 项产业化财政补助项目，分别为内蒙古食为天面粉油脂有限责任公司新增 5 万吨优质面粉深加工扩建项目、磴口县博得来种养殖农民专业合作社 3000 只肉羊养殖基地扩建项目、磴口县胜利养殖农民专业合作社 2500 只肉羊养殖基地扩建项目、磴口县康泰养殖农民专业合作 3500 只肉羊养殖基地扩建项目、磴口县益兴养殖农民专业合作 2000 只肉羊养殖基地扩建项目、内蒙古晶烨农业科技发展有限公司 15000 只肉羊繁育基地扩建项目。

【项目资金管理】 磴口县农业综合开发项目资金管理，严格遵照《国家农业综合开发资金和项目管理办法》，实行专人、专账、专户管理的县级报账制。

交　通

交通运输

【县交通运输局领导名录】

局长：杨海明

纪检组长：柴玉虎

副局长：赵　耕

张广清

【概　况】 2015年，投资14038万元，实施完成公路建设里程167.50公里。其中，实施完成乌兰布和生态大道公路工程二级路2.50公里，实施完成磴额线迎宾广场至原治沙站道路拓宽及磴二线出口路改造工程6公里，实施完成金马湖环湖路旅游公路改建工程3公里，实施完成乌兰布和农场河拐子至沙金套海苏木木雷滩公路改建工程12公里，实施完成陕哈线至公地四队公路工程3公里，实施完成60个嘎查村（场）街巷硬化141公里。

【机构设置】 交通运输局内设办公室、业务股、财务股、安监股、交通战备办公室、磴口县地方海事处、农村公路质量监督股、农村公路工程实验中心。

【乡村公路的养护与管理】 完成黏土备料4200立方米，清理沙阻3200立方米，临哈线刷新警示桩900根、整修路肩、边坡234公里，修补油面29800平方米，刷新青协线、磴额线、陕哈线标志号136块、里程碑234块、桥梁护栏26座，灌油缝13680延米，险桥、险涵增设明显标志，改造危旧桥3座，在绿化工作中，完成新植乔木28600株、补植乔木880株。全年优良路率达到72%以上。

【海　事】 海事处执法人员每月定期对县域内8处水域，31艘船舶开展水上安全大检查，严厉查处游船超载超员现象，对发现的安全隐患，及时督促整改，确保全年无重特大水上交通安全责任事故。

【安全生产、矛盾纠纷排查】 认真履行安全生产属地监管职责，深化“平安工地”创建活动，实现全年安全生产无事故。全年共发放宣传资料5500份，法律咨询370多人次，悬挂宣传标语条幅5条。

【二级单位领导名录】

磴口县地方道路路政管理大队

队长：张光义

副队长：高　风

郅廷刚

公路段

段长：刘化杰

支部书记：刘德军

（周怀宇）

铁路运输

【县火车站领导名录】

站长：杜　斌（至 2015 年 4 月）
　　　杨喜军（2015 年 4 月起）
书记：张伟波（至 2015 年 8 月）
　　　杨彦新（2015 年 8 月起）
副站长：包利红（至 2015 年 8 月）
　　　　王春超
　　　　杜伟民（2015 年 8 月起）

【客　运】 2015 年，进站旅客列车 6 对。其中，快速列车 2 对（昌平北—乌海西）、（包头—乌海西），快速空调列车 1 对（天津—乌海西），普通空调快车 1 对（呼和浩特—兰州西），普通快车 1 对（呼和浩特—银川），普通客车 1 对（包头东—乌海西）。每日平均发送旅客 983 人次，最高日发送旅客 2700 人次。

【货　运】 2015 年，货运站货场占地面积 3000 多平方米，全年发货 73910 吨，装车 1916 车，货物发往各国各地。

公路运输

【巴运磴口汽车站领导名录】

站长：刘迎春

【汽车站概况】 巴运磴口汽车站位于巴彦高勒镇东升路，火车站对面，占地面积 2.63 万平方米，是国家二级客运站。汽车站拥有发往临河、五原、前旗、呼市、东胜、陕坝、乌海、左旗、银川、大武口、鄂前旗等 16 条营运线路，进站营运客车 88 辆，日发班次 109 次，全年旅客发送量 19 万人。

【机构设置】 磴口汽车站内设安检科、客运科和财务科 3 个科室，在职职工 12 名，中共党员 3 名。

【新　址】 汽车站于 2015 年 9 月 28 日搬迁新址。位于巴彦高勒镇贺兰路西、利民北街、河套大市场南，占地面积 5.80 万平方米。

（王文娟）

【磴口县高速公路收费所领导名录】

所长：于　凯
副所长：李　新
　　　　郑金玉（蒙古族）
　　　　王　星

【高速公路概况】 京藏高速公路收费所老爷庙——麻黄沟磴口段至巴拉贡段磴口互通匝道收费所，位于京藏高速公路 K935+630 处。该所共有 6 条通行车道（入口 2 条，出口 4 条），日平均收费额为 22 万元，出入口日平均车流量达到 5500 辆次左右。

【机构设置】 磴口高速公路收费所内下设办公室、财务室、监控室及 5 个收费班组（实行五班三运转）。

【费收情况】 2015 年，出口总流量为 676668 辆，完成费收总额为 68358.26 元；减免"绿色通道"车辆 11290 辆，减免金额为 2242.03 元。

城乡建设·环境保护

城乡建设

【县住房和城乡规划建设局领导名录】

局长：冯惠升

纪检书记：梁　红（女）

副局长：刘　英（女）

张　勇

庄彦青

高建军

【概　况】 县住房和城乡规划建设局是集建筑市场管理、房屋征收为一体的综合性职能部门，其主要职能是负责城乡建设工程管理，城镇市政工程建设，建安工程建设管理，工程质量监督管理，房屋拆迁管理，工程安全生产、文明施工管理，公园建设和供热及管道管理等。

【机构设置】 建设局内设城投公司、办公室、工程股、安监站、财务股、拆迁办、质监站、燃气办、检测中心、市政工程股。

【道路及亮化工程】 2015年，投资3500万元，完成贺兰路、团结南路、绕城路、步行街、棉织巷、别磴线6条道路5.07公里新修翻修。投资1268万元，完成钢铁路两侧、包兰铁路线、高速出口至坝楞新村国道110线两侧，高速公路连接线至一团场部沿街两侧街景改造。投资352万元，完成金牛路、绕城路、团结南路等7条道路666盏路灯安装。投资约542万元，完成绕城路、贺兰路、皮革街、棉织巷、步行街、团结南路6条道路45200平方米人行道铺设。

【排水工程】 2015年，投资1100万元，新建水冲厕所3座，改造亮化旱厕21座，硬化街巷1.25万平方米，维修路侧石1800平方米，购新环卫保洁车辆9台，购置果皮箱327个，中转箱28个，垃圾箱200余个。

【美化绿化工程】 2015年，全县城镇园林绿化工作的总体思路是“创建自治区园林县城为目标”，按照“一年起步、两年完善、三年达标”的战略规划，以公园、广场、道路、水系、单位庭院、住宅小区、城区大环境绿化建设为重点，加快区域整体园林化、县城外围森林化、城区中心景观化、新城道路林荫化、机关庭院社会化、住宅小区花园化的“六化”建设步伐。年内绕城公路共计栽植樟子松3000株、高杆金叶榆1000株、侧柏12万株、金叶榆篱13万株、山桃山杏1300株，萱草30万株。完成人民公园升级改造工作，栽植、补植垂柳、桧柏、樟子松、山桃、山杏、桧柏球3700余株，侧柏绿篱小榆树绿篱40万株；喷灌给水管道新增铺设面积0.50万平方米；实施南湖湿地公园基础土方工程，新增绿化面积5.80万平方米；铺设喷灌给水管道6.80万平方米；栽植小樟子松、山桃山杏、桧柏67000株；北海栽植大杆垂柳、火炬树、馒头柳1700余株，各类乔木、灌木共计6500株；工程绿化面积3.60万平方米；微喷给水管道铺设0.30万平方米。更好地凸显“百湖之乡、魅力磴口”。

【城镇集中供热供气工程】 全县以热电联产集中供热方式供热，共有电厂1家热源企业，管网设计供热能力210万平方米；富源、丰华、天旗3家供热公司。截至2015年12月31日，共有换热站20座。其中，电厂5座（新县医院、嘉德小区、茗苑小区、法院、溥德苑），富源4座（一完小、黄管局附近、三完小后、富源总站），天旗7座（一完小、紫荆花园、金山小区、妇幼保健院、学府花园、万里川、林业局附近），丰华1座（信用联社后），政府投资建设3座（一中、鑫盛酒店、祥瑞二期，2015采暖季交由电厂运行管理）。集中供热范围东至东风渠、南至诚仁中学、西至新法院大楼、北至蒙牛公司，涉及供热面积约200万平方米。其中，丰华40万平方米（自备蒸汽供热10万平方米除外），主要承担县城北区供热；富源71.40万平方米，主要承担县城中部供热；天旗65万平方米，主要承担县城南区供热；电厂23.60万平方米，主要承担西区及部分新建且有条件接入小区的供热；共铺设供热管道约72公里。新汽车站、河套大市场、儒林府、天然丽景小区等由丰华供热公司自备蒸汽供热。南区的家馨花园、首府廉租房约7万平方米由锅炉供热。此外，供电局、腾达物流等单位和企业由于集中供热管网未能覆盖，还采用锅炉供热。

【湿地保护与恢复工程】 2015年，完成投资约3940万元。其中南湖湿地完成投资约2400万元。由东方伟业投资2200万元，完善湖区停车场、廊架等设施；蒙草抗旱绿化投资200万元，主要完成湖区绿化及浮雕建设，补植乔木312株，灌木及地被76100株。北海湿地完成投资约1420万元。其中北海小品投资520万元，主要完成木栈道、码头、拱桥等建设；绿化及凉亭投资800万元，由蒙草抗旱种植垂柳、金叶榆、山桃等乔木5900余株，灌木及地被268942株，换填土方22000立方米。年内全部完工，具备观光规模。高速出口改造工程完成投资约120万元，完成雕塑、景观墙建设、房屋立面改造及环湖路整修。

【重点公共建设项目】 2015年，完成投资约1.12亿元，完成地质博物馆、第三完全小学、实验小学等公建项目44198平方米。

【房地产建设】 2015年，实施14个棚户区改造项目，完成金典三期、得志小区二期、丽景馨居二期、学林雅园二期、秀水嘉苑三期等1167户约12.59万平方米房屋拆迁工作。年底完成660户的基本建成目标任务。14个项目通过内蒙古住建厅审核备案，开始实施。

【房地产开发】 2015年，完成嘉泰二期、万豪商厦、金雄商厦、溥德苑二期等19项共计31.70万平方米房地产开发任务。截至年底房地产项目新开9项，续建5项，完成27.30万平方米建设，完成投资4.38亿元。

【新农村建设】 2015年，结合新农村新牧区建设工程，完成3355户农牧区、农场垦区约20.13万平方米危房改造任务（农牧区1900户、国有垦区1455套）。完成投资2.20亿。各集镇基础设施、公共建筑及绿化完成投资3亿元，共计完成5.20亿元。投资1100万元，完成城区贺兰路、钢铁路街景改造及国道110线两侧亮化。

【规范建筑市场秩序】 2015年，严格贯彻执行《中华人民共和国建筑工程质量管理条例》《建筑工程建设强制性标准》和《房屋建筑施工旁站监理管理办法》，对所有工程项目全部进行工程质量监督和工程监理责任管理，严格推行工程质量责任制、工程监理制和建设工程终身负责制，使全县建设工程质量管理水平明显提高，工程合格率达100%。同时认真贯彻落实《巴彦淖尔市住宅工程质量分户验收管理规定》，提高用户满意度，在建住宅工程全部按照规定进行分户验收，加大执行情况的监督力度，确保工程质量分户验收工作取得实效。

（陶畚科）

城乡规划

【县规划局领导名录】

局长：周学文

副局长：王　浩（蒙古族）

王雪寒

【规划编制】 磴口县总体规划于2011年通过市政府审批。按照《中华人民共和国城乡规划法》有关规定，磴口县已委托巴彦淖尔市规划设计院进行总体规划和论证评估工作。2015年12月，基础资料调查已完成，在编制评估报告阶段。

磴口工业园区扩区规划由巴彦淖尔市城市规划设计院编制，初稿已完成，正在按照上级要求调整园区规划。

《磴口县沙金套海苏木总体规划》《磴口县隆盛合镇总体规划》《磴口县渡口镇总体规划》《磴口县补隆淖镇总体规划》《巴彦淖尔市纳林套海农场总体规划》《巴彦淖尔市乌兰布和农场总体规划》《巴彦淖尔市巴彦套海农场总体规划》《巴彦淖尔市哈腾套海总体规划》《巴彦淖尔市包尔盖农场总体规划》已全部编制完成，并通过县政府审批。

5个苏木镇的46个中心村规划和5个农场的24个中心分场的村庄规划编制已全部完成并通过县政府审批。

各苏木镇的210个自然村A+B+C的村庄规划和各农场的24个分场A+B+C的村庄规划已编制完成，并于8月底通过县政府审批，基本实现村庄规划编制的"全覆盖"。

《磴口县村镇体系规划》委托内蒙古博大设计研究院编制完成，2015年11月通过县人大审议，等待市、县两级政府审批。

完成城区区位图制作；完成城区重要街头绿地、家馨小区路口绿化方案设计；完成天然丽景等5个项目的修建性详细规划的调整；完成东方伟业等项目的日照采光分析；完成自治区领导到磴口县视察线路图的制作和打印；完成骆驼雕塑广场的方案设计；完成观光塔、万亩葵花园放线绘图；完成黄河渔村招商宣传册及视频的制作。

【规划管理审批】 共办理项目选址并出具内蒙古建设用地规划条件书共计40项，其中7项为划拨用地项目，并出具建设规划选址意见书，其余公建项目共计9项，商业项目共计7项，房地产项目共计7项，工业项目共计10项。建设用地规划许可证共办理了11项，请示报告（磴规字）累计17项。磴规函字累计14项。完成定桩证发放6项。

共办理建设工程规划许可证26项，其中，公建项目12项，商业项目3项，房地产开发项目6项，工业项目5项。组织并召开7次磴口县城乡规划局局务会，对得志二期等项目进行初审。召开2015年城镇建设项目审批领导小组会议两次，会议对林科小区等18个项目的规划方案进行审核。

完成三完小体育馆等6个项目的测量放线工作。完成沙林中心职工周转房7个项目的钉桩验线工作。完成山路光伏等15个项目选址的现状测量工作。完成乌兰布和生态路等14条市政道路的测量工作。完成全县50余个水准点、静态控制点的布控工作。

开展磴口县地下管网普查工作，5月，与保定金迪地下管网探测公司签订合同；7月底，外业探测工作已完成，测量工作已完成；10月，外业数据入库，地下管网探测工程已完成。共办理市政规划要点通知书28项；选址意见函4项，办理建设工程规划许可证（副证）10项。

对全县21个建筑工地进行检查，检查内容是否存在违章行为，有没有立公示栏、公示栏内容是否齐全等情况。较好地维护磴口县城区的建设环境，预防和查处违章的存在。同时，认真做好重点项目跟踪监察工作。完成5个项目的规划竣工核实。

（王　浩）

房地产管理

【县房地产管理局领导名录】

局长：张雁冰

副局长：高明祥

【概　况】 县房地产管理局主要承担着全县房地产市场管理、物业管理、住房保障、产权、产籍、房屋权属登记管理、办证等工作。

【机构设置】 县房地产管理局内设办公室、住房保障中心、房地产市场监察与物业管理室、房屋权属登记交易中心、财务室、统计室、质量监督检查室。

【保障性住房建设】 继续加快完成2014年保障性住房共1201套，建筑面积6.66万平方米建设任务，项目预计投资1.42亿元。其中，投资8092万元，建设廉租住房804套，建筑面积3.96万平方米；预计投资6150万元，建设公租房397套，建筑面积2.70万平方米。截至12月，完成408套廉租房、133套公租房建设任务。同时，按照开工建设公租房500套的要求，全县及时研究、设计方案，多方论证选址，2015年8月开工建设2.80万平方米，500套公租房。

【房地产开发项目】 2015年1—11月，全县房地产开发建设规模15.38万平方米，在建项目6个，累计完成投资28000万元，其中新开工项目3个，开工面积11.88万平方米，累计完成投资13500万元，续建项目3个，开工面积3.50万平方米，累计完成投资14500万元。2015年，先后为新元小区、秀水嘉苑、溥德苑、祥瑞花园二期、中央公园等8个开发项目办理预售许可证，预售面积累积达到14.01万平方米。

【物业管理】 截至12月，全县建成住宅小区72个，总建筑面积157万平方米，成立业主委员会小区13个；其中，有委托物业管理的15个，自管小区46个。2万平方米以下的小区35个，其中单栋楼小区15个。通过审核、登记备案的物业服务企业共计9家，其中有二级资质的1家，其余均为四级资质，引进外来企业4家，从业人员40多人，其中专业技术40人。同时，全县住宅专项维修基金累计收缴20138399.28元。2015年1—10月，共使用维修基金162000元。完成寓盛园、锦绣园、首府花园3个老旧小区管理整改，疏通上下水、整修路面；改造供电设施；维修、增设路灯；增设垃圾桶、垃圾清运车；合理设置非机动车库（棚）及充电设施，因地制宜设置小区机动车停车场地；封闭小区，设立门禁；配建监控房，完善视频监控设施；拆除小区违法建（构）筑物，清除各种堆积物品和影响环境面貌的非法设施，清理乱堆乱占、乱拴乱挂、乱贴乱画、滞留垃圾等；合理配置小区绿化；合理配建物业管理用房；规范设置小区总平面示意图、门牌号；规范物业管理档案。

【房地产交易与房屋权属登记】 全县通过完善房地产市场服务职能，规范房地产交易市场秩序，使房屋权属登记工作日趋完善，法规体系、管理体系、服务体系日渐成熟。截至12月，办理初始登记51件，变更登记20件，预告抵押登记272件、现房抵押登记1005件、新建商品房417件、存量房买卖403件、注销登记795户、遗失补证换证16户，档案调阅1076次，办理法院查封68件。

（宫再禧）

住房公积金

【县住房公积金管理部领导名录】

主任：霍喜平

副主任：陈兴萌（女）

【概　况】住房公积金管理中心成立于1996年，属于城建局的一个科室。2006年，根据内蒙古自治区关于全区住房公积金机构调整上划的要求，磴口县住房公积金管理中心更名为磴口县管理部，隶属于巴彦淖尔市住房公积金管理中心。副科建制单位，在编人数5人。

【公积金管理】负责管理部所辖区域内住房公积金的各项业务的管理运作，实现统一规章制度、统一操作规程、统一核算办法，接受市公积金中心稽核科及其他业务科室对管理部进行各项业务指导、监督、检查，完成领导交办的其他事项。

【公积金归集和贷款发放】2015年，当年归集金额10081.70万元，发放贷款4317.50万元，发放195户。

（霍喜平）

市政环境卫生

【县市政环境卫生管理局领导名录】

局长：梁存贵

副局长：孟　翔

【概　况】磴口县市政环境卫生管理局承担着巴彦高勒镇城镇规划范围内垃圾清运、厕所清掏、道路及路侧带、人行道等的清扫保洁、市政排污设施的管理维护和运行工作。

【机构设置】市政环境卫生管理局内设办公室、财务室、市政站、排污站、清扫队、清运队、机电设备管理站、垃圾处理场、市政环境管理监察队、收费站、督查室。

【市政管理】安装东风街、团结路、南开路等主街道公共厕所标准化导引牌37块。投资15.39万元，在东风街、团结路与其他道路交叉口的路灯灯杆悬挂红灯笼80套，富源广场中华灯安装“中国结”LED灯杆造型灯16套、悬挂红灯笼70个，富源广场2盏高杆灯悬挂红灯笼100个，富源广场、火车站广场改装大型春节节日彩灯两套，装饰及维修富源广场道路LED红灯笼。维修南环路、钢铁路、北滩路、绕城路、贺兰路等断裂电缆18处。维修损坏路灯80余盏、控制柜56台。投资86.50万元维修改造振兴桥、东风桥。移走、拆除闲置、废弃电杆126根，清理街道地钉及高于路面的钢筋头、铁管等75处、计225枚。维修、校正道牙6500延长米，修补破损油面2500平方米，更换贺兰南路两侧道牙3800米。完成团结路两侧18条计4832平方米、贺兰南路两侧17条计450平方米、钢铁路两侧37条计5780平方米、国税局354平方米、广电网络公司北段265平方米、屠宰场462平方米和原自来水公司315平方米的巷道硬化改造任务。维修街道、硬化带、路侧带1800平方米，完成永进西街门前硬化412平方米。查处道路遗撒15起，私自破坏道路行为6起。购置一座移动式环保型公共厕所，新建3座高档次水冲式厕所，喷涂、粉刷旱厕21座。

【环境卫生】严格执行奖惩制度，确保垃圾清运日产日清，很大程度上调动职工的积极性。年内以科学发展观现场观摩会的召开为契机，彻底整治城乡接合部、乌兰布和生态大道、部分居民巷道、沿街门店等脏、乱、差现象，累计清理点外垃圾1000多吨。购置高档次果皮箱327个、中转箱28个、铁（方）圆桶90个、垃圾屋120个、人力保洁车20辆、电动保洁车20辆、市政环卫巡查车4台。投资约300万元购置大型洗扫车1台、清扫车1台、单臂吊电动和普通垃圾车各1台、高压管道清掏冲洗车1台、洒水车1台。按照县委、县政府总体工作的安排，对铁路沿线两侧、钢铁路、朝霞路、巴音路等29处约5万立方米的建筑垃圾、生活垃圾进行全面彻底的清理、整平和覆盖。道路清扫保洁实现经常化，服务区分成四大片，定人、定路、定标准，通过开展“党员示范路和先锋岗”评比活动，激发广大工人的工作热情。在节假日和重大活动期间，每天增加两个清扫班次，加大清扫保洁力度，合理利用清扫车，提高机械化清扫率，降低工人的劳动强度，收到预期的效果。在垃圾处理场种植各类树木1500多株，花草绿化3000多平方米，维修填埋区土工布230平方米。积极进行垃圾处理场等级评定的申报，增设防飞散网1900米。维修旱厕15座、垃圾箱坑25个。

【城镇排污】 泵站实行昼夜24小时不间断值班运行制度，确保排污管网的正常运行。投资15万元，更换泵房不锈钢导杆23套、立管5套，清掏1号泵站贮水池淤泥55立方米，整改1、2、3号泵站配电线路4套，安装控制柜3台。筹资8万元购买2号泵站院内住户张广耀的房屋。投资7.60万元，购置潜水泵5台；投资10万元购置1台150千瓦的备用电源。投资155万元维修南环路、黄河路、和平路、永进路、南开路等路段断裂管道25处。投资5.50万元在2号泵站安装进水控制阀门2套。巴彦高勒镇城市污水处理费从元月1日开征以来，进展稳定顺利。购置防护服3套、3人次送风式呼吸机2台。更换破损雨水篦子48套，更换井圈井盖39套。投资28.70万元改造修缮1、2、3、4、5号泵房值班室、操作室和围栏。

（陆　龙　王永东）

园林管理

【县园林局领导名录】

局长：刘格礼

副局长：李卫忠
　　　　赵卫星
　　　　俞永胜
　　　　白亚希

纪检组长：卢利军

【机构设置】 园林局内设办公室、财务股、规划设计室、园林服务中心、园林养护队、公园广场管理所、园林监察队。

【重点绿化工程】 完成高速公路收费站进出口绿化工程；实施招标完成南湖、北海绿化工程；完成人民公园绿化升级改造工程；完成贺兰北路、巴音北路、粮台路、绕城路、利民西街、新区办公区，别磴线出入口绿化工程。

【园林绿化完成情况】 完成绿化面积68平方米，栽植各类乔木7.80万株，品种有垂柳、桧柏、樟子松、山桃、金叶榆等；侧柏绿篱10万株、小榆树30万株。

机关干部职工参加义务植树3000人，义务植树5.30万株，参加义务锄草劳动3500人。

（李卫忠　白　洋）

环境保护

【县环境保护局领导名录】

局长：王晓东

党支部书记：王计孝

纪检组长：武小强

副局长：杨　勇
　　　　马建东
　　　　马　清
　　　　李文军

【机构设置】 环保局内设办公室、管理污控股、生态宣教股。

【污染减排】 2015年，市对县减排项目为17项，其中，废水9项、废气8项，实际完成15项（泰顺食品有限公司锅炉提标改造计划2016年完成，污水管网没有按要求完成工程量）。完成7家农业源减排项目。磴口金牛煤电有限公司完成1#机组脱硫增容改造项目，中粮番茄制品有限公司、丰华供水、供热有限公司完成锅炉提标改造，完成3家淘汰落后产能企业，完成隆盛合镇污水处理厂建设任务。环保部认定磴口金牛煤电有限公司综合脱硫效率为90%，综合脱硝效率为65%。全年共完成二氧化硫削减2655.64吨、氮氧化物削减3144.88吨、化学需氧量削减309.07吨、氨氮削减12.34吨。

【环境空气质量】 2015年，巴彦高勒镇环境空气中颗粒物（PM10）年均值为0.19毫克/标立方米，略高于《环境空气质量标准》中二级标准（年平均0.10毫克/标立方米）；二氧化硫年平均值为0.03毫克/标立方米，符合《环境空气质量标准》二级标准；二氧化氮年均值为0.03毫克/标立方米，符合《环境空气质量标准》二级标准。

【水环境质量】 2015年，巴彦高勒镇新水源地水质除氟化物外，其他各项指标均符合《地下水环境质量标准》Ⅲ类水质要求；乡镇水源地包括沙金苏木水源井、渡口镇水源井、补隆淖镇水源井及乌兰布和农场水源井。沙金苏木水源井水质超标指标有氟化物、氨氮、总硬度；渡口镇水源井水质超标指标有氟化物、氨氮、铁；补隆淖镇水源井水质超标指标有氨氮、总硬度、硫酸盐、铁；乌兰布和农场水源井水质超标指标有氟化物、氨氮。2015年，磴口县境内自然湖泊（奈伦湖、冬青湖、万泉湖、纳林湖、金马湖）、巴彦高勒镇3个人工湖（北海、南湖、中心湖）、磴口县境内灌溉渠（总干渠、大滩渠、东风渠、乌审干）、巴彦高勒镇截渗沟（排干渠）水质均属《地表水环境质量标准》（GB 3838–2002）Ⅴ类水体。

【声环境质量】 2015年，巴彦高勒镇各功能区噪声等效声级符合《声环境质量标准》（GB 3096–2008）；交通噪声等效声级符合《声环境质量标准》（GB 3096–2008）4a类。

【生态环境质量】 2015年，磴口县生态环境状况级别较差，与2014年相比无明显变化。植被覆盖指数与2014年相比无明显变化。

【环保专项资金项目】 隆盛合镇合同村农村环境综合整治项目环保专项资金70万元；内蒙古乌兰布和乳业有限责任公司3000吨/天污水处理扩建工程环保专项资金100万元；磴口县第一完全中学生活锅炉煤改气建设项目环保专项资金50万元。

【建设项目环保审批】 内蒙古宇乐化工股份有限公司2×330兆瓦CFB热电工程项目通过巴彦淖尔市环境保护局审批。

磴口县万家牧种养殖有限公司沙金万头育肥牛基地项目环境影响报告书、磴口县乌兰布和生态大道公路工程建设项目等14个环境影响报告表、磴口县东亿新天地住宅小区配建公共租赁住房项目等26个建设项目环境影响登记表通过磴口县环保局审批。

【环境执法监管】 2015年，紧紧围绕贯彻新环保法的实施，加大环境违法行为的打击力度，对违法排污等行为进行严厉的处罚。取缔关停元盛硅业有限公司，处罚庆鑫矿业有限公司，对未批先建的黄河铬盐20吨锅炉违规项目进行司法移交。全年出动监察人员430人次，进行现场监察执法行动。对所有涉水、气、渣排放源进行全面大排查，集中解决群众反映的突出环境问题。限期拆除小塑料场3家。全年对锅炉烟尘、秸秆焚烧、贮煤堆场、医疗废物、餐饮服务、自然保护区等开展专项整治，严厉打击环境违法行为。完善环境信访制度，保障“12369”热线畅通，各类环境污染纠纷得到及时解决，维护群众的切身利益，防止群体上访事件的发生。全年共受理环境信访案件2起，办结2起，处理污染纠纷102起。办结率达100%。

【**重点流域水污染防治**】 磴口县"十二五"规划期间流域水污染防治项目共2项。其中隆盛合镇污水处理厂2015年8月建成投入运行，并通过建设项目环境保护竣工验收（磴环发〔2015〕196号），38.24公里污水管网配套工程全部完工，累计建设污水管网38.56公里。

【**二级单位领导名录**】

环境监察大队

队长：李　烨

指导员：孙强德

副队长：鲁建平

环境监测站

站长：余　剑

副站长：王　霞（女）

（高　非　王多龙　赵俊新　贾毅龙　张汉池　闫媛春　李　烨）

城市管理

【**县城市管理行政执法局领导名录**】

局长：李　建

副局长：陈　涛（2015年4月起）

袁小叶（女，至2015年4月）

杜瑞忠（2015年4月起）

李晓勇（2015年4月起）

刘杰军（2015年4月起）

【**概　况**】 2015年，磴口县城市管理行政执法局在县委、县政府的正确领导下，围绕全县中心工作和城市管理的总体要求，以开展"三严三实"专题教育为契机，始终坚持以城乡规划监管和市容市貌整治为重点，以转变作风、服务群众为根本，以依法行政、文明执法为基础，以转变城管理念、创新城管工作、提高城市管理水平为目标，通过全局干部的共同努力，城市形象不断提升，城市管理工作成效明显。

【**机构设置**】 城市管理行政执法局内设办公室、一中队、二中队、三中队、综合中队、市容中队。人员编制核定32人，其中，行政管理人员17人，专业技术人员15人。

【**市容市貌管理**】 2015年，全体干部职工全力以赴，不计报酬、放弃节假日，通过"五加二""白加黑"、错时管理、零点行动等管理措施，对市容市貌进行专项整治。共取缔店外店323家，清理流动摊贩5410个次，清理占道经营283家，拆除违章设施78处，拆除有碍市容观瞻物46处，彻底取缔高速路口、绕城线和团结路、小游园周边、财政局路口的瓜果摊贩马路市场，解决摊贩占道经营影响交通和市容的老大难问题。同时对城区主次干道采取拉网式清理，投资3.60万元，投工投劳755人次、46个工作日、19次清涂、清洗小广告3万多条，清理违规小广告牌匾106块。与补隆镇、建设局、林业局、交通局配合，完成高速出口到坝楞新村路口国道110线两侧植树造林、建筑亮化、柴草清理的矛盾调处和违章广告牌匾及违章建筑拆除工作。帮助交通局完成磴额线高速出口至乌兰布和段道路两侧公路控制区的违章建筑和广告牌匾的拆除任务，乱堆乱放、建筑垃圾得到彻底清理。与环保局配合取缔圣牧高科北砂场1处，规范高速路口周边砂场3处、煤厂2处；完成乌兰布和生态大道沿途广告牌匾的拆除和建筑垃圾及小广告的清理。与建设局、园林局完成高速出口及加油站改造、高速出口连接线拓宽及道路两侧绿化、美化和贺兰北路、乌兰布和生态大道（电厂路口至乌沈干渠段）两侧绿化、美化的矛盾调处任务；帮助乌兰布和农场完成场部集镇亮化、美化工程的矛盾调处和集镇环境综合整治任务；帮助建设局、园林局完成钢铁路、贺兰路亮化、美化、绿化工程的矛盾调处任务；帮助巴彦高勒和交通局拆除磴二线两侧公路控制区违章建筑6处，违章广告牌12块，清除小广告436条；帮助补隆淖镇和交通局清理高速出口至补隆镇国道110线两侧公路控制区小广告91处，拆除违章建筑4处，清理建筑垃圾11处，拆除违章广告牌29块；帮助渡口镇和交通局清理别磴线和堤防公路两侧公路控制区小广告41处，拆除违建9处，拆除违章广告牌21处，清理乱堆乱放67处；请示政府在南开东街、学府花园北硬化带、旧二中南院墙外硬化带设置3处便民市场，有效缓解城市管理压力；与食品药品监督局、教育局配合取缔校园周边的小吃摊点。会同县爱卫办、巴彦高勒镇和各经营门店签发“门前四包”责任书1239份，同时不断加大步巡、车巡管理力度，有效治理迎街环境脏、乱、差现象。对新建楼群商业门店采取统一制作门牌框架的措施，确保楼体、楼群门牌字匾“两齐一平”，为全县城区统一门牌标准树立典范，更新破损广告牌匾163块，规范门牌字号和广告牌匾351块。完成南环路、朝霞路、巴音路、钢铁路、物流园区的环境卫生综合整治。拆除临时厕所3处，柴草围院676米，清理乱堆乱放143处，清理废土垃圾1593立方米，通过专项整治、长效管理，城区市容市貌显著改变。

【违章建筑】 实行全天候不间断拉网式检查，全年共立案275起，涉案面积达6500平方米。集中力量拆除私搭乱建，对粮台街、行政区环路、利民街、团结北路、南环路群众反映强烈的私搭乱建进行强制拆除，共拆除违法违章建（构）筑物55处，面积达1050平方米，其中拆除贺兰路两侧违建12处510平方米，朝霞路两侧违建6处270平方米。联合相关单位对城区范围危房进行联合筛查、现场审批，期间修缮危房41余户，新建危房32户，改造建筑面积达5300平方米。实时监控大型工地，从源头上严格控制施工违规行为，同时加强对夜间施工的巡查力度，共深入大型工地执法检查22家，查处违法施工工地8家，车辆沾泥带土上路63起，扬尘污染3起。

【建筑垃圾】 建立健全建筑垃圾管理台账，并与各开发商签订废土处置责任书，要求清运废土车辆全部苫盖，按照“三定（定时、定线路、定点）”的原则进行管理。对城区22处施工现场建筑垃圾进行检查，投资1.60万元，先后9次组织人员、车辆，协调处理15起乱倒建筑垃圾行为，制止28起运输建筑垃圾抛撒路面行为，对城区周边散倒的渣土、建筑垃圾进行清理整治，共清理渣土、建筑垃圾1300立方米，有效改善城区及周边环境。

旅　游

旅游概况

【县旅游局领导名录】

局长：许晓东（女）

副局长：袁瑞琼（女）

【机构设置】 2015年4月，磴口县成立旅游局，内设办公室、宣传促进股、质量管理股，科级建制行政单位。同时，把旅游服务中心设为二级单位。

【发展概况】 全年接待游客88.46万人次，实现旅游综合收入4亿元，与2014年同期相比分别增长25%和33.30%。

【景区建设】 纳林湖景区投资2000万元，清理航道，并对船只进行维护与保养，开展员工招聘和培训工作。完成西码头基础建设、南北码头改造完善以及地质遗迹园主体工程，开展景区绿化美化、黄金海岸线整治、码头通道及护栏的维修。进行湿地漂流项目基础建设，修建完善国际沙雕园二期工程。完成2座旅游生态厕所的建设。对景区内部标识标牌进行完善。景区西侧的文化墙粘贴传统文化宣传画。全面改造景区管控系统，满足游客不断增加的需求。万泉湖景区投资近2000万元，对河道进行整治清理，完成光伏农业生态大棚前期土地平整，正在与承建单位进行对接。完成5座旅游生态厕所的建设。开挖扩大冬青湖东湖。绿色养殖基地、沙生植物观赏园、内蒙古宇乐化工环湖景观带、万泉湖景观带前期策划设计已完工，正在逐项施工建设。金童岛上修建的基部直径59.90米的祈福敖包进行主体框架建设。对金玉滩上的敖包、沟心庙、金沙峰的建设场地及美人观光岛场地进行平整，完成金沙峰滑沙土建工程。对天河湾码头进行整体绿化升级，建设凉亭、假山等景观。实施银沙湾休闲区的土建工程以及敖包的修建。黄河三盛公景区投资近1300万元，完成欢乐岛游乐场基础工程，对外开放部分娱乐项目，完成三盛公防汛综合码头建设、黄河文化广场硬化以及金属雕塑园基础平台。新建娱乐桥3座和《一帆风顺》景观雕塑1处，安装大型LED宣传屏。景区内新建休息凉亭5座，AAA级旅游厕所1座，北岸码头、游客接待中心和近100平方米的生态卫生间。奈伦湖投资300余万元，重点开展国家沙漠公园和湿地公园的规划评定，在湖中放养草鱼、鲤鱼、鲫鱼等鱼苗。金马湖投资1000余万元，修建3.50公里的环湖油路，完成三座生态木屋的整体建设和内部装修，对4个标准化垂钓池进行硬化改造，栽植树木2000余株，投放各类鱼苗5000余公斤，在景区内建设多处休闲、娱乐设施，栽植交通标识、导览指示、安全警示等标识牌80余块，年内举办个人各类垂钓比赛近20场。阿贵庙投资800余万元，栽植松树和油松1万余株，铺设6000

米的输水管道。修建景区停车场，完成道路护坡修建。会供殿内部布展。修建连接五大山洞的穿山索道的滑道、游览栈道以及万佛峡谷的佛像雕刻。冯玉祥西北军粮仓博物馆投资600余万元，完成博物馆的展厅布展，并对景区内的互动设施及实景再现进行布置施工，正式向游人开放。兵团文化博物馆投资2000余万元，完成博物馆大楼整体改造和内部布展，对景区建筑进行仿旧修复和美化亮化，正式向游人开放。三盛公黄河游乐园投资1000余万元，完成大型室内水上乐园的整体工程，建成人工造浪海滩池，人造温泉、多功能造浪池、标准室内游泳池、儿童游泳池等水上游乐设施，配套建成自助餐厅、多功能会议室、休闲烧烤街等服务设施。黄河三盛公国家地质公园博物馆投资500余万元，完成博物馆主体框架建设及外墙装修，内部装修。

【产品开发】 与河南大地航空有限责任公司通过PPP模式筹建的集培训、景观、旅游为一体的低空飞行培训基地试飞成功，开通三盛公水利风景区到临河黄河湿地公园、三盛公水利风景区到万泉湖、三盛公水利风景区到纳林湖、万泉湖到纳林湖四条以磴口县旅游为主的市内航线。

【乡村旅游】 加大旅游新业态的培育建设力度，以牧家乐为主的牧民新村已建成三连式蒙古包20余座，正式对外运营；以农家乐、渔家乐为主的黄河渔村和纳林小镇完成整体规划，正在招商引资。以工业园区、设施农牧业、水产养殖基地等为载体，加大葡萄基地酒庄、圣牧有机草牧场、蒙牛工业园区等生态工业旅游项目的建设，发展特色旅游业。

【旅游环境建设】 加强旅游交通道路两侧的造林绿化工作，同时，委派林业和园林部门深入县内各重点旅游景区帮助指导开展绿化造林。在高速公路入口处、三盛公景区同心锁广场、工业园区、铁路沿线等重点部位设置大型旅游广告牌，同时对高速公路两侧的三块大型擎天柱广告宣传牌以及黄河堤防公路两侧的旅游宣传道旗进行更新维护。继续加大通往景区交通道路建设，投资1925万元修建旅游景观道路乌兰布和生态大道8.70公里；投资2238万元拓宽通往兵团文化基地、纳林湖景区一线道路4.80公里；投资1200万元修建通往王爷地苁蓉观赏基地道路12公里。

【宣传促销】 聘请专业团队建立并正式开通磴口旅游官方网站，完善磴口旅游微信平台功能，利用新媒体开展旅游宣传。继续在内蒙古卫视播放时长15秒的《百湖之乡·魅力磴口》旅游形象宣传片，与巴彦淖尔电视台合作，重新拍摄全县旅游风光片。重新编印以“百湖之乡·魅力磴口”为主题的旅游宣传画册，并向县内及周边盟市宾馆、饭店、各景区进行免费发放。积极与巴彦淖尔机场联系合作，进行全县整体及重点景区的长期灯箱广告宣传。举办各类活动，拓展客源市场，成功地举办黄河三盛公流凌旅游文体系列活动、第二届乌兰布和沙漠“纳林湖”国际沙雕艺术大赛暨纳林湖开湖节、乌兰布和沙漠“金马湖”杯全国沙漠垂钓大赛、纳林湖消夏旅游节及第二届“纳林湖”杯沙滩足球赛、第一届内蒙古兵团文化艺术节、开展保护母亲河增殖放流活动，制定出台《磴口县全民休闲垂钓活动实施方案》。多次修改完善全县旅游宣传PPT，按照全市统一部署，先后两次深入到北京、天津、西安、榆林、大同、忻州、银川以及区内周边盟市开展旅游宣传推介活动。编写的宣传推介信息被乐途旅游网、天津在线、广东都市网、中国日报网、中国台湾网等多家网站转载。加大旅游宣传信息撰写报送工作，累计撰写报送各类信息167篇，被各类媒体采用120篇，其中部分信息还被《中国旅游报》《内蒙古日报》以及中国旅游网、中国经济网、乐途旅游网、腾讯大粤网、内蒙古之窗等多家媒体采用刊登。联合县内各大景区在“五一”劳动节、母亲节、“六一”儿童节、华莱士节、教师节、国庆节等传统节日期间推出各类优惠促销和主题活动，并通过微信平台和网站报刊等媒体，进行广泛的前期宣传，促使节日期间景区游客量大增。做好旅游宣传月各项工作，按照旅游宣传“五进”工作要求，在加大利用各类媒体开展宣传的同时，会同县内相关部门深入广场、车站、社区、学校，广泛开展旅游宣传活动，特别是充分利用学校的红领巾广播站，每周进行一次旅游资源介绍。与此同时，在政务大厅、精品社区、老年大学等场所设立旅游宣传专栏，充分利用各类载体进行宣传。联合各重点旅游企业在富源广场举行“5·19”中国旅游日“百湖之乡·磴口行”主题宣传活动。现场发放各类宣传资料5000余份，展出旅游宣传展板12块。各景区累计赠票1500余张，金额达4万余元。联合工会、残联、文明办、团委等部门组织100余人开展“爱家乡·共建设”磴口旅游发展观摩考察活动。多家媒体分期分批发布磴口县旅游资源整体概况、各重点旅游景点介绍、大型节庆活动、特色美食等相关信息。初步录制完成沿黄一线的旅游录音解说词，并初步编写完成磴口旅游服务手册。配合巴彦淖尔市旅游局开展“草原水城——绿色巴彦淖尔”旅游社踩线活动。按照自治区旅游局的统一部署，积极参与“2015美丽中国行·亮丽内蒙古——黄河风情游全国主流媒体采风活动”和“2015年百名媒体旅行商旅游踩线活动”，邀请内蒙古电视台经济生活频道雷蒙团队到磴口县进行《百姓热线》栏目——《美丽内蒙古·磴口》专题节目录制；中央电视台经济频道《生财有道》栏目组深入纳林湖景区进行全面宣传报道；内蒙古卫视《蔚蓝的故乡之秋游长河大漠》摄制组在磴口县进行为期10天的专题拍摄。举办以“黄河流凌、湿地观鸟、你眼中最美的磴口”为内容的“我爱家乡好风光”系列摄影作品征集活动，共收到各类摄影作品200余幅，经过专家组的严格评审，产生获奖作品8幅。

【质量管理】 印制下发《磴口县旅游突发公共事件应急预案》，并与企业签订安全生产责任状。在元旦、“五一”“端午”等小长假前，深入各旅游企业开展安全执法检查，对存在的安全隐患下达整改通知书，要求企业限期整改。随后，对存在问题的景区进行整改落实情况的专项督查。开展旅游法的宣传，5月19日和6月10日，分别组织干部及县内各涉旅企业工作人员50余人进行旅游法宣传，宣传中展出展板12块、发放宣传资料2000余份，接受群众咨询800余人次。6月中旬，开展《中华人民共和国旅游法》宣传进社区活动，先后深入到西环、贺兰、镇南等社区开展宣传活动。开展旅游市场秩序整顿工作，组织县内各相关旅游企业召开专题会议，要求各企业严格按照各级会议精神，依照方案要求，加大自查自纠力度，规范经营行为。

【行业创建】 深入企业开展调研摸底，指导企业规范经营管理，完善档案资料，先后向市旅游局推荐申报A级景区2家，星级乡村旅游接待户2家。9月18日，接受自治区专家组的评审验收。黄河三盛公国家水利风景区顺利晋级为国家AAAA级旅游景区。

【项目申报】 帮助企业协调相关部门，完善项目申报资料，做好旅游发展资金项目申报工作。乌兰布和西湖争取到自治区旅游发展资金30万元。

【旅游统计】 在完成常规旅游统计工作的基础上，对一些节庆赛事和主题活动期间的旅游接待及时进行统计汇总上报。指定专人负责辖区内A级景区、饭店抽样调查工作，按照要求完成网上填报。按要求及时完成文化产业统计上报工作。开展住宿设施普查工作，采取逐家逐户上门走访和电话调查相结合的方式，对全县范围内的各类宾馆、饭店、家庭旅馆、招待所、农牧家乐、洗浴场所等有住宿设施的场所进行一次详细普查统计，统计结果显示全县共有住宿设施的宾馆、饭店95家，房间1622间，床位3383个。通过发放书面调查表和实地走访的形式，对分布在县内各乡镇苏木、国有农场的农家乐、牧户游的基本情况、建设情况、经营情况等进行调查摸底。

【新建旅游厕所】 按照市局下达的新建10座旅游厕所任务，深入具体建设单位与企业共同研究标准、参与图纸设计，跟踪进度，新建10座旅游厕所如期交付使用。6月上旬，接受自治区督查组的评定验收。

【教育培训】 4月初，组织县内各企业相关人员参加全市救护员培训班。12月中旬，在河套文博院开展全县导游讲解员培训班，随后举办首届全县导游员技能大赛。

【旅游商品大赛】 组织县内各旅游商品企业参加巴彦淖尔市旅游商品大赛，县旅游局荣获全市“旅游商品大赛优秀组织奖”称号。随后，组织大赛中的优秀旅游商品参加中国特色旅游商品评选和内蒙古博乐歌旅游商品大赛。

【重大活动】 2015年6月27—28日，举办乌兰布和沙漠“金马湖”杯全国垂钓大赛和第四届“四海之星”城市友好对抗赛巴彦淖尔市磴口县分站。2015年8月21—23日，举办“巴彦淖尔·光荣绽放”第一届内蒙古兵团文化艺术节。

（袁瑞琮）

旅游资源

【阿贵庙】 阿贵庙位于磴口县沙金套海苏木境内。该庙建于清嘉庆三年（1798），占地面积100余公顷，海拔1500米。阿贵庙内藏有藏文大藏经，此经包含1108种、101部。有跳鬼面具10副、五尺高佛塔一尊、塑五尺高莲花生像。阿贵庙全称拉西布仁嘎定林阿贵，阿贵，蒙古语意为山洞，因此处奇洞攀岩、仙境妙笔而得名。阿贵庙属藏传佛教中的红教庙宇，红教也称宁玛派（藏语“宁玛”译为古、旧），是藏传佛教四大传承之一，属于密宗教派，该派僧人均戴红色僧帽，俗称为红教，尊莲花生为师祖。阿贵庙是中国西北地区最大的红教庙宇，也是内蒙古红教喇嘛唯一的活动场所，是自治区12个重点寺庙之一。

【阿贵神泉】 阿贵神泉位于磴口县沙金套海苏木境内的狼山山脉之中，有矿泉水眼数处，日流量上千吨，但最负盛名的要数格尔敖包沟矿泉水，日流量达110吨。泉水可以直接饮用，被当地人称为“神泉水”。

【人根峰】 人根峰位于磴口县沙金套海苏木与阿拉善左旗敖伦布拉格镇交会处的哈如乃山，呈褚红色，高34.14米，粗10人可以合围，基部直径约8米，上部直径约4米，形成于7500余万年前。山体都是山石与砂石的混合体，在强烈的侵蚀分割、溶蚀和重力崩塌的综合作用下，节理和裂隙不断加宽扩大。经过长期强烈的风蚀加上雨水冲击，四周砂石流失，石柱渐渐拔地而起，形成一处独特的景观。由于地壳运动的作用，石柱已向东南方向有5—7°的倾斜。

【三盛公天主教堂】 三盛公天主教堂位于磴口县巴彦高勒镇西南1.5公里处，是外籍传教士在中国西部最早落脚的地方，是中国西北地区最大的天主教堂。清光绪十九年（1893）竣工落成。教堂属西洋哥特式风格，以挪亚方舟为原造型，面积达675平方米，堂基入地2米，用块煤压基，煤块上砌着条石，高出地面0.80米，墙壁由精致的蓝砖砌成，顶部全部由铁皮覆盖，36扇尖拱形窗户全部由带有图案的小块五色玻璃和铭条镶嵌而成。附属建筑有修道院、修女院、明正女校、果树林园等，风格独特，自成一体。每逢重大教务活动，本地区及银川、平罗、定边、包头及巴彦淖尔市各旗县的教徒聚集教堂，教堂可容纳3000余人。

【奈伦湖】 奈伦湖景区位于磴口县乌兰布和沙漠南部，是巴彦淖尔市最大的人工湖。占地面积45万亩，其中水域面积10万亩，是自治区4条精品线路上黄河水利风景的核心景点和重要组成部分。

【**观光瞭望塔**】 观光瞭望塔位于拦河闸至奈伦湖沿黄公路14.50公里处，紧邻奈伦湖景区，是九曲黄河的制高点。瞭望塔总投资190万元，基础占地面积1.95亩，塔身通高24米，共5层，为钢结构。

【**黄河三盛公国家水利风景区**】黄河三盛公国家水利风景区位于磴口县巴彦高勒镇东南2公里处，是国家AAAA级地质公园景区，景区总面积129平方公里，主景观区8.30平方公里。依托三盛公水利枢纽工程而建，黄河三盛公国家水利枢纽工程始建于1959年，竣工于1961年，是亚洲最大的、黄河上唯一的以灌溉为主的一座特大型引水平原闸坝工程，同时兼有交通、发电和旅游等多种功能。

【**冯玉祥西北军粮仓博物馆**】 冯玉祥西北军粮仓博物馆位于磴口县巴彦高勒镇城南1.5公里处。该粮仓博物馆占地面积5500平方米，建筑面积1260平方米。2014年9月，被自治区政府批准公布为重点文物保护单位。粮仓博物馆主题主要突出的是冯玉祥的爱国主义精神，重点围绕磴口地区粮食仓储发展变化历史，通过左宗棠平定新疆驻队运粮、西北军军粮仓储与流转、计划经济时代的粮食仓储文化三大展区，全面向世人展示磴口乃至河套地区的厚重的粮食仓储文化。磴口县投资1000余万元，建设冯玉祥粮仓博物馆，对原有建筑进行了修复重建，新建了配套设施，完成了博物馆的展厅布展，2015年7月底正式向游人开放。

【**金马湖**】 金马湖位于磴口县隆盛合镇海子沿村。金马湖水域占地面积2750亩，其中自然湖泊占地2100亩，机械开挖池塘370亩，标准化池塘280亩，较好地保存了原始生态风光。金马湖中养殖区育有草鱼、鲤鱼、鲶鱼、鲢鱼、武昌鱼、螃蟹和黄河土著鱼类等多个品种，年产鱼5万余公斤。

【**金堂庙**】 金堂庙又名慈云寺，位于磴口县隆盛合镇，始建于清康熙二十年（1681），是河套地区首座汉佛寺院。该寺大雄宝殿居中，殿内1.50米宽的净台上，有5座彩绘金身的佛像。屋顶四角上翘，浮雕悬空，顶层雕有“二龙戏珠”，前壁彩绘满墙，两侧各有一个小陪殿，厢房在两侧纵列，各10余间。1980年，建起土木结构的念经堂。1989年，重建金堂庙。

【**金胡杨**】 金胡杨位于磴口县隆盛合镇合同村。村内的3株高大挺拔、枝繁叶茂的胡杨树，俗称为水桐树，已有千年历史。这3株胡杨树属自然生长，最大的一株树围达4米多。

财政·税务

财　政

【县财政局领导名录】

局长：赵军伟

副局长：石宏宇

李爱军

李　健

白　芸（女）

纪检书记：李有德

【机构设置】 财政局内设办公室、预算股、国库股、行政政法股、社保股、教科文股、监督检查股、会计股、农财股、经建股、信息中心、乡财股、综合股。2015年1月，新成立条法税政股、公共投资股、财政投资评审中心。2015年1月，企业股更名为工交经贸股。

下属二级单位有国资局、信贷担保中心、国库集中收付中心、巴彦高勒镇财政所、渡口财政所、补隆财政所、隆盛合财政所、沙金财政所。

【财政收入】 2015年，磴口县公共财政预算收入累计完成24393万元，同比增收2383万元，增长10.80%，完成年初预算的101.60%。

【财政支出】 全县公共财政预算支出完成154164万元，同比增支41850万元，增长37.30%，完成年初预算数的96.90%。

【财政管理】 加大投入，加强财源建设，实施积极财政政策，发挥财政职能作用，协调各有关部门，利用多种投融资渠道扶持企业发展。建立和规范税收优惠政策，公平同类企业税负，严防税收流失。强化税收征管，堵塞征管漏洞，做到应收尽收。加大非税收入征管力度，确保财政资金及时入库。加强征管基础工作，对执收、执罚单位进行重点检查，并根据实际情况跟踪落实，防止坐支、挪用现象发生。积极申报项目，争取资金，做大经济蛋糕，培植壮大财源。

【改善民生】 2015年，共计拨付农村牧区“新农村新牧区建设”工程资金18663万元。

2015年，共拨付粮食直补资金346万元，农资综合直补1550万元，农业良种补贴372万元，促进粮食增产、农民增收；拨付补贴资金2100万元，为1738户农户、1个合作社购置2033台农机具。

2015年，拨付扶贫资金1885万元，支持产业化扶贫发展，实施生态脆弱地区移民、金融富民和“三到村三到户”扶贫项目；拨付农业综合开发资金3463万元，用于推进土地治理和农业产业化经营等工作；拨付资金640万元，扶持16个农民专业合作社健康发展。

2015年，投入“一事一议”财政奖补资金1600万元，实施项目81个，项目覆盖5个苏木镇37个嘎查村，受益人口5.48万人次。投入现代肉羊产业发展资金3210万元，建成标准化养殖场6个，肉羊饲养量达到1.20万只。投入义务教育保障机制经费732万元，全县义务教育阶段5934名中小学生全部纳入义务教育保障范围；投入“两免”资金360万元，有1959名高中和中职学生受益；拨付资金860万元，支持部分中小学校舍维修和学前教育校舍改建；拨付资金396万元，资助83名城乡低保家庭子女升入普通高校入学。

拨付城乡居民养老保险补贴1289万元，使10284人受益；拨付城镇低保资金2713万元，补贴标准提高到每人每月457元，使5099人受益；拨付农村低保资金1747万元，补贴标准提高到每人每月269元，使6101人受益；拨付五保及孤儿补助资金224万元，孤儿补助资金、五保集中供养和分散供养标准分别达到1310元/月、6718元/年和3815元/年；为1799名80周岁以上老年人拨付长寿保健金223万元；拨付就业补助442万元，主要用于社会保险和职业培训，发放小额担保贷款财政贴息资金等。

拨付公立医院资金2930万元，主要扶持综合性医院、中医院和妇幼保健院等；拨付医疗保障资金5736万元，支持行政事业单位职工基本医疗保险、城镇居民基本医疗保险和新型农村合作医疗；拨付基层医疗卫生机构补助资金849万元，保障基层医疗卫生机构的正常运转和工作需要；拨付基本公共卫生资金539万元，用于为城乡居民提供基本公共卫生服务方面的支出。

2015年，全县住房保障支出14394万元，极大地推进廉租房、公租房、农牧区危房改造、棚户区改造等保障性住房建设。

【二级单位名录】

国有资产监督管理局

局长：李　健

副局长：张奋民

国库集中收付中心

主任：韩永志

副主任：吴文君

（李兆萱）

国家税务

【县国家税务局领导名录】

局长：张树连（至2015年2月）

魏向东（2015年2月起）

副局长：张洪文

武丽鹤（女，至2015年4月）

戴德斌

邬利清

杨　磊（2015年4月起）

纪检组长：杨智才

【概　况】 2015年，面对复杂严峻的经济形势和艰巨繁重的改革发展稳定任务，磴口县国税局在县委、县政府的正确领导下，积极承接上届党组坚实的工作基础、优良的工作作风，上下一心、团结奋进、整体推进、亮点频现，实现国税事业新常态下的新发展。

【机构设置】 国税局内设办公室、监察室、人事教育股、政策法规股、税政管理股、征收管理股、办税服务厅、税源管理一股、税源管理二股。直属机构为稽查局。事业单位为信息中心。派出机构为城乡税务所。

【组织收入】 2015年，国税局累计入库各类税收16018万元，较2014年同期18828万元减少2810万元，减幅14.92%；地方公共财政入库3725万元，较2014年同期3834万元减收109万元，减幅2.84%，完成年度地方公共预算收入4582万元的81.30%。

通过积极开展政策宣传辅导、强化核实把关、优化服务管理等举措，全面落实各项税收政策。纳税人累计享受税收优惠政策减免税额达9317万元，涉及纳税人33965户次。其中落实出口退税633万元、免抵调库483万元，为企业发展提供税收政策支持。

【纳税服务】2015年，国税局积极创建星级办税服务厅，按照要求统一办税服务厅标识和色调，划分完善每个功能区域的服务设施。在咨询辅导方面安排副股以上干部全程进行导税服务，让现场办税更加快速、便捷。设立24小时自助办税"橱窗"，改变传统"人工"服务向自助"机器"服务的无空隙、不间断服务拓展。认真落实"两个规范"，2015年，举办"两个规范"考试5次，促进税收征管和纳税服务工作水平提升。

开通国税微信公众号，向纳税人及时公布国税工作动态及税收政策。办税服务搬上互联网，积极推广网上办税业务，所辖企业96%以上实现网上办税。积极推进邮政"双代"业务和"同城通办"业务，"双代"业务延伸至乡镇一级，实现纳税服务"无限制"。

完善多媒体电教室建设，升级"同心桥"纳税人学堂，圆满完成21期集中授课，对网上申报、企业所得税申报、汇算清缴、营改增税收政策和进出口税收等业务进行培训，受到纳税人广泛好评。

【国税地税合作】2015年，国税局、地税局成立国地税联合办税工作小组，建立"对接"机制，国税、地税定期或不定期召开联席会议。建立常态合作机制，营造双赢协作氛围。2015年，累计为地税局代征地方税合计281万元，同比增加169万元。

（张 瑞）

地方税务

【县地方税务局领导名录】

局长：樊新民

副局长：郭子琴（女，蒙古族）

米海山

王惠亭

纪检组长：曹永刚

党组成员：庄 炜

【概 况】2015年，积极梳理公布行政权力清单，主动接受社会监督。按照行政许可、行政处罚等十大类的权力类别划分，逐项查找法律法规和文件的依据条款，地税局本级行政权力清单共梳理汇总129项行政权力。

2015年，磴口县地税局认真做好"营改增"清税、清户、清欠、清票四清专项工作。重点对即将"营改增"的纳税人开展税款清缴、管户清查、欠税清理工作，做好管户移交前期准备工作。截至年底，有金融保险业管户27户、房地产业管户54户、建筑安装业管户63户、生活服务业管户1421户。

【机构设置】2015年，磴口县地方税务局共设21个部门。内设办公室、人事教育科、监察审计科、法制科、税政管理科、税收管理和科技发展科、计划会计统计征收科、信息中心、巴彦淖尔市税收研究学会地方税收研究学会磴口分会；派出机构为社会保险费征收管理分局、磴口工业园区分局、稽查局、办税服务厅、巴彦高勒镇地方税务所、东升地方税务所、贺兰地方税务所、团结地方税务所、房地产征收管理地方税务所、补隆淖地方税务所、隆盛合地方税务所、沙金地方税务所。

【组织收入】2015年，累计完成税费收入38934万元，比2014年同期增收3898万元，增长11.13%。其中，税收收入完成21571万元，比2014年同期增收2667万元，增长14.11%。其中，中央级税收收入完成3468万元，比2014年同期增收537万元，增长18.32%；地方级税收收入完成18103万元，比2014年同期增收2130万元，增长13.34%。

【税务登记】磴口县地税局共管辖纳税户5661户。其中，国有企业28户，集体企业3户，股份有限公司25户，私营企业345户，其他企业794户、外资企业6户、个体经营4460户。

【税务管理】 截至2015年，累计代征城市维护建税、教育费附加和个人所得税合计279万元。通过土地增值税清算，税收执法督查和重点案件稽查，工业园区耕地占用税清查，查出税款2000多万元。

【纳税服务】 在“税法宣传月”期间，国税、地税分别抽调业务骨干组成联合税法宣传志愿服务队，深入12家企业、2个街道、3个社区、2个校园和1个农村，发放涉及小微企业税收优惠政策、个人所得税、房地产税收、社保政策等税收宣传单3000余份、宣传手册1000余册、联合解答涉税热点难点问题，为纳税人答疑解难。

明确岗位职责、办税程序、工作标准、处理方式、沟通协调、后台支撑和责任追究等内容，对违反规定的严格追责，切实解决执法服务中的难题。

为广泛深入宣传税收法律法规和政策，推进依法治税，增强公民依法诚信纳税意识，营造良好的税收环境，联合蒙牛乳业（磴口巴彦高勒）有限责任公司举办“蒙牛杯”税务知识竞赛活动，通过《磴口时报》刊登竞赛题目，发放答题卡2200余份，最后评比出一等奖1名，二等奖2名，三等奖3名。

【新农村新牧区建设】“一对一”包扶工作从9月开始，无节假日的下基层60天，帮扶4个村社，帮助107户农民，共拆建羊圈、猪圈13个、拆建清理草园子5个、搬运草捆800余捆、搬运整理砖块和水泥块20余处千余块、倒运木头及椽檩7处、擦洗玻璃40余户、清理院落50余户、发放明白卡张贴宣传画册60余户，同时还为这4个村社张贴宣传标语、清理村内卫生、清运路边垃圾。

（杨海燕）

教育·科技

教育概况

【县教育局领导名录】

局长：田金龙

党委书记、副局长：杜俊生

政府教育督导室主任：兰　斌

副局长：孟克吉雅（蒙古族）

朱伯强

高晓宁（女）

【概　况】 按照县委制订的《中小学校长、幼儿园园长公开竞聘实施方案》，在县城两所中学中率先推行去行政化改革，包括校长、副校长和环节干部都进行逐层竞聘，公开聘用8名校长、副校长，选举产生2名党总支副书记，实现校长校际之间的交流。利用暑假，邀请5名全国著名教育专家，对全县650名专任教师进行以“中小学教师专业发展与教学质量提升”为主题的全员培训。按照全县一盘棋，打造点、突出线、覆盖面的总体要求，共组织发动系统内教职员工9000余人次到农村牧区参与“新农村新牧区建设”工程。

先后投资2300万元，以设施达标、网络贯通、文化彰显、绿化铺垫“四项工程”为抓手，在全县城乡学校掀起义务教育均衡发展达标大会战，并以全区第三名的好成绩顺利通过全国义务教育均衡发展验收，成为巴彦淖尔市首批全国义务教育发展基本均衡县。“全面改薄”工作入选全国特色和亮点典型县（全区3个）。

【机构设置】 教育局设督导室、办公室、人事股、计财股、普职教股、民教股、教育系统工会、安全办、学校后勤管理中心、研训信息中心、考试中心和学生资助管理中心。

【基础设施建设】 投资1200万元新建实验小学幼儿园综合楼、第三完全小学专用教学楼和室内体育活动室，并对诚仁中学和磴口县一中的教学楼、学生宿舍进行维修改造。按照“新农村新牧区建设”的要求，新建沙金苏木民族幼儿园。对农村8所学校的操场、厕所、院墙、餐厅、厨房等附属设施进行全面的改造、翻建和维修。特别是农村8所小学的操场均按要求进行规范设置和硬化适用处理。投资700万元为城乡学校配齐图书、音体美等专用教室的各项各类设备，保证教学的基本需求。合理利用通信运营商资源，与电信、移动两家企业达成协议，先后投资600余万元对城乡14所中小学、幼儿园的宽带进行升级改造，并安装107套多媒体电子教学白板。同时与清华大学继续教育学院扶贫办正式签订对口扶贫协议，正式挂牌建立清华大学教育扶贫现代远程磴口教学站，远程教育培训工作有实质性进展。投资300余万元对各校进行整体规划和绿化布局，特别是诚仁中学退硬还绿工程取得明显的成效。

【教学管理】 打破壁垒、校校联动、分科推进。推行分学科为主的校际间联会备课，组织全员高级培训班，同时也外派校长和教师到各地学习。

【素质教育】 全县中小学以专用教室为基础，以校本课程为起点，开展以培养学生动手能力和技能提升为主的大学堂活动。剪纸、泥塑、管弦乐、书法等各类课堂方兴未艾，社团活动丰富多彩，为学生的个性发展创造条件。

【教师队伍建设】 按照县委制定的《中小学校长、幼儿园园长公开竞聘实施方案》，在县城两所中学中率先推行去行政化改革，包括校长、副校长和环节干部都进行逐层竞聘，公开聘用8名校长、副校长，选举产生2名党总支副书记。实现校长校际之间的交流、新一轮城乡小学校长竞聘工作。

第一完全中学

【县第一完全中学领导名录】

校长：王永恒（至2015年6月）
校长、总支书记：王永恒（2015年7月起）
总支书记：陈明彬（至2015年2月）
总支副书记：孙煜峰（2015年7月起）
副校长：孙煜峰（至2015年6月）
张承军（至2015年6月）
贺永明（至2015年6月）
张承军（2015年7月起）
王巧娥（2015年7月起）
董志勤（2015年7月起）
纪检书记：魏雅婷（2015年7月起）

【概　况】 第一完全中学隶属巴彦淖尔市磴口县教育局，为全日制公办完全中学，初高中学制均为三年。

【机构设置】 第一完全中学内设机构办公室、德育处、教务处、科研处、总务后勤处、工会、团委、信息中心、职教中心9个股室。核定事业在岗编制为219名，经费实行财政全额拨款。

【管理体制】 学校实行校长负责、党支部保障监督和教职工民主管理的体制。校长是学校的法人代表，全面负责学校的教育、教学、科研、财务后勤和其他行政管理工作。学校实行校长负责制，教职工聘用制，岗位责任制，奖惩考核制。

【学校建设】 校田种植苜蓿7亩，蔬菜35亩。移植大树300株，新购小松树200株，把明德楼前的地块改造成孔子文化园。

【教育与教学】 学校全面实行“学案先行、自学辅导、变式练习、因材施教”的十六字高效教学法，落实“3+6”有效教学模式，通过课堂模式的改革，全面落实新课程的三维目标，彻底改变以往以教师为中心的满堂灌式教学，实现以学生为主的自主合作、探究式学习方式，让学生成为课堂的主人，学会思考，讲究合作。注重学法指导，根据学生特点，探索适合学生的教学方式，倡导启发式、探究式、讨论式、参与式教学方式，充分发挥现代信息技术作用，辅助实现高效教学。积极开展以学案为指导的课堂教学改革，培养学生的创新精神，质疑能力和实践动手能力。注重因材施教，开展小班化教学研究，推进分层教学。改进教育教学评价方式，树立全面、科学的教育观、质量观和评价观，构建促使学生发展的评价体系。加强教师培养，促使教师增强主动发展意识，提高教学水平和课程开发能力。强化教研组和备课组的建设，凝聚团队力量，提高教研实效性；完善管理制度和工作机制，注重细化，追求实效，落实执行环节，以“制度＋监督”激励教师发展，以“自学＋培训”提高教师专业化。重视十六字高效课堂构建和校园文化建设两个特色项目的投入，以课程和教学改革打造学校的特色品牌。

【德　育】 全面贯彻党的教育方针，认真践行社会主义核心价值观，以“立德树人”为教育的根本任务，以磴口县一中的办学思想为指导，即“坚持以尊重教育、养成教育、全员教育和自主教育为导向，以德育、体育、美育和社会实践促智育，以培养健全人格、社会责任感、创新精神和实践能力为重点，为学生终身学习、幸福和发展奠基”的人本关爱办学思想；以“五会、五能”造就未来强者，为学生终身学习和发展奠基。以主题教育活动为载体，深入开展行为规范教育、品德教育、纪律教育、感恩教育、安全教育、心理健康教育等，全校教师齐抓共管，树立“全员育人，全科育人”的教育理念，发展和培养学生的核心素养，持之以恒抓德育常规管理，促进学生养成良好的行为习惯，塑造学生形成真诚、善良、勤奋、整洁、秩序、节俭、有度、认真、果敢、仗义、冷静、礼义、仁慈、博爱、守信、自强不息、坚忍不拔等道德品质，力争使学校的德育工作有创新、有特色、有突破、有成效。

通过多渠道、多途径的班主任培训学习、自主学习、经验交流、组织各种活动等提高班主任的教育管理水平和班主任工作能力；通过认真落实“德育三部曲”，提高学生的思想道德素养，转变学生的学习态度、生活态度，提高学生的执行力、“五会”技能，帮助学生树立正确的世界观、人生观、价值观，提高学生自主教育、自主管理、自主发展的能力；通过丰富多彩的社会实践活动、针对性的序列化的主题教育活动、各种竞赛和评比活动，增强学生的集体荣誉感和责任感，增强班级凝聚力，锻炼和培养学生的综合能力；通过对学生常抓不懈的常规管理、以《磴口一中班主任量化管理考核细则》为依托，进一步加强养成教育、行为习惯教育、品德教育、目标教育等，形成良好的班风和校风。

【电教实验】 建设学校录播室，满足教师讲课需求。加大对校园网络的建设维护工作，保障学校正常的教育教学。组织教师参加课件制作比赛，提高教师操作能力。创建磴口县一中教育网络平台，实现资源优质共享。开展与附中联谊的同屏互动活动。

【初中教育】 2015年，初中共有教学班16个，在校学生810人，教职工58人，适龄少年入学率100%，巩固率100%，合格率100%。

【高中教育】 2015年，高中共有教学班35个，在校学生1600人，教职工149人，适龄少年入学率100%，巩固率100%，合格率100%。

诚仁中学

【县诚仁中学领导名录】

党委书记、校长：陈明彬

党委副书记：王永琴（女）

纪检书记：王世红

副校长：陶发成

邢晓东

李宏伟

【机构设置】 诚仁中学内设办公室、教务处、政教处、总务处、督查室、工会、团委、住管办8个股室。

【学校活动】 精心准备，召开二届一次教代会。出台符合学校实际的规章制度，重新修改通过《教职工考勤制度》《教职工奖励性绩效工资分配办法》等一系列涉及教职工切身利益的重要文件；重新定位，合理谋划，完善并确定符合学校实际的“三风一训”、校歌、校徽、校旗，明确学校今后的发展方向。坚持“智育为主，德育为先”的办学思想不动摇，在狠抓学校教育教学、德育工作的同时，做好上级交付的各项工作，做到“分工明确，责任到人”，既要做好分内工作，又要兼顾协同作战。明确工作职责，建立校级领导负总责，环节领导直接抓、工作人员具体办的工作机制。经过不懈努力，义务教育均衡发展工作，无论是软件建设还是硬件建设都取得骄人成绩，顺利通过国家级验收，得到上级领导和同行的高度评价；积极谋划，准确定位，提出以“儒家思想为底蕴，倾情打造精品学校”的校园文化主题，为校园文化建设搭好骨架。5月，成功承办第十八届全县中小学生田径运动会，并取得团体总分第一的好成绩。响应县委、县政府的号召，动员全体教职工参加“新农村新牧区建设工程”劳动，圆满完成上级交付的劳动任务。

【学校建设】 加大对校园绿化美化工作的同时对校舍、宿舍进行维护和修缮工作，给教师的教学工作和学生的学习活动搭建一个现代化的教育平台，为县域义务教育均衡发展起到促进作用。学校现有标准化物理、化学和生物实验室、仪器室、准备室；教学仪器设备齐全，实验室设备、仪器配备符合国家标准。理化生实验开出率100%，为培养学生的动手操作能力和探索创新提供有力保障。为提升学校办学档次，学校先后装备电教设施，有图书室、师生阅览室、多功能报告厅、信息技术室、语言室、教师电子备课室、书法室、劳技教室、美术教室管乐教室、电子琴教室、声乐教室、舞蹈室、地理教室、科技活动室、团队活动室、安全教育室等12个专用教室，有校园广播系统、语音自动播放系统，同时全校开通10兆光纤宽带。充足完备的电教设施设备为教育教学提供有力保障。

学校在修建师生室内运动场馆。校园将逐步实现设计科学，布局合理，花木繁茂、绿草如茵，区域功能明确，教学区、生活区、运动区有机地融为一体，努力打造具有浓郁的儒家校园文化氛围和现代化教育思想相结合的精品学校。

【教育与教学】 通过多种形式的培训活动，使教师的整体素质有显著提高。每月开展公开课和评课议课活动。组织诚仁中学首届教师说课大赛。强化教师培训，及时掌握新理念。找准主攻方向，培养青年教师成才。重视教育反思，教学随笔。开展丰富多彩的二课活动，促进学生的全面发展。丰富多彩的二课活动开展得有声有色，建立学校的专用方案让教师们人尽其才，学生学有所兴，部分学科教师积极进取，组织各种形式的辅导活动，提高学科素养。

为丰富学生的课外生活，促进学生的全面发展，教务处认真组织大课间活动，精心组织校运动和科技艺术节，开展形式多样的学生青春运动，取得圆满成功。积极组织师生参加各级各类比赛及活动。

完成义务教育均衡发展国家级验收教务处的工作内容，汇编各类培训档案，完善专用教室和实验室管理制度，学校校园文化氛围浓厚。认真核算教师的课时工作时，组织安排期中学校考试和期末全县统测，高中学业水平测试的监考，阅卷工作。

【初中教育】 2015年，共有教学班32个，在校学生1206人，教职工211人，适龄少年入学率100%，巩固率100%，合格率100%。

【电教实验】 2015年，建设有4个物理实验室、2个化学实验室、2个生物实验室、学生用计算机房2间，面积135平方米，学生计算机120台，生机比10∶1。

实验小学

【县实验小学领导名录】

书记：盛桂兰（女）

校长：张立忠

副校长：孟庆芳（女）

唐利清

【概　况】 2015年，共有教学班26个，在校学生1428人，教职工103人，适龄少年入学率100%，巩固率100%，合格率100%。8月，百兆光纤走进教室，实现网络“班班通”。9月，校办幼儿园新楼投入使用。10月28日，接受并通过国家义务均衡发展验收。

【机构设置】 实验小学内设教务处、工会、大队部、总务处4个职能管理部门。

【基础设施建设】 4月，投资414.44万元的校办幼儿园综合楼动工，9月投入使用。对库室重新进行规划，保证各功能教室符合国家标准化建设，满足教学使用。投资48.50万元对教学楼、综合楼外墙进行美化，新刷涂料，教学楼顶做防水，各教室库室进行装修。投入资金对学校原有的绿地进行改造，栽植桧柏、红花槐、刺玫、草花等苗木。补充更新图书资料，增强图书的借阅率，提高学生的阅读能力。

【特色教育】 学校被列为全国足球示范校。普及足球，开设足球课，参加县长杯、市长杯、男、女足竞赛，外派教师赴海南参观学习，多次组织学校体育教师参加教练员、裁判员培训，外聘男、女足球教练各1名，开展校园足球，组织校足杯足球赛。筹备足球节，班级创建足球文化氛围，创办足球小报，组建班级足球队，营造校园足球文化等。在市长杯足球赛中，获得市局单位及领导的一致赞誉。

将经典诵读工作经常化、规范化、课程化，保障20分钟晨诵时间，领导小组成员定点定时检查，与评选优秀班集体、绩效考核挂钩。全体师生都参与诵读，不断改革诵读活动的形式、成果的展示及诵读的评价。教师王艳萍获第七届中小学艺术节——“阳光下成长”朗诵比赛“优秀指导教师”。

【教育与教学】 学校搭建学习平台，促进教师成长。学校经常派教师外出参加教研、听课、观摩学习、培训等活动，先后组织68名教师和领导外出到临河、杭后、五原、前旗、包头、呼和浩特、江苏等地参加高效课堂观摩、听名师讲课讲座、全区语文、数学、英语、音乐教师基本功大赛，拓宽教师“充电”的学习空间，并根据学校提出的外出学习要求，回来后认真撰写心得体会，以达到更新教师的教育教学理念，提升教师的教育教学水平。10月，孙冬梅和王艳花两名教师到南京参加全国语文教师素养赛听课学习后在全校作交流及汇报课，使教师们深受教育和启发。

【电教实验】 投资45万元为专任教师每人配备一台计算机。新建1间计算机教室，满足学生计算机课上每人1台电脑的需要。2015年，有计算机207台，教师用机90台，学生用机117台，为全校师生网上学习提供保障。学校信息技术设施使用率高、设备完好率达到95%以上。

第二完全小学

【县第二完全小学领导名录】

校长：杨介榜

党支部书记：汪克平

副校长：柴晓芳（女）

王秀玲（女，蒙古族）

陈金平

【概　况】 第二完全小学隶属巴彦淖尔市磴口县教育局，为全日制公办完全小学，学制六年，经费财政全额拨款。学校实行校长负责、党支部保障监督和教职工民主管理的体制。

【机构设置】 第二完全小学内设教务处、总务处、工会、大队部4个室。

【建设情况】 学校有标准化图书馆、阅览室、书法室、美术室、音乐室、琴房、电脑室、实验室、仪器室、准备室、心理咨询室；教学仪器设备齐全，实验室设备、仪器配备符合国家标准。为培养学生的动手操作能力和探索创新能力提供有力保障。

学校筹资40多万元用于绿化工作。截至年底，更换、种植12种树700多株，各种草花近

4100平方米。除去建筑用地和活动场地，绿化面积超过占地面积的50%。

【学校管理】 学校设校长1人，书记1人，副校长3人。学校认真贯彻教育局提出的教育精勤管理思想，以“大课间、大教研、大学堂”为抓手，提高学校管理和教科研水平。学习魏书生的办学思想，要求学生养成“十二个良好的学习习惯”，每天要做到“七个一分钟”。完善各项管理制度，明确岗位责任，形成比较科学、完善的管理体系。

【德　育】 以构建阳光教育文化为目标，以生动活泼的主题活动，弘扬社会主义主旋律，丰富和活跃校园德育氛围。培育学生爱祖国、爱人民、爱家乡的民族情感和集体主义观念，激励学生树立起远大的理想和志向，为实现中国梦而努力。为落实“阳光体育一小时”，学校设计丰富多彩的大课间活动，保证学生每天一小时体育活动时间。开展校园足球活动，让学生在活动中强身健体，愉悦身心。为学生设置丰富多彩的课间10分钟活动，学校出资为每班购置各种棋类、跳绳、毽子等活动器材，为学生课间活动提供硬件设备。

【教育教学】 根据教育局的要求，结合学校实际，派多名教师外出调研学习、本校内集中培训、校际间观摩学习等方式提高教师的认识和能力。加强高效课堂研究，优化学习评价方式，提高学生自主、合作、探究学习的能力，创建具有特色的素质教育课堂。

认真落实推门听课工作，开展并完善集体备课制度。各教研组从实际出发，做到“四定”“四统”“三研究”。“四定”指定时间、定内容、定方式、定中心发言人，“四统”指教学目标统一、教学进度统一、教学重难点统一、作业布置统一，“三研究”指研究教材、研究学生、研究习题。

继续发挥教研室的引领作用，加强对教科研工作的指导，加强对教科研工作的管理、考核。开展“青蓝”工程、读书工程等活动，在观摩、反思、商讨过程中提高教师课堂教学效率。学校教科研组活动切实有效的开展，效果良好。

组织开展经典诵读比赛、作文比赛、写字比赛、优秀作文展评、乐曲演奏、书法绘画作品比赛等赛事，为全体学生提供展示自我的舞台，促进学生综合素质的全面提高。

【特色教育】 努力打造“中国儒家思想文化为主题的阳光教育”的办学特色，通过特色环境的布置、特色常规的确立、特色课程的研究以及特色活动的开展，培养学生健康的身心，打造阳光校园。在校园环境布置方面，从儒家文化知识入手，围墙、走廊、楼梯无不浸染着传统教育因素，特别是校园中心的立德园、崇礼园、桃李苑、花苑、儒园、惜时园、育人亭等，构成校园独特的风景线。精心打造绿化带，力争做到“春有花，夏有荫，秋有香，冬有绿”。在校园内多方式呈现学校办学思想，引领师生言行，彰显二校人的阳光教育品质。

确立以“乐器进课堂”为品牌的活动，选取葫芦丝、古筝、巴乌（簧管乐器）、口风琴器等乐器进入课堂，努力让学生掌握一门乐器，培养学生艺术情趣。学校编撰的《诵读中华经典构建书香校园》为校本教材，通过课堂这个主渠道，使经典诵读教育落到实处。学校特色课程为写字课，低段以硬笔为主，中高段软硬笔书法兼修。每天下午第一节课前十分钟为学生练字时间，并成立写字兴趣小组，设置专门的书法教室。通过活动，使学生能够规范写字，规范做事，规矩做人。开展丰富多彩的兴趣小组和社团活动，开设有舞蹈、合唱、剪纸、绘画、田径、足球队等兴趣小组和社团，为培养孩子的兴趣特长提供平台。

第三完全小学

【县第三完全小学领导名录】

书记：孙志德

副书记：王红静

校长：王红静

副校长：丁晨光

吴清芳（女）

任丽霞（女）

【概　况】2015年，共有教学班25个，在校学生1283人，教职工104人，适龄少年入学率100%，巩固率100%，合格率100%。紧紧围绕“全面提高教学质量”这一中心，狠抓“师德行为规范，教学质量监控，学生品德教育”三个重点，全面落实教学常态化、德育特色化、个性风格化、资源优质化、管理精细化的教育管理模式。内设教导处、少先队大队部、总务处、财务室。

【特色教育】学校在开齐开足国家自治区课程的同时，积极研究本地域特色，开发“与经典同行，与圣贤为友”校本课程，同时每个年级都有《经典诵读》校本教材，让读书行动有教材依托。抓住青少年记忆的黄金时期，让学生诵经典、讲经典故事、举办演讲比赛、辩论会及课本剧表演活动，培养学生的文学修养，提高审美情趣，形成良好的个性和品质。

学校实行“2+38”课堂模式，每节课前两分钟是古诗词背诵时间。每天的大课间前5分钟全体学生齐诵《弟子规》《三字经》等，每周一节的国学课成为根植于全体师生的传统特色，学校结合重大传统节日活动给学生提供各种平台展示经典诵读。

学校每天有15分钟固定的练字时间，在优美的古筝乐曲中，师生平心静气享受练字的乐趣。

社会实践教育活动主要是以德育教育、智育教育、文体娱乐活动、劳技教育等为主要内容，以体验教育为基本途径，通过开展综合社会实践，积极组织学生参加社区服务、科技活动、社会调查等社会实践活动。

少年交通警察学校广泛开展“小手拉大手，安全进万家”活动，起到良好的社会辐射作用，为打造“平安磴口”“平安校园”做出很大贡献，受到广泛关注和好评。

【教育教学】通过课改实验继续加快师资队伍建设的进程。为教师提供专业发展的平台，通过课改，让教师进一步转变教育理念。让广大教师通过课改实验积极探索课堂教学的新模式、新方法，并通过参加校本培训、校本教研、县市级以上教研活动和各种教学比赛，努力提高自身的业务素质和课堂教学水平。

每学年学校组织一次青年教师基本功大赛，以赛促练，给青年教师展示自我的平台，享受实展示自我、超越自我的幸福感。

扎实推进“青蓝工程”，做好“传帮带”“带德”“带教”“带研”工作。师徒互相协作，互相促进，互相提高，发挥优秀教师、骨干教师的示范辐射作用。以老带新新成长，以新促老老更强。

学校在充分了解每教师的基础上，为每名教师量身打造切实可行的发展规划。使不同层面的教师从奋斗中获得成功的幸福和喜悦。

创造一切机会，“走出去”“请进来”“推上去”让名师到名校走访学习，找出名校与本校的差距形成发展的动力源，激发教师进取的欲望。“请进来”是请名师到学校执教，开讲座，让教师领略名师的风采，感受名师的魅力，以名师的行为引发教师的心灵震撼，产生行为的跟进与转变。“推上去”是为教师搭建成长的舞台，让教师享受自我表现、自我超越的幸福感，发挥教师作为种子选手的作用，在理念上引领，实践中先行，科研中带头，让不同层面的教师得到鼓励和认可。截至2015年9月，有35人次参加市级以上课堂教学能手赛。

学校提倡“人人都是培训者，人人都是参培者”。利用教研活动时间，解决本校教师教育教学中的问题，树立“问题即课题”的意识，鼓励教师从事课题研究，从专业教师向专家型教师转型。5月，数学教师周新霞的市级课题“小学数学教学中培养学生解决问题的能力”和教师王翠莲的市级课题“小学生作文与生活同步的教学研究”顺利通过市教育局课题组的验收。同时校本教研发挥优势作用，集体备课，集思广益，集众家之长，完成一课。“同课同构”“同课异构”“一人四课”，集体备课对每个教师都是一种促进。集体备课做到“四定”（定主备人、定时间、定内容、定地点），形成“个人备课—集体备课—修改试教—总结反思—再次执教—形成共案”的模式。积极创造条件，形成网上教研活动，资源共享，通过研讨、形成“真诚、深刻、精致”的课堂教学。

学校与渡口学校结成帮扶对子，派出4名教师到渡口小学支教。优秀教师王建龙，带领渡口小学的休训队在县运动会上取得总分第一名。三完小与渡口学校经常进行教学交流活动，互派教师进行参观学习。

【电教实验】 以“三通两平台一能力”建设为重点，积极争取各级政府的大力支持，以教育理念创新为先导，以优质教育资源和信息化学习环境建设为基础，以学习方式和教育模式创新为核心，加快数字校园建设步伐，建立完善的数字校园应用平台，实现现代信息技术应用与学科教育的有效整合。

学校教学用计算机139台，生机比12∶1，班班通设备网络多媒体教室25间，校园网络实现光纤网络接入，班班共享优质的网络资源。

学前教育

【县幼儿园领导名录】

园长兼党支部书记：陈丽珠（女）

副园长：高文忠

赵海燕（女）

【概　况】 磴口县幼儿园占地总面积4496平方米，建筑面积3400平方米，户外活动场地2397平方米（橡胶场地1200平方米）；绿化面积776平方米。

2015年，有教职工63人，其中专任教师39人，获得本科学历的教师14人，大专学历达到90%以上，教师学历合格率100%。取得教师资格证的教师达到96%，专兼职保健医2人，全部持有上岗证。县幼儿园内设保教处、后勤处、人事处、工会。

【基础设施建设】 继续美化幼儿园整体面貌，充分发挥市级示范幼儿园的辐射功能，绿化工程5万元，购置14台多媒体电子一体机。购置区域材料，配备幼儿用书和教师用书。

【教育教学】 加强园本培训，不断提高教师的理论素质，更新教师的教育观念。继续组织教师学习领会《指南》，将先进的教育理念运用到实践工作中去，指导教师勤于反思、善于反思，在反思中成长。加强各班的环境创设和区域活动，以随机抽测，定向评比为契机，更新教师对环境创设及区域活动的理念，以创设符合幼儿年龄特征的、幼儿需要的、积极参与的环境为出发点，结合主题活动，考虑区域的划分、材料投放的多样性及层次性，通过教师的适时介入指导及有效评价，深入开展区域活动，促使幼儿园的环境创设和区域活动向高一层次迈进。每学期开展全园教师公开课和优质课评比活动，提升保教质量。10月，接受国家义务教育均衡发展评估验收。

【特色教育】 以体育游戏活动锻炼幼儿身体，发展幼儿的灵敏、速度、柔韧、耐力等技能，促进幼儿之间的协作能力和社交能力，增强幼儿体质和团队意识，养成从小遵守规则的良好习惯，充分培养孩子的童趣童真，以增添孩子的无限快乐。

在区域活动中促进幼儿认知、情感、技能的全面发展。让幼儿根据自己的兴趣，去获得充分的活动机会，并体验成功的喜悦，发展社会性和健康的人格。通过操作和实践性活动，培养幼儿的动手动脑能力、独立思考能力。

愉悦的创意美术活动中，挖掘孩子们的艺术天分，激发孩子们感受美、表现美的情趣，提升孩子们的美术技能和审美能力，使之体验自由表达表现和创造的快乐，促进孩子们身心健康、和谐发展。

科学技术

【县科学技术局领导名录】

局长：袁　彦

副局长：赵军元

余永和

张丽华（女，蒙古族）

李君霞（女，兼）

【概　况】 2015年，磴口县科技局认真贯彻中共十八大、中共十八届三中、四中全会和习近平系列讲话精神，紧紧围绕县委、县政府的中心工作和经济社会发展目标，着力开展科技特派员、“12396”科技服务热线、科技培训、“三区（偏远贫困地区、边疆贫困地区、革命老区）”科技人才、“新农村新牧区建设”、成果鉴定与专利、科普宣传等工作。组织实施科技创新计划项目，积极进取，开拓创新。科学技术局内设办公室、财务股、科学技术普及股、企业股。

【民生科技】 针对磴口县科技发展中存在的亟须解决的问题，共选派5名“三区”科技人才进行对口支援，分别开展设施农业技术服务；果树技术服务；有机奶生产和养殖场畜禽疾病防治及肉苁蓉良种繁育等工作。

【科技特派员创业服务行动】 选派12名科技特派员，围绕设施农业、企业科技创新、优质牧草栽培技术等开展创业行动。创建“领办企业模式”“领办园区模式”“组建协会模式”“有偿技术服务模式”。

【“12396”科技服务热线】 共接听咨询热线342次，出现场解决问题87次，挽回经济损失120余万元。选聘22名农牧民科技信息员，每名信息员带动50户农牧民安装“12396”科技信息移动服务平台（APP），带动服务平台用户1100户。以此帮助农牧民及时了解农产品行情、气象信息、实用技术、农产品供销、政策法规、农情预警等咨询。

【科技培训】 举办各类科技培训21场次，培训骨干110人次，普训农牧民1300人次，发放科技资料、技术手册等3000多册。

【重要活动】 利用科技活动周、科普进社区、科技“三下乡”等形式共组织各类科普宣传活动9场次，散发科普知识资料2000多份。

【科技创新成果】 2015年，磴口县生产力促进中心和内蒙古王爷地苁蓉生物有限公司共同组织实施的“乌兰布和沙漠肉苁蓉产业化技术集成与示范”通过市级科技成果鉴定，并荣获市科技进步二等奖。由磴口县科技局研制的肉苁蓉播种机获得“一种立体分层撒播器”和“一种立式螺旋精量排种器”两项实用新型专利。

（余永和）

气　象

【县气象局领导名录】

局长：胡新波

副局长：夏　成

纪检书记：岳　瑞

【机构设置】 磴口县气象局内设综合管理科、气象台、气象灾害防御中心。开展的主要业务有地面气象测报业务，气象服务（公共气象服务、决策气象服务、专业气象服务等），人工影响天气管理，防御雷电灾害管理，气候生态环境监测等。

【综合观测与通信网络】 1—9月，地面测报、生态监测错情率0‰；所有报表全部合格；通信畅通、传输及时，传输及时率99%以上；开展4次应急网络保障演练，有效保证数据质量、网络传输。

【气象保障】 按照新型自动气象站建设方案要求，完成2个区域自动站改造建设，按时对区域站进行检修维护，出现故障后能够在规定时间及时排除，保障传输质量。年内完成自动土壤水分站安装及对比观测。

【公众气象服务】 7月14日，根据中心气象台要求，磴口县正式开展乡镇预报，预报水平稳步提高。8月，预报准确率72.74%，9月，预报准确率79.39%，9月预报准确率位列全市各旗县第一位。

在4月1日，启动重大气象灾害（暴雨）Ⅳ级应急演练；5月10日，启动重大气象灾害（霜冻）Ⅳ级应急响应工作，完成应急响应中气象服务工作。

【决策气象服务】 针对2015年的干旱灾害，磴口县气象局发布两期气象干旱分析，重点分析干旱前期气候特征、干旱发展趋势和防御措施，为党政机关的科学决策提供依据。

【气象防灾减灾服务】 完成气象助理员、信息员核查和基本信息登记工作；完成巴彦高勒镇所有街道办事处、社区气象助理员和信息员建设；完成内蒙古气象旗县级综合业务平台服务对象更新工作；完成暴雨洪涝灾害风险普查；建立灾害性天气辅助观测机制，实现乡镇、农场灾害性天气辅助观测全覆盖。

与县农牧业局合作共同开展直通式气象服务，签订《关于加强农业气象防灾减灾合作协议》，共同制作磴口县农业气象服务产品，截至9月底，共同发布《农业气象服务专报》14期。

年内与圣牧高科草业基地签订《提高圣牧高科草业基地气象防灾减灾能力合作协议》，根据草业基地特点，有针对性地开展服务，特别是对2015年9月下旬和10月上旬的霜冻天气，准确的预报、积极的服务受到企业领导和承包农户的好评。

【专业专项气象服务】 在“华莱士”节期间，制作分发2000份服务彩页图。中高考气象服务工作，以校信通的形式为考生、家长和学校发布高考天气信息。在原有短信平台、邮箱、电视、广播发布平台的基础上，又开通磴口县气象局官方微信、腾讯微博，在“微时代”及时为公众获取天气信息提供“掌上”新渠道。重新制定葡萄种植气象服务方案，更新沙产业人员手机号码库；每周深入葡萄种植基地观测葡萄发育期和生长状况，制作《葡萄种植气象服务专题分析》4期，对葡萄企业有实际指导意义。聘请葡萄种植专家于义锡为气象技术顾问，提高葡萄种植气象服务的针对性。

【人工影响天气】 与政府、乡镇、公安局签订人工影响天气安全责任状；在汛期前联合县公安局开展炮点安全大检查，并就检查出的问题，向镇政府提出整改建议；联合渡口镇政府、渡口镇派出所开展一场以模拟应急演练；加强炮点安全防范措施，对不符合要求的协成炮点予以责停，有力保障人工影响天气工作的安全稳定。

【社会管理】 对行政审批事项进行清理；参公人员负责行政执法工作，全年共开展行政执法上巡查工作6次；8月，在全县范围内开展防雷安全专项大检查活动，对加油站、加气站、人员密集场所及易燃易爆场所进行检查，重点检查企业是否办理防雷装置设计审核和竣工验收行政许可，对未办理防雷装置设计审核、擅自施工的房地产开发企业下达责令停止违法行为通知书；加强相关法律法规的宣传，在“3·23”世界气象日、“5·12”防灾减灾日期间深入农村、社区、学校、广场进行气象科普和法律法规宣传。

地震测报与防震

【县地震办公室领导名录】

主任：秦建华

副主任：王国红

【机构设置】 地震办公室内设办公室、业务组、财务室。

【业　务】 2015年3月8日凌晨1点50分，临河一狼山发生3.2级地震，磴口县会同市地震局联合进行“磴口5.0级地震应急和震害评估模拟演练”。演练按照方案迅速启动Ⅲ级应急响应，开展震情紧急会商，派出现场工作队实地进行监测预报，灾情收集评估，流动监测等工作。通过演练，对应急工作中暴露的问题进行客观的总结和分析，加强对破坏性地震的处置能力。

（韩慧玲）

卫　生

卫生和计划生育

【县卫生和计划生育局领导名录】

局长：汪俐坪（女，2015年4月起）

副局长：张永胜（2015年4月起）

吴　静（女，2015年4月起）

张　静（女，2015年4月起）

纪检组长：谢永明（2015年4月起）

【机构设置】 磴口县卫生和计划生育局，内设办公室、财务规划与监审股、疾病预防控制与应急股、医政医管体制改革股、基层卫生股、妇幼健康服务股、政策法规与综合监督股、蒙中医药管理股、信息化建设与宣传股、计划生育基层指导与家庭发展股。卫生和计划生育局下设事业单位为新型农村牧区合作医疗办公室、集中核算中心、计划生育协会、流动人口监控站。卫生和计划生育局二级单位为磴口县人民医院、蒙中医医院、妇幼保健院、疾病预防控制中心、卫生监督所、计划生育宣传技术服务站、隆盛合镇中心卫生院、沙金套海苏木中心卫生院、渡口镇卫生院、补隆淖卫生院、协成卫生院、公地卫生院、沙金苏木包勒浩特卫生院。

【新型农村合作医疗】 2015年，参加新型农村牧区合作医疗的农牧民57238人，参合率达99%。全年享受补偿114810人次，合作医疗统筹基金支出2660.38万元。其中，享受大病补偿7340人次，住院可报费用3834.14万元，补偿金额2415.39万元（其中，享受定额分娩299人，补偿金额35.54万元）；享受门诊补偿106911人次，门诊费用392.17万元，补偿金额179.71万元，次均门诊费用36.70元，次均补助16.80元。享受门诊慢病补偿260人次，补偿金额29.72万元。为全面落实居民健康卡发放及2016年度的参合筹资工作，通过试点先行、总结经验后全面铺开的模式，共发放居民健康卡5万余张，发卡参合及手工参合共计5.40万余人。

【基本公共卫生服务项目】 2015年，全县基本公共卫生服务经费人均政府补助提高到40元/人。依据《磴口县基本公共卫生服务项目实施方案》，明确年度工作目标，完善公共卫生专业指导团队，健全公共卫生专业机构与基层服务机构分工协作机制。妇幼保健院、疾控中心、监督所分别对妇幼保健、防疫、卫生监督协管人员进行集中培训。不定期对老年人、慢病患者、孕产妇、0—6岁儿童等重点人群的管理情况进行电话抽查和现场督导，及时解决工作中的问题，确保重点人群管理和服务到位。每季度，由卫计局监审股督导检查基层医疗卫生机构服务项目开展情况，召开专题会议通报问题，并安排进行整改。截至2015年12月底，共为116016名城乡居民建立健康档案，建档率达100%。共为

65 岁以上老年人规范建档 21293 人，孕产妇建档管理人数 602 人；0—6 岁儿童建档管理人数 3612 人；高血压患者规范建档管理 8449 人；糖尿病患者规范建档管理 1898 人；管理重性精神病患者 72 人；设置健康教育宣传栏 119 块，更新健康教育宣传栏 1248 次，发放健教资料 2 万余份，举办健康知识讲座和公众咨询活动 300 多场次。

【基础设施建设】 2015 年，完成 10 个嘎查村卫生室建设任务（2015 年“新农村新牧区建设”6 个嘎查村卫生室建设任务和 2016 年“新农村新牧区建设”4 个嘎查村卫生室建设任务），通过对城乡医疗机构基础设施的不断加强，改善医疗机构的服务环境。

【人才队伍建设】 2015 年，组织 464 人参加继续医学教育；通过订单定向为基层医疗机构培养 2 名卫生专业技术人员；实施预防接种人员资格培训 50 人，骨干医生培训 3 人，在职乡村医生中专学历教学 53 人；用对口支援、外出培训进修、外聘专家带教等方式共培训专业技术人员 100 余人。

【县级公立医院改革】 2015 年，以磴口县人民医院为核心设总院，以蒙中医医院、妇幼保健院为补充设分院，以 7 个基层卫生院为触角设子医院，建立公益目标明确、布局合理、结构优化、优势互补、功能完善、运行高效的县域医疗联合体，通过医院机构联合，提高医疗资源利用率，以县综合医院带动专科医院，以县级医院的技术力量带动基层医疗机构能力提升，实现共同发展；结合磴口县实际制订《磴口县公立医院综合改革实施方案》，对县直 3 家医疗机构重新进行定位。县医院是县域内的医疗卫生服务中心、农村三级医疗卫生服务网络的龙头和城乡医疗卫生服务体系的纽带，承担县域居民的常见病、多发病诊疗，危急重症抢救与疑难病转诊，基层医疗卫生机构人员培训指导，以及部分公共卫生服务、自然灾害和突发公共卫生事件应急处置等工作。蒙中医医院全力打造“三个平台”（蒙中医药技术服务平台、蒙中医药知识培训教育平台、蒙中医药技术交流传承平台）。妇幼保健院以“保健 + 临床 + 特色服务（月子中心）”为发展目标，努力把妇幼保健院建成管理科学规范、服务功能完善、人员结构合理、社区公共卫生服务水平较高、重点临床科室特色显明的二级妇幼保健院。基层卫生院主要承担辖区内基本医疗服务、基本公共卫生服务、嘎查（村）卫生室的一体化管理和辖区医疗市场的监管工作；磴口县对县级公立医院进行行政化改革，将县级 3 家公立医院全部取消行政级别，并采取“面试、组织考核、考察提名”相结合的方式，公开选拔 9 名院长、副院长，新聘院长、副院长，全部取消行政级别待遇；2015 年 10 月 31 日，磴口县 3 家公立医院破除以药补医机制，取消药品加成政策，将县级医院由此减少的合理收入，通过调整医疗技术服务价格、增加政府投入和节约自身成本予以补偿。

【计划生育目标任务完成情况】 2015 年 12 月底，全县总人口 100705 人，已婚育龄妇女 19636 人。出生人口 540 人，符合政策生育率 91.30%，出生率 5.36‰，死亡人口 451 人，死亡率 4.48‰，自增人口 89 人，自增率 0.89‰。2015 年，全县婴儿出生性别比为 128.80。

【计生惠民政策】 2015 年，整合县妇幼保健院医疗技术资源，为全县 10 个苏木镇、农牧场育龄妇女 12482 人进行“三查一治”免费服务；免费孕前优生健康检查 383 例，完成全年目标任务。完成 6 名病残儿鉴定初审，市局相关业务部门终结鉴定 6 名全部符合再生育条件。共 1004940 元奖扶资金通过“一卡通”渠道直接发放到户，惠及 2169 人。其中，独生子女家庭 1645 人，发放奖励资金 272760 元；双女结扎户 3 户，发放奖励金 3500 元；计划生育家庭奖励扶助 226 人，发放奖励金 216960 元；计划生育特别扶助 67 人，发放扶助金 320520 元；计划生育家庭困难救助 146 人，发放扶助金 43800 元；独生子女意外死亡抚慰 4 户，发放一次性抚慰金 40000 元；计划生育（手术）后遗症 4 人，发放补偿金 6000 元；离职计生村主任补贴 74 人，发放补贴金 101400 元。截至 12 月底，全县各苏木镇、农场“一杯奶”生育关怀行动受益 291 人，投资 12 余万元。共为 3807 名计生家庭办理意外伤害保险，投保金额 3.80 万元。

【疾病预防控制】 2015 年，落实“重点地区重点预防，重点疾病重点防治，重点人群重点保护”的防控策略，加强传染病疫情监测、分析、预警，广泛开展健康教育，普及卫生防病知识，逐步实现全民健康生活。加强重大疾病防控工作，完善传染病监测系统，做好布病、结核病、艾滋病等重点传染病防控、疫情处置及宣传教育工作；做好重性精神病管理工作，全年共对 6575 人进行布病监测，检出阳性 190 人，其中，确诊病例 94 人，隐性感染 96 人，网报 31 人（外地报 9 人）；管理结核病病人 30 人；管理艾滋病病人 0 人；管理重性精神病人 232 人，在管 195 人，管理率达 84%。强化免疫规划接种工作，对全县 6 岁儿童进行“七苗”接种，接种率达 95% 以上，12 月龄内儿童“七苗”接种率达 95% 以上，各项接种率均达国家要求。成立卫生应急办公室，负责卫生应急的日常工作。

【妇幼保健】 2015 年，以孕产妇和儿童系统管理为重点，加大妇幼保健和健康教育工作力度。认真贯彻《中华人民共和国母婴保健法》和《中国妇女儿童发展纲要》，加强妇幼保健管理，强化督导检查，着力提高产科质量，切实保障母婴安全。对基层妇幼保健工作的督查指导和人员技术培训。共为 448 名育龄妇女免费发放叶酸；2015 年，妇幼保健院进行两癌筛查，乳腺彩超 4642 人，宫颈涂片 4334 人，超额完成年度项目任务数；婚前医学检查 465 对；农村牧区孕产妇住院分娩补助 213 人，补助金额 8.52 万元。

【中蒙医药】 2015 年，蒙中医医院加强蒙中医特色专科、治未病科建设和蒙中医药人才培养，制定规范蒙、中医科等 5 个优势病种诊疗方案，把骨伤、脑病、肛肠、康复纳入重点科室建设，积极开展蒙中医特色治疗项目。提高蒙中医药人员在蒙中医方面的诊疗水平。2015 年，先后派出 2 名蒙中医人员到自治区医院开展蒙中医药适宜技术培训，为传统医学的发展不断注入新鲜“血液”。分别遴选 16 名村医参加市卫计局举办的全市基层卫生人员蒙中医服务能力提升培训，学习蒙中医药知识和技能。聘请蒙中医专家到磴口县蒙中医医院坐诊。充分利用国家中医药管理局为磴口县开通的网络视频，切实加强全县蒙中医药理论及专业技术的学习培训，组织全县有中医基础知识的医务人员，分批次在蒙中医院进行中医适宜技术培训提高蒙中医药人员的诊疗技能。全县 3 家县直医疗机构、7 家卫生院、4 个社区卫生服务机构、41 所村卫生室、38 家个体诊所均能开展中医药服务。

【卫生监督执法】 2015 年，为将依法行政活动切实有效地开展并形成长效机制，成立依法行政工作领导小组，建立健全行政执法责任制，指导开展卫生计生系统行政调解、行政复议和行政应诉等工作，对卫生计生系统的重大项目、重要事宜，机关重要活动、开支进行集体决议，对卫生计生系统依法行政，依法从业及其他相关法律法规的执行落实情况进行监督检查；对全县所有各类公共场所、城乡生活饮用水供水企业和供水点、各级各类医疗机构、中小学校和托幼机构、消毒服务机构、经营消毒产品的药店和超市进行全面的摸底调查，并按照类别建立卫生管理档案，共建档 432 卷。其中，公共场所 207 家，医疗机构 103 家，经销消毒产品的药店和超市 46 家，学校及托幼机构 28 家，城乡生活饮用水供水企业和供水点18家；推进和深化打击非法行医专项行动，共查处5起非法行医行为。

【**卫生信息化建设**】2015年，建设以HIS、PACS、LIS系统为重点的县级医院信息系统，逐步实现县级医疗机构与上级医疗机构的远程会诊、远程教育等，实现优质资源共享；强化基层医疗机构HIS系统、基本公共卫生系统、新农合管理系统建设，实现信息共享，简化就医程序，消除医疗机构内部管理漏洞；积极开展居民健康卡发放工作，实现居民健康档案查询、自助挂号、新农合报销结算、银联业务应用等一卡通。

【**二级单位领导名录**】

磴口县人民医院

院长：杨志平

磴口县蒙中医医院

院长：徐世杰（至2015年4月）

李德亮（2015年4月起）

磴口县妇幼保健院

院长：胡　敏（女，至2015年4月）

吴文华（2015年4月起）

磴口县疾病预防控制中心

主任：李爱军

磴口县卫生监督所

所长：李晓燕（女）

磴口县计划生育宣传技术服务站

站长：樊翠梅（女）

磴口县隆盛合镇中心卫生院

院长：马海军

磴口县渡口镇中心卫生院

院长：薛亚军

磴口县沙金套海苏木中心卫生院

院长：吴文华

磴口县补隆淖卫生院

院长：张建强

磴口县协成卫生院

院长：王建和

磴口县公地卫生院

院长：张立阳

磴口县沙金套海苏木包勒浩特卫生院

院长：袁晓亮

（胡惠敏）

疾病控制

【**县疾病控制中心领导名录**】

主任：李爱军

书记：崔少军

副主任：杨绍雄

郝恒宇

【**传染病管理**】认真贯彻执行《中华人民共和国传染病防治法》和《全国疾病预防控制工作规范》，及时全面准确完成传染病疫情报告及疫情动态分析报告工作。传染病报告率、及时率、准确率均达到95%以上，重点传染病、暴发疫情处理率达到100%。管理和维护好疾病监测信息报告管理系统及传染病自动预警信息系统，保障正常运行。截至2015年12月31日，全县按属地管理网络报告法定传染病共474例，报告发病率404.13/10万，居前三位的分别是病毒性乙型肝炎261例、肺结核53例、流行性腮腺炎49例，其他：布病31例、梅毒23例、手足口病22例、丙肝17例、淋病9例、麻疹4例、猩红热3例，其他感染性腹泻2例，向卫计局和市疾控上报传染病疫情月分析12期。

加强甲型H1N1流感、不明原因肺炎、艾滋病、手足口病、人禽流感等传染病的管理，及时处理突发疫情、食物中毒及化学中毒事件，并按规定及时上报上级主管部门，做到“早发现、早报告、早诊断、早治疗”。

【免疫规划】 继续做好常规免疫接种工作。12 月龄内儿童"七苗"接种率达到 98% 以上，新生儿乙肝疫苗首针接种及时率达到 98% 以上，特别加强流动儿童和农牧区儿童的基础免疫工作，并确保接种质量。

按时完成 AFP 哨点医院主动监测工作，同时做好 AFP、麻疹和新生儿破伤风疑似病例旬月报告。

积极开展 2015 年脊髓灰炎疫苗的补充活动，按照自治区、市卫计委文件要求，2015 年 4 月 21—27 日和 5 月 21—27 日期间，开展两轮 6 岁以下儿童补种免疫活动。应种 311 人，实种儿童数 309 人，接种率 99.40%。顺利完成此项工作，及时上报各种资料并归档。

【布鲁氏菌病防治】 按照《2015 年磴口县人间布病防治方案》的要求，关口前移，设立 8 个监测点，对磴口县 5 个苏木镇 7—60 岁与牲畜及畜产品有接触的重点人群进行监测。全县共初筛监测 6754 人，同时，对 6754 人全部进行血样采集，送实验室进行布病平板凝集实验和试管凝集试验，检出阳性血样 190 人份。

按照《布鲁氏菌诊断标准（WS 269-2007）》，对 190 名血样阳性者进行诊断，确诊病例 94 人，隐性感染 96 人。对确诊的布病患者按时上报，并建立档案，进行病程管理。同时建议到巴彦淖尔市疾控中心门诊部、巴彦淖尔市传染病医院以及磴口县医院进行系统治疗。有 39 名患者痊愈，治愈率 41.50%，55 人好转，治疗率 100%。

【碘缺乏病监测】 按照《全国碘缺乏病监测方案》要求，完成全年 108 份碘盐监测任务，并将监测结果分别于 6 月 10 日前和 12 月 10 日前上报市疾控中心。

【死因监测】 根据《全国疾病监测系统死因监测工作规范》，完善居民全死因登记报告工作。截至 12 月 31 日，死亡信息报告系统按录入日期共上报 570 人。

【结核病防治】 按照项目要求，继续认真完成全球基金一期结核病控制项目工作，辖区内 DOTS 覆盖率达到 100%。2015 年，发现新涂阳肺结核病人 5 例以上，涂阳肺结核病人的治疗覆盖率达到 100%，新涂阳肺结核病人治愈率保持在 80%。加大病人追踪力度，提高追踪率和追踪到位率。

【健康证办理】 截至 2015 年 12 月 31 日，体检收费科对全县餐饮、公共场所预防性健康体检 6481 人，从业人员预防性健康体检结果全部呈阴性。为企业、乡村从业人员提供方便，疾控中心组织人员下企业、下乡为从业人员办理健康体检手续。建立健全从业人员健康资料年度档案。档案做到规范化、程序化。

（何　楠）

卫生监督

【县卫生监督所领导名录】

所长：李晓燕（女）

【概　况】 2015 年是"十二五"规划的收官之年，也是全国进入改革的攻坚阶段，卫生监督所始终坚持以邓小平理论和"三个代表"重要思想为指导，深入贯彻落实中共十八大、十八届三中、四中、五中全会精神，坚持以科学发展观和习近平系列讲话精神为统领，在县委、县政府及市县两级业务部门的直接领导下，以"强化内部管理，规范监督行为，加大执法力度，推动依法行政"为发展主线，把抓好基础建设和业务建设，日常监督与专项整治，作风转变与执法水平提高有机结合，通过一年的努力，取得一定的成效。

【机构设置】 卫生监督所内设办公室、公卫科、医卫科、财务科。

【卫生监督基础设施建设】 按原卫生部《关于卫生监督体系建设的若干规定》的要求，完成业务楼的建设，并投入使用。工程审计基本结束，工程造价控制在发改委造价要求范围内。在县财政没有任何支持的情况下，克服困难置办办公桌椅，配置一部分电脑和打印机，工作人员基本达到每人1台电脑，每个科室1部打印机。

【卫生监督】 为保证监管没有盲区，年初将工作重点放到档案建立和摸底上，对全县的所有各类公共场所、经销消毒用品的药店超市、中小学校和托幼机构、各级各类医疗机构和放射场所作全面的摸底，并且按类别建立档案，共建档432卷。其中，公共场所207家，医疗市场103家，经销消毒用品的药店46家，拥有放射设备的机构12家，学校托幼机构27家，城乡生活饮用水供水企业和供水点18家。2015年年底，在全年档案再建立的基础上，与国家卫生监督信息平台做到无缝对接。

【严厉打击无证行医行为】 按照《自治区卫生计生委继续深入开展打击非法行医专项行动的通知》精神，共查处5起非法行医行为，分别是渡口渠西张某、渡口南滩高渠社刘某、沙金巴彦套海嘎查朱某、哈腾套海农场四连赵某、巴彦高勒镇口腔游医王某。共计罚款6000元，没收药品器械11件，对屡打屡开的两家牙科黑诊所通过主管局进行移交公安，通过对这些案件的处理，加大对非法行医者的震慑力度。

【卫生监督综合执法】 5月，集中开展游泳和沐浴场所消毒专项监督检查活动，在检查中对14家场所的违法行为给予行政处罚。6月26日，磴口县举办全国垂钓大赛，对参赛选手入住的友谊宾馆、蒙之旅商务酒店、德林酒店、三盛酒店的卫生进行监测与监督。12月，对全县"两会"代表的住宿点进行专项监督。共监督检查630户次，新许可的户数66家，复检108家，发证率达到95%，对69家场所进行评分量化，行政处罚18起。

对27所中小学校和托幼机构建立完整的卫生管理档案，并且对全县13所中小学校的生活饮用水、传染病预防和学校卫生综合评价、卫生管理制度落实等方面开展专项监督检查，下达卫生监督意见书46份。2015年，对全县8所农村小学和城镇2所小学，1所中学的综合工作进行评测，11家学校评定为B级，同时对托幼机构新入园人员和幼教人员下达责令体检的意见书。

对全县农村集中供水单位进行实地调查，对没有检验报告、没有涉水产品相关资料、水源井供水存在安全隐患等16处供水点的违法违规行为，下达法律文书并督促整改。对全县各小区二次供水情况开展专项调查，发现还有5个小区使用水泥池蓄水加压的二次供水装置，这种设施水质差、消毒差、水房卫生条件和环境差，对以上不符合卫生标准要求的场所，已经给相关供水企业和小区物业下达整改意见书，并且将这些问题形成《磴口县城乡生活饮用水隐患的报告》，上报至主管局。

按照新的《消毒管理办法》和自治区《关于开展消毒产品标签说明书专项整治的通知》的要求，为全县3家消毒单位和46家药店建立卫生管理档案，同时对全县各医疗市场和公共场所的消毒产品使用情况做全面监督检查。对手消毒、物表和医疗器械共下达采样检测单98份，经检测有41家不符合国家消毒效果标准，立案查处违法案件44件。

配合市卫生监督局对全县放射医疗机构的人员资质、医疗机构的执业资质、放射仪器的使用情况进行全面核查，经核查封存疾控的荧光屏透视机，妇幼X光射线，摄影机，蒙中医医院牙片机，张照应口腔诊所的牙片机，完成至少全年1次的监督检查。

医疗市场监督工作主要以深化医药卫生体制改革为监管出发点，以全县各级各类医疗卫生市场的发展与变化为着力点多角度多层面加强监管。对全县103家医疗场所共监管314户次，不同程度发现有县直公立医疗机构使用无证卫技人员行医1例，乡镇卫生院、卫生室和个体诊所在不同程度上存在使用无证卫技人员、消毒不规范、医疗垃圾处理不符合卫生法律要求等行为。通过监督对多次下达整改意见而无动于衷的机构进行相应的行政处罚。同时对各级各类医疗机构传染病管理情况做监督，对县医院和疾控中心开展预防性健康体检、传染病疫情报告、疫苗来源工作也做全面监督，对不符合卫生法律要求的行为下达法律文书，要求限期整改。对县直医疗机构监管上将临床二类技术、大型医疗设备准入、临床用血、麻醉药品使用、实验室微生物的使用作为监督重点，确保防微杜渐，符合法律程序，不得有违法行为出现。对县医院未经注册使用的“核磁共振成像系统”下达整改意见书，并上报县主管局，同时为规范各医疗机构执业行为，根据日常监督和专项检查，对违规的48家医疗机构进行不良执业行为积分处理，最高扣分是吉某诊所，达到6分，将情况报送主管局，统筹考虑其换证情况。

按照《卫生监督协管服务规范（国家2011版）》，对全县协管工作分别进行半年和年终考核，对卫生监督协管员的职责、管理、信息报送进行规范和明确。实行规章制度科学化，工作流程程序化，档案台账规范化，并且由医疗科人员对全县村卫生室和乡镇卫生院的协管人员做协管工作年度培训。

（张　雷）

红十字会

【县红十字会领导名录】

常务副会长：李　昊

副会长：杨根喜

【概　况】 磴口县红十字会是从事人道主义工作的社会救助团体。以弘扬“人道、博爱、奉献”的红十字精神，保护人的生命和健康，促进人类和平进步事业为宗旨。

【机构设置】 红十字会机构级别为正科级，内设办公室、业务科、财务科。

【主要工作】 全县5个苏木镇、46个嘎查村、8个社区基层红十字会全部建立。全年募捐资金31万余元，对社会各界进行救助30万余元。磴口县红十字会在全县各个社区学校及企业开展应急救护培训共计1200余人。8月27日，与县卫生局联合组织全县机关单位的干部职工在县妇幼保健医院开展为期3天的义务献血活动，献血人数达900余人。

文化·体育

文　化

【县文体广电局领导名录】

局长：王维清

副局长：董永峰

李浩宇

李凡敬（女）

【机构设置】 磴口县文体广电局是政府的综合职能部门，列入行政序列，内设办公室、计财股、文化艺术股、体育股。下属事业单位有图书馆、文化馆、社会体育管理中心、文物管理所等。

【图书馆】 2015年，制订和完善图书馆法人治理结构改革、成立图书馆理事会、图书馆总分馆建设、全民阅读中长期规划等方案及章程。

【文化基础设施建设】 截至2015年年末，馆藏图书达到4万余册，在政府综合大楼新安装歌德电子书借阅机1台；为给读者提供舒适的阅读环境，在流通部安装空调1台，同时实现图书馆无线WiFi全部覆盖，满足读者的服务需求，为巴彦高勒镇6个社区安装电子书屋。

【文物保护】 2015年，加强日常监管、巡查工作，加强对不可移动文物的保护力度，春季、秋季对各级文物保护单位进行多次不定期巡查，并对保护单位设施进行检查，发现问题及时处理解决，对博物馆安防设施也做维修更换，切实加强文物安全保护力度。开展全国第一次可移动文物普查工作的全市文物普查员培训以及文物信息采集上报工作。

【文物展出】 2015年，完成冯玉祥西北军粮仓博物馆陈列布展工作。三盛公天主教堂修缮工作待验收。鸡鹿塞修缮方案获国家文物局批准，重点文物保护专项资金申请按要求网报上传。可移动文物普查工作进展顺利，已上传文物数据数量、质量在全市居前列。完成兵团、水文化博物馆免费开放补助申请工作。配合内蒙古博物院完成数字博物馆磴口巡展工作，所内专家受邀在河套学院进行长城专题讲座。

【非物质文化遗产】 2015年5月，“二人台（西路）”“土炉烤馍”进入第五批市级非物质文化遗产名录。2015年12月，“二人台（西路）”被成功评为内蒙古自治区级非物质文化遗产。

【群众文化活动】 2015年，深入全县各社区、农牧区开展慰问演出与三下乡活动。全年共演出113场，其中走基层、下农村牧区演出90场，其他演出23场。组织开展迎新春、送春联、送祝福活动；组织开展迎新春灯会活动；举办全县首届“中国梦”广场舞骨干培训班；积极开展元宵节群众文艺演出；组织开展第二十三届华莱士节专场文艺演出；组织参加“魅力乌拉特”西部民歌会。

【艺术创作演出】 创编、学演群舞《盛世欢歌》

《吉祥的篝火》《飘香的美酒》《波浪沙吾尔登》《舞动的琴弦》，创作呱嘴《老姐妹夸瓜》《新农村新牧区建设暖民心》，创作歌曲《磴口，我可爱的家乡》《爱我的沙漠爱我的湖》《飞吧》；创作编排主题为“喜气洋洋过大年”元宵节文艺晚会、主题为“磴口我可爱的家乡”华莱士节专场文艺晚会以及主题为“百湖之乡魅力磴口”的巴彦淖尔市专场汇报演出。

【综合执法】 2015年，全县有文化市场经营户（网吧、电子游戏歌舞娱乐场所、KTV、音像书报刊市场、印刷业）107家。全年出动检查车辆168次、人员615人次，查处违规经营24起。收缴盗版光盘1112余张，盗版、非法出版、政治性非法出版物7册。举办文化市场经营户法律、法规培训班两期。与文化市场经营户签订综治、消防、安全生产责任状。

【稳定文化市场相关措施】 2015年，制订磴口县“扫黄打非”工作方案，网吧和电子游戏厅专项治理行动方案，学校周边文化市场经营户专项治理行动方案，KTV专项治理行动方案，文化市场综治、消防、安全生产工作方案及应急预案。与文化市场经营户签订综治、消防、安全生产责任状。

体　育

【体育活动】 2015年5月，全县举行2015年“全民健身月”系列活动，项目涉及健身长跑、自行车公路赛、篮球、排球、足球、毽球、广场舞、佳木斯健身操等多种形式的体育赛事。

【竞技体育比赛】 参加2015年巴彦淖尔市“敬老月—爱老、敬老”象棋联谊交流活动比赛，获得全市第三名。在第二十三届华莱士节期间，成功举办“金马湖”杯全国垂钓大赛，来自全国1000多名钓鱼高手参加比赛，使垂钓成为提高磴口县对外知名度的又一契机。同时，还举办“金马湖”杯全县龙舟赛和“纳林湖”杯沙滩足球赛等特色体育赛事。还准备充分利用乌兰布和大沙漠地理条件，举办全国性的汽车、摩托车拉力赛和徒步穿越运动。

广播电视报纸

【县广播电视服务中心领导名录】

主任：马喜翔

副主任：高俊丽

【概　况】 2015年，磴口县广播电视服务中心（以下简称“中心”）围绕政府中心工作做好大主题集中报道，关注民生、贴近百姓，积极推进广播电视宣传创新工作。紧紧围绕县委、县政府重大决策、重要活动、重大项目和重点工作，深化正面报道，加强舆论引导，发挥“喉舌”功能，努力发掘典型，着力宣传发展成效，宣传成绩斐然。

【宣　传】 2015年，以记者走基层、现场出镜方式，重点对全县各部门、各行业的新目标、新做法、新变化、新成效全力进行解读宣传报道，在全体采、编、播人员的努力下，共制作播出《磴口新闻》217期1194条；播放公益宣传片36部；播放影视剧35部。电视专题部共制作播出12部专题片，累计时长168分。新闻外宣工作在中央电视台，内蒙古广播电视台用稿上又有新突破，内蒙古广播电视台播发稿件位居全市各旗县第一名，市台播发稿件702条，位居全市各旗县第三名。《旗县委书记访谈：让农业大区变强区》《让沙漠成为聚宝盆》《感受抗战岁月、珍惜美好生活》《新农村新牧区建设让回族群众生活更幸福》等一大批反映磴口县经济社会发展的精品力作相继在中央电视台、内蒙古广播电视台、巴彦淖尔台播出，有力地宣传磴口县。两台记者深入到基层、场矿、学校，全面跟进报道，找准报道切入点，做到以点带面，抓好报道工作的亮点，推出《2015年磴口县经济社会发展情况纪实》《磴口县新农村新牧区建设纪实》等多组系列报道，突现媒体宣传舆论导向作用。电视专题部共制作播出12部专题。

【事业建设】 2015年，圆满完成全县92个嘎查村、国有农场“新农村新牧区建设”，广播电视“户户通”建设及“村村响”智能应急广播系统工程终端控制设备的安装任务。“户户通”建设任务的完成使磴口县农村广播电视入户率达98%。电影放映站引进80部优秀影片深入全县各农牧区、街道、社区、广场放映电影500余场。

【设备更新】 争取政府拨款和上级专项资金，通过政府集中采购，购置音频工作站1台、调音台1台、提词器1台、节目管理存储服务器1台、三维虚拟演播室系统1套、演播室灯光系统1套，高清摄像机3台、非编系统1套，保证新闻宣传的时效和质量。

【广播电视服务中心修缮改造】 2015年，争取磴口县委、县政府支持，将环保局旧办公区划归广播电视服务中心改造使用。磴口县财政投入建设资金295万元实施广播电视服务中心修缮改造工程，建成集新闻采编、制作、播出、办公为一体的新的广电中心综合办公区，实现全县广播电视节目一体化的目标。工程的实施将彻底结束磴口广播电视长期以来业务用房紧缺，办公区域分散的格局。

【地面数字电视建设】 2015年，结合广播电视服务中心修缮改造工程的实施，积极与自治区广电局对接地面数字电视建设项目（总投资概算300万元）。其中，中央数字节目地面覆盖机房地线县电视机房、包尔盖机房各1套，总价17380元；包尔盖100米馈管、县电视台机房馈管140米、300米各1套，总价168560万元；多功能信号处理器编传感器各1台，总价21万元；地面电视数字测试仪6.80万元；1千瓦地面数字发射机134000元；稳压电源30千瓦两部，低压配电柜12路1套、18路1套；变压器30千瓦、100千瓦各1套，机房专用空调3台，分别替代巴彦高勒镇、包尔盖发射台现有的模拟发射机，实现全县电视节目的全覆盖。

【荣　誉】 2015年，广播电视服务中心被巴彦淖尔市新闻出版广电局评为新闻宣传工作先进单位。

（金如海　菅瑞军）

【《磴口时报》概况】 2015年，《磴口时报》出版47期，编辑196个版面，刊登稿件1568篇。

《磴口时报》通过系列报道、专题、专栏、图片等多种形式，宣传全县贯彻中共十八届四中、五中全会精神、自治区“8337”和市“1359”发展思路，磴口县“百湖之乡，魅力磴口”宣传定位，县委十四届七次全委（扩大）会议及全县认真推进“新农村新牧区建设”工程、开展“三严三实”专题教育活动情况、县内各项重大会议精神和重要工作部署，对各项实际工作起到积极的舆论引导作用，营造良好的社会舆论氛围。

《磴口时报》对磴口县文化体制改革工作的开展情况及时进行宣传报道，以营造积极的舆论氛围。同时，加强与县文联、县作家协会的联系，继续在报纸上开设“本土文学”专栏，刊登本土文学爱好者的散文、诗歌、小说、快板等各类文艺作品，以及反映地方民俗风情、风景名胜的作品，激发各界人士创作本土文学作品的积极性。

9—11月，在连续7期报纸上，组织策划19个版面（其中12个彩版），多角度、图文并茂地报道县四大班子领导干部带头深入农村牧区，深入推进“新农村新牧区建设”工程情况。组织策划“走千村万户 讲精彩故事”之“新农村新牧区建设 村村都不赖”系列报道，并制作刊登“新农村新牧区建设”数字新闻图表；多角度、多层面地报道磴口县推进“新农村新牧区建设”工程情况。

10—12月，连续4期组织策划、刊登“学习贯彻中共十八届五中全会精神”专栏，深入报道县直各部门认真学习贯彻中共十八届五中全会精神情况，并刊登《十大关键词解读十八届五中全会公报》及一张图读懂中共十八届五中全会精神相关内容。

（王　瑞）

广电网络

【内蒙古广播电视网络集团有限公司磴口分公司领导名录】

总经理：杨润平

副总经理：武志军

陶　锐

【概　况】 内蒙古广播电视网络集团有限公司磴口分公司负责全县广电网络的总体规划建设、运营管理；负责全县境内65公里广电国干、省干网维护和管理及磴口城域网的规划建设，运营维护和客户服务管理。内蒙古广播电视网络集团有限公司磴口分公司下设综合部、客户部、工程运维部3个部门。

【经营指标】 2015年，经营收入总金额为606万元。其中，基本收视维护费收入302.40万元，安装费收入21.03万元，付费电视节目收入59.27万元，高清业务收入86.62万元，双向互动业务收入49.98万元，一体机销售收入83.70万元；其他业务收入3.50万元。

【网络维护与建设情况】 2015年，城镇本地网络建设在原有管道23公里的基础上建设干线5公里，引接管道4公里。建设覆盖新建小区5个1422户。城区穿架光缆干线23公里，引接光缆15.60公里，实现光纤到户小区2个覆盖用户832户。2015年，响应全区新农村新牧区建设政策，公司建设向农村周边城关村、黄土当村、坝塄新村建设农网干线20公里。村内实现FTTH（光纤到户）全业务开通。全年为1215户居民开通有线电视业务，开通双向业务1008户。农网有线宽带开通85户。维护国家干网线路50公里，省级干网线路15公里。年底因水利工程清渠挖断光缆导致干线阻断损失较大。城网维护加大整改力度，双向网络进行调整，提高双向网络传输的稳定性。同时，对城区内调查规划，对部分小区做整网改造性维护，提高网络整体稳定性。下半年，着重进行光纤FTTH网络建设维护工作。截至2015年年底，维护光纤工作站98台，放大器320台。全年完成4263次报修服务。

新华书店

【县新华书店领导名录】

经理：王建新（2015年1月起）

呼　群（2015年1月起蒙古族）

副经理：王建慧（女）

【概　况】 磴口县新华书店隶属于内蒙古新华发行集团股份有限公司，是内蒙古新华发行集团股份有限公司巴彦淖尔市新华书店有限公司旗下的一家分公司。最早诞生于1956年7月20日，前身是直属宁夏回族自治区分店的一个农村流供组发展成的门市部。磴口县新华书店是磴口县唯一的国有图书发行企业，是磴口县重要的文化宣传阵地。企业内设业务部、财务部、门市部。

2015年，有职工9人，总资产450多万元。与全国多家出版社和发行单位建立稳固、良好的业务关系。

【新华书店运营情况】 2015年，总销售330万元。其中，一般图书销售20万元，中小学教材销售310万元。发行销售重点图书《第四批全国干部学习培训教材》92套、《2015年法治热点面对面》280册。

（呼　群）

商　贸

工业园区

【县工业园区管委会领导名录】

主任：樊　文

副主任：袁海文

胡粹德

郝存柱

【概　况】 园区工业总产值完成64亿元，实际增速11.50%；规模以上企业实现工业增加16亿元；上缴税金2.35亿元；工业固定资产投资完成28.10亿元；基础设施建设投资1.21亿元。

【机构设置】 工业园区管委会下设综合办公室、规划建设处、招商处、项目处。

【园区建设】 园区基础设施建设有序进行，当年完成投资1.21亿元。道路及配套设施建设，共计投资6275万元。其中，投资680万元建设完成2.50公里生态大道；投资1890万元新建光伏园区水泥路4.20公里；投资200万元完成安装路灯134盏；投资2100万元完成巴哈路4.70公里拓宽改造工程；投资1125万元完成绕城路2.50公里拓宽改造工程；投资280万元完成规划三路、金牛路排污管网建设2公里。

绿化任务按计划全面完成，投资2718.80万元，其中绕城路绿化树种以桧柏树为主搭配灌木、花草造型。合计绿化面积60亩，投资86万元；贺兰路绿化：路长3.20公里，绿化面积77亩，投资92万元；宇乐化工项目区绿化：道路绿化3.50公里，绿化面积84亩，投资180万元，树种以垂柳、金叶榆为主；巴哈路绿化4公里，绿化面积108亩，投资230万元，树种垂柳、金叶榆；光伏园区绿化：道路绿化4.20公里，绿化面积108亩，投资230.80万元，以垂柳、金叶榆为主；场区及周边绿化3000亩，种植多年生沙草植物，投资1900万元。

景观建设框架结构基本形成，投资3056.20万元。其中，新建园区植物园占地面积246亩，投资300万元，2015年年底完成部分宜栽地势树木；粉煤灰场绿化及驼雕建设项目，当年投资750万元完成驼雕建设；园区生态补水工程投资2006.20万元；园区消防站投资50万元并投入使用。

【招商引资】 乌兰布和沙漠生态治理和光伏产业协调发展项目继续发展，各企业正式建成并网发电，并扩大规模，青岛昌盛入驻光伏产业园区并开工建设。

【规模以上企业】

1. 内蒙古磴口金牛煤电有限公司实现产值94761.40万元，实现销售收入95268.50万元，盈利10809万元，上缴税金7007.50万元。

2. 中电投磴口光伏有限责任公司实现产值11374.70万元，实现销售收入13950.80万元，盈利3674.20万元，上缴税金292.20万元。

3. 巴彦淖尔市农垦神舟光伏电力有限公司实现产值4712万元，实现销售收入4037.20万元，盈利1854万元。

4. 内蒙古黄河铬盐股份有限公司，实现产值14312.30万元，实现销售收入14323.70万元，亏损25.10万元。

5. 巴彦淖尔华油天然气有限责任公司实现产值14694.40万元，实现销售收入14574.40万元，盈利518.70万元，上缴税金522.20万元。

6. 巴彦淖尔市恒泰新能源有限责任公司实现产值19511.20万元，实现销售收入18173.1万元，盈利1223.20万元，上缴税金348.70万元。

7. 内蒙古利川化工有限责任公司实现产值16133.60万元，实现销售收入8071.30万元，盈利117.10万元，上缴税金76.60万元。

8. 内蒙古清源保生物科技有限公司实现产值18959.30万元，实现销售收入16823.90万元，盈利195.30万元，上缴税金138万元。

9. 蒙牛乳业（磴口巴彦高勒）有限责任公司实现产值16755.70万元，实现销售收入138635.50万元，盈利4687.60万元，上缴税金1116.40万元。

10. 内蒙古圣牧高科奶业有限公司实现产值149214.90万元，实现销售收入149369.60万元，盈利15913.80万元，上缴税金3993.20万元。

11. 内蒙古乌兰布和乳业有限责任公司实现产值23437.20万元，实现销售收入17338.30万元，盈利132.70万元，上缴税金187.60万元。

12. 泰顺兴业（内蒙古）食品有限公司实现产值14928.60万元，实现销售收入7910.60万元，盈利1002.40万元，上缴税金223.60万元。

13. 巴彦淖尔电力山峰电杆厂实现产值13741.40万元，实现销售收入4801.40万元，盈利4.10万元，上缴税金302.80万元。

14. 磴口县金鑫冶化有限公司实现产值12811.30万元，实现销售收入12792.20万元，盈利6.10万元。

商　务

【县商务局领导名录】

局长：尹银才

副局长：刘　罡

张卫锋

【机构设置】 商务局内设办公室、市场运行监测股、商务综合执法队、外经外贸股、流通产业股、市场体系建设股。

【社会消费品零售】 “十二五”规划期间，全县社会消费品零售总额由2011年的8.99亿元增长至2015年的14.33亿元，年均增长幅度12.50%，消费结构明显升级，消费能力稳中有升。2015年，全县社会消费品零售总额达14.33亿元，较2014年同期增长11.30%。

【对外贸易】 “十二五”规划期间，全县外贸进出口总额累计实现7591万美元（包括2015年全年1220万美元）。充分利用中小企业国际市场开拓资金，支持出口企业开展HACCP、ISO 9001等产品质量认证，鼓励和支持中小企业参加国内、国际会展、境外考察、企业网站建设等工作，扶持外贸出口企业拓展国际市场，进一步提升出口产品竞争力。

【利用外资】 “十二五”规划期间，利用外资4298万美元（包括2015年利用外资2000万美元）。

【争取资金支持】 “十二五”规划期间，围绕上级各类政策、资金支持，努力推动内贸市场体系、外贸出口等重点领域建设，累计争取国家、自治区各类项目资金1266.10万元，其中，内贸流通服务业发展专项资金701万元，外经贸项目资金565.10万元。

【便民连锁超市建设】 2015年，严格执行“五统一，两整洁”的建设目标，在全县93个行政村、嘎查、分场建设完成50个便民连锁超市建设，覆盖率达56%。

【电子商务发展】 磴口县电子商务处于起步阶段，2015年申请注册开展电子商务的企业11家，有6家通过第三方平台进行交易，但销售量很小，其他5家没有开展电子商务。在组织干部赴江浙一带和周边旗县考察电子商务工作的基础上，启动巴市大河套农贸有限公司电子商务产业园建设，成立磴口县乐村淘网络科技有限公司，开展电子商务进农村业务。2015年，有60家村、嘎查苏木体验店能够熟练操作，并签订开通购物乐村淘后台服务终端。

【完善市场体系】 2015年，全县建成农贸市场1个（河套大市场），争取自治区补贴资金200万元。通过商务厅备案的二手车交易市场1家，二手车经销公司4家，二手车评估公司1家。磴口县安顺通汽车检测有限责任公司二手车交易市场全面启动。

【增加限上企业】 2015年，第三产业增加限上企业入库数目标任务2户，实际完成2户。

【商务执法】 2015年，累计出动执法人员380多人次，对屠宰市场、成品油、酒类流通市场、商业预付卡、二手车市场等重点行业，开展日常监管和集中整治，共查处一般性违法违规案件20余件，为营造良好的市场经济环境起到积极作用。

【项目申报】 2015年，积极向上申报争取自治区促进内贸流通服务业发展专项资金项目扶持，申报资金补贴项目5项，申请到乌兰布和乳业品牌建设项目、商务执法平台项目、河套大市场新建农贸市场项目上级补贴资金共计350万元。积极引导支持外经贸企业申报上级项目补贴资金，为泰顺、永兴、德田工贸申请到位项目补贴资金共计216.10万元。

【油气回收】 2015年，依据《成品油市场管理办法》和《内蒙古自治区成品油市场管理细则》的要求，加大成品油市场监管力度，上报纳林湖加油站的相关手续，查处1家无证经营的加油站和1辆违规流动加油的罐车，维护成品油市场健康有序发展。油气回收改造工作，2015年，县政府下达4家加油站油气回收改造工作任务，当年全部完成。

（彭加洪）

国际贸易

【中国国际贸易促进会磴口县委员会领导名录】

会长：刘宏宝

副会长：李巧岚（女）

李庆彦

【概　况】 磴口县招商局成立于1998年（依据磴党发29号文件），2010年根据巴基编发〔2010〕42号文件将招商局改设为中国国际贸易促进会磴口县委员会，贸促会为参照公务员法管理的事业单位。

【机构设置】 中国国际贸易促进会磴口县委员会内设办公室、综合规划办、农业产业招商办、第三产业及能源招商办。

【招商引资】 2015年，磴口县实施招商引资重点项目16项，投资总额达241.83亿元，引进到位资金31亿元，其中，国内（区外）到位资金15.04亿元，区内（市外）到位资金15.96亿元。签订协议6项，协议引资额165.50亿元，框架协议、意向协议6项。

（胡永莉）

供销合作

【县供销合作社联合社领导名录】

主任：郭华

副主任：谢秀艳（女）

【概　况】 磴口县供销合作社联合社属参照公务员管理单位，为正科级建制的独立核算单位，由县财政全额拨款。内设综合办公室。2015 年，磴口县补隆淖基层供销社、磴口县隆盛合基层供销社正式注册。成功申报两个“新网工程”项目：磴口县鑫泰种养业农民专业合作社公益性信息化服务项目，巴彦淖尔市大河套农贸有限公司农副、畜产品配送中心建设项目。

【挂牌供销合作基层社】 挂牌供销合作基层社分别为磴口县补隆淖基层供销社、磴口县隆盛合基层供销社、磴口县沙金基层供销社、磴口县公地基层供销社，其中磴口县补隆淖基层供销社、磴口县隆盛合基层供销社正式注册。全部属于个体经营企业，但仍然直接面对农民从事着农资销售和农副产品收购等涉农经营项目。

【重点工作】 磴口县鑫泰种养业农民专业合作社公益性信息化服务项目是由磴口县鑫泰种养业农民专业合作社承办，项目建设总投资 35 万元，申请项目资金 10 万元，主要用于信息咨询培训，年内完成建设任务并投入运行。

巴彦淖尔市大河套农贸有限公司农副、畜产品配送中心建设项目由巴彦淖尔市大河套农贸有限公司承办，总投资 680 万元，申请项目资金 80 万元，项目主要建设内容为农副畜产品配送中心、半封闭式临时仓储库、配套中转库、办公及服务区等，年内完成全部建设任务并投入运行。

（丁　璐）

粮食购销

【县粮食局领导名录】

局长：叶德荣

副局长：王绍君

宁建喜

纪检书记：赵立忠

【机构设置】 粮食局下设磴口县粮油公司，公司内设综合部、财务部、经营部，下辖 5 个粮库，负责企业经营和日常粮油购销业务工作。全系统共有在职干部职工 66 人（其中粮食局 6 人、粮油公司 60 人）。

【粮油储备】 2015 年，粮食局在储国家、自治区、市三级储备粮（玉米、小麦）11250 吨，共储备商品粮 1550 吨，其中小麦 1550 吨。在粮食仓储工作中，县粮食局按照市粮食局《关于开展 2015 年粮食库存检查工作的通知》精神，遵循“有仓必到、有粮必查、有账必核、查必彻底”的原则，结合春秋两季粮食普查工作，组织相关业务人员共组成 1 个工作组，对全县 5 个粮库 19 个存粮仓进行逐仓逐卡清查，共检查国家、自治区、市三级储备粮 1.12 万吨，占检查数的 100%，粮食质量各项指标达到国家标准，宜存率达 100%。经查在储的各级储备粮食数量真实，达到“账账、账实、账卡、账簿”四相符。同时对库区仓储设施进行全面的安全检查，对排查出的问题及时进行整改，一时解决不了的限期整改，以确保各级储备粮的安全储存。

【粮食生产和争取粮食支持政策】 全面落实粮食安全责任制，切实采取有效措施，坚持不懈抓好稳定粮食播种面积。2015 年，全县粮食种植面积达到 39.86 万亩以上，确保粮食总产量水平，夯实粮食储备规模。2015 年，争取到国家商品粮奖励资金 60 万元，建成烘干塔 1 座（200 吨 / 日处理量），这些资金的投入极大的改善县粮油公司的仓储条件，为下一步的安全储粮奠定坚实的基础。

【“放心粮油”工程建设】 2015 年，在县委、县政府的高度重视和上级业务部门的大力支持下，县粮食局以军粮供应中心为依托和示范，在全县范围内开展“放心粮油”示范店建设工作，同时加大放心粮油进工厂、进学校、进社区的建设力度。在上级业务部门大力支持下开始筹建“放心粮油配送中心”从而为磴口县今后的“放心粮油”工作的大规模推广打下良好的基础。

【二级单位领导名录】

磴口县粮食收储公司

总经理：李　平（2015 年 2 月起）

副总经理：辛建斌（2015 年 4 月起）

温建平（2015 年 4 月起）

张拥民（2015 年 4 月起）

金　融

中国人民银行

【中国人民银行磴口县支行领导名录】

行长：池慧楼

副行长：赵文利

　　　　蒙建民

纪检书记：耿利忠

【概　况】 中国人民银行磴口县支行是领导和管理磴口县地区金融业务活动的国家机关，专门行使中央银行宏观调控的职能，受中国人民银行巴彦淖尔市中心支行直接领导。在中国人民银行巴市中心支行直接领导下，根据党和国家金融方针政策、发行人民币、管理人民币流通、经理国库、维护支付清算系统的正常运行，指导部署金融业务反洗钱工作，负责反洗钱的资金监测，负责金融业的统计调查，分析和预测以及征信体系建设工作。

【机构设置】 中国人民银行磴口县支行内设综合业务部、金融管理部、综合办公室、纪检监察审计室。

【执行货币政策】 货币信贷完成磴口县金融机构涉农贷款政策效果评估。完成2015年法人金融机构支农再贷款现场检查，发放再贷款3.30亿元。其中，农村信用联社1.80亿元，蒙银村镇银行1.50亿元。按季上报贫困县经济金融（分银行）数据。

完成2015年度PLS资金（抵押补充贷款）支持效果评估。完成2015年利率调整后的利率执行监测工作。完成新型农业经营主体主办行的落实工作。完成民贸民品生产企业贷款利差补贴审核（按季）工作。

完成辖内法人金融机构2015年存款保险数据审核和缴存工作。完成辖内法人金融机构风险状况调研（试评估）工作。

【支付结算管理】 全力做好ACS（中央银行会计核算系统）系统运行工作，加强业务人员业务培训，杜绝操作风险，减少业务操作差错；健全“助农金融服务点”建设工作机制，全方位建好农村支付的枢纽。至11月末，辖内共建成助农金融服务点65个，共计发生业务笔数6499笔，其中，转账业务2964笔、金额2578万元；话费缴纳业务2772笔、金额18.51万元；助农取款业务760笔，金额54万元。

【国库管理】 截至11月底，支库共办理各项业务66375笔，累计完成各级预算收入48631万元，财政预算支出累计完成167142万元，完成全年预算支出的96%。

【发行基金的调拨】 截至11月末，支行累计投放货币8.43亿元，回笼货币5.09亿元，货币净投放3.34亿元，保证磴口地区正常合理的现金供应。

【征信管理】 10月，圆满完成内蒙古小微企业农户和农村信用信息系统录入工作，共录入 1200 户农户信息和 20 户小微企业信息。充分发挥企业和个人信用信息基础数据库系统功能；积极为企业和个人提供信息咨询服务。截至 11 月末，共查询个人信用报告 4209 次，查询企业信用报告 51 次。同时，积极推广应收账款融资服务平台在辖区应用工作。截至 11 月末，平台注册企业用户数 7 个，启用 5 个，注册金融机构 8 家，启用 6 家，应收账款融资服务平台初具规模。加大征信知识宣传力度，组织辖内金融机构开展“送征信知识下乡”宣传活动，扩大征信宣传范围，营造良好的信用环境。

中国工商银行

【中国工商银行磴口县支行领导名录】

行长：班万山

副行长：李永章

郭　慧（女）

赵长强

【概　况】 2015 年，中国工商银行实现利息收入 3089 万元，中间业务收入 549 万元，实现拨备前利润 1003 万元；全行人民币各项存款余额 62141 万元，人民币各项贷款余额 62041 万元。

【机构设置】 中国工商银行所辖 1 个网点，内设两部一室。在职员工 53 人，其中，女员工 22 人，男员工 31 人，少数民族员工 5 人，中共党员 27 人，本科及大中专学历 44 人，中师学历 21 人。

【金融服务】 2015 年，在风险可控的前提下加大对磴口县经济发展重点领域和薄弱环节的金融支持，为地方经济发展提供全方位的金融服务。2015 年，新增项目贷款 25425 万元，流动资金贷款 9673 万元。深入推行员工行为规范和一线员工服务规范，全面激发员工的服务潜能，促进服务上档升级。对全县各类商品市场、专业市场进行调查摸底，以个人经营贷款和个人消费贷款为主导产品，大力拓展个人信贷业务市场，全方位满足个人客户金融需求。优化小微企业授信审批流程，提高小微企业授信审批效率，帮助中小企业渡过难关，大力支持地方经济发展。大力宣传安全、便捷的网上银行、电话银行、手机银行及“融 e 购”“融 e 联”“融 e 行”等空中银行服务，将金融服务渠道形成“网络”式发展，提升金融服务的效率和质量。通过推进“引进来、走出去、分层次、分专业”等培训形式，不断更新员工的知识技能，不断增强员工队伍的优质服务能力。开展业务技能竞赛，以赛代练，并邀请经验丰富的专家组进行指导，大大提升员工整体综合素质。开展“金融知识普及宣传月”活动，制作展板、标语、金融知识宣传折页，向广大民众积极宣传“利率市场化与存款保险制度”“互联网金融服务”“警惕非法融资”知识及“送金融知识下乡、防范打击非法集资、打击银行卡网上非法买卖、小微企业金融服务、金融服务基础强化年”五项内容，提升品牌形象，扎实推进金融服务水平。

【综合服务】 2015 年，大堂经理在网点内积极向客户介绍并引导客户使用互联网金融服务，让客户对互联网金融服务有更加深刻的认识与理解。组织员工队伍走出去，主动深入社区、企业、学校等群体，对新版人民币反假知识及各种金融产品进行宣讲，增加宣传活动受众人群，扩大金融知识普及范围。积极在网点开展“厅堂微沙龙”工作，客户经理和大堂经理对到店客户进行金融基础知识、理财产品的介绍，丰富微沙龙活动的主题，帮助客户迅速了解金融产品及金融知识，并在现场挖掘潜在客户，拓展优质客户资源。加快自助渠道建设步伐，与物理网点形成相互依托、优势互补的服务网络。有离行式自助银行 3 个、附行式自助银行 2 个，ATM 机 14 台和智能终端 4 台。

【个人金融业务】2015年年末，储蓄存款余额43542万元，同业市场占比第一；个人贷款余额16643万元，其中个人住房贷款余额11003万元、个人消费贷款余额1259万元、个人经营贷款余额4381万元。同时，为72户个体商户发放个人经营贷款2554万元，为86名企事业单位人员发放个人消费贷款740万元。为79名城乡居民发放购车分期专项贷款1026万元。个人贷款当年投放量及增量均为同业市场占比第一。2015年，个人理财产品销售37268万元，其中基金销售13810万元、个人理财产品销售23304万元、个人保险销售154万元；个人网上银行客户25120户，2015年新增客户6179户；手机银行客户19013户，2015年新增客户6876户；借记卡持卡客户68367户，借记卡持卡客户83564户，2015年新发卡7345张；信用卡持卡客户25050户，2015年新发卡1587张；代发工资客户共51户，代发人数5708人，月代发额1950.70万元，2015年新增代发工资单户3户，新增代发人数54人，月代发额新增16.10万元。

中国农业银行

【中国农业银行股份有限公司磴口县支行领导名录】

行长：马维平

副行长：周　勇

刘彦春

王军武

【概　况】中国农业银行股份有限公司磴口县支行属于国有大型商业银行，主要业务有存贷款、中间业务、代理业务、贵金属买卖、国际结算等。

【机构设置】磴口县支行内设客户部、运营管理部、综合管理部、风险管理部4个部室，下辖支行营业室、通达分理处、金穗分理处3个营业网点。

【业务情况】2015年，存款合计56716万元，其中对公存款17263万元、储蓄存款39453万元。2015年，贷款合计14535万元，其中对公贷款2880万元、个人贷款11655万元。2015年，累计发放农户小额贷款、金穗富农贷2700户，金额10131万元。

（杜丽娟）

中国建设银行

【中国建设银行股份有限公司磴口县支行领导名录】

行长：李继东

副行长：李　莉（女）

【业务经营】2015年，全年存款新增6838万元，发放贷款1200万元，实现中间业务收入237万元，个人金融产品销售5600万元，发卡46200张，电子银行客户新增1244户，代理中央、地方、县级财政业务11000万元，代理贷款5200万元。

【新增业务】2015年，开办农村合作医疗居民健康卡业务，发放居民健康卡4万余张。

【荣　誉】2015年，中国建设银行股份有限公司磴口县支行被中国建设银行股份有限公司内蒙古自治区分行授予“优秀县域经济”网点称号。

中国农业发展银行

【中国农业发展银行磴口县支行领导名录】

行长：常　飞（女，至2015年6月）

陈润田（2015年6月起）

副行长：杨尚忠

【信贷支农情况】2015年，各项贷款余额为

13966万元，比年初减少800万元，同比减少800万元。各项存款余额为6540万元，同比增加2378万元；各项存款日均余额为4751万元，同比减少5508万元，完成存款任务数的125%。中间业务收入为5.31万元，各项业务收入807.72万元，成本收入比为98.15%；资产利润率为0.02%。

中国邮政

【中国邮政集团公司内蒙古自治区磴口县分公司领导名录】

局长：魏宏斌

副局长：蒋志杰

【机构设置】 邮政局设综合办公室、市场部、大客户部、储汇部、电子商务部、保险业务部、分销部、集邮公司、商函广告部、速递部、发投部；下设东风路支局、广场支局、钢铁路支局、车站支局、朝霞路支局、隆盛合支局、哈腾套海支局、纳林套海支局、协成支局以及渡口代办所、补隆代办所、公地代办所、沙金代办所、小关井代办所、乌兰布和代办所、巴彦套海代办所、包尔盖代办所、巴音毛道代办所。2015年5月，更名为中国邮政集团公司内蒙古自治区磴口县分公司。

【主要业务】 全国联网通存同取、代收代发工资、入账汇款、绿卡业务、资金归集、95580电话银行业务、电子汇兑、基金、商易通、POS机等业务。2015年储蓄余额达到3.40亿元、理财规模达1.30亿元。邮资封片、DM中邮等，实现收入40万元。代收费办理移动、联通、电信话费，电费、水费，放号，2015年，累计代收费3800万元。2015年，累计代办保费2800万元。2015年，实现报刊流转额210万元。纪特邮票发行、新邮预订、企业专题册，2015年实现收入65万元。国内外普包、快包、代收货款，2015年实现收入20万元。2015年，销售酒水实现收入4万元。

（蒋志杰）

农村信用合作联社

【县农村信用合作联社领导名录】

理事长：吴国平

监事长：郭树林

主任：王金义

副主任：贾文斌

　　　　王富军

【概　况】 2015年，磴口县农村信用合作联社累计发放各类贷款149121万元，其中，累放各类农业贷款126776万元，占累放各类农业贷款的85%，而在累放各类农业贷款中，农户贷款79516万元，占累放农业贷款的62.70%；农村经济组织贷款870万元，占累放农业贷款的0.70%；农村企业累贷46390万元，占累放农业贷款的36.60%。年末各类贷款余额162133万元，同比增长29.90%。

【机构设置】 农村信用合作联社内设北滩分社、联合分社、东分路分社、政务中心分社、粮台信用社、乌兰布和分社、坝楞信用社、渡口信用社、补隆信用社、协成信用社、哈腾套海信用社、隆盛合信用社、公地信用社、沙金信用社、包尔盖分社、钠林套海分社、巴彦套海分社、学府信用社（2015年增设）。

【业务经营】 2015年，各项存款达到20亿元，较2014年增加3.70亿元，增长25%。各项贷款16.20亿元，较2014年增加3.80亿元，增长30.60%，涉农贷款占到全部贷款的85.70%，不良贷款占全部贷款的3.30%。上缴国家各种税费1528万元。其中，营业税及附加492万元，较2014年增加48万元，所得税1036万元。

【金融服务】 2015年，开发电子银行业务，以移动支付为切入点，充分利用“金牛卡”的各项电子功能，打造多样化的支付渠道，通过开发合作，研发“缴费宝”业务，搭建电子商务平台和客户实现有效互动。发行金牛卡总量达到19万张；开通手机银行5478户、网上银行1020户，累计交易金额达到13.86亿元，布设POS机具总量达到242部，ATM机总量达到23台，助农金融服务点已全部覆盖全县46个行政村。

（刘恩慧）

中国人寿保险

【中国人寿保险股份有限公司磴口县支公司领导名录】

经理：常　勇

副经理：张　勇

【概　况】 中国人寿保险股份有限公司磴口支公司共设置6个部门，分别为经理室、个险部、团险部、银保部、客服部、综合部。2015年，全年保费收入4627.42万元，其中，长险保费4348.83万元，短险保费278.59万元，银行保险业务849万元，投保人数33449人，各类给付1255.09万元。

中国人民财产保险

【中国人民财产保险股份有限公司磴口县支公司领导名录】

经理：王　宇

副经理：香兴福

【机构设置】 中国人民财产保险股份有限公司磴口县支公司内设经理室、业务部、理赔部、财务部、银邮部、综合部。

【业务经营】 2015年，全年保费收入1069.70万元，其中，车险保费853.34万元，非车险保费216.36万元，赔款支出468.69万元。

（马　洪）

中华联合财险保险

【中华联合财产保险股份有限公司磴口县支公司领导名录】

经理：郭海燕（女）

【经营状况】 2015年，中华联合财产保险股份有限公司磴口县支公司共收保费3435.08万元，赔款金额2031.72万元，向磴口县财政缴税金39.82万元。经营范围有车辆保险、农业保险、人身保险、财产保险、保证保险。

（徐立翔）

安华农业保险

【安华农业保险股份有限公司巴彦淖尔市磴口县支公司领导名录】

经理：何　庆

【机构设置】 磴口县支公司内设经理岗、业务推动岗、业务综合岗、查勘定损岗。

【经营状况】 2015年，共收取保费2105.10万元，赔款金额1256.26万元，向磴口财政缴纳税金35.77万元。经营范围有农业保险、车辆保险、财产损失保险、责任保险、信用保险、保证保险、短期健康保险和意外伤害保险，经中国保险监督管理委员会批准的其他保险业务。

通　信

中国移动

【中国移动通信集团内蒙古有限公司磴口县分公司领导名录】

总经理：潘金虎（至 2015 年 6 月）

　　　　李晓丽（女，2015 年 7 月起）

副总经理：彭智慧（女）

【设施建设】 1400 余公里通信光缆、130 个基站，优质的网络覆盖帮助广大客户实现“无时无刻、无处不在”的沟通与交流。80 多个营业网点延伸到乡镇农村，实现“一乡一店，一村一人”的目标；网上营业厅、空中充值等服务举措，方便了客户。

【通信覆盖范围】 磴口县移动覆盖范围广、通信质量高、业务品种丰富、服务水平领先的综合通信“大网”。全县城区、乡镇所在地，高速公路网络覆盖率达到 100%，国道、省道、铁路、A 级旅游景点覆盖率均达到 99% 以上，有效改善磴口县的投资环境。高度关注农村牧区通信需求，连续多年主动承担并超额完成“村村通”工程建设任务，为边远行政村和自然村建设起沟通的桥梁。

【业务发展】 间接解决社会就业 300 多人，网上通信客户突破 8.50 万户；坚持客户为根、服务为本，不断推进业务创新。着力打造“全球通”“动感地带”“神州行”三大服务品牌，除提供基本话音业务外，还不断开发推广丰富多彩的增值业务，短信、彩信、彩铃、语音杂志、飞信等新业务，正在深刻影响和改变着人们的生活方式。手机支付、信息查询、音频视频以及音乐俱乐部、手机报等业务推动手机终端集合越来越多的功能，正在成为继互联网之后的第五媒体。在满足客户日益个性化、多样化通信需求的同时，构建以客户为导向的服务管理体系，搭建起密布全县的服务网络。

【业务统计】 2015 年，用户数 92752 户，营业收入 5573 万元。

（李　慧　姜淑红）

中国联通

【中国联通巴彦淖尔分公司磴口县分公司领导名录】

总经理：贾　胜

副总经理：杨立志

　　　　　王永生

【概　况】 2015 年，在市公司的正确领导下，在广大用户和社会大众的关心支持下，磴口联通不断成长壮大企业核心竞争力和综合实力，面对日趋激烈的市场竞争，振奋精神，知难而上，紧紧盯住年初确定的各项工作目标，坚持以提质增效为中心，推进发展转型，提升服务质量，夯实管理基础，较好地完成2015年各项工作目标。

【业务经营】 截至12月底，磴口县分公司营业收入累计完成1883万元，完成全年收入预算2450.70万元的76.80%，阶段完成率84.50%，旗县排名第一位。

2015年，磴口乡镇网格收入累计完成267.68万元，完成磴口乡镇全年收入预算362.52万元的73.84%，阶段进度完成率81.77%，全市排名第三位。

2015年1—11月，磴口城区渠道网格收入累计完成682.30万元，完成磴口城区渠道全年收入1126万元的60.60%，阶段完成率66.70%，全市排名第六位。

【业务发展】 2015年，磴口分公司利用20万元乡镇渠道建设专项营销成本，完成8家合作厅（标杆厅2家，标准厅6家）的装修改造、33家MINI厅新建及宣传氛围布置，社会渠道形象大幅提升，布局更加完善，渠道效能逐步提升。截至12月底，磴口乡镇渠道数量达到合作厅11家，自营厅4家，代理店6家，MINI厅64家。

磴口乡镇网格联合县科技局在全县乡干部培训会上，对12396科技惠农平台进行宣讲，并且公司还给部分科技局信息员配备智能手机进行宣传推广。截至2015年11月，磴口乡镇网格累计注册用户582户，加载0元500兆，12396定向流量包242户，极大地方便农牧民的农牧业知识信息的查询。

截至11月，乡镇网格完成年初宽带发展预算目标406户的168%，在提前超额完成全年宽带发展任务的同时，也为广大农民朋友带去极速互联网的体验。

【网络建设】 贯彻上级的工作要求，抓住维护工作存在的主要问题，实施“234”战略（聚焦网络运行质量，聚焦客户服务质量两个热点；提升网络维护能力，提升网络优化能力，提升网络服务能力三个能力；加强网络资源管理，加强网络生产管理，加强成本管控，加强基础维护管理），以全面实现网络质量和网络服务的双提升为目标，实现网络质量稳中有升，为公司市场经营提供有力保障。安全保卫工作思路是贯彻“安全第一，预防为主，综合治理”的方针，结合实际情况，从人身安全、消防安全、财产安全、车辆安全、信息安全、网络安全、生产安全、办公营业安全、仓储安全和安全监督工作等方面入手，健全机构、完善制度、加强基础设施建设、完善预防措施和加强监督检查等工作的落实，确保公司安全生产工作平稳推进。

中国电信

【中国电信股份有限公司磴口县分公司领导名录】

总经理：高永平

【概　况】 2015年，中国电信股份有限公司磴口县分公司实现收入份额、用户份额双提升，成本效能、增长率双提升，宽带净增、流量双提升，号卡、智能机发展效率双提升。公司战略调整初见成效，细分客户市场，开展针对性营销策划、产品改进、销售等精细化营销工作，多渠道协作，打造符合市场规律、有生命力的销售体系，注重客户服务，以服务领先提升核心竞争力。

【机构设置】 公司设4个部门班组，分别为城区营销中心、网络部、乡镇营销中心、财务和1个自有营业厅。

【通信覆盖范围】 磴口电信是覆盖范围广、通信质量高、业务品种丰富、服务水平领先的综合通信“大网”。全县城区、乡镇所在地，高速公路网络覆盖率达到100%，国道、省道、铁路、A级旅游景点覆盖率均达到99%以上，有效改善磴口县的投资环境。关注农村牧区通信需求，为边远行政村和自然村建设起沟通的桥梁。

【业务发展】 除提供基本语音业务外，还不断开发推广丰富多彩的增值业务，短信、彩信、彩铃、语音杂志等新业务，正在深刻影响和改变人们的生活方式。手机支付、信息查询、音频视频以及音乐俱乐部、手机报等业务推动手机终端集合越来越多的功能，逐渐成为继互联网之后的第五媒体。在满足客户日益个性化、多样化通信需求的同时，构建以客户为导向的服务管理体系，搭建起密布全县的服务网络。

（陈雨坤）

苏木乡镇·农场

巴彦高勒镇

【巴彦高勒镇人民政府领导名录】

书记：任海韬（女）

镇长：唐东年

人大主席：杨　森

副书记：孟　乐

纪委书记：刘陆君

副镇长：董毅馨（女）

王集新（至 2015 年 7 月）

人武部长：黄文韬

组宣统委员：刘培致（2015 年 6 月起）

【机构设置】 2015 年，辖 6 个社区居民委员会，5 个村民委员会和 1 个牧民嘎查，分别是镇南社区居民委员会、西环社区居民委员会、钢铁社区居民委员会、贺兰社区居民委员会、和平社区居民委员会、南开社区居民委员会；北粮台村民委员会、北滩村民委员会、城关村村民委员会、旧地村民委员会、南粮台村民委员会、沙拉毛道嘎查；下设 30 个居民小组、29 个村民小组。

【概　况】 2015 年，辖区总人口 56886 人，其中城镇常住人口 36189 人，城镇化率 63.62%，农业人口 20373 人，有流动人口 324 人。总人口中，男性 30889 人，占 54.30%；女性 25997 人，占 45.70%；14 岁以下 14733 人，占 25.90%；15—64 岁 26510 人，占 46.60%；65 岁以上 15643 人，占 27.50%。总人口中汉族达 51300 人，占 90.23%；有蒙古族、回族、满族、朝鲜族、达斡尔族、壮族、苗族、维吾尔族、畲族、侗族、彝族、瑶族等 16 个少数民族，人口 5586 人，占总人口的 9.77%。超过千人的少数民族有回族，其中回族 3450 人，占少数民族总人口的 61.76%。2015 年，全镇出生率保持在 6.20‰，自然增长率 2.50‰，计划生育率 97%，保持较好的人口控制水平。辖区东西最大距离 65 公里，南北最大距离 32 公里，总面积 564 平方公里。其中陆地 551.20 平方公里，占 97.74%；水域 12.80 平方公里，占 2.26%，人口密度为每平方公里 100.86 人。

地貌明显分为两个部分，东北部为河套平原，地势平坦；西北部沙漠半沙漠，是乌兰布和沙漠的东北边缘。黄河流经东南边缘。最高海拔 1950 米，最低海拔 1030 米。

属中温带大陆性季风气候，其特点是季风明显，四季分明，春季干旱少雨，夏季炎热多雷阵雨，秋季凉爽干燥，冬季寒冷少雪。光照时间长，年日照时数 3186.30 小时以上，年平均降水 150.30 毫米左右，无霜期 144 天，年平均气温 9.0℃。

境内河道属黄河流域，从巴彦高勒镇南部二十里柳子至北粮台村，长 30 公里，流域面积 5.80 平方公里，年均流量 1090 立方米 / 秒，主要支流有东一支渠、乌审干渠等。镇域内有广阔的沙漠资源，主要分布在沙拉毛道嘎查。镇域内有鱼池10座，主要分布镇内南部地区，年利用养殖水面6500亩。林地面积6.70万亩。镇内有野生动物28种，有野生种子植物105种。主要自然灾害有干旱、冰雹、干热风、霜冻、大风、沙尘暴、白毛风、白灾、寒潮及病虫害等。

2015年4月15日16时左右，受阿拉善阿左旗地震的影响，造成镇1764户房屋不同程度受损，其中，城镇868户，农牧区896户；受损较严重117户，受灾人口243人，124间房屋出现裂缝，造成直接经济损失58.50余万元。

2015年11月6日巴彦高勒镇突降大雪，北粮台村温室大棚受雪灾影响，温室蔬菜大棚倒塌，蔬菜冻死，成灾严重的有2户，2亩温室大棚倒塌，直接经济损失12万元。

【经济建设】 2015年，城镇居民人均可支配收入达到21820元，农牧民人均纯收入达到13454元。

【农牧业结构优化发展】 依托城郊优势，以满足城镇居民生活消费为主，大力发展设施农业，扩大早熟华莱士、甜瓜、番茄育苗等种植面积。学习借鉴先进地区温室大棚栽培技术和销售经验，推广绿色有机反季节蔬菜，增加科技投入力度，鼓励农牧民自发组织合作社，争创绿色品牌，实现设施蔬菜挂牌销售。2015年，设施农业面积达到2100亩。县委、县政府计划制定出台葡萄、水产养殖、优质牧草等优惠补贴政策，在南粮台等沿河村社发展鱼类、螃蟹等精细水产养殖，提高盐碱荒地利用率。投资300万元，在南粮台村建设占地面积300亩的水产养殖小区1处。养殖业成为农牧民必不可少的收入来源。2015年，建成高标准肉羊养殖基地3个，年出栏各类畜禽30万头（只）。

【工业商贸】 2015年，全镇建筑公司（队）发展到10家，从业人员1986人，实现总产值98670亿元。2015年年末，全镇共有商业、饮食业、服务业等各类服务网点4550户，从业人员21200人，实现营业收入3.44亿元。

【文化艺术】 2015年，全镇共有社区文化活动室9个，村级文化活动室15个，有线电视入户率100%。便民利民综合服务大厅一处。2015年年末，巴彦高勒镇有民间文化艺术团10个。

【广播电视】 巴彦高勒镇29个村民小组全部通有线电视，有线电视普及率达98%。有6个村安装上远程教育平台。有8个社区居委会安装上远程教育平台和就业平台。

【社会保障】 2015年，下拨救灾款76万元，购大米900袋，购面粉900袋；购煨煤120吨，救助120户；为629名80—90周岁长寿老人发放生活补贴金399600元；发放43人五保户人员，每人每季度700元的生活补贴金120400元；为18名“三无”人员每人每月发放500元，为23名孤儿每人每月1160元生活补贴金214720元；为56名贫困大学生发放一卡通助学金29500元；社会保障得到进一步巩固，城镇享受最低生活保障有2565户4104人，农牧区591户672人。城镇救助171人次助款367700元，农牧区救助97人助款98138元，有效地缓解城乡贫困人口因病致贫，因病返贫的现象。坚持双拥共建，全力支持国防建设。优抚政策得到落实。

发放国家粮食直接补贴123233.31元和综合补贴543462.80元，全镇1877户群众受益；全面落实“一事一议”财政奖补政策；全镇农业投保15521.40亩，参保费40311.18元；享受国家粮种补贴9949亩99490元；各项惠农补贴资金均通过“一卡通”的形式全部发放到农户手中。

社区服务设施8个，其中社区服务中心8个，设立社区爱心超市4个。全镇各类合作组织发展到10个，四大产业协会覆盖农户1200多户。

新增就业人员150人，有200名下岗失业人员实现再就业，就业困难人员再就业180人，年末城镇登记失业人数350人，城镇登记失业率为

4%。全年共帮助1050户零就业家庭实现每户至少一人就业，组织20名高校毕业生到农村基层从事“三支一扶”的工作。为社区居民收集传递致富信息300多条，帮扶240余户贫困居民致富，化解邻里纠纷136起。开办各类服务场所34家，解决就业岗位22个，协调驻社区12家单位为辖区困难户捐助7000多元物资。

结对共建单位共投入帮扶资金及实物合计213541元，落实公益性项目13类100个，慰问贫困党员及群众246人，为他们送去米、面、油等生活用品450袋（件），帮扶56名贫困学生，为230名贫困老人进行免费体检。

2015年，新型农村合作医疗参保者7005人，缴费280200元，参保率达到98%以上，城镇居民医保参保人数达到23031人。全面实施全县全民新型养老保险政策，符合条件60周以上享受全民养老保险政策补贴人数450人，享受金额达45000元，60周岁以下全民养老保险参保人数6835人，参保率达到98%。

【“新农村新牧区建设”工程稳步推进】 遵照县委、县政府要求，结合巴彦高勒镇实际，沿黄沿线先行，力求明显改观。2015年，镇重点实施城关村、沙拉毛道嘎查二十里柳子、北粮台村七、八社，在实施过程中按照“五个结合、五个兼顾”具体措施，始终坚持工作标准不降、力度不减、措施不软，形成镇级主抓、村级配合、群众积极参与的工作格局，并且取得明显成效。截至年底，全镇6个嘎查村卫生室、文化室、便民超市、医疗养老保险、户户通、安全饮用水实现全覆盖，全镇危房改造390户；新修水泥路7.40公里，街巷硬化47000平方米。新建文化活动广场一处6000平方米，新建、改建文化活动室190平方米。

全镇温室种植面积达到1000亩，大棚、拱棚种植700亩。建成100亩集中连片鲜食果蔬采摘园，建成农家乐、牧户游5户。结合“三到村三到户”精准扶贫工作，发放扶贫贷款150户520万元、春耕贷款2580万元，建成投入使用钢架大棚114栋170亩。共拆除危旧房351处，棚圈784处，清理柴草垃圾450余吨；房屋立面改造81900平方米，房顶喷涂45000平方米，屋顶搬沿子3600米，新建院墙11000米；喷刷涂料122400平方米，更换门窗2360平方米，彩钢、网片5400米，硬化院落3900平方米；安装绿化带木栅栏4公里；购置垃圾箱40个。书写大型宣传标语10条，文化宣传墙20处。投资105万元完成城关村农村环境整治项目，彻底改变城关村“脏、乱、差”现象。利用“一事一议”项目资金460万元，完成通村道路绿化5000平方米，打机电井8眼，新修砂石路8公里，砌衬斗渠4公里，新修桥涵口闸及水工建筑38座；新建城关村3890平方米休闲广场一处，购买花卉籽种100公斤，完成城关村入口处（家馨花园南）及通道美化工程，种植八瓣梅、蜀葵、景天等花卉28000平方米；开挖土方85立方米，栽植新疆杨1300株，松树500株。完成北滩村小油路两侧植树任务，开挖土方3000立方米，栽植垂柳4000株，绿化面积20000平方米；完成南套子绿化任务，栽植樟子松20000株，垂柳1000株，绿化面积8000平方米。全镇造林绿化共栽植各类花卉、苗木15万余株。

【社区建设】 2015年6月，将原来的8个社区重新划分为6个社区，建立“一居一委一中心”的组织架构。

2015年，磴口县投资建设南开、和平、西环精品社区，建筑面积分别达到2000平方米，下半年和平社区、南开社区先后分别投入使用，西环社区预计年底完成室内装修工程。建成后的社区设施齐全、功能完善、成为集行政管理、社会事务、便民服务为一体的“一站式”综合性服务场所。秉着“文化传承文明，服务惠泽百姓”的服务理念，不断创新载体，突出服务特色，为居民提供方便、快捷、优质的便民和政务服务，有效增强社区服务群众功能。

（张家洁）

补隆淖镇

【补隆淖镇人民政府领导名录】

书记：王　毅

镇长：姜永智

人大主席：黄云龙（蒙古族）

纪检书记：王　君

武装部长：戈　明

副镇长：刘俊燕（女）

戈　明

纪检副书记：陈大智

组宣统委员：刘志才

党委委员：康永丽（女）

【概　况】补隆淖镇2015年有人口3313户7982人，其中户籍农业人口7229人，其余753人为补隆淖镇集体户，补隆淖镇镇域总面积77平方公里，下辖7村35个村民小组。

【农业生产】2015年，总播面积38500亩，种植优质小麦4200亩，粮饲兼用型玉米13860亩，葵花10500亩，番茄1450亩（其中早熟番茄1150亩），小拱棚蜜瓜套葵花7670亩，其中华莱士瓜320亩，各类蔬菜750亩。在团结、友谊、河壕、新河村新建集中连片钢架大棚450座，占地面积315亩，补隆淖镇钢架大棚面积达到1000亩。2015年，大棚蜜瓜和香瓜销售状况良好。发放良种补贴合计21662亩216620元，发放农机补贴58户22.95万元。累计发放各类惠农惠牧资金334.70万元。完成政策性农业保险33937.60亩89242.50元，并做好灾情的统计上报工作。邀请市、县科技人员到村社培训，共培训农牧民2300人次，发放宣传资料2300份。

【畜牧业】2015年，牲畜总头数达6.20万头（只），羊存栏5万只。其中，肉羊存栏2.70万只，基础母羊存栏2.10万只，山羊存栏0.20万只；生猪存栏4500头（其中能繁母猪514头）；奶牛589头，肉牛132头。大小畜商品率达到75%，大小畜良种、改良种比例达到87%以上。2015年，补隆淖镇圆满完成春秋季防疫任务，免疫密度、耳标佩戴率、牲畜户口本发放率均达到100%，开展布病溯源消毒12户。

【林业生态】2015年，对高速公路两侧、铁路沿线、“新农村新牧区建设”实施村、集镇、镇政府庭院等区域和线路进行绿化，绿化造林涉及7个行政村10个绿化区域。在高速、国道两侧清理枯死树14000株、生物除草1800亩，共在高速公路两侧补植22000株小美旱；在重点通道坝楞村圣牧高科油路至坝楞新村两侧、黄土档小油路两侧共流转耕地25亩，绿化长度15公里，共栽植垂柳800株，新疆杨1200株，樟子松280株。对“新农村新牧区建设”示范村坝楞村、黄土档村进行全面绿化，栽植小杂果、金叶榆、柏松、红花杨槐、金叶榆等各类树种8450株。特别是在“新农村新牧区建设”工程攻坚阶段，在夹道、河壕、友谊村栽植松柏800多株。加强森林草原防火工作，加大防火宣传工作，发放禁牧防火宣传材料3000余份。

【水　利】2015年，无涉水信访案件发生。争取投资10万元完成黄土档村农渠水工建筑物的配套；投资23万元新建河壕村一社东风渠桥；投资90万元新建新河村一社、二社、坝塄村二社、河壕村二、三、七社二排干桥共6座。投资9万元在河壕村一社、新河村三、四社新打机电井3眼。投资32万元在河壕村三社、友谊村二社、和团结村林站新建渡槽共3个。共投资12万元完成新河村、友谊村200户自来水入户工程。

【交　通】争取资金120万元，完成黄土档村2公里小油路建设，完成黄土档、夹道、河壕、友谊村街巷硬化 9.30 公里。

【中心村建设】 重点打造坝楞新村，投资 799 万元，新建完成坝楞新村二期 52 户 4640 平方米住房、2300 延长米院墙，并进行亮化改造，风格以灰白相间为主；对村内道路路基、巷道进行工字砖硬化，硬化面积 2400 平方米。村委会、卫生室、活动室建设工程全部完成，新建规模化养殖场 24000 平方米，可安置养殖户 64 户。在新村一期、二期通道，文化活动广场开挖回填土方 30860 立方米，栽植垂柳 469 株，新疆杨 600 株，桧柏、樟子松、香花槐、山杏、山桃、金叶榆等景观树木 612 株。同时，在坝楞新村一期、二期通道、文化广场等绿化区域内开展更换种植花卉土壤工程，换土 480 立方米，并进行土壤深翻，新种植八瓣梅和景天等景观花草 1200 株；完成路肩和树沟整形 3 公里，修剪和涂白老旧树木 6100 株。

【项目工程建设】 “新农村新牧区建设”工程：2015 年，在 7 个村 25 个自然村普遍开展，完成 11 个自然村的改造。共拆除危旧房 130 栋，旧土圈舍 580 个；出动机械 960 台次，清理柴草等各类垃圾 1080 吨；硬化街巷 8.30 公里，硬化路肩 11200 平方米；实施安全饮水 200 户；亮化改造房屋 380 户，新建院墙 23000 米，喷涂房顶 163 户。在各个节点上开展文化氛围营造。10 月 16 日，补隆淖镇黄土档村、坝楞新村、友谊村二、三社和沿国道各村、社节点成功接受自治区高规格检阅，“新农村新牧区建设”工作受到各级领导的认可与好评。

危旧房改造项目工程：危房改造任务 780 户，已经实施 768 户，年底全部实施完毕。

土地治理项目工程：涉及夹道、坝楞、新河、河壕四个村总投资 1425 万元 1.40 万亩的高标准基本农田建设项目，5 月底前全部实施完成。

财政“一事一议”项目：实施项目 8 个，完成投资 2702960 元，覆盖农户 4385 人。

【计划生育】 发放计生宣传资料 2000 余份，发放避孕药具 900 余份；为 30 人免费提供孕前健康体检；对怀孕妇女提供出生缺陷干预与服务，免费提供叶酸防止胎儿畸形；落实计生奖励扶助对象 28 人，特别扶助对象 2 人；继续推行“一杯奶”生育关怀行动，共为 30 名受益妇女提供牛奶 290 件，并全程跟踪服务，计划生育政策更加深入人心。新型农村合作医疗参合 6947 人，参保率达 100%，参合率位居全县第一位。积极配合县合管办对各类住院病例进行审核报销，对 2015 年慢性病补偿及意外伤补偿的人员进行审核上报。

【文化体育】 为 7 个村争取到音响设备各 7 套；组织各村业余文艺团体在各大节日为群众开展文艺性表演 5 次；在友谊村文化活动广场安装健身器材 10 套。

【广播电视】 紧紧围绕重点工程、项目实施，完成宣传专题片 3 部，新增“户户通”用户 285 户。

【新农保】 积极落实上级政策，完成 2015 年保费续交工作，截至 10 月底，补隆淖镇参加新农保居民达到 3800 人；审核符合享受条件 60 周岁以上养老金待遇领取人数 1200 人。

【民　政】 共发放米、面各 350 袋，通过“一卡通”发放现金 12 万元，救助贫困户 625 户。在补隆淖镇 7 个村开展城乡低保户重新审核认定工作，年底前通过村民评议重新确认低保户；积极落实农村大病医疗救助政策，共为 58 名低保户和低保边缘户发放大病医疗救助 144280 元；临时救助 17 人救助金额 18300 元；发放高龄补贴 75000 元；在友谊村新建成老年幸福互助院 1 处。

【扶　贫】 继续完善坝楞村 2014 年整村推进扶贫项目工程。完成楞村二期 45 户 157 人的生态脆弱地区移民扶贫项目工程建设，并通过市级初步评审验收；在新河、河壕、夹道 3 个村继续实施“三到村三到户”扶贫项目工程，工程涉及 130 户 408 人，完成钢架大棚建设 160 栋，重新启动温室大棚 50 栋，新建羊圈 40 座 2500 平方米。

【信访维稳】成立以镇党委书记为组长的信访维稳工作领导小组，每月定期召开专题会议，研究部署补隆淖镇的信访维稳工作。开展镇村大接访和领导干部大下访活动，每月定期开展信访维稳隐患排查工作。尤其在全国、自治区“两会”、自治区“新农村新牧区建设”工程观摩检查期间，在镇、村便民服务中心都安排专人接待，每日集中接待信访群众，主动进村接触上访人员。2015年，镇村便民服务中心共接访群众394人次，处理信访案件54起，区、市、县交办案件全部办结，排查矛盾纠纷78件，化解65件。

渡口镇

【渡口镇人民政府领导名录】

书记：黄晓峰

镇长：梁志强

人大主席：李　哲

副镇长：赵兵元

　　　　李　军

人武部长：张有政

纪检副书记：杜建国

组宣统委员：吕　慧

【农牧业经济】2015年，渡口镇通过积极调整产业结构，加大对农民种养殖技术的培训力度，积极鼓励引导扶持农民进行土地合作化经营等措施。农牧业得到持续发展，农民来自农业和畜牧业的收入大幅增加。小麦、玉米、葵花种植面积达到69800亩、番茄2160亩、40亩钢架大棚种植获得良好经济效益，亩均收益达到5800元，填补种植结构的空白。畜牧业的发展劲头强劲，新增规模化肉羊养殖场3家、肉牛存栏达到5100头，育成蛋鸡规模化养殖场两家，年出售育成鸡50000只。通过“三到村三到户”扶贫项目实施，农民新建标准化棚圈达到4500平方米，全镇肉羊存栏达到80000多只。农民来自养殖业的收入达到50%。

【林业生态】按“两线一中心”实施造林绿化，对沿黄、沿别磴线和中心村、集镇周边的村社提前谋划，做到早安排、早部署、早行动、高质量完成林业工作任务。5月，完成集镇、别磴线断带造林1.30公里，换沙6000立方米、栽植新疆杨7000余株。完成“新农村新牧区建设”点新地村天兴泉两个社村庄绿化，租赁村庄至别磴线道路两旁的土地80亩，栽植垂柳2000株。秋季造林工作有序开展，通过开沟换沙，将对沿线的新地村渠西社、渠东社、城西村头道渠社、南尖子村林业社、大滩村祥太东社进行村庄绿化，计划栽植垂柳5000株。

【水利交通设施建设】实施新地村渠东社、渠西社6.40公里水泥路建设工程，城西村头道渠社2.10公里水泥路，城东村3.70公里水泥路，实施别磴线路面维修工程19公里，新地村新地社、东地社沙石路建设完成8.30公里，永胜村南北七顶沙石道路建设完成3公里。投资1400万元完成渡口渠7公里衬砌工程，投资80万元新建排水桥6座，投资30万元完成渡口渠和大滩渠清淤任务，清淤土方8万立方米，投资25万元完成清淤任务。

【重点项目建设】高标准完成新地村“新农村新牧区建设”工程，其中打通道路1750米，修筑天兴泉东、西社、渠西社、渠东社水泥路10公里，铺设高标准沙石路10公里，拉运红沙3000立方米，对村内道路进行铺垫，硬化路肩2.70公里。拆除旧房、圈棚178处，清运柴草垃圾4086车，对247户危旧房进行修缮、亮化。新建390平方米集党员活动室、便民服务室、村务监督委员会办公室、两代表联络室和群众文化活动室为一体的高标准综合活动室。新建60平方米标准化卫生室1处，新建50平方米便民连锁超市1处，新建农民文化活动广场1500平方米，安装文体活动器材11套，配套环卫厕所4座，垃圾处理点5处，砌衬渠道328米。开沟换沙3.50公里，拉运土方20000立方米，栽植垂柳、经济林、柏树共3500株。升级、改造管网，实现安全饮水管网改造升级全覆盖。强化常住人口养老医疗低保等社会保障机制，按照应保尽保原则，加大政策宣传力度，实现常住人口养老、医疗、低保等惠农政策全覆盖。安装“户户通”150套，更换网络线路6公里，实现通信网络全覆盖。同时结合村委换届工作，成立环境整治维护小组和村监督委员会，制订新的村规民约，雇佣专职清洁人员，对村内卫生和设施进行长期维护和管理。

实施“新农村新牧区建设”工程，城西村全面完成“三清三治”工作，清运柴草垃圾580车，拉用土方3000立方米，拆除旧房、圈棚28处。在过去已完成小油路建设6.30公里的基础上修筑环头道渠社水泥路2.28公里，铺设高标准砂石路6.50公里。对38户危旧房屋进行亮化美化。升级、改造管网12公里，实现安全饮水管网改造升级全覆盖。新安装“户户通”48套，更换网络线路6公里，实现通信网络全覆盖。更换电力线路13公里，实现老旧电力线路全更新。新建村60平方米卫生室1处，硬化院落400平方米。新建2400平方米农民文化活动广场1处，新建农民文化小舞台1座，绿化面积1000平方米，配套健身器材10套，新建环卫设施3处。

东地村、永胜村、城东村和别磴线、堤防公路沿线村社的提标扩面工程实施情况：在3个村实施建设的基础上，重点对别磴线两侧、堤防公路沿线居住点进行提标和延伸。永胜村清淤道路两侧排水3.50公里，拆除旧房、圈棚67处，修缮、亮化南七顶社、永胜社、南沙湾社房屋84户。硬化南沙湾社环道路肩4600平方米，安装木栅栏1800米。新建100平方米小永胜社文化活动室1处，农民文化活动广场450平方米。东地村新房子社硬化路肩2000平方米，南柳子社、北柳子南社亮化房屋42户，改造圈棚52座，清运柴草垃圾550车。同时，对城东村三道坑社、南尖子村东社、南滩村河坝社、林业社、南沙湾沿社、大滩村祥太东社及沿别磴线、堤防公路沿线的部分居住户进行清治、亮化。

【卫生计生服务】 积极推行新型农村合作医疗制度，全镇参合率达到100%。截至12月，全镇出生29人，符合政策生育率100%，人口出生率4.48‰，死亡50人，死亡率7.73‰，人口自然增长率为–3.25‰，生育水平稳定。积极开展文化、卫生、科技三下乡活动，配合上级主管部门打击非法行医专项整治行动，净化医疗市场和药品、食品市场。

【民政救灾救助】 发放救灾款1018户35.50万元，为67名五保户发放284225元，救济缺粮群众500户，米、面各1袋，为80岁以上长寿老人236人发放293400元，为农村最低生活保障1076户1197人发放保障金2729727元，为优抚对象28人发放181520元，为9名孤儿发放141448元，为城镇低保13户18人发放保障金76472元，为农村困难群体大病医疗救助符合条件的114人发放救助金315760元，临时救助155人次，救助152700元。全镇完成低保审核工作，取消不符合低保条件37人。2015年，煤补发放2913户。

（宋永强）

隆盛合镇

【隆盛合镇人民政府领导名录】

书记：陶奋山

镇长：赵晓锐

人大主席：马振兵（蒙古族）

副镇长：孟祥明

尹兆斌

人武部长：云鹏飞

纪检副书记：李向军

组宣统委员：尹兆斌

党委委员：贯国慧（女）

【设施农业】 全镇设施农业面积达3350亩，温室亩均收入达2.20万元以上，大棚亩均收入达9000元以上。

【规模化养殖】 在继续扩大6个奶牛养殖小区的基础上，推进肉羊产业发展，新建公地村肉羊规模化养殖场，基础母羊达1000只以上。在全镇继续推行“小规模、大群体”养殖模式（养殖基础母羊30只，繁育羔羊100只，年收入3万元），全镇肉羊存栏达9.80万只。

【蜜瓜和脱水菜产业】 蜜瓜种植面积达1.20万亩，亩均收入达6000元以上；番茄种植面积达6340亩，亩均收入达3000元以上；青椒、辣椒等脱水菜种植面积达3500亩，亩均收入达3500元以上。

【旅游业】 完成“一线五点”旅游规划和基础设施建设，金马湖、金胡杨、“恒运”采摘园和茂欣生态农庄已投入运营，金马湖国际垂钓中心成功举办全国友好对抗赛巴彦淖尔市磴口分站赛，提高金马湖的知名度和影响力。

【流通产业】 各流通专业合作社运行良好，与农户形成“双赢”的良好局面，年农产品贸易量达0.6亿公斤。

【公共设施建设】 “合同新村”建设项目一期工程已全部完成。投资1260万元，完成海子沿村农业综合开发项目。投资225万元，完成涵盖海子沿、合同、民兴、西闸和黎明等5个村的整村推进扶贫项目。投资4500万元，完成民兴、西闸、黎明3.55万亩土地整理项目。投资290万元、日处理能力300吨的污水处理厂全面投入运行。完成“一事一议”项目21个。完成镇“人大代表之家”建设。

【重点项目建设】 新农村新牧区建设：动用机械5970台（辆）次，清运柴草32300吨，清运垃圾10600吨，拆除破旧房屋128栋、棚圈478个，院墙18.40公里，新建网围栏院墙16.40公里、圈舍14500平方米。完成土方23万立方米，沙方13.60万立方米，栽植各类树木29.70万株。实施危房改造1217户。完成77.10公里街巷硬化。完成3所小学校舍安全改造。安全饮水、村村通电、村村通广播电视通信实现全覆盖。新建标准化卫生院1个、标准化卫生室9个，其余3个标准化卫生室正在建设中。新建、改建标准化文化活动室9个，其余3个正在建设中。新建便民超市12家，改建26家。新型农村合作医疗参合人数28350人，参合率达98%以上，养老保险覆盖5305人，低保覆盖1248人，实现应保尽保。协成村一、二社和新地村六社接受自治区观摩检查团的观摩验收，得到认可与肯定。

金马湖国际垂钓中心：投入资金1600多万元完成鱼池、螃蟹池、环湖林带、湖心岛、水泥路、环湖公路、广场、码头、凉亭、长廊、门楼、木别墅和农家乐等基础设施建设，购进摩托艇和快艇等游乐设施。5月中旬，完成湖心岛的绿化、硬化工程和鱼苗、螃蟹苗的投放。5月底，新建2000平方米会所1处，完成3栋生态木屋和200平方米彩钢房的装修工程。5月底，新建游泳池1处，码头2座，完成6个垂钓池的硬化工程。年底前完成8.20公里环湖围栏建设。

【新农村新牧区建设】 同兴村。作为2015年“新农村新牧区建设”的示范点，同兴村投入资金300多万元，动用机械600台（辆）次，清运柴草1200吨，清理垃圾670吨；投资18.80万元，完成土方1万立方米，沙方6000立方米，栽植垂柳2600株，杏树3000株，完成同兴一、二社村屯绿化工程；完成0.40千伏农网改造12公里；投资85万元，新修通村小油路1.70公里；投资181.20万元，对一、二社及集镇163户居民房屋、院墙、街道两侧进行改造升级，实施亮化工程21560平方米，硬化工程3500平方米，制作牌匾500米，新建彩钢院墙4330平方米；安全饮水、“户户通”、卫生室、文化活动室、便民超市实现全覆盖，常住人口养老保险和低保项目做到应保尽保。

新地村。在“新农村新牧区建设”工程实施过程中，县人大、组织部、城建局、审计局、环卫局及镇村社三级360多名干部职工驻村2个月，累计投入资金500多万元，新地村实现“新农村新牧区建设”：动用各种机械2200台（辆）次，清运柴草4820吨，清运垃圾1380吨，拆除破旧房屋18栋、棚圈65个、柴草院墙1.80公里；完成土方6000立方米、沙方3800立方米，栽植各类树木7800株；实施危房改造107户；完成3.75公里的街巷硬化；完成桃来小学的校舍安全改造；安全饮水、村村通电、“户户通”实现全覆盖；新建标准化卫生院1个、卫生室1个；改建标准化文化活动室1个；新建便民超市1家、改建5家；养老保险覆盖301人，低保覆盖73人，实现应保尽保。2015年10月16日，新地村六社作为停车点接受自治区200多人观摩检查团的观摩验收，得到一致认可与高度评价。

【社会保障】 2015年，农村基本养老保险不断扩面，为2956名60岁以上老人发放养老金220万元。各项救助保障政策得到全面落实，共发放救灾、医疗救助、五保低保、优抚金等各级各类民政资金594万元。发放各类惠农资金813.70万元，金融部门共发放贷款1.30亿元，为五大产业发展提供资金保障。卫生事业加快发展，疾病预防控制、医疗救治及农村医疗等公共卫生服务体系建设加强。人口自增率控制在–5.90‰。全年开展防雹作业2次，有效降低灾害损失。全年帮扶困难儿童10名。为肢体残疾群众发放困难补助99.50万元。

2015年，全镇共排查发现各类矛盾纠纷173起，调处168起，司法诉讼5起，调处成功率98%。受理信访案件9起。共为群众办理各类事项987件，办结率100%。与11家单位、198户个体工商户签订食品药品安全责任状，并配合上级部门严格监管，进行专项检查4次，食品药品安全形势良好。

【换届选举】 2015年，14个行政村“两委”换届全部完成，“三率”达到100%，共产生新一届“两委”成员80名，“两委”成员中有40名交叉任职。同时，为提高社长工作积极性，将87个社的社长工资标准全部提高到每年3000元，不足3000元的由镇、村两级给予解决。

（闫　荣）

沙金套海苏木

【沙金套海苏木人民政府领导名录】

党委书记：王兴贵
苏木达：杨苏依拉（蒙古族）
人大主席：魏赤鸿
纪检书记：魏赤鸿（至2015年4月）
　　　　　杨　军（2015年4月起）
武装部长：杨　军（至2015年4月）
　　　　　巴特尔（蒙古族，2015年4月起）
副苏木达：李　斌
　　　　　额日和（蒙古族）
组宣统委员：巴特尔（蒙古族）
纪检副书记：陈建明

【经济建设及指标完成情况】 2015年，共完成地区生产总值7.60亿元，比2014年增长10.20%，其中第一产业完成7.20亿元、第二产业完成0.10亿元、第三产业完成0.30亿元。全社会固定资产投资达3亿元，农牧民人均纯收入1.29万元。

【社会事业】 2015年，沙金套海苏木通过坚持强化领导，完善制度，各项惠农、强农政策落实到位，各类农牧业补贴全部采用“一卡通”的形式发放；高度关注社会弱势群体生活，完善社会保障救助机制，对全苏木低保家庭实现应保尽保，并实行阳光评定、公开透明、动态管理。

【产业经济发展】 2015年，沙金套海苏木农作物播种面积突破29.90万亩，订单面积达到70%以上，牲畜存栏增长到23.50万头（只），农民年人均纯收入增长到1.29万元，绝对贫困人口（国家贫困底线是年收入2300元以下）下降到1041人。按照县政府安排完成土地流转面积10万亩，文冠果育种、育苗基地建设项目在温都尔毛道嘎查流转耕地500亩，在巴音宝力格嘎查建设的1万亩文冠果种植基地，基础设施建设完成80%。东达蒙古王獭兔养殖项目和西沃肉牛养殖项目完成土地流转4.75万亩。

【公共设施建设】 2015年，争取磴额线至巴彦套海嘎查3公里；乌兰布和农场至温都尔毛道嘎查木雷滩的油路建设12公里项目。协助上级部门解决苏木境内40.40公里的京新高速公路及10公里引线的征地拆迁和矛盾纠纷排查化解。完成11个嘎查的“新农村新牧区建设”工程主街和巷道硬化16.80公里。在人畜饮水上，按照新建与改造相结合，集中与分散相结合的方式，基本完成农村安全用水工程建设。共完成3个嘎查47.60公里渠道砌衬工程（建设一分干、二分干）；完成各类水工建筑物263座。

【重点项目建设】 2015年，实施阿茨、召滩、巴音宝力格、温都尔毛道4个嘎查“三到村、三到户”精准扶贫项目。项目共投资145.81万元新建标准化养殖棚圈119户、购置基础母羊350只。在阿茨和巴彦套海嘎查实施连片扶贫项目，为贫困农牧民修建院墙3300延长米。发放金融扶贫贷款8个嘎查404户1358.60万元。沙金套海苏木“新农村新牧区建设”工程涉及12个嘎查，这一工程走在全市前列，顺利通过市、县两级的观摩检查。

苏木投资300余万元实施安全饮水工程，安全饮水工程达到全覆盖；全苏木完成危房改造715户，危旧房782户，拆除133户。全苏木完成巷道硬化26.96公里；包勒浩特嘎查完成街道硬化10500平方米、旧街亮化10773平方米；全苏木村村通电、村村通广播电视达到常住人口的全覆盖；12个嘎查农牧民活动室全部改扩建完工并投入使用；完成巴音毛道嘎查民族幼儿园1处，总占地面积260平方米；12个嘎查卫生室已经达到全覆盖，其中有10个卫生室配备网线；苏木便民超市达到全覆盖，县商务局现全部配套统一牌匾；全苏木12个嘎查中有10个嘎查完成文化广场的硬化，并配套相应的健身器材，有2个嘎查（哈业乌素嘎查、巴音乌拉嘎查）活动广场正在建设中；苏木四清三治工程涉及12个嘎查48个社，其中20个社基本清理完毕，8个社在进行中，其余20个社因地处沙区、山区，住户分散，未进行整体规划，清理难度大，暂时未清理。通过几个月集中处理，12个嘎查共投入950万元进行“四清三治”、村庄亮化工程，使整治村容村貌有明显改善。

【新农村新牧区建设】 2015年，沙金套海苏木结合“新农村新牧区建设”工程，对12个嘎查集中进行“四清三治”村庄整治工作，动用人工6000余人次清理村庄、集镇和沿路垃圾；动用大中小型机械350余台次，花费144万元清理垃圾、柴草、土堆345万立方米；完成亮化87户；拆除危房133处。大力实施危房改造项目，加大涉农项目和资金的整合捆绑力度，完善巴音毛道新村和巴音宝力格牧民新村的新农村、新牧区建设，逐步引导农牧民向新村集中入住。巴音宝力格嘎查“牧民新村”20户蒙古包的工程建设全部完工，巴音毛道新村规划新建160户，现建成的房屋门店搬迁入住120户，后续工程在有序实施。

【文化体育活动】 2015年6月，沙金套海苏木成功举办祭祀“乌兰敖包”活动。苏木大力推进苏木文化站和嘎查文化阵地工程建设，有线电视、宽带网络、嘎查文化活动室和草原书屋实现嘎查全覆盖。

【医疗卫生】 2015年，沙金套海苏木加强计划生育综合治理，提供计生优质服务，稳定生育水平，提高人口出生素质，确保全苏木人口自然稳定增长。全苏木合作医疗覆盖 7994 人（其中包括部分流动人口），达到常住人口的全覆盖。

【社会保障】 2015 年，沙金套海苏木加快建立覆盖城乡居民的社会保障体系，保障低收入居民的基本生活，落实城乡居民养老保险政策，居民养老保险 3928 人，参保率达到 95%，基础养老金发放率达到 100%；低保覆盖 1231 人，五保户覆盖 71 人，高龄补贴覆盖 104 人。城乡低收入居民基本实现应保尽保。

（魏赤鸿）

乌兰布和农场

【乌兰布和农场领导名录】

农场党委书记、场长：徐卫国

党委副书记：霍培清

副场长：林　云

杨建青

纪检书记：张有普

工会主席：路建成

【机构设置】 乌兰布和农场机构设为“三科一办”，分别为生产经营管理科、财务科、政工科和办公室。8 个分场分别为一、二、三、四、五、六、七、八分场。

【主要指标】 国民生产总值达到 9180 万元，其中，第一产业 6950 万元，第三产业 2230 万元。依托兵团文化红色旅游景区的建成及村庄亮化工程的全面推进，第三产业总值较 2014 年增加 730 万元。人均年纯收入达到 12821 元。

【农　业】 农场协调信用社等金融部门，解决农资贷款 3500 万元，解决职工生产资金的问题。全年参加科技培训达 800 多人次，切实提升职工群众的科学种养殖水平。

【水利建设】 农场出资 27 万元用于清淤、维修桥涵口闸，四分场一队、七分场西八队两个贫困队拉沙、改良土壤等。争取到水权置换项目，衬砌支斗农渠 34 条，共计约 96 公里；投资 1100 万元用于六分场三队与一分场六队共 1 万亩的农业综合开发项目；投资 2700 万元用于一、六、三、七分场的高标准农田整治项目；争取水务局 100 万元专项资金在八一边渠新建 1 座扬水站。

【畜牧业】 全场肉羊饲养量 34800 只，出栏羔羊 19000 只，其中规模化肉羊养殖户 8 户；蛋鸡饲养量达到 3.60 万只。蛋鸡规模养殖户 2 户。全年防疫羊 7 万只次，防疫猪 3200 头，防疫鸡 7.30 万只，灌服布病疫苗 1.20 万只。实现应防尽防，全年没有发生动物疫情。

【林　业】 结合农业项目建设，做好林木的更新、补植；结合村庄亮化工程，做好全场绿化。全年共植树 1.30 万株。

【社会保障】 2015 年新增城市低保 27 户。2015 为 674 名退休职工发放慰问品，发放慰问金 124690 元。为原煤矿等职工社保补费 48 万元（保险公司理赔 31 万多元）。死亡职工家属 8 户，发放慰问金 4000 元。

【金秋助学】 为 19 名高考学生发放资助金 12600 元。磴口县工会为 8 名困难职工家庭学生发放 24000 元助学金慰问。

【文化阵地建设】 8 月 21 日，博物馆主体工程完工，举办“磴口第一届兵团文化艺术节”。红色旅游景区建成，参观旅游的人数到达 6000 多人次，参观人数同比增长 132%，提高农场、磴口县乃至巴彦淖尔市的知名度，为招商引资工作开辟新途径，为农场的发展开阔思路，带动第三产业的发展。

（陈　阳）

巴彦套海农场

【巴彦套海农场领导名录】

场长：马全生

副书记：段　选

副书记、纪检书记：郭秉全

副场长：魏俊杰

刘建军

李建国

刘永生

【概　况】 2015年，巴彦套海农场总人口为2365人，总户数785户。

【机构设置】 巴彦套海农场内设政工科、财务科、经营管理科、办公室。下设一、二、三、四、五、六、七、八、九分场、机械队10个农业分场。

【经济社会发展】 2015年，全年完成国民生产总值4845万元，比2014年增长26.80%，其中，第一产业完成3869万元，比2014年增长18.60%，第二产业完成37.40万元，比2014年增长11.20%，第三产业完成35.80万元，比2014年增长9.60%。固定资产投资完成731万元。完成税收5万元。实现利润2万元。家庭农场利费回收率实际完成98%，农场人均纯收入完成8709元，比2014年的8634元增长75元，同比增长0.80%。

【社会事业】 农场结合"新农村新牧区建设"工程，对一分场实施街巷道硬化1800米、三分场2068米、五分场1380米、六分场1330.40米，全部投入使用。完成危房改造任务280户。其中，新建10户，改建270户。为农场35户农户申请办理"户户通"，达到全覆盖。为场部周围安装路灯38盏、三分场安装路灯2盏。分场渠道常年淤积，水流慢，农场集体用机械清淤4000米，用人工清淤累计土方1.20万立方米，排干清淤10公里。

【社会保障】 2015年，全场职工参加职工养老保险的有471人；已退休职工289人；参加居民养老保险336人；享受国家低保的有156户281人，其中非农业户165人、农业户116人，参加养老保险的人数占全场总人口的32%；参加居民医保461人；参加农村合作医疗1095人，参加医保人数占全场总人口的66%。除户口在场、常年不在的人口及在校学生以外，全场参保率达98.20%，基本达到全覆盖。救助316户煤补，每户600元。

【公共设施建设】 2015年，维修分场活动室7个，合计建筑面积680平方米，新建活动室1个，建筑面积84平方米。硬化场部活动广场850平方米，三、五分场活动广场合计480平方米；新建公厕6座；安装场部街道照明路灯40盏，为职工群众的文化生活提供较好的平台。完成四、八分场农业综合开发节水改造7000亩，渠道衬砌24.50公里；五分场实施高标准农田基本建设5000亩。完成一、三、五分场新建水泥路5.30公里，机械队新修水泥路1.40公里。

（杨新义　韩彩凤）

哈腾套海农场

【哈腾套海农场领导名录】

党委书记、场长：郭卫林

党委副书记、副场长：窦永智

常务副场长：窦建评

副场长：李发明

王　勇

工会主席：潘　军

纪检书记：甄　旗

【经济指标】 全场经济建设和社会发展态势良好，实现"社会稳定、经济发展"的预期目标，人均纯收入达到11381元，国民生产总值10564万元，农牧业总产值12750万元。

【农业生产】 完成播种面积44165亩，其中粮食作物24263亩、经济作物16311亩、其他作物3591亩；协调解决农贷资金4100万元，确保所有耕地适时播种；完成二分场农业综合开发建设4000亩、拉沙上粪改良土地15000亩，修建桥闸7座，修建农田道路40公里，打机电井20眼，完成农业基础建设投资850万元；特色农业和设施农业同步跟进，通过宣传动员、骨干培训、现场观摩、树立典型等方式，香瓜面积799.30亩，亩均产值达到6000多元。温室和大棚种植99座共计106亩，温室亩均收入2万元，大棚亩均收入1万元；对渠道清淤工作进行跟踪督查，全场清淤斗、农、毛灌渠64条，清淤长度86公里，土方4.50万立方米，总投资22.50万元；重视科技兴农，组织科技培训3次共计120人，发放宣传资料1000余份；申报良种补贴面积2.70万亩，补贴金额27万元；协助农工购进各类农机具178台，享受农机具补贴金额135万元；推广农业保险：参保面积达到3.30万亩，涉及512户，占总播的75%，较2014年增加10%，2015年，受灾作物获得41.70万元赔偿金。

【林业生态建设】 设置分场护林员12人，保障管护资金，对辖区内生态资源进行有效保护。结合新农村新牧区建设工程，一分场植树80亩共计4000株。四、五、八、十分场平整树地48亩，开挖树沟18800米，计划栽树9750株。配套浇灌设施，购输水管300米，新建自来水阀门井8座；场部街道两侧绿化带定期浇水，对150株槐树进行剪枝整形。

【畜牧业生产】 全场650头奶牛、59头肉牛和44150只羊、233头猪、3635只鸡全部防疫，全年累计免疫注射疫苗48727头（次），密度达到100%；牲畜耳标佩戴率达到100%。动物户口簿、动物免疫台账、消毒记录表填写和发放率达到100%。完成养羊小区工程建设，宏宝公司六分场、十分场基础母羊繁育场均完工，总面积190亩，可容纳110个养殖户，饲养基础母羊5500只。

【项目建设】 三、五分场实施农业综合开发项目，规划总面积9000亩，总投资900万元；四、十分场实施土地整理项目，规划总面积10000亩，总投资1000万元，全部项目工程启动。

【经营管理】 实行土地承包自愿申请制度，组织实施耕地面积丈量清查工作，各项承包费回收采取目标责任制与绩效挂钩的考核办法，做好农场总体规划；全场中心分场的规划已经完成4个，至2030年的总体发展规划进行3次研讨，正在修订中；农场牵头，各灌户单位参加，成立哈腾套海农场用水协会，负责全场灌区内农田灌溉管理，农场水管站负责对用水协会的监管，用水协会设立水费专账，由农场计财科工作人员进行管理；60%的民事纠纷化解在分场，25%的通过司法所化解，10%的提起诉讼解决，只有5%的形成信访案件。

【“新农村新牧区建设”工程】 2015年，“新农村新牧区建设”工程在四、五、八3个分场实施。共完成危改46户，街巷硬化3140米，新建便民超市3个，五、八分场各投资40万元新建230平方米文化活动室，6个分场四清三治同时进行。清理643户柴草圈共计28380平方米；拆除196户棚圈共计11360平方米；拆除危房48户共计2390平方米；清理垃圾6280四轮车；制作固定标语10条、大标语牌2块；动用铲车、挖机、钗车等各类机械累计5000余小时。

【惠民富民政策】 年内全场良种、农机等惠民补贴211万元按时足额发放到位。为230名困难户发放民政救灾款13万元，为19人办理大病救助金5.67万元，为5名在乡老复发放转业军人和残疾军人优抚金2.34万元，为42名80岁以上老人高龄发放津贴30240元，发放冬季用煤补贴771户46万元，为289户贫困家庭发放低保金141万元，为46名残疾人发放补助2.20万元。全场居民医保、合作医疗参合率均达到98%以上。为育龄妇女体检2次，落实“一杯奶”项目15人，为27户发放独生子女费4560元，为5户职工群众申请到农村牧区奖励扶助费11340元。完成1期创业培训，有75名学员办证，有56名学员获得社保补贴13万元，12名学员获得无息创业贷款60万元。

包尔盖农场

【包尔盖农场领导名录】

农场党委书记、场长：燕海兵

副场长：裴光明

刘　勇

高学文

纪检书记：张锁成

工会主席：刘海荣

【产业经济】农场以农业为主体，畜牧养殖业、林业为辅助产业，相互协调发展。农场国民生产总值2015年实现11360万元，人均纯收入2015年实现11400元。农场经济收入主要来源于土地费用收取，占农场收入的95%，林业及其他收入仅占5%。家庭经济收入主要来源于农业，其中家庭经济收入农业占70%、林牧业占20%、打工服务业占10%。

【农　业】2015年，全场农作物总播面积5.10万亩，其中，粮食1.80万亩，经济作物1.70万亩，牧草种植1.60万亩。年内，订单种植面积0.60万亩，占总播面积的12%；培肥地力2.10万亩，占总播面积的41%；激光平地1.80万亩，占总播面积的35%；全部实施测土配方施肥。年内，为农场3.70万亩农作物办理农业保险，入保农作物占总播面积的75%。通过农场扶持、农户协作参与，在2014年生产的基础上，分别由农户与甘肃牧草经销商、种植业大户与圣牧高科签订集中连片苜蓿生产承包合同。在一、五、六、十分场分别建成6500亩、1500亩、2000亩和1000亩的优质牧草生产基地。

【畜牧业】2015年年末，全场实现牲畜存栏20534头（只）。其中，羊19720只，牛56头，生猪660头，大畜98头。在春秋两季对存栏畜全部强制注射“五号病”疫苗，防疫密度达100%；对其他畜按防疫规定进行免疫。

【林　业】2015年，完成植树造林23000株。同时，雇用护林员对全场林木加强管护，彻底清理油路两侧林带死树。落实2015年退耕还林0.46万亩。

【社会保障】按照国有企业职工社保政策，落实2015年农场参保职工324人。办理参加新型农村养老保险432人，办理新农合2008人，城镇居民医疗保险619人。办理低保年检手续346户433人。为全场51名长寿老人发放长寿金。开展居民保障性住房办理业务。

【人民生活】随着社会发展及“四清三治”和村容村貌整治工程的实施，居民生活条件明显改善，生活水平明显提高，公共服务设施逐步配套，如医疗卫生室、公共文化活动室、便民超市以及公共场所的建成，自来水安装使用、电器和液化气的使用和垃圾的集中处理，给居民生产和生活带来很大方便。手机和电脑的使用，提高居民生活质量。

【公共设施建设】农场境内有两条县级公路，哈磴公路和陕沙公路均为自东南向西北斜穿农场。城内的农电由农垦供电局管理归磴口县邮电局统一管理。

【重大项目】2015年，在农场一、六、八、十分场实施“新农村新牧区建设”工程。完成2015年危旧房改造470户。完成2015年实施的“一事一议”项目有6项。投资16.20万元完成一分场新建职工活动中心；投资28.50万元完成二分场至油路口道路硬化；投资15万元新建成八分场健身广场1000平方米；投资15万元完成八分场街道绿化；投资27万元完成二分场18盏路灯安装。

【困难救助】 2015年，救助困难户发放米、面100份、发放救助金112份。为低保户、残疾人、“三无”人员、孤儿发放燃煤补贴464户，每户600元办理年检手续，使其生活得到保障。为残疾人办理人身意外伤害保险20名。按照上级工会要求，救助贫困职工家庭应届大学生8人，每人3000元。

【新农村及村容村貌】 2015年，实施自治区“新农村新牧区建设”工程后，居民的居住环境、就医生活条件和出行道路等发生显著变化，生活水平显著提高。

【文体卫生】 2005年，包尔盖小学移交县教育局管理。2015年，开展“四清三治”和村容村貌整治工程，重点对旧场部、分场开展“四清三治”工作，对居民点的街道及柴草、粪便堆积点重新清理规划。

（李发胜）

纳林套海农场

【纳林套海农场领导名录】

农场党委书记、场长：武占国

副书记：薛　峰

副场长：雷战忠

冯学明

刘　刚

纪检书记：张有聚

工会主席：李果桃

赵治山

【主要任务指标】 2015年，磴口县纳林套海农场全年完成国内生产总值8975万元。其中，第一产业完成6229万元，第二产业完成186万元，第三产业完成2560万元。固定资产投资完成1800万元。农场人均纯收入11420元。

【农业生产】 全场适当增加密瓜、籽瓜、葫芦、番茄、玉米的播种面积，减少食葵等作物面积。全场主要农作物播种面积：小麦273亩，玉米23476亩，葵花9318亩，纳林甜瓜3058亩，黑瓜籽660亩，白葫芦籽565亩，苜蓿1306亩。各种农作物长势都较好，其中，纳林甜瓜长势好于往年，大部分密瓜以每亩2800元到3800元的价钱出售。双膜密瓜平均亩产值近3500元，比往年提高400—500元。

春季，农场推行科技下乡活动，对全场职工群众集中进行3次科技讲座。农闲时段农场又组织科技人员到各分场进行科技、法律和党的惠农政策的宣讲活动。全场共安排科技讲座9场次，累计培训农工1500多人次，同时发放科技书刊资料1000余册，科技培训率达90%以上，有效提升农工们的生产观念和技术水平。

为使农户能有效抵御气候异常造成的损失，全场农作物加入农业保险的小麦有20户142亩；玉米有433户18398亩；葵花有316户9497亩；番茄有4户104亩。

【畜牧养殖业】 牲畜养殖量13174头（只），其中牛210头、羊12504只、猪460头。加强畜牧业管理工作，动物疫病检测、防疫工作基本做到村不漏户，户不漏畜。

【旅游景区建设】 2015年，纳林湖生态旅游区累计完成投资2.90亿元，2015年完成投资约3000万元。纳林湖的旅游度假接待服务和游乐基础设施日趋完善，景区开设有乘船游览、水上飞伞、水上乐园、水上冲锋舟、奶嘴喂鱼、水上飞鱼、水上竹排、湖滨浴场游泳、滑草、射击俱乐部、沙漠越野、摩托车沙海冲浪、四驱沙漠卡丁车、两轮自动代步车、骑骆驼、大汗行宫娱乐餐饮休闲等游览娱乐项目。

驻县上三级单位

黄河工程管理

【内蒙古自治区黄河工程管理局领导名录】

局长：王继军

副局长：陈新忠

丁雅明

许　广

【机构设置】 内蒙古自治区黄河工程管理局设置为6个职能科室，分别为办公室、党委办公室、人事科、计划财务科、工程建设管理科、水政保卫科。设有3个管理所（站）：水文实验站、沈乌管理所、枢纽管理所。设有6个综合经营管理单位，分别为枢纽一期水力发电站、枢纽通行收费站、黄河三盛公水利景区办、枢纽维修养护站、枢纽综合服务站、水土保持站。

【供　水】 2015年，三盛公水利枢纽向各灌区供水58.15亿立方米。其中，北总干渠50.33亿立方米，沈乌干渠共引水5.28亿立方米，南岸干渠共引水2.54亿立方米。

【水　文】 2015年，径流量214.30亿立方米，最高水位1061.84米，最低水位1059.03米，平均含沙量0.22千克/立方米。

【防凌防汛】 1月18日10时30分，碱柜断面封河。至此，黄管局辖区（闸下1.50公里至闸上53.80公里）全线封河。封河期碱柜断面封河最高水位1061.81米，最大流量663立方米/秒。

3月1日10时，拦河闸闸下断面开河，开河水位1051.26米，开河流量368立方米/秒；10时15分，河开至拦河闸下1.50公里处开河，至此，黄管局辖段已全线开通。

12月9日，为减少下游来水量，减轻黄河下游呼和浩特市清水河县、托县和鄂尔多斯市准格尔旗河段的防洪压力，三盛公水利枢纽开始紧急分洪。16日，下游险情缓解，自治区防办同意拦河闸提闸泄库。

【一期水电站增效扩容改造】 1月12日，一期水电站增效扩容改造大型设备安装项目水轮发电机组设备制造招标工作在呼和浩特市完成。截至11月底，完成机电设备拆除、电气设备安装、水系统工程、厂房维修改造工程等，财政资金全部完成，年底完成投资的95%。

【黄河内蒙古段二期防洪工程】 12月31日发布中标公告，2016年1月6日公示截止。黄河内蒙古段二期防洪工程巴彦淖尔市段工程施工第一标段内蒙古黄河工程管理局（库区0+000—16+500，闸下0+000—1+500）。中标单位为河套监理公司；中标施工单位为内蒙古河源水利水电工程建设有限责任公司。

【发　电】 2015年，二期电站售电4721万千瓦时，一期电站完成售电量377万千瓦时。

【旅游景区建设】 4月27日，风景区文化娱乐整体招商项目正式签约。涉及的文娱开发内容有滑雪场、滑冰、滑水等；户外拓展训练项目、射击类项目、户外烧烤、空中飞行类项目等。8月4日，副县长温志红在县政府二楼会议室主持召开三盛公水利风景区创建国家AAAA级旅游景区沟通协调会。8月31日，景区创建国家AAAA级旅游景区各项工作基本完成。9月15日，黄河三盛公水利风景区通过国家AAAA级旅游景区的复核验收。

【创建国家级水管单位】 4月27日下午，管理局召开创建国家级水管单位推进会，对第一、第二批创建任务完成情况作通报，并部署第三批任务。5月21日下午，黄管局召开创建国家级水管单位培训班会议。9月22—30日，副局长陈新忠带领创建办公室对9家基层单位、6个职能科室（含审计）的创建国家级水管单位任务完成情况进行调研检查，并布置第五批创建任务。

【荣　誉】 1月，管理局被人社部、水利部联合授予“全国水利系统先进集体”称号。4月，经水利部文明委复查，被授予“全国水利文明单位”称号。5月，水电站荣获水利部颁发的“全国水利安全监督工作先进集体”。9月，内蒙古水利学会黄管局分会被自治区水利学会评为“全区水利学会工作先进单位”；副局长陈新忠荣获“内蒙古自治区行业水利学会先进个人”；李凤鸣荣获“内蒙古自治区水利优秀水利科技工作者”；穆怀录荣获“内蒙古自治区水利优秀水利科技工作者”。职工张兴杰获得“全区见义勇为先进分子”称号和5000元奖金。

林科院沙漠林业实验

【中国林业科学研究院沙漠林业实验中心领导名录】

主任：章尧想

党委书记：褚卫东

副主任：贾玉奎

　　　　郝玉光

【概　况】 中国林业科学研究院沙漠林业实验中心（以下简称“沙林中心”）。研究解决干旱区林业建设中有关科学技术问题，运用先进的技术装备，应用和推广国内外先进技术，开展中间试验，以取得大生产的设计数据及参数，为“三北”防护林体系建设提供科学依据和创造成套经验。

【机构设置】 沙林中心下设综合办公室、科技处、计财处、基建处、资管处、荒漠化防治技术研究室、荒漠生态监测研究室、沙旱生植物资源研究室和第一实验场、第二实验场、第三实验场、第四实验场。

【科研课题和发表科技论文】 2015年，沙林中心在研项目共计23项，其中主持10项、协作13项。到位课题经费253万元。发表科技论文31篇，第一作者发表科技论文21篇。

【考核机制】 建立课题组定期报告制度，加强和规范课题开展和经费监管，制订《沙林中心研究室考核办法》，正式启动三个研究室年度考核工作。

【承办夏令营】 第31届全国林学夏令营暨2015年暑期青少年沙漠生态科学实践活动在沙林中心举办，共有来自北京二中、四中、八中的约150名师生参加。科技处相关科技人员配合完成为期一周的沙漠生态教育和体验活动。中央电视台全程跟拍，并制作6期专题片进行播放。

【承办创新论坛】 承办由人事部、国家林业局主办的国家百千万人才工程“西部地区水土保持与荒漠化防治”专题创新论坛，全国著名专家学者到中心进行现场考察参观。

【承办学术研讨会】 承办由中国林学会、中国林科院主办的树木木材形成分子基础学术研讨会，有50多名国内外专家到磴口县进行学术交流。

【接待考察调研】 8月15—16日，国家林业局原党组成员、中央纪委驻局纪检组原组长、中国老科协林业分会会长杨继平率国家林业局风口地带治理及公益林发展调研组到沙林中心考察。中国林科院副院长黄坚陪同考察并主持召开座谈会。中心为调研组提供风口地带治理及公益林发展的理论和实践依据。6月19—22日，印度农业部农业合作司司长Sinha、副司长Pandey一行到沙林中心考察防沙治沙技术，并与沙林中心领导和专家座谈交流。

（宗　队）

供　电

【磴口县供电分局领导名录】

局长：贺士明

总支书记：徐　龙（蒙古族）

副局长：徐俊平

段晓斌

王　东

营销部部长：闫玉杰

【概　况】 磴口县供电分局隶属于巴彦淖尔电业局管理的直属供电企业，供电区域4617平方公里，担负着全县4个镇、1个苏木、47个自然村（嘎查）和阿拉善盟阿左旗敖伦布拉格镇、约13万人口的供电任务。磴口供电分局营业区内有220千伏变电站1座，主变2台，容量330兆伏安；110千伏变电站2座，主变4台，主变容量137.50兆伏安；35千伏变电站7座，主变共12台，容量100兆伏安；代维护用户变电站2座，其中，35千伏变电站1座、容量10兆伏安，110千伏变电站1座、容量10兆伏安。管辖线路51条，总长1354.76公里。35千伏输电线路8条，总长183.74公里；10千伏配电线路43条、总长1171.02公里；备用、停运线路1条、总长6.16公里。10千伏配电变压器1429台，总容量275613兆伏安，其中，专变877台、容量198787兆伏安，公变552台、容量76826兆伏安。

2015年年底，有职工188人，其中，正式工133人，派遣农村电工38人、派遣司机2人、派遣抄表工16人。下设26个生产班组和一个独立核算的多经企业。正式工中有本科学历30人，大专学历33人，中专学历31人，高中学历38人；有高级职称4人，中级职称6人，初级职称63人；职业技能鉴定中有高级技师3人，技师7人，高级工29人。

【机构设置】 磴口供电分局下设综合室、生产技术室。

【安全生产情况】 全年共消除缺陷475缺率达到100%。截至2015年12月31日，累计跨年安全运行4683天，全年未发生人身及设备事故，未发生一般电网、设备事故，未发生火灾事故，圆满完成安全生产各项目标任务，综合电压合格率97.69%，供电可靠率99.95%，均超额完成目标考核值。

【经济技术指标】 全年共报装接电3243户，其中，居民照明2867户，非居民照明51户，非普工业82户，大工业9户，商业用电186户，农业68户，新增负荷37094千瓦。年供电量完成3.17亿千瓦时，售电量完成3.01亿千瓦时。线损完成4.95%，销售收入累计完成1.27亿元，平均电价完成420.04元/千千瓦时。

【电力营销】 开展营销基础业务专项检查。累计普查线路37条，台区1333个，电力客户52024户，普查覆盖率100%；修改客户基础信息不符33004条次，现场校验计量装置63处，修改专变信息12处，修改公变信息398处；查处窃电1户，追补电量6156千瓦时，追补电费3856.65元，违约使用电费11569.95元；查处计量错接线3户，追补电量 215800 千瓦时；发现漏户 1 户，追补电量 22000 千瓦时。

开展 10 千伏及以上专线、专变客户安全用电、供用电合同、标准化配电室建设、自备电源专项检查。专项检查中下发客户侧安全隐患缺陷整改通知书 11 份，处理完成率 100%；修改不合格高压供用电合同 14 份，续签到期供用电合同 186 份，高压供用电合同合格率 100%；开展标准化配电室建设，通过技术改造建成标准化配电室 4 座；完善客户自备电源统计台账，逐户签订《双电源及自备电源安全协议》，认真检查双电源及自备电源客户闭锁切换装置，现场试验并确认闭锁切换装置的灵敏性和准确性，防止切换过程中向电网反送电。11 月初，通过电力公司基础信息检查小组的验收工作。

对 6 个农村供电所同步开始安装采控终端，累计安装电能采控计量装置 820 套，其中公变 386 套、专变 419 套、大客户 15 套，顺利通过市局 2014 年营销技改工程电能采控终端验收，实现所辖 14 条公用线路中压侧电能采控全覆盖，上线率达到 94% 以上。同时，城区两条线路实现电能采控到户全封闭。

【技术创新及合理化建议成果】 磴口供电分局 QC 成果发布率为 100%，其中 QC 成果“延长安全工器具保质期内的使用寿命”获 2015 年度内蒙古自治区 QC 成果一等奖。磴口供电分局经济技术创新成果“10 千伏接地线携形包”获得巴彦淖尔电业局 2015 年度职工合理化建议、创新成果及先进操作法评选一等奖，分局优秀合理化建议《建议营业站开通 24 小时自助收费的建议》获得巴彦淖尔电业局 2015 年度职工合理化建议、创新成果及先进操作法评选三等奖。

石　油

【中国石油内蒙古巴彦淖尔磴口县经营部领导名录】

经理：苏　勇

副经理：高海斌

【概　况】 2015 年，磴口经营部认真落实分公司的各项工作部署，清晰思路，明确目标导向，经受住激烈的市场竞争和需求下降的考验，强化市场研判，深化全员开口营销，狠抓客户开发，努力扩销上量，较好地完成本年度各项经营管理工作。

【机构设置】 机关内设办公室、财务室、业务室、运维室。下设东升路加油站、东风路加油站、朝霞路加油站、富强加油站、南绕城加油站、补隆加油站、隆盛合加油站、五团加油站、沙金加油站、巴音乌拉加油站。

【业绩指标】 成品油销售总量完成 21645 吨，同比减少 4.13%，完成计划的 78.94%。非油销售额完成 160.75 万元，同比增幅 24.08%。计划完成率为 57.58%。其中，润滑油累计销售 91.79 万元，增幅 0.70%，计划率为 91.79%；小商品累计销售 68.96 万元，减幅 18.38%，计划率为 23.38%。

累计发卡量达 1902 张，累计储值 5366 万元，消费 7234 万元，卡销比 54.92%，无沉淀资金。平均单卡储值 1073 元。

【设备改造】 2015 年，油气回收工程改造和清罐以及部分加油站换罐等施工中，片区全体干部员工认真执行分公司安全相关管理规范，无伤亡事故，安全维稳工作落实到位，片区、加油站无一例重大违规违纪问题。

（杨佳丽）

2017卷

特　载

在中共磴口县委十五届二次全委（扩大）会议上的讲话

（2016 年 12 月 21 日）

中共磴口县委书记　李建军

一、2016 年工作回顾

今年以来，我们在市委、县政府的坚强领导下，紧紧围绕赶超升位的奋斗目标，团结带领全县各族干部群众，以“五大发展理念”为引领，深入推进“四个全面”战略布局，认真贯彻自治区党委、市委各项决策部署，攻坚克难，真抓实干，经济社会各项事业和党的建设取得新成效，开启了“绿色崛起、赛过江南”的新征程。预计地区生产总值完成 54.2 亿元，同比增长 8%；公共财政预算收入实现 2.68 亿元，增长 10%；固定资产投资完成 43.5 亿元，增长 12%；社会消费品零售总额达到 15.6 亿元，增长 10%；城乡常住居民人均可支配收入达到 25886 元和 15126 元，分别增长 9% 和 10%，主要经济指标增长均位居全市前列，实现了“十三五”良好开局。

——**现代农牧业迈上新台阶。**粮食总产量达到 5.7 亿斤，新增设施农业 3380 亩，流转土地 26 万亩，订单种植面积达到 92 万亩，深耕深松、测土配方、华莱士提纯复壮等农业科技广泛应用，种植业产业化、规模化水平显著提高。依托圣牧高科等龙头企业，大力发展现代畜牧业，新改建肉羊养殖场 32 个、有机牧场 3 座，牲畜饲养总量达到 155 万头（只）。新增沙产业 5 万亩，被认定为国家林下经济示范基地。成功创建全国渔业健康养殖示范县，特色水产养殖规模达到 4.5 万亩，渔业产值实现 1.6 亿元，同比增长 9%。新增节水灌溉 6 万亩，完成土地整治 10.7 万亩，改造中低产田 5 万亩。磴口县被评为“全国国土资源节约集约模范县”。

——**工业经济实现新突破。**预计规模以上工业企业实现增加值 21 亿元，增长 9.5%。加大项目建设力度，全年实施千万元以上重点工业项目 15 个，完成投资 18.2 亿元。圣牧高科有机奶三期项目建成投产，青岛昌盛 20 兆瓦光伏农业项目投入运行，建成装机容量 195 兆瓦的光伏园区，光伏产业列入国家新能源“十三五”规划，成为自治区重点打造的国家级光伏治沙产业园。全面落实稳增长、保运行各项优惠政策，全力帮助企业提高生产效益，圣牧高科等龙头企业实现产值、效益双增长，有机奶产量位居全国第一。

——**服务业发展呈现新亮点。**以旅游为重点的现代服务业发展势头强劲，预计全年接待游客 105 万人（次），实现旅游综合收入 4.5 亿元，分别增长 18% 和 12.5%，我县被确定为自治区首批全域旅游试点县。成立了旅游投资公司，完成投资9130万元，加快推进纳林湖、金马湖等重点旅游景区建设，三盛公国家水利风景区被评为AAAA级景区，万泉湖景区被评为AAA级景区，纳林套海农场被列入自治区特色景观旅游示范名镇，城关村等6个乡村被纳入全国乡村旅游扶贫工程。大力开发别具特色的旅游体验活动，穿沙越野基地投入使用，纳林湖试漂成功，低空飞行观光项目投入运营，成功举办了“全国汽车越野大赛”“全国垂钓大赛”“第二届内蒙古兵团文化艺术节”“第二十四届华莱士节”等旅游文化活动，“百湖之乡·魅力磴口”的知名度和影响力显著提升。同时，在旅游业的带动下，餐饮、物流等服务业繁荣发展。

——**城乡面貌发生新变化**。完成城建投资10亿元，是近年来投入效果最好的一年。加快推进安居住房工程，完成了13.7万平方米棚户区改造任务。实施朝霞路街景改造和道路拓宽工程，打通了建筑东街、人民路、北滩街、黄河西街和二运、电杆厂巷道，城区断头路全部贯通，新增城区绿化面积45.5万平方米。加快解决群众反映的热点民生问题，更新改造20个小区的自来水池和加压泵站，完成新水源地可研评审工作，硬化平房区街巷17.5万平方米，完成旱改水厕20座，新修供气、供热、排污等各类管网18公里，成功创建自治区卫生旗县。加大美丽乡村建设力度，改造农牧区危房3183户，硬化街巷425公里，新改建便民超市76个，解决了4400多人的安全饮水问题，改造升级农网线路68公里，“十个全覆盖”任务全面完成，农牧区面貌焕然一新。我县被确定为自治区财政支持嘎查村经济发展试点县，5个苏木镇、30个嘎查村被命名为自治区卫生镇、卫生村。围绕“五线十点”，完成林业生态建设任务16.4万亩，森林覆盖率提高到20%，林草覆盖率提高到35%。

——**民生事业增添新福祉**。用心用情用力做好民生工作，民生支出占公共财政预算支出的75%。全力推进脱贫攻坚，承办了全市“人脱贫、村退出、县摘帽”现场推进会，全县建档立卡贫困人口共4991人，其中4216人精准脱贫，贫困人口发生率由7.7%降低到1.2%。为城区5所学校配套建设体育馆，建成全县第一所标准化小区幼儿园，完成国家义务教育质量监测工作，被教育部评为“教育质量监测优秀旗县”。县医院成功晋级二甲医院，被评为“全国百姓放心示范医院”，预计全年综合收入达到7400万元。蒙中医院门诊楼主体工程完工，农牧区卫生室全部达到标准化。深入推进就业创业工作，新增城镇就业850人，转移农牧区劳动力7880人，“零就业”家庭实现动态清零。为原汽修厂居民置换公租房33套，新建2所农牧区幸福互助院。城乡居民养老、医保、低保等社会保障水平进一步提高。认真落实中央文艺工作座谈会精神，创作各类文艺作品50余部。综合体育馆开工建设，新建文化活动室25个，文化健身广场68个，城乡居民精神文化生活日益丰富。深入推进平安磴口建设，大力化解信访积案，组织开展了安全生产、环境保护、食品药品“百日攻坚”行动，全年未发生重大安全事故。

——**改革开放注入新活力**。持续深化总书记嘱托的三项重点改革，70%的龙头企业与农牧民建立了利益联结机制，推进生态文明制度建设，主动参与全市对蒙合作。林业所有权、承包权、经营权三权分离自治区试点改革顺利完成，基本草原划定通过自治区验收，纳林湖国家湿地公园项目通过国家验收。为5个农场派驻工作组，农场行政管理体制改革有序推进。完成了法官员额制改革工作，不动产登记颁证和商事制度改革走在全市前列。“放管服”改革不断深化，行政审批事项办理时限压缩75%。医疗联合体改革代表全市成功接受自治区医改示范县考核。“营改增”、公车改革、养老机构公建民营等改革取得新成效。大力开展招商引资，全年引进国内区外资金9亿元，区内市外资金19亿元。

——**全面从严治党取得新进展**。强化从严治党政治责任，认真抓好“两学一做”学习教育，深入学习宣传党的十八届六中全会、自治区第十次党代会和市第四次党代会精神，广大党员的理想信念更加坚定。制定出台了容错免责、干部能上能下等一系列规章制度，进一步激发了党员干部干事创业的激情。圆满完成县委、苏木镇党委换届工作，领导班子、干部队伍结构更加优化。大力实施基层党建七项重点任务，全面落实苏木镇党代会年会制，深入推进苏木镇与农场结对帮扶、社区联合党工委和村企联建等党建新模式，社区、农牧区活动阵地全部达标，农场活动阵地覆盖率由55%提升到93%。持续加强党风廉政建设，对36名违纪干部给予党纪政纪处分，营造了风清气正的政治生态。

一年来，县委常委会充分发挥统揽全局、协调各方的领导核心作用，大力推进民主法制建设，支持人大、政协依法履行职能，充分发挥工、青、妇等人民团体的桥梁纽带作用，切实加强党管武装工作，统筹推进民族宗教等事业，为全县经济社会发展凝聚了强大合力。

同志们，2014年初，县委向全县人民郑重做出“加快发展、赶超升位”和“两年打基础、三年大变化、五年上台阶”的庄严承诺。三年来，我们面对各种风险挑战，不断创新和完善发展思路，以极大的勇气和担当，务实的精神和作风，攻坚克难，干事创业，美丽的蓝图正在一件件变为现实。三年来，我们坚持发展第一要务不动摇，做好“四篇文章”，打造“三张名片”，做强“四大产业”，不断发展壮大县域经济，全县主要经济指标增长连续迈入全市先进行列。三年来，我们坚持项目建设不动摇，培育出全市第一家本土上市企业，开工建设全市第一个葡萄酒庄，建成全市最大的光伏产业园，引进了青岛昌盛等重大项目，实施了奈伦湖—乌沈干渠连通、乌兰布和生态大道、高速出口改造、南湖北海绿化等一批重点工程，为今后的发展奠定了坚实基础。三年来，我们坚守民生底线不动摇，加快发展各项社会事业，提高社会保障水平，人民群众得到的实惠越来越多。可以讲，过去的三年，是磴口人民不忘初心、阔步前进、扬眉吐气的三年。现在的磴口，已经站在了一个新的发展起点上。

这些成绩的取得，是市委、市政府统揽全局、正确领导的结果，是四大班子团结一致、共同努力的结果，更是全县各族干部群众齐心协力、奋力拼搏的结果。在此，我代表县委，向全县广大干部群众，向所有关心支持磴口经济社会发展的各界人士，表示衷心的感谢！

在取得成绩的同时，我们也要清醒地看到面临的困难和问题。主要表现在：经济总量小，产业层次低，缺乏带动能力强的大项目、好项目；经济下行压力依然较大，部分企业经营困难，宇乐化工等重大项目推进缓慢；产业发展支撑点还不多，对以互联网为基础的大数据、云计算等新产业、新业态谋划不足；生态环境还比较脆弱，一些环境问题仍比较突出；城乡居民收入还偏低，一些群众关心的民生问题还未妥善解决；有的党员干部思想作风和能力水平有待提高，不担当、慢作为、精神懈怠等问题依然存在。对这些问题，我们一定高度重视，采取有效措施加以解决。

二、贯彻落实新理念，争当“绿色崛起、赛过江南”排头兵

2017年是实施“十三五”规划承上启下的一年，也是我县赶超升位十分关键的一年。市第四次党代会绘就了我市未来五年的发展蓝图，提出了“绿色崛起、赛过江南”的奋斗目标，为我们今后的发展指明了方向、规划了路径、提供了遵循。我们一定要把思想和行动统一到市委的决策部署上来，坚定信心，知难而进，推动经济社会又好又快发展，争当“绿色崛起、赛过江南”的排头兵。

首先，要理解和把握“绿色崛起、赛过江南”的深刻内涵。“绿色崛起”涵盖经济社会发展方方面面，是以生态保护为前提，以经济发展为核心，

以政治建设为保障，以先进文化为灵魂，以社会建设为基础，以提高人民生活水平为根本目标，推动人与自然和谐共处的科学发展模式。“赛过江南”就是要向先进地区对标看齐，主动学习江南，接轨江南，借力江南，体现了我们敢于正视差距，实现欠发达地区向发达地区赶超跨越的气魄和决心，带领各族群众全面建成小康社会的责任和担当。各级干部群众要深入贯彻落实市第四次党代会精神，心无旁骛抓落实，瞄准目标不动摇，确保市委的决策部署落地生根、开花结果。

同时，要充分挖掘我县“绿色崛起、赛过江南”的有利条件。“绿色崛起、赛过江南”我们有优越的自然禀赋。我县耕地面积100多万亩，年引黄水量6亿立方米，水域面积20万亩，湿地面积60万亩，200多万亩沙地待开发利用。有国家AAAA级景区2处、AAA级景区2处，国家湿地公园2处，国家沙漠公园1处，国家级、自治区级文物保护单位11处。优越的资源条件和深厚的文化底蕴，为我们发展绿色人文旅游、有机农牧业、清洁能源产业奠定了坚实的基础。“绿色崛起、赛过江南”我们有良好的政策机遇。随着国家西部大开发政策的深入实施，中央将进一步加大对西部和少数民族地区的扶持力度，推动发达地区投资、生产要素北上西移。中央经济工作会议指出，2017年的财政政策要更加积极，更加注重民生兜底保障，进一步简政放权，加大对企业的结构性减税力度。自治区第十次党代会提出，要大力发展县域经济，打造一批各具特色的经济强县，促进乌海与周边地区一体化发展，将在七大网络体系等基础设施方面加大投入力度。市委提出今后五年将大力发展绿色有机农业、清洁能源、生态环保等产业，与我县的发展定位完全吻合。这些政策条件，有利于我们在绿色发展中抢占制高点，获得更多的项目和资金支持。“绿色崛起、赛过江南”我们有独特的后发优势。我县经济总量小，过剩产能相对较少，“三去一降一补”的压力较小，具有“船小好调头”的优势。旅游矿山等优质资源尚处于待开发状态，乌兰布和沙漠蕴含的巨大潜能没有充分挖掘。水、土地、电价、劳动力等产业发展要素成本低，在发展产业、选择项目方面优势明显，可以直接引进国内先进、业内一流的企业，补足发展短板，向先进地区看齐。

总的看，我们仍处于可以大有作为的重要战略机遇期，只要抓住机遇、趋利避害，以更加积极的态度应对挑战，以更加宽广的视野谋划发展，以更加拼搏的精神干事创业，就一定能够在全市率先谱写出“绿色崛起、赛过江南”的壮美篇章。

2017年，全县经济社会发展的总体要求是：以党的十八届六中全会、自治区第十次党代会和市第四次党代会精神为指导，统筹推进“五位一体”总体布局和“四个全面”战略布局，大力践行“五大发展理念”，坚决守住发展、生态、民生底线，促进“五化”协同发展，紧紧围绕县十五次党代会确定的奋斗目标，做好“水、绿、沙、文化”四篇文章，打造文化旅游、绿色有机、清洁能源三张名片，做强旅游、农畜产品加工、循环化工、电力新能源四大产业，努力在转方式、调结构、促改革、惠民生、强党建等方面迈上新台阶，争当“绿色崛起、赛过江南”排头兵。

2017年全县经济社会发展的预期目标为：地区生产总值增长8.5%，公共财政预算收入增长11%，固定资产投资增长12%，社会消费品零售总额增长11%，城乡常住居民人均可支配收入分别增长9%和10%。全面完成节能减排任务。

围绕上述目标，在具体实践中，我们要唱响“一个行动口号”、实现“三个重大突破”、做好“五项重点工作”。

唱响一个行动口号，即“绿满磴口”行动口号。

“绿满磴口”是贯彻落实绿色发展理念的具体体现，是争当“绿色崛起、赛过江南”排头兵的必然要求，也是提升发展质量，提高人民幸福指数的现实需要。我们要做到知行合一，大力践行以人为本、尊重自然、传承文化、绿色低碳的理念，奏响“绿满磴口”的最强音。

要营造绿色生态。绿水青山就是金山银山。我们要牢固树立“绿色就是磴口的底色和价值，生态就是磴口的责任和潜力”的理念，像保护眼睛一样保护生态环境。围绕“五线十点”，大力开展全民绿化行动。“线”上突出国道、高速、包兰铁路、青协线、巴哈线、堤防公路和奈伦湖—乌沈干渠连接线绿化，计划改造的道路要留足绿化空间。“点”上突出黄河渔村、金马渔村、窳浑古城、光伏园区、城区主要出入口和集镇绿化。要坚持科学绿化，认真细致做好规划，城区要突出乔灌相间、草花结合、三季有花、四季有景，体现园林景观效果。沙区要坚持适地适树，选择花棒、梭梭等沙生植物，提高成活率，降低管护成本。要加大生态环境保护力度，积极争取市人大支持，启动乌兰布和沙漠生态保护立法工作。大力推动低碳循环发展，支持企业进行节能减排技术改造，构建绿色发展产业体系。坚持预防为主、综合治理，着力解决影响大气、水、土壤污染等环境问题，为子孙后代留下可持续发展的“绿色银行”。积极争取生态项目，实施好京津风沙源治理、天然林保护、退耕还林等工程，计划完成林业生态建设18万亩，全县森林覆盖率达到21.3%，林草覆盖率达到37%，让磴口的天更蓝、水更清、地更绿、空气更清新，实现美丽与发展双赢。

要培育绿色产业。充分利用100多万亩耕地、80万亩水面湿地和200多万亩绿色无污染的乌兰布和沙漠资源，举绿色旗、打特色牌、走品牌路，努力把绿色农牧业这块“金字招牌”擦得更亮。围绕“沿河、沿沙、沿山”三条精品旅游线路，大力开发黄河人文历史、百湖湿地、观沙漂流、休闲农庄、民族风情、阴山历史古迹六大游览区，形成全域四季旅游大格局。依托乌兰布和沙漠日照时长、土地资源丰富的优势，将光伏、光热产业与种养、治沙产业相结合，努力创建清洁能源生产加工输出基地。

要创建绿色有机品牌。品牌代表一个地区经济发展的知名度和竞争力。我们要立足优势资源，推动思想观念和生产方式由单一追求产量向更加注重质量转变，健全农畜产品质量安全可追溯体系，推动肉苁蓉、山药等特色产品走高端市场，创建更多像“圣牧高科”“多多美”一样的自主品牌。要加强原产地商标注册，2017年力争新增10个绿色食品、有机食品认证。要引导企业向“专、精、特、优、新”方向发展，延长产业链条，提高精深加工能力。坚持品牌创建与品牌引进相结合，把知名品牌企业作为招商引资的主攻方向，缩短品牌创建历程。要像爱护生命一样爱护品牌，完善品牌保护机制，严厉打击假冒伪劣行为，保障县域品牌的质量和信誉。

实现三个重大突破：

一是项目建设实现重大突破。投资是促进经济增长的“第一拉动力”，项目是推动区域发展的“第一抓手”。自治区2016年秋季重大项目集中开工建设动员大会提出，今后全区的中心工作就是抓投资上项目。从我县来看，无论是做大做强支柱产业，还是转方式、调结构、惠民生，根本路径还是要在增量上做文章，在项目上做文章。县委决定2017年为“项目建设年”。全县上下要统一思想认识，干今年，想明年，谋长远，全力以赴推进项目建设取得重大突破。农牧业方面，全力争取列入国家千亿斤粮食增产计划县，计划实施10万亩中低产田改造、2万亩改盐增粮、10万亩节水灌溉、5.5万亩土地整治等项目。做好奶牛养殖大县争取工作，加快启动圣牧高科5万头肉牛项目，力争晶烨5000头生猪、草原宏宝奶山羊项目开工建设，荣威20万羽蛋鸡项目竣工投产。工业方面，把宇乐化工作为产值超百亿元企业重点扶持，帮助企业缓解融资矛盾，加快低热值电厂、电石、PVC、烧碱项目建设进度。完成圣牧高科4万吨豆饼、6000

吨毛油和纸箱包装项目。继续做大光伏产业，新增10兆瓦装机容量。工业固定资产投资完成20亿元以上。服务业方面，建成万豪、鑫盛等星级宾馆，提升接待服务能力。启动中储农贸产业园，积极发展大数据、云计算等新业态。民生方面，建成综合体育馆、文化档案馆项目，开工建设污水处理厂二期、看守所、拘留所项目，完成殡仪馆搬迁工作。要严格执行重点项目领导包联、定期通报、现场办公制度，健全部门联动、上下配合、责任明确、协调服务等工作机制，保证项目顺利推进。要认真研究国家产业政策、大型企业投资意向，准确把握上级资金投向和下达渠道，及时更新项目储备库，第一时间策划上报项目，始终做到先行一步、快人一拍，形成大项目顶天立地、小项目铺天盖地的生动局面。

二是旅游业发展实现重大突破。旅游业是磴口"绿色崛起、赛过江南"的最大希望所在。要大力实施旅游强县战略，充分依托我县独具魅力的旅游文化资源，做足做活、做精做美旅游业这篇大文章，让四面八方的游客吃在磴口、住在磴口、玩在磴口、乐在磴口，擦亮"魅力磴口"这张烫金名片。**要完善旅游规划。**组织编制全域旅游发展总体规划，加强与银川、乌海、阿拉善等周边地区的融合，在线路设计、资源开发和市场培育上，主动融入、借势发展。加强与上级部门对接，编制AAAAA级景区专项规划，力争用三年时间成功创建1—2个AAAAA级旅游景区，带动相关产业快速发展。要加强重点景区建设。沿河一线重点打造以三盛公水利枢纽为中心，上至刘拐沙头、奈伦湖，下至南套子，包括南湖、粮仓、天主堂的大景区，创建集观光、漂流、飞行、滑翔、穿沙越野于一体的AAAAA级景区。沿沙一线重点打造以纳林湖、窳浑古城为中心，辐射带动万泉湖、葡萄酒庄建设，实施房车营地项目，创建集水上乐园、沙雕文化、休闲农业、康体养生于一体的AAAAA级景区。沿山一线重点打造以阿贵庙为中心，实施鸡鹿塞、阴山岩刻保护工程，与人根峰、梦幻峡谷联动，创建集探险猎奇、历史寻根、宗教文化于一体的AAAAA级景区。2017年，要重点实施三盛公景区、纳林湖房车营地和窳浑古城等旅游项目。加大投入力度，建成三盛公北岸码头游客接待中心，开通拦河闸—奈伦湖、奈伦湖—乌沈干渠的旅游通道；加快黄河渔村建设进度，力争2017年底具备旅游接待能力，开工建设黄河观光楼；启动水上飞机、滑翔翼、热气球等空中游览项目；完成奈伦湖景区建设规划，逐步在奈伦湖周边建成包括水上游乐、休闲垂钓、滑沙越野、沙浴温泉、影视基地等旅游项目群。要实施"旅游+"行动。推动旅游业与农牧业、工业、文化体育、城乡建设、脱贫攻坚等融合发展，开创全域四季旅游的新局面。继续办好华莱士节、垂钓大赛、穿沙越野，策划举办全国滑翔伞锦标赛、铁人三项、冰雕冬捕等文体活动。要讲好"磴口故事"，坚持"百花齐放、百家争鸣"，深入挖掘磴口文化底蕴，创作一批像"云南印象"的艺术精品。高度重视餐饮文化的传承和发扬，大力发展"农家乐""牧户游""渔家乐"，使河套名吃成为吸引游客的重要元素。加大旅游执法力度，规范旅游经营活动，引进和培养一大批旅游人才，全面提升服务水平。继续配套完善宾馆、物流等基础设施，带动服务业繁荣发展。全年接待游客115万人（次），较上一年增长10%；旅游综合收入达到5亿元，较上一年增长11%。

三是基础设施建设实现重大突破。基础设施是经济社会发展的重要支撑。自治区第十次党代会提出，今后五年全区要加快构建铁路、公路、航空、市政、水利、能源、信息通信等七大网络体系。我们要抓住这一难得的历史机遇，实施一批基础设施重大项目。铁路网方面，自治区计划在2017年三季度开工建设包银高铁，并在我县设置停靠站，相关部门要做好项目规划选址、征地、环评等前期工作，为项目开工创造条件。公路网方面，计划完成投资7.7亿元，新修改造公路201公里。开工建设巴哈线、固察线项目，完成投资4.5亿元；争取实施奈伦湖—纳林湖旅游公路项目，完成投资2.8亿元。力争青协线、陕哈线、别磴线改造工程列入今后的项目计划。加快推进110国道改线工程，打通东风街—国道西出口、巴哈路—国道北出口、北绕城线—国道西环线。航空网方面，争取我县通用机场列入自治区第一批通用通勤机场试点项目，抓好项目对接和洽谈，确保早日建成使用。市政网方面，重点完成铁路下穿涵洞供热工程，彻底结束东风渠以东无集中供热、供气、排污的历史。新修城区道路8.7公里，铺设各类管网12公里。水利网方面，实施河湖连通工程，完成水权置换项目，启动奈伦湖与南湖、北海等城市水体连通工程，加快推进奈伦湖与冬青湖、纳林湖、万泉湖等沙漠水系连通项目，逐步形成大循环生态水系。能源网方面，完成500千伏输变电工程，筹备组建电力销售公司，依托华润电厂、宇乐电厂、光伏发电，构建面向周边旗县的微电网。信息通信网方面，实施农牧区宽带、光纤全覆盖工程，加快电子商务进农村步伐，打通服务群众的“最后一公里”。

做好五项重点工作：

一是发展绿色有机农牧业。坚持把绿色有机作为现代农牧业发展的主攻方向，打造绿色有机农畜产品生产加工输出基地。大力发展绿色有机种植业。严格执行绿色有机标准，推广使用有机肥，逐年降低化肥农药使用量，改善土壤环境和耕地质量。提高农作物选种、育苗、栽培技术，加强农产品加工、包装、运输等环节的管理和服务，提升农业产业化水平。继续加大设施农业扶持力度，年内新增设施农业3000亩。重点支持青岛昌盛光伏大棚等休闲设施农业的发展，带动周边农牧民增收致富。鼓励龙头企业、农牧民合作社、家庭农场有序流转土地，支持发展土地出租、托管、入股等多种形式的适度规模经营，提高农牧民组织化程度。大力发展绿色有机畜牧业。充分发挥圣牧高科、草原宏宝、荣威等龙头企业的带动作用，推行“公司+养殖小区+农牧户”的养殖模式，壮大肉牛、生猪、禽类等养殖规模，提高畜牧业产值。力争2017年肉羊饲养量达到143万只，有机奶牛达到6.5万头，牲畜饲养总量达到160万头（只）。大力发展绿色有机水产业。借助全国渔业养殖健康示范县的项目支持，进一步改善水体环境，构建湖中—湖面—湖畔立体发展模式，打造集旅游观光、休闲垂钓、增收致富于一体的水产基地。积极引进小龙虾、中华鲟等新品种，建成1—2个种苗繁育基地，力争特色渔业生产面积达到5万亩，渔业产值达到2亿元。大力发展绿色有机沙产业。乌兰布和沙漠是我县绿色农牧业发展的最大潜力所在。要坚持在保护中开发、开发中保护，编制完成乌兰布和沙产业发展规划，在沙区设置禁止开发区、限制开发区、合理开发区，严格执行以水定产和栽植防风林带制度，规范企业开发行为，严厉打击非法圈地和私自开垦、流转等行为，合理有序发展沙产业，年内新增特色种植业5000亩。

二是做优做强工业经济。坚持走科技含量高、经济效益好、环境污染少的新型工业化道路。力争规模以上工业增加值实现22.3亿元，增长8%。扶持壮大优势产业。把圣牧高科、蒙牛作为产值超百亿元的企业重点打造，帮助扩大生产规模，鼓励新上有机肉牛养殖和深加工项目，进一步延伸产业链条，带动相关产业快速发展。帮助泰顺、中粮落实原料基地，大力发展订单农业，改造提升生产工艺，发展精深加工。加大技改升级专项资金争取力度，扶持王爷地、中电投成长为规模以上企业。认真落实扶持企业发展的各项优惠政策，盯紧重点行业和规模企业生产经营情况，帮助企业解决用地、用工、安全生产等方面存在的问题，保障工业平稳运行。认真贯彻全区非公有制经济工作会议精神，扶持非公有制经济健康发展。建设现代化园区。继续实施“筑巢引凤”工程，计划投资3000万元，进一步完善道路、供电、排污、中水回用等基础设施，启动奈伦湖向工业园区供水项目，精心实施好绿化美化工程，提高园区的综合承载能力。要严把项目准入关，坚决杜绝入驻企业盲目求大、随意圈地等行为，对占而未用的“僵尸”企业，要启动退出程序。加大招商引资力度。紧紧围绕旅游、农畜产品加工、循环化工、电力新能源四大主导产业，积极承接京津冀等地区产业转移，以大集团、大企业为主攻方向，精准发力、以商招商，加快引进一批大项目、好项目。特别是随着我县畜牧业的快速发展，当前要重点引进和培育大型肉联深加工项目，提高畜牧业附加值。全年引进国内区外资金9亿元，区内市外资金16亿元。进一步简化行政审批，提高办事效率，加强诚信体系建设，营造“亲”“清”新型政商环境。积极营造尊重和关爱企业家的社会氛围，打造互利共赢、温馨包容、公平公正的投资环境。

三是统筹城乡发展。以促进基本公共服务均等化和城乡发展一体化为目标，统筹城乡规划、基础建设、产业开发、社会管理，加快构建城镇和农村协调发展的新型城镇化。打造宜居城镇。以现代田园城市为目标，以创建自治区园林城市和国家卫生城市为抓手，按照全域旅游的标准，坚持高起点规划、高质量建设、高效能管理，完成城建投资11.2亿元，打造设施完善、功能配套、宜居宜游的特色县城。利用好国开行贷款资金，完成20个老旧小区改造升级项目，实施好563户棚户区改造工程。进一步做足绿文章，重点做好主要街道、广场公园、住宅小区、水系渠道绿化美化工作，新增城镇园林绿地79万平方米。继续做活水文章，启动实施城镇水系联通工程，让城镇因水而生、因水而美、因水而兴。继续推进平房区改造工程，完成背街小巷硬化10万平方米，方便百姓出行。加强城市管理，构建权责清晰、服务优先、执法规范、安全有序的城市管理体制，提升群众的认同感和归属感。扮靓美丽乡村。进一步巩固美丽乡村建设成果，加快推进保障基本示范村、环境整治示范村、美丽宜居示范村创建活动。积极争取危房改造、易地搬迁、生态移民等项目，依托乡村地域特色和自然风光，建成一批各具特色的民俗村、旅游村。做好集镇和中心村的绿化美化工作，鼓励农牧民在房前屋后种植经济林果，有条件的地方可以在乡间小道、村子周边成片成规模种植，形成一批“杏花村”“桃花村”“梨花村”，做到移步换景、看景辨村。健全完善城乡环境长效管护机制，大力推进农牧区污水处理和改水改厕工程，力争苏木镇政府、农场场部所在地实现污水集中处理，各建成1个垃圾转运站，推进城乡环境一体化管理。

四是全面深化改革。深入推进农场体制改革，探索实行党委领导下的场长负责制，完成场长、副场长聘任工作。创新农场土地经营管理模式，坚持走集约化、规模化经营道路，引进现代企业管理办法，实现农场经济扭亏为盈。加快增设乡镇工作，剥离农场社会管理职能。认真开展综合行政执法改革，整合执法机构，强化执法力量，切实提升执法水平。完成土地确权登记颁证和国有林场改革，推进土地承包经营权、宅基地使用权、林权抵押贷款试点工作。认真抓好水权体制、农业用水综合改革，在用水管理、农业节水、水资源经营等方面取得突破。完善环境保护考核评价制度，坚决淘汰落后产能。继续推进司法体制改革，健全法律顾问制度，提升依法治县能力。完善公共文化财政投入机制，通过政府购买服务、原创作品补贴等方式，实施好公共文化项目。推进教育管、办、评分离改革，促进教育优质均衡发展。完善医疗联合体改革制度，提高县、镇、村卫生服务一体化水平。

五是增进民生福祉。始终把人民放在心中最高位置，坚守民生底线，统筹推动民生事业协调发展，让老百姓有更多获得感。坚决打赢脱贫攻坚战。这是头号民生工程，必须不折不扣地落到实处。要坚持力度不减，标准不降，全面完成剩余建档立卡人口脱贫退出任务，确保不漏一户、不漏一人。要把“扶人”作为重点，坚决摒弃“等人送小康”的懒汉心理，真正形成外部多元扶贫和内部自我脱贫的互动机制，彻底拔掉思想上的“穷根”。建立跟踪包扶工作机制，防止发生返贫现象。努力办好人民满意的教育。加大投入力度，完成渡口、协成、公地、包尔盖4所学校校舍改造工程，进一步改善农牧区办学条件。加强教研教改工作，强化教育督导，提升办学活力。提高人民健康水平。认真贯彻落实中央、自治区卫生与健康大会精神，启动“健康磴口”行动，全面提升全民健康水平。建成蒙中医院综合楼等一批重点项目，健全完善县、镇、村三级医疗网络，为广大群众提供优质的公共卫生和基本医疗服务。开展国家计划生育优质县和全区卫生应急示范县创建工作。整合县医院、人民公园、综合体育馆等优质资源，满足老年人体育健身、休闲疗养、康体养生、医疗保健、居家养老等需求，建成全区一流的生态养老养生产业园。启动奈伦湖新水源地建设项目，让百姓喝上优质饮用水。大力促进就业创业。加大就业创业培训力度，解决好“有人无岗、有岗无人”的结构性就业矛盾。鼓励发展电商、微商，开工建设电子商务产业园，进一步拓展就业创业空间。加强社会保障工作。实施全民参保计划，推进城乡居民基本医疗和养老保险扩面提标。完善城乡社会救助、法律援助体系，充分发挥妇联、残联、红十字会等社会团体的作用，统筹推进扶老、助残、救孤、优抚等福利事业，确保困难群众基本生活得到有效保障。全力维护社会稳定。深化“天大地大、安全最大”理念认识，全面落实依法治县各项措施，严厉打击各类违法犯罪活动。完成“平安磴口”二期视频监控建设工程。健全完善大下访、大调解体系，妥善处理好各类社会矛盾。突出抓好安全生产，杜绝重特大事故发生。严格执行企业“黑名单”制度，有效防止拖欠农民工工资的行为。坚决落实“四个最严”要求，建立健全覆盖城乡的食品药品安全监管体系，建成小食品生产加工园区，确保人民群众“舌尖上的安全”。

三、全面从严治党，为“绿色崛起、赛过江南”提供坚强的政治保证

实现“绿色崛起、赛过江南”的奋斗目标，关键在党，关键在人。要切实履行好全面从严治党的使命，加强和改进党的领导，为各项事业发展提供坚强的政治保证。

（一）加强思想政治建设，把牢正确政治方向

把坚定理想信念作为思想政治建设的首要任务，加强对中国特色社会主义理论体系特别是习近平总书记系列讲话精神和治国理政新理念新思路新战略的学习教育，抓住“领导干部”这个关键少数，带动广大党员干部读原著、学原文、悟原理，做到学而信、学而用、学而行。抓好党性教育，把党章党规作为加强党性教育的必修课，引导党员干部增强政治意识、大局意识、核心意识、看齐意识。加强意识形态领域的管理引导，对错误思潮和观点，理直气壮、旗帜鲜明地开展斗争，打好主动仗，弘扬正能量。

（二）加强和规范党内政治生活 净化党内政治生态

认真贯彻《关于新形势下党内政治生活的若干准则》和《中国共产党党内监督条例》，严格党的组织生活，落实“三会一课”、领导干部双重组织生活、民主评议党员等制度，用好批评和自我批评锐利武器，推动党的组织生活制度化、经常化、规范化。坚持民主集中制，认真贯彻执行党委（党组）议事规则和决策程序，推动科学决策、民主决策、依法决策。把发扬党内民主作为严肃党内政治生活的重要途径，落实党内情况通报、情况反映和党内重大决策征求意见等制

度，深入推进党务公开，倡导清清爽爽的同志关系、规规矩矩的上下级关系。

（三）加强干部队伍建设　提升履职尽责水平

牢固树立正确的选人用人导向，认真落实党委（党组）讨论决定干部任免事项原则，切实将“凡提四必”“三个不上会”“两个不得”和“五个不准”的要求贯穿到干部任用的始终，真正把忠诚、干净、担当的优秀干部选出来、用起来。加强对干部的培养锻炼，在急难险重任务中考验干部，在基层一线、关键岗位上锻炼干部，运用好领导班子和干部年度考核结果，健全适时使用、定期调整、有进有退的机制，激励干部成长进步。重视培养使用年轻干部、妇女干部、少数民族干部和党外干部。做好离退休老干部工作。进一步健全容错免责机制，为敢于担当的干部担当，为敢于负责的同志负责，让干事创业、奋勇争先成为磴口大地的最强音。加大干部教育培训力度，不断提高综合素质和业务水平。加强人才队伍建设，完善人才培养、选拔、引进激励机制，营造尊重知识、尊重人才的良好氛围，充分激发各类人才的创新创造能力。

（四）加强基层组织建设　充分发挥战斗堡垒作用

持续抓好农牧区、社区、机关、非公经济、社会组织等领域的基层组织建设，让党的旗帜在每一个基层阵地高高飘扬。深入推进“532”工作法，充分发挥村务监督委员会职能，健全完善村级“三务公开”制度。坚持选、育、管、用并重，加强嘎查村级干部、基层党组织带头人和农牧民党员“三支队伍”建设。继续加大软弱涣散基层党组织的整顿力度，发展壮大嘎查村集体经济。完善党内激励关怀帮扶机制，建立稳定的基层经费保障制度。

（五）加强和改进作风建设　营造风清气正干事氛围

认真贯彻党的群众路线，坚持问政于民、问需于民、问计于民，始终保持同广大群众的血肉联系，坚持不懈纠正“四风”，解决不作为、慢作为、乱作为等问题。坚持抓早抓小，用好监督执纪“四种形态”，使咬耳扯袖、红脸出汗成为常态。坚持惩治与预防并举，严格落实问责条例、廉政准则和纪律处分条例等党内规章制度，着力整治不负责任、为官不为现象，突出抓好对“一把手”和重点领域、重要岗位、关键环节的监督，扎紧扎牢制度笼子。积极推进纪委派驻机构全覆盖工作。坚持惩治腐败无禁区、全覆盖、零容忍，有案必查、有腐必反、有贪必肃。各级领导干部要带头践行社会主义核心价值观，带头做廉洁自律的表率，讲修养、讲道德、讲诚信、讲廉耻，以实际行动营造干部清正、政府清廉、政治清明的良好政治生态。

（六）加强主体责任落实　充分发挥党的领导核心作用

各级党组织要把抓好党建工作作为最大的政绩，严格落实党建工作责任制，坚持党建工作和中心工作一起谋划、一起部署、一起考核，确保管党治党责任落到实处。认真贯彻自治区从严治党“1+3”制度体系，把党组织书记述职作为抓党建的重要抓手，切实增强党组织书记管党治党责任意识。严格落实《中国共产党地方委员会工作条例》，充分发挥总揽全局、协调各方的领导核心作用。支持人大、政府、政协和法院、检察院依法履行职能。加强同工商联、无党派人士、宗教界人士的合作，筑牢最广泛的爱国统一战线。要深入开展民族团结进步创建活动，促进各民族交流、交往、交融。坚持党管武装，深化双拥共建，推动军民融合发展。进一步发挥工、青、妇等群团组织的桥梁纽带作用，最大限度凝聚各方面的智慧力量。

同志们，投身“绿色崛起、赛过江南”的生动实践，是时代赋予我们的光荣使命。让我们更加紧密地团结起来，在市委、市政府的坚强领导下，发扬一往无前、吃苦耐劳的蒙古马精神，圆满完成各项目标任务，以优异的成绩迎接党的十九大胜利召开，为内蒙古自治区成立70周年增光添彩！

政府工作报告

——在磴口县第十六届人民代表大会第五次会议上

（2016 年 12 月 29 日）

磴口县人民政府县长 樊 文

一、2016 年工作回顾

一年来，县政府在市委、市政府和县委的坚强领导下，深入学习贯彻党的十八届六中全会、自治区第十次党代会、市第四次党代会和县第十五次党代会、县委十五届二次全委（扩大）会议精神，坚持“五大发展理念”，深入推进“四个全面”战略布局，团结拼搏，奋力赶超，圆满完成了县十六届人大四次会议确定的目标任务，全县继续保持了经济稳中有进、民生持续改善的良好态势。2016 年，预计地区生产总值完成 54.2 亿元，增长 8%；公共财政预算收入完成 2.68 亿元，增长 10%；固定资产投资完成 43.5 亿元，增长 12%；社会消费品零售总额达到 15.6 亿元，增长 10%；城乡常住居民人均可支配收入分别达到 25886 元和 15126 元，增长 9% 和 10%，主要经济指标增速位居全市前列。经过全县合力攻坚，全国国土资源节约集约模范县、全国林下经济示范基地、全区首个全国渔业健康养殖示范县、自治区卫生城市成功创建，被自治区列入创建国家全域旅游示范县重点旗县，光伏园区成为自治区重点打造的国家级光伏治沙产业园，纳林湖正式晋升国家级湿地公园，沙金套海沙漠公园通过国家批复。高标准承办了自治区农村牧区道路交通安全工作现场推进会和全市脱贫攻坚现场会，重大项目实施、城乡统筹建设、教育卫生改革等各方面工作受到了市委、市政府的高度评价。

（一）调结构 产业升级加快推进

三次产业结构由 18.4∶58.6∶23 调优为 18.8∶57.1∶24.1。农牧业做优做精。新建设施农业 3380 亩，肉苁蓉、酿酒葡萄、山药等特色种植规模稳步扩大，华莱士瓜提纯复壮成效明显。建成 2 个农业科技示范园。中央财政支持肉羊养殖项目深入推进，肉羊饲养量达到 138 万只。圣牧有机牧场达到 18 座，有机奶牛存栏突破 6 万头，全县牲畜饲养总量达到 155 万头（只）。水产养殖业快速发展，新品种引进取得突破，建成特色水产养殖基地 4.5 万亩。农牧业支持保护补贴、玉米生产者补贴全部兑现。工业经济稳中有进。规模以上工业增加值达到 20 亿元，同比增长 8%。节能减排完成年度目标。圣牧高科有机奶二期和蒙牛产能扩建建成投产，佳格植物油、泰顺和中粮番茄稳定运行，漠北金爵葡萄酒庄开工建设。宇乐氯碱化工循环经济项目积极推进。青岛昌盛光伏农业、国华、国电等 195 兆瓦光伏项目并网发电，万亩光伏园区规模效益初显。工业园区基础设施日益完善，500 千伏变电站工程加快推进。服务业提质升级。全域旅游启动实施，投资 9130 万元，纳林湖、金马湖、阿贵庙等景区设施进一步配套，三盛公水利风景区晋升为国家 AAAA 级景区，万泉湖晋升为国家 AAA 级景区，纳林套海农场列入自治区特色景观旅游示范名镇，城关村等 6 个乡村被纳入全国乡村旅游扶贫工程。低空飞行投入运营。水、绿、沙、文化互融共进，餐饮住宿、电子商务、现代物流等服务业配套发展，“百湖之乡、魅力磴口”展开秀美画卷。全年接待游客 105 万人次，旅游综合收入实现 4.5 亿元，分别增长 18% 和 12.5%。

（二）促改革　发展活力不断释放

行政审批制度改革持续深化，权责清单和随机抽查事项清单向社会公布，“双随机一公开”完成制度建设。政务服务中心、不动产登记中心高效运行。公共资源交易平台规范操作。公务用车改革、商事制度改革有序推进。财政预算管理改革不断深化，部门预决算实现全公开。“营改增”累计为企业减税207万元。教育卫生改革取得阶段性成效，全网课改典型高效课堂引进实行。县医院成功晋升二甲医院，被评为“全国百姓放心示范医院”，计划生育服务中心与妇幼保健院有效整合。中心敬老院实现公建民营。农牧区土地确权登记颁证和草原确权承包工作全面开展。沙业兴公司稳定运行，累计流转土地26万亩。对外开放水平进一步提升，进出口总额达到1293万美元，增长6%，引进国内到位资金28亿元。

（三）重统筹　城乡建设全面提速

城镇建设投资完成10亿元。新建改造道路3.6公里，打通了人民路、北滩路、建筑东街、北滩街4条“断头路”。新增集中供热面积20万平方米、天然气入户1800户，铺设各类管网18公里，20个老旧小区节能改造和自来水二次加压改造全面完成，硬化背街小巷17.5万平方米，完成“旱改水”公厕20座，居民生活环境实现改造升级。房地产“去库存”效果明显，置换安置试点启动实施，完成回迁安置436户。新增园林绿化面积45.5万平方米，人均绿地面积达到19.4平方米。城镇精细化管理水平不断提升，环卫、园林装备水平明显提高，街头摊点实现划行归市，市容市貌发生显著变化。美丽乡村建设走在全市前列，村庄专项建设规划编制完成，302个村庄“十个全覆盖”任务全面完成，农牧区面貌焕然一新。我县被确定为自治区财政支持嘎查村经济发展试点县，5个苏木镇、30个嘎查村被命名为自治区卫生镇、卫生村。新改建农牧区公路32公里、砂石路357公里。打造高标准基本农田10万亩，新增节水灌溉6万亩，改造中低产田5万亩，完成土地整治10.7万亩。黄河水权转让试点工程完成投资7亿元，奈伦湖至沈乌干渠生态补水工程全面完成。围绕“五线十点”，完成林业生态建设16.4万亩，绿化村屯71个，森林覆盖率达到20%，林草覆盖率提高到35%。

（四）惠民生　人民生活持续改善

财政直接用于民生的投入占公共财政预算支出的比重达到75%。脱贫攻坚取得阶段性胜利，4216人精准脱贫，脱贫人口人均纯收入达到4000元以上，自治区贫困县“摘帽”如期完成。开工各类保障性住房1160套，完成农牧区危房改造3183户。转移农牧区富余劳动力7880人，新增城镇就业850人，发放就业再就业和妇女创业小额担保贷款802万元。企业退休人员养老金月人均增加157.6元。发放低收入农牧户“暖心煤”补贴484万元，资助贫困学生280人次。公共卫生服务和城乡低保持续提标，2所幸福互助院投入使用。加快义务教育均衡发展，城镇3所学校体育活动室开工建设，农牧区4所学校标准化幼儿园投入使用。“医联体”平稳运行，农牧区标准化村卫生室全部配建，医疗保障更加有力。蒙中医院门诊综合楼、综合档案馆、生态养老产业园、全民健身体育中心等一批民生项目开工建设。文化惠民工程深入实施，华莱士节、兵团文化艺术节、乌兰布和穿沙越野、全国垂钓大赛等节庆赛事活动精彩纷呈。

（五）转作风　自身建设切实加强

主动接受人大法律监督和政协民主监督，人大代表议案、建议和政协委员提案办结率均达到100%。“两学一做”专题教育扎实开展，行政监察、审计监督、政务督查持续用力，反腐倡廉不断加强。“七五”普法启动实施，重大行政决策法定程序严格执行，依法行政水平明显提高。刑事案件、治安案件大幅下降，安全生产、环境保护、食品药品“百日攻坚”行动成效显著，安全生产事故连续三年实现“负增长”，人民群众安全感进一步提升。信访秩序持续好转，一批信访积案有力化解。国防教育、民族宗教、妇女儿童、老龄、残疾人、红十字会、统计、气象等工作都取得了新成绩。

各位代表，一年来，广大干部履职尽责、积极进取，县人大、县政协和社会各界大力支持、加强监督，全县上下、各行各业同心协力、拼搏奉献，每一位建设者都为家乡的发展贡献了智慧与力量。在此，我代表县人民政府，向积极投身于磴口经济社会发展的干部群众，向关心支持磴口县建设的各界人士，向始终支持政府工作的各位代表、各位委员，致以最诚挚的谢意！

在充分肯定成绩的同时，我们也清醒地看到，我县发展中还存在不少困难和问题，主要表现在：经济增长内生动力不强，投资增长乏力，创新能力不足；传统产业转型、新兴产业发展不够快，企业生产经营困难增多；财政增支因素多，县域经济基础薄弱；全面深化改革进展还不快、亮点还不多，重点领域改革难度较大；城乡管理精细化水平不高，城乡发展不平衡；实现基本公共服务均等化面临瓶颈制约，民生工作还存在不少短板；面对加快发展的迫切要求，少数干部思想解放不够，执行力不强，“等靠要”思想依然存在，发展环境有待进一步优化。对此，我们一定高度重视，以更加积极的态度应对挑战，以更加宽广的视野谋划发展，以更加拼搏的精神干事创业，努力续写磴口新篇章、创造新辉煌，决不辜负全县各族人民的期望和重托！

二、2017 年工作安排

2017 年是我县站在更高起点上奋力推进赶超升位的重要一年，也是我县全面唱响“绿满磴口”，举绿色旗、打特色牌、走品牌路，争当巴彦淖尔“绿色崛起、赛过江南”排头兵的开局之年。做好 2017 年的各项工作，责任重大，意义深远。

按照县委十五届二次全委（扩大）会议的决策部署，基于对整体形势的判断和县情实际，2017 年政府工作的总体要求是：全面贯彻落实党的十八届六中全会、习近平总书记系列重要讲话和自治区、市、县党代会精神，坚持“五大发展理念”，坚守“三条底线”，促进“五化”协同，唱响“绿满磴口”行动口号，攻坚“项目建设年”，坚定不移做好“四篇文章”，打造“三张名片”，做强“四大产业”，努力在发展经济、深化改革、统筹城乡、利民惠民、依法治县上不断取得新成效，争当巴彦淖尔“绿色崛起、赛过江南”排头兵。

2017 年，经济社会发展的预期目标是：地区生产总值增长 8.5%，公共财政预算收入增长 11%，固定资产投资增长 12%，社会消费品零售总额增长 11%，城乡常住居民人均可支配收入分别增长 9% 和 10%；全面完成节能减排任务。

实现上述目标，需要我们付出艰辛努力。我们一定不负重托、勇挑重担，把磴口各项事业继续推向前进，努力创造无愧于时代、无愧于人民的崭新业绩！

（一）加强项目建设　着力在积蓄发展后劲上打开新局面

项目建设是我县实现赶超升位的主要抓手，也是扩大财政收入、改善民生的增长源。全县上下要牢固树立投资是促进经济增长的“第一拉动力”、重大项目建设是推动区域发展“第一抓手”的理念，全力以赴抓好项目建设，让“项目建设年”成果更多惠及人民群众。

高度重视项目争取。紧盯国家重大政策细化和项目建设不放松，积极主动作为，迅速跟进争取。必须准确掌握已经明确的政策、项目和资金，深刻理解上级政策的延展性，认真做好项目的策划、筛选、申报等前期工作，加大跑办力度，力争一批重大项目和策划项目得到国家、自治区的支持，使上级政策的效应具体化、最大化。主动承接发达地区产业转移，精心策划项目，不断充实项目储备库，坚持以产业规划谋划项目，增强项目的吸引力，确保项目接替有序、支撑有力，实现单个项目向项目群和产业群谋划的转变。统筹项目全面推进，既重视工业、农牧业、旅游业和生态建设项目，也重视基础设施、民生和社会事业项目；既抓规模大、带动作用强的大项目，也抓扩大就业、促进增收的中小项目，努力在全县形成大项目顶天立地、中小项目铺天盖地的生动局面。

加大招商引资力度。在招商方向上精准定位，围绕资源优势，推进主导产业补链式招商、新兴产业龙头式招商、传统产业提升型招商，重点引进新型业态和高端项目，引进龙头型、基地型、技术创新型企业，推动本土企业引进战略合作伙伴，提高利用内外资质量效益。在招商方式上精准发力，发挥专业招商队伍作用，制定重点产业招商路线图，开展“量身定做”式合作。力争引进建设投资超亿元大项目3项，千万元以上项目5项，引进国内到位资金25亿元。

加强项目建设服务。按照“目标明确、分工负责、部门联动、全程跟踪、高效服务”的要求，严格执行重点项目县级领导包联制、督办通报制和现场办公制，及时研究解决项目争取和实施中存在的问题，为项目争取、落地、实施、竣工、投运提供全程、全天候的“保姆式”服务，不断优化发展环境。对牵动全局的重大项目紧抓不放，举全县之力，确保意向项目成功签约，协议项目落地实施，在建项目早日建成。进一步建立健全项目退出机制，对长期圈占资源、没有实质性进展的要全面清理，不断提高项目的履约率、开工率和投产率。

（二）围绕农牧民增收　着力在发展现代农牧业上取得新成效

做优现代农牧业。充分发挥资源优势，坚持“粮改饲”和畜牧业多元发展、“稳羊增牛扩猪禽”的思路，把绿色有机作为现代农牧业发展的主攻方向，加大农牧业项目建设力度，打造绿色有机农畜产品生产加工输出基地。落实藏粮于地、藏粮于技战略，争取到位全国产粮大县项目，力争进入国家千亿斤粮食增产计划县。全县总播面积达到115万亩，优质高效特色农作物占到总播面积的90%以上。坚持集中连片、规模发展，鼓励农牧民和龙头企业发展设施农业，做活存量，做优增量，全年新增设施农业3000亩。加快发展沙产业，编制完成乌兰布和沙产业发展规划，打造高效示范园2个，新增山药1000亩、肉苁蓉5000亩、油用牡丹500亩、黑枸杞1000亩、葡萄种植基地1000亩。全面实施“一乡一品”“一县多标”品牌培育工程，统筹推进农牧业标准化生产、品牌化经营、产业化发展，加强原产地商标注册，新增绿色有机农畜水产品认证5个。积极推进与荷兰瓦郝宁根大学合作研发冷藏技术，切实加大华莱士瓜提纯复壮和保鲜力度。新建、改扩建规模化养殖小区30个，全县肉羊饲养量达到143万只。全力支持圣牧高科和蒙牛乳业新建有机牧场，做大做强荣威生猪，鼓励发展肉牛、肉驴养殖，有机奶牛、生猪存栏分别达到6.5万头和8.5万头，牲畜饲养总量达到160万头（只）。进一步巩固全国渔业健康养殖示范县创建成果，加快引进虾、蟹、鲟等食性广、生长快、适应性强、经济效益高的淡化养殖品种，建成纳林湖黄河鲤鱼繁育场，特色渔业生产面积达到5万亩，渔业产值达到2亿元，努力在利用湖中—湖面—湖畔立体发展绿色有机水产业上取得重大进展。

强化农牧业保障能力。启动实施国家“百县、千乡、万村”产业融合示范工程，充分调动各方参与农牧业现代化发展积极性，培育以上新型职业农牧民200人以上。大力推进“互联网+现代农牧业”，鼓励农牧业园区、龙头企业和规模种养基地推广应用自动控制、自动监测、远程管控等信息技术，加大农畜水产品质量监管体系和追溯体系建设，提高农牧业信息化覆盖率。实施水权置换、土地综合整治、小型农田水利牧区重点县建设等一批重大项目，整治衬砌渠道231公里，完成高效节水改造10万亩，中低产田改造10万亩，高标准基本农田整治5.5万亩，改盐增粮2万亩。进一步加大市场预测指导，加强农牧业保险、疫病防治、良种繁育、科技服务、防灾减灾体系建设，着力增强抵御自然和市场风险能力。

（三）突出产业集聚　着力在促进新型工业化上迈出新步伐

深入推进重点项目建设。 力争年内完成工业固定资产投资20亿元以上，规模以上工业增加值增长8%。做精农畜产品加工业。积极鼓励龙头企业发展农畜水产品深加工项目，延伸产业链，提高农畜水产品附加值。实施圣牧高科技改升级工程，投资9800万元，建设年产4万吨豆饼粉、6000吨毛油和纸箱包装项目。蒙牛乳业提质增效，改造升级2条特仑苏生产线。佳格植物油和泰顺、中粮番茄满负荷生产。投资1亿元，实施荣威大型沼气、20万羽蛋鸡养殖项目。开工建设投资2亿元的蒙羊50万只有机肉羊生产基地、投资1亿元的草原宏宝奶山羊项目。酿酒葡萄项目取得新进展，建成酒庄1座。做优循环化工产业。加大企业扶持力度，积极推进宇乐氯碱化工循环经济项目，低热值电厂、70万吨电石项目加快建设，50万吨PVC、50万吨烧碱和20万吨甲酸钠项目全面开工。利川化工达产达效，华油、恒泰、德胜三家液化天然气企业恢复生产。做强电力新能源产业。全力保障华润电厂双机运行，扩大多边交易电价市场份额，不断增加发电量。投资3亿元，青岛昌盛三期10兆瓦、协鑫10兆瓦光伏项目并网发电。力争爱康50兆瓦、大唐50兆瓦、国家电投50兆瓦等光伏农业项目开工建设，光伏园区入园企业达到10户，发电装机容量达到400兆瓦，年发电量突破6亿千瓦时。加大企业技改和产业链延伸力度，努力促进老旧企业提档、规模企业联强，让老旧企业焕发新活力、传统产业实现新提升，年内新增规模以上企业4户。

加强园区基础设施建设。 计划投资3000万元，进一步完善园区道路、绿化、给排水、供电等基础设施。500千伏变电站投入运行，建成光伏园区220千伏至500千伏变电站输电工程。开工实施奈伦湖向园区供水项目和污水处理厂二期工程，中水回用投入运行，全面提升园区承载能力和服务功能。组织引导入园企业加大绿化、美化、亮化力度，创建新型绿色生态工业园区。提高用地效率和投资强度，实现集约发展、集群发展。新增入园企业10户。

（四）打造全域旅游　着力在发展现代服务业上实现新突破

提速发展旅游产业。 按照“全域布局、全景覆盖、全局联动、全业融合、全民参与”的发展理念，编制完成《磴口县全域旅游发展总体规划》，建设全域旅游产业格局，全力创建自治区全域旅游示范县。建成三盛公北岸码头游客接待中心，黄河渔村、黄河观光楼开工建设，自治区第一批通用通勤机场试点项目启动实施，开通拦河闸至奈伦湖、奈伦湖至乌沈干渠旅游观光黄金水道。老县委大院博物馆加快建设，地质博物馆对外开放。加快开发奈伦湖景区，精心打造国家级湿地公园。进一步配套完善万泉湖景区设施，巨型雕像全面完工。实施纳林湖景区升级工程，新增湿地滑索、真人CS运动拓展基地等娱乐项目。阿贵庙景区观光索道投入运营，修建阴山岩刻保护游览通道。积极开发生态农业观光型、民俗风情体验型、绿色产业庄园型、滨河休闲度假型等复合型乡村旅游产品，大幅提升牧民新村、金马渔村接待水平，规划实施窳浑古城。深入挖掘人文历史内涵，开发特色纪念品，讲好“磴口故事”，创作富有河套特色的小戏小品，努力打造原创乡土艺术经典，让游客留下“磴口印象”。

加大宣传营销力度，让河套招牌菜更具“磴口味道”，乌兰布和穿沙越野、金马湖垂钓等品牌赛事更加火爆，“铁人三项”、冰雕、冬捕冬钓等文体活动点燃游客激情，四季旅游取得重大突破。以三盛公水利枢纽、纳林湖、阿贵庙为中心的AAAAA级景区创建迈出新步伐，黄河人文历史、百湖湿地、观沙漂流、休闲农庄、民族风情、阴山历史古迹六大游览区实现串联互通，把沿河、沿沙、沿山三条精品旅游线路打造得更加亮丽。全年接待游客实现115万人次，增长10%；旅游综合收入达到5亿元，增长11%。

提升配套服务水平。实施“互联网＋”和信息化、工业化“两化融合”双轮驱动，推动工业、农牧业、服务业线上线下融合发展。积极推进电子商务产业园建设，引进和培育一批有竞争力的电子商务企业，鼓励和支持大众入园创业，努力打造自治区级电子商务产业园。加快电子商务进农村步伐，促进农牧区信息设施配套和宽带普及，加强涉农电商平台与产业化龙头企业、专业合作组织、农畜产品购销大户、批发市场对接，带动农畜产品网上销售，积极争取自治区级电子商务进农村示范县。进一步改造提升餐饮住宿、批发零售等传统服务业，高标准建成万豪、鑫盛等星级宾馆，基本建成生态养老产业园，王爷地肉苁蓉中药材交易市场、小食品加工园投入运行。启动实施智能仓储和供应链物流项目，力争中储现代物流园开工建设，打造区域性物流集散基地。

（五）坚持改革创新　着力在增强发展活力上厚植新优势

加快行政体制改革。以简政放权、放管结合、优化服务为重点，持续推进政府职能转变，全面加强行政审批标准化建设，实现办事提速、服务提质。完善公共资源交易平台，逐步实现网上全程电子化招投标。全力推进综合行政执法改革，精简合并执法职能，彻底解决多头执法、执法合力不强的问题，让综合执法更实、更细、更严。加快财税管理体制改革。建立健全预算编制和预算执行协调机制，加大财政资金统筹使用力度。创新纳税服务机制，转变征收管理方式，构建税收共治新格局。积极争取PPP项目，引入社会资本投入基础设施、重点产业、社会事业等领域。规范政府性债务管理，完善动态监控、风险预警机制。农村信用联社完成转制，成立农村商业银行。加快农牧区综合改革。扎实推进农场改革，试行场长、副场长聘任制，加快恢复设镇工作，逐步剥离农场社会管理职能。深化农牧区土地制度改革，全面落实“三权分置”。完成土地和草原确权登记颁证工作，逐步探索以土地、草牧场、林地为基础的各种形式合作，促进土地有序流转。深化水利体制、水权制度和农业水价综合改革，促进农业节水，确保农田灌排工程良性运行。加快教育卫生体制改革。推动城乡教育资源均衡配置，推进“管办评”分离。努力在分级诊疗体系、药品供应保障、现代医院管理和全民医保、综合监管五项基本医疗卫生制度建设上取得突破，完成城乡居民医保并轨改革，实现城乡居民医疗保障水平均等化。加快司法体制改革。推进户籍制度改革和居住证制度落地，促进农牧区转移人口市民化。

（六）推动功能升级　着力在统筹城乡建设上展现新面貌

全面提升城镇功能。积极推进“五城同创”，把好山好水好风光融入城镇建设，扎实推进以人为核心的新型城镇化，让人民群众享有更多的归属感和获得感。城镇项目建设计划完成投资11.2亿元。坚持以规划为龙头，拓空间、提功能、优布局、增实力，积极推动城乡建设、土地利用、产业发展等“多规融合”。以创建自治区园林城镇为目标，调优树种结构，增加绿化层次和色彩，不断提升绿化园艺水平。实施“空转绿”工程，加快实现城区裸露土地绿化全覆盖。坚持

“修一路、绿一线、成一景”，高标准实施道路和公园广场绿化提标，完成城区进出口绿化改造升级工程，实现街路和重要节点林荫化、景观化。新增城镇园林绿地79万平方米，构建春有绿、夏有花、秋有色、冬有景的立体画卷。实施湿地保护与恢复工程，加快河湖连通，推动“南湖北海西翠湖”社会化运营，加快推进奈伦湖与城区湿地，与冬青湖、纳林湖、万泉湖等沙漠湖泊水系连通，构建河湖相连、内外相通、水绿环抱的现代田园城市大格局。实施20个老旧小区建筑节能改造。完成供热主管网建设及换热站工程，新增供热面积25万平方米。启动实施城镇水源地迁址建设工程，让老百姓喝上更优质的放心水。铺设各类管网12公里，启动实施东风渠以东集中供热、供气、排污工程，重点地段污水管网实现彻底改造。新建“旱改水”公厕20座，新修改造城区道路8.7公里，硬化背街小巷10万平方米，为居民提供良好的出行条件和居住环境。

加快美丽乡村建设。不断巩固农牧区环境综合整治成果，配套完善集镇排污、垃圾收集等基础设施，促进差异化、特色化发展，积极推进保障基本示范村、环境整治示范村、美丽宜居示范村创建活动，建成一批各具特色的民俗村、旅游村，努力打造美丽乡村建设升级版。新改建农牧区公路25公里。投资2.7亿元，完成磴口至额勒斯太73公里旅游公路改扩建工程。解决好110国道改线、311省道改造和包银高铁磴口段社会矛盾、征地拆迁等前期工作。巴哈线、固察线项目开工建设，打通东风街—国道西出口、巴哈路—国道北出口、北绕城线—国道西环线。

提高城乡管理水平。坚持精细管理、严管重罚，推动城管执法向基层延伸，持续推进城乡环境管理常态化。启动全国卫生县城创建工作，大力开展城乡爱国卫生运动，重点治理“脏、乱、差”，加大背街小巷、马路市场改造整治力度，违法建筑实现“减存量、零增长”。加大城乡接合部、公路铁路沿线、渠沟两侧环境综合整治力度，健全农牧区环境长效管护机制。启动筹建国有物业管理公司，加强住宅小区综合管理，彻底解决老旧小区物业管理问题。

加大生态建设力度。按照“生态建设产业化、产业发展生态化”的思路，围绕“五线十点”，继续实施好草原补奖、公益林补偿、退牧还草、天然林保护、京津风沙源治理、三北防护林建设等重点生态治理项目，加快造林由布点连线向区域化、森林化方向发展。实施村屯绿化10个，鼓励发展庭院经济，计划完成林业生态建设18万亩，全县森林覆盖率达到21.3%，林草覆盖率达到37%。积极创建自治区环保城市，严守生态红线，建立“全面覆盖、层层履职、网格到底、责任到人”的环境监管新模式，对破坏环境的违法行为零容忍、严追责。加快淘汰落后产能，整治“低小散”。实行最严格的水资源管理制度，全面推行“河长制”，提升水生态治理水平。深入开展大气、水、土壤和农牧区面源污染防治。

（七）强化民生优先　着力在提高幸福指数上获得新提升

集中攻坚精准脱贫。始终把精准脱贫作为首要任务和第一民生来推进，精准滴灌，靶向治疗，严格评估，逐户销号，脱贫到人。认真落实“六个精准”和“五个一批”工作要求，深入实施易地扶贫搬迁、金融扶贫富民等重点扶贫工程，坚决做到不漏一户、不漏一人。健全脱贫长效机制，大力推广“政府＋龙头企业＋合作社＋贫困户”扶贫模式，提高贫困人口自我发展能力和主动脱贫意识。2017年基本消除绝对贫困现象，贫困人口发生率保持在3%以下，2020年农村牧区贫困人口全部稳定脱贫。

完善社会保障体系。实现城乡人力资源和社会保障综合服务“互联互通”全覆盖，全面提升服务水平。实施全民参保计划，稳步提高保障水平。城乡居民、职工基本医疗保险封顶线达到20万元，切实减轻群众看病就医负担。加快推动大众创业、万众创新，统筹做好大学生、就业困难人员等重点群体就业再就业工作，转移农牧区富余劳动力7800人，城镇登记失业率控制在4%以内。用足用好国家开发银行贷款棚户区改造资金，实现回迁户全部安置，房地产“去库存”有力推进。实施好农牧区危旧房改造工程。大力发展社会福利和慈善事业，健全新型社会救助体系，落实好“三个一”惠民政策，城乡低保补助水平稳步提高。认真做好老年人工作，鼓励社会力量运营养老机构，完善多层次养老服务体系。完成旧公墓搬迁，开工新建殡仪馆，积极倡导“生态殡葬”。

强化公共服务功能。办好人民满意教育，创建现代化教育强县。加强中小学生德育教育，改进和重视家长教育工作，促进学生身心健康发展。加强学校内涵发展和学前教育转型升级，完善农牧区学校办学条件，启动实施第三期学前教育三年行动计划，办好公办园、管好民办园。城镇学校体育活动室投入使用。推进健康磴口建设，完善城乡公共卫生服务体系。加强全科医生培养，蒙中医院门诊综合楼基本完工。深入落实全面两孩政策，争创国家计划生育优质县、自治区卫生应急示范县和“十强百优”卫生院、卫生室。繁荣公共文化事业，推动文化惠民工程建设，丰富群众性文体活动，城乡社区、学校体育设施向社会开放。加大文物保护力度，完成鸡鹿塞修缮保护工程。广泛开展社会主义核心价值观主题实践活动，创建自治区文明城市。促进各民族团结进步、繁荣发展。积极支持工会、妇联、共青团、关工委、残联、科协、工商联等开展工作。

推进社会治理创新。深入实施“七五”普法，加强法律援助、司法救助和社会救助。始终保持打击违法犯罪的高压态势，投资5186万元，建成戒毒康复中心和平安磴口视频监控二期工程，开工新建看守所和拘留所，筑牢治安巡逻防控网、特警应急处突网和群防群治守护网。坚持“党政同责、一岗双责、齐抓共管、失职追责”，以防范和遏制重特大事故为重点，严格落实安全生产责任制，更好维护广大人民群众生命财产安全。实行最严格的食品药品监管，坚决落实“四个最严”要求，确保人民群众“舌尖上的安全”。坚持依法治访，下大力气推进“事要解决”。严格落实劳动用工备案登记和工资保障金制度，从源头上根治拖欠农民工工资问题。

（八）全面依法治县　着力在加强自身建设上再上新水平

执政为民提升服务力。始终把服务群众作为政府工作的根本宗旨，全力打造便民、贴心、高效的服务平台。不断加强经济调节和市场监管职能，把政府职能转变的重心放在强化公共服务和社会管理上，增强公共服务能力，提高公共服务效率，为各类经济主体创造机会均等、公平竞争的良好发展环境。巩固党的群众路线教育实践活动、“三严三实”和“两学一做”专题教育成果，深入持久推进作风建设，努力根除作风“顽疾”，坚决防止“四风”问题反弹。建立健全“一站式”服务和网上审批服务机制，下功夫解决部门授权不充分、群众办事“两头跑”问题，让群众不托人也能好办事、快办事、办成事。政府工作人员特别是领导干部要加强学习，更新观念，更好地为企业服务、为社会服务、为人民群众服务，打造一支作风优良、纪律严明的公务员队伍。

廉洁自律提升拒腐力。始终把廉政守责作为政府工作的基本底线，把纪律和规矩挺在前面。严守《关于新形势下党内政治生活的若干准则》和《中国共产党党内监督条例》等党纪法规，严格执行中央“八项规定”，“三公”经费只减不增。坚持依法行政，主动向县人大及其常委会报告工作、向县政协通报情况，自觉接受人大和政协监督，勇于接受群众监督、社会监督和舆论监督，让政府工作置于全方位监督之下。规范行政执法行为，严格执行行政执法裁量权基准制度，对重点部门实行执法全程监督。加强行政监察、审计监督和政务督查，立“明规矩”、破“潜规则”，坚决纠正损害群众利益的不正之风。

诚实守信提升公信力。始终把执行落实作为政府工作的主旋律，严格实行目标管理责任制，坚持问题导向和目标导向并重，全力推动政府工作提速、提质、提效。全面推进政务公开，抓好电子政务和政府网站建设，保障群众的知情权、参与权、表达权，确保权力在阳光下运行。加强政府信用体系建设，健全诚信约束机制，强化政府诚信监督，做到信息及时公开、问题主动回应。严格实行权责清单制度，弘扬主动作为、勇于担当精神，增强不进则退、无功即过意识，坚决克服不作为、慢作为和“慵懒散”现象。深入实行干部容错免责机制，大力营造想干事、能干事、干成事、不出事的良好氛围，让干事者有舞台，改革者有地位，创业者有荣誉。

各位代表，“路虽远，行则将至；事虽难，做则必成”。让我们在县委的坚强领导下，紧紧依靠和团结全县人民，发扬一往无前、吃苦耐劳的蒙古马精神，以“逢山开路、遇河架桥”的闯劲，“踏石留印、抓铁有痕”的韧劲，攻坚克难，苦干实干，为争当巴彦淖尔“绿色崛起、赛过江南”的排头兵，建设生态富裕和谐美丽的新磴口而努力奋斗！

大事记

1月

4日 全市义务教育均衡发展推进会在磴口县召开。市委常委、副市长斯庆出席会议并讲话。与会人员先后到磴口县隆盛合学校、协成学校、诚仁中学观摩，听取这3所学校通过国家义务教育均衡发展验收的经验和做法。

7日 县委扶贫工作会议召开，重点学习贯彻中央、自治区和市委相关会议精神，对全县脱贫攻坚工作进行再动员、再部署。县委副书记王玉林主持会议。

8日 “百湖之乡·冰雪风情”2016年冰雪民俗活动月在磴口金马湖国际垂钓中心正式启动，市领导吐嘎出席启动仪式并宣布冰雪民俗活动月活动正式启动，自治区“推进三项重点工作”调研督导组有关负责人应邀出席活动。

11—15日 市人大三届四次会议和市政协三届四次会议在临河召开，磴口县16名市人大代表和12名市政协委员分别参加会议。

21日 县委书记李建军主持召开全县苏木镇、农场、县直单位党（工）委书记抓党建工作述职评议会。市委组织部研究室主任王兴强出席会议。

是月 内蒙古云海秋林畜牧有限公司第二牧场奶牛、肉羊标准化规模养殖场中央预算内投资建设项目实施方案经专家评审，通过市级批复。其中奶牛标准化规模养殖场建设项目3项，中央预算内投资330万元；肉羊标准化规模养殖场建设项目3项，中央预算内投资75万元。

是月 由磴口县顺泰屠宰场投资建设的生猪屠宰及肉联加工项目正式投产。该屠宰场选址在巴哈路以西、盘古造纸厂以北、市治沙局治沙站办公室以南，是一个集屠宰加工、冷藏、储存、调运、销售、活畜交易为一体的现代化屠宰食品肉联加工厂。该屠宰场设备、工艺流程先进，年设计屠宰能力达到生猪2.20万头，羊6.60万只，家禽34万只，牛、驴、马、骡杂畜0.90万只（头）。屠宰车间1400多平方米，分割车间200多平方米，下水车间300多平方米，冷库700多平方米，完成厂区硬化8000多平方米，累计完成投资2000多万元。猪肉主要内销本地，羊肉经过分割后销往全国。该项目年实现利税1000多万元，可安排就业50人，同时带动当地的农业及畜牧业的发展。

是月 磴口县全面启动第三次全国农业普查，成立以政府县长为组长、各有关单位领导组成的磴口县第三次全国农业普查工作领导小组及其普查办公室的组织机构。领导小组办公室设在县统计局。

是月 磴口县“全面改薄”工作以全国第40个、自治区第1个县市进入教育部展播旗县行列。2014—2015年，全县落实“全面改薄”资金2544万元，其中，中央资金1039万元，自治区级资金705万元，地方财政安排资金800万元，全面新建和改建农村8所小学，补充完善城镇5所学校的配套设施，全部按标准配齐教学设备，实现设施达标、网络贯通、文化彰显、绿化覆盖的新目标。

2月

3日 2015年度全县总结表彰大会召开，会上，表彰奖励2015年“美丽乡村”建设工程、重点工作、重大项目推进、深化改革、创优争先、信访维稳、打黑除恶、纪检监察案件查办、义务教育均衡发展、捐资助困和支持社会建设等方面的先进集体和先进个人，发放奖金88万余元。李建军、樊文、田有光、赵淑兰等四大班子领导出席会议。

17日 中共磴口县第十四届纪律检查委员会第六次全体会议召开。县委书记李建军出席会议并作重要讲话，县委常委、纪委书记袁兴国代表中共磴口县第十四届纪律检查委员会常务委员会作工作报告。县四大班子领导参加会议。

同日 县委书记李建军主持召开县委2016年第三次常委会暨党建工作第二次会议，传达学习《中国共产党地方委员会工作条例》等文件精神，研究讨论《规范领导干部权力运行与监督的实施意见》等文件，安排部署“美丽乡村”建设工程和脱贫攻坚等重点工作。

24日 县委副书记、政府县长樊文带领各苏木镇、农场以及农牧部、住房城乡建设局、国土局、规划局等部门负责人到鄂尔多斯兴辉陶瓷有限公司考察洽谈绿色保暖建设项目，并达成合作意向。

29日 县十六届人大常委会第十九次会议召开。会议由人大常委会副主任秦霞主持。人事代表委负责人宣读《关于交办磴口县第十六届人民代表大会第四次会议代表建议的通知》，人大常委会副主任宋巨宾作代表建议交办说明，并代表县人大常委会与政府副县长弓建刚签定县十六届人大四次会议代表建议办理交办书。县领导樊文、田有光分别做重要讲话。人大常委会各组成人员出席会议，县委副书记、县长樊文，政府副县长弓建刚及法、检两院院长列席会议。

是月 黄河三盛公国家水利风景区顺利通过自治区A级旅游景区评定委员会的审核评定，成功晋升为国家AAAA级旅游景区。该景区也是2015年全市申报的AAAA级景区中唯一一家成功晋升的景区。磴口县AAAA级旅游景区增至2家，分别是纳林湖景区、黄河三盛公国家水利风景区。全市共5家，其他3家分别是黄河河套文化旅游区、乌拉特前旗维信国际高尔夫度假村、杭锦后旗河套酒业工业旅游区。

3月

1日 县委书记李建军主持召开党政联席会议，研究讨论2016年全县重点项目建设情况。县四大班子领导参加会议。会议听取工业园区、发改、农牧业等24个职能部门关于2016年度重点项目情况汇报；研究讨论重大项目县级领导包联责任分解表；脱贫攻坚工程领导及驻村工作队定点帮扶事宜；研究讨论争创全区旅游示范县、成立旅游投资公司和旅游警察支队相关事宜；研究讨论建立健全嘎查村干部激励保障机制的实施意见等事宜。

2日 自治区驻巴彦淖尔市各旗县区督导组观摩磴口县“美丽乡村”建设工程，县委副书记、政府县长樊文陪同。观摩组先后到巴彦高勒镇城关村、渡口镇新地村、补隆淖镇坝楞新村等处，认真听取当地“美丽乡村”工程建设情况的介绍，详细察看工程所涉及的道路硬化、危房改造、安全饮水等各项工作推进情况，与当地村干部交流探讨。观摩组还观摩磴口县产业发展、社区党建工作。

3日　磴口县第二次全国地名普查招标工作在县公平交易中心正式开标。此次普查将摸清磴口县地名的详细信息，其中对有地无名的要进行命名，不规范的要进行标准化处理，并设置规范的地名标志，对于存在的地名乱象情况将彻底整治，同时，还将建立和完善全县地名数据库。

4日　全县经济工作、城镇建设暨重点项目推进会召开，县委副书记王玉林主持会议，会上，县委各领域分管领导就2016年度各分管口重点项目及推进措施作汇报，王玉林对“美丽乡村”建设工程和脱贫攻坚工作做细致的安排部署。县委副书记、县长樊文就进一步做好2016年全县经济工作和扎实抓好城镇工作提出具体要求。“万名干部下基层”市驻县工作推进组常务副组长胡剑、县四大班子领导出席会议。

9日　全县党建工作会议召开，总结一年来宣传思想、组织建设、人民武装、统一战线、群团等工作，研究部署2016年任务。县委书记李建军在会上作重要讲话，县委副书记、县长樊文主持会议。

10日　中国钓鱼运动协会副会长梁雨祥、中共中央编译局世界发展战略研究部韦文英等一行到磴口县调研“沙漠垂钓”项目发展工作，县委常委、宣传部部长、副县长温志红及县旅游局负责人陪同调研。

15日　县委中心组召开（扩大）学习会，县四大班子领导参加会议。县委常委、宣传部部长、副县长温志红主持会议。会议邀请亚洲养生文化研究学会首席专家、珠海市名医世家、药食同源研究所教授俞傲然围绕《中医就是生活》这个主题，就中医文化的起源、伏羲文化与八卦、神农文化与中草药的应用、黄帝文化包含的中医基础与养生等方面的知识为大家上一堂生动的中医文化普及课程，为与会人员加强自我保健，培养良好的健康生活方式带来有益的启示。

同日　磴口县被命名为首批2016—2020年全国科普示范县。全国科普示范县创建于1998年由中国科协提出，实行动态管理，每五年一个周期，先后命名五批。此次全国共命名435个。

同日　圣牧高科进一步扩大酸奶生产规模，投资5000万元，新上3条日产100吨有机长效酸奶生产线，1月开工建设，3月底正式投产，投产后日产酸奶能力将达到500吨。该公司共建成6条有机长效酸奶生产线和5条鲜奶生产线，日处理有机奶能力达750多吨。

17日　江苏爱康能源工程技术股份有限公司项目开发总监王建一行到磴口县考察太阳能光伏发电项目并签订意向性协议。

18日　磴口县举行“送温暖献爱心”社会捐助启动仪式。活动现场，民政局、红十字会负责人分别宣读募捐倡议书，现场共接收物资价值58000余元，现金捐款16750元，衣物2300余件。自治区驻磴口县督导组成员何晓敏、李铁峰，县四大班子领导，各苏木镇、农场、县直单位、人民团体、驻县单位的主要负责人和来自各苏木镇、农场、行政事业单位、政法系统、城建系统、教育系统、卫计系统、执法系统、企业的干部职工及个体工商户1000余人参加活动。

22日　全县召开2016年“美丽乡村”建设工程誓师大会。县委书记李建军出席会议并作重要讲话，县委副书记、县长樊文主持会议并讲话。自治区“万名干部下基层”调研督导组驻县工作组组长冉建生，成员何晓敏、李铁峰，巴彦淖尔市万名干部下基层驻县工作推进组副组长王海林，县四大班子领导出席会议。各苏木镇、农场主要负责人，县直各单位、驻县各单位负责人、驻村第一书记等参加会议。

24日　全县嘎查村、农场干部培训班正式开班，全县47个嘎查村党组织书记、主任和驻村第一书记150余人参加为期两天的集中培训。

30日　全县宗教活动场所挂牌仪式在阿贵庙举行，分管宗教工作的负责人、相关单位、各佛教活动场所负责人参加仪式。全县共有4处佛教活动场所悬挂由国家宗教事务局统一监制的“宗教活动场所”标识铜牌。

31日　昌盛日电公司在磴口县投资建设的光伏现代农业产业园区一期20兆瓦光伏发电项目顺利并网发电，项目同时配套建设253栋先进温室大棚。该项目的实施，使农业种植和能源发电效益在乌兰布和沙漠实现“双赢”，对当地循环经济发展起到显著的促进作用。

4月

6日　全县第二届“县长杯”中小学校园足球联赛暨“狼族联盟”足球进校园启动仪式在诚仁中学举行。县委常委、副县长闫永生出席比赛启动仪式。

8日　全县苏木镇党委换届工作会议召开，贯彻落实中央、自治区党委、市委关于换届工作的重要精神，研究部署全县换届工作。县委书记李建军作重要讲话，县委副书记、县长樊文主持会议，自治区第十指导督察组成员党丽，市第四指导督察组组长赵军，县四大班子领导，各苏木镇、农场及相关单位主要负责人参加会议。

12日　李建军、樊文等县四大班子领导到工业园区生态大道带头参加义务植树活动，号召全县人民用实际行动建设绿树成荫、环境优美、生态良好的磴口。

15日　由市团委主办、7个旗县区同步启动的“保护母亲河爱我巴彦淖尔”——2016年度全市“增绿减霾再造蓝天”行动在乌兰布和沙漠启动。团市委副书记乌德木，县领导武世强、刘秀玲出席活动。活动现场，青少年代表和与会领导共同为“NPO绿色生命”尚善暖心家园同命人纪念林揭牌，并与“NPO绿色生命”组织志愿者和社会各界代表等200余人一起种下树苗。

同日　由市团委主办、县团委承办的“增绿减霾再造蓝天”绿色行动公益大讲堂活动在磴口县举办，400余名热爱社会公益活动人士参加活动。活动中，“NPO绿色生命”组织理事长易解放以自己的亲身经历阐述“活着，为阻挡风沙而挺立；倒下，点燃自己给他人以光亮”的治沙精神及相关环保知识。

27日　团委在会展中心召开“建功十三五青春亮北疆”磴口县团员青年纪念共青团成立94周年暨“五四”运动97周年团干部表彰大会，全县各基层团队组织的90余名团员青年参加表彰大会。县委书记李建军，县委副书记、县长樊文、县委副书记王玉林出席大会。会上，表彰全县各条战线涌现出来的57个先进集体、2个基层星级团组织和122名优秀个人。其中，优秀共青团干部31名，优秀共青团干部31名，优秀共青团员29名，优秀青年志愿者16名，优秀少先队辅导员23名，优秀少先队员23名。

28日　河南大地通航公司磴口低空飞行旅游项目在磴口县三盛公国家水利风景区正式启动，此项目标志着磴口县正式进入水陆空360度立体全景式旅游时代。县领导李建军、王玉林、谢金、袁兴国、李山、武世强、秦霞、黄永利、邢旺喜出席活动。

29日　磴口县开展全面推进“三项重点”工作暨五一劳动节慰问活动。

同日　巴彦淖尔鑫盛太阳能科技有限公司在磴口县投资建设的50兆瓦光伏农业科技大棚项目一期20兆瓦光伏发电项目顺利并网发电，项目同时配套建设253栋高标准温室大棚。

是月　“相约草原——环内蒙古周边省市旅游推介会”在银川举办，磴口县旅游部门参加推介会。推介会上，旅游局工作人员按照“商、养、学、闲、情、奇”六大旅游新要素对全县的旅游资源进行划分推介，通过精美的《磴口智慧旅游指南》、磴口旅游推介PPT、磴口旅游微信公众号和磴口县旅游局官方网站等宣传平台进行宣传。推介会结束前，两地的旅行社就联合开发线路、互送客源等事宜形成合作共识。

5月

5日 磴口县举行“两学一做”学习教育专题培训。县委常委、组织部长梁景出席开班仪式并讲话。培训重点围绕党章党规、条例准则、习近平系列重要讲话精神、如何做一名合格的党员干部等内容进行解读讲述。学习教育专题培训会为期8天，全县598名科级干部将分批次参加18节课的专题理论教育培训。

8—12日 中央电视台中文国际频道《远方的家 · 长城内外》栏目摄制组到磴口县采风，鸡鹿塞、阴山岩刻、纳林湖、乌兰布和沙漠以及河套地区传统民俗成为记者们聚焦的对象。摄制组的记者们先后到阴山一线的鸡鹿塞、阴山岩刻，以及独具沙水特色的纳林湖、王爷地肉苁蓉种植基地、三盛公水利枢纽工程等地，多角度、全方位了解和展示磴口县别具一格的自然风貌。同时，也以创办渔家乐的农户为切入点，介绍河套地区群众自然、朴实的生活状态和人文故事。

10日 农业部渔业渔政管理局副调研员曾昊带领渔业健康养殖示范县验收组到磴口县就渔业健康养殖示范县创建工作进行验收。磴口县以86.60的高分顺利通过验收，成为全国第七个、自治区第一个“渔业健康养殖示范县”。

11日 国务院2015年度省级消防工作考核组对磴口县文物保护单位消防安全进行考核。

13日 县委书记李建军主持召开县委第十四届十次全委会议，樊文、田有光、赵淑兰、王玉林等县处级领导参加会议。会议讨论通过关于召开中共磴口县委员会第十五次党员代表大会的请示；观看换届选举警示教育片《镜鉴——衡阳、南充违反换届纪律案件警示录》。

同日 磴口县第26个“全国助残日”宣传活动在富源广场举行。县领导朝格图、张秀文、刘秀玲参加活动。

16日 磴口县与中储农贸有限公司就以绿色有机现代生态农业产业园区为主题的区域农业产业化第一阶段建设项目签订框架协议。

同日 易地扶贫搬迁工程2016年投资计划和同步搬迁人口投资计划正式下达磴口县。主要用于安置全县建档立卡贫困户140户、447人，其中，中央预算内投资357.60万元，自治区级投融资主体统筹安排资金2324.40万元；同步搬迁人口333人，建设安置住房8325平方米，自治区级投融资主体统筹安排资金333万元。

18日 为迎接“5 · 19”中国旅游日的到来，磴口县开展以“旅游促进发展，旅游促进扶贫，旅游促进和平”为主题的“中国旅游日”宣传活动，活动充分展示磴口县丰富的旅游资源。本次活动中，县内的三盛公水利风景区、纳林湖景区、三盛公游乐园、三盛公低空飞行体验项目累计送出门票800张、优惠券1000张，近百名当地群众到三盛公水利风景区免费游玩。

同日 是第40个国际博物馆日，主题是“博物馆与文化景观”。磴口县文管所结合当地的特色文化，通过设立宣传栏画板、悬挂宣传横幅等形式，向群众介绍文物保护法、博物馆条例及磴口县文物资源概况等博物馆知识。磴口县有3家博物馆对群众免费开放，有馆藏文物1000余件（套）。境内共有不可移动文物101处，其中全国重点文物保护单位3处，内蒙古自治区文物保护单位8处，巴彦淖尔市重点文物保护单位2处，县级文物保护单位13处。

23日 组织部、宣传部、文明办联合在会展中心举行全市“讲文明、树新风”暨社会主义核心价值观公益广告大赛优秀作品巡展启动仪式。仪式上，县委常委、组织部部长梁景作重要讲话。

25日 市文联30多名文艺志愿者到磴口县参加“文化志愿服务助力‘美丽乡村’”文化下乡活动，为农牧民免费文化辅导和文化惠民演出。县委常委、组织部部长梁景出席活动。

6月

11日 磴口县选派纳林湖龙舟队和磴口一中龙舟队参加巴彦淖尔市2016年“中国银行杯”端午节黄河文化旅游区龙舟赛，磴口县纳林湖龙舟队获得第六名。

13日 磴口县遭遇罕见强对流天气过程，部分地区被大风、强降雨、冰雹袭击，造成小麦、玉米、葵花和蔬菜、瓜果等作物不同程度受灾，部分市政基础设施损坏。灾情发生后，市委副书记、市长段志强，县领导李建军、樊文、王玉林、弓建刚、张秀文、刘秀玲等领导第一时间赶赴受灾地区，查看灾情、看望受灾群众，并现场指导抗灾救灾工作，对救灾工作进行安排部署。

15日 由自治区驻市调研督导组常务副组长冯家举，市委副书记胡丰及巴彦淖尔市各旗区代表组成的全市“美丽乡村”工程观摩团到磴口县观摩“美丽乡村”工程建设情况。县领导李建军、王玉林、李山陪同观摩。

17日 县十六届人大常委会第二十一次全体会议召开。副县长弓建刚、仲向明及法院院长、检察院检察长，县委组织部分管副部长，市人大代表吴东，县人大内设机构和财政局、国土局、住房城乡建设局、交通局、卫计局、民宗局、统计局、旅游局8个政府组成部门拟任人员等列席会议。会议由县人大常委会副主任武世强主持。

同日 磴口县蒙古族群众祭敖包活动在位于沙金苏木的乌兰敖包前举行。县领导刘峰、温志红、张秀文、黄永利和广大牧民群众一同参与活动。

17—18日 磴口县对各苏木镇、农场“美丽乡村”工程建设情况进行联评考核。由自治区“万名干部下基层”推进三项重点工作驻磴口县调研督导组组长冉建生，成员李铁峰、何晓敏，巴彦淖尔市“万名干部下基层”推进三项重点工作驻磴口县调研督导组成员王海林，县领导王玉林、李山、梁景和涉及“美丽乡村”工程建设的相关职能部门负责人组成的联评考核组利用两天时间，驱车600多公里，对全县5个苏木镇、5个农场进行联评考核。

26日 防汛抗旱指挥部组织成员单位在沙金苏木巴音乌拉嘎查举行山洪灾害防御应急实战演练，此次演练，分成监测信息组、转移组、保障组、民兵应急分队等4个工作组，参演人员共计100余人，出动大小车辆20多辆。

27日 磴口县在第三届国土资源节约集约模范县（市）第一、第二批次创建活动中取得优异成绩，被评为第三届国土资源节约集约模范县。县委副书记、县长樊文在北京参加表彰会。

29日 磴口县纪念建党95周年座谈会暨“两学一做”专题党课报告会在会展中心报告厅举行。县委书记李建军作重要讲话，并就“两学一做”学习教育作专题讲座。县四大班子领导及各苏木镇主要党政领导、农场工作组组长、县直各部门副科级以上领导干部近400人参加会议。县委副书记王玉林主持会议。

30日 市委副书记、市长段志强深入磴口县走访慰问老党员和困难党员，代表市委、市政府向他们送去党的关怀与温暖，并致以节日的诚挚问候。县领导李建军、樊文、王玉林、弓建刚、梁景陪同慰问。

7月

1日 磴口县举行纪念建党95周年暨“两学一做”学习教育知识竞赛。县领导温志红、武世强出席活动。知识竞赛由组织部主办，宣传部、党校协办。比赛共有来自全县39家单位的117名选手报名参赛，经过初赛和复赛两个环节的竞争，有8支代表队24名参赛选手进入决赛。最终农牧业局代表队荣获一等奖，司法局和蒙银村镇银行代表队荣获二等奖，乌兰布和农场、执法局、沙金苏木、圣牧高科代表队荣获三等奖。

2日　县领导王玉林、刘峰、宋巨宾、张秀文、马海波及民宗局工作人员深入三盛公清真北寺、补隆淖清真寺和巴彦高勒清真寺，看望慰问广大穆斯林群众和宗教界人士，并通过他们向全县穆斯林群众祝贺节日。

15日　磴口县在政务服务大厅举行不动产登记中心揭牌暨“不动产权证书”首发仪式。自治区国土资源厅副厅长赵大勇，自治区驻县督导组组长冉建生，督导组成员何晓敏，县领导李建军、樊文、韩志业、武世强、斯日古楞出席仪式，县委副书记王玉林主持仪式。

16—17日　2016年全区老年人垂钓交流活动在磴口县金马湖国际垂钓中心举办。比赛吸引全区各盟市、区直部门、各大企业老年体协的68名钓手到此挥竿竞技。自治区老年体协副秘书长牧峰、巴彦淖尔市老年体协主席贺永华，县领导李建军、樊文等出席开幕式。牧峰宣布活动正式开幕。县委副书记、县长樊文代表县四大班子对本次钓鱼交流活动的举办表示祝贺。

18日　“百湖之乡”磴口县迎来第二届纳林湖消夏旅游节暨2016城市旅游小姐大赛，吸引众多游客前来参与。县领导李建军、温志红出席开幕式活动。

21日　磴口县召开光肩星天牛防治现场会。县委副书记、县长樊文出席会议并作重要讲话。县委常委、宣传部部长、副县长闫永生主持会议。各苏木镇、农场及相关单位部门负责人参加会议。会上，樊文还和各苏木镇、农场负责人签署防治责任状。

24—26日　中国共产党磴口县第十五次代表大会在巴彦高勒镇召开。大会应到代表181名，25日实到代表176名，26日实到代表177名，符合法定人数。大会开幕式由樊文主持，县委书记李建军代表中国共产党磴口县第十四届委员会作了题为《适应新常态　践行新理念　全面建成生态富裕和谐美丽的新磴口》的工作报告。市委组织部副部长图门，市委换届工作第四指导督查组组长、市纪委驻市政府办公厅纪检组长、党组成员赵军，及市委组织部相关领导应邀出席大会。不是党代表的县处级领导，老干部代表，县直单位、驻县单位和企业代表列席会议。

26日　中国共产党磴口县第十五届委员会第一次全体会议召开。会议应到县委委员35名，因事因病请假2名，实到会县委委员33名、7名候补委员，13名纪委委员列席会议。斯日古楞主持会议。会议通过中共磴口县第十五届委员会第一次全体会议选举办法。33名县委委员差额选举产生中共磴口县第十五届委员会常务委员会，李建军、樊文、王玉林、谢金、弓建刚、李山、闫永生、梁景、韩志业、任海韬、陶奋山共11人当选为中共磴口县第十五届委员会常务委员会委员；李建军当选为中共磴口县第十五届委员会书记，樊文、王玉林当选为副书记；表决通过中共磴口县第十五届纪律检查委员会第一次全体会议选举结果报告；通过中共磴口县第十五届委员会第一次全体会议公报。市委组织部副部长图门，市委换届工作第四指导督查组组长、市纪委驻市政府办公厅纪检组长、党组成员赵军，市委组织部研究室主任王兴强，市委换届工作第四指导督查组成员、市委组织部干部调配处副处长刘智应邀出席大会。

同日　中共磴口县第十五届纪律检查委员会召开第一次全体会议，13名纪委委员参加会议，会议由李山主持。会议选举产生县十五届纪律检查委员会常委、书记、副书记。李山当选为县十五届纪律检查委员会常务委员会书记，张勇、王义宏当选为县十五届纪律检查委员会副书记。

27日 县委副书记、县长樊文带队赴五原、临河、杭后考察观摩农村“美丽乡村”建设工程。谢金、弓建刚、李山、梁景等县领导及各苏木镇、农场负责人参加观摩。

28日 磴口县第二十四届“华莱士节”开幕。“万名干部下基层”自治区驻县调研督导组组长冉建生、“万名干部下基层”市驻县调研督导组副组长王海林，市委巡察组组长殷满厚，市文广局、市旅游局以及部分兄弟旗县文体部门负责人应邀出席开幕式。县四大班子领导以及部分老干部代表出席开幕式。县委常委、宣传部部长、副县长闫永生主持开幕式。县委副书记、县长樊文在开幕式上致辞，并宣布磴口县第二十四届华莱士节开幕。

同日 由内蒙古通汇农业专业合作社、中国小额信贷联盟主办，县农牧业局协办的全国第二届合作社及合作经济绿色发展高峰论坛在巴彦高勒镇举行，县委常委、副县长弓建刚参加。本届论坛的主题是“生态农业合作经济合作社金融区域发展”。

同日 举办第二十四届“华莱士节”品评瓜会·鱼王大赛暨农产品展销会。活动中，各苏木镇农场以及本地的农副产品生产加工企业还分别进行精品瓜展示和农副产品展销。

8月

2日 来自全县及周边旗县的146名垂钓爱好者在金马湖国际垂钓中心挥竿竞技，参加第二十四届“华莱士节”系列活动“休闲旅游垂钓大赛”。县领导闫永生、陶奋山、马海波出席比赛开幕式。比赛由旅游局、县钓鱼协会主办。活动使用2个国际化标准垂钓池，比赛项目分为手竿钓鲫鱼和手竿钓混养鱼两种，共4场次，全部采用称重量的方式进行，每场比赛时间均为70分钟。最终，杭后的代龙、临河的王磊、磴口的王东3名钓友荣获旅游休闲垂钓大赛前三名。

8—10日 北京全能通信息技术有限公司董事长梁清一行到磴口县就“互联网＋农业”“互联网＋旅游”“互联网＋电子政务”“互联网＋精准扶贫”等项目进行对接，并召开项目对接会。县领导李建军、樊文、闫永生、韩志业、张宇及相关部门负责人参加项目对接会。

16日23时40分—17日7时30分 磴口县出现强降雨天气，大部地区出现大到暴雨，累计降水量在5.70—147.30毫米，最大小时降水量突破47毫米。造成巴彦高勒镇城区多条街道内涝严重，渡口、补隆、沙金苏木、乌兰布和农场、纳林套海农场等地农作物受灾严重。灾情发生后，县委、县政府高度重视，立即启动应急预案，组织公安、民政、各包扶单位连夜奔赴受灾一线，转移安置群众，帮助群众全力消除险情。

18日 第四届“敖包相会”内蒙古知青文化艺术节暨第二届内蒙古兵团文化艺术节在磴口县开幕，来自全国20多个省、市、自治区近1300名知青参加。县四大班子领导出席开幕式，樊文致欢迎词，闫永生主持开幕式。

同日 巴彦淖尔市首个县级旅游警察大队在磴口县批准成立。旅游警察大队主要承担维护当地旅游市场秩序和旅游治安环境的重任，加强与其他旅游市场服务监管部门的沟通协调，建立健全快速高效的“多部门联勤联动、联合执法”的工作机制，实现“行政执法和刑事执法的无缝衔接”，积极维护磴口旅游市场秩序，全面加强旅游市场监管，严厉打击破坏旅游市场秩序的违法犯罪行为。

9月

7日　在三盛公水利枢纽工程展厅举行内蒙古中共党史教育基地揭牌仪式，三盛公水利枢纽工程展厅被评为中共党史教育基地。市委副秘书长巴根宣读《关于命名第二批中共党史教育基地决定的通知》，自治区党史研究室副主任姜爱军，市委副秘书长巴根、市委党史办主任李贵军，县领导王玉林、韩志业等出席仪式并为中共党史教育基地揭牌。

是月　青岛昌盛在磴口县投资建设的一期20兆瓦光伏农业科技大棚项目并网发电。该公司一期工程总投资2.50亿元，占地面积1200亩，建设20兆瓦光伏电站及364座新型光伏农业科技大棚。

10月

9日　磴口县召开脱贫攻坚培训会，县领导刁望岭、张秀文，以及各苏木镇、农场相关负责人参加培训会。培训为期一天，分三批进行，共有1400多人参加；培训中还发放贫困户建档立卡工作示意图参考文本、精准扶贫明白卡。

14日　磴口县召开第三次农牧业普查工作会议。副县长张宇出席会议并讲话，县政府与各苏木镇、农场、沙林中心负责人签订目标责任状。

27日　参加市第四次党代会的磴口县代表团举行第五、第六次全团会议。会上，磴口县代表团的党代表们经过无记名投票的方式对中共巴彦淖尔市第四届委员会的委员候选人、候补委员候选人，中共巴彦淖尔市第四届纪律检查委员会委员候选人以及出席自治区第十次党代会代表候选人进行预选。

是月　自治区人社厅社会保障卡综合服务点督查小组到磴口县对“社会保障卡综合服务点”建设工作进行督查验收。

11月

4日　由市农牧业局和县政府主办，市水产站和农牧业局承办的黄河内蒙古巴彦淖尔市磴口段渔业资源增殖放流活动，在三盛公水利枢纽黄河北岸闸下1公里处成功举办。市农牧业局、市水产站、市种子管理站相关领导，县委常委、政府副县长弓建刚及县直相关单位、渔政执法人员及群众共200余人参加活动。

同日　磴口县召开农村牧区土地承包经营权确权登记颁证工作动员会，县委常委、副县长弓建刚出席会议。弓建刚与各苏木镇就落实土地确权颁证工作签订责任状并作重要讲话。

22日上午9时　中国共产党内蒙古自治区第十次代表大会胜利召开。磴口县各界党员干部、群众踊跃收看现场直播，并纷纷表达对党的热爱和对自治区第十次党代会召开的关注。在机关单位，广大干部职工在收看这一盛会的同时，交流自己的感想、体会，并纷纷表示，要立足本职岗位，认真学习和贯彻自治区第十次党代会精神。

是月　自治区专家评审组到磴口县检查验收A级景区创建工作。验收组深入到万泉湖生态旅游度假区，严格按照相关评定标准，通过实地查看、听取汇报、查阅资料等形式，对该景区创建国家AAA级旅游景区相关工作进行认真细致的专业考评。

12月

1日　纪检委、宣传部、文联等部门举办“颂清风、倡廉政、促和谐”主题书画摄影展。巴彦淖尔市纪委副书记范虎成，县领导赵淑兰、李山、斯日古楞、邢旺喜、赵多义出席展览启动仪式，副县长温志红主持启动仪式。

2日　县十六届人大常委会召开第二十四次会议。会议听取、审议并通过县政府关于调整

9—11月财政预算支出的报告；听取、审议并通过县十六届人大四次会议代表建议办理情况的报告；听取、审议并通过2016年政府职能部门主要负责人专项工作报告。会议还听取检察院作关于检察院提请人事任免议案及说明，并通过民主投票，任命黄堃、张慧、云艳艳、李艳、李金佩5人为县检察院检察员。

6日　县委书记李建军主持召开全县安全生产工作会议，深入贯彻落实中央、自治区、市委领导关于全面做好安全生产工作的重要批示指示及全国、全区安全生产工作电视电话会议精神，研究磴口县继续深入开展安全生产大检查实施方案。县处级领导及相关部门负责人参加会议。

8日　磴口县三盛公黄河渔村、窳浑古城项目论证暨项目签约会在北京举行。巴彦淖尔市政府副市长师银来，县领导李建军、王玉林、闫永生、斯日古楞及市县两级相关部门负责人参加会议。县委书记李建军主持会议。

21日　中共磴口县委十五届二次全委（扩大）会议召开。这次会议的主要任务是，深入贯彻落实中共十八届六中全会、自治区第十次党代会、市第四次党代会精神。县委书记李建军代表县委常委会向全委会报告工作，同时安排部署下一阶段重点工作。与会人员讨论并通过县委工作报告。县委副书记、县长樊文作讲话。县四大班子领导出席会议。

27日　磴口县召开干部大会，宣布市委关于磴口县干部人事任免职决定。县委书记李建军主持会议。县委副书记、县长樊文等县处级领导，各苏木镇、农场党政主要领导和县直各部门负责人参加会议。会上，县委常委、组织部部长梁景宣读关于仲向明等四人的任免职通知。经市委研究决定提名仲向明为磴口县人大常委会主任候选人；提名免去田有光磴口县人大常委会主任职务，在原单位保留正处级待遇；提名刘峰为磴口县政协主席候选人；提名免去赵淑兰磴口县政协主席职务，在原单位保留正处级待遇。

28—30日　政协磴口县第九届委员会第五次会议召开。会议听取政协副主席赵多义代表政协第九届常委会所作的工作报告，以及政协副主席邢旺喜代表磴口县第九届委员会常务委员会作提案工作情况的报告。县委书记李建军在会上作重要讲话。县四大班子领导出席会议。

29—30日　磴口县第十六届人民代表大会第五次会议召开。县领导李建军、樊文、田有光、刘峰、仲向明、王玉林等四大班子领导出席会议。会议听取县长樊文作的政府工作报告，听取县人民法院工作报告和县人民检察院工作报告。田有光代表县人大常委会作工作报告。代表团分团讨论并通过政府工作报告、人大常委会工作报告、法检两院工作报告。投票选举仲向明为人大常委会主任。仲向明发表就职讲话。县委书记李建军作重要讲话。出席政协磴口县第九届委员会第五次会议的政协委员等列席会议。

30日　磴口县举行低空飞行体验项目签约仪式。县领导闫永生、斯日古楞以及内蒙古可汗铁骑航空俱乐部有限公司相关负责人出席项目签约仪式。闫永生代表磴口县人民政府与内蒙古可汗铁骑航空俱乐部有限公司总经理李晓钟签订合作协议。

概　况

自然地理

【区域位置】 磴口县位于内蒙古自治区西部，隶属于巴彦淖尔市；地处河套平原与乌兰布和沙漠衔接带，地理坐标北纬40°9′—40° 57′、东经106°9′—107°10′；东南隔黄河与鄂尔多斯市杭锦旗、鄂托克旗相望，北及东北与巴彦淖尔市乌拉特后旗、杭锦后旗搭界，西南与阿拉善盟阿拉善左旗为邻。东西约长92公里，南北约宽65公里，总面积4167平方公里，约占内蒙古自治区总面积的0.31%，占巴彦淖尔市总面积的5.57%。磴口县辖1个苏木、4个镇，5个国有农场。

【地势地貌】 磴口县地势由东南向西北倾斜，黄河流经县境52公里。地貌分3个单元，即山地、平原和沙漠，海拔1030—2046米。

西北部多为山地，系阴山山脉狼山西端。在南北向应力作用下，地壳褶皱隆起，形成东西向构造带。经历多次地壳运动、火山喷发，形成如今层峦叠嶂、沟壑纵横、怪石嶙峋的山地景观。山地有八大沟系，呈西南—东北走向，山体相对高差800米。山地总面积为970万公顷，是磴口牧区，盛产阿拉善双峰红驼、蒙古黄牛和二狼山白山羊。山地蕴藏着铜、铁、红柱石、大理石、白瓷石、花岗岩、硅石等20多种矿物，已探明储量的有10种。

东部及东北部为平原，属内蒙古河套平原西部，海拔在1037—1053米，总面积303万公顷。地势平坦、土层深厚、土壤肥沃、物产丰富，是国家商品粮生产基地。出产小麦、玉米、番茄、油葵、大豆、土豆、蔬菜等。平原与沙漠衔接地带盛产华莱士瓜、甜瓜。华莱士瓜以其浓郁的芳香和独特的口味享誉国内外，因此磴口县被国务院特产办命名为“华莱士蜜瓜之乡”。磴口华莱士蜜瓜成为磴口县的知名品牌。

中部和西部为乌兰布和沙漠，沙丘形态复杂，有流动沙丘，固定、半固定沙丘。濒临黄河的西南部多新月形或垄冈形流动沙丘链，县域中、北部多半固定或固定沙丘。沙丘一般高1—10米，最高达到50多米，总面积2846万公顷。沙地中有形状不同、大小不等的湖泊160多个，平均水深2米左右，水质pH值在8左右。湖中遍生水草和各种鱼类，是天鹅等候鸟迁徙必经之地。每年初春深秋，众多珍禽异鸟在湖中嬉戏。

【气候气象】 磴口县属温带大陆性季风气候，其特征是冬季寒冷漫长，春秋短暂，夏季炎热，降雨量少，日照充足，热量丰富，昼夜温差大，积温高，无霜期短。四季分明，冬长夏短，多风少雨，气候干燥。

日照。2016年日照时数为3196.4小时，其中月平均气温低于0℃期间日照总时数为717.4小时，大于10℃期间日照总时数为1979.8小时。4—9月，农作物生长季节，每月日照时数平均286.4

小时。年最多日照时数的 5 月为 327.6 小时，最少日照时数的 12 月为 223.9 小时。

气温和湿度。2016 年年均气温为 10.0℃，较常年偏高 1.2℃。一年最高气温为 38.0℃，出现在 7 月 30 日；一年最低气温为 –22.1℃，出现在 1 月 23 日。最热的 7 月平均气温为 25.5℃，最冷的 1 月平均气温为 –10.7℃。1 月平均最低气温在 –15.1℃，7 月平均最高气温在 31.4℃。年平均相对湿度在 43%。

地温和冻土。2016 年平均地表温度 12.5℃。年极高地表温度为 63.6℃，出现在 7 月 31 日；极端最低地表温度 –23.0℃，出现在 2 月 23 日。2016 年最大深冻土为 90 厘米。

降水量。2016 年降水量 223.9 毫米。全年最长连续无降水共计 65 天。

风。2016 年年平均风速在 2.7 米 / 秒。全年大风日为 15 天。

霜。2016 年无霜期为 187 天。霜冻终日为 4 月 4 日，初日为 10 月 7 日。

雪。2016 年出现积雪日数 9 天，最大雪深 4 厘米。

资源能源

【自然资源】 磴口县濒临黄河，依乌兰布和沙漠，北靠阴山，独特地理优势和气候特征，使这里的自然资源十分丰富。磴口县濒临黄河，依乌兰布和沙漠，北靠阴山，独特地理优势和气候特征，使这里的自然资源十分丰富。盛产小麦、玉米、油葵、甜菜、番茄等农作物。名优特产华莱士瓜、王爷地甘草、苁蓉、南瓜、二狼山山羊绒等在国内外久负盛名；野生植物主要有山榆、胡杨、梭梭林、中药材等；动物主要有天鹅、灰鹤、野鸭、野鸡、黄羊、野兔、各种鱼类等，其中尤以黄河鲶鱼、鲤鱼最为出名。县城内有着丰富的矿产资源，已发现的有 20 多种。

【土地资源】 磴口县土地总面积 4167 平方公里。其中，有耕地 65.3 万亩，盐碱地 20 万亩。乌兰布和沙漠延伸到磴口境内 426.9 万亩，有近 200 万亩沙地适宜开发治理。

【水资源】 磴口县水资源丰富，水质良好，有很大的开发利用空间。黄河水是磴口县最大的水资源，它可用来灌溉农田，且是磴口地下水补给的主要来源。磴口县多年平均引黄水量 6.0 亿立方米左右，全部用于农林牧业灌溉和生态用水。那仁宝力格沟、哈日格那沟的潜流作为人畜饮水集中供水工程的水源地进行利用。地下水资源量为 7.131 亿立方米，可开采量为 2.11 亿立方米，可开采模数为 5.06 万立方米 / 平方公里，地下水年平均埋深 1.83 米。磴口县地下水补给量为 4.927 亿立方米，其中黄河侧渗和灌溉入渗补给量约为 4.35 亿立方米，大气降水入渗补给和狼山侧向补给量约为 0.557 亿立方米。磴口县海子平均蓄水量约 2.5 亿立方米，主要用于水产养殖和芦苇生长。

地表水资源。磴口县降雨量小，多年平均降水量约 137 毫米，基本形不成地表径流。黄河径流磴口县境内全长 52 公里，县内有人工渠道总干渠 1 条，干渠 1 条，分干渠 6 条，排水干沟 2 条，分干沟 5 条，近几年全县平均引黄水量 6.0 亿立方米左右。县境内的阴山上分布有 8 条较大的沟谷，平时大都有泉水溢出，其中哈日格那沟流量最大，约 0.13 立方米 / 秒。

地下水资源。山前洪积扇地下水较为丰富。一般埋深在 3—30 米以下，矿化度 0.5—2.5 克 / 升，单井涌水量 100—140 立方米 / 小时。套区和沿黄河沙区边缘因补给量大，地下水埋深一般在 0.5—3 米之间，矿化度 0.7—2 克 / 升，单井涌水量 50—100 立方米 / 小时。乌兰布和沙区中部地下水埋深一般在 1—10 米以下，矿化度 3 克 / 升左右，单井涌水量 40—80 立方米 / 小时，到山前洪积扇前沿洼地矿化度增高，达 4—7 克 / 升。地下水补给主要是灌溉入渗补给和黄河侧渗补给。

海子湖泊。磴口县湖泊水域主要类型为风蚀湖、人工湖两大类，大小湖泊160个，总水面面积为24.4万亩（内陆水面面积为18万亩；黄河流经磴口县境内52公里，面积为1.56万亩）。湖泊水域面积百亩以上145个，其中万亩以上2个，万亩以下千亩以上（包括1000亩）46个，千亩以下百亩以上97个，百亩以下15个。全县总湿地面积为58.7万亩（包括黄河河道面积24.2万亩）。

【风能资源】 磴口县北部地处在贺兰山和狼山风口上，风力资源十分丰富。据测量，年平均风速达4.5米/秒，年大于或等于3米/秒的时间达6800小时以上，大于或等于6米/秒风速的时间每年有2200—2500小时以上，是中国除东南沿海外，全国内陆仅有的几个风能丰富区之一。加上磴口县土地面积大，地形开阔，地热平坦，距电网较近，交通便利，具备建设大型风电场的条件。为把风能资源转变为现实生产力，磴口县与工菱公司等5家公司积极洽谈并签订合作协议书，已做前期工作。磴口地区历年平均最大风速为23米/秒，瞬间最大风速28米/秒。

【太阳能资源】 磴口县太阳能资源十分丰富，属中国太阳能资源富集区域，是自治区规划的发展太阳能发电的重点区域。太阳的年总辐射量为200—204瓦/平方米，各月总辐射的高值在5月、6月、7月，其次为8月、4月、9月，其中5月达到极高值，此时云量少、晴天多、日照足，辐射强烈。磴口县2016年日照时数在3100—3300小时以上。其中，乌兰布和沙区2016年日照时数在3380小时以上，属全市最高地区。磴口县多年年平均气温7.6℃，极端最高气温38.2℃，极端最低气温-34.2℃。4—9月平均日照1807.2小时，占年值的55.9%，春季为27.2%，夏季为28.4%，秋季为27.5%，与总辐射一致，全市日照5月达到最大，日照百分率为71%—75%。

【国土资源】 2016年，全县土地总面积367626.93公顷。其中农用地面积为174971.82公顷，占全县土地面积的47.59%；建设用地8156.83公顷，占全县土地面积的2.22%；未利用地面积184498.28公顷，占全县土地面积的50.19%；全县耕地面积57377.48公顷。

建置 · 区划

【行政区划】 磴口县辖4个镇、1个苏木、5个农场。巴彦高勒镇、补隆淖镇、隆盛合镇 、渡口镇；沙金套海苏木；乌兰布和农场、巴彦套海农场、哈腾套海农场、包尔盖农场、纳林套海农场。

人口 · 民族 · 宗教

【人　口】 2016年年末，磴口县总人口11.59万人（户籍人口），比2015年年末减少474人。其中非农业人口5.05万人、农业人口6.54万人，城乡人口比例为43.6∶56.4。全年出生人口685人，出生率6.78‰；死亡人口429人，死亡率4.24‰；自然增长率2.54‰。

【民　族】 磴口县是一个多民族群众聚居和散杂居并存的地区，全县共有16个少数民族，少数民族人口为11184人，占全县总人口的9.60%；其中，蒙古族人口为5092人，占全县总人口的4.30%；占少数民族人口的45.53%；回族人口为5364人，占全县总人口的4.63%；占少数民族人口的47.97%；满族人口为464人，占全县总人口的0.40%；占少数民族人口的4.15%；其他民族人口合计为264人，占全县总人口的0.23%；占少数民族人口的2.36%。

【宗　教】 磴口县是一个宗教工作任务较重的地区，天主教、基督教、伊斯兰教、汉佛教、藏传佛教在磴口县都有活动。全县共有已登记的宗教活动场所18处、宗教活动处所1处。有天主教信教群众6000余人，有教堂3处，弥撒点3个，信教群众主要分布在巴彦高勒镇、渡口镇和补隆淖镇；基督教信教群众近500人，有教堂2处，家庭聚会点2个，信教群众主要分布在巴彦高勒镇和包尔盖农场；伊斯兰教信教群众3000多人，有清真寺9处，信教群众主要分布在巴彦高勒镇、渡口镇、补隆淖镇、乌兰布和农场和哈腾套海农场；藏传佛教信教群众600—700人，有寺庙1处，信教群众主要分布在沙金套海苏木。汉佛教信教群众约1000人，有寺庙3处，信教群众主要分布在巴彦高勒镇、渡口镇和隆盛合镇。

国民经济和社会发展

【综　述】 2016年，全县生产总值52.78亿元，比2015年增长7.6%。其中，第一产业增加值9.02亿元，增长4.7%；第二产业增加值30.79亿元，增长7.9%；第三产业增加值12.97亿元，增长9.2%。第一、二、三产业结构由2015年的18.4∶58.6∶23.0调整为17.1∶58.3∶24.6。人均生产总值45422元，按年平均汇率折算6838美元。

全县就业人员67238人，增长1.6%。全年城镇新增就业人员850人；就业困难人员实现再就业200人；安置下岗失业人员再就业160人；农牧区劳动力转移就业人员7880人；城镇登记失业率3.9%，与2015年持平。

全年公共财政预算收入累计完成26994万元，同比增收2600万元，增长10.7%。从征收部门看，国税部门完成5381万元，下降44.5%；地税部门完成16092万元，下降6.6%；财政部门完成5521万元，增长60.6%。全年公共财政预算支出146045万元，下降1%。其中，一般公共服务支出13341万元，增长4.2%；教育支出14163万元，增长4%；医疗卫生支出11791万元，增长21.8%；社会保障与就业支出28637万元，增长0.5%；农林水事务支出31545万元，下降16%；节能环保支出3862万元，下降50.7%；城乡社区事务支出7526万元，增长59.2%。

【农　业】 全年农业总产值完成140389.8万元，同比下降2.13%，农、林、牧、渔业及其他服务业结构比例为57.16∶6.43∶33.97∶1.29∶1.16。

农作物总播种面积115.49万亩，比2015年增长36.5%。粮食作物面积40.54万亩，增长1.7%。其中，小麦面积2.63万亩，增长1.1%；玉米面积37.81万亩，增长1.4%。经济作物面积56.65万亩，增长70.8%。其中，油料面积42.96万亩，增长79.7%；番茄面积1.15万亩，下降0.9%。饲草作物面积18.29万亩，增长57.8%。粮、经、草比例由2015年的50.3∶39.4∶10.3调整为47.1∶39.2∶13.7。主要大宗农作物良种率达到100%。设施农业成效显著，全县设施农业面积累计达到2.1万亩，其中，日光温室0.47万亩，塑料大棚1.63万亩，初步形成反季节甜瓜、蔬菜生产及育苗的规模化种植。

化肥施用量54150吨，同比增长31.1%；农村非生产用电量1044.26万千瓦时，增长1.2%；年末农牧业机械总动力47.36万千瓦，增长2.3%。

【畜牧业】 全年畜牧业产值47686.92万元，增长9.1%，占农业总产值的比重达33.97%。牧业年度（2016年6月末）牲畜存栏总数63.26万头（只），同比下降4.5%；牲畜总增长70.38万头（只），总增率106.22%；良种及改良种比率97.5%；能繁母畜38.28万头（只），占牲畜总头数的60.5%。畜牧业养殖规模化、标准化水平稳步提升，全县规模化养殖总户数达380户。

年度牲畜存栏总数39.89万头（只），同比下降4.02%。其中，大牲畜6.07万头（只），比2015年下降27%。其中，奶牛4.9万头，当年购进0.4万头；羊31.01万只，下降15.06%；猪2.82万头，增长21.03%。牲畜出栏总数为56.10万头（只），比2015年下降11.71%；出栏率127.71%，比 2015 年下降 8.96 个百分点。

全年肉类总产量 14341.2 吨，同比增长 13.3%。其中，猪肉产量达到 1981 吨，增长 1.6%；牛肉产量达到 2557 吨，增长 34.7%；羊肉产量达到 9427 吨，增长 35.1%。牛奶产量 339235 吨，增长 128%；禽蛋产量 473 吨，增长 1.3%；水产品产量 1096 吨，增长 3.3%；山羊绒产量 43 吨，增长 4.9%。

【林　业】 全年共完成人工造林面积 3.6 万亩，飞播造林 3 万亩，年末实有封山育林面积 121.78 万亩。

【工　业】 全年全部工业总产值 676998.4 万元，比 2015 年增长 6.1%，其中规模以上工业总产值 615582.7 万元，增长 6.5%；全部工业增加值 269300 万元，增长 8%，其中规模以上工业增加值 204170.4 万元，增长 8.2%；产品销售率 89.7%，同比下降 0.4 个百分点。

在规模以上工业增加值中：

食品制造业 139270.5 万元，增长 29.2%；化学原料及化学制品制造业 15512.1 万元，下降 -12.5%；电力、热力生产供应业 44666.4 万元，下降 6.1%；燃气生产和供应业 1777 万元，下降 72.5%；非金属矿物制品业 2944.4 万元，下降 33.4%。

轻重工业增加值比例由 2015 年的 57∶43 调整为 68.2∶31.8。轻工业增加值 140713.3 万元，增长 29.2%；重工业增加值 63457.1 万元，下降 18.3%。

全年规模以上工业主营业务收入 578352.9 万元，增长 15.9%；实际上缴税金 11761 万元，下降 17.2%；亏损企业亏损额 5558.1 万元，增长 641.57%。

【建筑业】 全年全社会建筑业增加值 4.32 亿元，比 2015 年增长 6.4%。

【固定资产投资】 全年全社会固定资产投资 443839 万元，比 2015 年增长 13.95%。其中，500 万元以上固定资产投资 435111 万元，增长 12%；农村限下固定资产投资 8728 万元，增长 775.42%。按投资控股类型划分，其中国有控股 241045 万元、私人控股 194066 万元。

在 500 万元以上固定资产投资中，第一产业投资 32171 万元，增长 337.28%；第二产业投资 181640 万元，下降 35.27%；第三产业投资 221300 万元，增长 120.15%。按主要行业划分：制造业 50236 万元，下降 15.82%；电力、热力生产和供应业 131404 万元，下降 40.52%；水利管理业 130359 万元，增长 377%；农林牧渔业 32171 万元，增长 337.28%；交通运输、仓储和邮政业 77684 万元，增长 223.33%。全部建成投产项目 74 个，投产率达 87.1%；新增固定资产 249105 万元，交付使用率 57.25%。房屋建筑施工面积 2.9 万平方米，增长 30%，其中住宅施工面积 0.99 万平方米，下降 31.31%。竣工房屋面积 2.8 万平方米，增长 45.87%，其中住宅竣工面积 0.93 万平方米，下降 35.47%。

【国内外贸易】 全年社会消费品零售总额 155620.9 万元，同比增长 9.6%。按经营地统计，城镇零售额 137239.7 万元，增长 9.7%；农村零售额 18381.2 万元，增长 9%。按行业统计，批发零售贸易业 127068.3 万元，增长 9.6%；住宿餐饮业 28552.6 万元，增长 9.8%。

对外开放水平进一步提升，进出口总额达到 1293 万美元，比 2015 年增长 6%。出口的主要产品有番茄酱。全年引进国内到位资金 28 亿元，下降 9.6%。

【交通运输】 全年交通运输和邮电通信业增加值 1.98 亿元，比 2015 年增长 5.7%。年末全县公路总里程 2066 公里，其中等级公路 1661 公里，等级公路率 80.4%，在等级公路中有铺装路面 894.9 公里。全年公路货运量 398.04 万吨，下降 21.7%，货物周转量 39609.88 万吨 / 公里，下降 9.3%；客运量 31.41 万人，增长 19.7%，旅客周转量 2481.33 万人 / 公里，增长 3.9%。

【邮电业】 全年邮电业务总量 7919 万元，下降

8.8%。其中邮政业务1000万元，增长4.7%；电信业务6917万元，下降10.5%。本地网固定电话用户14604户；移动电话用户11.53万户，每百户拥有电话普及率（包括固定和移动电话）249部。互联网注册用户1.4万户。

【金　融】 年末金融机构各项存款余额497754万元，增长16.7%，其中住户存款余额363706万元，增长30%；非金融企业存款余额56836万元；广义政府存款余额77069万元。

年末金融机构各项贷款余额352715万元，增长15.3%，其中住户贷款余额251939万元；非金融企业贷款余额100777万元。

全年保险业保费收入11912万元，比2015年增长9.3%，其中财产险收入5105万元，增长7.2%；人寿险收入6807万元，增长11%。保险赔款及给付支出3648万元，增长12.6%，其中财产险3123万元，增长11.8%；人寿险525万元，增长17.9%。

【教　育】 全县共有幼儿园20所（公办园2所，农牧区校办园8所，镇区民办园6所，校办园4所），入园人数545人；在园人数2046人，增长11.3%；离园人数613人。有普通中学2所，其中完全中学1所、初级中学1所。高中招收学生474人，下降2.9%；在校生1516人，下降5.3%；毕业生559人，下降24%。初中招收学生545人，下降6%；在校生1729人，下降14.2%，其中少数民族218人；毕业生633人，下降10.1%；初中适龄人口入学率100%，初中毕业生升学率97.57%。有小学校11所（镇区3所、乡村8所），招收学生590人，下降9.4%；在校生3847人，下降1.8%，其中少数民族542人，增长19.4%；毕业生693人，增长8.5%。

【卫　生】 年末共有卫生机构12个，其中医院3个，苏木镇卫生院7个，卫生监督所1个，疾病防控中心1个。有社区卫生服务中心1个，社区服务站3个，诊所45个，村卫生室50个；医疗卫生单位拥有病床1226张，其中医院拥有637张；拥有卫生技术人员1285人，其中医院拥有522人，其中执业医师188人，助理医师36人，注册护士210人。

【科　技】 年末拥有科学研究开发机构1个，科技经费支出262万元，下降52.3%；拥有自治区高新技术企业1家；拥有自治区名牌产品6个，自治区著名商标5个。

【文　化】 全县拥有艺术表演团体1个，从业人员20人；文化馆1个，图书馆1个，文物站1个，档案馆1个，农村牧区文化站5个，博物馆1个；拥有差转台1座，电视发射台1座，电视发射机12部，调频广播发射台1座，广播发射机5部，有线电视居民用户11000户，增长4.8%,《磴口时事》全年发行45期，总计9万份。

【人民生活】 全体居民人均可支配收入18833元，增长7.9%。其中，城镇常住居民人均可支配收入25625元，比2015年增加1876元，增长7.9%。城镇常住居民人均消费支出15539元，增长2.3%。恩格尔系数29.8%。

农村牧区常住居民人均可支配收入14837元，比2015年增加1086元，增长7.9%。其中，农民人均可支配收入14734元，增长7.7%；牧民人均可支配收入15064元，增长8.1%。农牧民来自畜牧业的可支配收入2046元，占可支配收入的13.8%。农村牧区常住居民人均消费支出9084元，增长9.0%。恩格尔系数36.15%。

【社会保障】 年末全县城镇职工参加基本养老保险人数16985人；离退休11602人，其中企业人员（含农场）11107人。城乡居民基本养老保险参保人数28756人，退休人员11128人。参加城镇医疗保险人数43131人，其中，参加城镇职工医疗保险人数15980人；参加城镇居民医疗保险人数27151人。参加工伤保险人数8445人，参加生育保险人数8343人，参加失业保险人数6286人。参加新型合作医疗的农牧民55331人，参合率达98%，基金共计3007万元。

城市居民低保对象3433户4663人，月人均补助水平404元；农村低保对象5407户6522人，月人均补助水平221元。

为老年人与残疾人提供服务的机构3个，提供服务的有179人拥有床位数580张。其他提供住宿的社会服务机构1个，床位数10张。不提供住宿的社会服务机构17个，社会散居孤儿49名。

城市“三无”救济人员64人，全县五保供养426人，其中集中供养102人。民政部门救助缴纳医保、新农合人数9808人，国家抚恤、补助各类优抚对象261人，社区服务机构14个，社区日间照料床位数40张。

【资源、环境保护】 全年全县国有建设用地供应总量26.6065公顷，比2015年下降77.5%。其中商业用地5.1098公顷，增长4.59倍；工业用地11.1994公顷，下降84.3%；住宅用地5.1291公顷，下降63.9%；公共管理与公共设施用地4.4721公顷，下降85.9%。

全年降水总量223.9毫米。全年总用水量5.07亿立方米，比2015年下降18%。其中居民生活用水0.043亿立方米，增长26.5%；工业用水0.019亿立方米，下降7.8%，农业用水4.2081万立方米，下降24.6%。万元工业增加值用水量15.1立方米，下降25.6%。人均生活用水量37立方米，增27.6%。

全县年平均气温10℃，与2015年平均气温持平。年末拥有国家级自然保护区（哈腾套海自然保护区）1个，面积186平方公里。

初步核算，全年全县单位GDP能耗下降5.48%。单位GDP电耗下降2.35%。能耗总量62.32万吨标准煤，比2015年增长1.7%。

年末城市污水处理厂平均日处理能力达到11000立方米，比2015年年末增长10%，城市污水处理率达到43%，提高4个百分点。城市集中供热面积210万平方米，增长1.9%。城市建成区绿地率达到33.5%；绿化覆盖率达到35%。

【旅　游】 年末，有AAAA级景区2家，AAA级景区2家，AA级景区4家，四星级接待户4家，三星级接待户4家，自治区休闲农牧业与乡村牧区旅游示范点1家。2016年，全县接待游客105万人次，实现旅游收入4.5亿元，分别比2015年增长18%和12.5%。全县旅游接待游客103.55万人次，实现旅游综合收入4.35亿元，与2015年同期相比分别增长17%和9%。

中国共产党磴口县委员会

综　述

【中共磴口县委员会领导名录】

书记：李建军

副书记：樊　文

王玉林

常委：李建军

樊　文

王玉林

谢　金

袁兴国（至2016年7月）

弓建刚

刘　峰（至2016年7月）

李　山

闫永生

温志红（女，至2016年7月）

梁　景（蒙古族）

韩志业（2016年7月起）

任海韬（女，2016年7月起）

陶奋山（2016年7月起）

【中共磴口县第十五届委员会委员、纪律检查委员会委员候选人名单】

（2016年7月26日中国共产党磴口县第十五次代表大会主席团第四次会议通过）（以姓氏笔画为序）

县委委员候选人：

弓建刚　马海波　王　毅　王玉林

王兴贵　王维清　王新平　卢　敏

田有光　包嘎尔迪　吕红兵　闫永生

仲向明　任海韬　刘　峰　李　山

李　哲　李建军　何承刚　汪俐坪

张　宇　张　勇　张长路　赵淑兰

袁海文　陶奋山　黄永利　黄晓峰

菅永胜　梁　景　斯日古楞　韩志业

温志红　谢　金　樊　文

纪委委员候选人：

王义宏　石　碏　白　磊　任　岳

杜　伟　李　山　张　勇　官泊达

孟学峰　赵军元　赵丽霞　莎日娜

郭建平

【中共磴口县第十五届县委候补委员候选人名单】

（2016年7月26日中国共产党磴口县第十五次代表大会主席团第五次会议通过）（以姓氏笔画为序）

田金龙　许晓东　李介钧　杨海明

余　寒　胡珊珊　彭义荣

【经济概况】 地区生产总值完成52.78亿元，同比增长7.60%；公共财政预算收入实现2.70亿元，增长10.70%；固定资产投资完成44.38亿元，增长13.95%；社会消费品零售总额达到15.56亿元，增长9.60%；城乡常住居民人均可支配收入达到25625元和14837元，分别增长7.90%和7.90%。

【农　业】 全年农业总产值完成140389.80万元，农作物总播面积115.49万亩。粮食总产量达到2.85亿公斤，新增设施农业3380亩，流转土地26万亩，订单种植面积达到92万亩，深耕深松、测土配方、华莱士提纯复壮等农业科技广泛应用，种植业产业化、规模化水平显著提高。新增沙产业5万亩，被认定为国家林下经济示范基地。新增节水灌溉6万亩，完成土地整治10.70万亩，改造中低产田5万亩。磴口县被评为“全国国土资源节约集约模范县”。

【畜牧业】 全年畜牧业产值47686.92万元，增长9.10%，占农业总产值的33.97%。依托圣牧高科等龙头企业，大力发展现代畜牧业，新改建肉羊养殖场32个、有机牧场3座，牲畜饲养总量达到155万头（只）。

【渔　业】 渔业成功创建全国渔业健康养殖示范县，特色水产养殖规模达到4.50万亩，渔业产值实现1.60亿元，同比增长9%。

【工　业】 规模以上工业企业实现增加值21亿元，增长9.50%。加大项目建设力度，全年实施千万元以上重点工业项目15个，完成投资18.20亿元。圣牧高科有机奶三期项目建成投产，青岛昌盛20兆瓦光伏农业项目投入运行，建成装机容量195兆瓦的光伏园区，光伏产业列入国家新能源“十三五”规划，成为自治区重点打造的国家级光伏治沙产业园。全面落实稳增长、保运行各项优惠政策，全力帮助企业提高生产效益，圣牧高科等龙头企业实现产值、效益双增长，有机奶产量位居全国第一。

【旅游业】 全年接待游客105万人（次），实现旅游综合收入4.50亿元，分别增长18%和12.50%，磴口县被确定为自治区首批全域旅游试点县。成立了旅游投资公司，完成投资9130万元，加快推进纳林湖、金马湖等重点旅游景区建设，三盛公国家水利风景区被评为AAAA级旅游景区，万泉湖景区被评为AAA级旅游景区，纳林套海农场列入自治区特色景观旅游示范名镇，城关村等6个乡村被纳入全国乡村旅游扶贫工程。大力开发别具特色的旅游体验活动，穿沙越野基地投入使用，纳林湖试漂成功，低空飞行观光项目投入运营，成功举办了“全国汽车越野大赛”“全国垂钓大赛”“第二届内蒙古兵团文化艺术节”“第二十四届华莱士节”等旅游文化活动，“百湖之乡 · 魅力磴口”的知名度和影响力显著提升。同时，在旅游业的带动下，餐饮、物流等服务业繁荣发展。

【基础设施建设】 完成城建投资10亿元，是近年来投入效果最好的一年。加快推进安居住房工程，完成13.70万平方米棚户区改造任务。实施朝霞路街景改造和道路拓宽工程，打通了建筑东街、人民路、北滩街、黄河西街和二运、电杆厂巷道，城区断头路全部贯通，新增城区绿化面积45.50万平方米。加快解决群众反映的热点民生问题，更新改造20个小区的自来水池和加压泵站，完成新水源地可研评审工作，硬化平房区街巷17.50万平方米，完成旱改水厕20座，新修供气、供热、排污等各类管网18公里，成功创建自治区卫生旗县。加大美丽乡村建设力度，改造农牧区危房3183户，硬化街巷425公里，新改建便民超市76个，解决了4400多人的安全饮水问题，改造升级农网线路68公里，“十个全覆盖”任务全面完成，农牧区面貌焕然一新。磴口县被确定为自治区财政支持嘎查村经济发展试点县，5个苏木镇、30个嘎查村被命名为自治区卫生镇、卫生村。围绕“五线十点”，完成林业生态建设任务16.40万亩，森林覆盖率提高到20%，林草覆盖率提高到35%。

【民生事业】 民生支出占公共财政预算支出的75%。承办全市“人脱贫、村退出、县摘帽”现场推进会，全县建档立卡贫困人口共4991名，其中4216人精准脱贫，贫困人口发生率由7.70%降低到1.20%。为城区5所学校配套建设体育馆，建成全县第一所标准化小区幼儿园，完成国家义务教育质量监测工作。磴口县被教育部评为“教育质量监测优秀旗县”。县医院成功晋级二甲医院，被评为“全国百姓放心示范医院”，全年综合收入达到7400万元。蒙中医院门诊楼主体工程完工，农牧区卫生室全部达到标准化。新增城镇就业850人，转移农牧区劳动力7880人，“零就业”家庭实现动态清零。为原汽修厂居民置换公租房33套，新建2所农牧区幸福互助院。城乡居民养老、医保、低保等社会保障水平进一步提高。创作各类文艺作品50余部。综合体育馆开工建设，新建文化活动室25个，文化健身广场68个。推进平安磴口建设，化解信访积案，组织开展安全生产、环境保护、食品药品“百日攻坚”行动，全年未发生重大安全事故。

【深化改革】 持续深化三项重点改革，70%的龙头企业与农牧民建立了利益联结机制，推进生态文明制度建设，主动参与全市对蒙合作。林业所有权、承包权、经营权三权分离自治区试点改革顺利完成，基本草原划定通过自治区验收，纳林湖国家湿地公园项目通过国家验收。为5个农场派驻工作组，农场行政管理体制改革有序推进。完成了法官员额制改革工作，不动产登记颁证和商事制度改革走在全市前列。“放管服”改革不断深化，行政审批事项办理时限压缩75%。医疗联合体改革代表全市成功接受自治区医改示范县考核。“营改增”、公车改革、养老机构公建民营等改革取得新成效。开展招商引资，全年引进国内区外资金9亿元，区内市外资金19亿元。

县委办工作

【县委办公室领导名录】

主任：李　山（至2016年7月）
　　　韩志业（2016年7月起）
副主任：池慧茹（女）
　　　　李玉梅（女）
　　　　郝　伟（至2016年5月）
　　　　刘　鹤

【办文办会】 从严要求，把好公文签发的各个重要关口，全年共起草撰写领导讲话稿、调研报告等文稿100余篇，制发各类公文166份，文稿质量显著提高，做到发文“零差错”，确保政令畅通，以文辅政更加有力，参谋助手作用得到充分发挥。同时，提高办会质量和水平，本着“精简、高效、务实”的原则，做到会前准备到位、会中服务到位、会后落实到位，高标准完成县委第十五次党代会的筹备、组织等各项工作，受到县领导和全体参会人员的一致好评。全年共筹备、承办县委召开的各类会议60余次，及时传达上级的各项工作精神和政策。

【县委政府督查工作】 围绕县委、县政府中心工作，紧盯上级党委和县委、县政府重大决策、重大项目、重点工作，主要领导批示指示，群众关心的重点、难点、热点问题，坚持快交、快查、快办、快反馈，细化分解责任，加大跟踪问效力度，有针对性地开展督促检查。在督查过程中，始终坚持原则，做到敢督、敢查、敢办，讲真话、讲实话。始终坚持问题导向，重点盯住没落实的事，有效进行督查落实，当好“钦差”，确保重大决策、重大项目、重点工作不折不扣落实到位。全年共开展专项督查46次，形成《督查通报》和《督查报告》83篇，编发督查短信100余条。

【信息工作】 在信息工作上始终坚持“求快、求真、求全、求精”的原则，充分发挥党委信息主渠道作用。制定出台《关于加强和规范重要紧急信息报送工作的通知》，修订完善《县委办公室信息工作奖惩办法》，提高信息写作水平和质量。全年共刊发《磴口县信息》55 期，采写上报各类信息 1614 条，被自治区、市采纳 377 条。编写调研报告 50 余篇，被自治区、市采纳 24 篇。突出做好预警性、建设性、重大紧急性信息的搜集报送，确保信息及时畅达，努力实现“第一手情况”“第一道研判”“第一时间报送”的目标，较好地发挥了信息工作站岗放哨、“耳目”参谋和决策服务作用。2016 年度，信息工作在全市位列第 4 名，在自治区 102 个旗县区中排名第 19 名。

【机要保密工作】 严格执行每月一次保密学习和每季度一次保密检查制度，通过多种学习和检查提升干部业务水平。全年共办理文电 2000 余份，通知上三级会议 3000 多人次，文电办理效率提高。开展涉密文件检查、军事设施周边环境安全检查、第二次地名普查保密检查、重点网络保密检查等专项检查，配合教育、公安等部门圆满完成 2016 年度高考安全保密工作。

【党史地方志工作】 上报完成《内蒙古年鉴》、《巴彦淖尔年鉴（2016）》（磴口县部分）资料（共计 3.50 万字），全年共编写 18 期《县委一周大事记》。启动县志蒙古文翻译工作。二轮修志工作走在全市前列，首部《磴口年鉴（2011—2015）》编纂工作进展顺利，收集全县各级各部门资料 90 多万字，初稿编纂完成 45 万字。建成磴口县史志馆，丰富了馆藏，充分发挥史志资料“存史、资政、育人”的作用。积极开展形式多样的党史宣传教育活动，为全县多所学校发放《焦裕禄》《雷锋》等 12 套光碟，取得良好的宣传效果。通过上报市、自治区党史办相关资料，三盛公水利枢纽工程展厅被自治区党史办评为自治区级中共党史教育基地，9 月举办区、市、县三级领导出席的揭牌仪式，全年组织干部职工、中小学生等各类群体，开展党史教育 20 余场次。

【深化改革工作】 县委改革办充分发挥参谋助手和桥梁纽带作用，围绕改革工作重点和群众关切，立足实际，精准发力，全县深化改革工作呈现出鼓点紧、步履实、亮点多、成效好的良好态势。年初研究部署改革任务 288 项、拟形成改革成果 315 个，2016 年启动 288 项，占总任务数的 100%。已形成制度成果 336 个，占总任务数的 106%。充分利用党政大楼 LED 显示屏、报刊、政府门户网站、新闻网站、微信平台等各类媒体开展改革主题宣传，及时解读改革政策，通报改革进展，为全县全面深化改革营造良好的舆论氛围。同时，注重经验做法提炼总结，在经济、社会等领域形成一批可复制、可推广的成功做法和经验，医疗联合体改革代表全市成功接受自治区医改示范县考核，并率先在自治区改革办主任会议上进行经验交流。全年编写《改革动态》38 期，《他山之石》25 期。

【美丽乡村建设和脱贫攻坚工程】 县委农牧部认真贯彻落实上级关于农牧业和农牧区发展的方针政策、决策部署，及时了解和掌握全县农牧区经济运行、社会发展和其他重点工作情况，积极参与研究相关的发展战略和发展规划，各项工作取得显著成效。积极承办全市“人脱贫、村退出、县摘帽”现场推进会，全县 302 个嘎查村、分场的“新农村新牧区建设”工程和村庄综合整治情况在自治区督导组的监督指导下顺利通过验收。

县委办抽调 15 名干部，在渡口镇东地村积极参与“新农村新牧区建设”工程及脱贫攻坚工作。下乡期间，干部们配合镇干部、村干部、工程队，按时按要求完成“新农村新牧区建设”工程任务。共拆除危旧土房 97 处，4985 平方米；拆除柴草圈舍 157 座，7025 平方米；清运“五堆”10360 车，近 2 万吨；修整路肩 5.9 公里，铺红砂 828 立方米；绿化工程栽植杨树柳树约 1 万株。

县委办包扶的 30 户建档立卡贫困人口已全部实现脱贫。驻村干部通过开展贫困户摸底、扶贫政策宣传，帮助贫困户分析致贫原因并制定脱贫计划，对贫困户收入进行监测以及力所能及帮助贫困户解决生产生活中的困难，做到“底数清、任务清、责任清、工作要求清”，使贫困户重新树立起积极向上脱贫致富的信心。同时，县委办对渡口镇的30户贫困家庭进行产业扶持，为每户购买20只雏鸡和25公斤饲料，并给予200元的养鸡补贴。元旦前，为每户贫困户送去米、面、油等慰问品，干部与群众关系更加紧密。

（庞美仙）

组织工作

【县委组织部领导名录】

部长：梁　景（蒙古族）

副部长、人社局局长：何承刚

副部长、老干局局长：李　瑞

副部长：石　磆

李占英（编办主任）

刘志刚（至2016年9月）

柴雪峰（女）

【概　况】 始终坚持以中共十八大，中共十八届三中、四中、五中全会，习近平系列讲话精神为指导，深入推进“北疆基层党组织固本工程”，坚持围绕中心、服务大局，切实把党的组织优势转化为发展优势、组织资源转化为发展资源，不断开创基层党建工作新局面，为建设生态富裕和谐美丽的新磴口提供坚强的组织保证。

【机构设置】 组织部内设办公室、干部考核监督科、干部科、组织一科、组织二科、干部教育和人才工作科、党代表联络办、党员教育中心。

【“两学一做”学习教育】 创新学习教育方式，推出党校课堂、流动课堂、手机微课堂、网络课堂、红色课堂、夜间课堂六大课堂抓好党员学习。举办嘎查村干部、科级干部和党务工作者“两学一做”专题轮训班，组织680名科级干部参加理论闭卷测试，向各基层党组织发放知识测试卷6000余份，向全县党员发放“两学一做”口袋书8000本、宣传画2000张。沙金苏木党委有针对性地将学习笔记本分为红、蓝、绿三种，区分不同的学习要求和笔记要求，从学习记录本可直接了解不同层面的党员学习情况，并针对苏木地广人稀，党员分布遥远的实际，开通“两学一做”直通车送学上门。

以自治区五级示范抓引领为基本要求，组建由11名县委常委、其他17名县处级领导担任组长、87家县直单位协同落实的三级示范抓引领直接联系服务群众工作组，全面指导包联点的脱贫攻坚工程、业务工作和党建工作。县委创新性地建立“三级四定五包”制度，要求县、苏木镇（农场）、嘎查村三级全面实施定点、定人、定目标、定时限，班子成员对联系点包经济社会发展、包重大项目、包民生项目落实、包信访维稳、包扶贫救助。县委组织部派驻47名“第一书记”分赴各嘎查村，组织千名干部下乡驻村，派驻56名党建指导员服务重点企业。全县上下总动员，将学习效果体现在实际行动中，体现在为基层服务、为群众办事上。

依托全县各层级党委，在机关、农牧区、社区、企业、学校等不同层面，面对党员、干部、群众、党代表等不同人群召开座谈会，发放“两学一做”学习教育调查问卷1500份，征集梳理“两学一做”学习教育、党组织建设、党员管理、党性修养、干部任用、农村建设等方面的意见建议25类73条，重点解决自治区委书记李纪恒讲话中列举的党员教育管理中存在的突出问题、基层党建中存在的突出问题、关系群众切身利益的实际问题、一些党员干部能力不足“不能为”、动力不足“不想为”、担当不足“不敢为”的问题。10个县处级领导干部联络组加强督查指导，要求各单位全部制定问题整改台账，明确责任人、整改措施和整改时限，采取挂账销号的方式，逐个研究，件件整改。

【农牧区党建提档升级】 充分发挥村务监督委员会工作职能，确保能按章履职。47个嘎查村党组织全部下派第一书记，实现第一书记“全覆盖”。充分发挥村民代表决策议事作用，在嘎查村深入推进“532”工作法，完善乡村治理机制。在服务载体上，加强三级便民服务平台建设，在牧区重点落实政务下基层、流动服务队等便民措施，在偏远的8个嘎查确定16名党员中心户，发挥其服务站、便民点的作用。按照村级党组织规范化建设要求，结合文化活动室建设、新农村新牧区建设等项目，对嘎查村和农场分场档案管理分类实行“统一指导、统一规范、统一要求”，组织部门给嘎查村、农场分场统一印制13类有关档案记录本，做到全县嘎查村、农场分场档案资料整齐划一、有章可循。这一做法得到市委组织部门的充分肯定和好评，并倡导其他旗县推广。6月，由组织部抽调专人对全县47个嘎查村、46个农场分场的档案资料进行集中指导。在做好常规工作的基础上，先后筹措资金100多万元，全力推进嘎查村提档扩面工程，使具备条件的嘎查村达到“五个一”新标准，即每个嘎查村一台电教投影仪、一套智能电暖器、一面党建展示墙、一幅善行义举榜、一组党建工作记录簿。创新性地开展苏木镇、农场党建工作结对帮联工作，农场党委从强基层、打基础入手，2015年完成17个分场活动阵地的新建和改扩建任务。重点建设完成25个活动阵地，农牧区活动阵地100%达标，农场活动阵地覆盖率将由55%提升到93%，农场党建工作已然有长足进展。在此基础上，严格落实自治区基层基础三项保障经费要求，制定出台《关于建立健全嘎查村干部激励保障机制的实施意见》，确保嘎查村“两委”正职2016年基本报酬达到15000元，副职达到12000元；嘎查村级运转经费按照每年60000元落实，农牧民党员活动经费按照每名党员300元予以落实到位，全面实行“村财民理镇代管”制度，确保运转经费补助资金的安全运行。

【社区服务水平更加到位】 按照“一居一品”“一居一特”的思路，根据各社区居民群众的服务需求，精心打造“书香文化型”“亲子娱乐型”“体育健身型”“结对帮扶型”“创业就业型”“精细服务型”6类特色品牌社区，认真落实全市推广的“1+N”区域化党建模式，全县6个社区普遍推行联合党工委工作机制，建立完善章程、制度、机构，探索实施“三化四全”工作法，按照党建工作区域化、社会管理扁平化、精细服务多元化的目标，不断强化预约、错时、代理等服务效果，全力打造以社区党员服务中心—小区党员服务站—党员服务岗、社区党员服务队和社区党员志愿者为主线的服务体系。以规范化建设为重点，统一社区规范标准、统一档案资料、统一服务模式，大力推行“民意直通车”“居民大讲堂”“三定三包责任制”等特色党建活动，使管理和服务更加贴近民意；按照自治区和市委组织部要求，全县将每个社区6万元工作经费纳入到财政预算，严格支出要求，规范使用自治区10万元专项经费，做到专款专用。加强社区活动阵地建设，6个社区全部达到自治区要求标准。

【人才工作】 制订下发《磴口县人才工作实施方案》《磴口县人才工作协调小组职责分工及工作制度》，形成党委统一领导，组织部牵头抓总，有关部门各司其职、社会力量广泛参与的工作格局。结合非公企业党建阵地建设，打造圣牧高科、河套大市场创业园、王爷地生物有限公司人才示范基地，策划启动“人才工作宣传月”活动。内蒙古王爷地生物有限公司“草原英才”创新创业人才团队申报成功，获奖补资金50万元。研究实施磴口县乌兰布和沙产业人才引育培养项目计划，申请100万元项目资金，6月9日通过自治区项目答辩环节；6月20日，自治区党委组织部一行对磴口县乌兰布和沙产业人才引育培养申报项目进行考察。依托巴彦淖尔市农垦神舟光伏电力有限公司在全县建设30兆瓦光伏发电示范基地，先后与内蒙古工业大学、中山大学、华北电力大学展开产学研方面合作，促进全县人才队伍建设。该企业科研团队申报自治区“草原英才”工程产业创新创业团队并入选。

（刘浩宇）

宣传工作

【县委宣传部领导名录】

部长：温志红（女，至2016年7月）

闫永生（2016年7月起）

副部长：贺秀峰（女）

李　强（至2016年5月）

贾新霞（女）

赵丽霞（女）

【概　况】 2016年，县委宣传部领导班子在县委的正确领导下，以学习宣传贯彻中共十八大，中共十八届三中、四中、五中、六中全会精神和习近平系列重要讲话精神为主线，围绕中心，服务大局，讲好磴口故事、传播好磴口声音、阐释好磴口特色，为争当全市“绿色崛起、赛过江南”排头兵的发展目标营造昂扬向上的社会氛围。

【机构设置】 宣传部内设党教理论科、宣传报道科、文明办、时报编辑部、网络信息办公室和办公室。

【理论宣传】 2016年，围绕全县发展大局，结合“两学一做”专题教育活动和经济社会发展新常态，继续做好加强思想建设、组织建设和作风建设，保持班子的凝聚力和战斗力。

在县委中心组学习工作方面，继续注重中心组学习的实效性。强化领导因素在学习中的推动作用，通过邀请知名理论学者作专题辅导讲座、交流研讨会、专题报告会等形式，促使广大党员干部自觉、深入、持久的学习习近平系列重要讲话、中共十八届六中全会精神等最新党的理论论述和自治区第十次党代会、市第四次党代会精神。全年共组织中心组集中学习12次，其中邀请专家作专题讲座6次。“一把手”讲党课蔚然成风，县委书记李建军带头作“两学一做”专题党课，各部门“一把手”带头讲党课，全县上下形成新的学习热潮。各基层党委都能按照目标管理考核细则，规范管理、开展学习，普遍每周学习1次，有效推进全县理论武装工作的顺利开展。中心组成员边学习、边实践，围绕全县如何实现“绿色崛起、赛过江南”作专题研讨，征集到优秀调研文章100余篇，为全县经济社会发展提供有力参考。县委中心组荣获全区党委（党组）中心组学习典型。

学习型党组织建设方面，持续深入推进。加强学习型党组织创建，带动“三型”党组织建设，将创建学习型党组织纳入各级党委（党组）工作重要议事日程和年度考核目标，与年度党建工作同安排同部署，“三带三创”工作走向规范化、常态化。围绕全县发展大局和中心工作，积极探索新形势下学习型党组织建设的新办法、新途径，推出国税局、司法局等一批示范典型。充分利用上级媒体和县属媒体，通过开辟专栏、专版专访，做好理论宣传工作，不断扩大受众覆盖面。注重培育和推广“三带三创”工作典型，县委宣传部、司法局党支部、卫计局健康卫生教育大讲堂等单位和2名个人获得全市基层优秀宣讲组织、学习型党组织示范基地、示范讲堂和优秀宣讲员荣誉。

理论宣讲活动方面，充分发挥“百姓大讲堂”和宣讲团的辐射带动作用，使之成为磴口县基层大讲堂建设的有力抓手。深化集中学习与

"点播式、菜单式、交互式"个性化教学，通过举办学习会、宣讲会、培训班等形式，加强形势政策和理论宣传教育活动。全年组织各类讲堂和宣讲团开展中共十八届六中全会精神、自治区十次党代会、市四次党代会精神等宣讲活动130余场（次），受众达1.2万人（次）。

【对外宣传】 围绕上大报大台、上头条要闻、上典型的目标，加大部署、策划、调度力度。在《巴彦淖尔日报》刊稿800多篇，其中头版头条5篇，各版头条及重点报道70多篇，为近三年来最高水平；在《巴彦淖尔日报》"直通磴口"版组织策划专版41块，主题性和专题性宣传专版的数量占到全年专版数量的一半以上；与时俱进，开设"全面深化改革进行时""扎实开展'两学一做'学习教育""亮丽磴口·绿色崛起·赛过江南""数字看磴口"等专栏，不断推进各项工作创新开展。电视台在中央电视台播稿5条，内蒙古电视台播稿43条，巴彦淖尔电视台播稿333条，磴口台播稿810条；电台在内蒙古电台播稿21条，巴彦淖尔广播电台播稿210条，磴口台播稿805条。

围绕节庆活动和旅游产业发展，在各类媒体广泛开展"百湖之乡、魅力磴口"主题宣传，全年共组织旅游专版6期，全方位、多视角对外展现全县独特魅力，引起社会广泛关注；围绕从严治党、扎实开展"两学一做"学习教育，做好专题宣传，在《巴彦淖尔日报》组织策划2块党建专版，刊登各类相关稿件33篇。围绕提升百姓生活"幸福指数"，精心组织策划事关百姓切身利益的稿件，全方位展示磴口县在民生事业发展过程中的新亮点、新变化；围绕脱贫攻坚工程，在《巴彦淖尔日报》第二、三版上刊登多篇重点稿件，同时在直通磴口版开辟专栏，宣传报道全县在脱贫攻坚工作措施得力、成绩斐然，为全面完成脱贫攻坚工作提振了信心。

围绕重点工作、重点项目，认真学习贯彻落实"四个全面"战略布局、自治区、市、县党代会精神和李纪恒调研全市时的讲话精神，结合磴口县"实现一个目标、做好四篇文章、做强三大产业"的发展目标，在《内蒙古日报》"地方观察"版专题报道全县在"绿色崛起"道路上的生动实践，同时在《巴彦淖尔日报》"直通磴口"版、《磴口时事》、"微磴口"连续报道全县实现"绿色崛起"的比较优势，以及发展壮大县域经济的新思路、新举措、新成效。在内蒙古电视台黄金时段及相关频道开展为期一年旅游形象专题宣传，为全县旅游产业发展营造更加强势的舆论氛围。

【新闻宣传】 "微磴口"以群众喜闻乐见的方式，全面展现全县经济社会发展等方面的新成就，不断增强人们热爱家乡美、赞美家乡情，关注人数达1.10万人。继续完善"两微一端一网"栏目设置，新增"两学一做""扶贫攻坚""十八届六中全会""天天正能量"等栏目，全天候滚动更新，网站发布文字、图片6000多篇（条），点击量突破23万人次。在新闻网站常态推送稿件和网络新闻素材完成宣传提示510条,《内蒙古首个渔业健康养殖示范县落户磴口》等5篇文章在人民网刊出。

完善网络舆情监控机制，制定下发《突发舆情应急处置预案》和《磴口县互联网舆情联席会商工作制度》，制定完善高效的突发舆情应急处置预案，严格落实三级联动和重大舆情联席会制度，全年撰写《网情快报》5期，编印情况反馈10期，编印《网情专报》22期，未发生大规模恶性炒作事件。组建120人的网评员微信群，制定印发《磴口县网评员管理办法》，健全完善网评员队伍管理机制，积极参加各项培训活动，不断提高网评水平。截至年底，共完成跟帖24次，评论1686余条，转载30多次、上报网评文章7篇、上报工作信息2期。认真组织"德润草原·网络中国节"系列网络文化活动，在全国网络安全宣传周之际，通过开展网络安全进社区、进校园、进企业等活动，网民安全意识明显提高。

【精神文明建设】 深化“五城同创”活动，创城办工作人员到包头、乌海等地参观全国文明城市创建工作，对照《磴口县创建全区文明县城工作方案》和《全区文明旗县城测评体系》的任务指标进行详细分解。10月，全县成功创建“全区卫生县城”，为创建全区文明县城鼓足了士气。

深化文明村镇创建，“美丽乡村”建设实现村容村貌大改观，全县共命名16个县级文明镇、嘎查村（分场），并筛选出8个参与市级文明村（嘎查）创评。在推荐第二批全区文明村“四个一”工程项目中，补隆淖镇、隆盛合桃来村争取到该项目，各获得5万元的小戏台建设资金。

深化文明单位创建活动，以“文明创建动态管理系统”为抓手，做好区、市两级文明单位的申报推荐工作，推荐气象局申报区级文明单位，农发行、县医院、公安局、电信公司分别申报市级文明单位标兵、文明单位。全县新申报市级文明单位、文明村镇、文明社区的总数达14家，为历年之最，显示全县精神文明建设的新气象。积极配合市文明办完成16家区级文明单位和29家市级文明单位嘎查村镇的复查验收工作。坚持城乡一体化发展，促进文明单位与村嘎喳（分场）结成共建对子，分步实施完成共建目标。

深化文明家庭创建，制定出台《家庭文明建设工作的实施意见》和《文明家庭评选标准和评选办法》，共评出10户“磴口县2016年幸福家庭示范户”。深入开展农村牧区嘎查村精神文明建设“十个一”项目，全县文明村镇因地制宜逐步实现全覆盖。深入推进道德典型示范引领。完善群众评选、部门推荐、媒体发布的“身边好人”评选机制，健全“磴口好人”资源库，向“巴彦淖尔好人榜”“内蒙古好人榜”“中国好人榜”推荐。全县3名居民荣登“内蒙古好人榜”，5名居民荣登“巴彦淖尔好人榜”，2名农牧民荣获全区第四届“双百佳”人物奖，1名农民荣获自治区“勤俭持家·致富圆梦”先进个人荣誉，有2名居民被评选为第三届巴彦淖尔市助人为乐道德模范和诚实守信道德模范。同时，在全县所有单位建立“四德榜”和文化长廊，并通过道德讲堂、基层巡讲等形式，传播道德典型的感人事迹。按照要求，及时收听收看“潘志荣同志先进事迹报告会”，全县400多名科级以上干部参加。

由工商局、质监局牵头，在各大商场、集贸市场开展创建“诚信经营示范店”活动，建立“红黑榜”发布制度，以此构建奖励诚信、惩治失信的工作机制。法院在广场LED大屏上公布“老赖”名单，在全县营造守信光荣、失信可耻的社会氛围。

严格落实《关于在全社会加强“三个倡导”24字社会主义核心价值观宣传工作方案》中确定的责任，全面督查各单位公益广告任务完成情况。突出抓好传统媒体、新兴媒体、公共场所公益广告宣传，重点在火车站、广场、公园等设施播放公益广告、张贴宣传标语，打造街头正能量。全县共制作擎天柱大型公益广告牌46处，宣传栏12处，灯杆道旗1000多面，建筑工地实现公益广告全覆盖。结合“美丽乡村”建设，充分利用农牧区文化广场、沿路院墙等阵地，刷写宣传标语10000多条、挂图4800多幅，制作宣传栏100多处。公益广告在互联网、手机等媒体平台覆盖面不断扩大，全方位、多层次、宽领域的社会宣传新格局已经形成，中共十八届六中全会、自治区第十次党代会和市第四次党代会精神的宣传逐步引向深入。在“永远的辉煌”庆祝建国67周年全市大合唱比赛中，磴口代表队荣获全市旗县区一等奖。

以培育践行社会主义核心价值观和“我的中国梦”为主题，利用重要时间节点，积极开展好“网上祭英烈”“向国旗敬礼”等活动。文明办汇同财政局、教育局联合对隆盛合总校乡村学校少年宫进行检查，并要求对存在的问题进行整改。积极争取乡村少年宫建设项目，2016年公地学校被列入2016年度自治区乡村学校少年宫建设项目。在自治区发起的“德润草原·苏敦那荷芽”，全县共呈报声乐、器乐、歌唱、舞蹈等八个类别的作品，展示全县青少年在文化、文艺方面的才能与成果。扎实做好未成年人思想道德建设测评工作。对照自治区文明办《未成年人思想道德建设工作测评体系》，对全县未成年人思想道德建设工作进行自测自评，并先后派11名未成年人心理健康辅导教师参加区、市两级组织的“未成年人心理健康辅导志愿服务队”培训，推动学校与社区未成年人心理健康辅导中心建设。

坚持以雷锋精神为魂，以志愿服务组织为体，用制度化推动学雷锋志愿服务活动常态化长效化。全县所有志愿者与志愿服务组织都在内蒙古志愿云上注册，注册总数达到9000人，占巴彦高勒镇常住人口的15%。坚持把文明旅游、文明出行、文明餐桌三大文明行动作为创建文明县城的重要内容抓实抓细，倡导人人争做好游客、好司机、好市民。

加强磴口文明网宣传阵地建设，优化栏目设置，策划制作一批精神文明、“创城”工作等专题专页，充分展现全县精神文明建设和“创城”工作成果。组建文明单位信息员队伍、网络文明传播志愿者和骨干评论员三支队伍，合力推进网络文明创建工作。落实中央网络文明传播工作考核细则，组织各级文明单位普遍开展网络文明传播活动。

（范维纶　刘继忠）

统战工作

【县委统战部领导名录】

部长：刘　峰（至2016年7月）

　　　陶畚山（2016年7月起）

副部长：李白玲（女）

　　　　赵志刚（蒙古族）

【概　况】 2016年，磴口县委统战部在县委、县政府的正确领导下，在自治区党委统战部和市委统战部的精心指导下，坚持以中共十八大和中共十八届三中、四中、五中、六中全会精神为指导，深入学习贯彻全国、全区、全市统战部部长会议精神，认真落实党的统一战线各项方针政策，充分发挥统一战线的工作优势，为全县经济又好又快发展和社会和谐稳定做出积极贡献。

【机构设置】 县委统战部内设办公室、党外知识分子及党外干部股、民族宗教和经济统战股、磴口县台湾事务和归国华侨联合会工作股。

【少数民族工作】 全县有蒙古族、回族、满族等17个少数民族，少数民族总人口11314人，占全县总人口的7.90%，其中蒙古族5199人，回族5405人。全县有少数民族干部249名，占干部总数的13%，少数民族后备干部15人，占后备干部总数的12%，少数民族处级领导干部5人，占处级干部的12%，少数民族科级干部61人，占全县科级干部的13.90%。已编制上报并积极争取少数民族发展资金230万元，2016年“自治区扶持少数民族发展资金”项目12个。举办那达慕大会、祭敖包、火神节、祭祀黄河活动等民族传统和节日活动，满足少数民族群众精神文化需求。在开斋节期间，深入清真寺走访慰问穆斯林群众，给他们送去党和政府的温暖。

【宗教工作】 认真排查基督教私设聚会点、自封传道人等非法活动，对假冒僧人行骗等不法行为进行制止和批评教育，帮助白云寺、阿贵庙健全管理委员会，完善宗教场所的相关制度。完善县、乡、村三级宗教管理网络，乡、村两级责任制建设以及宗教工作网格化综合管理工作，层层签订责任状。以《中华人民共和国宗教事务条例》为主要内容，对全县5个苏木镇、5个国有农场的分管领导、专（兼）职干部、村（嘎查）长以及宗教工作联络员进行以会代训，对全县18个宗教场所的管理人员和教职人员区别不同教派，分批次进行专门培训。结合磴口县实际，在宗教界开展争创文明宗教活动场所、争创和谐寺观教堂、争做文明教职人员活动，引导宗教界人士和信教群众遵纪守法，爱国爱教，发展自养，热心公益，在地震、洪涝以及修路、植树造林、资助贫困学生等方面积极捐资出力，奉献爱心。

【经济统战】 筹资54万元翻建三盛公天主堂修女院；筹资30万元完成阿贵庙莲花洞山体排险和上洞台阶的加宽加固工程；筹资35万元开发300余亩土地，为阿贵庙解决宗教场所自养问题；争取资金80万元为阿贵庙打自来水井，解决阿贵庙僧人和附近牧民的饮水困难问题；协调移动公司投资170多万元为阿贵庙架设通信设施，结束阿贵庙与外界无法联系的历史；按照应保尽保的原则，让多数教职人员参加新农保，解决教职人员的养老问题。开展全县宗教工作调研，深入到伊斯兰教、天主教、基督教、藏传佛教等9个宗教场所，与教职人员进行座谈。通过开展“宗教政策法规宣传月”和“宗教慈善周”活动，促进宗教场所建立健全各项规章制度，宗教自身管理不断走向有序、规范。

【党外代表人士】 健全完善党外干部联席会议制度、党外干部考核评价制度、考察调研、工作联系、交友联络、协商反馈等制度；对全县党外干部进行全面细致地调研，摸清全县党外干部的总体情况，建立健全党外干部的工作档案，并进行认真研究和考察了解，遴选出比较突出的、优秀的、有代表性的人选。全县共有党外干部93人，党外科级干部33人，党外处级干部5人。磴口县新的社会阶层代表人士有13人，其中新媒体从业人员8人，出国留学归国人员1人。

【非公有制经济统战工作】 组织县工商联（总商会）、基层商会、行业商会非公有制经济人士认真学习传达习近平在参加全国政协十二届四次会议民建、工商联界委员联组会时的重要讲话精神。成立由县委副书记任组长，统战部部长和分管副县长任副组长，统战、食药监、经商信、发改、就业、工商联等12个部门负责人为成员的全县非公经济发展专项推进领导小组。县委统战部、县工商联坚持“团结、帮助、引导、服务”的工作方针，认真做好非公有制经济人士的思想政治工作。激发广大非公有制经济人士的创业精神和爱国爱乡热情，树立“爱国、敬业、诚信、守法”的良好社会形象。结合全县开展的“精准扶贫”活动，积极组织非公有制经济人士参与光彩事业活动，为政府分忧，为群众解难，以此回报奉献社会。积极向上争取扶持非公经济的专项资金，为圣牧高科奶业公司争取中小企业发展专项资金105万元，为鸿运建材公司争取技术改造资金75万元。加强对县工商联的党组领导和工作指导，畅通非公有制经济人士有序政治参与渠道。

纪律监察

【县纪律检查委员会、监察局领导名录】

书记：袁兴国（至2016年7月）
　　　李　山（2016年7月起）
副书记：崔耀忠（至2016年5月）
　　　　张　勇
局长：张　勇
副局长：叶树果
　　　　闫淑华（女）

【概　况】 全县各级党组织和纪检监察组织认真落实党风廉政建设主体责任和监督责任，按照“三严三实”的要求，积极推进纪律检查体制改革，坚持把纪律挺在前面，持之以恒抓好作风建设，认真落实自治区巡视组交办案件的纪律审查，坚定不移惩治腐败，全县党风廉政建设和反腐败工作成效明显。

【机构设置】 中共磴口县纪律检查委员会与磴口县监察局合署办公，一套人马两块牌子，纪检监察局内设办公室、组织部、宣传部、党风政风监督室、信访室、案件监督管理室、第一纪检监察室、第二纪检监察室、第三纪检监察室、审理室。

【纪律检查体制改革】 根据全县深化纪律检查体制改革专项小组工作要点，扎实推进纪律检查体制改革，在规范领导干部权力运行与监督等18项改革任务中形成主要成果16项，贯彻执行上级有关精神的2项。推进派驻纪检机构“全覆盖”，县纪委设立15个派驻纪检组，其中单独派驻4个，综合派驻11个，实现对全县党政机关和事业单位派驻“无死角”监督。

【廉政文化建设】 宣传教育工作加强，结合“两学一做”学习教育认真开展党纪条规学习教育。全县67个部门和单位一把手讲廉政党课，县政府办、法院、财政局等59家单位放映廉政影视片，受教育党员干部达3618人次。大力学习宣传新颁布的《中国共产党廉洁自律准则》(以下简称《准则》)、《新形势下党内政治生活的若干准则》和《中国共产党纪律处分条例》、《中国共产党问责条例》、《中国共产党党内监督条例》(以下简称《条例》)。全县发放相关学习资料4352本、光碟143盘。组织开展645名副科级以上党员领导干部学习党章党规培训班，并对《党章》和新颁布的几个《准则》《条例》的有关内容进行闭卷测试。县纪委会同县委组织部、宣传部在全县范围内举办“两学一做”手抄党章书法竞赛，39个基层党组织代表队、117名选手参加比赛。通过学习培训、知识测试、书法竞赛，让党员领导干部牢记《党章》《准则》要求，熟知《条例》规定，增强党章意识、纪律意识、规矩意识和组织意识，营造有理想、讲道德、守纪律、讲规矩的浓厚氛围，争做合格党员。加强反腐倡廉警示教育，县纪委监察局组织县安监局、经商信局等相关人员69人旁听磴口县法院公开审理乌拉特后旗安全生产监督管理局副主任科员邬某、乌拉特后旗安全生产监督管理局呼和温都尔镇安监站站长潘某涉嫌玩忽职守案、乌拉特中旗法院某庭庭长郭某挪用公款案、磴口县沙金苏木巴音布日格嘎查党支部书记潘某骗取退耕还林款案，通过生动案例，提高相关人员预防职务犯罪的法律意识和岗位廉洁风险防范意识。磴口县纪委监察局在各类媒体刊登纪检监察信息110篇，其中自治区纪检监察网站14篇,《市纪检监察信息》16篇,《巴彦淖尔日报》34篇,《磴口时报》46篇。配备专业、专职网络工作人员加强对网络舆情信息收集、研判、处置能力，及时上报舆情信息6篇。

2016年12月1日，磴口县纪委监察局开展“颂清风、倡廉政、促和谐”大型廉政文化宣传日活动，通过廉政文化宣传教育书画摄影作品展、廉政专场文艺演出、现场廉政签名活动、参观县爱国主义教育基地等形式，使全县近千名党员干部群众受到一次深刻、生动的廉政文化教育。

【纪律审查】 2016年，磴口县纪委监察局共受理群众信访举报110件(次)，初核问题线索55件，立案审查24件，给予党纪政纪处分44人，其中留党察看一年和降低岗位等级一级1人，留党察看一年处分2人，重处分占处分人数的6.8%；党内严重警告处分15人，党内警告20人；行政警告6人。

【依纪依法安全文明办案】 按照新形势、新任务的要求，修订完善信访工作制度37项，大力推进纪检监察信访举报受理平台建设，信访举报工作流程、管理台账、集体排查等方面的管理工作更加科学规范。2016年，共发放纪律审查监督卡77张，与被调查人谈话全部在谈话室进行，并严格落实谈话室使用审批、谈话风险评估、谈话对象体检、医务人员陪护、全程录音录像、涉案资料和款物管理等一系列工作制度，安全文明办案工作得到新的加强和提高。

(杨富华)

机构编制

【县机构编制委员会办公室领导名录】

主任：李占英

副主任：张拥军

王集欣（2016年5月起）

【县事业单位登记管理局领导名录】

局长：李秀梅

副局长：马　文（回族）

【概　况】 2016年，磴口县编办贯彻落实中共十八届六中全会精神，围绕县委、县政府中心工作，服务经济社会发展大局，认真贯彻落实上级业务部门工作部署，按照“总量控制、盘活存量、优化结构、增减平衡”的要求，内强素质，外树形象，深挖潜力，创新管理，努力提高机构编制科学化管理水平，为建设高效政府提供体制机制保障。

【机构设置】 磴口县机构编制委员会办公室是县机构编制委员会的常设办事机构。磴口县机构编制委员会办公室既是县委的工作部门，也是县政府的工作部门，列入县委机构序列，为正科级建制，具体负责全县行政管理体制和机构改革以及机构编制的日常管理工作。内设综合股、行政股、事业股、车编办4个内设机构。

磴口县事业单位登记管理局隶属于磴口县机构编制委员会办公室的正科级事业单位，经费类型为全额拨款，分类为从事公益服务类的一类事业单位。内设办公室、业务股2个内设机构。

【机构编制管理】 2016年9月，按照自治区编办《内蒙古自治区法院检察院机构编制统一管理实施意见》（内机编办发〔2016〕85号）文件精神，完成法院、检察院机构编制上划工作。

10月，根据《关于将名旗县食品安全委员会办公室更名为食品药品安全委员会办公室的通知》（巴机编发〔2016〕65号）精神，将磴口县食品安全委员会办公室更名为磴口县食品药品安全委员会办公室。

11月，根据《关于整合旗县区妇幼保健和计划生育技术服务机构的通知》（巴机编发〔2016〕77号）精神，将磴口县妇幼保健院和计划生育宣传技术服务站职能职责、机构和资源进行整合，组建磴口县妇幼保健计划生育综合服务机构，机构名称为磴口县妇幼保健计划生育服务中心，挂磴口县妇幼保健院牌子。

12月，根据《关于设立磴口县安全生产监督管理局的批复》（巴机编发〔2016〕90号）精神，按照“撤一设一”的原则，撤销磴口县文化体育广电局和磴口县旅游局，将其职能职责进行整合，设立磴口县旅游文体广电局，挂磴口县文化局牌子，为政府工作部门。设立磴口县安全生产监督管理局，为政府工作部门。磴口县经济商务和信息化局不再挂磴口县安全生产监督管理局牌子。

【车辆编制管理】 2016年，实施磴口县公务用车制度改革。参改范围为各行政单位、参照公务员管理事业单位共计75家，保留公务用车203辆，其中，机发应急通信车95辆，实物保障车12辆、调研车3辆、执法执勤车81辆、综合执法车10辆、特种专业技术车2辆。在册登记事业单位55家，机要应急通信车90辆。驻县上三级单位9家，机要应急通信车34辆，执法执勤车18辆。

（满都日娃）

直属机关工委

【县直机关工委领导名录】

书记：刘　彬（至2016年5月）

李晓燕（2016年5月起）

副书记：汪　勤（女）

樊忠林

纪检书记：全建国

【概　况】2016年，机关工委深入贯彻落实中共十八届六中全会和习近平系列重要讲话精神，认真学习自治区第十次党代会和市第四次党会精神。坚持以创新、协调、绿色、开放、共享五大发展理念为引领，紧紧围绕县委的重大决策部署，以贯彻落实全面从严治党要求为主线，以创建四型机关、党员星级化管理为重点，全面加强县直机关思想、组织、作风、反腐倡廉和制度建设，不断提高机关党建科学化水平，为实现磴口县“十三五”规划时期经济社会发展开好局、起好步提供坚强的政治动力和思想保证。机关工委内设办公室。

【主要工作】2016年，工委所属的74个基层党组织2177名党员中开展“两学一做”学习教育。引导党员干部坚定理想信念，增强“三个自信”，牢固树立看齐意识，各基层党组织结合工作实际，围绕“责任担当·服务圆梦”主题，开展各具特色的活动。贯彻落实《磴口县贯彻落实〈2010—2020年干部教育培训改革纲要〉的实施意见》精神，9月，举办为期2天的党支部书记、党务干部、入党积极分子和党员干部培训班，174人参加培训，年内党员干部培训率达到95%以上。

对所属党组织换届情况建立台账，强化督促检查，对任期届满的30个基层党组织及时进行换届改选。

【党务工作】共发展党员13名，预备党员转正22名，举行新党员入党宣誓仪式、佩戴党徽暨讲党课活动，对6个先进基层党组织、8名优秀党务工作者、15名优秀共产党员进行通报表彰。并对各基层党组织2008—2016年的党费进行详细核查，建立台账，做到底数清、情况明。

【党员代表大会】召开县直机关工委党员代表大会，会议出席磴口县第十五次党代会的代表候选人73名，最终选举产生丁玉英等58名代表为出席中共磴口县第十五次党代会正式代表。

【“两学一做”学习专题教育】召开“两学一做”学习教育专题讨论暨机关党建研讨会。以贯彻落实自治区《关于培育和践行社会主义核心价值观的意见》为指导，广大党员干部把践行社会主义核心价值观与“总干”精神结合起来，围绕自治区成立70周年、红军长征胜利80周年，结合“两学一做”学习教育，组织开展各类志愿服务、道德大讲堂、实践体验活动，积极参与县委宣传部组织的“身边好人”“道德模范”等先进典型的征文的评选活动。

（汪　勤）

老干部工作

【县老干部局领导名录】

局长：李　瑞（蒙古族）

副局长：赵双明（至2016年5月）

美勒孟（女，蒙古族）

【概　况】2016年，全县离退休干部工作在县委、县政府和上级主管部门的正确领导下，以“两学一做”学习教育为契机，紧紧围绕全县“绿色崛起、赛过江南”的奋斗目标，不断强化老干部思想政治建设，全力保障老干部四项待遇落实，积极推进老干部学习活动阵地建设，引导老干部发挥优势作用，用绿色发展理念，引领全县老干部工作再上新台阶，为党和人民事业增添正能量，为推动全县绿色崛起做贡献。

【机构设置】老干局内设办公室、老干部活动中心。磴口县关心下一代工作委员会，挂靠磴口县老干部局。

【基本情况】全县有离休干部、副处级退休干部及遗属141人。其中，离休干部23人，男22人、女1人，享受县级待遇的4人，享受科级待遇的19人；离休干部遗属63人；代管副处级退休干部55人，男53人、女2人，正处级27人，副处级28人。

【关心下一代工作】2016年，全县共为927名贫困家庭大学生办理助学贷款，金额共计590.25万元，其中首贷学生 308 人，续贷学生 619 人。城乡低保家庭子女普通高校新生入学资助低保第一批共计 71 人，共计金额 253 万元，已发放到学生手中。低保第二批共计 53 人（含 1 名孤儿），已上报至自治区。人民教育基金会救助贫困大学生共计 67 人，应届生 60 人，每人 2000 元，共计 12 万元；往届和在校生 11 人，每人 1000 元，共计 1.10 万元，合计 13.10 万元。为 67 名贫困大学生领取交通补助，区外 13 人，每人 1000 元；区内 54 人，每人 500 元，共计 4 万元。普高的助学金和义务教育的"两免一补"是国家直接拨款到财政。树华基金资助 1 名高中学生 2000 元。市景智基金为 3 名贫困大学生资助 6000 元，每人 2000 元。通过各方努力使全县中小学生和考上大学的困难家庭的孩子无一名因贫困而辍学。

工业园区关工委开展扶贫帮困爱心助学活动，企业结对累计资助贫困学生 172 人，累计捐款 80 余万元。

协调有关部门在全县范围内启动"留守儿童关爱工程"。巴彦高勒镇贺兰社区组织"五老"主动结对，定期或不定期到帮扶对象家看望，送去衣物、学习用具、书包、玩具等，累计金额 3000 余元。巴彦高勒镇南开社区麻卓乾和麻卓坤双胞胎兄弟从小就失去母亲，一直跟随爷爷生活，随着老人年纪的增大已经无法从事劳动，兄弟两人的学费是老人心中最大的问题，关工委联系社区居住的政协委员杨林，每学期为双胞胎兄弟资助 1000 元，帮助他们完成学业。联系结对单位磴口县编办为自幼跟随奶奶生活的张果芝，每学期资助 1200 元，直至高中毕业。

（赵庆惠）

党校工作

【县党校领导名录】

常务副校长：尤利民

副校长：李文斌

马玉军

【概　况】 2016 年，党校在县委、县政府的正确领导和上级党校的具体指导下，深入贯彻落实中共十八大和中共十八届三中、四中、五中、六中全会精神，按照县委统一部署，切实加强党风廉政建设，扎实推进新农村新牧区建设，通过全力打造干部培训、学历教育和自身建设三大主体工程，以推动整体工作上台阶，各项工作走在全市党校、电大系统的前列，为县域经济发展做出应有贡献。

【机构设置】 党校内设教务室、科研室、财务室、办公室、电大工作站。

【教学培训】 2016 年，共举办各类培训宣讲班次 33 期，培训宣讲 11000 人次。2016 年，共有电大学历教育班级 5 个，学员 345 人，其中，2014 秋 71 人，2015 年春 88 人，2015 年秋 109 人，2016 年春 86 人，2016 秋 81 人。

【师资队伍建设】 校内有专职教师 4 名，从市电大、政协、县农业局、司法局、检察院、交警队、消防大队、卫计局、科技局等单位聘请兼职教师 20 名，通过内培外聘、建起 25 人的人才师资库，基本满足磴口县各种教学和宣讲需求。

【基础设施建设】 党校在磴口县会展中心办公，共有 7 间自主用房，总面积约 270 平方米。2016 年，全校共有 1 台便携式投影仪，每个办公室都有电脑，初步实现电子存档、数字报盘和无纸化办公，校内藏书 2000 余册。

【荣誉和人物】 尤利民、高莉撰写的《绿色崛起之磴口县旅游业发展再起航》在市委宣传部、社科联、经商信局、住房和城乡建设委员会、统计局、党校共同举办的论文研讨会上荣获二等奖。

（张　乐）

磴口县人民代表大会

领导名录及机构设置

【第十六届人民代表大会常务委员会领导名录】

主任：田有光（至2016年2月）

　　　仲向明（2016年2月起）

副主任：宋巨宾

　　　　武世强

　　　　朝格图（蒙古族）

　　　　秦　霞（女）

常委会委员：李志荣　卢爱林　卢　敏（女）

　　　　　　尹银才　张小平　吴占义

　　　　　　葛红昇（蒙古族）郭丽萍（女）

　　　　　　何小勇　徐世杰　庄彦青

　　　　　　柴尔强　刘向军　李福山

　　　　　　赵海晨　王瑞霞（女）

　　　　　　孙丽英（女）魏雅婷（女）

【机构设置】 设有办公室、财政经济工作委员会、科教文卫工作委员会、内务司法工作委员会、人事代表工作委员会

重要会议

【县十六届人民代表大会第五次会议】 12月29—30日，县十六届人民代表大会第五次会议在磴口县会展中心三楼报告厅召开，全县126名代表出席会议。12月29日，召开大会预备会议，县人大常委会主任田有光主持会议，通过大会议程。召开党员代表会议，县人民政府县长樊文主持。下午举行第一次全体代表会议。会议听取和审议县县长樊文作的政府工作报告；县人大常委会副主任秦霞代表主席团向大会提出选举办法草案。县人大常委会副主任武世强主持会议。12月30日上午，举行第二次全体代表会议。会议听取和审议县人大常委会主任田有光作的人大常委会工作报告；县人民法院院长訾永胜作的人民法院工作报告；县人民检察院检察长王新平作的人民检察院工作报告。县委副书记王玉林代表主席团向大会推荐补选的县人大常委会主任候选人。下午15时，举行第三次全体代表会议。会议表决关于接受辞职的决定草案。选举仲向明为县人大常委会主任。16时，举行第四次全体代表会议。会议通过各项决议，圆满闭幕。县人大常委会主任仲向明主持会议。

【县十六届人大常委会会议】 2月29日，县十六届人大常委会第十九次会议在人大会议室召开。县人大常委会主任田有光、副主任宋巨宾、武世强、朝格图、秦霞及常委会委员出席会议。会议由人大常委会副主任秦霞主持。县长樊文，法院院长訾永胜，检察院检察长王新平，不是常委会委员的人大各委办主任、副主任，承办建议的政府部门主要负责人列席会议。会议对十六届人大

四次会议审查通过的41件代表建议，进行集中交办，与县政府签订交办书。表决通过县人大常委会2016年工作要点（稿）。

4月29日，县十六届人大常委会第二十次会议在人大会议室召开。县人大常委会主任田有光、副主任宋巨宾、武世强、朝格图、秦霞及常委会委员出席会议。会议由人大常委会副主任朝格图主持。副县长仲向明、斯日古楞，法院院长营永胜，检察院检察长王新平，不是常委会委员的人大各委办主任、副主任及财政局、规划局、住建局、国土资源局等部门负责人列席会议。会议听取审议通过县政府关于实施三盛公陵园、殡仪馆搬迁项目工程的报告，关于全民健身中心建设工程的报告，关于东风街南、水城路北、小清河东、人民路西地段用地性质变更和乌兰布和农场2万亩国有未利用地规划变更为国有建设用地的报告。会上，市人大代表崔志刚、满都日娃等作代表述职报告，并进行满意度测评。

6月17日，县十六届人大常委会第二十一次会议在人大会议室召开。县人大常委会主任田有光、副主任宋巨宾、武世强、朝格图、秦霞及常委会委员出席会议。会议由人大常委会副主任武世强主持。副县长弓建刚、仲向明，法院院长营永胜，检察院检察长王新平，不是常委会委员的人大各委办主任、副主任及财政局、交通局、住建局、卫计局等部门主要负责人列席会议。会议听取审议通过县政府关于内蒙古王爷地苁蓉生物有限公司申报磴口县沙生中药材产业融合发展园区建设基金项目相关问题的报告和关于将磴口县金色港湾养生养老生态社区建设项目专项基金列入财政预算的报告。会议通过表决，决定免去卢爱林人大办公室主任、卢敏人大法工委主任、孙丽英人大文教委主任、吴占义人大人事代表委主任、侯中平人大办公室副主任、杜伟人大办公室副主任、赵军伟财政局局长、周凯国土资源局局长、冯惠升住房和城乡建设规划局局长、杨海明交通局局长、汪俐坪卫生和计划生育局局长、包嘎尔迪民族宗教事务局局长、郑亮统计局局长、许晓东旅游局局长职务，任命吴占义为人大办公室主任、郭华为人大法工委主任、孙丽英为人大人事代表委主任、刘建成为人大财经委副主任、刘爱萍为人大办公室副主任、孟凡勤为人大人事代表委副主任、汪俐坪为财政局局长、王剑琪为国土资源局局长、刘海军为住房和城乡建设规划局局长、冯惠升为交通局局长、许晓东为卫生和计划生育局局长、苏雅拉达来为民族宗教事务局局长、崔耀中为统计局局长、郑亮为旅游局局长。会上，市人大代表吴东、邢永强等作代表述职报告，并进行满意度测评。

7月26日，县十六届人大常委会第二十二次会议在人大会议室召开。县人大常委会主任田有光、副主任宋巨宾、武世强、朝格图、秦霞及常委会委员出席会议。会议由人大常委会副主任宋巨宾主持。副县长弓建刚、仲向明，法院院长营永胜，不是常委会委员的党组副书记赵军伟、人大各委办主任、副主任列席会议。会议传达彦淖尔市人大领导干部“两学一做”井冈山专题培训班学习情况。听取审议通过县政府关于永进街南、和平路西、金山小区北局部地段用地性质变更的报告和关于永进街南、友谊酒店对面局部地段用地性质变更的报告。会议通过表决，决定免去仲向明政府副县长职务；任命马海波为副县长。会上，市人大代表赵俊新、贺红兵、周永东等作代表述职报告，并进行满意度测评。

9月23日，县十六届人大常委会第二十三次会议在人大会议室召开。县人大常委会主任田有光，副主任宋巨宾、武世强、朝格图、秦霞及常委会委员出席会议。会议由人大常委会副主任武世强主持。副县长斯日古楞，法院院长营永胜，检察院检察长王新平，不是常委会委员的党组副书记仲向明、赵军伟，人大各委办主任、副主任、各苏木镇人大主席及财政局、审计局、住建局等部门负责人列席会议。会议听取审议通过县政府关于2015年本级财政决算和2016年预算上半年执行情况的报告、关于调整2016年财政支出预算的报告、关于诚仁中学南、贺兰路西、永安街北、乌兰布和院墙东地段用地性质变更的报告和关于金牛路南、贺兰路东、金牛电厂西地段用地性质变更的报告。会议通过表决，决定免去胡秀丽婚姻家庭专业审判庭副庭长职务，任命胡秀丽为县法院执行员、执行局副局长。会上，市人大代表何秀芳、王钧等作代表述职报告，并进行满意度测评。

12月2日，县十六届人大常委会第二十四次会议在人大会议室召开。县人大常委会主任田有光，副主任宋巨宾、武世强、朝格图、秦霞及常委会委员出席会议。会议由人大常委会副主任宋巨宾主持。副县长温志红、弓建刚，法院院长营永胜，检察院检察长王新平，不是常委会委员的人大党组副书记赵军伟，各委办主任、副主任及住建局、环保局、扶贫办等部门负责人列席会议。会议听取审议通过县政府关于调整2016年公共财政预算支出的报告。对县十六届人大四次会议41件代表建议办理情况进行满意度测评，办结率达100%，满意率达85%以上。政府7个职能部门专项报告工作，进行满意度测评，满意率达75%以上。会上，市人大代表赵娜、田建廷等作代表述职报告，并进行满意度测评。

重要工作

【政府职能部门履职情况监督】 结合全县工作重点及人民群众热切关注的事项，年初确定环保局、卫计局、市场监督管理局、扶贫办、环卫局、国税局、供电局7个部门向常委会专项报告工作。由常委会4名副主任牵头，各工作委员会分组负责，通过走访、暗查、约谈、询问和重点调研、检查相结合的方式，进行全程动态监督。常委会第二十四次会议听取和审议7个部门的专项报告，并进行测评，满意率均达80%以上。

【司法工作监督】 常委会对《内蒙古自治区法制宣传教育条例》《中华人民共和国种子法》和《内蒙古自治区农作物种子条例》审议意见贯彻执行情况进行调研，对《物业管理条例》《中华人民共和国食品安全法》等10部法律法规贯彻落实情况进行执法检查，有效地改善法治环境，促进社会和谐。常委会参与指导法官和检察官员额制入额工作，促进改革顺利完成。配合市人大常委会制定出台全市第一部地方性法规《巴彦淖尔市黄河灌区水利工程管理保护条例（草案）》，开展基层立法调研。

常委会认真受理人民群众的来信来访，共收到群众来信38件，接待群众来访420余人次，办结率达90%以上。督促“一府两院”妥善办理和解决泰聚华府回迁、巴音温都尔嘎查草牧场征迁补偿、“三支一扶”服务人员转岗等一批信访案件。

【代表和群众反映的热点、难点问题监督】 常委会组织人大代表开展食品安全执法检查，视察部分酒店、超市、小作坊等生产经营流通环节。针对检查中发现的果蔬农药残留、生产经营者素质良莠不齐、小作坊分散、难于监管等问题，常委会提出加强食品安全宣传教育，将生产小作坊集中安置、统一管理，建立健全食品安全监控体系的建议。常委会视察精准扶贫工程，在充分肯定全县易地搬迁、设施农业、畜禽养殖、旅游、电商等扶贫措施取得成效的基础上，提出扶贫措施要因地而异，因人而定，积极巩固成果，确保脱贫攻坚工作走在全市前列的建议。针对群众普遍关注的南开东街小商贩摆摊经营造成的脏、乱、差城市治理顽疾，常委会结合代表反映的富源热力公司土地闲置问题，提出合理有效的建议方案，被政府及有关部门采纳，建成百家利创业市场。

【依法决定重大事项】 常委会听取和审议政府关于2016年上半年国民经济和社会发展、2016年上半年财政预算情况的报告，并做出相关决议、决定。听取和审议政府关于2015年财政预算执行和其他财政收支的审计工作报告，常委会组成人员针对审计报告反映的重大项目资金和“三公”经费在使用中存在的问题，建议政府督促有关部门认真研究处理，跟踪推进。审议通过向国家开发银行贷款1.84亿元，用于棚户区改造项目。常委会审议批准《乌兰布和沙区管理办法》，全民健身中心建设，三盛公陵园、殡仪馆搬迁项目，以及部分土地使用性质变更事项等。审议决定将一些重点项目资金列入财政预算。听取和审议“一府两院”专项工作报告11项，作出决议决定15项，有效促进和保障全县国民经济和社会事业的健康发展。

【依法规范人事任免】 常委会进一步完善新任命国家工作人员任前考核、法律知识考试、常委会票决和向宪法宣誓等任免程序，体现人事任免的严肃性和法律性，增强被任命人员的责任意识和使命感，促进国家机关工作人员维护宪法权威，依法履行职权。当年，依法任命1名副县长、8名政府组成部门负责人、6名人大内设机构人员，任免7名法检两院工作人员，补选4名县人大代表。

【畅通代表知情渠道】 坚持邀请人大代表列席常委会会议，参与检查、考察、调研等工作。建立常委会组成人员联系代表制度，加强常委会组成人员同代表的联系，倾听和收集代表的意见建议。每次常委会会议都确定2—4名市人大代表进行述职，并对述职情况进行满意度测评。

【提高代表建议办理质量】 常委会将十六届人大四次会议审查通过的41件代表建议，分别交由政府及有关部门办理，并全程跟踪监督，在第二十四次常委会会前组织全体组成人员和领衔建议人，对建议办理情况进行集中考察。其中，黄河西街至乌审干渠路段、巴彦套海农场场部至巴哈路、20座旱改水公厕、渡口镇大滩扬水站等一批民生实事全部办理。41件代表建议办结率达100%，满意率达85%以上。

（王丽东）

磴口县人民政府

综　述

【县人民政府领导名录】

县长：樊　文

副县长：弓建刚

闫永生

温志红（女，2016 年 7 月起）

张秀文（女，蒙古族）

仲向明

斯日古楞（蒙古族）

张　宇

黄永利（蒙古族）

马海波（回族，2016 年 5 月起）

【经济概况】 2016 年，地区生产总值完成 52.78 亿元，增长 7.60%；公共财政预算收入完成 2.70 亿元，增长 10.70%；固定资产投资完成 44.38 亿元，增长 13.95%；社会消费品零售总额达到 15.56 亿元，增长 9.60%；城乡常住居民人均可支配收入分别达到 25625 元和 14837 元，增长 7.90% 和 7.90%，主要经济指标增速位居全市前列。

【农　业】 全年农业总产值完成 140389.80 万元，农作物总播面积 115.49 万亩。新建设施农业 3380 亩，肉苁蓉、酿酒葡萄、山药等特色种植规模稳步扩大，华莱士瓜提纯复壮成效明显。建成 2 个农业科技示范园。农牧业支持保护补贴、玉米生产者补贴全部兑现。

【畜牧业】 全年畜牧业产值 47686.92 万元，增长 9.10%，占农业总产值的比重达 33.97%。中央财政支持肉羊养殖项目深入推进，肉羊饲养量达到 138 万只。圣牧有机牧场达到 18 座，有机奶牛存栏突破 6 万头，全县牲畜饲养总量达到 155 万头（只）。

【渔　业】 水产养殖业新品种引进取得突破，建成特色水产养殖基地 4.5 万亩。

【工　业】 规模以上工业增加值达到 20 亿元，同比增长 8%。节能减排完成年度目标。圣牧高科有机奶二期和蒙牛产能扩建建成投产，佳格植物油、泰顺和中粮番茄稳定运行，漠北金爵葡萄酒庄开工建设。宇乐氯碱化工循环经济项目积极推进。青岛昌盛光伏农业、国华、国电等 195 兆瓦光伏项目并网发电，万亩光伏园区规模效益初显。工业园区基础设施日益完善，500 千伏变电站工程加快推进。服务业提质升级。

【旅游业】 全域旅游启动实施，投资 9130 万元，纳林湖、金马湖、阿贵庙等景区设施进一步配套，三盛公水利风景区晋升为国家 AAAA 级旅游景区，万泉湖晋升为国家 AAA 级旅游景区，纳林套海农场列入自治区特色景观旅游示范名镇，城关村等 6 个乡村被纳入全国乡村旅游扶贫工程。低空飞行投入运营。水、绿、沙、文化互融共进，餐饮住宿、电子商务、现代物流等服务业配套发展，“百湖之乡、魅力磴口”展开秀美画卷。全年接待游客105万人次，旅游综合收入实现4.50亿元，分别增长18%和12.50%。

【深化改革】 行政审批制度改革持续深化，权责清单和随机抽查事项清单向社会公布，"双随机一公开"完成制度建设。政务服务中心、不动产登记中心高效运行。公共资源交易平台规范操作。公务用车改革、商事制度改革有序推进。财政预算管理改革不断深化，部门预决算实现全公开。"营改增"累计为企业减税207万元。教育卫生改革取得阶段性成效，全网课改典型高效课堂引进实行。县医院成功晋升二甲医院，被评为"全国百姓放心示范医院"，计划生育服务中心与妇幼保健院有效整合。中心敬老院实现公建民营。农牧区土地确权登记颁证和草原确权承包工作全面开展。沙业兴公司稳定运行，累计流转土地26万亩。对外开放水平进一步提升，进出口总额达到1293万美元，增长6%，引进国内到位资金28亿元。

【城乡建设】 城镇建设投资完成10亿元。新建改造道路3.60公里，打通了人民路、北滩路、建筑东街、北滩街4条"断头路"。新增集中供热面积20万平方米、天然气入户1800户，铺设各类管网18公里，20个老旧小区节能改造和自来水二次加压改造全面完成，硬化背街小巷17.50万平方米，完成"旱改水"公厕20座，居民生活环境实现改造升级。房地产"去库存"效果明显，置换安置试点启动实施，完成回迁安置436户。新增园林绿化面积45.50万平方米，人均绿地面积达到19.40平方米。城镇精细化管理水平不断提升，环卫、园林装备水平明显提高，街头摊点实现划行归市，市容市貌发生显著变化。美丽乡村建设走在全市前列，村庄专项建设规划编制完成，302个村庄"十个全覆盖"任务全面完成，农牧区面貌焕然一新。磴口县被确定为自治区财政支持嘎查村经济发展试点县，5个苏木镇、30个嘎查村被命名为自治区卫生镇、卫生村。新改建农牧区公路32公里、砂石路357公里。打造高标准基本农田10万亩，新增节水灌溉6万亩，改造中低产田5万亩，完成土地整治10.70万亩。黄河水权转让试点工程完成投资7亿元，奈伦湖至沈乌干渠生态补水工程全面完成。围绕"五线十点"，完成林业生态建设16.40万亩，绿化村屯71个，森林覆盖率达到20%，林草覆盖率提高到35%。

【民生事业】 财政直接用于民生的投入占公共财政预算支出的75%。脱贫攻坚取得阶段性胜利，4216人精准脱贫，脱贫人口人均纯收入达到4000元以上，自治区贫困县"摘帽"如期完成。开工各类保障性住房1160套，完成农牧区危房改造3183户。转移农牧区富余劳动力7880人，新增城镇就业850人，发放就业再就业和妇女创业小额担保贷款802万元。企业退休人员养老金月人均增加157.60元。发放低收入农牧户"暖心煤"补贴484万元，资助贫困学生280人次。公共卫生服务和城乡低保持续提标，2所幸福互助院投入使用。加快义务教育均衡发展，城镇3所学校体育活动室开工建设，农牧区4所学校标准化幼儿园投入使用。"医联体"平稳运行，农牧区标准化村卫生室全部配建，医疗保障更加有力。蒙中医院门诊综合楼、综合档案馆、生态养老产业园、全民健身体育中心等一批民生项目开工建设。文化惠民工程深入实施，华莱士节、兵团文化艺术节、乌兰布和穿沙越野、全国垂钓大赛等节庆赛事活动精彩纷呈。

县政府办工作

【县政府办公室领导名录】

主任：吕红兵

副主任：安凯恒（至2016年5月）

柳培富（至2016年5月）

马　克

汪　军

陈建来

石建华

刘学勤（2016 年 5 月起）

【政务工作】 2016 年，共拟写领导讲话、工作汇报、典型发言等综合材料 150 多篇，得到领导的肯定和好评。严格控制发文数量，政府和政府办共发文件 401 件，较 2015 年下降 17%，没有出现政策和文字上的差错，及时高效地处理各级来文 1000 余件。

【外侨事务】 认真执行国家的外事、侨务政策，外事、侨务工作再上新台阶。为帮助归侨侨眷解决养老、医疗等实际困难，全县对辖区内归侨侨眷生活状况进行详细的摸底调查，积极引导和帮助困难归侨侨眷参加城镇基本养老保险、城镇居民医疗保险和农牧区新型合作医疗保险。对符合参保条件的归侨家庭，与民政、卫生等部门沟通协调，开通绿色通道，给予优先审核和报销，切实解决困难归侨侨眷看病难、看病贵的问题，让归侨侨眷老有所养、老有所依。为让归侨侨眷切实感受到党和政府的关怀和关爱，2016 年元旦和春节，积极向上争取慰问资金和物品，到巴彦高勒镇、渡口镇、补隆淖镇慰问困难归侨侨眷，为他们送去米、面等，帮助其解决生活实际困难。

【法　治】 全县于 2016 年 3 月全面启动行政权责清单编制汇总工作，印发《磴口县人民政府办公室关于开展责任清单编制工作的通知》。要求各苏木镇、政府各部门在推进权力清单的基础上，认真梳理依法应予履行的职责，将行使权利对应承担的责任事项，逐一清理，准确直观地列明责任事项和追责情形，建立本部门的责任清单，落实行政主体责任，确保“法定责任必须为”。2016 年年底，完成苏木镇人民政府、政府各部门权力清单和责任清单的融合汇总，行政权责事项共计 3101 项，经第十一次县政府常务会议审议通过后已向社会公布，主动接受公民、法人和其他组织的监督，努力构建“权界清晰、分工合理、权责一致、运转高效”的法治政府及政府部门职责体系。

为进一步深化行政审批制度改革，促进中介服务市场健康发展，按照自治区政府、巴彦淖尔市政府关于推行行政审批中介服务事项清单工作的要求，磴口县本级行政审批中介服务事项清单经过部门自行梳理后，由法制办转编办、民政局、发改委、财政局按照工作分工分别进行专业审核。经清理确认，县本级共有 5 项行政审批中介服务事项，涉及的行政审批部门 5 个。县本级行政审批中介服务清单于 2016 年 7 月 1 日在磴口政府门户网站进行为期 30 天的公示，2016 年 8 月 15 日向社会正式公布。

重新修订印发《磴口县重大行政决策合法性审查制度》（磴政字〔2016〕247 号）。制度明确重大行政决策应当坚持科学、民主、合法的原则，要求凡涉及磴口县行政区域经济社会发展全局、社会涉及面广、与公众利益密切相关的重大事项的行政决策行为，都必须按规定的程序进行合法性审查和报告。决策出台前要履行征求公众意见、专业机构或专家论证意见、承办单位社会稳定风险评估、法制办合法性审查和政府常务会议集体讨论决定程序，确保重大行政决策制度科学、程序正当、过程公开、责任明确。未经合法性审查或者未经集体讨论做出重大行政决策或对依法应当做出决策而不做出决策，依照《行政机关公务员处分条例》的规定，对相关责任人给予行政处分。

【信　息】 完善信息全员报送制度和考核奖惩制度，及时对全县重点项目，县领导开展重点工作、安全生产等方面的新做法、新亮点进行总结、提升和宣传，信息报送的数量和质量不断提高。2016年，共编报政务信息 1293 篇，其中，市、自治区采用信息 83 篇，国办采用 1 篇，磴口县的知名度和影响力进一步提升。

【网络办】2016年，配合区市两级网络中心，完成党政视频备用系统数据所的建设工作、调试、运行工作。配合县领导完成县行政服务大厅的电子政务网络的建设工作。日常工作中，努力确保电子政务网络的正常运行，开好党政视频会议，认真完成网站的信息管理发布工作。

【脱贫攻坚】从4月1日起，抽调33名领导干部深入巴彦高勒镇南粮台村4个社，严格按照《磴口县“五个一批”脱贫攻坚指导意见》要求，对102户帮扶贫困户反复进行扶贫政策宣传，并根据贫困人口致贫原因、贫困户家庭情况和贫困户本人意愿，因人因地制定脱贫政策措施（帮扶的102户贫困户中，确定为产业脱贫的6户、易地搬迁15户、政策保障兜底81户）。在开展结对帮扶过程中，县政府办公室出资为每户平困户准备档案盒、拉杆夹，邀请扶贫办干部对档案填写进行专题辅导；领导干部积极开展献爱心、送温暖等扶贫活动，主动为帮扶贫困户捐赠衣物、被子等生活用品；办公室在国庆节和元旦前两次为贫困户送去价值3.60万元的米、面、油。通过扎实的帮扶措施，贫困户对政策的知晓率、对帮扶成效的满意度大幅提高。帮扶的102户贫困户中，退出92户，年中死亡销号2户，剩余8户2017年退出，圆满完成县委、县政府确定的目标任务。

（张　宇　李　龙）

信　访

【县信访局领导名录】

局长：高　勇

副局长：赵玉珍（女，至2016年1月）

马忠生

庞海滨

社会矛盾排查调处和投诉中心

主任：韩　瑞

副主任：恩和毕力格（蒙古族）

【概　况】磴口县信访局在县委、县政府的领导下，在中央、自治区、市信联办的指导下，紧紧围绕全县的中心工作，坚持以总书记习近平的重要讲话精神、中共十八届六中全会、自治区第十次党代会、市第四次党代会会议精神为指导，积极适应经济发展新常态，以深入推进信访工作制度改革为主线、紧扣全市信访积案化解督查年工作主题，以“清仓见底”为目标，按照“清空存量、降低增量、严控非访”工作措施，改进作风，主动谋划，从源头上预防和化解各类矛盾纠纷及信访问题，信访维稳工作成效明显，有力地维护人民群众的合法权益和社会的和谐稳定。

【机构设置】信访局内设办公室、来访接待室、社会矛盾排查调处和投诉中心、督查室、综合信息室、联合接访中心。

【来访情况】2016年，共受理来信来访总量443批4811人次（不包括重复访），与2015年同期的583批6662人次相比，批次、人次分别下降24%和28%；其中个访47批109人次，与2015年同期的73批181人次相比，批次、人次分别下降36%和40%；集体访396批4702人次，与2015年同期的510批6481人次相比，批次、人次分别下降22%和27%。进京非访4批4人。进京网上登记4批4人次，与2015年同期的12批32人次相比，批次，人次分别下降67%和86%，去信9件。到呼和浩特非访0批0人次，与2015年同期的0批0人次相比，批次、人次均持平。赴呼和浩特上访网上登记3批10人次，与2015年同期的31批127人次相比，批次、人次分别下降90%和92%，去信登记18件。到巴彦淖尔上访网上登记12批27人次，与2015年同期的77批256人次相比，批次、人次分别下降84%和89%。

【交办案件办理情况】2016年，自治区共集中交办“四个清单四个清”信访案件19件，全部办结，办结率100%；市“百日攻坚”交办8件，已全部办结，办结率100%。县内排查重点积案137件，办结130件，办结率94.90%。

【“三率”指标完成情况】 2016年，网上信访部门应受理367件，受理367件，受理率100%，及时受理343件，及时受理率93.46%；信访部门满意率99.23%。参评率67.09%，全市排名第一；1—12月，责任单位应受理数401件，受理401件，受理率100%，及时受理341件，及时受理率85.04%，全市排名第二；应办结226件，办结226件，办结率100%，按期办结179件，按期办结率79.20%；责任单位满意率99.23%。参评率为66.84%，全市排名第一。全年共安排“三率”业务方面培训、业务指导30余次，进一步规范网上信访工作。

【微信公众号运行】 开展以“磴口信访”门户网站、“磴口信访”政务头条号、“磴口信访”微信公众号为主的新媒体宣传阵地。其中，“磴口信访”微信公众号自2016年4月1日正式开通以来，全年共推送信息263期、1976篇，在自治区信访局全年公布的63期影响力排行榜中，有26期位居榜首，关注人数达1900余人。据自治区信访局清博指数统计，截至11月底，“磴口信访”微信公众号，以1727条信息发布量、366794次的信息阅读量，22314次点赞量位居全区103个旗县区微信公众号影响力排行榜榜首。

【县领导大接访】 将县领导接访安排及分工在磴口县信访局门户网站、“磴口信访”微信公众号、联合接访中心LED屏幕上向社会公布，安排30位县处级领导每天到联合接访中心轮流坐班接待群众，并通过以书记、县长信访工作日为代表的定点接访、主动约访、带案下访的方式积极化解群众诉求。1—12月，安排领导接访日250个，县领导下访、主动约访群众30余次，接待来访群众195批4546人次（包括重复访）。县委书记和县长多次主持召开会议亲自研究化解棚户区改造回迁难、拖欠农民工工资、征地补偿、农民浇水难等热点难点问题，先后召开10次信访联席会议，3次信访维稳会议，5次涉及信访维稳工作的政府常务会议，3次县委常委会议，各包案领导信访调度会议60余次，县委、县政府主要领导亲自主持研究布置信访工作会议5次。

（闫　磊）

档　案

【县档案局领导名录】

局长：庞占斌（至2016年5月）

信宝成（2016年5月起）

副局长：金　玉（女）

卞俊娥（女）

【机构设置】 磴口县档案局内设办公室、业务监督指导股、保管利用股。

【档案社会服务】 不断拓展档案工作交流平台，创新工作方法，利用“磴口档案咨询QQ群”进行业务咨询交流。通过电话预约、网上咨询等活动，不断推进档案工作的规范化。全年共接待档案查阅利用者500余人次，提供利用档案3000余件次，摘抄复制1800余页。

【档案业务指导】 从9月开始，对全县各苏木镇、国有农场、县直各单位、驻县各有关单位的档案工作进行为期一个月的档案行政执法检查。同时，以执法检查为契机，对全县36家单位的档案工作进行全面的督查指导；对隆盛合镇的新农村新牧区建设和精准扶贫档案、“两学一做”档案、黄管局1959年以来科技档案的重新鉴定整理进行专门督导，完成对中国人民银行磴口支行档案室升级的指导工作，并通过自治区档案考核领导小组的考核，档案室升级为自治区档案一级档案室。

【档案信息化建设】 2016年，接收民政局婚姻档案数字化目录30163条，着手组织购进档案信息化的相关软硬件设备，从2017年开始对馆藏的档案进行信息化加工。

【档案法治建设】 组织干部职工认真学习国家《中华人民共和国档案法》《内蒙古自治区档案管理条例》、保密守则等档案法规条款；积极参加全县的法律法规宣传活动。6月12日和12月2日，组织全体干部职工走上街头开展两次法律宣传活动，共悬挂档案法制宣传标语4条，发放宣传材料700余份，接待群众咨询50多人次。

（卞俊娥）

机关事务管理

【县机关事务管理局领导名录】

局长：薛　茂（至2016年5月）

　　　刘　晓（2016年5月起）

副局长：张满忠

【机构设置】 机关事务管理局内设办公室、接待中心、财务室、物业管理中心。

【接待工作】 2016年，接待大型公务230多批次，接待来宾9000多人；接待客商50多批次，900多人。

【后勤服务】 实行“两巡查一确认”模式，加强水电服务，主动安排预防性维修，及时完成日常性维修，认真进行改善性维修。开展各项物业维修达480余次；投资6万余元维修党政办公大楼和消防泵房防水；投资18万余元更新改造党政办公大楼和博物馆的消防设施、管道等并投资2万元委托消防维保公司对博物馆消防设施进行维保；投资8.20万元更换博物馆三楼办公厅的LED大屏；投资1万余元更换各个会议室的灯具；投资1.35万元更换多功能厅麦克风；投资0.81万元购置3支高音质主席麦克风；投资7.86万元维修信访办公楼地沟暖气及排污管网设施；更换维修办公大楼楼道灯具及部分电力线路。

【会务服务】 坚持把会务工作当作机关事务管理工作的第一窗口、第一形象抓牢、抓实，落实“三化”标准，努力提升会议服务水平。既配备好饮用水、擦手纸、洗手液等日常用品，又根据有关建议组织对饮水设备的改进更新，确保两座大楼的饮用水安全；严格按照设施设备操作规范和会议运转流程进行，确保每个步骤和流程不遗漏，做到会前准备、会中协调、会后跟踪专人化和常态化。认真执行“五不四净”卫生标准，即不见积水，不见积尘，不见杂物，不漏垃圾，不乱倒垃圾，廊面净，桌面净，玻璃净，窗帘净，确保会议中心容貌全天候保持整洁。全面落实“30分钟”限时办结制度，即会务人员提前30分钟完成会务的准备工作；建立“会前有会（动员准备会）、会后亦有会（总结会）”的例会联络制度，实现领导、专管、干事一条心，会前、会中、会后一盘棋；确立会务安全防范制度，采取严格的防范措施，加强消防安全的巡查工作，完善设施设备保养和维护。全年完成县党代会、全委会、人大、政协“两会”、市对县实绩考核及各类会议的服务共计480多场次；捡获钱包、手机等物品30余次，做到物归原主，会务工作基本做到“全天候”“无条件”“零差错”“高风格”。

【公车治理】 严格按照中央、自治区、市、县有关深化公务用车改革的要求，认真梳理各类车辆档案，探索建立与政策相衔接、与市场相统一、与公务保障相适应的党政机关公务用车保障机制，为推进一般公务用车的改革做好基础工作。

（王　震）

公共资源交易

【县公共资源交易中心领导名录】

主任：唐培宾

副主任：陶　飞

　　　　李玉善（至2016年5月）

　　　　刘　青（2016年5月起）

【概　况】2016年，磴口县公共资源交易中心在县委、县政府的坚强领导和市公共资源交易中心的业务指导下，认真贯彻落实中共十八大，中共十八届五中、六中全会精神，以“两学一做”学习教育为主线，宣传好《关于新形势下党内政治生活的若干准则》和《中国共产党党内监督条例》作为严明党员干部政治纪律和政治规矩，强化为民服务理念，提升服务项目建设能力，推进工作作风的转变，为项目建设的顺利开展，做好交易平台的优质服务，发挥本部门的职能作用。

【机构设置】公共资源交易中心内设综合部、工程及资源交易部、政府采购部、运行监督及网络信息部4个部室。

【公共资源交易项目】包括项目交易的进场受理、信息发布、报名受理、资格审查（预审和后审）、交易文件发放、评审专家抽取、开标、评标、挂牌、拍卖、竞价、结果公示等应全部在交易中心场内统一进行。

【公共资源交易情况】2016年，中心共完成交易项目287宗，交易总额112761.01万元，节约预算经费4893.76万元，节约率4.30%，具体情况如下：工程及资源交易部共完成交易项目38项，计划金额54012.26万元，成交金额52527.15万元，节约资金1485.11万元；土地挂牌出让项目30宗，面积38.28公顷，成交价款4098.04万元；产权交易项目4宗，总起拍价20.96万元，总成交价22.36万元，总溢价值为1.40万元。政府采购部共完成交易项目215项，计划金额58035.60万元，成交金额54628.35万元，节约资金3407.25万元。

（牛　禹）

行政服务

【县政务服务中心领导名录】

主任：李国渊（至2016年5月）

郭丽萍（女，2016年5月起）

副主任：班　琪

樊星勇

【概　况】2016年，政务服务中心在县委、县政府的正确领导下，在各窗口单位的大力支持下，认真贯彻落实中共十八届三中、四中、五中、六中全会精神，牢牢围绕全县工作重点，为全县人民和外来投资者搭建优良高效的政务服务平台，为实现高效快捷服务做出应有的贡献。

【机构设置】政务服务中心正科级建制，内设业务综合办公室、物业管理办公室、信息网络办公室。

【行政审批】2016年，中心各部门全部按照“两集中两到位”的要求成立“审批办”，审批办由审批办主任、窗口首席代表、窗口工作人员组成，整建制入驻中心。按照“一个窗口受理、一个审批办办理、一个领导签批、一个公章办结”一体化、网络化、规范化运行模式进行运作；建立完善规章制度35项，从工作人员仪容仪表、文明用语到工作流程、办件时限等方面都做出具体规定：上班实行指纹签到，领导值班巡查，将严格的管理与人性化管理相结合，做到“以情管人、以制度管人”；紧紧围绕“服务提速，办事提速”工作重点，不断优化窗口办事流程，压缩审批时限，办结时限压缩到50%—80%，现场办结率大大提升；运行中全面推行办理事项、办事流程、申报材料、承诺时限、收费标准及收费依据“五公开”，提供《百姓办事指南》《企业服务指南》和业务宣传册，全方位方便办事群众。

【行政权力清单梳理】中心依据县法制办对全县42个部门项目清理结果，将确实能给办事群众带来方便的部门和事项进行全面梳理，确定10个许可部门、29项许可事项权力清单和9个便民服务部门、32项服务类事项统一入驻中心集中办理，做到“行政权力进清单，清单之外无权力”。

【政务服务网络化建设】完成政府电子行政审批

网络的安装，按照“市场准入、城建规划、便民服务”三个服务平台，分别对各窗口进行编号链接。开通政务微信公众服务平台，方便办事群众信息互通。规范各窗口部门内网、外网、专网的安全运行，初步实现市、县、苏木镇三级网络的互联互通。

【中介服务机构管理】 2016年，中心共受理办理办结各类行政许可及公共服务事项77189件，接待企业和群众各种咨询2000多人次，实现按时办结率98%，群众满意率100%，群众投诉率为零。

【不动产统一登记】 2016年7月15日，磴口县举行不动产登记中心揭牌暨“不动产权证书”首发仪式。自治区国土资源厅副厅长赵大勇、巴彦淖尔市人民政府副秘书长田文化、市国土资源局局长高屹隆、磴口县委书记李建军、县长樊文等领导参加揭牌、首发证书仪式。截至2016年年底，完成不动产登记证97本、不动产权利证明130份，受理办事群众业务咨询100余人次，受到办事群众好评。

【“美丽乡村”建设及脱贫攻坚】 2016年，按照县委政府“新农村新牧区建设”工作安排部署，中心成立由中心主要负责人为组长的“新农村新牧区建设”工作领导小组，制订“新农村新牧区建设”方案，中心6名工作人员在包扶巴彦高勒镇沙拉毛道村走村入户进行政策宣传。拆危旧房9户426平方米土墙5延长米，牲畜圈舍52座，清理柴草、垃圾146处。沙拉毛道村委会实施亮化337平方米及门前美化绿化工作，开沟1800延长米，换沙660立方米，种树2160株。在巴彦高勒镇旧地村、南粮台村开展义务种树360株，磴二线涂白树木1000延长米。完成砖院墙16户526延长米、彩钢墙9户509.50延长米、网围栏10户45606延长米、彩钢棚3户76平方米、完成危房改造57户、新建3户、亮化工程完成49户、抹沙灰14964.55平方米，刮腻子14964.55平方米、大门敦子8户19个。整修村社道路4500延长米。修理新建桥梁护坡20延长米。完成铺设沙石路3000延长米，帮扶3000元用于沙拉毛道村社沙石路的建设，铺设沙石路700米，方便13户农牧民出入。

磴口县扶贫攻坚工作动员会召开后，在与巴彦高勒镇对接扶贫攻坚工作，中心扶贫攻坚5名工作队员，入户摸底10户15人，分别建立台账，征求扶贫户意见建意见分类归纳做到底数清心里明，并按照开展产业扶贫政策购买价值5000元基础母羊7只。对社会兜底8户12人进行资料整理，扶贫材料申报，中心还根据扶贫攻坚政策及贫困户的实际情况调整1户1人，并完成相关材料的整理上报。异地安置2户2人享受每人2万元的政策补贴。中心帮扶3000元用于沙拉毛道村社砂石路的建设。

（贺　云）

中国人民政治协商会议磴口县委员会

综　述

【政协磴口县委员会领导名录】

主席：赵淑兰（女）
　　　刘　峰（2016年12月起）
副主席：邢旺喜
　　　　刘秀玲（女）
　　　　赵多义
　　　　马海波（回族，至2016年7月）
　　　　包嘎尔迪（蒙古族，2016年12月起）
副秘书长：马逸勋

【概　况】 2016年，在深入调研的基础上，以《加强城区绿化和环境卫生管理，扎实推进“五城同创”》为议题的大会发言，在全委会上提出，得到县委、县政府的高度重视。按照年度协商工作计划，确立12个重点协商议题，有计划开展专题协商。对“新农村新牧区”工程建设、旅游景区基础设施建设、乌兰布和沙漠治理、城市绿化和环境卫生整治，开展对口协商、界别协商，推进协商民主广泛多层制度化发展。

先后组织政协委员考察“四清三治”、设施农业、土地整理、高效节水、回迁安置、城镇道路改造等情况，委员们在考察过程中提出的意见建议，得到相关部门的采纳和落实。注重发挥委员与群众接触更广、距离更近、沟通更易的优势，围绕改善民生，对提高教学质量、改善医疗服务水平、住房保障、食品药品安全、执法执纪等事项，收集社情民意信息48篇。通过反映社情民意，开展民主监督，推动工作落实。

组织政协委员对林业生态、沙产业、光伏产业、黄河渔村及大漠穿沙旅游项目等建设情况开展考察，围绕发展旅游业建言献策。以改善城区平房居民生活环境为课题，组织政协委员对城区危旧平房区现状进行调研，深入居民区走访，与巴彦高勒镇居委会及相关单位座谈，共同协商解决办法。拓宽参政议政渠道，通过组织委员外出考察学习、配合与区内外政协交流联谊，大力推介和宣传磴口县的特色优势，扩大对外影响力。

实施提案智能化管理，提案的提交、转办、办理查询基本实现全流程电子化。加强引导，切实提高提案质量，全年共收到委员提案71件，经提案审查委员会审查，立案69件。加大热点难点问题的办理力度，确定15件重点提案，由政协班子成员督办。一批涉及现代农牧业发展、基础设施建设、教育卫生和食品安全等具体问题得到有效解决。

编辑出版以“华润金牛煤电引进”为内容的文史资料，全面反映县委、县政府为改变磴口县落后面貌，咬定发展不放松，以百折不挠的精神，最终使项目落地的曲折历程，具有翔实的资料性和可读性。根据全国政协文史委《回族百年实录》征编工作规划以及区、市政协会议要求，加强组织协调，征集全县回族历史发展中的重大变迁，为民族区域发展、民族团结做出贡献的重要人物及重大事件的文史资料。

加强思想作风建设、扎实开展“两学一做”专题教育，认真落实“精准扶贫”“新农村新牧区建设”和重大项目的包联任务，确保各项工作顺利推进。机关干部驻沙金苏木温都尔毛道、召滩等嘎查与村民同吃同住同劳动，为推动“新农村新牧区建设”和“精准扶贫”顺利实施发挥积极的作用，充分体现政协组织的责任和服务意识。

【机构设置】 内设办公室、学习和提案委员会、经济和资源环境委员会、民族宗教侨务群团社会法制委员会、文史教科文卫体委员会。

重要会议

【政协九届五次全委会议】 中国人民政治协商会议磴口县第九届委员会第五次会议，于2016年12月29—30日举行。会议应出席委员134人，实到委员119人。会议听取并讨论第十六届人民代表大会第五次会议上县长樊文所作的《政府工作报告》和其他报告，会议审议政协磴口县第九届委员会副主席赵多义所作的常委会工作报告、副主席邢旺喜所作的提案工作情况报告，委员们一致表示赞同。会议选举刘峰为政协磴口县第九届委员会主席，包嘎尔迪为副主席。会议期间共收到提案73件，经审查立案73件。

【政协常委会议】 2016年4月2日召开政协九届十二次常委会议。传达贯彻中国人民政治协商会议第十二届全国委员会第四次会议、第十二届人民代表大会第四次会议精神；传达贯彻内蒙古自治区政协十一届四次会议、第十二届人民代表大会第四次会议精神；传达贯彻巴彦淖尔市政协第三届第四次会议、第三届人大第四次会议精神；开展两会精神辅导学习讲座。

2016年8月25日召开政协九届十三次常委会议。专项考察磴口县大漠旅游公司穿沙越野旅游项目，并组织政协常委与大漠旅游公司高层管理人员开展座谈，共同协商如何更好地利用政协组织联谊广泛的优势，为大漠公司穿沙越野项目进行对外推广宣传。

2016年9月22日召开政协九届十四次常委会议。考察乌兰布和农场十分场、隆盛合镇、沙金苏木、渡口镇新地村“新农村新牧区建设”工程，召开座谈会，同各苏木镇党委、政府以及相关部门开展协商。

2016年12月16日召开政协九届十五次常委会议。会议听取政府对政协磴口县九届四次会议以来提案办理情况的通报；审议通过关于召开政协磴口县九届五次会议的决定；审议通过政协磴口县第九届委员会常务委员会工作报告（讨论稿）；审议通过政协磴口县九届委员会常务委员会提案工作情况的报告（讨论稿）；审议通过政协磴口县九届五次会议议程（草案）；审议通过政协磴口县九届五次会议日程（草案）；审议通过九届四次会议大会执行主席、主持人名单（草案）；审议通过政协磴口县九届五次会议秘书长、副秘书长（草案）；审议通过提案审查委员会组成人员名单（草案）；审议通过政协磴口县九届五次会议小组召集人（草案）；审议通过政协磴口县第九届委员会增补委员建议名单。

重要工作

【政协办公室工作】 组织筹备常委会议、全委会议，协助各专委会开展调研考察。组织委员赴卓资县、克什克腾旗、翁牛特旗考察学习沙漠治理、地质公园建设与保护、进行提案工作交流；赴浙江大学参加政协委员素质能力提升专题培训班。密切配合自治区、市政协对乌兰布和生态治理项目、沙产业、旅游业、少数民族地区扶贫工作等的调研、考察。开展“两学一做”专题教育，认真落实“精准扶贫”“新农村新牧区建设”和重大项目的包联任务，确保各项工作顺利推进。接待新疆克拉玛依市、湖北荆门市及乌兰察布市、锡林郭勒盟等区内外政协对沙产业、旅游业的考察。加强信息宣传工作。年内共编发社情民意信息 74 篇，自治区政协采纳 3 篇，市委、市政府采纳 11 篇，市政协采纳 30 篇。连续 6 年评为全市信息宣传工作先进集体。

【文史教科文卫体委员会工作】 2016 年 3 月，为自治区政协征集《回族百年实录·内蒙古卷》文史资料。第二次出版《磴口县文史资料》第十五辑建设兵团文史资料。3—9 月，征集“新农村新牧区建设”工程文史资料。6 月，协助市政协副主席聂建忠对《地方文献出版物典藏本缴送办法》执行情况调研，并参观兵团文化基地、磴口县图书馆、冯玉祥粮仓。7 月，协助新疆克拉玛依市政协考察磴口县沙产业情况。8 月，举办全市政协文史编辑工作会议。9 月，组织政协委员和机关代表队参加巴彦淖尔市政协系统第七届运动会。11—12 月，出版“华润金牛煤电引进”为内容的《磴口县文史资料》第十六辑；对全县危旧平房改造开展调研，组织《以危旧平房改造为突破口，推动城市人居环境的改善》大会发言。

【学习和提案委员会工作】 2016 年，九届四次会议共收到提案 71 件，立案 69 件，2 件未立案，主席、副主席督办重点提案 15 件；8 月，组织委员对二十里柳子及沙漠越野开展视察；8 月 28 日，组织委员赴卓资县、克什克腾旗、翁牛特旗，与当地政协交流提案工作，并考察学习当地旅游业、草原畜牧业和相关产业发展方面的先进经验和做法。

【经济和资源环境委员会工作】 2016 年 1 月，在总结 2015 年工作基础上，经济委根据第四次政协全委会工作报告，确定 2016 年工作思路；2 月，配合政协机关党组，积极开展“两学一做”学习教育活动；3—4 月，积极参与“新农村新牧区建设”和精准扶贫的贫困户对接、帮扶工作。同时认领分管副主席督办的重点提案，联系督促办理事宜；5 月，组织委员对新农村、新牧区建设中的“四清三治”和城乡道路绿化美化情况进行考察；7 月，在实地察看利川运营、宇乐化工项目在建、光伏园区的有机种植等基础上，就全县经济社会发展中一些重大项目的重点问题，有组织、有计划地会同企业和有关部门进行专题协商；10 月，组织政协委员对全县市政基础设施、棚户区改造及环境整治情况进行视察。实地察看城镇道路及照明设施；城镇污水处理、垃圾处理设施；城镇广场、公园、市场等公共场馆，市政园林绿化景观工程；棚户区改造，平房住宅区房屋改造、巷道硬化工程；协助分管主席督办《加强通讯通信线路的管理》《关于加大人才引进工作力度》《关于加大建设管理力度保证棚改项目顺利实施》《关于增加环卫临时工工资及解决工伤保险》《关于加强住宅小区天然气定期检测》《关于加强磴口县地下排污管网建设》6 件重点提案，经过分管副主席领衔督办，做到办理答复让提案人满意、让承办单位顺心、政协提案工作显现成效；11 月，组织部分经济界委员参与市政协组织的“提升素质”浙江大学培训活动。

【民族宗教侨务群团社会法制委员会工作】 2016 年 4 月下旬，法制委组成调研组，就沙金苏木精准脱贫攻坚情况进行调研。经过深入 12 个嘎查，实地察看贫困村、贫困户建档立卡资料，与县相关部门领导及部分群众 200 余人进行交流座谈。在座谈中了解到：沙金苏木存在着基础设施覆盖不全，脱贫任务艰巨，“十二五”规划中移民遗留问题较多，主导产业带动力不强，精神层面脱贫激发不够，各项体制机制仍需完善等情况，提出持续加大精准脱贫的外部推力，激发精准脱贫的内生动力，增强脱贫产业带动能力等建议。

深入了解全县设施农业、高效节水灌溉、林

业生态建设及沙产业发展进程和所产生的生态、经济和社会效益，提高土地利用率，促进农牧民增收致富，同时为委员知情问政创造条件。开展与委员之间的联系交流，了解委员工作、学习、生活情况，并将此形式作为互助沟通、增进友谊，加深感情、互相促进的有效形式，也得到广大委员的认可和积极支持。

2016 年度走访委员 45 人次，通过走访，收集归纳委员的建议和意见 6 条，建立委员参政议政信息平台，为委员了解县情、掌握政协最新的工作动态搭建 1 个平台；多组织委员参与政协的各项活动，扩大委员履职的参与面，尝试组织开展跨界别或行业的专题调研和视察活动；以会代培，提高委员参政议政的能力；围绕当前的经济形势和群众关心的热点难点问题，拟定课题，组织开展调研形成活动，并汇编调研视察材料，促进委员之间交流学习；重视发挥政协协调关系的作用，充分听取各社会阶层等利益主体的利益诉求，最大限度地反映他们的要求，促进社会的和谐稳定发展。

法制委 5 名委员参与全县主要部门的民主评议工作，通过对法检两院、供电、电信等部门的评议，充分发挥政协委员民主监督、参政议政的职能，做到使党委和政府满意、被评议部门满意、政协委员和人民群众满意。

（马逸勋）

社会团体

总工会

【县总工会领导名录】

主席：苏日嘎拉图（蒙古族）

副主席：王永维

【概　况】 2016年，磴口县总工会在县委、县政府及上级工会的领导下，围绕贯彻中共十八届三中、四中、五中、六中全会精神和习近平系列讲话精神，扎实做好职工服务工作，各项工作取得明显成效。

【机构设置】 磴口县总工会内设组宣部、综合部、保障部、财务部、女工部、办公室、职工服务中心。

【工会组织建设】 2016年，全县共有基层工会253家，工会会员32089人，工会组建率和职工入会率达到95%。着重从5个苏木镇和建筑、餐饮两大行业入手，规范组建区域、行业工会联合会，为补隆淖镇、巴彦高勒镇工会投入5万元工会经费，保证工会工作的正常开展。全县届满到期的76家基层工会组织都依法进行换届改选。首先，举办苏木镇、农场、社区工会干部40多人参加的工会业务知识培训班。在补隆淖镇新河村成立村级工会并建立“农牧民工之家”，组织外出农牧民工源头入会；其次，打造和平社区工会，将分散在社区灵活就业人员和进城的农牧民工全部组织入会。再次，开展苏木乡镇、工业园区工会规范化建设“双创优”活动，推进补隆淖镇、巴彦高勒镇工会联合会达到一级标准。深入工业园区、建筑项目、物流（快递）业、餐饮业、家庭服务业、农牧业专业合作社组织等区域和行业进行摸排调查，开展农牧民工入会攻坚行动，新发展农牧民工会员1029人，完成全年目标。

【劳动关系和谐稳定】 会同县人社局、工商联等部门联合制定下发《关于做好2016年工资集体协商的通知》。2016年，建会企业签订区域性、行业性工资专项集体合同7份，覆盖企业140家。企业单独签订集体合同和工资专项集体合同各23家，签订率达到90%。把建立平等协商制度作为评选“劳动关系和谐企业”和“五一劳动奖状”的必备条件，深入开展和谐劳动关系单位创建活动。上海佳格有限责任公司磴口分公司荣获2016年全区“五一劳动奖状”。协调劳动、地税、工商联等部门，加强5名专兼职工资集体协商指导员的培训，提高基层工会集体协商的能力和水平。成立诉裁调对接工作领导小组。10月底，召开联席会议，就圣牧牧业有限公司员工工伤案件等事宜达成一致意见，促进劳动关系和谐。充分发挥职工维权法律服务工作站作用，依托聘用律师为职工无偿提供法律服务。2016年，共接待来信来访者50余人次；为职工提供咨询、代写文书等非诉讼法律服务30件；免费办理欠薪、讨要工伤损害补偿等案件4件，为职工挽回经济损失11.20万元。出资6万元与环卫局共同建立5个“爱心驿站”和1个环卫爱心浴室，营造全社会尊重环卫工人的良好氛围。

【组织劳动竞赛】 全县开展岗位练兵、技能比赛等劳动竞赛的企事业单位达到210家，参赛职工达34066人次。举办餐饮业开河鱼烹饪技能比赛和卫生医疗系统岗位技能大赛。年内全县各基层工会征集合理化建议共331件。蒙牛乳业有限公司、圣牧高科奶业有限公司等单位对合理化建议者进行奖励。通过选树“金牌工人”、师徒结对、技能提升培训等措施，充分调动和激发广大职工的创造潜能。命名蒙牛乳业有限公司“胡珊珊劳模创新工作室”和县医院“杨志平劳模创新工作室”2家“劳模创新室”，新培育德田工贸有限公司、圣牧奶业有限公司“职工创新室”2家。内蒙古圣牧高科奶业有限公司生产部乙班、磴口县滨辉水务有限公司工艺班组荣获自治区“工人先锋号”荣誉称号。向职工、群众共发放4000多份有关安全生产知识的宣传单，广泛宣传《中华人民共和国安全生产法》等相关法律法规。举办2016年全县职工“决胜十三五·共圆中国梦·亮丽巴彦淖尔”演讲比赛、全县职工文艺会演、职工书画摄影展以及“全民健身季”活动。对23名全国、自治区（省部）级劳模的收入情况、健康状况、生活状况及其家属的详细情况进行登记核查；对生活困难、大病受灾劳模的情况进行登记备案和上报，并为困难劳模发放5万元困难补助金；对县级和市级劳模进行摸底调查，并登记造册；配合上级工会完成2名市级劳模的疗休养、2名全国劳模免费体检；为全县50名县、市级劳模免费体检，努力营造尊重劳动、争当先进的良好社会氛围。

【精准帮扶】 继续健全完善“困难职工档案准入和退出制度”等10项帮扶工作制度。依托就业局培训资源举办技能培训班3期，培训245人。“春风行动”活动中，联系乌兰布和乳业有限公司、利川有限公司等10多家企业，使100多人达成就业意向；“送清凉活动”为300多名一线职工和100多名下乡干部送去5万多元消暑物品；“金秋助学”活动助学81人。2016年，精准帮扶工作中生活救助129人，医疗救助46人。年内帮扶救助困难职工近400名，救助资金达63.90万元。强化规模以上企业、社区帮扶工作站建设，实行以档帮扶、因人施助、一户一人、一户一策、动态管理，推动精准帮扶工作开展。

【厂务公开】 2016年年初，召开厂务公开专题会议，明确成员单位工作职责和目标任务，企事业单位建立完善相关的工作制度和监督检查机构，做到有计划、有督查、有总结、互通情况、规范推进。全县107家企事业单位开展此项活动。通过“民主管理建新功、职工代表在行动”“我为企业发展献一计”“职工大讲堂”等灵活具体、形式多样的活动，提高主题活动的针对性和影响力。圣牧奶业有限公司被推选参评“全区厂务公开民主管理”先进单位。认真贯彻《企业民主管理规定》，抓好《磴口县企事业单位职工代表大会操作规程（试行）》的贯彻落实工作。6月中旬，对全县厂务公开民主管理情况进行调研，并形成调研报告。至2016年，全县国有企事业单位职代会、厂务公开建制率达100%；建会非公企业职代会、厂务公开建制率达95%。

【荣　誉】 县总工会被县委、县政府评为全县帮扶助学现金单位，滨辉水务有限公司、县教育局、磴口移动公司等8家单位荣获全市先进“职工之家”和先进“职工小家”荣誉称号。上海佳格有限责任公司磴口分公司荣获2016年全区“五一劳动奖状”，内蒙古圣牧高科奶业有限公司生产部乙班、磴口县滨辉水务有限公司工艺班组分别获全区“工人先锋号”荣誉称号。

（刘计先）

共青团

【县共青团磴口县委员会领导名录】

书记：黄金龙（2016年1月至2016年5月）

李　哲（2016年5月至2016年12月）

副书记：陈　红（女，2016年1月至2016年12月）

【机构设置】 共青团磴口县委员会（以下简称“团委县委”）内设办公室、组织宣传联络部、青工农牧部、学少部、志愿者部。

【青少年道德教育】 组织13所学校的大队辅导员和团委书记以及教育局副局长、总辅导员参加“巴彦淖尔市学校团队工作会暨学校团委书记、少先队辅导员培训班”。组织引导各学校团队组织组织积极开展以“新学期·新展望”“新学期寄语”“升起我们的希望”“百善孝为先”文明礼仪和安全教育为主题的升旗仪式、国旗下的演讲、应急疏散演练活动20余次。以“3·5”学雷锋、清明节、“六一”儿童节等节庆假日为契机，开展“学雷锋”主题队会、板报评比、“清明时节颂英雄”主题升旗仪式、参观博物馆、中考减压讲座、“红歌唱校园”等主题活动80余次。

【基层团建】 组织引领各基层团组织自主开展创业就业技能培训6次、安全知识培训2次、青年联谊活动3次、保护环境垃圾清捡活动2次，志愿服务进社区、进敬老院、进学校活动6次。

“建功‘十三五’·青春亮北疆”表彰大会共表彰4个红旗团委，26个团支部，31名团干部，29名团员，16名优秀志愿者和2个苏木镇星级团组织。并在“5·19”旅游文化日期间，组织43名“两红两优”青年代表参加“黄河三盛公冰凌摄影文化体验”实践活动。

累计开展各类卫生整治、植绿护绿、柴草清治、工程统计等活动460人次。其中，团县委驻村渡口镇城西村西沙湾社，帮扶54户村民改建或新建、亮化住房及院舍，包扶6户贫困户（4户政策兜底、2户异地搬迁）。

发表及转发有关北疆青年“学习进行时”“清明祭英烈”“学雷锋活动”“植树活动”“团务知识”“两学一做”共青团亮点活动等文章、信息共89篇。团委共撰写报送信息115篇，其中，发布在内蒙古文明网8篇，巴彦淖尔共青团网3篇，巴彦淖尔市文明网23篇，《巴彦淖尔日报》9篇，磴口文明网15篇，磴口新闻门户网站1篇，《磴口时事报》19篇。“磴口青年之声”提问261条、回答78条、点赞68个。

【青年志愿服务】 积极承接政府事物，有组织、有纪律、有计划地开展好各类志愿服务活动。特别是在全县冰雪民俗活动之际，团县委组织30余名青年志愿者负责整个会场的主席台布展、氛围营造和志愿服务，经过精心布展和准备，整个会场冰雪风情的主题突出，活动氛围热烈，着装统一精神抖擞的志愿者成为整个会场一道靓丽的风景线。

组织青年志愿者协会成员积极参与二完小文化艺术活动，赠送50个水杯和学习用品。开展贫困学生微心愿的征集、共征集到各类微心愿共69条，为贫困学生发放铅笔、图书、书包等微心愿。对全县贫困青少年进行摸底统计，其中贫困青年总数643人，其中贫困儿童10人，贫困大学生156人。

【“西部计划”志愿者招考活动】 开展“西部计划”志愿者招考活动，并组织5名志愿者参加培训。志愿者出征仪式上自治区项目办授予磴口县项目办“2015—2016年度大学生志愿服务‘西部计划’优秀项目办”荣誉称号。

【青年创业就业】 组织20人报名参与青年创新创业大赛。NPO绿色生命组织和北京尚善公益基金会的100名志愿者以及磴口县青年志愿者协会的30名志愿者共同参与植树活动。

在“2016年春风行动招聘会”中，共有14

家招聘企业为就业创业青年提供相关用工信息及就业岗位400多个，各种技能培训14次，培训人员达到600余人。

【“增绿减霾、再造蓝天”行动】 2016年，全市“增绿减霾、再造蓝天”行动在磴口县乌兰布和沙漠成功启动，团市委书记乌德木和县人大、县政协分管领导、NPO绿色生命组织和北京尚善公益基金会的100名志愿者以及磴口县青年志愿者协会的30名志愿者共同参与植树活动。与此同时，组织承办全市“增绿减霾、再造蓝天、绿色行动公益大讲堂”活动，400余名青少年及爱心人士参加此次讲座。

【“希望工程”贫困学生资助活动】 切实关爱贫困青少年、农牧区留守儿童、农民工子女和孤残儿童，积极与社会各界爱心人士、青年文明号等单位对接，开展一对一、多对一贫困学生资助活动。1月27日，磴口县团委看望慰问隆盛合镇公地村和巴彦高勒镇东升社区的10名贫困生，为他们送去慰问金。在“六一”儿童节期间，慰问隆盛合学校和协成学校，捐赠自治区青基会给的20个“爱心暖包”。

（宋述文）

妇　联

【县妇女联合会领导名录】

主席：郭丽萍（女，至2016年5月）

　　　卢　敏（女，2016年5月起）

副主席：金格玛（蒙古族）

【寻找“最美家庭”活动】 以嘎查村社区“妇女之家”为载体，开展寻找“最美家庭”活动。在寻找的过程中，特别注重家庭特色类型的广泛性、典型性、影响力，尤其注重发掘自主创业并带动其他家庭增收致富的家庭等方面表现突出、事迹感人、群众认可度高的“最美家庭”，更广泛地发掘基层群众更多新的闪光点，使“最美家庭”内涵更加丰富饱满。2016年，共评出“最美家庭”10户。

【维护妇女儿童合法权益活动】 以“三八”妇女维权周、“平安建设”宣传月为契机，采取发放宣传资料、面对面咨询、举办讲座等方式，对《中华人民共和国反家庭暴力法》《中华人民共和国妇女权益保障法》《中华人民共和国未成年人保护法》《中华人民共和国婚姻法》《法律援助条例》等法律法规中涉及群众日常生活的条款内容进行广泛宣传，提高妇女儿童的自我维权意识，营造自觉保障妇女儿童权益的良好社会氛围。认真做好信访接待处理工作，热情接待群众来信来访，积极调解纠纷、化解矛盾。共接待群众来信来访12件，处理率达100%。

【“好家风、好家训”巡讲活动】 在全县范围内开展“好家风、好家训”巡讲活动，活动以讲述“最美家庭”故事为主，并结合建党95周年和红军长征胜利80周年纪念活动为主题，在各苏木镇、农场组织广大妇女和家庭在嘎查村、社区“妇女之家”在线收看自治区妇联推荐的20部爱国、励志电影电视剧来活跃和丰富基层妇女群众精神文化生活。在清明节期间，围绕“绿色清明、文明祭祀”主题开展活动。在端午节期间，围绕“弘扬爱国主义，激发爱国爱家情怀”主题开展活动。全县共举办巡讲活动60余场。

【“草原巾帼脱贫”行动】 通过典型示范带动全县农牧民妇女参与到发展庭院经济的队伍中。动员全县的“干净人家、精巴媳妇”加入到“草原巾帼脱贫行动”行动中，并通过组织庭院经济示范观摩、评比等多种手段，激励更多的农户，特别是农村妇女学先进、赶先进、超先进，实现庭院经济带动农牧民人均增收，脱贫致富。以旅游、餐饮服务为主要内容，举办开河鱼美食烹饪大赛、采摘园等活动，促进农家乐、牧家游等休闲旅游，引导农牧民妇女走特色发展之路提升磴口县旅游的知名度，为精准扶贫、富民增收贡献力量。

【妇女工作总结表彰会议】 召开庆祝“三八”国际妇女节106周年暨全县妇女工作总结表彰会议，总结2015年全县妇女工作，安排部署2016年的工作，并隆重表彰为全县妇女儿童事业做出贡献的15个先进集体、12名“三八红旗手”、10个“最美家庭”，10名“好公婆”“好媳妇”“好妯娌”，5个“十全美丽庭院示范户”。在表彰活动的同时，还穿插精彩的文艺演出，来自12家行政企事业单位及部分“两新”组织代表参加表演。

【“周末妈妈”爱心活动】 3月8日，全县“周末妈妈”爱心结对活动正式启动，活动中12名“周末妈妈”与二完小留守儿童、单亲家庭儿童一对一结对，她们自愿在周末将结对孩子接回家中，从学习上、生活上、经济上、思想品德教育上给予关怀照顾，帮助解决学习生活中的困难。

【“美丽庭院”行动】 通过宣传发动、教育培训，组织农牧民妇女从自身做起，从家庭做起，开展“四清”“三化”活动，深化新农村、新牧区建设。全县9家单位和个人被命名自治区级“美丽庭院”“百村千户”示范村示范户，16家单位和个人获评巴彦淖尔市美丽庭院创建先进，5个家庭并评为县级“美丽庭院”示范户。

【“春风行动”招聘会】 3月，联合就业局举行磴口县“春风行动”现场招聘会。活动中，14家招聘企业根据各自的用工需求开展现场招聘活动，为就业创业人员提供相关用工信息及就业岗位40多个。活动现场，广大妇女积极咨询岗位要求，填写用人简历，与用人单位积极沟通和对接，各企业将有就业意向的青年进行登记造册。

【基层妇联改建】 按照上级妇联“探索在有条件的村社区建立妇联”的工作要求，结合实际，确定补隆淖镇新河村和渡口镇南尖子村为改建试点村，并于10月13日、21日分别召开妇女代表大会，拉开妇联组织区域化改革的序幕。两次会议共产生村妇联执委16名，其中主席2名，副主席3名。

【“妇女之家”活动】 继续把建设“妇女之家”摆上重要位置。巴彦高勒镇和平社区和城关村被确立为市级升级版“妇女之家”示范点，并获得资金上的支持，使得基层妇联依托“妇女之家”，开展各类政策法规、禁毒防艾、家庭教育、健康知识等培训；开展矛盾调处、维权和心理咨询，协助相关单位处理好家庭暴力案件、家庭矛盾、邻里纠纷等问题，从而更好地发挥“妇女之家”的服务功能。同时，加强“两新”组织的妇女组织建设，扩大“两新”组织中妇联组织和妇女工作的覆盖面，努力构建“党建带妇建，妇建促党建”的工作新格局。全县建立妇女组织的“两新”组织共有6个，在圣牧高科建立“妇女之家”，并举行挂牌仪式。

【“巾帼志愿者”行动】 11月，为新组建的“巾帼志愿”服务队进行授旗。服务队一直秉承志愿服务精神，积极开展志愿服务活动，为全县留守儿童、贫困老年妇女等弱势群体撑起一片爱的蓝天，活动取得明显成效，受到广大群众的认可和好评。

【申报“儿童友好家园”项目】 积极申报“儿童友好家园”项目建设点，巴彦高勒镇南开社区和和平社区分别被定为自治区级和市级“儿童友好家园”项目建设点，并投入共计8万元的设备，为广大留守流动儿童提供设施更加完善、功能更加健全的活动场所。

【“六一”儿童节慰问活动】 “六一”儿童节前夕，副县长、县妇儿工委主任张秀文带领县妇联干部深入到磴口县二完小、渡口、补隆淖等7所小学开展“六一”儿童节走访慰问活动，慰问贫困学生72人，捐赠价值上万元的学习用品。

【春节慰问活动】 春节前夕，对全县10个苏木、镇和国有农场的老妇女干部和贫困妇女进行节前走访慰问，为她们送去新年祝福。共慰问55名老妇女干部和贫困妇女，共发放慰问物资折合人民币 1.50 万元。

【新型职业农牧民培训】 积极协调组织苏木乡镇国有农场妇联干部、“双学双比”女能手、农业合作社女带头人收看《新型职业农牧民培训课程》栏目，在人口集中的嘎查村，由妇代会组织农牧区妇女依托“妇女之家”和党员活动阵地实施集中培训；在人口居住分散的嘎查采取分散学习的形式，按照培训时间在各自家通过“北疆先锋”网收看视频教程。共有 1000 余人参加牧民妇女培训活动。

【美国 LDS 轮椅助行器项目】 2016 年，县妇联争取到全国妇联——美国 LDS 慈善协会合作开展的轮椅助行器项目，用于有需求的贫困老年妇女、残疾妇女或女童。为让每一把轮椅和助行器都能送到真正有需要的人手中，县妇联联合各基层妇女干部进行走访入户了解情况，共为 100 名行走困难的妇女群众适配轮椅和助行器，为她们今后出行提供便利条件。

（韩永芬）

科　协

【县科协技术协会领导名录】

主席：马建新（至 2016 年 5 月）

　　　张相国（2016 年 5 月起）

副主席：李　栋

【机构设置】 科协内设办公室、科学技术普及部、青少年科技教育部、学会协会部。

【科学技术普及宣传】 开展科普宣传活动 31 场次，开展科技培训 47 场次。5 月 15 日，磴口县 2016 年科技活动周在暨第二十一届科普活动宣传周富源广场举办。县科协、科技局、残联、卫生等部门组织专业人员通过设立展板、咨询台、发放宣传单等形式向广大市民宣传科技知识与科技成果、防震减灾知识、如何保障妇女儿童合法权益等方面知识。共有科普志愿者 30 人，近 3000 名群众参与此次活动。6 月 13 日，全县遭受 50 年不遇冰雹灾害，全县《纲要》成员单位组成联合科技服务队伍，指导农户开展灾后补种和作物减灾自救等技术推广，尽全力减少农户损失。9 月 19 日，磴口县全国科普日启动仪式巴彦高勒镇富源广场举行，活动围绕“创新放飞梦想，科技引领未来”主题，通过发放科普宣传资料、科技咨询服务、科普宣传、科普大篷车车载展品演示等形式，向广大公众展示科学成果和推广科学知识，活动共展示科技展品 6 个，展板 20 块，发放宣传资料 1600 份，咨询服务 50 人次。12 月，科协及时与各苏木镇农场联系，有针对性地开展“点菜式”科技培训服务工作，陆续在沙金苏木温都尔毛道嘎查、渡口镇大滩村等 8 个村社开展科技培训，培训农牧民 1320 人次，发放科技书籍 3 种 4450 份，科普宣传资料 6 种 8100 份。

【加强基础设施建设】 结合新农村新牧区建设，将科普惠农服务站加入建设之中，全县有三分之二的村社活动室加挂科普惠农服务站牌子。2016 年 11 月 6 日开始，在自治区科协的支持下，磴口县科协开展“助力美丽乡村，赠阅科普图书”活动，共为巴彦高勒镇旧地村、南粮台村、渡口镇大滩村、补隆淖镇新河村等 10 个村社赠送种养殖技术、文明生活、健康养生、农机修理等多个种类的科普图书 360 册，10 个村总价值 5 万元，极大地丰富农家科普书屋的科普资源，满足当地农牧民的文化需求。

【青少年科技教育】 为推动“七巧科技”活动快速发展，多次与教育局分管领导、学校校长进行沟通，逐步提高他们对此项工作重视程度。为助推此项活动开展，单位出资 5000 元购置 100 套七巧板分发到各中小学校，县级 5 所中小学购置 100 套七巧板，成立七巧板工作室，由科技辅导员具体负责。同时，加强培训工作。4 月，邀请上海七巧科技教师俞琪到磴口县举办七巧板专题培训，共有121名教师和300多名学生参加此次培训。9月，在全县范围内开展“七巧科技”竞赛活动，全县共有200名中小学生参加此次活动，15幅作品被推荐参加全市预赛评选。9月19日，经过精心准备，磴口县第二届青少年科技节暨创新大赛在磴口县诚仁中学隆重开幕，全县共有172名中小学生，27名科技辅导员参加智力七巧板、机器人制作、科普讲解等12项竞赛活动。经过近一天的激烈竞赛，共有37名中小学生获一等奖，62名中小学生获二等奖，取得满意的成绩。9月28日，组织全县46名中小学生和11名辅导员赴市科技馆参加全市第九届“科技馆杯”青少年科技节暨创新大赛，获得团体第二名的好成绩。全县高中科技思辨能力、高中科学探究影像、初中科普讲解竞赛项目分获一、二等奖，陈凯航、陈凯翔等37名学生以及王笛冰等8名教师获市级表彰奖励。12月，组织全县210名中小学生参加全市“七巧科技”决赛活动。

全年，共组织11名科技辅导员参加全市青少年科技影像制作培训和现代幼儿园科学教育培训，1名科技辅导员参加自治区培训。

在市科协的支持下，磴口县科技馆建设工作正在稳步进行中。场馆设计、工程招标等工作均完成，建设经费195万元到位。场馆装修、展品购置等工作于3月底全部完成，进行人员培训后，4月正式开馆。

【科技协会建设】 2016年，磴口县企业科协达到5家。年初，与经信局、工会、科技局联合下发《开展“讲理想、学科技、搞创新、比贡献”活动的实施方案》，督促企业科协积极开展相关科技活动，促进企业科技创新发展。12月5日，无偿为圣牧高科赠送《肉类与乳制品加工技术400问》《三分管理七分领导》《成本费用控制精细化管理全案》等科普书籍300本，帮助企业建成职工科普阅览室，为丰富职工的业余文化生活，提升职工知识储备和文化素养搭建学习平台。

根据自治区《关于公开征集科技工作者建议的通知》要求，上报优秀论文2篇。共征集优秀论文14篇参加区、市自然科学学术年会评选。通过筛选，推荐县医院邢秀春参加巴彦淖尔市2016年中青年科技人才突出贡献奖评选。

根据全县产业发展需要，帮助植保协会等协会积极开展科普服务，该协会共推广向日葵螟防治技术等先进技术5项，开展现场服务27场次。9月3日，该协会在巴彦高勒镇河滩地召开向日葵螟防治现场会，共有会员和农户49人参加此次活动，取得良好的效果。

（焦志立）

残　联

【县残疾人联合会领导名录】

理事长：乌兰花（女，蒙古族）

副理事长：樊军林

【概　况】 全县办理残疾人证的有6716人，其中农业人口4273人，非农业人口2443人。有一、二级重度残疾人2422人，三、四级轻度残疾人4293人。有3085人（农村1911人，城镇1174人）纳入最低生活保障，176人纳入五保供养，达到应保尽保。有5740人加入城乡居民医疗保险，有3864人加入城乡居民养老保险。同时，民政、残联在临时救助中优先重点给予保障。

【机构设置】 残疾人联合会内设残疾人办公室、综合部、康复部、教就部。

【重点工作】 全面完成残疾人基本服务状况和需求信息数据动态更新录入工作，登记并录入残疾人信息6589人，其中完成调查6441人，查无此人1人，已搬迁6人，空挂户3人，外出17人，死亡121人；登记并录入村（社区）信息101个，入户率达98.33%。

【残疾人康复】 启用南开社区残疾人康复室、和平社区残疾人康复室。为全县30户残疾家庭免费配送康复器械，每户投入资金3000元。为2名听力残疾人免费配戴助听器。0—6岁残疾儿童专项工程项目投入资金8.40万元，救助贫困残疾儿童6名。改造残疾人起居住行设施50户，投入资金30万元。发放机动轮椅车燃油补贴5.25万元。县残联免费配发轮椅245辆。救助贫困残疾儿童6名，投入资金8.40万元。

【残疾人教育】 进行全县残疾人基本情况调查统计工作，建立受教育残疾人数据库，全县受教育残疾人78人，其中学前教育15人、小学随班就读残疾学生20人、小学特教班残疾学生15人、初中随班就读残疾学生16人、高中随班就读残疾学生12人。救助贫困残疾大学生和残疾家庭大学生24人，投入资金3.50万元。

【残疾人就业】 投入2万元建设和平社区残疾人就业服务室，每日进行各种手工制作的残疾人有10多人。举办主题为"共筑中国梦、同奔致富路"的城镇残疾人手工艺制作培训班、残疾人剪纸培训班和农村残疾人设施农业发展技术、农牧民职业技能等四期培训班，培训人数达163人次，在一定程度上提高残疾人就业创业的信心和技能。城镇职业技能培训完成113人，农牧区实用技术技能培训完成100人。

【残疾人社会保障】 享受低保的2053名农村残疾人在新农合参保中个人所缴的50元、城镇享受低保的1127名残疾人在参加城镇居民医疗保险个人所缴的110元，全部由政府代缴。在新农合实施方案中，二级以上残疾人住院实行零起付线。磴口县16—59周岁残疾人参加新型基本养老保险861人，享受政府补贴人310人，每人补贴100元；60岁以上领取基本养老保险金2380人。

【残疾人扶贫】 在精准扶贫工作中，为3户6人精准扶贫户建档立卡，为每户送2000元的生产扶持金；在元旦、中秋两节送去慰问物资。年底，市残联慰问贫困残疾人60人次，县政府慰问80人次，金额共计7万元，协调圣牧高科牧业有限公司为重度残疾人捐赠精品牛奶5000箱。日常临时救助1万元。为1257名农村牧区贫困残疾人建档立卡。为18名行动不便的残疾人办证。2016年夏天的防洪期间，派出3名党员干部深入到责任区的居民家中，日夜帮助居民做好防洪防灾工作，确保居民生命和财产的安全。

【助残日宣传、活动】 利用"全国助残日"等重大节日，通过报纸、电视台、电台、新闻网、手机短信、信息平台大力宣传《中华人民共和国残疾人保障法》，发放宣传材料达2000份以上，由残联会同民政、扶贫卫生、教育、就业等部门开展扶残助残慰问活动。上报各类信息41篇（条），其中在区级新闻媒体、网站刊播稿件41篇（条），在市新闻媒体、网站刊播稿件10篇（条），在县新闻媒体、网站刊播稿件3篇（条）。

第二十六次全国助残日期间，共投入资金35.13万元，其中市残联投入21.22万元，县残联投入13.91万元，受益人数达到918人，为残疾人配发轮椅300辆、手杖50根、腋拐50副、助行器50台、坐便椅50辆、盲杖30根、助听器200台。为4人安装假肢，为30名贫困残疾儿童发放救助金3万元。为4名农村贫困残疾人发放就业扶持金0.80万元，联系联通公司为残疾人免费发放话费1.50万元。为符合条件的494名残疾人办理残疾证。

（王忠清）

工商联

【县工商业联合会领导名录】

主席：郭常春

副主席：张雪君（至2016年5月）

张大伟（至2016年5月）

丁　耀（女，非党人士）

【概　况】2016年，磴口县工商联紧紧围绕县委、县政府的中心工作，深入开展以促进非公有制经济健康发展和非公有制经济人士健康成长为重点，不断加强自身建设，充分发挥职能作用，积极服务全县发展大局，较好完成各项工作任务。

【机构设置】工商联内设办公室、经济部、会员部、外联部。

【精准扶贫】工商联包扶磴口县补隆淖镇夹道村贫困户13户25人，单位干部多次入户走访，宣传讲解扶贫政策措施，针对不同贫困户的致贫原因制定多种脱贫方案，运用政策兜底、产业扶持等方式真正使贫困户提高收入，脱贫致富。11月7日，所包扶贫困户全部签订贫困退出协议，并接受市、县两级专项检查，完成该项工作。由市工商联、全市光彩事业促进会、市扶贫办联合发起巴彦淖尔市"村企合作、精准扶贫"工程，积极与内蒙古经纬建设有限公司协商，最终确定由经纬公司包联磴口县沙金套海苏木温都尔毛道嘎查脱贫攻坚任务。5月18日正式签订协议，5年内连续投资扶贫工程，带动全嘎查脱贫致富。经纬公司投入村企合作扶贫项目资金约550万元。截至2016年年底，完成居民生活环境改造、大牲畜养殖场建设工程，高标准大棚建设工程开工建设，2017年春季全部投入生产经营。通过此项工程，预计2017年年底全村人口平均增收2000元，帮助温都尔毛道嘎查267户876人脱贫致富。

【工商联换届准备工作】10月9日，工商联受县委统战部委托参加自治区单位统战部举行的非公经济人士综合评价专题培训会。会后，磴口县就此项工作成立专项工作领导小组，组长由县委统战部长担任，具体工作由磴口县工商联负责开展。截至2016年年底，召开相关14个部门的联席会议并全部建立账号，评价工作正在进行，2017年1月10完成评价工作。通过此项工作为磴口县下年度人大、政协换届筛选出符合条件的非公经济人士，同时也为全县工商联换届提供参考信息，新一届的商会代表人士将从评价合格的非公经济人士中产生。

【工商联工作】8月18日，县工商联邀请县委党校教师对全县各非公企业、各基层商会代表近130人进行非公有制经济人士理想信念教育实践活动专题讲座。8月20日，召集各基层商会工作负责人举办基层商会业务工作培训班。9月24日，县非公有制经济人士培训班在会展中心开班，全县65家中小企业的经理参加此次培训。全年5次组织驻会干部和非公有制人士参加市工商联举办的"非公经济大讲堂"培训班。2016年年初，由县工商联牵头，国税、地税、市场监督管理局配合组成摸底调查工作小组，对全县77家在工商局注册并正常纳税的非公企业进行走访，并进行详细的调查摸底，摸清企业的基本情况、党群组织建设情况等，健全非公企业数据库，更新相关台账。

【为会员企业提供优质服务】依托磴口县信用合作联社、邮政储蓄银行、蒙银村镇银行，组织34家会员企业签订诚信自律协议书，储备一批诚信自律会员企业，与蒙银村镇银行共同促进会员企业"依法经营、诚信经营"。当这些企业遇到发展资金不足需要贷款时，就采用互助担保方式解决抵押贷款不足的困难，形成诚信企业自律担保机制。全年，共组织小魏商贸公司、名人鞋城等17家企业，从各金融机构获得担保贷款4700多万元，促进一批企业由小变大，由弱变强，实现快速发展。搭建互助诚信借款交流平台，方便会员企业互相之间在有借有还、诚实守信的基础上，实行现金短期借款，帮扶会员企业解决急用周转金不足的困难。通过为会员企业搭建的融资平台，从根本上解决会员企业的融资难题，增强商会的活力，促进会员企业的快速发展。

【非公有制经济和社会组织】按照巴彦淖尔市委组织部和磴口县委组织部要求，2016年，在全县非公有制经济企业和社会组织中开展党组织创建活动，磴口县工商联作为非公有制经济党建办公室承担着全县非公有制经济企业的党组织创建工作。9月25日，成立专项工作领导小组，由主席单任组长。截至2016年年底，完成对全县832家非公企业的摸底调查工作，新建党支部3个，顺利完成目标任务。

（郝福春　薛　宇）

文　联

【县文联领导名录】

主席：贺秀峰

副主席：姜有智

【概　况】 2016年，以学习贯彻中共十八大，十八届三中、四中、五中全会精神和习近平文艺座谈会讲话精神为主线，认真贯彻县委十四届九次全委（扩大）会议精神，围绕全县重点工作，弘扬主旋律，传播正能量，繁荣文艺创作，创新工作思路，承担起繁荣全县文艺工作的职责。文联内设办公室、文艺股。

【送文艺到基层活动】 2016年春节前夕，磴口县文联组织县夕阳红艺术团、民间二人台歌剧团、乌兰牧骑、乡音艺术团等文艺团体以及市县书画协会会员等40余人，深入纳林套海农场开展“我们的中国梦”文化进万家文艺演出。书画协会会员则为农场职工现场书写赠送春联、福字作品200余副。5月25日，全市文艺志愿服务队在磴口县城关村开展送文艺演出和书法笔会志愿活动，磴口县书法协会员也积极参与，为群众赠送书画名家作品。夕阳红艺术团、王英民间二人台歌剧团两支文艺志愿服务队的50名队员也为群众送上精彩的文艺节目。

【文艺作品创作】 在全市开展重点文艺项目扶持工作中，磴口文联广泛联系，深入作协、书协、音协、民协等各协会会员家中走访，传达项目扶持标准及要求，指导配合文艺工作者报送书面材料10余份，成功争取文艺作品扶持项目3项，为鼓励和督促文艺工作者和群众提高文艺精品创作的积极性，形成多出文艺精品，多出优秀人才开创崭新局面。截至2016年年底，成功争取到的小说、曲艺类3个文艺扶持项目的作品正在审定和完善中。

【旅游与文化】 加强旅游与文化的融合，以文化充实旅游产品内容，促进旅游产业的发展。在3月开河鱼家庭美食烹饪大赛中，文联精选文艺节目助力活动，为推动文化工作再上台阶。

【专题活动】 4月28日，文联与工会、文体广电局共同主办“歌颂劳动美扬帆‘十三五’”全县职工庆“五一”书画摄影作品展览活动。展出在会展中心文联活动室及县博物馆一楼大厅同时进行，共展出书法、绘画、剪纸等作品100余幅，展出毛主席纪念章400余个，活动取得非常好的效果。与此同时，磴口县30名书画协会会员在展览现场创作为群众赠送书画作品累计200余副，是近年书画惠民赠送书法作品最多的一次。

【文学作品创作】 积极倡导各文艺协会会员、文艺工作者开展各类文艺作品的创作。广大文艺工作者创作出反映磴口经济社会发展和建设新农村等内容的故事、散文、诗词、小说及书画摄影、剪纸等文艺作品，并见诸于网站、报端，为全县的文艺发展和繁荣起到积极的作用。积极组织书法、摄影、美术、民间等文艺家协会参加内蒙古文联、市文联文艺志愿者服务项目和书法、美术、摄影、剪纸等培训活动。还多次组织书画家参加乌海及周边盟市、旗县的书画培训活动。

【文艺宣传】 8月，文联、财政局与中国财政摄影协会开始共同筹办“扮靓百湖之乡、建设魅力磴口”摄影展，精选和组织一批摄影图片或组图，在财政部机关办公楼的摄影展厅展出。财政部展出摄影作品之后，文联把摄影作品进行再包装、再分类，精选54幅图片，每幅配以相关的文字说明，内容涉及磴口县的政治、经济、文化、旅游、社会、民生等各方面，对外宣传“百湖之乡、魅力磴口”这张文化旅游名片，展现磴口县悠久的历史文化、丰富的自然和旅游资源、民生和社会投入及近年来的发展变化和精神风貌。同时，与文联协办的“颂清风、倡廉政、促和谐”主题书画展相互契合，在博物馆开展巡展活动。组织企事业单位、驻地部队官兵观看摄影展览，感受摄影艺术之美，感受家乡之美，激发广大群众和艺术工作者建设更美家乡和艺术再创作的动力。

【文艺志愿服务】 1月，磴口县首届冰雪民俗节活动在金马湖举办，磴口县文联作为协办单位组织书法家开展书法惠民活动，为群众赠送春联、福字作品1000副。3月6日，由磴口县文艺志愿者服务队夕阳红分队牵头开展庆“三八”广场舞联谊活动，全县各乡镇（街道）的15支广场舞队的200多名队员参加，展示新时期磴口女性的靓丽身姿与艺术风采。9月14日，内蒙古自治区文艺志愿服务团一行40人到磴口县兵团战士博物馆、冯玉祥西北军粮仓博物馆观摩、采风，志愿者服务队做全程的导游和志愿服务。10月，会同乌兰牧骑，为纳林套海农场六分场开展志愿演出。9月，文艺志愿服务队再添新会员，吸纳雅祥国际拉丁舞传播机构团体入会，新增会员100余人，使文艺志愿者会员人数达到400余人。

【文艺活动】 2月，经市、县两级文联推选，巴彦淖尔市文艺家协会第二次代表大会上，磴口县共有14名文艺界代表参加会议。在会议换届选举中，磴口县李春平、宿志江、田金龙、姜有智、张建华、翟晓兵分别出任巴彦淖尔市书协、美协、作协、民协、剧协、舞协副主席。

6月8日，在巴彦淖尔市文联举办的第三届“端午情　巴彦淖尔梦”诗歌朗诵会上，磴口县文联选送的莎日娜、安祥表演的《我在巴彦淖尔等你》从全市16个节目中脱颖而出，获得第一名。

8月23日，全市“翰墨颂草原魅力乌拉特”书画摄影展中，磴口县书画摄影协会李春平、宿志江、李庆和、乌云达来、张志刚等人共有8件书法美术摄影作品入展。同日，磴口县文艺志愿者服务队莎日娜、安详在乌拉特前旗举办的巴彦淖尔市“超星杯”诗朗诵大赛中获第二名。

8月24日，文艺志愿服务队武校分队代表巴彦淖尔市在鄂尔多斯市参加全区2016年度武术套路锦标赛上，获得金牌2枚、银牌1枚、铜牌1枚。在庆祝新中国成立67周年之际，文联音乐协会多人参与全县大合唱人员管理和节目编导设计工作，为取得全市“永远的辉煌”第一名的成绩。此外，磴口县文联的两支志愿者服务队在2016年荣登中央电视台的《开门大吉》等节目，为宣传百湖之乡魅力磴口再添异彩。

（姜有智）

军　事

人民武装

【县人民武装部领导名录】

部长：刁望岭

政委：谢　金

【概　况】 认真贯彻落实分区党委扩大会议精神，按照“扭住安全保底线、突出重点创特色、瞄准差距促发展、发挥优势上台阶”的工作思路，努力推动人武部各项工作发展，思想政治建设卓有成效、党委班子和干部队伍不断加强，战备训练工作不断强化，部队安全稳定有较大跃升，兵员征集工作圆满完成，单位建设呈现上升趋势。

【机构设置】 人民武装部设军事科、政工科、后勤科 3 个科室。

【民兵编组】 2016 年民兵整组工作从 2 月 1 日开始，至 6 月 30 日结束，历时 120 天，圆满完成全县民兵整组任务。整组工作以乌拉特前旗专武干部集训精神为统揽，扎实抓好民兵出入转队、民兵教育和军事训练工作，通过民兵组织整顿，优化结构，增加科技含量，巩固民兵工作调整改革成果，为开展各项民兵工作奠定坚实的基础。

【民兵政治教育】 牢牢扭住铸魂育人这个根本任务，以习近平强军目标为统领，进行国防教育和政治教育为主要内容的 8 节课教育，扎实推进“两学一做”在民兵队伍深入开展，强化民兵队伍履职尽责的思想基础。

【民兵训练】 2016 年，严格落实年初制定的首长机关军事训练工作计划和民兵军事训练计划，做到落实“计划不走样，训练效果看得见，安全施训无事故”。人武部首长机关共完成 40 天 280 小时的训练任务，民兵队伍共完成 40 天 280 小时的训练任务。经抽考，单科目平均合格率达到 85% 以上，圆满完成《大纲》规定的军事训练任务。7 月，组织民兵进行为期 10 天的“警棍盾牌术”训练，解决多年来对个别科目漏训的问题。

全年共参训基干民兵（含专武干部、民兵干部）训练时间 40 天，其中支援队伍训练时间 15 天，储备队伍训练时间 10 天，应急队伍和其他保障队伍训练时间 15 天，分 5 个阶段进行。普通民兵分队也严格按照计划完成所有训练任务，保证年度军事训练的“四落实”。

【专职武装干部选拔任用】 严格按照《关于基层人民武装部机构设置干部配备原则等问题的通知》（中办发〔1999〕24 号）和《专职人民武装干部工作规定》（政联〔2013〕2 号）文件精神，对专武干部从德、能、绩、廉等方面进行全面考核，并以此作为实施奖励、辞退以及调整职务、级别和工资的依据。5 名现任专职武装部长在年终考核中总评均为优秀。

【主要活动】 按照上级通知要求，研究制订本级“两学一做”和“改革强军”主题教育实施方案，严格按照计划推进活动开展，组织动员部署、专题党课、参观冯玉祥粮仓、优秀笔记展评、党员承诺践诺等配合活动，开展“新体制、新职能、新使命”大讨论和“坚定改革强军意志、投身改革强军实践”主题实践活动，为每名干部职工统一制作学习教育剪贴本，在营院和阅览室制作主题教育展板，并以党小组形式召开组织生活，剖析自身新“四有”方面存在的差距。

按照分区要求，着力抓好战备值班制度落实。2月，组织战备值班演练，强化值班人员处置突发事件的能力。3月，根据形势任务变化，对各类战备预备方案进行修订。及时调整各级应组织，强化应急处突能力。针对各基层武装部应急器材短缺的实际，积极协调县政府采购重心，投资15万元，为5个基层武装部的应急分队配全配齐应急器材，解决物资装备短缺的问题，同时也建起民兵活动之家。抓住民兵整组期间人员相对集中的机会，突出抓应急连基础训练和防凌防汛、维稳处突等技能训练，为遂行各类急难险重任务打牢基础。

2016年年初，层层签订安全管理责任状，建立安全管理责任网络，确保人人处在安全网络中，形成人人讲安全的工作态势。坚持每月召开党委会研究安全管理工作形势，每季度组织一次安全隐患排查，确保将各类隐患消灭在萌芽状态。大力开展安全隐患排查治理活动，认真对照隐患排查的8个方面30个问题，采取集中组织、对口排查、全面整改的方法，深入查找单位在安全管理工作中的薄弱环节，着力解决一系列不稳定因素和安全隐患苗头，效果十分明显。制定《干部管理规定》和《职工管理规定》，创新方式方法加强人员8小时以外管理。严格落实每月20日的驾驶员警示教育日制度，对干部职工的私家车进行登统计，签订责任书，定期到驻地交警部门了解私家车违章情况，确保对干部职工私家车管理不失控。2016年，被内蒙古军区评为安全管理先进单位。

按照人民武装部正规化建设标准，在经费十分紧张的情况下，依然投入大量人力物力财力，不断完善自身基础设施建设，提高人民武装部正规化水平。8月，主动协调地方有关单位，办公楼内部进行粉刷，并购置更换一批学习桌椅，改善办公环境。对年久老化的暖气管道进行维修，并更换35组新式暖气片，改变往年暖气不热的问题。

【双拥工作】 人民武装部领导每人拿出1000元，对磴口县一中的2名贫困学生进行资助。春节期间，专程看望慰问驻地贫困军人家属，送去米、面、油等物资。积极协调地方有关部门为对口帮扶的巴彦套海农场三分场3个贫困户无偿提供5吨水泥、8000块红砖、1万元帮困金，协调驻县部队捐赠衣物等物资，一定程度上改善贫困群众的基本生活条件。此外，认真组织干部职工参加县集中组织的“博爱一日捐”等活动，受到当地政府和人民群众的好评。5月，主动协调当地林业部门为民兵训练场种植杨树和柳树3000余株，为确保树苗的成活率，打井4眼。为周边1000多平方米沙化较严重的地域种植大量的沙棒和梭梭，为防止民兵训练场沙化做出应有的贡献。大力支持地方建设。按照县委、县政府指示，积极组织干部职工参与地方“新农村新牧区建设”工作，主要负责宣传政策、清整垃圾、援助建设等工作，安排2名职工住村帮扶约7个月、210多天。

【征　兵】 严格按照网上报名、初审初检、体格检查、政治考核、走访调查、预定新兵、张榜公布、批准入伍8个步骤抓好征兵工作。开展征兵宣传；认真组织征兵体检、政治考核业务培训会；严格抓好征兵政治考核、体格检查，并先后进行2次复检、3次抽检；公布两级军区、军分区及本级廉洁征兵举报电话，圆满完成年度征集任务。

（侯文兴）

武 警

【县武警中队领导名录】

中队长：董　伟

指导员：梁云飞

【概　况】2016年，武警磴口县中队始终以中共十八大和中共十八届五中、六中全会精神为指导，以强军目标为统领，以争创先进中队为目标牵引，坚持以《军队基层建设纲要》为指导，扎扎实实打基础，开拓创新求发展，苦练精兵谋打赢，抓好各项工作落实，部队全面建设稳中有升，各项任务圆满完成。中队11人被评为优秀士兵，3人加入中国共产党，中队实现脱贫摘帽的年度目标，被表彰为基层建设先进单位。

【思想政治】2016年，中队紧密结合支队年度政治教育安排及“两学一做”学习教育计划安排，以习近平“七一”讲话重要精神为指引，深入开展“改革强军”主题教育活动，切实发挥中队党支部的战斗堡垒作用，教育引导官兵时刻保持高度的政治敏锐性，始终与中共中央保持高度一致，确保中队官兵在政治上绝对纯洁，思想上绝对可靠。年度政治工作考核在支队名列前茅，8月，参加支队“两学一做”及改革强军知识竞赛取得第三名的好成绩，中队以“三互小组”为单位创作的“三互小报”在支队得到推广。

【军事训练】2016年，中队始终以任务为牵引，以质量为核心，以战斗力为标准，把军事建设的着力点放在提升能力保中心上。坚持每月训练与评优评先相挂钩，树立典型，完善激励机制。以“魔鬼周”“勤训轮换”“军事体育运动会”等具体活动为机遇激发官兵训练热情，中队“五公里”训练水平在支队走在前列。在8月组织的军体运动会上，取得团体第三名的成绩。

【双拥共建】武警中队高度重视双拥共建工作，把共建工作作为新形势下加强军政军民团结的有效途径，切实开展各项活动。中队积极继承和发扬雷锋精神，利用休息日走上街头清扫马路，两次到老革命军人宋言信家中看望慰问。中队官兵积极参加驻地组织的爱心献血活动，同时大力开展捐资助学活动，连续多年资助驻地困难学生。县委、县政府高度重视中队的发展建设，多次到中队慰问指导工作，积极协助中队筹备应急车辆购置款，推进中队新址建设工程，营造良好的双拥共建氛围。

（邓少辉）

人民防空

【县人民防空办公室领导名录】

主任：刘　健

副主任：薛金成

【概　况】2016年，磴口县人防办在县委、县政府的正确领导下，在市人防办的关心指导下，坚持“长期准备、重点建设、平站结合”的方针，以转变机关作风、加强行政效能建设为突破口，狠抓各项工作的落实，结合“两学一做”学习教育活动，按照年度建设任务指标的要求，强化人防执法、扎实工作，取得一定成绩。

【人防知识宣传教育】加强人防志愿队伍建设和培训，完善、充实、提高人防宣传教育进机关、进学校、进企业、进社区、进网络“五进”活动的内容和措施，实现城镇全覆盖。以“5·12”防灾减灾日和“9·18”试鸣日两个活动日为契机开展形式多样的人防宣传活动。协调学校人防教育工作，开展人防教育示范学校试点工作，联合开展人防知识讲座和疏散演练等活动。征订好《中国人民防空》《内蒙古民防》等杂志和报纸。

（李　静　李　亮）

法　治

政法委及综治

【中共磴口县委政法委员会领导名录】

书记：刘　峰（至2016年7月）

任海韬（女，2016年7月起）

副书记：贺有才

伊拉特（蒙古族）

翟红兵

【概　况】2016年，磴口县的政法、综治、维稳工作在县委、县政府的正确领导下，在市委政法委的大力支持下，深入贯彻落实习近平关于政法工作的重要指示精神和中央、自治区、市政法工作会议的会议精神，按照县委2016年全县党建工作会议的部署要求，增强忧患意识和责任意识，把防控风险、服务发展和破解难题、补齐短板摆在突出位置，深入推进平安磴口、法治磴口和过硬队伍建设，最大限度地预防和减少违法犯罪和重大事件的发生，全县社会大局持续稳定，治安形势不断好转，各项工作取得明显的成效。

【机构设置】政法委内设办公室、政治部、执法督查室、信息调研室。磴口县社会治安综合治理委员会办公室、磴口县维护稳定工作领导小组办公室与政法委机关合署办公。

【社会治安整治】在社会治安整治工作中，加大对刑事犯罪和“两抢一盗”犯罪打击力度，深入开展“破大案、缴毒品、万人计划”等专项行动，尤其是成功破获“2016—84”公安部毒品目标案件，“3·25”王某故意杀人案和兰某、杨某系列跨省入室盗窃案。做好重点地区和突出治安问题排查整治工作，出动警力470余人（次），检查娱乐场所42家278次；加强对特殊人群及重点人员管控工作，加强重性精神障碍患者救治救助和管理，录入卫生系统9人，录入公安系统13人，全部实施动态化管理；开展“流浪孩子回校园”专项行动和2016年度县“青少年维权岗”创建活动；为9名社区服刑人员配备防分离腕带电子监管系统，在磴口县敬老院挂牌成立磴口县社区矫正公益劳动基地。社区服刑和刑满释放人员无1人脱管漏管，无1例重新违法犯罪现象。

【社会矛盾化解】健全完善矛盾纠纷多元化解机制，开展建筑领域欠薪等矛盾纠纷排查化解专项行动，共受理调处各类社会矛盾纠纷488件，调处成功率在99%以上。排查重点矛盾隐患12件，涉及人数317人。对在哈腾套海、纳林套海设苏木镇、火葬场殡仪馆异地搬迁、昌盛光伏等19项重大决策、重大工程建设项目进行风险评估。

【公共安全隐患消除】组织公安、市监等部门对县域内18家快递行业进行专项检查，行政处罚2起，下达责令整改通知书1份；公安局开展“两清理一排查”专项行动，出动警力98人（次），警车35台（次），对19家加油站、11家液化气站、2家烟花爆竹经营场所进行“拉网式”安全隐患排查，排查重点群体24个，下达整改通知书8份；加强道路安全隐患排查整治，做好护路联防工作。2016年，交管部门共查处各类交通违法行为70692起，实现“事故起数、死亡人数、受伤人数、直接经济损失四下降”的良好形势；安监部门共检查生产经营单位94家，排查消除各类事故隐患25起，经复查后企业隐患整改率达100%。2016年，全县共发生安全生产事故52起，同比下降38%；消防部门共检查社会单位1338家（次），发现火灾隐患2662处，下发责令改正通知书2649份，依法责令“三停”单位10家。2016年，全县共发生火灾事故171起，同比下降41%，财产损失27.10万元，抢险救援23起，出动车辆225辆，出动警力1757人（次），抢救人员31名，抢救财产价值1724万元。

【维护社会稳定】 2016年，共下发相关文件33个，落实领导批示31次，报送信息59篇，采用19篇。报送简报21篇，采用8篇。报送研判8篇，采用3篇。2016年，磴口县纳入市、县清单管理的案件全部化解，没有发生重点人员失控现象。加大对基层维稳干部应急处突培训力度，共培训4期889人（次），开展应急演练6次，参与人数1554人（次），出警人数216人、车辆72辆。

【维护国家安全】 加强对国家安全工作的组织领导，在富源广场开展首个全民国家安全教育日活动，参加人员1000余人，累计发放各类宣传册、传单1500余份。公安局开展5次“敏感节点”专项治理行动，切实有效地震慑犯罪，确保“两会”等敏感时期全县的安全稳定；公安局、网信办开展“清网”专项行动，编报信息67期，上报调研6篇。

【社会治安防控体系建设】 投资1100万元建设完成平安城市视频监控网络管理系统，视频监控覆盖临街商业网点和住宅小区共566个点，安装摄像头3938个。按照“视频监控、警务室驻点、联防队巡防”的“三位一体”工作要求，在主要路口安装“电子警察”监控系统4套，建立视频监控24小时值守机制，切实把信息化建设成果及时转化为平安建设核心战斗力。在苏木镇、村（社区）、组设立三级网格315个，有专职网格员89人，兼职网格员383人，综合开展群众事务代办、矛盾纠纷调解、治安群防群治等工作。

【基层基础建设】 建立健全县、镇、村、社四级综治维稳网络，成立综治维稳工作中心5个，村嘎查综治工作站47个，社区综治工作站6个，有综治维稳信息联络员655名，按照“专群结合、依靠群众”的方针，充分发挥环卫工人人数多、工作面广的特点，为153名环卫工人发放印有“治安联防”的红袖标。充分发挥巡特警的作用开展巡逻工作，提高群众见警率；在农牧区，积极整合民情联络员、党员代表和护林员等工作力量，实行“定村、定人、定责”巡防。

【推进依法治县】 人大部门强化法律监督工作，对自治区《预防未成年人犯罪条例》进行立法调研、对《中华人民共和国道路交通安全法》等法律法规落实情况进行检查，开展专项执法检查和案卷评查活动。

政府部门印发《磴口县人民政府关于公布县行政单位清单的通知》等文件，完成县和苏木镇、农场权责相统一的“权责清单”，对284项行政审批项目进行清理精简，有551名行政执法人员进行资格认证考试。

政法机关稳步推进司法体制改革工作，完成法官、检察官入额、财务核算、财物编制上划工作。审判部门加大司法公开力度，网上公布生效裁判文书1164份。检察机关细化对立案、侦查、审判、执行等环节的法律监督措施，所办案件均在法定时限内审结，无错捕、漏捕、错诉、漏诉现象，案件准确率100%。公安机关深化和完善执法办案的五级审核把关制度，创新“4+N”常态，完善联巡联防联勤警务机制，构建警民沟通平台。司法局办理各类法律援助案件385件，成立专业性综合人民调解委员会，聘请6名专职人民调解员，共调解各类矛盾纠纷81件。

普法专项组以“法治六进”活动为契机，共组织普法宣传活动16次，发放宣传资料4000余份，解答法律咨询260余人次。依托“互联网+微信”，共发布信息45余条，关注度300人次、阅读总量在1000人次以上。利用宣传月和各种节日组织开展各类主题宣传活动7场次，发放《农牧民法律知识问答》书籍1000余册，展出各类展板260余块，解答群众各类法律咨询2600余人次，发放各类法制宣传资料4.30万余份。全县实行网络在线学法和普法考试的单位共计105家单位3007人。占地面积700余平方米的青少年法治教育基地全面建成。向全县13所中小学校赠送《磴口县“小手拉大手·送法进校园”法律知识问答》900册，建成普法学法大讲堂20个。

【公正廉洁执法】 2016年，政法各部门积极开展司法救助工作，全年共审核落实司法救助案件10案10人、涉及救助资金25万元。开展涉法涉诉信访案件评查活动，共评查案件16件，有效地促进各项执法活动规范进行。

（唐永刚）

法　院

【县人民法院领导名录】

院长：菅永胜

副院长：郭治文

李　东

苏义龙

苗金龙

纪检组长：刘　勇

【概　况】 2016年，磴口县法院在县委的领导，人大、政协的监督，政府和社会各界的支持下，深入贯彻习近平系列重要讲话精神，围绕“四个全面”战略布局，牢固树立创新、协调、绿色、开放、共享的发展理念，大力推进司法改革和司法公开，全面提升审判质效和司法公信，各项工作取得新的进展。

【机构设置】 磴口县人民法院设立立案庭、刑事审判庭、行政审判庭、民事审判一庭、民事审判二庭、民事审判三庭、婚姻家庭案件专业审判庭、道路交通事故专业法庭、审判监督庭、巡回法庭、执行局、执行一庭、执行二庭、法警大队、政治处、办公室、研究室、监察室、审管办、宣传科、网络管理科、档案科、信访接待科、隆盛合人民法庭、渡口人民法庭、纳林套海人民法庭、沙金套海人民法庭等机构。

【工作重点】 严厉打击“两抢一盗”、经济领域犯罪和职务犯罪，认真贯彻落实《中华人民共和国刑法修正案（九）》和《关于重大贪污受贿犯罪案件量刑意见》，推动反腐败斗争深入进行；深入贯彻第八次全国民事商事审判工作会议精神，牢牢把握“五个发展”理念，依法审理投资消费、物流运输、金融保险、基础建设等领域的各类案件，促进县域经济发展，妥善审理住房、拆迁、劳动、医疗等民生领域各类案件，促进社会和谐稳定；强化诉权保护意识，支持和保障人民群众依法理性表达利益诉求，对依法应该受理的行政案件，做到有案必立、有诉必理，加大对行政案件协调力度，妥善化解“官民”矛盾；开展“执行年”“草原风暴”国庆期间集中执行“秋季攻坚”金融系统案件集中执行等专项活动，加强执行工作信息化建设，建立执行指挥中心，配备执行指挥车，完善执行指挥系统和执行信息查控体系；认真落实民生案件“绿色通道”制度、司法救助和法律援助制度，推进诉讼服务中心建设，利用诉讼服务热线、电子公告屏、触摸屏查询台、人工服务窗口等，为公众提供全方位的案件流程公开服务；依法适用小额诉讼程序，对涉及物业服务合同、供热合同、民间借贷纠纷等标的较小、案件事实清楚、当事人争议不大的案件，及时化解小额纠纷，提高诉讼效率；认真开展“精准扶贫”工作，全院干警共帮扶沙金苏木贫困户68户，帮助49户困难群众脱贫；组织党员干警学习《中国共产党章程》《中国共产党廉洁自律准则》和习近平系列重要讲话等学习教育资料，全体党员参加学习研讨会，党组成员带头讲党课，党总支和各支部召开组织生活会，认真开展“两学一做”学习教育；积极稳妥推进司法改革，认真完成财物核算、财物上划和编制上划工作，30名干警被任命为员额内法官，并按照1∶1∶1的比例配置法官助理和书记员，实现人员分类定岗管理；加强基础设施建设，沙金套海人民法庭正在新建中。

2016年，磴口县人民法院共受理各类案件4333件，人均办案140件，比2015年同期上升16.78%，其中刑事106件、民商事2860件、行政26件、执行1341件。审执结3916件，其中刑事85件、民商事2589件、行政24件、执行1218件。所结案件中，一审案件陪审率98.21%，一审案件调撤率59.95%，法定审限内结案率100%，一审服判息诉率94.32%。

【刑事审判】 2016年，全院共受理各类刑事案件106件，审结85件，涉及罪名35个，判处人犯123人，其中判处五年以下有期徒刑115人，五年以上十年以下有期徒刑6人，十年以上有期徒刑2人。审结暴力性犯罪、多发性侵财犯罪案件36件；审结非法吸收公众存款案件2件，涉案金额1.80亿元；审结贪污贿赂、渎职等犯罪案件10件，涉案人员18人；依法判决首例利用邪教组织破坏法律实施罪案件。在惩治犯罪的同时尽力保护被害人合法权益，共审结刑事附带民事案件15件，为被害人挽回经济损失200余万元。

【民商事审判】 2016年，全院共受理各类民商事案件2860件，审结2589件，其中调解1021件、撤诉531件，调撤率59.95%，适用小额速裁审理案件268件。

【行政审判】 2016年，全院共受理行政诉讼案件26件，审结24件，审查非诉行政案件1件，审结1件。

【执行案件】 2016年，全院共受理各类执行案件1341件，执结1218件，执结率90.83%，其中，实际执结案件696件，实际执行率57.14%，执结标的6363.83万元，经查暂无财产可供执行案件终结第一次执行程序522件，占总结案率的42.86%。纳入失信被执行人名单76人，司法拘留87人，利用官方微博、微信公众号集中曝光“老赖”618名。

【派出法庭】 2016年，磴口县人民法院渡口人民法庭共受理各类案件363件，审结359件，结案率98.89%，调解106件，撤诉106件，调撤率59.05%；隆盛合人民法庭共受理各类案件279件，审结249件，结案率89.24%，调解99件，撤诉80件，调撤率71.89%；纳林套海人民法庭共受理各类案件204件，审结203件，结案率99.51%，调解103件，撤诉33件，调撤率66.99%。沙金套海人民法庭共受理各类案件292件，审结268件，结案率91.87%，调解50件，撤诉61件，调撤率41.42%。

（莫 勇）

检 察

【县人民检察院领导名录】

检察长：王新平

党组书记：王新平

副检察长：徐先成

邱丽凤（女）

史挨云

卢红冰（女）

杨海棠（女，至2016年11月）

党组成员：徐先成
邱丽凤（女）
官泊达
庞　梅（女）
许文刚
卢红冰（女）
史挨云
马绍云
纪检组长：官泊达

【概　况】2016年，磴口县人民检察院在县委和上级院的正确领导下，以科学发展观和习近平系列重要讲话为指导，紧紧围绕“强化法律监督，维护公平正义”主题，贯彻落实中共十八届三中、四中、五中、六中全会和高检院两个会议精神，以“八化”建设示范院创建活动为载体，深入开展“两学一做”专题教育工作，切实加强班子建设、队伍建设、业务建设和信息化建设，各项检察工作均有新进展。

【机构设置】检察院内设政治处、反贪污贿赂局、控告申诉科、刑事执行检察局、办公室、反渎职侵权局、侦查监督科、公诉检察科、职务犯罪预防科、民事行政检察科、技术室、法律政策研究室、监察室、法警队、巡回检察室、机关事务中心、案件管理办公室。

【检察改革】按照中央司法改革精神，依据上级院的具体安排部署，积极与组织、人社、财政等部门沟通、联系，按时完成检察官职务套改、司法体制薪酬制度改革调研、政工人事统计工作；制订首批员额内检察官选任工作方案并严格操作，14名检察官按规定顺利入额。

【预防职务犯罪】建成网上廉政警示教育基地，采用逼真的3D漫游模式，通过播放廉政微电影、职务犯罪人员现身说法、公益宣传片等形式，直接对观众实现法制教育，同时提供法律咨询、检务公开、代表委员联络、行贿犯罪档案查询等法律服务。深入行政机关企事业单位进行警示教育讲座17次，在户外人流密集区域开展预防宣传19次，受众达1200余人。形成调查报告、撰写职务犯罪案例分析、提出检察建议等7件次，提供预防咨询30次，对636家单位进行行贿犯罪档案查询并出具告知函648份。紧紧围绕精准扶贫工作开展集中整治和加强预防扶贫领域职务犯罪专项工作，组织宣讲团成员在全县开展警示教育宣讲和预防宣传活动，为精准扶贫工作提供法律保障。

【自觉接受监督】加大利用微信、微博等新手段向人大、政协及时发布检察工作相关动态，宣传法律知识，进行职务犯罪预防教育，收集涉检舆情，回应社会关切。微信发布294余期900余条，多次冲入全区检察机关公众号影响力榜单。认真办理代表建议、政协提案和人大、政协交办转办的案件。加强与代表委员的经常性联系，通过调研、座谈和上门走访，举办“检察开放日”活动等方式，广泛听取代表委员意见。

【信息化建设】以提高检察信息安全规范为工作重点，充分发挥信息化工作在检察环节中的职能作用，开拓新思路，努力提高自身业务素质。共完成中心机房安全软件平台升级13次，检察应用软件系统维护56次，网络维护维修26余次。稳固“分级保护”信息安全工作。持续推进微信公众平台建设，及时发布检察系统检察动态，宣传法律知识、进行职务犯罪预防教育。

【诉讼监督】办理申请监督案件10件，其中办理执行监督案件5件；市院交办案件5件，不支持监督申请4件。

向公安机关发出口头纠正通知12次，纠正违法通知书4份，逮捕案件继续侦查取证意见书24份，应当逮捕犯罪嫌疑人意见书1份。

联合看守所开展法制宣传教育3次，对在押人员上法制课5次，个别帮教谈话45人（次），对监管活动中的违法行为提出口头检察建议11

次，书面检察建议3次；审查办理羁押必要性审查案件4件，经审查后提出变更强制措施意见，办案机关采纳3件，监外执行提出检察建议5次，已全部纠正。

【侦查监督、公诉业务】 2016年，共受理提请批准逮捕案件46件68人，批准逮捕38件49人，不捕8件19人，发出书面纠正违法通知书4份，应当逮捕犯罪嫌疑人建议书1份，立案监督2件5人。受理审查各类案件95件139人，2015年积存29件39人。其中，受理本院侦查部门移送起诉8件17人，受理公安机关移送起诉87件122人。移送法院审查起诉95件132人（含上年积存），不起诉10件11人，报送上级检察院审查起诉2件6人，发出书面纠正违法通知书4份，发出检察建议5份。

【涉检信访、控告申诉检察】 受理控告举报线索26件，直接答复19件，举报中心初核职务犯罪线索5件，分送本院相关部门办理2件；办理刑事申诉案件2件，国家赔偿案件2件。积极配合有关部门开展社会治安防控体系建设，主动参与矛盾纠纷排查调处工作，根据部分地区社会矛盾状况，以设立咨询点、出动流动宣传车、悬挂横幅、展出展板、散发宣传材料等形式深入基层巡回接访、调查走访宣传6次，办理信访案件4件，接待和解答群众问题90余人次，发放宣传材料6000余份。

【反贪反渎工作】 共受理各类经济犯罪线索11件，对其中的6件线索进行初查。共立案4件，涉及8人，其中的2件所涉及的5人移送审查起诉。

（康建华　周建军　王　磊）

公　安

【县公安局领导名录】

局长：黄永利（蒙古族）

政委：张永平

副书记：马珍云（至2016年5月）

副局长：邢永胜

张智强

苏雅拉达来（蒙古族，至2016年5月）

李　楠

纪检书记：陈　涛

【概　况】 2016年，县公安局在县委、县政府和上级公安机关的坚强领导下，以中共十八大，中共十八届三中、四中、五中、六中全会精神和习近平重要讲话精神为指引，全国全区全市政法工作会议精神和公安厅局长会议精神为指导，坚持以民意民生警务和“互联网＋警务”为引领，深化公安改革与“四项建设”。结合磴口县社会治安形势实际，深入推进具有磴口特色的“主动警务”工作模式，为磴口县经济社会发展和人民群众的安居乐业做出积极贡献。

【机构设置】 公安局内设政治工作科、纪检监察室、指挥中心、警务督察大队、警务保障室、办公室、机要科、审计科、信访科、宣教科、法制大队、情报大队、网络安全保卫大队、基层基础工作科、国内安全保卫大队、经济犯罪侦查大队、治安管理大队、刑事侦查大队、禁毒缉私大队、反恐怖大队、巡特警大队、出入境管理科、接处警大队、监所管理大队、看守所、行政拘留所、科技信息通信科。派出机构：东风派出所、东升派出所、粮台派出所、渡口派出所、补隆派出所、隆盛合派出所、沙金派出所、乌兰布和派出所、巴彦套海派出所、哈腾套海派出所、包尔盖派出所、纳林套海派出所、市场派出所、工业园区派出所。

【社会治安】 2016年，共立各类刑事案件314起，破获各类刑事案件135起，其中，破获现行案件125起，破获年前积案5起，破获外地案件23起；全年共立8类严重暴力犯罪案件11起，故意杀人案件1起、伤害致死案件1起，重伤害案3

起、强奸案件6起，8类严重暴力犯罪案件破案率100%。共抓获各类犯罪嫌疑人65人，全年移送起诉81人，共抓获网上逃犯12人，其中外省逃犯6人，外盟市逃犯2人。

【禁毒管理】 深入开展“净土2016禁毒严打整治专项行动”“毒品公开查缉专项行动”“禁种铲毒、打零收戒”等专项行动。全年共侦破毒品刑事案件2起，抓获犯罪嫌疑人13人，刑事拘留8人，移送起诉5人；办理毒品行政案件15起，行政拘留2人，强制隔离戒毒13人，社区戒毒15人。多警联动，合成作战，成功破获“2016—84”公安部毒品目标案件，抓获违法犯罪嫌疑人5人，当场缴获冰毒1公斤，毒资18.30万元，扣押涉案车辆1台。12月13日，破获韩某、李某、梁某贩卖毒品案件，缴获海洛因90克，缴获毒资14万元，扣押涉案车辆1台，抓获犯罪嫌疑人3人。

公安局主要领导高度重视，积极争取县委、县政府支持，投资300余万元建设社区戒毒康复中心、604平方米的禁毒预防宣传教育基地，并拨付工作经费18.10万元，该项目的建成为社区戒毒、社区康复和禁毒预防宣传教育及巩固毒品治理成果奠定坚实的基础，走到全市前列。

【打击各类刑事犯罪活动】 深入开展“亮剑”及打击“盗抢骗”、打击电信诈骗、“公共安全百日大会战”“震慑”等一系列专项行动。以主动警务理念为出发点，快速破获王某某故意杀人案，该案报案人报称亲属失踪，利用情报合成研判分析，决定以疑似失踪人员被害案件组织开展侦查，成功破获该案并抓获犯罪嫌疑人，此案被中央电视台社会与法频道《一线》栏目采编。充分发挥合成作战和刑事技术优势，先后破获兰某、杨某跨省技术开锁入室盗窃系列案18起；市局挂牌督办的马某某强奸案；破获杨某某跨省盗窃汽车系列案9起等有影响案件。11月29日，举行公开退赃大会，向群众退还被盗、被骗现金1万元，轿车4辆，笔记本电脑、手表等总价值40余万元。

【打击涉众型经济犯罪】 历时3年，先后侦办的两起涉案金额分别为2.80亿元、1.80亿元的非法吸收公众存款案件于2016年依法判决，仍在侦办的1起涉案金额8000余万元的非法吸收公众存款案件正在诉讼过程中，以上3起案件涉案群众达到620余人。该类案件易引发社会矛盾及不稳定因素，关系群众切身利益，案件侦办难度大。在主动警务理念的引领下，公安局主要领导统筹指挥，克服警力不足、经费紧缺等困难，全力攻坚，使此类案件的侦办成为县级公安机关侦办涉众型经济案件的典范。同时，注重科学布局，统筹兼顾，既全力查办关系经济安全、社会稳定的“大案”，又办理关系群众切身利益的“小案”。2016年，共受理各类经济案件6起，破案6起。涉案金额67.69万元，移送起诉13起6人。

【城乡防控一体化】 投入1100余万元建成“平安城市”视频监控系统一期工程，其中城区视频监控覆盖率达70.60%；2016年，政府投资2300万元开工建设“平安城市”视频监控系统二期工程，建成后城区主要街道、重点场所及农村、牧区主要道路等将达到100%视频监控全覆盖。

【建立网上网下一体化】 建立重点网络运营服务商和辖区网吧联络机制，服务打防实战，实现网上网下、虚拟现实一体管控。做好互联网基础大排查，网吧实名登记率保证在95%以上。树立“互联网+”理念，利用“人人有手机微信，人人都是宣传员”的便利条件，通过“平安磴口”微信公众号广泛传播正能量，对热点案（事）件进行深度权威解读，对朋友圈各类谣言及时发声辟谣，迅速公开、透明地发布当地案件信息回应社会的关注，并引导群众自觉学法、懂法、守法。

【基础信息一体化】 按照市局安排并结合磴口县实际，开展基础信息采集百日大会战，自8月开始，共采集录入基础信息15类68531条，共采集有效PGIS坐标4354条，其中案件信息503条，为全市公安大数据、云计算工作进一步开展注入新鲜血液。

【警务保障一体化】 2016年，投资23万元购买执法仪10台、声波驱散器1套、新式约束叉18把、约束毯1个、组合警棍46根；为一线办案单位配备电脑、打印机、相机等共计25台，为全局民警更新、配发的单警装备23套，基层一线民警的装备配备率达到100%，推动各项公安业务工作的开展。

在基础建设上，磴口县看守所新建项目由市发改委批准立项建设，争取上级投资835万元，工程正在进行场地平整工作。2016年12月，经局主要领导多次同县委、县政府协调，同意将地理位置优越建筑面积800余平方米、价值400余万元的磴口县巴彦高勒镇团结路上原行政执法局的办公大楼调配给东升派出所使用，投入30余万元进行重新修缮。

【社会治安专项整治】 全年组织开展“震慑行动”、严打“黄赌毒”、夏季社会治安整治等专项行动19次。检查KTV、酒吧、足浴、棋牌、出租屋等场所241间次，清查出租房屋254户，登记暂住人口758人，整改安全隐患16处；共查处各类治安案件145起，查处违法人员99人，查处侵犯他人人身权利、财产权利案件107起，占治安案件总数的74%，查处“黄赌毒”案件27起，有效净化辖区社会治安环境。

【危爆物品管理】 深刻汲取“12·6”赤峰煤矿爆炸事故教训，深入开展“缉枪治爆”专项行动，细化整治工作重点，抓好民爆物品流向储存、登记、运输、爆破等环节监管及涉爆、涉剧毒从业人员管理等措施的落实，通过远程监控系统对现营业的民爆储存库进行定期点名，实现爆破作业全程视频监控，不定期抽查。组织召开涉爆单位专项工作会7场次，培训学习会5场次，对辖区涉爆企业单位负责人及技术人员进行技能培训。开展收缴非法枪支弹药、爆炸物品专项行动6次，依法收缴各类枪支4支，各类子弹共计68发，导火线13米，电雷管2枚，销毁炸药16公斤，破获涉枪案件1起，收缴气枪1支，行政拘留1人。

【食品、药品和环境犯罪预防打击工作】 开展打击环境污染犯罪“清水蓝天”专项行动和打击整治食品违法犯罪“利剑二号”专项行动。以“主动警务”为工作模式，在民生维护上成效显著。截至年底，与环保局等多个部门联合执法依法关停5家环保违规企业；查办食品药品和环境污染类案件刑事案件3起，破3起，抓获犯罪嫌疑人6名，查办行政案件1起，行政拘留1人。

【交通秩序管理】 开展交通安全宣传，开展涉牌、涉证、酒后驾车等专项治理和除隐患、防事故、保畅通活动，严把机动车检测关，确保全县道路畅通，交通秩序良好。2016年，全区农牧区道路交通安全现场会在磴口县成功举办。全年共纠正违法行为13.90万人次，扣留机动车363辆，扣留驾驶证337本，行政拘留30人，受理交通事故报案6起，死亡6人，受伤4人，直接经济损失7200元，与2015年相比事故起数持平，死亡人数持平、受伤人数持平，财产损失下降。

【消防安全管理】 积极推进人员密集场所、学校、养老院专项治理行动。完善农牧区消防设施建设，依托“新农村新牧区建设”，消除农村、牧区柴草火灾隐患。全年共发生火灾事故86起，同比下降5.49%；财产损失19.38万元，同比下降95.18%。抢险救援29起，抢救人员20名，抢救财产价值471.20万元；检查社会单位1588家次，发现火灾隐患3240处，下发责令改正通知书1223份，下发临时查封决定书11份，依法责令“三停”单位12家，行政处罚34.20万元。共办理建筑工程消防设计审核（含备案）14件，建筑工程消防验收（含备案）5件；开展消防疏散逃生演练及消防安全宣传30余次，发放宣传资料5万余份。

【人口管理】全县共有常住户48984户，人口115836人。全年办理户口补入遗漏业务130人；发现并删除双重户口446人，出生登记落户882人；审批往年出生、超生、收养登记落户52人；主项变更更正108人；审批办理市外迁入业务366人；办理一站式市内迁移业务189人；全局共办理迁出市外业务590人；死亡注销513人；列管重点人口239名，解决无户口人员13人，完善人口信息。

【便民服务】依托“主动警务”以服务企业、服务群众便捷高效为目标，推出一系列便民服务措施，在各派出所设立独立户籍室，开通全国18个省市异地证办理业务，共办理异地身份证237个。全年受理、审核公民因私出境申请666人次，其中办理护照326人次，办理港澳通行证旅游190人次，办理台湾往来通行证150人次。

【简化办事流程】在原有便民服务的基础上，拓展户籍业务网上预约服务项目，简化办事流程，充分利用微信、微博等方式大力倡导宣传网上预约服务。共受理“网上公安”业务申请1805条，办结率100%。集中印刷安全防范宣传册20000册，防诈骗宣传折页50000份，户籍业务宣传资料10000份，在各户籍窗口设置宣传专栏，大力宣传户籍业务办事流程，让群众少跑来回路，便民服务更贴心。

【拓展服务】以“防”为本，织密道路巡控网、卡点堵控网、视频监控网、便衣守控网、区域防控网“五张网”，建立机关、村（居）干部夜巡队，治安积极分子巡防队，企业护企队“三支队伍”，构建“大巡防”格局。牢固树立“民意主导警务”工作理念，以法制宣传教育和打击侵财小案为抓手，最大限度提升群众对公安工作的满意度。组织民警网上、网下开展法制宣传教育，坚持送防范进社区、进企业，向群众发放《居民“防范”手册》5万余册，不断提高自防意识。

【公安队伍建设】紧紧围绕提高民警“六项能力”建设目标，广泛采取“专题培训”“派驻式培训”与所队日常学习等方式强化执法主体能力建设。全局民警执法能力得到有效提升。将“日审核”“周通报”“月检查”“季考核”作为常态工作持续推进的同时，实施刑事案件法制部门“统一审核、统一出口”工作机制。全年开展执法质量自检、互检、巡检20次，累计检查刑事案件178起，行政案件115起，整改问题案卷103卷。共审核提请批准逮捕29卷，审核移送起诉45卷，统一出口到检察院卷宗87卷。全年共开展警务督查80余次，专项督察28次，受理投诉案件18起，已办结18起，查办民警违法违纪案件2起，行政警告1人、行政记过处分1人。在坚持传统警务公开的前提下，牢固树立“互联网+”工作理念，充分利用新媒体开展执法公开工作。充分利用“网上公安局”和微信公众号等平台，向社会公众和特定对象公开执法依据、执法程序、执法进度、执法结果和监督举报电话，实现执法办案对特定对象公开短信告知。主动接受人大代表、政协委员执法办案监督，办结人大代表建议和政协委员提案4件。

【宣　传】全年共刊登各类报刊267篇，国家级中央电视台《一线》栏目1篇，《人民公安报》1篇，区级报道57篇，市级报道207篇，网络报道8篇。

【荣　誉】2016年，公安工作中涌现出许多先进典型。县局被公安部通报表扬1次；被市禁毒委评为2015—2016年度缉毒执法工作先进集体；受市局嘉奖2次；受市局贺电表彰2次；被市局评为2016年度全市公安机关第二期所队长培训中优秀集体；在全市公安机关“践行民意民生警务，深入推进‘两学一做’学习教育”知识竞赛中获得优秀奖；被县委、县政府授予集体三等功；被县委、县政府评为尊师重教先进集体。刑事科学技术室被公安部评定为全国一级刑事科学技术室；国保大队、巡特警大队分别被市局授予集体三等功。

受表彰的个人中，贺伟被公安厅授予二等功；贺世成被评为全区公安机关优秀共产党员；敖芝洋、莎仁高娃家庭被评为内蒙古自治区2016年“草原儿女赞·最美家庭”标兵户及全市勤勉廉洁最美家庭；郭海玲事迹被评为庆祝中国共产党成立95周年“我身边的好党员”网络征文活动典型事迹；其家庭被评为全市平安和谐最美家庭；另有多人被授予个人三等功、个人嘉奖、优秀党员、优秀党务工作者等荣誉称号。

（胡松柏　王彦青　杨经纬）

【县消防大队领导名录】

教导员：石玖伟（至2016年5月）

大队长：段志强

【机构设置】 磴口县公安消防大队内设教导员办公室、大队长办公室、参谋办公室、业务受理室、财务室、荣誉室。下设一个中队，中队设有司务长办公室、中队长办公室、指导员办公室、电子阅览室、会议室。

【设施设备建设】 2016年，有消防车5辆，其中1辆水罐车、2辆水罐泡沫联用车、1辆抢险救援车，25米登高消防云梯车，行政车2台、执勤车1台。

【防火监督检查】 检查单位1612家，发现火灾隐患3303处，整改火灾隐患3281处，临时查封12家，三停13家，行政警告1人，行政处罚39家、罚款29.70万元。大队共组织开展大型消防宣传活动12次，深入农牧区开展消防宣传工作4次，并在县广播电台、电视台等新闻媒体上开辟《消防连着你我他》专栏，共出动宣传车辆30台次，设置咨询服务台8处，设立消防知识展板94块，悬挂张贴标语198条，电视广播标语27条，发放宣传资料5.70万份。

（朱　敏）

【交通警察支队磴口大队领导名录】

大队长：韩　强

教导员：郭兴旺

副大队长：刘培忠

【辖区道路交通事故】 2016年，磴口县辖区共发生道路交通事故6起，死亡6人，受伤2人，直接经济损失7200元。与2015年同期相比，事故起数持平；死亡人数持平，受伤人数持平，直接经济损失减少10400元，下降59.09%。共适用简易程序处理道路交通事故161起，受伤13人，经济损失200900元。

【交通秩序整治】 坚持以预防重特大道路交通事故为中心，紧紧围绕“保安全、保畅通、保稳定”的目标，不断加强源头管理，开展安全大检查，加强客运驾驶人安全教育培训，强化路面管控，加强通行秩序管理，严格实行24小时勤务制度，坚决落实“四必检”“八必查”的工作要求，加强警务协作和警种联动，适时开展有针对性的专项治理活动。其间，先后圆满完成涉牌涉证农村面包车违法行为整治、城区交通秩序整治“百日会战”、集中整治酒驾醉驾违法犯罪行为、预防重特大道路交通事故严打整治、集中整治城市工程运输车和接送学生车辆交通违法行为、严厉打击重点交通违法行为、“打非治违”暨道路交通安全严重违法行为专项排查整治百日行动、校车和接送学生车辆交通安全隐患集中排查整治、出租车公交车行人非机动车交通违法行为专项整治、冬季道路交通安全隐患集中整治等专项行动和工作，并充分结合2016年春运道路交通安全管理工作、2016年“道路运输平安年”活动、“2016平安1、2、3号”行动、“震慑1至12号”行动，以及全面深化中小学、幼儿园安全管理工作，维护良好的校园周边秩序，坚持实行警力跟着警情走，管住重点区域，守住重点路段，盯住重点时段，防住重点车型，从严从重打击各类严重交通违法行为，努力实现企业安全生产主体责任有效落实，重点交通安全隐患明显减少、交通安全综合治理能力明显增强，道路交通安全形势持续稳定。

共查处各类交通违法行为124337起。其中，无证驾驶297起，饮酒驾驶31起，超速行驶19388起，货车超载39起，其他交通违法行为104519起。行政拘留30人，扣留机动车336辆，扣留驾驶证310本，收缴非法装置224次，拖移机动车293辆，血液检查315人次。

【基础设施建设】 积极推进“互联网+交通管理”工作，建成高清道路监控卡口9处，高清电子警察4套。指挥中心监控室内可实施播放路况信息，调取县局平安城市视频监控系统中130个高清摄像头数据，实时监控磴口县主要干道及路口的交通情况，并24小时不间断地对经过的每辆机动车进行拍照记录，可实现车辆轨迹查询，为侦破交通肇事逃逸案件等涉车犯罪活动提供有力的证据。

互联网交通安全综合服务管理平台主要包括交管政策、违法处理、上牌办证、年检年审、事故处理程序、自主预约考试、驾驶证审验提示，车辆检验提示等26项功能，以及各类办事流程，咨询提示，让广大群众真正做到足不出户，交管业务全程掌握，切切实实让广大群众感受到办理交管业务的方便与快捷。

基础信息采集共录入简易程序交通事故案件39起；申请办理机动车登记业务218辆，录入准确率100%；违法车辆6973条，录入交通违法信息31809起，48小时录入率100%；大中型客货车录入1196辆，录入率100%；机动车驾驶人匹配率99.93%。

为有效预防和减少道路交通事故，确保道路交通安全形势持续平稳，大队综合考虑道路交通安全环境和事故因素，实行“领导包片、民警包段”的工作模式，对辖区所有道路展开拉网式、地毯式梳理排查。共排查道路交通安全隐患174处，自行整改127处，市级督办13处。其中：共增设信号灯4处，施划交通标线20036.96平方米，新增交通标志276块，增设隔离护栏2200米，新增减速带49条224米，新增球机19个、电子警察1个；并对东风街与巴音路路口及小游园老年娱乐场所进行综合改造，提高道路通行能力和水平。

【执法规范化建设】 为维护公路通行秩序、保障公路畅通、有效预防和减少交通事故，着力构建严密的公路交通安全防控体系，切实保障公路交通有序、安全、畅通。2016年，共建成交通安全执法服务站2处。其中，110国道三盛公黄河大桥交通警察执法站和磴口县公安局公安公路检查站及黄河管理局黄河大桥管理站共同使用，实现交通违法行为的实时发现、取证、查纠处理。110国道补隆淖交通警察执法站警力、执法装备及安全防护装备配置齐全，完善《机动车缉查布控预警拦截业务工作规范》《机动车缉查布控系统使用规定和应用考核办法》，并设置专职岗位，每天对预警信息进行甄别签收，并对每日拦截处置信息进行反馈，规范路面拦截处置。充分利用科技手段强化非现场执法力度，通过摄像机、数码相机、定点抓拍设备、电子警察等科技装备，大力推行非现场执法，既教育交通违法者，又避免不必要的冲突，加强警民和谐关系的培养，达到良好的执法效果。

全面开展民主评议政风行风工作，专门聘请县人大、县委、纪检、政府、新闻单位、客货运输企业等30人为巴彦淖尔市公安局交管支队磴口大队政风行风警风警纪评议监督员，重点对工作机制、作风建设、政务公开、依法行政、行政效能、问题整改等6个方面进行责任分工，分阶段、分步骤对公安交通管理工作、公安交警队伍进行政风行风评议，切实纠正部门和行业不正之风，全面提高公安交警队伍整体素质和执法服务水平，树立交通民警良好形象。

【交通安全宣传】 坚持深化“文明交通行动计划”，拓展“五进”宣传教育渠道，依托新闻媒体、交通安全网站（页）、微博、微信等互联网平台、专栏等新媒体和交通安全宣教基地等公共传播途径，扩大宣传覆盖面，为群众学习交通安全专业知识、共享文明交通宣传资源，接受文明交通再教育创造便利条件。不断深化“文明交通进农牧区”的“五有”机制，即：有广播、有宣传栏、有提示牌、有宣传员、有工作台账。不断加强中小学生交通安全教育，增强未成年人安全出行意识和自我保护技能。不断深化“六个一”教育活动：即深入行政、企事业单位、社会团体和其他组织以及客货运企业、危险化学品运输企业、驾校等单位，上一堂文明交通安全课；看一场交通安全警示教育片；答一组文明交通试题；写一篇观看交通安全警示教育片心得体会；组织一场文明交通分析评判；设立一个文明交通宣传阵地，积极传递文明交通正能量，努力营造全社会共同关注交通安全、倡导文明交通的良好氛围。不断壮大文明交通志愿者队伍，向广大交通参与者宣传道路交通安全知识和自护自救常识。

2016年，共耗资20余万元建立全市第一家交通安全宣传教育模拟体验基地。共开展各类宣传活动132场次，发放各种宣传资料70000余份，利用多媒体上交通安全课70场，设置宣传站点7处，摆放宣传展板245块，交通安全授课123次，播放光盘70场次，悬挂标语横幅196条，张贴宣传画300余张，发放宣传画册2000余本，举办警营开放活动11场次，使受教育人数达10万余人次。为提高“五进”宣传教育的针对性和实用性，拓展和延伸服务渠道，大队完善“两微一信”平台建设，共发布交通安全宣传提示短信43万余条，发送微博370余条，发布微信480余条，转发、评论180余条。共在中国网、搜狐网、《人民公安报交通安全周刊》、内蒙古新闻网、《内蒙古日报》、《内蒙古法制报交通安全周刊》、《北疆警务》、巴彦淖尔政府网、《巴彦淖尔日报》、《黄河晚报》、《磴口周报》、内蒙古电视台、巴彦淖尔电视台、磴口广播、电视台等新闻媒体刊播稿件90余篇条，在巴彦淖尔交通广播电台“一路平安”播发稿件284篇条，在“交广在线”现场直播《交警话交通》节目3期。促使城乡广大群众交通安全意识明显增强，道路通行秩序明显改善。

【便民利民服务】 深入推进民意民生警务战略的实施，坚持以“促和谐、惠民生”三级联动帮扶工作为契机，深入巴彦高勒镇西环社区慰问10户因病、丧偶、无生活来源的困难居民；深入沙金套海苏木前进嘎查看望和慰问5户生活贫困的村民。组织民警积极参加磴口县隆盛合镇南营子村的“新农村新牧区建设”和“精准扶贫”工作，共帮助村民修建网片羊圈80户2536平方米，清理6个社的306户柴草、垃圾6000余吨，在南营子村、协成村、公地村植树1800余株，动用机械拆除土方40户，进行危房改造49户，修建彩钢院墙1464.38米，修建木栅栏318米，为218户村民墙体抹灰19321.71平方米，涂料喷白9567.96平方米，喷房顶8638.85平方米，拉铁丝网280米。精准扶贫49户74人，垒砌砖院墙94.90平方米，房檐554.15平方米，修建彩钢羊圈棚196.60平方米。拉运红沙29车，黄沙1100立方米。

（胡松柏）

司法行政

【县司法局领导名录】

局长：孟巴特尔（蒙古族）

副局长：刘小娟（女）

高振东

纪检组长：王 伟（至2016年5月）

【概 况】 2016年，磴口县司法局在县委、县政府的正确领导下，在人大、政协的关心支持下，紧紧围绕全县中心工作，充分发挥职能作用，主动作为，扎实工作，为推进“法治磴口”“平安磴口”建设做出积极贡献。

【机构设置】 司法局内设办公室、基层股、宣教股、公律股、社区矫正执法大队、法制股，下设法律援助中心、公证处和5个基层司法所。

【普法依法治理】 全面总结“六五”普法依法治理工作的经验与不足，做好“七五”普法规划启动实施准备工作；抓好国家工作人员学法用法制度落实，全面推行网络在线学法和普法考试，全年报名参加在线学习考试单位108家3233人。在诚仁中学建成占地面积800余平方米的青少年普法教育基地，建成普法学法大讲堂40个，法治图书馆1个。全面落实“谁执法谁普法”普法责任制，组织开展“三月综治宣传月”“3·15”消费者权益保护日“全国助残日”“全国土地日”“国际禁毒日”“法在身边·法治北疆”“深化平安法治磴口建设·提升社会治理水平”等大型法律宣传活动。以法律集中宣传日为引领，深化普法教育，抓好日常宣传教育。利用广播媒体、户内外LED显示屏、微博微信平台、政务网等载体，开展以案释法、法律体系宣传、普法公益广告和普法微电影播放等形式的宣传活动；大力开展“民主法治示范嘎查村（社区）”创建活动，巴彦高勒镇南开社区、隆盛合新地村、补隆坝楞村被评为市级“民主法治示范嘎查村（社区）”。

2016年，共主办和协办各类法治宣传活动13场次，编印发放以《中华人民共和国宪法》、全国“七五”普法规划、2015—2020年法治政府纲要为内容的“七五”普法读本2000册，免费发放普法手提袋和纸杯6万余个，展出展板150余块，解答法律咨询850余人次，发放法制宣传资料4万余份。

【社会矛盾纠纷排查调处】 以突出司法所基础设施建设为重点，制定印发《磴口县司法局关于加强等级化司法所建设的实施意见》和《磴口县司法局等级化司法所考评细则》，并为司法所配齐必要的设施装备、规范办公场所标牌标识。通过职级并行，1名司法所长享受副科级待遇。以嘎查村（社区）为依托，在各苏木镇全面开展法务室建设工作，其中，南开社区法务室在开展人民调解、社区矫正、安置帮教、普法依法治理、法律援助等各项工作中取得良好的成效。继续加强人民调解组织建设和人民调解员队伍建设，拓展综合性人民调解委员会调解领域，认真开展矛盾纠纷排查化解百日专项活动，充分发挥矛盾纠纷排查化解职能作用。做好基层工作信息管理平台录入的相关工作。

2016年，全县共有各级人民调解委员会101个，调解员377名，共受理调处各类社会矛盾纠纷506件，涉及当事人1008人，调处成功506件，调处成功率达100%。其中，口头调解25件，达成书面协议481件，履行协议481件。

【社区矫正和安置帮教】 完善管理机制，加强工作衔接，做到“见人见档”“一人一档”；为符合条件的9名社区服刑人员佩戴防分离腕带，提高社区矫正的技防水平；6月23日，在养老院挂牌成立磴口县社区矫正公益劳动基地，标志着全县社区服刑人员公益劳动进入基地化、制度化、规模化运转；建立“一日化”教育机制，组织社区服刑人员按时集中学习教育、参加公益劳动；在全县范围开展以社区矫正执法大队为主体、以各司法所为单位的社区矫正安全隐患排查专项行动；整合资源，推进社区矫正中心建设，实现功能设置科学合理，运转正常；社区服刑人员保障经费按每人每年2000元标准足额到位；积极与人力资源和社会保障部门协调，开展社区服刑人员和刑满释放人员就业培训；加强与民政部门协调，为符合条件的社区服刑人员办理低保1人，刑满释放人员办理低保1人、办理临时救助5人。

【法律援助】 完善法律顾问制度，完成在全县嘎查村（社区）配备法律顾问的工作目标，全力推进规模以上企业法律顾问工作的开展；与法院、检察院、公安局共同拟定出台《磴口县律师参与政法机关信访接待工作的意见》，为律师参与公检法机关信访工作化解，代理涉法涉诉信访案件提供保障。制定《磴口县关于完善法律援助制度的实施意见》，适当提高法律援助办案补贴标准；建立健全法律援助工作站，扩大法律援助范围，积极推进法律援助便民服务大厅、工作站点的窗口标准化、规范化建设，开展案卷质量评查和业务培训，使服务质量和办案水平不断提高，社会影响力不断提升。2016 年，磴口县法律援助中心共办理各类案件 385 件（非诉案件 350 件、诉讼案件 35 件），解答法律咨询 1670 人次，受援人数 2000 余人。

【法律服务】 认真开展公证、律师和法律工作者队伍的职业道德和执业纪律教育，严格公证、律师、基层法律服务年度考核工作，严把准入关，加大投诉查处力度，坚决从源头上杜绝各种不廉洁行为的发生；公证处加大公证宣传力度，不断拓展业务领域，提高公证的公信力和公正力；律师事务所立足当地，积极为当事人提供优质高效的法律服务，切实维护群众的合法权益；法律工作者积极当好基层党委和政府的“法律参谋”，履行职责认真做好基层法律服务工作；2016 年，公证处办理各类公证 279 件；律师事务所办理案件 78 件，提供法律援助 17 件，接待法律咨询及代写文书 150 余次；基层法律服务所共办理案件 107 件，解答法律咨询 200 次，代写文书 30 件，为当事人挽回经济损失 25 万余元。在办证办案过程中，未发现有公证律师队伍、法律援助队伍和基层法律服务工作者违纪违规和不廉洁的行为。

【帮扶及扶贫攻坚】 2016 年，开展“进社区、送温暖”活动，27 名党员为贺兰社区 15 户贫困户送去米、面、油等慰问品。在驻村工作中，派驻 20 名领导干部分成 2 组，深入到哈腾套海农场二、三分场，开展扶贫攻坚、环境清治、化解矛盾纠纷等工作，向群众宣传政策、普及法律法规相关知识。在扶贫攻坚工作中，帮扶领导干部多次入户为贫困户讲解政策、制定帮扶措施，并先后 2 次为他们送去米、面、油、化肥等急需品，解决生产生活中的实际困难。截至 2016 年年底，帮扶的 8 户贫困户中有 6 户达到脱贫标准，确认退出贫困。

【信息化和保密】 严格落实保密责任，加强保密管理，避免失泄密情况的发生。做好视频会议室的维护和使用。截至 2016 年年底，在国家级网络平台发表稿件 2 篇，自治区级报纸、杂志、网络平台发表稿件 26 篇，市级报刊发表 48 篇，县级报刊、网络平台发表 59 篇。

（王　彦）

人事劳动·社会保障

人力资源和社会保障

【县人力资源和社会保障局领导名录】

局长：何承刚

副局长：马春娥（女）

孙建新

许荣华

杜　蒙（2016 年 5 月起）

纪检组长：杜　蒙（至 2016 年 5 月）

徐海军（2016 年 5 月起）

【概　况】 2016 年，将“新农村新牧区建设”工作与各项业务工作紧密结合，全体干部职工不畏风雨，不畏酷暑，奋力拼搏，取得明显成效。

【机构设置】 2016 年 6 月 29 日，单位对内设机构进行调整，调整后的机构有办公室、公务员管理股、专业技术人员管理股、工资和离退休人员管理股、事业单位管理股、政策法规股、劳动关系股、人力资源中心、统计信息中心、档案中心、劳动保障监察大队、劳动人事争议仲裁院、财务室。

【就　业】 2016 年，全县实现城镇新增就业 850 人，完成全年目标任务的 100%，其中，失业人员再就业 160 人，完成全年目标任务的 100%；就业困难人员再就业 200 人，完成全年目标任务的 100%。“零就业家庭”发现一户，解决一户，实现动态消零，城镇登记失业率为 3.90%，控制在 4% 的目标以内。

全县共转移农牧区富余劳动力 7880 人次，完成全年目标任务的 101%，其中转移 6 个月以上的 5681 人次，完成全年目标任务的 101%。

【就业培训】 全县共培训完成城镇就业再就业技能培训 660 人，完成目标任务的 100%。其中，培训后就业 561 人，完成目标任务的 100%。农牧区劳动力技能培训 500 人，完成目标任务的 100%；创业培训 273 人的 105%；培训后成功创业 211 人，完成市目标任务的 101%。创业带动就业岗位 680 个，完成市目标任务的完成目标任务 101%。

【失业保险参保】 全县失业保险参保事业单位 71 家，企业 78 家，参保人数 6510 人，完成市下达任务的 100%。实际征缴 414.70 万元，完成市下达任务的 140%。享受失业保险 341 人，发放金额 385.73 万元。

【创业担保贷款】 创业贷款共发放 108 户，发放金额 802 万元，完成目标任务 800 万元的 100%。社保补贴 899 人，发放金额 205 万元。

【机关事业养老保险】 在磴口县社保局成立机关事业养老保险股室、配备 5 名工作人员、配备相关的办公设施，建立相关微信群，着手对全县行政事业单位进行编制审核和信息采集工作。

【城镇职工养老保险】 从 2016 年 1 月 1 日起，按新模式对企业执行按月核定。截至12月底，养老保险共核定企业84个，缴费人数3312人。

截至2016年12月30日，企业基本养老保险参保人员达16985人，完成市局目标任务的100%；企业基本养老保险基金征缴入库达11408万元，完成市局目标任务13500万元的85%；本级财政匹配津补贴1293万元。

【城乡居民养老保险】 截至2016年12月30日，城乡居民参保缴费人数为28756人，参保缴费率为96%。累计参保人数28756人，累计参保缴费人数为17752人，累计发放待遇人员为11004人。

截至2016年12月底，全县共征收居民养老保险费1017万元；中央、省、市、县四级财政补贴资金1380万元，其中中央财政基础养老金补贴957万元、自治区三级财政补贴423万元。

截至2016年12月底，共为全县城乡居民60岁以上老年人发放养老金1355万元，发放率100%。

【养老金发放情况】 截至2016年12月底，共为11602名离退休人员发放养老金，支付金额达到30511万元，月发放2542万元，社会化发放率100%。按照市局文件要求，从4月15日正式开始退休人员年检、指纹、指静脉采集工作。全县共有离退休人员11323人，已年检10719人、采集指纹10119人，指静脉9919人，行动不便人员上门年检85人，异地年检800人。

【生育保险指标完成情况】 截至2016年，生育保险参保人员8209人，完成市局下达目标任务数10800人的76%，征缴生育保险费119万元，完成市局下达目标任务数143万元的83%。待遇支付86万元，滚存结余295万元。

【工伤保险指标完成情况】 截至2016年12月底，工伤保险缴费人员8445人，完成市局下达任务数10800人的78%，征缴工伤保险费183万元，完成市局下达任务数438万元的42%。待遇支付126万元，滚存结余380万元。

【失业保险指标完成情况】 截至2016年12月底，全县失业保险参保事业单位71家，企业78家，参保人数6510人，完成市下达任务的100%。实际征缴414.70万元，完成市下达任务的140%。享受失业保险341人，发放金额385.73万元。

【城镇职工基本医疗保险扩面征缴】 2016年，城镇职工基本医疗保险参保15980人，完成全年任务数16506人的96.80%。基金征缴5735万元（统筹收入3253万元、个人账户收入2482万元），基本医疗保险支出5593万元（统筹支付3533万元，个人账户支付2060万元），享受统筹报销待遇6599人次，平均费用5353元，个人账户享受待遇59894人次，平均费用344元；基金滚存结余1870万元（统筹结余74万元，个人账户结余1796万元）；大额医疗保险征缴完成99万元，支出166万元，享受报销待遇304人次，平均享受报销待遇费用5460元，滚存结余322万元。

【城镇居民基本医疗保险扩面征缴】 截至2016年年底，城镇居民基本医疗保险参保27151人，完成全年任务数26231人的103.50%。基金征缴完成1634万元（中央匹配811.79万元，自治区匹配226.20万元，市级35万元，县级匹配130.01万元，个人缴费431万元），居民医保累计支出1817万元，基本医疗保险享受报销待遇5150人次，平均费用3528元，基本医疗保险基金滚存结余164万元。

【互联互通建设】 全县应建成社会保障卡综合服务点47个，建成47个，上级下达任务已全部完成。全县社会保障卡综合服务中心应建13个，至2016年年底已建成9个。工商银行累计制作社会保障卡44000张，发放社会保障卡36920张，农村信用社累计制作社会保障卡24849张，发放社会保障卡17572张。

【事业单位岗位设置和岗位聘用】 2016年，参照编制部门提供的人员编制情况，完成全县各事业单位第三轮岗位聘用岗位设置工作，共设置岗位2446个，涉及事业单位68家，人员2378名。

【津补贴调整和离退休人员管理】 2016年，按照岗位设置和岗位聘用情况兑现事业单位岗位工资，核定事业单位奖励性绩效工资；调整机关事业单位工作人员基本工资标准，离休人员增加离休费，退休人员预调养老金；兑现公务员与参照公务员的职级晋升工资；完成乡镇机关事业单位工作人员乡镇工作补贴的兑现工作；调整人民警察警衔津贴标准以及艰苦偏远地区津贴工作；完成全县机关、事业单位工作人员考核正常晋升级别、薪级工资的审批工作；完成机关、事业单位干部职工退休的审批及遗属生活困难补助的审批等日常工作。

【专业技术人员管理】 对全县专业技术人才信息库进行更新，截至2016年年底，全县的专业技术人才总数达到4620人，其中，专业技术人才3597人，职业技能人才1023人。对2015年度自治区和市级评审通过的高中级专业技术人员进行核准发证工作。2016年，共核准高中级专业技术人员74人。其中高级27人（教育系统10人、其他系统17人），中级47人（教育系统34人、其他系统13人）。

【公务员管理】 2016年，全县政府序列公务员单位数为27家，公务员编制数为508人，实有登记公务员人数为437人，空编数为71人；政府序列参照公务员管理单位数为18家，参照公务员管理人员编制数为280人，实有登记参照公务员管理人员人数为212人，空编数为68人。2017年，按照上级要求，组织全县公务员、参照公务员管理人员进行网络在线学习。

【档案管理】 2016年，共管理全县副科级以下干部人事档案3068卷。其中，在职干部人事档案2157卷，离退休干部人事档案810卷，死亡干部人事档案20卷，无主人事档案81卷。从管档数量看，应审档案总数为2157卷，已经完成初审复审工作。截至2016年年底，完成市委组织部下发的9套“干部人事档案专项审核情况统计表”汇总，档案录入花名工作完成。接收单位数量54个，其中在职档案数量433卷、离退休与编外供养档案489卷、死亡档案25卷。此外，人力资源中心2016年新接收高校毕业生档案120余份，累计代理人事档案3070余份，人事代理工作常态化发展，实现查询、转递、出具证明一站式服务，且全部实行免费管理。

【劳动关系调整】 2016年，经县委书记办公会议研究决定，成立磴口县农民工工资清欠办公室。专门负责清理并追缴拖欠农民工工资，清欠办公室由人社局牵头，从住建局、公安局、司法局等单位共抽调6名工作人员，在信访局集中联合办公。

采用多种形式对人力资源市场进行监督检查，劳动保障监察大队共检查用人单位263户（次），办理书面审查151户。其中，企业81户，涉及劳动者4009人，签订劳动合同3220人，用人单位合同签订率达85%。行政事业单位129户，涉及职工3100人。建筑工地共开工26户，办理开复工手续5户，缴纳工资保证金37.40万元。受理举报案件10起，涉及人数415人，涉及金额656.06万元，移送公安机关处理4起，结案4起，中止2起。未立案调解3起，涉及人数32人，涉及金额30.21万元。劳动争议调解仲裁院共受理劳动争议案件260起，归档201起；立案260起，涉及劳动者260人，涉及金额915.62万元。不予受理59起，涉及劳动者59人。未立案，通过调解方式调解案件603起，涉及劳动者603人，涉案金额340.10万元。

【劳动用工备案工作】 截至2016年年底，劳动用工网上备案290户，个人用工备案2370人。

（康蒙川）

社会保险

【县社保局领导名录】

局长：张晓明（2016年1月至2016年5月）

叶德荣（2016 年 5 月至 2016 年 12 月）
副局长：彭海军（2016 年 1 月至 2016 年 12 月）
赵晓飞（2016 年 1 月至 2016 年 12 月）
王　霞（女，2016 年 1 月至 2016 年 12 月）

【概　况】 2016年，社保局在县委、县政府的正确领导和上级业务部门的指导下，深入开展“两学一做”教育活动，按照“全覆盖、保基本、多层次、可持续”的工作方针，圆满完成各项工作任务。

【机构设置】 磴口县社保局内设办公室、财务股、业务股、公共业务股、监审股、工伤生育股、退管股、新农保股、行政事业股、档案室 10 个股室。

【城镇职工养老保险】 截至 2016 年 12 月 30 日，企业基本养老保险参保人员达 16985 人，完成目标任务的 100.14%；企业基本养老保险基金征缴入库达 11407 万元，完成目标任务的 78%；本级财政匹配津补贴、取暖费 1427 万元。

【城乡居民养老保险】 参保缴费：截至 2016 年 12 月底，城居参保缴费人数为 3 万人，缴费人员 18872 人，领取待遇人员为 11128 人。

基金征缴：截至 2016 年 12 月底，2016 年全县共征收城乡居民养老保险费 1017.21 万元；中央、省、市、县四级财政补贴资金 1380.38 万元。其中，中央财政基础养老金补贴 957 万元，自治区三级财政补贴 423.38 万元。

待遇发放：2016 年年底，共为全县城乡居民 60 岁以上 11128 名老年人发放养老金 1355 万元，发放率 100%。

城乡居民养老保险基金滚存结余 5294 万元。

【生育保险指标完成情况】 截至 2016 年 12 月底，生育保险参保人员 8343 人，完成目标任务数 10800 人的 77%，征缴生育保险费 119 万元，完成目标任务数 143 万元的 83%。待遇支付 86 万元，基金滚存结余 295 万元。

【工伤保险指标完成情况】 截至 2016 年 12 月底，工伤保险缴费人员 8445 人，完成目标任务数 10800 人的 78%；征缴工伤保险费 183 万元，完成目标任务数 438 万元的 41%。待遇支付 126 万元，基金滚存结余 341 万元。

【机关事业养老保险】 按照巴机关改字办〔2016〕1 号与 2 号文件及磴人社发〔2016〕278 号文件的要求，成立机关事业养老保险股室、配备 5 名工作人员、配备相关的办公设施以保障工作的顺利开展。

为做好社会保险信息采集系统的填报指导工作，建立相关微信群，为顺利开展这项改革提供方便。2016 年，县直共有 148 家单位，其中有 146 家单位建立的微信群中就有关问题进行咨询，对此社保局按照相关权限做出解答。另有 11 家上三级或条管单位，其中有 6 家单位进行相关编制审核和信息采集工作。积极与组织、编制部门配合协调按照“先并轨后完善、先易后难”的工作要求，积极稳妥推进养老保险制度改革。

（樊春利）

医疗保险

【县医疗保险办公室领导名录】

主任：王桂琴（女）

【机构设置】 医疗保险办公室内设办领导、办公室、财务股、业务股、监审股 5 个股室。

【城镇职工基本医疗保险】 截至 2016 年年底，城镇职工基本医疗保险参保 15980 人，完成全年任务数 16506 人的 96.80%。基金征缴 5735 万元（统筹收入 3253 万元、个人账户收入 2482 万元），基本医疗保险支出 5593 万元（统筹支付 3533 万元，个人账户支付 2060 万元），享受统筹报销待遇 6599 人次，平均费用 5353 元，个人账户享受待遇 59894 人次，平均费用 344 元；基金滚存结余 1870 万元（统筹结余 74 万元，个人账户结余

1796万元）；大额医疗保险征缴完成99万元，支出166万元，享受报销待遇304人次，平均享受报销待遇费用5460元，滚存结余322万元。

【城镇居民基本医疗保险】 截至2016年年底，城镇居民基本医疗保险参保27151人，完成全年任务数26231人的103.50%。基金征缴完成1634万元（中央匹配811.79万元，自治区匹配226.20万元，市级35万元，县级匹配130.01万元，个人缴费431万元），居民医保累计支出1817万元，基本医疗保险享受报销待遇5150人次，平均费用3528元，基本医疗保险基金滚存结余164万元。

【医疗保险待遇调整情况】 按照巴政办发〔2015〕166号文件精神，从2016年开始，居民基本医疗保险在政策范围内二级医院报销比例调整为75%，市内三级医院为70%，转外医院为65%。

（武　海）

就业服务

【县就业服务局领导名录】

局长：高义文

副局长：孙　瑞

薛文泽

李海燕

纪检组长：冯永胜

【概　况】 2016年，在县委、县政府和上级部门的正确领导及大力支持下，认真贯彻落实中共十八届五中、六中全会精神，落实国家就业再就业各项优惠政策，坚持把加强就业工作作为保增长、保民生、保稳定的重要任务，以“优化就业、服务民生”为出发点，稳步推进全县就业再就业工作，各项就业服务工作有了新的突破和进展。

【机构设置】 就业服务局内设办公室、就业促进股、失业保险股、创业贷款中心、职业介绍所、培训中心、农转办、创业指导中心和财务室。

【就业创业工作】 全县2016年“春风行动”活动暨大型现场招聘会，在磴口县富源广场举行，当天共有来自县内外的13家企业进场招聘，提供涵盖食品加工、金融保险、建筑建材、化学化工等行业的800多个就业岗位；有350多人进场求职，达成就业意向120人次。还在现场搭建咨询台、播放用工信息，提供就业、创业担保贷款、失业保险、技能培训等方面政策咨询服务，并发放《招聘信息》《磴口县创业就业工作指南》等宣传资料2000余份。活动为进城务工人员和高校毕业生等各类人群提供对接平台，为有技能提升需求的劳动者提供技能培训，为符合政策条件的创业者提供创业贷款、税费减免等政策支持。

全县实现城镇新增就业850人，完成全年目标任务的100%，其中失业人员再就业160人，完成全年目标任务的100%；就业困难人员再就业200人，完成全年目标任务的100%。“零就业家庭”发现一户，解决一户，实现动态消零，城镇登记失业率为3.90%，控制在4%的目标以内。全县共转移农牧区富余劳动力7880人次，完成全年目标任务的101%，其中转移6个月以上的5681人次，完成全年目标任务的101%。

【培　训】 根据失业人员需要和劳动力市场用工需求，在开展电焊、保健按摩等技能培训的基础上，又新开设家政服务、电子商务等特色专业培训班，并获得学员的一致好评。其中，家政服务技能培训针对下岗失业人员和农村富余劳动力等人群的文化程度和学习能力，制定合适的培训课程，向磴口康恩老年公寓、景宏敬老院、内蒙古国兴物业管理公司、志诚家政保姆有限公司等8家家政服务公司输送专业型人员，促进磴口县家政服务健康发展，同时，开展“订单式”培训。深入到辖区内各类企业调查、了解劳动用工和岗位技能培训情况，并与用工单位达成招聘用工和岗位技能培训服务协议，根据用工单位的需求，积极开展“订单式”培训，为劳动者就业和企业用工提供良好的服务。职业培训与技能鉴定相结合。开展职业培训的同时，组织职业技能考试鉴定，将培训和鉴定、培训证和资格证有效结合起来，提高劳动者技能水平，为企业培养人才。

全县共培训完成城镇就业再就业技能培训660人，完成目标任务的100%，其中培训后就业561人，完成目标任务的100%。农牧区劳动力技能培训500人，完成目标任务的100%；创业培训273人，完成目标任务的105%；培训后成功创业211人，完成市目标任务的101%。创业带动就业岗位680个，完成市目标任务的101%。

【创业贷款】 利用电视台、就业广告等新闻媒介，强化对创业担保贷款相关政策的宣传，初步建立全社会共同关注和支持创业的良好氛围。通过积极争取，上级业务部门拨付创业贷款担保金156万元，使邮政储蓄银行和农村信用联社顺利发放创业担保贷款802万元，直接扶持154人自主创业，带动276人就业。

创业贷款共发放个人106户、企业2户，共发放金额802万元，完成目标任务800万元的100%。

【失业保险】 2016年，失业保险参保单位事业单位71家，企业78家，失业保险工作进入信息化管理系统，但从企业申报到受理，在时间和缴费方面严格要求，逐渐形成一套规范的业务流程。并积极配合市局就业失业动态监测工作，将蒙牛、佳格等13家企业确定为失业动态监测企业。

参保人数6510人，完成市下达任务的100%。实际征缴414.70万元，完成市下达任务的140%。享受失业保险341人，发放金额385.73万元。

【劳动保障平台】 为给城乡劳动者提供更为优质的就业服务，全面推进基层就业服务平台功能化、多元化、制度化建设。全县依托劳动保障平台，主动地深入企业、苏木镇、社区（街道）、村社等，了解用人单位招用工情况，掌握劳动力供求状况，及时搜集发布空岗信息，有计划、有组织的引导用工单位录用城乡求职者，实现扩大就业与经济发展的良性互动和协调推进。2016年，共899人享受社保补贴，发放金额205万元。

（刘天婷）

民政·扶贫

民　政

【县民政局领导名录】

局长：郭生海

副局长：韩友良

丁玉英（回族）

尹军才

李晓燕（女）

纪检组长：高新军

【机构设置】 民政局内设办公室、财务室、社会事务股、优抚安置股、双拥办、救灾救济股、城乡低保办、经济状况核对中心、医疗救助办、后勤服务中心、社区建设股、老龄办，社会工作股、婚姻登记处。下属单位：殡仪馆、社会救助管理站、救灾物资储备库、中心敬老院、民族敬老院。

【低　保】 2016年，全县共有城市低保对象3433户4663人，城市低保标准从457元/月提高到495元/月，月人均补助水平提高15元，达到404元/月，全年共发放城市低保资金2392.91万元；共有农村低保对象5407户6522人，农村低保标准从3228元/年提高到3546元/年，月人均补助水平提高12元，达到221元/月，全年共发放农村低保资金1641.30万元。

【医疗救助】 完善城乡医疗救助"一站式"及时结算服务，所有医疗救助数据纳入信息化系统管理。2016年，医疗救助办共救助城乡患病人群14119人，支出救助金565.10万元。其中参合参保9808人、53.50万元，一站式支付1640人、132.40万元。一卡通支付393人、158.10万元。

【五保供养】 2016年，全县五保对象达到426人，其中集中供养102人、分散供养324人。五保对象集中和分散供养标准年人均分别提高605元和343元，达到7323元和4158元，全年共发放五保资金214.11万元。

【灾害救助】 2016年，全县先后遭受旱灾、风雹和洪涝等自然灾害，累计受灾人口58104人。农作物受灾面积21682公顷，造成直接经济损失16670万元，灾情发生后县委、县政府高度重视，地方匹配救灾款5万元，下拨上级春荒款180万元，用于解决受灾群众生产、生活问题。

【优　抚】 2016年，发放优抚对象抚恤生活补助223万元。优抚对象自然增长机制由2015年的每人950元提高到1000元，共发放21.30万元。义务兵家属优待金由2015年的每人17937元提高到20626元，共为106名义务兵家属发放218.60万元优待金。为30名伤残军人发放残疾军人门诊费6万元，为213名优抚对象缴纳医保14.70万元，并对66名优抚对象积极开展医疗救助，发放医疗救助金15万元。为33名重点优抚对象解决"三难"问题，发放"解三难"救助金5.10万元，为优抚对象发放医疗补助金 29.80 万元，用于平时买药。会同公安、纪检部门赴凉城县外调，彻底解决 1 名烈士家属反映烈士遗骸的安置问题。

【退伍军人安置】 2016 年，共接收 42 名退役士兵，并组织开展退役士兵再教育和短期培训，其中，有 22 名退役士兵参加由中央广播电视大学举办的再教育专科、本科学历培训；有 20 名退役士兵参加由民政局会同就业局针对退役士兵开展的创业短期培训，随后通过培训结业证书发放培训费。根据《关于解决磴口县城镇退役士兵安置遗留问题的通知》（磴政办字〔2015〕96 号）文件，彻底解决全县城镇退役士兵安置遗留问题，发放自谋职业安置费 27 万元。10 月初，组织 24 名退役士兵开展创业培训并积极支持他们参加报考驾照、厨师、电脑技能考试，拿到资格证书的给予补贴，全年共发放自主就业经济补助金 187 万元。

【双拥活动】 春节期间，为全县驻镇部队共送去 2 万元慰问金，慰问 100 户重点优抚对象，并送去价值 2 万元的慰问品。“八一”期间慰问驻镇部队，送去 2 万元慰问金，同时慰问 20 户重点优抚对象、20 户贫困退伍军人、10 户贫困现役军人，每户送去 500 元慰问金，共计 2.50 万元。

【老龄事业】 2016 年，全县共有 80 周岁以上的老年人 1798 名（有固定收入的老人 741 人，享受低保的老年人有 1057 人）。共为 80 周岁以上老年人发放老年人高龄津贴 179.61 万元。

【社会事务】 成立磴口县第二次全国地名普查工作领导小组办公室，下发《关于开展第二次全国地名普查工作》的通知，出台《磴口县第二次全国地名普查实施方案》及《磴口县第二次全国地名普查宣传工作方案》。全面搜集地名普查的相关档案资料，编辑地名普查目录。根据巴彦淖尔市第二次全国地名普查领导小组的统一安排部署，结合磴口县结合实际，依照地名普查工作的范围和要求，积极开展磴口县第二次全国地名普查工作。2016 年，完成外业采集工作，共涉及 11 大类 35 小类地名，共 1538 条（包括 37 条历史地名）。采集多媒体信息共 1650 余条。内业阶段工作中，工作人员建立磴口县国家地名数据库，将采集的地名数据逐一录入数据库，录入地名信息 1538 条；标准化处理地名 156 条；录入已有地名标志信息并填写地名标志登记表，制作目录，填写地名普查登记表 1538 张，正在接受自治区地名普查办的验收。

【婚姻和收养登记】 2016 年，共办理结婚登记 719 对，离婚登记 337 对，补发结婚证 2018 对。没有办理收养登记。

【殡　葬】 2016 年，殡仪馆增收节支保运转，共计拉运、冷藏、火化遗体 322 具，减免惠民殡葬人员 63 人。

【“三无”人员供养】 2016 年，全县共有城市分散“三无”人员 64 人，城镇“三无”人员分散供养标准月人均提高 70 元，达到 770 元。全年共发放分散“三无”资金 71.15 万元。

【孤儿分散供养】 2016 年，共计 49 名分散供养孤儿，孤儿分散供养标准月人均 1310 元，发放孤儿福利津贴 79.39 万元。

（郝　燕）

扶贫开发

【县扶贫开发办公室领导名录】

主任：张相国（至 2016 年 5 月）
　　　郝　伟（2016 年 5 月起）
副主任：王一滨（至 2016 年 5 月）
　　　　李　杰（2016 年 5 月起）
纪检组长：包全泉（蒙古族，至 2016 年 5 月）

【概　况】 2016 年，县委、县政府认真贯彻落实《中共中央、国务院关于打赢脱贫攻坚战的决定》和习近平扶贫开发战略思想，坚持脱贫攻坚与经济社会发展相互促进，坚持精准帮扶与贫困地区开发紧密结合，坚持扶贫开发与生态保护并重，坚持扶贫开发与社会保障有效衔接，以哈腾套海国家级自然保护区、乌兰布和沙区的乌兰察布移民村和沿黄盐渍区等立地条件相对较差地区的17个贫困嘎查村为主战场，以建档立卡贫困户为重点对象，按照习近平“六个精准”“五个一批”和自治区党委“四清一落实”的要求，采取超常规举措，拿出过硬办法，举全县之力，坚决打赢脱贫攻坚战。截至2016年年底，全县4991个建档立卡贫困人口中有2436户4216人实现精准脱贫，全县贫困人口发生率由7.80%降到1.20%，贫困人口全部实现“两不愁、三保障”。17个贫困嘎查村全部达到贫困村退出标准，并按规定程序进行退出。

【机构设置】 磴口县扶贫开发办公室设办公室、社扶股、项目办、财务室。

【精准识别和精准退出】 全县于2015年召开脱贫攻坚动员会，县、镇、村、组四级干部600多人参加动员会。会后，全县镇村组三组干部和驻村干部，按照“自愿申请、摸底调查、入户评分、民主评议、全县倒排序、部门比对、村公示、镇公示、县审核”九步法进村入户，对全县5819户13003人低收入人口进行摸底调查，采取“一进二看三算四比五评议”五步法核查、登记资产、生产生活条件和收入情况，进行全县倒排序，反复与财政、农机、民政、交警、社保、工商、房管等部门比对贫困人口信息，严格把握“八不入”原则，确保不漏一户、不落一人，限制条件内的一户不进，最终全县确定2813户4991名贫困人口，3月底，完成国务院建档立卡贫困人口信息管理系统的录入工作。6月26—27日，中央电视台军事·农业频道（CCTV-7）《聚焦三农》栏目组专程到磴口县就精准识别和建档立卡工作进行采编，对磴口县精准识别和建档立卡取得的成效给予高度评价。7月6日，在中央电视台军事·农业频道（CCTV-7）播出，受到广泛赞誉。根据“五个一批”脱贫措施的落实情况，县委、县政府审时度势，决定从9月初到12月中旬开展脱贫攻坚“百日行动”，倒排时间，倒逼措施。出台《脱贫攻坚“百日行动”实施方案》和《磴口县贫困退出实施方案》，为贫困退出划出时间表，10月下旬，启动贫困退出程序，按照民主评议、个人确认、村级公示、镇核准并销号退出的程序，对符合条件的贫困户进行精准脱贫退出。按照村申请、镇审核并公示、县评估并公告退出的程序，对全县17个嘎查村（分场）进行精准退出。

【“五个一批”脱贫】 根据致贫原因，全县2813户4991人建档立卡贫困人口，初步落实产业扶持、转移就业脱贫342户692人，占贫困人口总数的13.90%；易地扶贫搬迁脱贫506户887人，占贫困人口总数的17.70%；教育扶持脱贫28户74人，占贫困人口总数的1.50%；生态保护脱贫26户60人，占贫困人口总数的1.20%；社会保障兜底脱贫1911户3278人，占贫困人口总数的65.70%。

【易地扶贫搬迁】 “十三五”规划期间，全县易地扶贫搬迁共涉及5个苏木镇、5个农场，自治区下达磴口县易地搬迁户指标共计501户887人，同步搬迁235户444人。其中，2016年易地搬迁户共计246户447人，同步搬迁136户333人。并择优实施巴彦高勒镇旧地村、渡口镇东地村、补隆镇团结村、隆盛合镇公地村、金马渔村、纳林套海农场四分场6个易地扶贫搬迁集中安置点，截至2016年12月31日，全县完成易地扶贫搬迁246户447人，同步搬迁136户333人的搬迁任务，并全部实现入住。2016年，全县承接中央预算内资金357.60万元；自治区生态脆弱地区移民资金433.58万元；地方政府债已注入旗县投融资主体的额度435.83万元；承接专项建设基金223.50万元；承接银行贴息贷款1564.50万元，共计3015万元。

【多样化发展产业脱贫】 借助中央脱贫成效奖励资金、“三到村三到户”项目和金融富民工程，全县投资1422万元，发放扶贫贷款6687.50万元，按照“一村一业，一户一案”的要求设置扶贫“菜单”，有力推动产业扶贫。重点扶持温室、大棚设施农业和中药材种植项目，鼓励通过大户带动、加入专业合作社等途径，扶持贫困户发展设施农业。截至年底，落实温室大棚666亩，贫困人口人均增收3000元以上。发挥各类龙头企业引领带动作用，采取“公司+合作社+农户”、封闭式委托养殖等方式，引导有条件的贫困村、贫困户通过发展养殖脱贫。全县贫困户新增存栏羊2852只，猪682头，鸡6374只，肉牛137头。依托金马湖、纳林湖等旅游景区，鼓励贫困户通过发展农家乐、牧户游等增加收入。第一批入住金马渔村的贫困户户均增收超过5000元。依托丰富的水资源，发展芦苇、蒲草种植加工及水禽、鱼蟹虾养殖繁育等适水产业，有效拓宽贫困人口增收渠道。依托乌兰布和沙漠，发展肉苁蓉、酿酒葡萄、山药及光伏等沙产业扶贫。全县已建成人工接种肉苁蓉基地6.80万亩、葡萄和酿酒葡萄基地1.50万亩和200兆瓦光伏产业园，有力带动贫困人口脱贫致富。

【劳务转移就业脱贫】 建档立卡贫困人口中有就业需求的全部予以解决。各级各部门积极帮助贫困农牧民就业创业，驻县企业和县内各类工程建设招工用工时优先使用贫困家庭劳动力。政府购买公益性岗位优先使用县内农村牧区贫困家庭大中专毕业生，乡村保洁员、护林员等公益性岗位优先安排有劳动能力的农村牧区贫困人口，千方百计促进贫困人口转移就业。建立健全由人社部门牵头、扶贫部门确定对象、职业院校负责培训、社会各行业协助就业的培训工作新机制，整合扶贫、人社、教育、农牧业、就业、科技、残联、妇联等各类培训资金，采取灵活多样的培训形式，加大对贫困人口的就业技能培训。推进创业创新工程，对符合条件的贫困户发放每笔2万—5万元的小额贴息贷款，帮助贫困人口自主创业。建立贫困家庭大学毕业生信息库和创业项目库，实施“一对一”就业创业指导服务，促进贫困大学生就业。通过乡村保洁员、护林员等公益性岗位安排34人就业。

【政策兜底】 整合项目资金，出台兜底政策，投资850余万元推进政策兜底。针对贫困人口的个人差异，设置以教育扶贫、养老补贴、低保提标、健康扶贫、商业保险等为主要内容的5大类19项兜底政策，为建档立卡人口量身定制，精准兜底。

【脱贫攻坚“百日行动”】 为全面完成2016年脱贫攻坚任务，实现贫困县“摘帽”出列和年度贫困人口稳定脱贫目标。县委、县政府决定从9月1日起到12月中旬在全市率先开展为期100天的脱贫攻坚“百日行动”，用时间和目标来倒逼措施。县委、县政府两办印发《关于深入开展脱贫攻坚“百日行动”的通知》和《磴口县贫困退出实施方案》。通过百日行动，进一步夯实建档立卡基础，抓好“五个一批”脱贫措施的落实，创新工作方法，全力推进产业脱贫项目和易地扶贫搬迁工作，扎实做好脱贫退出工作。

【项目争取情况】 2016年，扶贫办共争取到各级财政扶贫资金6776万元。已到位3366.53万元。其中，“三到村三到户”项目共850万元，已到位765万元，统筹用于全县产业扶贫和政策兜底。金融富民项目共500万元，作为扶贫贷款风险补偿金存于农行。易地扶贫搬迁资金共3015万元，已到位791.18万元，全部拨到平台公司，准备下拨苏木镇。中央财政脱贫成效奖励资金1000万元，已到县财政。计划500万元用于沙金苏木乌兰察布移民村，剩余统筹用于其他贫困村。市级财政扶贫资金计划争取511万元，近期下达。“雨露计划”扶贫项目10.35万元，全部兑现到户。中合农信小额贷款自治区财政配套资金900万元，已到300万元。

【社会帮扶】 2016年，磴口县派出110家县直单位1642名干部驻村入户开展一对一包扶工作。在县里落实干部包扶责任制的基础上，市委、市政府下派4名市级领导和市直24家单位122名干部到磴口县开展精准扶贫包扶工作。各级干部与贫困户结成帮扶对子，干部包户、部门包村、企业联村，层层落实脱贫责任制，层层签订脱贫攻坚责任状，不脱贫、不脱钩。

【金融扶贫富民工程】 2016年，磴口县鼓励和引导各类金融机构加大对扶贫开发的金融支持，延伸服务网络，创新金融产品，增加贫困地区信贷投放。扩大金融扶贫贷款覆盖面，创新贫困人口金融贷款产品，让更多的贫困户通过林权、土地、房屋及活畜抵押方式获得金融扶贫贷款支持。与农行合作，开展信用村和信用户评定工作，根据评级情况向村委会统一授信，一次授信，三年有效。“信用村”村民贷款实行名单制管理，嘎查村两委向银行提供贷款名单，进入名单的村民持身份证即可办理贷款。对没有有效抵押物的建档立卡贫困户，推出“3+2”“2+1”的联保模式。即3个非贫户与2个贫困户或2个非贫户和1个贫困户结成联保互助对子，辅之政府风险补偿金担保，通过信用互保取得银行贷款。为鼓励非贫困户与贫困户结对帮扶，凡是与贫困户结对的非贫困户，可享受贫困户同等的贷款利率和贴息政策。在与农行合作的基础上，县政府又拿出200万元风险补偿金与蒙银村镇银行合作，撬动银行贷款3000万元，1—11月，全县累计发1780户放金融富民贷款6687.50万元，兑现贷款贴息272.16万元，为贫困户脱贫致富注入强大的动力。11月1日，中央电视台军事·农业频道（CCTV-7）《聚焦三农》栏目《贫困户的贷款》专门报道金融扶贫的经验和成效。

【“雨露计划”扶贫项目】 2016年度，实施完成“雨露计划”扶贫项目，拨付财政资金8.10万元，为54名就读中职中专和高职高专的建档立卡户子女每人发放助学补贴1500元。

（李海燕）

民族·宗教

民　族

【县民族宗教事务局领导名录】

局长：包嘎尔迪（蒙古族，至2016年5月）

苏雅拉达来（蒙古族，2016年5月起）

副局长：高树荣（蒙古族，至2016年5月）

丁俊霖（回族）

杨植裕（蒙古族，至2016年3月）

纪检书记：包苏和（蒙古族）

【概　况】 2016年，磴口县民宗局在县委、县政府的正确领导下，在上级业务部门的具体指导下，以为少数民族和信教群众服务为切入点，紧紧围绕“共同团结奋斗，共同繁荣发展”的民族工作主题和宗教工作基本方针，深入贯彻落实中央民族工作会议、中央宗教工作会议精神，不断巩固和发展平等、团结、互助的社会主义民族关系，促进民族经济的持续快速健康发展，维护社会和谐稳定的局面。

【机构设置】 民族宗教事务局内设办公室、民族股、宗教股。下设蒙古语文工作委员会，简称蒙语办，属股级事业单位。

【民族人才培训教育】 按照《磴口县2016年干部教育培训实施意见》的安排，2016年8月13日成功举办为期1天的全县少数民族干部培训班。参加此次的全县行政事业单位少数民族干部职工、各苏木镇、农场党委书记、组选统委员共计230余人。

【蒙古语文工作】 召开全县蒙古语文工作座谈会。共有18家相关单位、72名美工部负责人参加会议。配合城建局、文明办对钢铁路实施靓化改造工程，对该路的108块牌匾全部实行蒙汉文并用。

【民族扶贫】 2016年，积极争取“自治区扶持少数民族发展资金”项目12个，投资总额为230万元。积极关注包扶村那仁宝力格嘎查的生产生活，除捐助扶贫款2万元外，为嘎查捐助办公桌椅电视等价值13000元的办公用品。

【民族古籍整理】 组织相关人员撰写整理收集莲花生洞历史沿革资料。

宗　教

【宗教工作】 全县有汉传佛教、藏传佛教（喇嘛教）、伊斯兰教、基督教（耶稣教）、天主教。

【汉传佛教地】 全县有3处汉传佛教地，分别是渡口白云寺、四坝慈云寺、公地慈善寺。每年正月十五、二月十九、四月初八、七月十五、九月十九有庙会活动。

【藏传佛教（喇嘛教）地】 全县有1处藏传佛教（喇嘛教）地，为阿贵庙。农历七月初十、九月二十五有庙会活动。

【伊斯兰教场所】 全县有9处伊斯兰教清真寺，分别是巴彦高勒镇清真寺、三盛公清真寺、三盛公清真北寺、北粮台村清真西寺、渡口南滩村清真南寺、渡口南滩村清真北寺、补隆清真寺、乌兰布和农场清真寺、哈腾套海农场清真寺。有三大节日，分别为开斋节、古尔邦节、圣纪节。

【基督教（耶稣教）场所】 全县有2处基督教教堂（耶稣教），分别为巴彦高勒镇基督教堂、包尔盖农场基督教堂。有四大节日，分别为复活节、圣灵降临节（五旬节）、感恩节、圣诞节活动。

【天主教场所】 全县有3处天主教教堂，分别为三盛公天主教堂、补隆天主堂、渡口天主堂。有四大节日，分别为复活节、盛神降临节、圣母升天节、圣诞节活动。

【宗教场所与管理】 认真组织开展对全县18个宗教场所、教职人员基本情况的调研工作。在和谐寺庙教堂创建活动中，阿贵庙与天主教堂被评为自治区级和谐寺观教堂先进集体。

（达古拉）

经济监督与管理

发展和改革

【县发展和改革局领导名录】

局长：余　寒

副局长：王一滨（2016 年 5 月起）

　　　　陈　波

　　　　李　刚

纪检组长：王占虎

【机构设置】 2016 年有办公室、综合办、投资办、能源办、社会办、农经办、价格收费股、价格监督检查所、价格认证中心、重大办、国防动员办、审批办、稽查办。

【国民经济】 2016 年，全县生产总值达 52.78 亿元，同比增长 7.60%；公共财政预算收入完成 2.70 亿元，同比增长 10.70%；全社会固定资产投资完成 44.38 亿元，同比增长 13.95%。

【项目建设】 2016 年，共争取中央和自治区投资项目 15 项 13409 万元，已完工 5 项（2016 年易地扶贫搬迁工程；巴彦高勒镇污水处理厂管网配套工程；农村牧区安全饮水巩固提升工程；广播电视服务中心无线发射台站基础设施项目；垦区危房改造及配套项目），正在建设的工程 8 项（北海宇乐花园公共租赁住房二期小区内配套基础设施建设项目；沙金法庭；中蒙医院；荣威种养殖有限公司大型沼气工程；天然林保护工程；2016 年重点退耕还林地区基本口粮田；2016 年京津风沙源二期；看守所），未开工 2 项（退耕还草；森林公安哈腾派出所）。预计全年地区生产总值完成 55.20 亿元，同比增长 8.50%；公共财政预算收入完成 2.77 亿元，同比增长 13.60%；固定资产投资完成 43.51 亿元，同比增长 12%；规模以上工业增加值完成 19.15 亿元，同比增长 8.40%；社会消费品零售总额完成 15.76 亿元，同比增长 11%；城乡居民人均可支配收入分别完成 25886 元和 15126 元，同比增长 9% 和 10%。

【基础设施和城乡建设】 全区首个全国渔业健康养殖示范县、自治区卫生城市成功创建，被自治区列入创建国家全域旅游示范县重点旗县，光伏园区成为自治区重点打造的国家级光伏治沙产业园，纳林湖正式晋升国家级湿地公园，沙金套海沙漠公园通过国家批复。高标准承办自治区农村牧区道路交通安全工作现场推进会和全市脱贫攻坚现场会，重大项目实施、城乡统筹建设、教育卫生改革等项工作取得新进展。

2016 年，城镇建设投资完成 10 亿元。新建改造道路 3.60 公里，打通人民路、北滩路、建筑东街、北滩街 4 条“断头路”。新增集中供热面积 20 万平方米、天然气入户 1800 户，铺设各类管网 18 公里，20 个老旧小区节能改造和自来水二次加压改造全面完成，硬化背街小巷 17.50 万平方米，完成“旱改水”公厕 20 座，居民生活环境实现改造升级。房地产“去库存”效果明显，置换安置试点启动实施，完成回迁安置436户。新增园林绿化面积45.50万平方米，人均绿地面积达到19.40平方米。新农村新牧区建设走在全市前列，村庄专项建设规划编制完成，302个村庄“新农村新牧区建设”任务全面完成，农牧区面貌焕然一新。磴口县被确定为自治区财政支持嘎查村经济发展试点县，5个苏木镇、30个嘎查村被命名为自治区卫生镇、卫生村。新改建农牧区公路32公里、砂石路357公里。打造高标准基本农田10万亩，新增节水灌溉6万亩，改造中低产田5万亩，完成土地整治10.70万亩。黄河水权转让试点工程完成投资7亿元，奈伦湖至沈乌干渠生态补水工程全面完成。

【民生社会事业】 财政直接用于民生的投入占公共财政预算支出的比重达到75%。脱贫攻坚取得阶段性胜利，4216人精准脱贫，脱贫人口人均纯收入达到4000元以上，自治区贫困县“摘帽”如期完成。开工各类保障性住房1160套，完成农牧区危房改造3183户。转移农牧区富余劳动力7880人，新增城镇就业850人，发放就业再就业和妇女创业小额担保贷款802万元。企业退休人员养老金月人均增加157.60元。发放低收入农牧户“暖心煤”补贴484万元，资助贫困学生280人次。公共卫生服务和城乡低保持续提标，2所幸福互助院投入使用。加快义务教育均衡发展，城镇3所学校体育活动室开工建设，农牧区4所学校标准化幼儿园投入使用。“医联体”平稳运行，农牧区标准化村卫生室全部配建，医疗保障更加有力。蒙中医院门诊综合楼、综合档案馆、生态养老产业园、全民健身体育中心等一批民生项目开工建设。文化惠民工程深入实施，华莱士节、兵团文化艺术节、乌兰布和穿沙越野、全国垂钓大赛等节庆赛事活动精彩纷呈。

【旅游服务业】 以旅游为重点的现代服务业发展势头强劲，预计全年接待游客105万人（次），实现旅游综合收入4.50亿元，分别增长18%和12.50%，磴口县被确定为自治区首批全域旅游试点县。成立旅游投资公司，完成投资9130万元，加快推进纳林湖、金马湖等重点旅游景区建设，三盛公国家水利风景区被评为国家AAAA级旅游景区，万泉湖景区被评为国家AAA级旅游景区，纳林套海农场被列入自治区特色景观旅游示范名镇，城关村等6个乡村被纳入全国乡村旅游扶贫工程。大力开发别具特色的旅游体验活动，穿沙越野基地投入使用，纳林湖试漂成功，低空飞行观光项目投入运营，成功举办“全国汽车越野大赛”“全国垂钓大赛”“第二届内蒙古兵团文化艺术节”“第二十四届华莱士节”等旅游文化活动，“百湖之乡 · 魅力磴口”的知名度和影响力显著提升。同时，在旅游业的带动下，餐饮、物流等服务业繁荣发展。

【生态建设与环境保护】 环保建设力度加大，生态环境日趋好转。围绕“五线十点”，完成林业生态建设16.40万亩，绿化村屯71个，森林覆盖率达到20%，林草覆盖率提高到35%。退耕还林、退牧还草、京津风沙源治理二期工程等生态项目加快建设，为可持续发展奠定基础。节能减排成效明显，单位GDP能耗和主要污染物排放均达国家标准。

【经济运行监测】 年初，认真编制2016年国民经济和社会发展指导计划并及时组织下达。全县地区生产总值完成52.78亿元，同比增速为7.60%。其中，第一产业完成9.02亿元，同比增长4.70%；第二产业完成30.79亿元，同比增长7.90%；第三产业完成12.97亿元，同比增长9.20%；全社会固定资产投资达44.38亿元，同比增长13.95%；公共财政预算收入完成2.70亿元，同比增长10.7%；社会消费品零售总额达到15.56亿元，同比增长9.60%；城镇居民人均可支配收入达25625元，同比增长7.90%；农牧民人均可支配收入达14837元，同比增长7.90%。

【价格监督检查】 2016年，继续加强节假日市场价格监管，组织开展涉农价费、行政事业单位强制收费、违规收费行为和教育收费、医药价格的专项检查，完善明码标价制度、价格收费公示制度，进一步加强对快递、洗车、保洁等新兴服务业价格的监管，依法对误导性价格标示、虚假的原价标示等违法行为进行查处。

（张　炜）

经济商务和信息化

【县经济商务和信息化局领导名录】

局长：张忠朝

副局长：邬举皇

张银山

郭海龙

纪检组长：刘国防

【概　况】 2016年是“十三五”规划的开局之年，也是磴口县工业经济全面推进经济结构转型，积极应对国内经济下行压力影响，精准规划优势产业发展的重要一年。紧紧围绕县委、县政府的安排部署，攻坚克难，主动作为，积极适应新常态，围绕年初全县工业目标任务，按照“保稳定、保增长、调结构”要求，坚持稳中求进的工作总基调，创新思路，强化举措，狠抓落实，努力帮助企业摆脱经济下行影响，推动工业经济向好发展。

【机构设置】 经济商务和信息化局内设综合办公室、节能与综合利用办公室、投资规划办公室、经济运行办公室。

【工业经济情况】 2016年，全县工业经济总体呈现平稳运行、增势趋缓的态势。全县15户规模以上企业实现工业总产值61.60亿元，同比增长6.50%；实现规模以上工业增加值20.05亿元，同比增长8.20%。

【工业重点项目】 2016年，全县实施工业重点项目15项，其中续建项目4项、新建项目11项、输变电工程3项，完成投资18.16亿元。

【节能降耗与资源综合利用】 2016年，制定下发《工业企业节能降耗工作安排意见》《评价考核实施方案》。市、县分别与年综合能耗在10000吨和5000吨标准煤以上企业签订节能目标管理责任书，确保全县工业节能降耗指标按既定目标稳步推进；企业增加节能专项资金投入，积极推进技术创新。金牛煤电投资4400万元对供热管网进行改造，投资1400万元对2＃机空冷系统增加尖峰冷却装置，改造后可降低背压5千帕，降低发电煤耗6—8克/千瓦时；投资500万元增装2台桥式采样机。2016年节能宣传周到来之际，对市、县重点用能企业负责人、统计人员进行为期一天的节能知识培训，企业共制作各种宣传标语近20条。并对重点用能企业开展单位产品能耗限额标准执行情况、淘汰高耗能落后机电设备情况、落后机电设备在用情况的监察工作和调查统计工作。全年全县重点耗能企业完成节能量13347.90吨标准煤，完成全年节能量的111%。

【人才摸底调查】 成立经济商务和信息化局人才工作领导小组，制订2016年度企业经营管理人才工作方案并培训，对县内新增企业人才的底数及状况进行摸底调查。

【“两化”融合】 “两化”融合作为增强企业核心竞争力、加快转变发展方式的重要抓手，从上到下，由点到面稳步推进，按照市经信委的统一安排，组织蒙牛、圣牧高科、乌兰布和乳业、王爷地4家“两化”融合试点企业，在包头参加全区“两化”融合贯标及体系培训，从试点示范抓起，积极推动全县工业企业创新发展，转型升级。争取国家项目资金，为全县未通光缆的39个行政村实施电信普遍服务工作，新建杆路工程已完工，尾留工程按照时限要求，在2017年上半年全部完工；并于2017年积极争取该项目剩余资金，为

47个农场连队申报电信普遍服务项目。

（孙　婧）

国土资源

【县国土资源局领导名录】

局长：周　凯（至2016年5月）

王剑琪（2016年5月起）

副局长：巴　生

米　强

杜震东

【概　况】 2016年，在市国土资源局党组和县委、县政府的正确领导下，紧紧围绕市局和县委、县政府中心工作，以创新、协调、绿色、开放、共享的发展理念统领国土资源工作，切实履行“尽职尽责保护国土资源、节约集约利用国土资源、尽心尽力维护群众权益”的职责新定位，以六个方面重点工作为抓手，以“塑造部门良好形象、争创一流工作业绩”为目标，全力打造“魅力磴口，服务国土”品牌，主动作为、开拓创新、勇于担当、扎实工作，各方面工作都取得新进展新成效。

【机构设置】 巴彦淖尔市磴口县国土资源局内设办公室、政策法规股、土地利用股、规划测绘股、地籍股、矿产资源管理股6个股室；不动产登记中心、土地收购储备中心、土地整理中心3个中心；1个执法监察大队；纳林套海所、沙金所、隆盛合所、城郊所4个中心所。

【不动产登记机构启动运行】 7月15日，自治区国土厅副厅长赵大勇与县委书记李建军共同为磴口县不动产登记中心揭牌，副厅长赵大勇、市政府副秘书长田文化、市国土资源局局长高屹隆、县委书记李建军颁发全县第一批“不动产权证书”，标志着磴口县不动产登记工作正式启动运行。自首发不动产统一登记证书以来，不动产登记中心共颁发不动产权证书64本，办理不动产登记证明98件。9月，在自治区不动产统一登记工作专项督查评查中，磴口县位列全市第一，自治区第三。

推行不动产登记“一站式”服务模式。即一个窗口受理、一套资料内部传递、一次性收费、一个窗口颁发证书，更加便民利民。稳步推进数据整合和资料移交。基本实现登记机构、簿册、依据和信息平台“四统一”。对重点项目、企业申请登记的，开通“绿色通道”，承诺在7个工作日内办结。对65岁以上的老人及出行困难的群众提供上门服务。自首发不动产统一登记证书以来，不动产登记中心共颁发不动产权证书64本，办理不动产登记证明98件。

【确权登记发证】 充分发挥2015年完成的“一厅一所”延伸服务端建设优势，从便民利民和提高效率的角度考虑，将农村牧区不动产统一登记窗口前移在各基层所，加挂不动产登记分中心牌子，通过分中心受理，利用金土内网办理完成不动产统一登记工作。

【土地利用】 上报自治区和县政府12个批次和13个单独选址，共71个项目的用地报批，总面积111.66公顷。完成42宗土地供应，面积43.45公顷。其中，划拨12宗，面积5.17公顷，出让30宗，面积38.28公顷，涉及划拨用地成本和成交价款4098.04万元。办理规模化养殖和设施农用地备案手续26宗，审批临时用地6宗。有效保障重点工业项目、民生及基础设施和设施农业发展用地需求。定期更新维护土地利用动态监测监管系统数据，2015年度供地率达到88%，前两年供地率87%，前三年供地率92%。开展全县闲置土地大排查工作，完成2宗已认定的闲置土地的依法处置。完成磴口县巴彦高勒镇和其他各建制镇基准地价更新公布工作。完成2015年度耕地质量等别更新工作。完成2016年度工业园区土地节约利用评价工作，排名列自治区级开发区前列。

【耕地保护】 完成城镇周边永久基本农田划定工作，上报备案，同步开展全域永久基本农田划定工作。层层签订耕地保护责任状59份，完成4.33万公顷耕地，3.69万公顷基本农田的保护任务。大力支持设施农业和规模化养殖发展，认真落实《巴彦淖尔市设施农用地管理暂行规定》，不断加强设施农用地批后监管，附属设施尽量利用未利用地和低效闲置土地，不占或少占耕地。严格执行耕地占补平衡制度，实现占优补优。严格按照《巴彦淖尔市耕地占补平衡土地整治项目暂行办法》的规定，加强耕地补充库项目质量监管，总投资8400万元，建设面积2327.68公顷的补耕库项目通过市局评审。

【规划测绘】 重视“三项规划”调整完善工作，土地利用总体规划调整完善、第三轮矿产资源规划编制、土地整治规划文本和图件完成。严格执行土地利用总体规划和年度土地利用计划，完成用地预审27宗地，面积1886亩。积极推进城乡建设用地增减挂钩项目建设，正在组织工程复核和申请项目验收。加强测绘管理，申请“数字磴口”和大比例尺地形图项目立项。开展测绘资质、地图市场、测绘市场监督检查6次，把好测绘成果审核备案关，对存在问题的企业进行约谈整改，直至责令其退出磴口测绘市场。

【矿产资源管理】 完成全县矿山企业开发利用基础统计和矿产资源储量统计数据库汇总会审工作。探明储量的金、红柱石矿通过自治区储委评审备案。执行采矿权到期提醒报告制度，规范出具延续审查意见，完成采矿权年检工作，通过网络报备系统将数据入库并上报年检工作总结和统计报表。完成2015年度出让的3家砂石料矿组件领证工作。完成2016年度上半年矿产资源补偿费征收工作，收缴补偿费6.50万元，做到应缴尽缴。开展“矿产资源管理秩序治理整顿打击非法采矿排查百日行动”，严厉打击无证勘查开采、越界、乱采滥挖、非法转让等违法违规行为。关停无证砖窑2座，取缔砂石料非法开采点3处，扣押生产车辆6台。充分发挥部门联动机制，对自然保护区内矿业秩序进行治理整顿。与有关部门集中联合开展多次矿山企业安全生产大检查，有效杜绝矿山安全生产事故发生。严格保护生态环境，按照环保督查组的要求，停止自然保护区内14家探矿企业勘查行为，已向县政府和市国土资源局上报《关于注销磴口县千德曼地区铜矿普查等14个项目勘查许可证的报告》。关停自然保护区内3家采矿企业、4家选矿企业的采选行为，并向县政府和市国土资源局上报《关于注销沙金苏木建材厂等三个采矿权的报告》。拆除磴口县杨东沙场、呼日德图硅石场，做到“三不留一毁闭”。编制完成《磴口县2016年汛期地质灾害防灾预案》，汛期前组织开展辖区内地灾隐患排查工作，向3个灾害隐患点附近群众发放“防灾避险明白卡”197份，同7家矿山企业签订地质灾害防治责任状。加大矿山地质环境治理力度，全县16户矿山企业缴存保证金237.15万元，实现应存尽存。积极做好总投资1200万元的废弃粘土矿地质环境治理项目和312省道两侧废弃采沙坑地质环境治理项目的招投标工作，确保项目顺利落地实施。

【执法监察工作】 认真学习压实责任规定，积极构建党委领导，政府负责，部门协同，上下联动，公众参与的土地管理新格局，建立完善执法监管共同责任机制。认真落实国土资源动态巡查责任制，全年共开展土地、矿山动态巡查190余次，制止苗头性违法行为46次，依法查处违法案件4件，全部立案且结案，结案率达到100%。接待来信来访及市局转办信访案件4起，2起已办结，剩余2起正在办理。严格按照要求对部下发磴口县2016年土地变更调查的74个监测图斑，面积3797.40亩，进行外业调查和内业核查工作，做到“一地一卷”，为开展2016年度土地矿产卫片执法监督检查工作打好基础。

【全国国土资源节约模范县创建】 始终坚持“依法依规、从严从紧、有保有压、节约集约”的用地原则，加强土地节约集约利用，提高土地使用效率，全县上下形成土地节约集约利用共识，国土资源节约集约利用正在走向制度化、常态化。2016年，磴口县被评为全国国土资源节约集约模范县。

【规范管理基层基础工作】 加强基层国土所“十有”标准化建设，1个一类所、3个二类所全部按照“十有”标准配齐配强硬件设备和工作人员。积极配合市地质公园管理局做好黄河三盛公地质博物馆建设工作，政府已列为全县重点项目来抓。不断提高信息化水平，国土资源“一张图”办公已启动。继续加大普法宣传力度，利用“3·19”矿法宣传日、“6·25”全国土地日、“8·29”测绘法宣传日、“12·4”宪法日大力宣传国土资源法律法规。在《内蒙古日报》刊登署名文章1篇，在《巴彦淖尔日报》《磴口时报》分别安排2个专版。报送政务信息397条，被自治区政府和厅、市局网站采纳126条，悬挂过街横幅14条，制作道旗256面。严格执行财经纪律、严控三公经费支出，三公经费同比下降10%。严格执行“三重一大”议事制度，较大额度办公用品和中介服务全部通过政府采购进行。规范国有资产管理，按照财政集中开展国有资产核销工作要求，完成单位国有资产核查核销工作。

【项目争取实施】 2015年，切块资金项目及高标准基本农田整治项目共8个，建设总规模10.74万亩，工程基本完工，现补充内外业资料，查遗补漏，自查整改，准备验收。2016年，高标准基本农田建设项目建设规模5.50万亩，提交勘测设计报告，充分征求苏木镇、嘎查村意见，组织农业、林业、水利等部门专家初评，尽快通过市局评审。2017年高标准基本农田建设项目建设争取规模2.50万亩，报厅研究通过，2017年先建后补土地整治项目可研报告已经完成。高标准基本农田土地整治项目数据库建设正在进行。制作高标准基本农田保护牌18个。积极开展精准扶贫，将精准扶贫与土地整治精密结合，对包尔盖农场一分厂12户帮扶家庭调查摸底，分类提出帮扶措施，每户补助1000元。将土地整治项目向包联村社倾斜，帮助包联村社和贫困户脱贫致富。

【项目工程质量监督管理】 严格执行项目管理程序，落实项目招投标制度。严把工程质量关、进度关，定期召开监理、总监、甲代、施工单位例会和工程推进会。督促施工单位加快项目进度，该竣工的必须按时竣工，续建项目如期推进，争取开工项目尽快开工，前期工作项目加快进行。充分发挥苏木乡镇、村组嘎查的监管作用，对工程进行满意度调查，确保及时发现问题，解决问题。切实让老百姓感受到土地整治带来的好处。

【改进工作方式提高服务水平】 牢牢把握服务稳增长的工作大局，把土地收储、土地报批和土地供应作为重点工作来抓，加快项目建设用地征地报批进度，改进报批方式，全力保障项目用地需求。变“坐门等靠”为上门服务，主动做好土地组件报批和项目规划选址、立项、环评、占用林地、草原许可、土地出让等服务对接，对重点推进项目和重点支持项目用地实施精准保障和服务，促进项目尽快落地、尽快开工，当年形成有效投资。

【依法征收土地确保项目落地】 开展黄河渔村、民族养老院、生命纪念园、东风街延伸等全县重点项目的土地收储工作。共完成集体土地征收20宗，面积470亩。完成原国有建设用地储备13宗，面积120亩。通过自治区土地收储交易登记中心平台，向中国光大银行融资贷款1亿元。

（王　磊）

市场监督管理

【县市场监督管理局领导名录】

局长：贾　军

副局长：刘志刚
孙　志
石　宇
马红霞（女）
吴慧玲（女）
甄世俊

【机构设置】 市场监督管理局内设办公室、人事教育股、财务装备股、党群办、政策法规股、行政审批股、企业监管股、药械股、食品经营股、食品生产股、商标广告股、特种设备股、质量监管股、稽查大队、产品质量计量检测所。

6个派出机构分别为磴口县市场监督管理局东风市场监督管理所、磴口县市场监督管理局车站市场监督管理所、磴口县市场监督管理局黄河市场监督管理所、磴口县市场监督管理局隆盛合市场监督管理所、磴口县市场监督管理局补隆淖市场监督管理所、磴口县市场监督管理局纳林套海市场监督管理所。

【服务地方经济发展】 截至2016年12月，全县各类市场主体共有7014户，同比增长26.70%。认缴资本总额950527.89万元，同比增长13.61%。其中内资企业实有202户，占市场主体总额的2.92%；私营企业实有876户，占市场主体总额的13.40%；农民专业合作社实有428户，占市场主体总额的6.02%；个体工商户实有5442户，占市场主体总额的77.60%。

【企业监管】 截至2016年6月30日，磴口县各类市场主体应报5773户，实报5590户，年报率为96.83%。全县共列入经营异常名录企业90户，主动申请移出经营异常名录企业25户。清理“僵尸企业”54家。通过随机摇号的方式，区局对磴口县下达11户有限公司的年报信息抽查全部完成。11户被抽查企业中，2户地址无法联系，2户企业已注销，2户隐瞒真实情况，弄虚作假，5户企业正常经营。与40个成员部门签订《企业信用信息共享与联合惩戒合作备忘录》，并制定《磴口县失信人联合惩戒办法》，信用联合惩戒体系初步建立。全县公示行政许可信息855条，公示行政处罚信息187条。

【服务企业发展】 共登记备案拍卖会6件，成交额达389.39万元，办理动产抵押登记3件，抵押物价值35698.88万元。

【服务农村牧区经济】 共检查农资经营户95户，共出动执法人员214人次，配合自治区局对全县11个经营户的17个批次的农资商品进行抽检。查办农资违法经营案件15件，罚没款入库4万元。

【流通环节食品市场监管】 共受理食品经营许可换发证申请772户，发放食品经营许可证346户。对食品摊贩、食品配送车辆、农村流动餐车实施备案管理，备案食品配送车辆62辆，流动餐车12户，备案的流动餐车全部购买食品安全责任险，安装GPS定位。为食品安全溯源机制建设和风险防范机制建设打下坚实的基础。全县有食品摊贩172户，受理137户，完成备案96户。查处无照经营案件18件，罚没款入库10.49万元。

【食品药品安全监管】 成立县长为食药安委主任的食品药品安全工作领导小组，形成监管合力。县政府与5个苏木镇、5个农场签订食品药品安全责任书，在10个苏木镇、农场，建立68个食品药品协管员信息员队伍，真正将食品药品安全监管体系构建到苏木镇、村嘎查末梢，做到监管无缝隙，全覆盖。将贺兰路皮革巷打造成食品安全示范街，将利民大酒店、华联超市等6家食品经营单位打造成第一批食品安全示范店。全面推行“量化分级管理”“明厨亮灶”和电子化监管工作，2所学校、8个托幼机构、4个餐饮服务单位完成“明厨亮灶”创建工作。落实食品药品抽检任务，完成2批次/千人食品检验检测任务。完成食品抽检251个批次，其中2个批次检验结果不合格，全部立案进行处理。按照全市药品抽检计划，磴口县完成第一、第二两个阶段共计58个批次药品抽检工作，检验结果全部合格。在加强食品生产企业和小作坊监管工作中，全面推行和使用检查要点表，每次检查都以检查要点表为痕迹，根据监管频次高低确定全项检查次数和重点项检查次数。加大药品医疗器械检查力度，完成定制式义齿、疫苗、特殊药品、无菌性植入性医疗器械、处方药等16项专项工作，协助上级部门完成23家GSP认证和33家GSP跟踪检查工作。同时强化不良反应监测工作，共发生药品不良反应报告565份，医疗器械不良反应报告59份。全年共检查食品生产加工经营企业3472户次，出动执法人员2574人次，车辆1031台次，取缔无照食品经营户27户，查扣假冒“河套王”13件，商标侵权牛栏山二锅头酒200件，没收假冒伪劣食品476.50公斤，受理消费者投诉26起，挽回经济损失3.67万元。下达责任整改通知书267份，帮助食品生产加工经营企业整改问题473个，消除安全隐患40余处。

【流通环节商品质量监管】 围绕涉及健康安全、节能环保、消费热点等重点产品，共部署各项监督抽查7个批次20余种产品，对其中4种不合格产品进行立案调查。磴口县2家企业获得巴彦淖尔市市长产品质量奖，10家企业通过ISO 9000质量体系认证，4家企业通过HACCP认证。

【商标注册管理】 共查处制售假冒伪劣商品案件3起，罚没款入库1.74万元。共检查华莱士瓜种植经营户86户，查获涉嫌商标侵权“磴口花兰士瓜”包装箱200个。维护“磴口华莱士瓜”产地证明商标的权益，提升“磴口华莱士瓜”的品牌知名度。全县有效注册商标450件，其中内蒙古著名商标8件，巴彦淖尔市知名商标14件，产地证明商标1件。

【整治虚假违法广告】 对“五类”广告（医疗、药品、保健食品、化妆品、美容服务），及危害未成年人身心健康的非法涉性、低俗不良广告信息的严打高压态势。重点对磴口县天力广告、就业广告的报纸广告等进行检测，共检测广告683条。

【公平交易】 对清泉自来水公司等2家企业涉嫌反不正当竞争行为进行调查，立案2起，结案2起，罚没款6.50万元。

【消费维权】 围绕涉及健康安全、节能环保、消费热点等重点产品，共部署各项监督抽查7个批次20余种产品，对其中4种不合格产品进行立案调查。受理各类咨询92起，办理涉及计量、质量、特种设备各类申诉案件和“12365”投诉举报中心转办案件共15起，办结率、信息反馈率100%。

【网络监管】 2016年，全县网络市场经营主体总户数7166户，实际搜索7166户，搜索率100%，建档网络经营主体17户，有效网站13户，无效网站4户，全部属信息类网站。同时，重点对“亮标亮照”和“联系信息”以及存在问题的网络经营主体网站进行核查，共核查网络经营主体网站12户，网店3户。

【合同监管】 全年收集合同格式条款6份，梳理合同格式条款免责、限制、排除对方当事人权利的有5项内容。

【质量监管】 对全县范围内滴灌带生产企业进行全面调查摸底，配合市产检所对辖区内的企业抽取2个样品2个批次，对1家不合格滴灌带生产企业依法进行立案查处。配合市质计所抽检烧结多孔砖8个批次8个样品、混凝土工字砖2个批次2个样品。对于抽检发现的3家不合格烧结多孔砖厂依法进行立案查处。针对涉及民生的食品相关产品、车用汽柴油等产品配合自治区产检所、市质计所，对磴口华润电厂等8家企业累计抽查25个批次48种产品。

【标准化管理】 全县共有55户生产企业（个体户）办理产品标准备案，新办市场主体产品标准备案手续3套，对15户生产企业（个体户）的产品标准重新进行年检登记备案，完成全县企业产品标准注册登记统计表的统计上报工作，查办4起无标生产产品案件。

【计量管理】 全年共检查快递、物流企业8家，大型超市2家，土特产专卖店等个体零售店19家，各类医院4家，检查牛肉干、奶食品预包装食品各35批次商品，涉及血压计、X光射线机、B超机等各类医疗计量器具89台（套）。在专项执法检查工作中，对未按规定申请检定或超过检定周期继续使用医用计量器具的3家医疗机构进行立案查处。

【认证认可管理】 对圣牧高科草业有限公司、恒大牧业公司有机产品种植初次认证、再认证活动并进行4次现场检查核查。开展有机产品认证企业专项执法检查。对全县15家企业的48张有机证书进行专项执法检查。

【特种设备安全监察】 全县共有锅炉69台，在用66台，6吨以上锅炉27台；压力容器487台，在用472台，停用15台；压力管道215.13公里，其中长输管道122公里、民用管道21.13公里、工业管道72公里；电梯使用单位25家，维保单位4家，共有电梯86部，停用12部；厂内机动车辆40台；起重机械166台。全年共出动安全监察人员159人次，检查特种设备使用单位55家，特种设备410台。检查中发现部分单位使用的特种设备存在未办理使用登记证、超期未检验，安全附件超期未检验等隐患，尤其是液化石油气瓶超期未检验情况较普遍。针对存在的问题，下发特种设备安全指令书30份，存在的隐患全部整改，立案2起，结案2起，罚没款2万元。

【教育培训】 利用“3·15”等节日开展咨询宣传30次，发放宣传资料20000余份，开展群众咨询、讲解2000余人次，制作宣传展板50块，悬挂宣传横幅30条，发放“12331”“12315”投诉举报牌匾1000余块。建立食品生产企业交流群等微信群6个，设立磴口县市场监督管理局微信公众号、头条号和官方微博各1个，参与国家、自治区、市级食品安全监管交流微信群6个，关注食品安全相关公众号10个。先后在巴彦高勒镇钢铁社区和贺兰社区设立食品药品安全科普宣传站，在诚仁中学设立食品药品安全法制宣传阵地。通过悬挂液晶显示屏、宣传展板的等形式对食品安全法律法规进行宣传。组织行政执法人员和食品生产、经营、餐饮服务单位进行《中华人民共和国食品安全法》等相关食品安全法律法规培训学习。组织执法人员参加自治区组织食品安全执法人员知识竞赛1次，参加县法制办组织执法人员考试1次，去临河等友邻旗县观摩学习10余次。开展食品生产企业从业人员培训学习活动15场次，培训从业人员2000余人次。

（张志强）

安全生产监督

【县安全生产监督管理局领导名录】

局长：郜秉信（至2016年5月）

　　　李　昊（2016年5月起）

副局长：尉海云

【概　况】 2016年，紧紧围绕安全生产工作重点，认真贯彻落实各级安全生产工作精神，加强安全生产监督队伍和机构建设。提高安全生产执法水平，强化服务意识、规范执法行为、积极开展安全生产宣传教育。以安全生产月宣传咨询日为契机，加大宣传力度、提升全民安全意识。强化行风和职业道德建设，加强党的基层组织建设，圆满完成全年的各项工作任务。

【机构设置】 1—5月，安全生产监督管理局内设办公室、安监大队。6—12月，安全生产监督管理局改为安全生产监察大队，内设办公室。

【安全生产总体情况】 截至12月底，全县共发生生产安全事故73起，同比2015年的94起减少

21起，同比下降22.30%；直接经济损失16.19万元，同比2015年的475.23万元减少459.04万元，下降96.60%。其中，消防事故63起，同比2015年的90起减少27起，同比下降30%；直接经济损失13.61万元，同比2015年的411.53万元减少397.92万元，同比下降96.60%；生产经营道路性交通事故10起，同比增加7起；死亡11人，同比2015年增加8人；直接经济损失2.58万元，同比2015年0.70万元增加1.88万元，同比上升268.50%；工矿商贸企业发生安全事故0起，同比2015年减少1起，死亡0人，同比2015年减少1人。

【安全生产责任落实】 按照“党政同责、一岗双责、齐抓共管、失职追责”的原则，修订完善《关于进一步加强安全生产工作的意见》。依据《巴彦淖尔市有关部门和单位安全生产工作职责规定》，磴口县人民政府结合本县实际制定并印发《磴口县有关部门和单位安全生产工作职责规定》，明确各部门、单位安全生产工作职责，坚持“管行业必须管安全、管业务必须管安全、管生产经营必须管安全”的原则，完善落实安全生产工作职责。按照《安全生产监管监察职责和行政执法责任追究的暂行规定》要求，及全面落实“党政同责、一岗双责”制度的原则，县人民政府制定印发《磴口县2016年安全生产执法工作计划》。

乌前旗“7·3”事故发生后，县委、县政府召开安全生产打非治违专题会议，同时制定并印发《磴口县开展“安全生产打非治违专项排查整治百日大行动”实施方案》的通知。要求各部门坚持“全覆盖、零容忍、严执法、重实效”原则，严格落实“党政同责、一岗双责”，集中严厉打击各类非法违法生产经营建设行为，坚决治理纠正违规违章行为，及时发现和整改安全隐患。此次专项行动共查处非法企业8家，发现安全生产隐患120多项。有效防范和遏制非法违规行为导致的重特大安全事故发生，切实维护人民群众生命财产安全。针对巴彦淖尔市督查组在磴口县查出的安全生产隐患，现已全部整改完成。利川化工有限公司12月27日组织危化专家，并邀请市安监局领导，对企业进行安全设施现场验收，现针对专家组提出的整改意见进行整改中，待整改合格后，向自治区安监局申请领取危险化学品生产经营许可证。

2016年10月24日，县人民政府按照巴彦淖尔市《继续全面开展安全生产大检查实施方案》要求，制定《磴口县继续开展安全生产大检查实施方案》，要求各行业主管部门认真制定本部门安全生产大检查实施方案，并要求主要负责人认真组织落实。

在江西丰城电厂及自治区赤峰市元宝山区国电平煤集团坍塌事故发生后。按照全国、全区和市安全生产电视电话会议精神，磴口县委、县政府高度重视，随即召开全县安全生产工作部署会，深入贯彻落实中央、自治区、市领导关于安全生产工作的重要批示指示及全国、全区安全生产工作电视电话会议精神，严密部署磴口县安全生产工作。县委、县政府印发《磴口县继续深入开展安全生产大检查实施方案的通知》，成立县委书记任组长、县长任常务副组长、县四大班子全体领导任副组长，苏木镇、农场、县有关部门主要领导为成员的安全生产大检查领导小组。按照“管行业必须管安全，管业务必须管安全，管生产经营必须管安全”的原则，分行业、分领域对全县安全生产进行拉网式排查，严密部署各项工作落实。

【安全生产与职业卫生一体化监管】 安监局按照“检查安全生产必查职业卫生”的原则，将职业卫生纳入年度安全生产监督检查计划，做到同步计划、同步检查、同步落实。有力推动安全生产与职业卫生一体化监管机制，有效地提高监管效率，减轻企业负担，优化监管机制。同时将职业卫生纳入安全生产宣传教育的内容，充分利用

“安全生产月”等各种平台和载体，广泛开展职业卫生宣传教育活动。通过实际工作切实做到两项工作的整合、融通、渗透，避免重复检查，有效提高日常安全生产监督检查工作的效率。

【粉尘防爆安全专项整治】 为改善磴口县粉尘企业作业环境，防止粉尘爆炸事故的发生。按照《内蒙古自治区粉尘防爆安全和粉尘危害专项治理工作方案》和《关于全面深化工贸行业粉尘防爆安全专项整治工作的通知》要求。制定《磴口县粉尘防爆安全专项整治实施方案》，明确整治行动的工作目标、重点任务、工作措施、阶段划分、工作要求及重点行业、重点企业和重点人群。此次专项检查，将黄河工贸千峰水泥有限公司、食为天面粉有限公司列为重点。检查中，2户企业通过除尘设备都能有效的控制车间内粉尘浓度，并将粉尘与从业人员进行有效的隔离，也为从业人员建立职业卫生监护档案。对危害严重、安全生产隐患大、不能保障劳动者身体健康和生命的违法企业，坚决依法查处。同时加强宣传教育，完善规章制度，加大监管执法，强化措施落实，切实预防和减少粉尘危害，以对从业人员高度负责态度，认真抓好全县粉尘企业防爆工作。

【有限空间作业专项检查】 通过检查企业都建立有限空间作业制度，现场监护人员也能配备到位，但个别企业有限空间作业票证办理过程中，不能认真按照制度进行审批，作业票证办理时限上，未能按照相关规范要求进行办理。此次专项检查有效地规范企业有限空间作业安全管理制度、开展有限空间作业专项教育培训、完善有限空间安全设备、规范有限空间作业程序和现场管理、强化和规范应急救援。

【工贸企业安全生产标准化达标情况】 按照2016年冶金等工贸行业安全生产标准化现场推进会的要求，深化认识、统一思想，把标准化建设作为强化企业安全生产主体责任、提升企业安全基础管理水平和保障能力的主要抓手。3家天然气公司、烟花爆竹批发企业被评定为安全标准化三级，八大行业企业14户，其中蒙牛乳业（巴彦高勒）有限公司达安全标准化三级，向国家安监总局申报一级标准化，现场评审进行等待评定结果。中粮番茄制品有限公司达标准化二级。截至2016年年底，全县规模以上企业安全生产标准化达标89%。针对部分安全标准化达标企业即将到期，安监局将继续推动到期企业进行标准化重新评定。对未开展标准化建设的企业，加大执法检查力度，实施重点指导和监管，以执法推动企业主动创建。对已达标的企业，开展标准化建设“回头看”，严禁“为取证而取证”“为达标而达标”造成的现场管理与制度建设“两层皮”等行为。

【安全生产宣传、教育、培训】 在安全生产活动月中，安委会制定《磴口县安全生产活动月实施方案》。6月16日，在县富源广场举行安全生产宣传月宣传咨询活动，20多家部门单位进行宣传咨询，共制作宣传展板27块，悬挂安全月宣传活动图片10余幅，发放各种宣传资料8000余份，在主街道悬挂条幅13条，接受群众咨询3000多人次。同时，在电视台定制一个月的安全生产法律法规宣传栏目。结合安全月活动，开展形式多样的宣传教育活动。举办各类培训班20多班次，培训各类厂矿长经理30余名，安全管理人员120余名、特种作业人员180余名，一线从业人员约800多人。进入县内企业进行安全法律法规宣传，赠送《新安全生产法》读本500余本。公安局消防大队对重点安全消防单位员工组织消防安全知识培训，并组织开展火灾现场逃生疏散演练等活动，通过系列活动的开展，企业从业人员安全生产意识得到增强。

【行业部门监管责任】 截至2016年年底，未发生重大道路旅客运输事故。水路运输方面无发生水上交通事故。公路工程施工方面未发生因公路标志、标线、危险路段不善造成的交通事故，未发生公路施工企业职工重大伤亡事故。2016年年初，制定《磴口县交通运输局2016年安全生产监督检查计划》，并成立安全生产工作领导小组，各领导班子成员按照“党政同责、一岗双责、齐抓共管”的制度各负其责。县交警大队加大对“两客一危、三超一疲劳”无证驾驶等各类交通违法行为的查处，纠正违法违章11200人次、无证驾驶145人次、酒驾29人、超速行驶5617人次。

【特种设备安全管理】 积极开展特种设备安全宣传活动，努力提高企业及人民群众特种设备安全意识。在“安全生产月”设立宣传咨询台，受理咨询服务20余人次，发放宣传资料1000多份，悬挂宣传横幅1条。重点宣传与人民群众生活密切相关的特种设备安全知识，尤其是液化石油气瓶、电梯使用知识和安全注意事项。开展安全隐患集中排查整治行动。截至年底共检查企业35家，特种设备135台，下达监察指令书25份并责令企业限期改正。

【建筑施工领域的安全监管】 按照《建设工程安全生产管理条例》《中华人民共和国建筑法》《建筑起重机械安全监督管理规定》等法律法规对施工单位进行督导，并制定磴口县城市房屋建筑、燃气管线、地下管道、安全监管和检测监控措施，制订相应工作方案。加强对施工现场的督导管理，帮助施工企业分析梳理安全生产中存在的问题和薄弱环节，对检查施工现场存在的安全隐患要求施工单位限期整改，下发事故隐患整改通知书，对屡教不改的单位该停工的停工，该处罚的处罚，绝不手软。通过加大检查力度，有效地遏制在施工过程中各类安全事故的发生。

【劳动密集企业消防安全专项整治】 开展“劳动密集型企业”消防安全、在建工程、公共娱乐场所和易燃易爆等场所的检查。通过联合执法，始终保持火灾隐患高压整治态势。截至2016年年底，共检查单位810家，发现火灾隐患458处，整改火灾隐患458处，关停4家。

【生产安全事故应急救援演练】 2016年，对磴口县安全生产综合应急预案进行修订。为切实加强对突发事故处置的综合指挥协调能力，提高应急救援工作的快速反应水平，有效地应对可能发生的重特大生产安全事故，由安监和消防、卫生、质监、环保等部门在华润金牛热电有限公司组织一次液氨泄漏事故应急救援演练。通过演练，提高各部门应急救援综合协调能力，增强应急救援水平。

（魏文月）

审　计

【县审计局领导名录】

局长：彭义荣

副局长：高建平

孟学峰

侯玮昀（女）

纪检组长：冯　洁（女）

【概　况】 2016年，认真贯彻落实中共十八大，中共十八届三中、四中、五中、六中全会精神和上三级审计工作会议精神，按照“审计监督全覆盖”这一新要求，紧紧围绕地方经济建设中心和县委、县政府的工作重点，依法履行审计监督职责，不断加强对财政、民生等重大政策措施、重要投资项目和重点专项资金的审计监督力度，各项工作取得积极成效。

【机构设置】 审计局内设经济责任审计分局、办公室、财务股、财政金融审计股、行政事业审计股、投资审计一股、投资审计二股、农牧业审计股、法制股、执行股、社保审计股11个股室。

【总体目标任务完成情况】 2016年，计划安排审计项目42项，全年共完成审计及审计调查项目49项，完成年度审计项目计划数的117%。审计查出主要问题金额 34607 万元；审计核减投资额 7153 万元；提出审计建议 65 条，全部被采纳；公告审计结果 30 篇。审计建设性作用得到进一步发挥，根据审计建议，磴口县政府制定出台《磴口县聘用社会机构和人员参与政府投资审计工作的暂行办法》《磴口县审计发现问题整改工作办法》等规范性制度，相关部门修改完善规章制度 8 项；向有关主管部门移送处理事项 26 项；向纪检部门移送案件线索 5 件，纪检部门立案审查 3 件，对 6 名党政干部给予纪律处分。编发审计动态 14 期；审计专报 7 期；审计报告、专报被政府领导批示 13 篇、审计报告被县政府批转 7 篇；编发审计信息 168 篇，被各级刊物和网站采用 39 篇（国家级 4 篇、自治区级 18 篇、市级 14 篇、县级 3 篇）。

【重点民生资金审计】 2016 年，完成对临河区城镇保障房及农区垦区危房改造的跟踪审计，并获得市审计局项目考核第一名的好成绩。根据市审计局的统一安排部署，完成杭锦后旗 2016 年保障性安居工程跟踪审计。对全县 2013—2014 年扶贫专项资金管理和使用情况、2013—2015 年农牧业专项资金管理和使用情况、水利专项资金管理和使用情况等进行审计。同时，将涉农专项资金使用情况审计与工程项目审计相结合，审计中加大计算机辅助审计力度，形成现场实施与后台数据分析相结合，提高审计数据利用效率。按照县委、政府领导的安排部署，对全县“新农村新牧区建设”工程款支付情况、5 个国有农场财政财务收支情况等进行审计，并保质保量完成各项工作任务。

【经济责任审计】 2016 年，根据县委组织部门的委托和安排，对 6 名离任领导干部进行经济责任审计。6 月，由于全县干部调整，县委组织部又委托对全县 28 名领导干部进行离任审计。共完成卫计局、交通局、财政局、城建局等 9 名党政领导干部离任审计，查出管理不规范金额 10785 万元。其中，被审计领导干部应负直接责任问题金额 5381 万元，主管责任 5404 万元；提出审计建议 19 条，全部被采纳，为县委、县政府在干部管理和廉政建设等方面的决策提供参考。

【行政事业财政财务收支审计】 2016 年，对磴口县公安局、法院、政法委、工业园区管委会、哈腾套海国家级自然保护局、5 个国有农场等 17 家单位的财政财务收支进行审计，并对巴彦淖尔市公积金管理中心磴口县管理部财政财务收支情况进行审计。审计共发现 35 个违规问题，涉及金额 2836.11 万元，其中移送县纪检委 5 个问题、移送主管部门 6 个问题。

【政府重点投资项目审计】 2016 年，对新建磴口县人民医院、行政服务中心装饰装修工程、县穿沙公路骆驼雕塑工程、老年大学维修工程、新建迎宾广场及人民公园工程、磴口县巴彦高勒镇翻新团结北路等 19 项政府重点投资项目进行竣工决算审计，核减工程投资 7153 万元。在审计中，重点关注项目的建设程序、招投标、投资计划实施、工程结算审核等方面。审计查出擅自扩大规模、提高建设标准、超计划投资等主要问题金额 7214 万元。全年共委托中介机构完成政府投资竣工结算审计项目 11 项，报审投资额 8802 万元，审定结算额 7584 万元，审减工程结算 1218 万元。

（米兆花　田　伟）

统　计

【县统计局领导名录】

局长：郑　亮（至 2016 年 5 月）
　　　崔耀中（2016 年 5 月起）
副局长：梁世晨
　　　　白　雪（女）
纪检组长：彭秀梅（女）

【概　况】 2016 年，紧紧围绕县委、县政府的中心工作，按照上级统计部门的安排部署，加强管理，忠实履职，充分发挥统计职能，努力提升服务水平，创新务实、奋发进取、扎实工作，全力改进机关工作作风、努力提高统计工作效能，圆满完成全年各项工作任务，为推动全县经济社会发展提供统计保障。

【机构设置】 统计局内设办公室、基层基础建设办公室、工业交通统计股、固定资产投资统计股、商贸统计股、服务业与社会科技统计股、能源与环境统计股、综合股、农牧股、企业调查队、城市社会经济调查队、农牧民社会经济调查队、执法队、计算站。

【第三次全国农牧业普查】 第三次全国农业普查对磴口县所有农业经营单位、农业经营户、行政村和乡镇进行调查，涉及5个苏木镇、5个农场及沙林中心共11个乡级单位，47个村嘎查，46个分场，约24700户农户。截至9月底，全县普查区划分和“两员”选调工作全部结束。全县乡级普查区有11个，村级普查区97个，普查小区310个；选调普查指导员和普查员共426名，其中普查指导员113名，普查员313名。

12月1—9日，全县426名普查指导员和普查员深入农户和农业生产经营单位开展清查摸底工作。12月10日，全县开始进入普查表的正式入户登记阶段。

【城乡一体化农村社会经济住户调查】 根据城乡一体化农村住户50户（2016年，全县开始采用移动终端采集电子信息网络记账47户、手工记账3户）抽样调查数据显示，2016年，全县农牧民人均可支配收入14837元，比2015年同期增加1086元，增长7.90%。其中农民人均可支配收入14734元，比2015年期增加1056元，增长7.70%；牧民人均可支配收入15064元，比2015年同期增加1132元，增长8.10%。

【贫困监测抽样调查】 磴口县抽中的苏木镇村有巴彦高勒镇南粮台村、渡口镇城西村、补隆淖镇河壕村、沙金苏木包日浩特嘎查、巴音布日格嘎查。该调查设县级统计报表、村级调查表、住户基本情况调查表、住户收支情况调查表、个人调查表。

贫困监测调查客观真实的反映全县农牧区居民生产、收入、消费、积累和经济社会扶贫活动情况，监测数据对全县各苏木镇的贫困村、贫困户具有科学的代表性，为县委、县政府统筹城乡发展、制定新的农村扶贫攻坚政策、推进城乡一体化进程和提高农民生活质量提供科学依据。

【人口变动情况抽样调查】 调查的标准时点为2016年11月1日零时。调查对象为抽中调查小区内的全部人口（不包括港澳台居民和外国人）。应在抽中调查小区内登记的人包括：2016年10月31日晚居住在本调查小区的人；户口在本调查小区的人；2016年10月31日晚未居住在本调查小区的人。抽样调查磴口县共抽中4个苏木、镇、农场的7个调查小区。本次调查采用调查员手持电子终端设备（PDA）入户登记。调查表分为“2016年人口变动情况抽样调查表”“死亡人口调查表”“2016年人口调查村、居委会（社区）基本情况表”。

经样本推算，2016年磴口县常住人口11.64万人，其中城镇人口5.33万人，乡村人口6.31万人；出生率8.29‰，死亡率5.46‰。

【城乡一体化城市社会经济住户调查】 2016年，磴口县城镇居民人均可支配收入25625元，与2015年的23749元相比增加1876元，增幅为7.90%。从分项收入看：工资性收入为18117元，比2015年的16554元增加1563元，增幅为9.40%；经营性净收入为3331元，比2015年的3250元增加81元，增幅为2.50%；财产性收入为923元，比2015年的824元增加99元，增幅为12%；其他转移性收入为3254元，比2015年的3121元增加133元，增幅为4.30%。2016年磴口县城镇居民人均消费性支出15539元，比2015年的15190

元增加 349 元，增幅为 2.30%。

【规模以上工业经济调查】 调查的范围内容、对象是主营业务收入达到 2000 万元以上的企业纳入规模以上工业企业。2016 年，规模以上工业主要经济总产值为 61.56 亿元，营业收入为 57.84 亿元，利润总额为 3.02 亿元。

【经济社会发展环境调查】 全县年末总人口 11.60 万人，其中女性 5.70 万人。全县人均国内生产总值 45422 元，比 2015 年增长 4.10%。城镇常住居民人均可支配收入 25625 元，农村常住居民人均可支配收入 14837 元，分别比 2015 年增长 7.90% 和 7.90%。用于教育方面的投入 14163 万元，比 2015 年增长 4%；用于卫生经费的投入 11791 万元，比 2015 年增长 22%；妇幼卫生经费投入 390 万元，比 2015 年增长 11.80%；疾病预防控制经费投入 510 万元，比 2015 年增长 9.70%；人口和计划生育事务费投入 330 万元，与 2015 年相同。

【妇女就业与社会保障调查】 2016 年，就业人员 6.72 万人，其中女性 2.87 万人，与 2015 年同期持平，占就业人员总数的 42.70%。城镇单位就业人数为 0.95 万人，其中女性 0.48 万人，比 2015 年同期增长 2.10%，占城镇单位就业人数的 50.50%。2016 年年末，城镇登记失业人员 990 人，其中女性 396 人。城镇职工参加基本养老参保人数为 6880 人，其中女性为 2752 人；城乡居民社会养老保险参保人数为 28759 人，其中女性为 11980 人；城镇职工基本医疗保险参保人数为 15980 人，其中女性为 8976 人，与 2015 年持平；城镇居民基本医疗保险参保人数为 27953 人，其中女性为 14479 人，参保人数比 2015 年增长 3%；失业保险参保人数 5459 人，其中女性 2183 人；参加工伤保险的人数为 7852 人，其中女性为 4046 人；参加生育保险的人数为 7592 人，其中女性为 3910 人。2016 年，城镇居民最低生活保障人数为 4509 人，比 2015 年同期减少 11.90%；其中女性为 2352 人，比 2015 年同期减少 10.90%；农村居民最低生活保障人数为 5449 人，比 2015 年同期减少 11.30%；其中女性为 3235 人，比 2015 年增长 9.30%；农村五保人数为 442 人，其中女性 58 人，比 2015 年同期减少 4 人。

【妇女儿童与教育调查】 2016 年，有城市公办幼儿园 5 个，与同期一样；农村公办幼儿园数 8 个，比同期减少 1 个；在园幼儿数 1043 人，其中女童 456 人；小学在校生数 3845 人，其中女生 1917 人，少数民族学生 544 人；初中在校生数 1717 人，其中女生 819 人；普通高中在校生数 1509 人，其中女生 768 人；学前三年毛入园率 86.66%，小学学龄女童净入学率达 100%；初中阶段女生毛入学率达 100%；高中阶段毛入学率达 95%；九年义务教育巩固率达 100%。

【妇女参政议政调查】 2016 年，人大代表 143 人中女性 45 人，占 31.46%；人大常委会委员数 23 人，其中女性 6 人，占 26%；政协委员 133 人，其中女性 46 人，占 34.60%；政协常委 17 人，其中女性 7 人，占 41%。乡级党委领导班子中女干部配备率 17.78%。政府领导班子女干部配备率 25%；县级政府工作部门女干部配备率 45.16%，县级党委女干部配备率 70%；乡级政府女干部配备率 20%，县级政府部门配有正职女干部比例 9.68%，党委部门配有正职女干部比例 20%；100% 的妇代会主任进了村委，80% 的妇代主任进了居委，有力地推动全县民主政治建设的进程。

【妇女儿童与卫生保健调查】 2016 年，孕产妇死亡率为 0；孕产妇产前筛查率 100%；卡介苗接种率 100%；百白破、脊髓灰质炎疫苗、含麻疹成分疫苗、乙肝疫苗、流脑疫苗、乙脑疫苗、甲肝疫苗接种率分别为 99.83、99.85、99.83、99.82、99.82、99.81、99.80；0—6 个月婴儿纯母乳喂养率 98.33%，比 2015 年提高 11.33 个百分点；住院分娩率为 100%，其中农村牧区孕产妇住院分娩率为 100%，高危孕产妇住院分娩率为 100%，婚前医学检查率为 97.11%。

【妇女儿童与法律保护调查】 2016年，县公安部门共破获强奸案件7起，没有发生一起拐卖妇女、拐卖儿童案件，妇女获得法律援助人数为23人，得到法律机构援助的未成年人数1人，有效地遏制侵害妇女儿童权益的违法犯罪活动，较好地保护妇女儿童人身权利；未成年人犯罪人数占同期犯罪人数的比例为0，少年法庭数为1个。

【妇女儿童与生存环境调查】 2016年，全县农村集中式供水受益人口比重为92.73%；比同期提高2.73个百分点，农村自来水普及率为95%；农村卫生厕所普及率为53.36%，比同期提高2.33个百分点；城市污水处理率为100%，城市垃圾无害化处理率为90.05%，均与同期一样；城市建成区绿化覆盖率为35.47%，同期为35%。家长学校13个，家长学校培训人数为15098人。

【文化产业调查】 2016年，从事文化产业的企业有7个，从业人员98人，收入合计1244.60万元。其中，文化产业营业收入1244.60万元，缴纳税金2.82万元；个体工商户有71个，从业人员188人，2016年收入合计1686万元，其中，文化产业营业收入1281.70万元；行政事业单位8家，从业人员147人，固定资产原值1049.20万元。

【规模以下工业、服务抽样调查】 2016年度磴口县更换样本，企业样本为1户，个体样本3个村（居委会）。2016年，磴口县共抽中8户服务业企业进行调查。从2014年开始实行联网直报。

【夏季农牧业普查】 夏季农牧业普查主要数据分为农作物播种面积和牲畜头数。2016年，农作物总播面积为115.49万亩。其中，粮食作物40.54万亩，经济作物是565.65万亩，饲草料18.30万亩。主要牲畜存栏总头数为63.26万头，出栏总头数为64.31万头。其中，大牲畜存栏8.50万头，出栏2.51万头，羊存栏50.11万头，出栏54.89万头，猪存栏4.65万头，出栏6.91万头。

【粮食产量抽样调查】 2016年，全县小麦总面积为2.63万亩，单产为362公斤/亩，总产为951万公斤。2011—2016年，磴口县小麦播种面积总体上呈逐年下降趋势，单产基本保持稳定；秋季农作物产量调查每年9月中旬进行，调查的范围为全县所有的农业生产单位，秋季农作物产量调查中只有玉米一种粮食。2016年，全县玉米播种面积为37.81万亩，单产为722.5公斤/亩，总产量为27323.53万公斤。

【基本单位调查】 统计内容包括组织机构代码、单位详细名称、单位负责人、地址、行业、开业时间、机构类型、从业人员、企业主要经济指标等。主要是利用统计、工商、税务、质监、民政、编办等管理部门的新增名录资源，通过实地走访核查，让新增单位填报基本情况表，县统计局名录库维护人员将其录入基本单位名录库平台完成维护工作。2016年，基本单位名录库中共有单位1014家，其中法人777个，产业活动单位237家。

（徐 菁）

烟草专卖

【县烟草专卖局（营销部）领导名录】

局长：贺玉萍（女）

副局长：李发茂

【概 况】 磴口县烟草专卖局（营销部）在市局（公司）和县委、县政府的正确领导下，深入学习贯彻中共十八大精神，认真贯彻落实区局、市局（公司）烟草工作会议精神，以经济运行为核心，狠抓销量稳增长，紧扣税利总额核心指标，真抓实干，扎实开展各项工作。

【机构设置】 烟草专卖局内设综合办公室、客户服务部、专卖管理股、内管派驻组。

【经济指标完成情况】 2016年，卷烟销售全年计划完成5097箱，实际完成5148.73箱，完成全年计划的101.01%，同比2015年的5024.69箱增加124.04箱，增幅2.47%。卷烟销售额全年计划11761万元，2016年累计完成11893.19万元，完成年计划的101.12%，比同期的12064.07万元减少170.88万元，减少1.42%。卷烟单箱全年计划23074元，年单箱结构23099.27元，比计划增加25.27元，同比2015年的24009.58元减少910.31元。

【打击贩售假烟行为】 全年共查处涉烟案件31起，查获非法卷烟880.30条，案值81601.63元，其中假烟案件2起（2万元以上1起），走私烟2起，市外串码烟27起。查获真品卷烟778.40条，案值50892.24元，假烟67条，案值26931.76元，走私烟34.90条，案值3777.63元。

（郝　磊）

农　业

农牧业

【县农牧业局领导名录】

局长：张长路

总支书记：刘海军（至2016年6月）

张长路（2016年7月起）

纪检组长：斯日古楞（蒙古族）

常务副局长：敖特庚桑（蒙古族）

副局长：李锁军

张振业

党组成员：王忠文

常久林

【概　况】 2016年，中央农村工作会议和全国农业工作会议提出，要着力加强农业供给侧结构性改革，推进种植业调整，休耕轮作试点将逐步开展，"稳羊增牛"思路将继续贯彻，面对不断变化的新形势，结合磴口县实际，充分发挥部门的职能作用，认真开展工作。

【机构设置】 农牧业局内设综合办公室、种植业股、畜牧业股、财务室、项目办、农畜产品质量监管办、农牧业信息中心，局内行政编制16人，下属农业技术推广中心、绿色食品发展中心、能源站、草原站、疫控中心、动检所单位。

【种植业】 据农情统计，全县农作物播种面积88.34万亩，比2015年同期增长3.67万亩。粮食作物37.45万亩，经济作物及牧草43.39万亩，牧草7.47万亩。总体表现为"七增二减一持平"的格局，小麦6.20万亩，比2015年增加1.10万亩；花葵28.10万亩，比2015年增加8.33万亩，籽瓜2.90万亩，比2015年增加0.48万亩，葫芦3.11万亩，比2015年增加2.29万亩；瓜类3.22万亩，比2015年增加0.35万亩；脱水菜0.50万亩，比2015年增加0.29万亩；牧草7.47万亩，比2015年增加1.53万亩。玉米31.10万亩，比2015年减少6.17万亩，油葵3.30万亩，比2015年减少0.84万亩。番茄1.25万亩，与2015年持平。

【畜牧业】 全县牲畜饲养总量达到155万头（只），较2015年减少1万头（只）。其中，肉羊饲养量137.80万只，较2015年减少2.20万只；奶牛7.10万头，同比增加0.60万头；肉牛1.20万头，与2015年持平；生猪8.60万头，较2015年增长0.60万口；马属动物0.30万头。

【种子质量监管】 为从源头上保障用种安全，种子管理站认真开展《中华人民共和国种子法》《内蒙古农作物种子条例》等法律法规、政策宣传和农作物种子知识培训，把种子质量监管工作前移，年初召开县制种企业、经销商培训工作会议，生产企业、种子经销户140余人参会。在"3·15"国际消费者权益日、农资市场检查、放心农资进乡村等活动中，发放宣传材料5000余份。在冬季农闲季节进行3期种子法律法规及打假知识培训，发放宣传资料7000余份，使农牧民掌握购种注意事项，真假种子识别和种子法律法规知识，提高农牧民购种水平和维权意识。

【种子市场管理】 采取突击抽查与集中摸排相结合的方式，组织执法人员对各个乡镇农资经营店进行检查，对种子经营人员从业资质、证照管理、种子审定、试验示范、假劣种子、侵权品种行为、经营档案、进货发票是否齐全、超范围经营等方面进行检查，出动检查车辆138辆次，出动检查人员576人次，检查经营门点1320个次；通过排查，规范种子市场秩序，加大种子监管力度，确保春耕生产用种安全。

【严把种子准入关】 严格按照《中华人民共和国种子法》《内蒙古自治区农作物种子条例》规定，依据种子生产许可证、原包装种子备案登记证的具体要求，严格审查，办理原包装种子备案登记证新证19家，换证27家；审核种子生产许可证资质3家。对从事种子销售的单位或个人，对其产品的销售宣传广告，发布前须到种子站接受广告内容审查和备案登记。对不符合种子生产许可证、原包装种子备案登记证及其他法律、法规的或具有欺骗、非法诱导等行为的广告，禁止发布。包装、标签要符合国家规定的标准。对不符合规定标准或标签内容与品种不符的，不准销售。10月，召开种子生产经营备案管理系统工作培训会，就网上申报系统功能等步骤对经销户进行培训，种子经营户、生产企业150余人参加会议，通过培训种子经营户、生产企业经营不再分包经营的种子，种子生产将在系统进行备案受理。

【新品种展示】 示范地点位于磴口县沙金苏木召滩村，面积236亩。玉米新品种展示品种20个：巴单6号、金油2号、奥沃利特、金岭1619、金岭青贮37、金岭青贮17、金创1号、天和2号、远科105、广德5、广德9、文玉3号、广玉928等。玉米新品种示范6个：金创6号、博品1号、西蒙6号、宏博656、康地3564、康地4574。向日葵新品种示范品种5个：SH363、SH3939、SH361、AD6199、3638C。

【粮油作物高产高效农业科技园区】 2016年，全县重点开展沙金苏木召滩村科技示范园区、隆盛合镇海岗村科技示范园区的创建工作。沙金苏木召滩村核心区面积804亩，辐射面积10386亩，涉及396户1188人。分为9个点，包括玉米宽覆膜高密度技术示范点，小麦套晚播向日葵栽培技术示范点，小麦套耐密型玉米栽培技术示范点，推广向日葵“6推1防”栽培技术示范点，推广设施农业示范点，小麦千斤攻关示范点，降解地膜在玉米、向日葵上的试验、缓控释肥在玉米、向日葵上试验，玉米“一穴双株”栽培模式。隆盛合镇海岗村核心区面积102亩，辐射面积1300亩，涉及21户，人口46人。分为2个点，包括玉米宽覆膜高密度技术示范点，玉米“一穴双株”栽培技术。

【绿色食品发展品牌建设】 对全县符合无公害农畜水产品、绿色食品、有机食品相关标准的产品开展认证和组织实施、审核、推荐上报工作。引导全县有条件的企业开展“三品”的认证工作。全县共有47家企业的99个产品通过“三品”品牌认证。2016年，新增“三品”企业7家14个产品。新增有机食品企业2家4个产品，获北京五月华夏管理技术中心的有机农产品认证。分别为内蒙古晶烨农业科技发展有限公司的羊、苜蓿、青储玉米和磴口县洪涛沙产业开发有限责任公司的沙漠绿参牌山药。新增无公害食品企业5家10个产品，获农业部无公害产品认证。分别为巴彦淖尔市浩丰渔业养殖有限公司的鲤鱼、草鱼；磴口县沣源水产渔业养殖有限公司的鲤鱼、草鱼；磴口县金马湖生态养殖专业合作社的鲤鱼、草鱼；磴口县占清种养殖农民专业合作社的鲤鱼、草鱼；磴口县科宜达种养殖农民专业合作社的鲤鱼、草鱼。

【农产品质量安全检验检测站建设】 磴口县农产品质量安全检验检测站挂靠磴口县绿色食品发展中心，非独立法人，与磴口县绿色食品发展中心、磴口县农畜产品质量安全监督管理中心合署办公。至2016年有人员7人，从事检验工作人员专业技术能力低，检验力量薄弱。县农产品质量安全检验检测站实施完成，新建实验室总面积420平方米，购配置分析仪器56大项139台（套）。其中检测仪器10台（套），价值20万元以上的设备2台，为气相色谱仪和高效液相色谱仪。

【农产品质量安全检查】 不定期检查“三品一标”生产企业及基地，主要检查食为天面粉油脂公司、宝通面业有限公司生产的雪花粉、瑞雪粉等产品生产、销售记录和农副产品收购记录，台账是否健全等内容。定期检测瓜果蔬菜鲜食农药残留，中心对大田、温室、大棚等即将上市的蔬菜、瓜果进行定期农药残留抽测检测60次，取样220个。检测蔬菜种类有茼蒿、生菜、菠菜、黄瓜、番茄、豆角、芹菜、香菜等，抽检合格率百分之百。检查“三品”销售，对临河华联磴口店、汇源、俞老大以及隆盛合镇、渡口镇、沙金苏木等食品销售商店，配合工商食品部门进行“三品”销售的打假工作，检查有无“三品”假冒销售情况。

【设施农业】 设施农业生产面积达到16711亩。其中，设施内生产面积9075亩（温室1145亩、大中棚7930亩）。在设施农业生产模式方面，温室冬春茬主要以叶菜类种植结合育苗生产，占全县温室冬春茬生产的90%为育苗。温室秋冬茬作物以番茄、黄瓜、豆角、叶菜类、食用菌为主。温室育苗蔬菜生产两茬亩均效益在2.50万—3.50万元。大棚春茬生产5000亩，85%为薄皮甜瓜，亩均效益在0.80万—1.20万元，秋茬生产200亩主要以甜椒为主零星有种植豆角、甘蓝等其效益在0.20万元。

【特色甜瓜产业科技示范园】 在隆盛合镇建设15000亩的特色甜瓜产业科技示范园。园区建设地点以青协线新地村、桃来村为中心向两边延伸至协成、南营子、海子沿、红旗、合同、西闸、民兴、黎明、同心、公地12个村。其中大棚标准化生产栽培技术示范推广2100亩；大棚薄皮甜瓜吊蔓增产栽培技术试验3亩；春茬大棚厚皮甜瓜吊蔓增产栽培技术试验示范44亩3个品种；秋茬13亩7个品种；温室大棚微生物制剂净土灵无害化土壤消毒技术示范推广2100亩；土壤改良净化、提质、补微、增产、矿物肥施用技术推广850亩；喷二冲一硅肥施用技术推广160亩；发根养根护叶生物菌肥生物农药使用技术推广335亩；降盐减害减量增效化肥螯合冲施技术推广820亩；温室、大棚微灌技术应用推广335亩；推广有机、无机、生物、矿物四肥一体化的平衡施肥和测土配方施肥技术2100亩；甜瓜病虫害综合防治技术推广5000亩；小拱棚甜瓜标准化栽培12248亩；大田甜瓜标准化栽培14000亩。全县大棚每亩平均收入0.80万元，小拱棚亩收入0.20万元；大田亩收入0.15万元。

【产学研合作】 蔬菜办和内蒙古园艺研究院合作，承担内蒙古园艺研究院网纹甜瓜品比试验1亩，11个品种；厚皮甜瓜整枝试验、密度试验1亩；薄皮甜瓜整枝试验、密度试验1亩；华莱士瓜整枝试验、密度试验1亩；薄皮甜瓜标准化种植示范、蜜蜂授粉20亩。承担内蒙古农科院推广的内蒙古自治区农业综合开发项目“瓜类套种杂交向日葵高效生产模式与配套技术示范推广”磴口示范区的技术指导服务工作。

【华莱士瓜提纯复壮】 蔬菜办在巴彦高勒镇北粮台开展华莱士瓜瓜行瓜系提纯复壮工作，共计落实面积7.50亩，其中瓜行圃1.50亩、瓜系圃6亩。生产技术措施主要有机肥、矿物肥、油渣、配方肥、施用技术；膜下滴灌技术；人工授粉、防虫网、隔离区（2000米以上）保花保果技术；硅肥、生物菌肥应用技术；生物农药病虫害防治等技术保证华莱士瓜的品质和纯度。

【瓜菜开沟起垄及套种晚播向日葵】 继续推广瓜菜开沟起垄栽培及瓜类套种晚播向日葵栽培技术，共落实推广瓜菜开沟起垄覆膜栽培技术2.30万亩；推广瓜类套种向日葵栽培技术3.40万亩。

【渔业生产】 实现渔业生产水面15.70万亩，养殖品种主要有黄河鲤鱼、鲶鱼、鲫鱼、鲢、鳙、草鱼、河蟹等，全年水产品产量达到4369吨，实现产值1.40亿元。全县名优特水产养殖面积4.50万亩，鱼蟹混养1.80万亩，水产健康养殖2.70万亩，纳林西湖引进河鲈等新品种试养成功。水产品抽检合格率达100%。成功创建农业部渔业健康养殖示范县，成功创建水产健康养殖示范场2家，面积608亩，申报无公害水产品养殖基地2家，面积848亩。

【渔业健康养殖示范县创建】 2016年5月9—10日，农业部渔业渔政管理局组织河北、陕西、天津、宁夏回族自治区渔业主管部门专家对磴口县创建农业部渔业健康养殖示范县工作进行验收，磴口县以综合评分86.60分的成绩成为全国第七家、自治区首家农业部渔业健康养殖示范县。

【实施渔业保险】 为推动渔业产业健康有序发展，有效降低生产风险，县委、县政府2016年将渔业纳入农业保险补贴范围。磴口县境内持有有效滩涂水域养殖证的渔业养殖户都可以参保，分为精养池塘和大水面两种。渔业保险保费补贴工作由县农业保险保费补贴领导小组统一领导、协调开展工作，具体业务工作由安华农业保险股份有限公司承办。2016年，共承保池塘31912亩，签单保费63624元，精养池420亩，签单保费29400元，共计93024元。

【开展增殖放流】 开展黄河水生生物资源养护与救助的宣传、发动工作，积极引导市民参与黄河2016年渔业资源增殖放流活动，保护渔业生态环境。11月4日，拦河闸开展2016黄河磴口段水生生物资源增殖放流行动，投放100—200克/尾以上的鲢鱼4032公斤，400—500克/尾以上的鳙鱼4032.5公斤，400—500克/尾的草鱼1250公斤，1000—1500克/尾的草鱼1250公斤。

【成立渔业协会】 2016年成立磴口县渔业协会。协会在政府主管部门及有关部门的领导和业务指导下，结合县水产部门技术推广功能，由全县养殖户及活鱼运输户自觉自愿组成，把相对分散的养殖场和养鱼户有效联合起来，组成利益共同体，有组织地参与市场竞争，提高磴口县的渔业产业化经营水平。维护全县渔业生产秩序，建立全县鱼种、成鱼价格调节机制，组织和监督各会员实行计划生产，统一销售价格，实行养殖户自我管理、自我约束、自我完善、自我提高、最大限度地保护渔业生产者的利益，促进全县渔业健康发展。

【户用沼气服务】 2016年，在户用沼气服务以村为单位重点抓3个村，分别为隆盛合镇的民兴村、西闸村，渡口镇的永胜村，服务农户540户；以点为单位重点抓37个点，直接服务农户320户。

【外来有害生物少花蒺藜草的调查防治】 2010年10月至2016年6月，对5个苏木镇、5个国有农场和市站技术人员进行实地调查和走访农民，在沙金苏木、包尔盖、纳林套海、哈腾套海、巴彦套海1个苏木4个农场，均发现该植物，分布面积约22万亩，其中耕地面积约7.50万亩。受市能源站委托，2016年完成300亩少花蒺藜草的防除任务，防除效果达到85%。

【有益生物调查保护】 2016年，涉及全县能源站调查保护的有益生物为蒙古扁桃和野生肉苁蓉。对蒙古扁桃开展实地调查和基本情况掌握。蒙古扁桃为国家三级濒危保护植物，主要分布在哈腾套海自然保护区内沿山一带，面积约8万亩，其中盖度在30%以上的约6.70万亩。野生肉苁蓉主要分布在沙金苏木面积约8.70万亩，其中，巴音布日格5万亩，巴音毛道3万亩，那仁宝力格0.70万亩，数量极少，处在濒危状态。

【节能减排和农牧业环保】 从2013年开始，磴口县与环保局协调开展规模化养殖企业粪便及污水排放的综合治理工作。全县规模化养殖企业136家，完成环保设施建设的78家，环保设施不完善的10家，无环保设施的68家，计划2017年全部完善，并投入使用。农牧区环保以秸秆禁烧为重点，与县政府督查室、大气污染防治办公室进行对接，形成一套各苏木镇（国有农场）有专人负责，各嘎查村（分场）有监督员，执行日报告的常态化管理机制。县政府出台紧急通知，能源站张贴禁烧公告，县政府督查室进行工作督查，秸秆禁烧工作做到家喻户晓。

【小麦套晚播向日葵栽培】 改向日葵常规种为杂交种，缩短向日葵生育期。改向日葵早播为晚播，减少小麦和向日葵的共生期。向日葵和小麦的等高日推后。向日葵对小麦的影响减到最低。向日葵改露地栽培为覆膜栽培，大幅度提高向日葵的产量和质量。小麦平均亩产350公斤左右，增产50公斤；向日葵亩产175公斤左右，亩增产40公斤，小麦和向日葵两种作物合计收入在2200元左右，亩均增收290元以上。目标任务1万亩，推广面积1.06万亩。建立3个监控点，分别是渡口镇新地村、巴彦高勒镇旧地村、隆盛合镇桃来村，面积分别为60亩、53亩、62亩。

【地膜二次利用免耕栽培技术】 覆膜玉米后茬免耕技术是在头一年覆膜玉米收获后，不进行土地耕翻作业，留板茬地秋浇，第二年春播时，将向日葵直接种在玉米茬中间。土地免耕，节约耕作和生产资料费用。据测算，该技术每亩节省土壤耕翻费、整地费、秋浇水费、地膜和种肥投入合计120元左右。地膜重复利用，减少对土壤、环境的污染。实现向日葵的轮作倒茬，可以有效防止和减轻土传病害的发生，比不覆膜增产40公斤。亩均节本增效390元左右。目标任务2万亩，推广面积2.60万亩。建立3个监控点，分别是渡口镇南滩村、乌兰布和农场四分场、隆盛合镇海岗村，面积分别为82亩、120亩、68亩。

【麦后复种小秋作物高效栽培】 为保障全县小麦生产，提高复种指数，增加亩效益，促进农民增收。小麦收获后快速整地、浇水；根据不同作物采取撒播或者穴播或者条播；麦后复种秋菜，包括白菜、蔓菁、芥菜等；麦后复种饲草、饲用油菜、绿肥等；麦后复种育苗移栽向日葵；麦后复种小日期饲料玉米；加强复种作物田间管理。目标任务0.50万亩，推广面积0.52万亩。建立3个监控点，分别是渡口镇新地村、巴彦高勒镇北粮台村、补隆淖镇坝楞村，面积分别为51亩、54亩、63亩。

【三大作物施肥控量增效技术】 通过测土配方施肥技术，调整氮、磷、钾配比和用量，改盲目过量施肥为科学适量施肥，并促进大量元素与中、微量元素配合施用；引进或与当地农机部门合作，推广适用施肥机械、设备，改表施、撒施为机械深施、叶面喷施等，并逐步探索适合当地的水肥一体化施肥方式。目标任务10万亩，推广面积12万亩。建立3个监控点，分别是渡口镇新地村、巴彦高勒镇北粮台村、补隆淖镇坝楞村，面积分别为120亩、140亩、180亩。

【秸秆还田培肥技术】 目标任务3万亩，推广小麦机械收获留高茬还田技术3.60万亩。建立3个监控点，分别是渡口镇新地村、巴彦高勒镇北粮台村、补隆淖镇坝楞村，面积分别为51亩、54亩、63亩。

【玉米红蜘蛛“三防两治”绿色防控技术】 目标任务15万亩，推广面积15.20万亩。建立3个监控点，分别是沙金套海苏木召滩村、沙金套海苏木巴音温度尔嘎查、盘古集团基地，面积分别为100亩、260亩、300亩。

【向日葵螟“1+3”绿色防控技术】 选用短日期杂交种适期晚播，短日期杂交花葵播种期安排在5月25日至6月10日，能够避开或缩短向日葵花期与向日葵螟成虫发生期的重叠时间；释放赤眼蜂生物防控；性引诱剂诱杀，5月初，开始挂置性引诱剂诱捕器，每亩放置1—2套诱捕器；频振式杀虫灯诱杀，主要是利用葵螟成虫的趋光性来诱杀成虫。据调查，应用向日葵螟“1+3”绿色防控技术，花葵每亩可挽回损失50公斤左右，减少经济损失350元左右。目标任务20万亩，推广面积23万亩。建立3个监控点，分别是巴彦高勒镇南粮台村、渡口镇南滩村、乌兰布和农场五分场，面积分别为310亩、290亩、300亩。

【向日葵黄萎病“三结合”绿色防控技术】 合理科学选用抗耐病品种；适期晚播，将播种时期调整在5月25日至6月10日，可减轻病害的发生；生物防控，选用向日葵专用抗重茬菌剂防控向日葵黄萎病，制剂与化肥混合均匀一起施入土中。根据上年发生程度使用3—6公斤/亩。据调查，应用向日葵黄萎病“三结合”绿色防控技术，花葵每亩可挽回损失75公斤左右，减少经济损失500元左右。目标任务10万亩，推广面积12万亩。建立3个监控点，分别是巴彦高勒镇南粮台村、渡口镇南滩村、乌兰布和农场五分场，面积分别为310亩、290亩、300亩。

【农作物病虫害绿色防控】 全面组织开展农作物病虫害绿色防控工作，农作物病虫害绿色防控面积45万亩，主要农作物病虫害绿色防控技术推广实现全覆盖，建立核心示范区500亩，技术普及率和覆盖率达到100%。

【盐碱地改良试验示范】 在沙金套海苏木兴套川公司开展试验示范，种植吸盐植物菊芋，施有机肥8立方/亩，CJL除碱灵试验1亩；在巴彦高勒镇北粮台村四社开展试验示范，压黄沙10立方米/亩，施有机肥6立方米/亩。

【有害生物防控】 规范产地检疫和调运检疫工作，提高防范意识，把好植物产品调运检疫关。做好疫情监测，及时组织疫情普查，重点抓好红火蚁、苹果蠹蛾、扶桑绵粉介等重大检疫性有害生物监测，全面掌握疫情发生发展动态，严防突发性疫情传入磴口县，做到早发现、早封锁、早防控。在全县选定7个点进行草地螟、螟虫、黏虫等主要害虫的越冬基数野外调查；完成农作物重大病虫害数字化监察预警系统（2000—2013年）各种数据的整理、归档、录入上报；完成植保预警县级管理系统软件太阳能病虫测报灯的政府采购、签订合同、财务结算等工作，并投入运行；完成磴口县植保田间观测场的选址、建设、器械的安装，现已正常投入运行；完成磴口县植保药械库的建设和应急药械的采购、储备。调查监测农区鼠密度，并在密度较高的区域开展统一灭鼠示范。在圣牧高科十二牧基地建立鼠害综合防治示范区，统一灭鼠示范面积0.50万亩，示范农户1000户；设8个苹果蠹蛾果园监测点，即补隆镇黄土档村、夹道村、一团、巴彦高勒镇看守所、五团六连、七团、沙金套海苏木前进村、沙金套海苏木小关井。建立两个苹果蠹蛾综合防治示范区，分别为人民公园综合防治示范区、沙金套海苏木巴音布日格嘎查综合示范区。

【动物疫病防控】 2016年，累计完成口蹄疫免疫106.71万头，其中，免疫奶牛13.15万头，免疫肉牛0.76万头，免疫羊86.10万只，免疫骆驼0.06万峰，免疫猪6.64万头；完成猪瘟、猪高致病性蓝耳病免疫6.64万头；完成高致病性禽流感免疫55.64万羽，其中免疫鸡57.79万羽，水禽0.85万羽；完成小反刍兽疫免疫32.10万只（对新生羔羊和补栏羊重点免疫）；完成羊痘免疫56.59万只；羊三病免疫60.32万只。重大动物疫病免疫密度100%，免疫耳标佩戴率100%，免疫抗体水平达到国家标准。建立健全动物防疫户口簿、免疫台账和疫苗管理登记台账，做到免疫记录、免疫台账登记填写整齐，疫苗、消毒药品、防护用品入库、领取手续完善齐全。

【畜间布病防控】 2016年，磴口县疫控中心认真落实《巴彦淖尔市人民政府办公厅关于组织开展布病防控宣传培训工作的通知》精神，共投入13

万元，制作布病防控知识宣传围裙和宣传包各1万份，累计培训防疫员及农牧民1000多人次。加强源头防控，按照“以人找畜、以畜找人”的溯源灭点工作原则，积极与卫生部门协作配合，定期开展联防调度会，及时发布预警预报。2016年，磴口县人间布病网报病例29例，对病例全部开展流行病学调查，有个别出现机械性流产现象，临床观察没有典型症状，并对布病患者养殖户的羊全部开展血清学监测。做好畜间布病集中监测工作，按照监测覆盖面不低于“三个”50%，监测总数不低于饲养量的1%，种公羊100%监测的总体目标要求，共监测羊6053只（种公羊2900只），阳性23只，阳性率0.38%；检测奶牛605头，阳性4头，阳性率0.66%。抓好畜间布病疫点梳理和集中消毒灭源工作，磴口县2011—2016年共确认疫点172个，一年复发的疫点有11个，连续两年复发疫点1个。其中，2011—2014年畜间布病疫点150个，通过连续两年规范处置，累计拔除疫点149个，占疫点总数的86.60%。2015年确认8个疫点，2016年确认疫点14个（其中一年复发疫点2个，2年复发疫点1个），未达到连续两年规范处置要求，未拔除。2016年5月和11月，疫控中心开展两次消毒灭源工作，投入小型消毒机20余台，2.50吨消毒车1辆，投入消毒药品6吨。截至11月22日，累计消毒面积21万平方米，消毒范围涉及172个畜间布病新老疫点以及2016年人间布病网报病例养殖场户10个，共351个养殖场户。

【基层动物防疫体系】 提高村级防疫员工资待遇：2016年1月开始，根据《磴口县人民政府关于进一步加强动物防疫体系建设的实施意见》（磴政字〔2016〕120号）规定，防疫员工资由每月1000元增加到1500元。防疫员养老保险按应缴费用的10%给予补贴，为每名防疫员统一购买100元职业病保险和200元意外伤害险，防疫员全部参加新农合医疗保险，2016年新增基层防疫员3人，村级防疫员总人数达到71名。

【冷链体系、实验室建设】 根据《磴口县人民政府关于进一步加强动物防疫体系建设的实施意见》（磴政字〔2016〕120号）要求，县政府投入14万元购买71台冰柜，村级防疫员人均配备1台，解决村级动物防疫员疫苗储存问题，打通动物防疫冷链建设的最后“一公里”；疫控中心投入8万元，新建24立方米冷库1个，县、乡、村三级冷链配备全部完成。通过市、县两级的陆续投入，沙金苏木兽医站和补隆淖镇动物防疫站的建设得到加强，办公条件和仪器设备得到完善。同时疫控中心筹措资金50万元进行兽医实验室改造维修，工程于10月底全部完成。

【土地确权登记颁证试点工作】 磴口县2014年年底实施土地确权登记颁证试点工作，2015年2月印发《磴口县农村土地承包经营权确权登记颁证试点工作实施方案》（磴政办发〔2015〕28号）。2016年，农村土地承包经营权确权登记颁证试点工作基本完成。4个试点村社涉及农户273户1160人，耕地面积5621亩。农户签字确认268户，签字率达到98%以上，人口1078人。4个试点村社实际测量面积为6544.31亩（确权承包面积为3616.69亩，开荒地面积为1332.50亩，集体机动面积为672.24亩，四荒面积为922.88亩）。

【农村牧区土地确权】 2016年年初，开展农村牧区土地承包经营权确权登记颁证的调研，掌握农牧区土地总体情况。制定并印发《磴口县农村牧区土地承包经营权确权登记颁证实施方案》。磴口县土地草原确权航拍成果资料完成交接，全县最新地域航拍任务完成。招标程序进行完毕，土地确权三个标段的政府采购合同，项目监理合同、数据库建设合同审核通过，中标单位进场开工。土地确权项目分三个标段。巴彦高勒镇、渡口镇、补隆淖镇为第一标段，二调耕地面积为15.54万亩；隆盛合镇为第二标段，二调耕地面积为11.89万亩；沙金套海苏木为第三标段，二调耕地面积为18.83万亩。土地确权监理按照程序招标，与土地确权工作同步实施、同步跟进。发放宣传资料和政策解答33000册。

【农民专业合作社】 按照“民办、民管、民受益”的宗旨，发展农民专业合作社。在磴口县农牧业经营管理站备案登记的农民专业合作社156个，专业合作社成员达1300多人，从事种植业、养殖业、水产养殖、禽畜养殖、农牧服务业，80%为种养业。获国家级示范社2家，自治区级4家，巴彦淖尔市示范社9家。

【家庭农牧场】 开展家庭农牧场认定，对建立家庭农牧场管理制度，培育新型农牧业经营主体，将会起到积极的推动作用。按照《内蒙古自治区家庭农牧场认定工作意见》（内农牧法发〔2015〕16号）要求，开展家庭农牧场认定工作。全县认定家庭农牧场40家，其中种植业31家，养殖业2家，种养殖业6家，渔业1家。磴口县翔晨、富泰、耀升、东林王4家家庭农牧场成为自治区级示范家庭农牧场。

【农药监管】 邀请市植保植检站专业技术人员和农药专家，对全县农药市场管理执法人员及农药经营人员进行培训，共有96名农药经营人员获得培训合格证书。对农药经营场所、仓储库房进行现场勘验、审查、认定、批准、备案工作。利用农闲季节，在科技下乡、“3·15”消费者权益保护日等活动中，参与宣传相关法律法规知识，发放各类农药和肥料知识手册、挂图、宣传单7000多份。向各农药经营户发放《关于2016年磴口县加强农药市场监管的通知》，宣传国家明令禁止使用的农药，在豆角、番茄、黄瓜等蔬菜上不得使用禁止和限制使用的农药，严禁销售高剧毒农药，杜绝违法销售和使用甲胺磷、久效磷等41种高剧毒有机磷农药。建立健全农药诚信经营信息库，采取农药经营人员持证上岗制、农药购销货台账制、安全经营承诺制，设立举报电话、农药监管责任公示卡等方法，强化舆论监督，规范经营行为。完成96户农药经营人员的牌匾制作、发放、挂牌工作。开展专项整治行动和全市互查行动，累计检查农药经营单位163户次，查处问题40起，涉及金额1.40万元。责令限期整改55起，查获违规农药产品320公斤，挽回经济损失12.40万元。配合巴彦淖尔市植保植检站完成自治区下达的6个批次的农药产品抽样抽检工作。

【肥料监管】 检查肥料生产经营企业35家，出动执法人员24人次，责令限期整改5起。严厉查处假肥料案件1起，查获假肥料产品550件7000多公斤，涉案金额12.30万元，挽回经济损失25万元。调解、解决涉及农户使用违规农药产生药害和假肥料产品报案6起，挽回经济损失30多万元。

【产地检疫】 全年产地检疫猪0.80万头，羊3万只，牛0.78万头，禽0.33万只。

【屠宰检疫】 完善检疫监督考核办法，对出栏畜禽实施到场、到指定地点检疫。经检疫合格的，按规定凭免疫标识和养殖档案出具检疫证明，对检疫不合格的依法进行处理，对屠宰动物实施严格的同步检疫，做到有宰必检，有检必严，不出差错，无定点屠宰厂的乡镇要到市场上进行补检，严格检疫程序，并按规定做好检疫结果登记、盖章、出证、无害化处理工作。共屠宰检疫猪1.28万头，羊2.22万只，牛0.58万头，禽0.33万羽，回收产地检疫证达到95%以上，免疫耳标达到85%以上。加大域内“瘦肉精”等违法案件的执法力度，增加监督检查频率，确实保障上市肉食品的质量安全，上市肉食品持证率达到100%。同时对定点屠宰企业进行定期和不定期的抽检，抽检猪尿480余份、猪肉25份，没有发现“瘦肉精”等国家违禁药品。

【产业治沙】 完成《内蒙古自治区磴口县乌兰布和沙漠沙产业发展总体规划》初稿，乌兰布和沙区产业治沙条件成熟。71.60公里长、6米宽的川沙公路贯穿乌兰布和沙区。沙业兴公司在项目区建成8米宽的砂石路32.36公里，建设高压线路47.99公里。完成投资1054万元，其中，道路建设投资403万元，高压线路建设投资651万元。交通、通信、电力、水资源等基础设施完善。沙业兴公司从牧民手中共流转回草牧场245980亩，流转给19家企业，合计193578亩，储备土地52402亩。

【项目区入驻企业工作进展和投资】 入驻项目区企业有19家，完成项目区田间道路建设114.80公里，完成高压线路建设72.60公里，完成低压线路建设92.20公里，打井353眼，平整土地67020亩，完成防护林带建设76.90公里。完成投资8806万元，其中道路投资574万元，高压线路投资653.40万元，低压线路投资184.40万元，打井投资2471万元，防护林带投资96万元，整地等其他投资4827.20万元。种植新疆杨40000株，种植小美旱40000株，种植紫穗槐6000株。种植黑枸杞1800亩，种植文冠果1900亩，种植葵花和玉米34500亩，种植高粱100亩，葵花套种西瓜2350亩，种植土豆3000亩，种植苜蓿草1500亩，种植山药200亩。

【草原作业许可证发放】 按照《中华人民共和国草原法》《内蒙古自治区草原管理条例实施细则》等法律、法规和有关政策，草原监督管理大队对申请人填写的草原征占用申请表进行核查，按照有关程序和职责对申请材料进行初审。2016年，完成并上报草原征用占用3起，办理完成临时占用草原1起。

【草原保护】 草原监督管理大队出动车辆12余台次，执法人员50余人次。对采矿、探矿、选矿和石料开采等区域进行摸底、清查，依法管理企业无证勘查、无证开采，违规占用草原，占用草原不补偿或补偿不到位等行为；对非法开垦草原、各类违法征占用草原、草原“双权一制”落实等情况进行全面彻底清查，会同林业、土地、自然保护局等部门对非法破坏森林草原资源的违法行为进行联合执法检查，未发现非法开垦草原案件；对无证和未按照采集法规定的农牧民和闲散人员乱挖滥采甘草、苁蓉、锁阳等严重破坏草原生态的行为，进行依法管理，劝返非法采集采挖80人，受教育人数达到80人。

【草原畜牧业发展方式转变】 制订并实施《磴口县草原补奖调研意见及实施方案》，安排2014年草原生态补奖绩效考评奖励资金200万元，用于专业合作社建设饲草料储备库4处，共计4000平方米，每处补贴资金50万元。安排2015年草原生态补奖绩效考评奖励资金90万元（促进草原畜牧业发展方式转变扶持资金90万元），用于建设牧民及养殖合作社暖棚及储草棚建设，其中养殖合作社6处，每处补贴62500元；牧民小型养殖场20处，每处补贴7500元；牧民中型养殖场15处，每处补贴25000元。

【基本草原划定工作】 根据《内蒙古自治区基本草原划定工作实施方案》《磴口县基本草原划定工作实施方案》，草原监督管理大队完成磴口县基本草原划定工作。在沙金苏木巴音乌拉嘎查、巴音布日格嘎查、那仁宝力格嘎查、巴音宝力格嘎查划定基本草原面积79.59万亩为重要放牧场，通过自治区验收。

【草原确权工作】 根据《内蒙古自治区完善牧区草原确权承包工作实施方案》《关于印发〈磴口县完善牧区草原确权承包工作实施方案〉的通知》，以1998年草牧场承包数据为基础，以户为单位进行草原确权工作。草原确权工作涉及10个嘎查。其中沙金套海苏木9个嘎查，巴彦高勒镇1个嘎查。2016年，完成9个嘎查牧户信息录入，完成草原承包勘测登记，对承包草场面积与图斑面积不符、移位等存在的问题经过实地勘测并进行调整。

【草情监测】 根据自治区草原监督管理局草原检测要求，5月10—13日进行草原返青实地监测。监测显示草原草情总体返青较好，比往年提前2

天。8月10—15日进行秋季草原生产力监测，监测显示草原植被盖度为30%，亩产草量（干重）14千克。同时做好禁牧、草畜平衡监督有关工作。

【草原防火】 通过禁牧和草畜平衡，草原植被得到明显恢复，草原火险等级不断攀升，草原火灾隐患增加。草原监督管理大队认真贯彻执行《内蒙古自治区森林草原防火条例》，制定《磴口县农牧业局2016年草原防火工作方案》，成立草原防火领导小组，划定草原防火管制区，明确防火期和戒严期，常态化开展草原防火工作。全面落实防火责任制度，以抓好野外生产生活用火为重点，积极采取有效措施消除火灾隐患，特别是在草原防火期和戒严期对重点火险区域严加防范，严格执行24小时值班制度，领导带班和专人值班制度。2016年，共安排防火人员120人次，出动车辆30台次，发放宣传单500余份，形成“人人重视防火、人人参与防火”的工作局面。对草原防火区进行巡回排查，截至2016年年末，未发生草原火灾。

【优质牧草种植】 完成优质牧草种植42.90万亩。其中，多年生牧草历年留茬2.30万亩，新增紫花苜蓿种植0.58万亩。紫花苜蓿种植品种以中苜1号、2号和进口紫花苜蓿巨人、巨能为主。一年生牧草种植40.02万亩。

【天然草原鼠虫害监测】 开展草原鼠虫害监测与防治是草原建设及生态环境保护的重要科技措施。2016年，草原站制定磴口县鼠虫害的监测防治工作方案，2016年3—10月，分别开展春、秋两季鼠虫情监测，完成虫害调查样点20个（春、秋两季各10个），完成鼠害调查样点40个（春、秋两季各20个）。3月，监测结果为鼠害平均密度每公顷有效洞口数达到165个；虫害发生危害面积5万亩，严重危害面积3万亩。10月，监测结果为鼠害发生面积10万亩，主要危害鼠种是子午沙鼠、大沙鼠；虫害发生面积6万亩，主要害虫为戈壁棘硕螽。将监测结果及时上报上级部门，便于上级部门全面掌握草原鼠虫害发生状况和变化趋势，及早做好物资准备，为草原生态保护、应急防治打好基础。

【天然草原虫害防治】 2016年，沙金套海苏木巴音布日格嘎查、那仁宝力格嘎查山前柠条锦鸡儿草场局部地区发生蝗虫灾害，主要害虫种类为戈壁棘硕螽。平均虫口密度7头/株，最高虫口密度22头/株。虫害发生危害面积5万亩，严重危害面积3万亩。灾害发生后，各部门通力协作，制定虫害防治方案，组织人员开展机械防治。5月28日开始灭虫，通过25天作业，虫害防治面积达到3万亩，通过对防治区12小时、24小时、48小时、72小时药效调查，害虫死亡率在90%以上。防治工作抓住螽斯羽化前的有利时机，提高防治效率，把虫害危害程度降到最低。

【饲料质量安全】 按照市、县有关通知部署，对64个养殖场（户）进行“瘦肉精”抽检，抽取活畜尿样320份。其中“瘦肉精”专项检测26个养殖场（户），抽取活畜尿样130份，检测结果呈阴性；对38家养殖场（户）进行“瘦肉精”紧急抽检，抽取活畜尿样190份，检测结果呈阴性；对奶牛养殖场（小区、户）中使用精补料、混合料、自配料、蛋白饲料、原料进行“三聚氰胺”的抽样调查，抽样10份，所检项目合格。对饲料生产企业、饲料经销门市部进行饲料质量安全专项检查，抽取11个样品，未发现危害食品安全的违法添加剂的使用。

【牲畜改良配种】 2016年，磴口县家畜饲养总量达到155万头（只）。其中肉羊饲养量137.80万只，奶牛7.10万头，肉牛1.20万头，生猪8.60万头，马属动物0.30万头。完成大小牲畜改良配种54.40万头（只）；绵羊改良配种41万只，其中人工授精14.20万只；山羊改良配种9.20万只。牛改良配种4.20万头；推广良种猪8.60万头。引进杜泊、萨福克、湖羊种羊168只，调剂绵羊种羊600只，绒山羊种羊350只。完成萨福克种羊胚胎移植200只，填补全县胚胎移植种羊繁育的空白。

【规模化、标准化养殖场建设】 磴口县规模以上养殖场达到140余家。2016年，完成新建肉羊规模化养殖场6个，改扩建肉羊规模化养殖场34个；新建8个生态家庭牧场；新建3个有机牧场，改扩建2个奶牛养殖场；改扩建5个生猪养殖场，其中，改扩建荣威生猪养殖基地1处，年出栏商品猪5万口；改扩建巴美肉羊种畜场1座，扩大生产经营范围，扩建后年培育种羊350只。新建二狼山白绒山羊种羊场1处，完成绒山羊种羊鉴定260只，建成后年提供绒山羊种羊300只。

【农机具及推广】 2016年，共投入大中小型拖拉机16430台，各类播种机、耕整地等38560台，有效提高农牧业机械化机耕率、机播率、机收率及综合作业率；全县机耕率达到97%，机播率达到90%，机收率达到63%，综合作业率达到84%以上。积极调动农牧民群众购置使用先进适用的农业机械，推广联合深松整地机32台，激光平地机17台，玉米联合收获机6台，捡拾压捆机12台。

【农机具购置补贴】 农牧业机械服务站在磴口县政府网建立《磴口县农机购置补贴信息公开专栏》，与内蒙古农机化信息网实现互联，设立农机补贴信息通道。坚持补贴额度透明，购买产品自由，申请补贴先来后到的原则，为2155户农牧民办理农机具购置补贴，补贴机具2595台，补贴资金2600.94万元，带动农牧民投入8800余万元。

【农机深松整地作业】 制订《磴口县深松整地作业项目实施方案》。深松面积由机主或作业组织与农户据实填写，并由村委会或农场分场盖章、签字后上报农机管理部门。农牧业机械服务站采购21台深松监测仪器，对申请安装深松监测仪器的机主或作业服务组织加强监督管理，强化档案建设。依据监测数据，抽查、核实作业深度大于30厘米的符合深松质量要求的作业面积，经公示、确认无误后汇总上报县财政，由县财政按照汇总结果将补贴款打入机主或作业服务组织账户，实施面积27380亩，发放深松补贴547600元。

【农机监理】 磴口县农机监理站按照“安全第一、预防为主、综合治理”的原则，开展农机检验、注册、登记、办证；安全生产检查，“打非治违”、隐患排查治理；农机安全运营技术宣传、教育、培训等工作。办理拖拉机年度安全技术检验4596台，注册登记1132台，核发拖拉机、联合收割机驾驶证74人，拖拉机驾驶员驾驶证期满换证722人。检查农业机械216台，纠正违法行为73起，排查农机事故隐患13项。举办农机安全生产集中教育培训2期，培训人数120人；组织宣传车13车次，开展农机安全宣传检查28次，制作农机安全宣传展板（宣传栏）10个，横幅标语13条，发放宣传单3200份，宣传册1000份，拖拉机驾驶员新培训资格审查、理论及实际操作培训考试学员74人。

【二级单位领导名录】

磴口县农业推广中心

主任：宿志安（至2016年9月）

代主任：姜晓平（2016年10月起）

副主任：姜晓平

农牧业综合行政执法大队

大队长：王忠文（至2016年7月）

副大队长：王登云

农牧业经营管理站

站长：胡志远

副站长：刘　涛（女）

　　　　韩　君

　　　　玉　花（女）

种子管理站

站长：张树生

副站长：王登云

　　　　张凤英（女）

农业广播电视学校

校长：李锁军

华莱士瓜研究所

所长：赵立军

副所长：刘培丽（女）

磴口县绿色食品发展中心

主任：马鹏举

副主任：刘春元

水产管理站

站长：谢仁君

副站长：杨琼（女）

农业多种经营管理站

站长：赵立军

副站长：高培德

农村生态能源环保站

站长：郭利川

副站长：黄福军

磴口县农机监理站

站长：候利华

副站长：段智峰

党 华

家畜改良站

站 长：郭福锁

副站长：卢占鹏

动物疫病预防控制中心

主任：徐创福

副主任：孙炜光

动物卫生监督所

所长：刘忠伟

副所长：陈福泉

草原监理执法大队

队长：呼格吉乐（蒙古族）

副队长：任松文

草原工作站

站长：敖特根（蒙古族）

副站长：吉日格勒（蒙古族，女）

磴口县农牧业机械服务站

站长：魏曙光

纪检组长：张俊琪

副站长：王月明

刘建勋

杨国山（陈猴雄）

林 业

【县林业局领导名录】

局长：刘宪峰

总支书记：刘 晓（至2016年5月）

任 鹏（2016年5月起）

副局长：何立伟

马学献（至2016年5月）

韩应联（2016年5月起）

纪检组长：韩应联（至2016年5月）

贺西格（蒙古族，2016年5月起）

【概 况】 2016年，全县共完成林业生态建设任务16.40万亩，完成义务植树13.80万株，完成林业生态建设投资2.40亿元，林业产值达3.30亿元。组织实施3个重点科研项目和9项林业适用技术推广项目。

【机构设置】 林业局内设办公室、财务股、林政股、业务股。下设二级单位有纳林湖湿地保护局、森林公安局、防沙林场、森林病虫害防治检疫站、林业技术推广站、造林调查设计队、种苗站以及坝楞和四坝两个国有苗圃。

【国家重点工程】 主要实施天然林保护工程和京津风沙源治理工程。2016年，全县完成国家重点林业生态建设任务10.60万亩。其中天然林保护工程5.10万亩，京津风沙源治理工程5.50万亩。按造林类型分：完成人工造林3.60万亩（乔木造林1.60万亩，灌木造林2万亩），飞播造林3万亩，封沙育林3万亩，工程固沙1万亩。

【重点区域绿化】 完成重点区域绿化6000亩。其中，通道绿化100公里面积600亩；村屯绿化71个面积4800亩；城镇及周边绿化面积600亩。

【森林草原防火】 修订《磴口县森林草原防扑火预案》，调整全县森林草原防火指挥部成员，完成森林防火二期项目的总体设计，并呈报到国家林业局，待批复。全年未发生森林火灾，没有发生人员伤亡事故。

【资源管理建设】 严格执行限额采伐和林地使用定额管理制度，全年共发放采伐证50份，采伐林木3401.18立方米；共受理上报自治区使用林地项目7宗，自治区审核批准征占用林地项目4宗；共办理林权抵押贷款6宗，抵押面积1.67万亩，贷款金额为3770万元。

【公益林管护】 全县组建一个准科建制的护林大队，下设九个管护中队，拥有护林员624人。县政府出资200万元，选聘80名临时工，成立一支专职造林抚育队伍，常年服务在造林管护第一线，为全县重点通道绿化抚育做出较大贡献。

【种苗监管】 全年共完成各类苗木质检760多万株，种子质检13500公斤，发放“两证一签”共计160份，发放林木种苗经营许可证10份。

【病虫害防治】 全年共发生林业有害生物面积6.80万亩，完成防治面积6.80万亩。砍伐清理枯死树1.30万株，截杆处理3.90万株，铲砸天牛卵痕0.20万株；完成全县光肩星天牛普查工作，天牛发生范围未扩大，防治成效显著。

【林业行政执法】 全县组织开展“清理整治非法侵占国有林地专项行动”“严厉打击非法占用林地涉林违法犯罪专项行动”及“清网行动”三次专项行动，共发现受理各类涉林案件58起，其中结案29起，待确权16起，排除非林案件2起，正在查处11起。达到刑事案件立案8起，结案3起。

【二级单位领导名录】

森林公安

局长：杨培云（至2016年5月）

马珍云（2016年5月起）

湿地保护局

局长：崔　赟

防沙林场

场长：姜吉荣

森防站

站长：成建新（女）

林工站

站长：曹景华（女）

规划队

队长：赛　西（蒙古族，至2016年5月）

杨　杰（2016年5月起）

种苗站

站长：寇　峰（至2016年5月）

周斌文（2016年5月起）

（马学献　何文强）

水　务

【县水务局领导名录】

局长：李介钧

副局长：李茂华（至2016年5月）

柳永光

张　俊（2016年5月起）

纪检组长：张　俊（至2016年5月）

杜晓东（2016年5月起）

【机构设置】 水务局内设办公室、财务股、业务股、河道管理段、堤防管理段、防汛办、分洪区管理所、抗旱服务队、人饮办、供水站、灌溉水资源股、排水管理站、水利工程维修养护站、水保站。下设磴口县人民政府防汛抗旱指挥部办公室、磴口县黄河河道管理段、磴口县堤防管理段、水利抗旱服务队、排干管理段、水土保持站6家事业单位。

【防汛抗旱减灾】 针对入春以来旱情严重和黄河

来水偏少农田灌溉紧张的形势，及时采取各种抗旱措施，扩大水源工程建设，加大抗旱资金的投入，投入应急抗旱资金132万元，配备移动泵站25套、电潜泵100台和小白龙软管4000多米用于应急抗旱；启动全县1260眼机电井实施井渠双灌；启动固定扬水泵站30多座，临时应急移动水泵100多台（套）；动员社会各级各部门投入抗旱资金800多万元；利用奈伦湖向沈乌干渠灌溉引水6000万立方米。积极向上级水利部门和黄河上游水管部门争取引黄水量。加强节水灌溉项目建设，更新机电井，维护维修机泵，有效地组织群众性节水抗旱和生产自救工作。

黄河防洪二期工程全部完工，完成河道整治1.80公里，顺堤河治理4.10公里，完成投资3300万元。

2016年，抗旱应急水源工程完工，完成投资833万元。其中圣牧高科抗旱应急水源工程，改善耕地灌溉面积5760亩，完成渠道衬砌4.80公里，水工建筑物6座，配置软启动柜5套；沙金苏木抗旱应急水源工程，建成水源井2眼、配套房建设139平方米、加压泵站1座、200立方米蓄水池1座、检查井24座，埋设管道46.20公里。

2016年，投资4000万元的沈乌灌域凌汛分洪及生态补水工程全部完工并投入运行。

【农村牧区饮水安全】 2016年，按照市、县时间节点控制要求，精心组织抓进度，规范施工保质量，确保2016年饮水安全工程项目按期完工，解决和改善农村牧区4447人的饮水安全问题，其中新入网用水户747户、并网改善用水户703户，完成投资420万元。同时，设置水源地保护标识牌140块、网围栏400米。建立定期不定期巡查机制，积极处置各种突发事件，确保安全供水，为县域经济发展提供有力保障。

【节水灌溉】 实施2016年节水增效工程，完成滴灌节水改造面积6.06万亩，新建水源井房188座，配套首部和变压器等电力设施，铺设地埋管道975公里，铺设地面PE软管、滴灌带4000万平方米，开挖回填土方130万立方米，完成投资5085万元。项目的建成，有力地改善当地的灌溉条件，降低生产成本和劳动强度，灌溉水利用率明显提高。实现农业增产、农民增收，对促进农牧业集约化生产起到积极的作用。

【农田水利基本建设】 2016年，投资4.01亿元的黄河水权转让试点项目第二批骨干工程全部完工并投入运行；投资3.28亿元的黄河水权转让试点项目第三批骨干工程正在实施，完成投资1.60亿元。

【水土保持生态建设】 2016年，投资1145万元的2015年度京津风沙源治理二期工程水利水保项目完工并通过市级验收，完成水保治理面积2.85万亩，水源井37处，节水灌溉40处。为全面提高公民的生态环境保护和水土保持意识，始终坚持以保护水土资源合理开发利用为目标，利用世界水日、中国水周和法制宣传日，在富源广场设立宣传点，共发放宣传单、册5000余份，短信群发8000多条，使人民群众的法制观念、节水意识和水土保持意识得到提升。依法开展日常监督管理，开展水保方案的前置审批。加强水土保持补偿费的征收，当年累计征收水土保持补偿费217万元。

【水资源管理】 按照实行最严格的水资源管理制度的要求，始终坚持“节水优先、空间均衡、系统治理、两手发力”新时期水利工作方针，以提高水的利用效率和效益为核心，加强水资源的统一管理，实行最严格的水资源管理制度。制定下发《磴口县关于实施最严格水资源管理制度的实施意见》《磴口县实行最严格水资源管理制度考核办法》等意见和办法，加强水权制度建设，进行初始水权分配，实行总量控制、定额管理制度，强化用水计量、用水统计、水资源有偿使用、取水许可、水资源论证等方面的制度建设，确保最严格的水资源管理制度体系得到落实。2016年，全县用水总量5.07亿立方米；万元工业增加值用水量按2010年不变价计算比2015年下降5%，万元GDP用水量按2010年不变价计算比2015年下降6%，农业灌溉水利用系数提高到0.41；监测水功能区及入河排污控制断面6个，封井25眼，水资源费征收525万元。

【精准扶贫及包村】 根据县委、县政府对2016年脱贫攻坚工作要求，水务局选派45人的工作组与90户贫困户结成帮扶对子，深入渡口镇大滩村、南尖子村及包扶村贫困户家中，广泛征求意见，共商帮扶发展之计，认真填写《建档立卡贫困户档案》和《精准扶贫手册》。深入宣传扶贫政策，制定脱贫计划，落实帮扶措施。针对渡口镇地下水位高，排水不畅的实际情况，水务局积极向上级争取排水项目和筹措整合水利资金，建成总干渠右侧截渗沟扬水站1座，新建各类水工建筑46座、衬砌渠道500米、一支沟清淤6公里；村社铺设高标准砂石路7.70公里，改善农村的生产、生活条件。各项水利扶贫工作的有序推进，确保精准扶贫取得新实效。

（王　勇）

自然保护

【内蒙古哈腾套海国家级自然保护区领导名录】

局长：郜秉信（2016年5月起）

副局长：李文成

　　　　张　勇

【概　况】 内蒙古哈腾套海国家级自然保护区位于内蒙古自治区巴彦淖尔市磴口县西北部的乌兰布和沙漠的东缘，距磴口县城60余公里。地理位置为北纬40°30′—40°57′、东经106°9′—106°50′。南北宽约42公里，东西长约53公里。海拔高度为1030—2046米。北部与杭锦后旗交界，西北部与乌拉特后旗毗邻，西南部、南部与阿拉善左旗及纳林套海农场相邻，东部与磴口县隆盛合镇交界，行政区域涉及沙金苏木，总面积123600公顷，由山地、沙漠、平原湿地三种地貌类型组成。保护区划为核心区、缓冲区、实验区。其面积分别是51610公顷、32180公顷、39810公顷。分别占保护区总面积的41.80%、26.08%、32.28%。

【机构设置】 哈腾套海国家级自然保护区内设综合办公室、财务股、业务股、沙金套海管理站及哈腾套海管理站5个内设机构。

【人口与民族】 保护区社区有2500户6036人，各功能区均有分布，保护区社区主要民族为蒙古族，此外还有汉族、回族、满族、藏族、朝鲜族、达斡尔族等13个民族。

【保护区地质地貌】 保护区地层属于内蒙古中部槽区，出露地层有较老的古生界志留系的哈达呼舒群，较新的地层为白垩系下统以及第四系全新统。哈腾套海国家级自然保护区地貌西部为屹立在蒙古高原南部边缘的阴山山脉西段的狼山，海拔1050—2046米。由太古代片麻岩、石英岩及古生代的砂页岩、砾岩组成的阴山山脉是内蒙古高原草原区与黄土高原草原区的天然分界线；其中部为以固定沙丘为主的沙漠地貌；东部为有大片湖泊的平原地貌，地势总趋向是从东南向西北倾斜，至山前徒然突起。保护区植被类型多样，有荒漠草原植被、荒漠植被、盐化草甸植被和草本沼泽植被等。荒漠草原植被位于保护区西部的狼山山地，狼山不但阻止乌兰布和沙漠的东扩、阻挡沙尘暴东侵，而且还是保护区荒漠动物重要的栖息地，因此狼山植被的保护有着重要的生态战略意义。荒漠植被位于保护区中部，既起固沙作用，也是荒漠动物的栖息地，荒漠植被的保护重点为灌木林。盐化草甸植被和草本沼泽植被位于保护区的东部，是保护区候鸟的栖息地、繁殖地或停歇地，重点保护对象为芦苇等沼泽植物。

【保护区气候物候】 保护区气候特点属于中温带大陆性季风气候，全年大部分时间受高空西风环境控制，气候特点是：降水稀少，极端干旱、风大沙多、光照充足，冬季严寒而漫长，夏季炎热而短促。保护区在季风气候的背景下，由于经度、纬度、海拔高度、距海洋远近的等因素的影响而气候有所不同。

【保护区湖泊湿地】 磴口县地势为东南高、西北低。因此位于保护区东南部的黄河灌区，在每年种地灌水之后，部分灌溉水渗透入保护区的低洼地处，形成海子（湖泊）。经调查保护区大小湖泊10余个，湖泊湿地总面积达3945公顷。其中水域面积100公顷以上的湖泊有7个，最大面积达1000公顷。

【保护区野生植物】 保护区的植物区系属于亚非荒漠区—亚洲中部亚区—阿拉善荒漠植物省—东阿拉善州。该区的植物区系成分是以干旱地区的种类占主导地位。据统计，保护区内有高等植物54科161属304种（包括变种及栽培种），其中，蕨类植物1科1属2种，为木贼科木贼属的问荆（Equisetum arvense）和节节草（Equisetum ramosissimum）；种子植物53科160属302种。在种子植物中，裸子植物1科1属3种，被子植物52科159属299种（野生植物有40科128属239种）。

根据1984年国务院环境保护委员会公布的《中国濒危保护植物名录（第一批）》，国家重点保护野生植物有6种，分别为绵刺（Potaninia mongolica）（Ⅱ级）、沙冬青（Ammopiptanthus mongolicus）（Ⅱ级）、肉苁蓉（Cistanche deserticola）（Ⅱ级）、蒙古扁桃（Amygdalus mongolica）（Ⅲ级）、梭梭（Haloxylon ammodendron）（Ⅲ级）、胡杨（Populus euphratica）（Ⅲ级）重点保护植物总面积1.55万公顷。其中，国家二级重点保护植物沙冬青、绵刺、肉苁蓉，面积约1.02万公顷，盖度在30%以上的面积为1万公顷；国家三级重点保护植物油梭梭、蒙古扁桃、胡杨，面积0.53万公顷，盖度在30%以上的面积仅0.45万公顷。

根据1999年公布的《国家重点保护野生植物名录（第一批）》则有国家重点保护植物2种，分别为沙芦草（Agropyron mongolicum Keng）、野大豆。

【保护区野生动物】 保护区有陆生野生脊椎动物96种，其中兽类6目11科27种，占脊椎动物种数的28.10%；鸟类有14目28科62种，占脊椎动物种数的64.60%；两栖爬行类7种，占7.30%。

动物区系以古北界蒙新区的特点为主，兼有华北区特点。兽类中啮齿类种类多，以跳鼠科和沙鼠科的种类占优势，且数量多，分布广，有一定的危害性。鸟类区系成分以中古北界种类数多，多为夏候鸟。旅鸟种数占保护区鸟类总种数的78%；留鸟仅占22%。在保护区繁殖的鸟类约有10种，占保护区鸟类种数的16.10%。

保护区国家重点保护野生动物有22种，其中国家一级重点保护动物有北山羊、金雕、黑鹳、白鹤、大鸨、波斑鸨6种，国家二级保护动物有盘羊、青羊、鹅喉羚、黄羊、漠猫、大天鹅、疣鼻天鹅、蓑羽鹤、灰鹤、红隼、秃鹫、草原雕、鸢、大鵟、纵纹小鸮16种。有60种动物属国家保护有益的或者有重要经济、科学研究价值的野生动物；7种动物隶属于《濒危野生动物国际贸易公约》的保护物种；13种鸟类属《中日候鸟保护协定》的保护物种，占中日候鸟保护协定种类的9%；8种鸟类属《中澳候鸟保护协定》的保护物种，占中澳候鸟保护协定规定种类的5%。

【资源利用状况】 灌木林利用情况。梭梭6500公顷、沙冬青10000公顷、绵刺5000公顷、肉苁蓉1400公顷、蒙古扁桃1000公顷、柠条10000公顷。均有防风固沙作用，其中沙冬青、肉苁蓉具有药用价值。另外，保护区又是采种基地、种子繁育场。为野生植物自然繁育创造有利条件。

湖泊湿地利用情况。湖泊湿地3945公顷，是野生动物的水源地。促进水生动植物的生长、生存、发展等。有泄洪、蓄水、调节气候、改善环境等作用。

【宣传教育】 充分利用广播电视、报纸、简报、信息等方式进行广泛宣传，逐步提高自然保护区的知名度和影响力。在内蒙古电视台《新闻观察》栏目播放保护区建设和管理情况，向县委组织部、宣传部《磴口时报》、信息室、机关工委等上报简报信息共计120篇。在社区及周边地区设置宣传牌20个、发放《中华人民共和国自然保护区条例》宣传材料1000份，向群众宣传野生动植物的保护常识和法律。同时积极参加全县开展法制宣传日活动，组织人员挂横幅、展画板、发放宣传手册和宣传材料1500份。

【疫源疫情监测】 编制重大野生动物疫情防控应急预案，针对春秋两季动物疫情的突发事件，可随时启动应急预案。在春防、秋防阶段，管理站人员24小时对境内湖泊湿地、观察鸟类的活动情况进行全面监测，确保全年无任何疫情发生。

【防　火】 根据《中华人民共和国森林防火条例》落实防火责任制，管护人员加强野外火种管理，及时消除火灾隐患，截至2016年年底，无灾害发生。共完成专项检查10次。

【湿地保护、退耕还湿】 加大湿地监测保护工作，积极开展湿地与水禽保护的宣传教育，禁止向湖泊排放污染水源，对有灌溉条件的湖泊，引河水灌溉以防天旱水量减少。同时争取到国家退耕还湿3000亩补助资金300万元的项目，2016年在实施中。

【野生动植物及其生存环境保护】 保护好野生动植物，禁止在保护区内乱砍滥伐、乱捕滥猎、乱采滥挖等野生动植物资源。与森林公安、国土资源局、环保局联合执法20余次，确保自然保护区内野生动植物资源的安全。

【科普工作】 开展保护区内生物多样性调查，并进行登记造册。全年采集植物3种、制作标本3份，采集动物标本3种、制作标本3份，累计达到66份。

（吉木斯）

乌兰布和灌域管理

【县乌兰布和灌域管理局领导名录】

局长：何宝成

副局长：吴小勤（至2016年7月）

吕子华

樊利文

【概　况】 2016年，乌兰布和灌域管理局深入学习领会中共十八大，中共十八届三中、四中、五中、六中全会和习近平系列重要讲话精神，认真贯彻落实全市水利工作暨水利系统党建、党风廉政建设工作会议的决策部署，立足灌域实际，一心一意谋发展，聚精会神抓党建，强化管党治党的政治意识和责任意识，把党建、党风廉政建设与业务工作同谋划、同部署、同考核，在打牢基础、健全制度、转变作风上狠下功夫，推促全局各项工作均取得较好的成绩，为今后工作的开展积累经验，创造新的优势。

【机构设置】 乌兰布和灌域管理局为正处级建制，设局党委；局机关下设办公室、人事科、供排水科、工程科、计财科、监审科、信息科、群团科八个正科级建制科室，并设机关党支部；管理局下辖东风所、渡口所、一干所、建设一分干所、建设二分干所、建设三分干所、排干所、试验站、水土资源站、水利工程队10个正科级建制管理所站，并各所站均设党支部。

【灌溉工作】 灌溉任务完成情况：全年计划引水量5.90亿立方米，实际引水量5.07亿立方米（其中凌汛水0.30亿立方米），完成浇地197.52万亩次，浇地效率337亩/日。其中，夏秋灌从4月10日放口开灌，截至9月底，灌域共引水3.33亿立方米，完成夏秋灌面积140.51万亩次，平均灌溉效率365亩/日。秋浇从10月7日放口至11月15日关口，实引水量1.44亿立方米，实际完成浇地57.01万亩次，计划干地20.28万亩，实际干地 19.74 万亩。

【排 水】 全年一、二排干共排水量 631.50 万立方米，共排盐 6351 吨，矿化度 1.82 克 / 升。各排干沟运行水位都控制在指标以内，无洪水退排现象。

【工程建设】 黄河内蒙古河套灌区续建配套与节水改造工程 2016 年度完成渡口支渠现浇混凝土衬砌 7.50 公里，新建乌拉河交叉 1 座，桥梁 5 座、渡槽 2 座，管理房 2 处，总投资 1301 万元。

内蒙古黄河干流水权转让河套灌区沈乌灌域试点工程项目主要对一干渠下游段、建设一分干渠、建设二分干渠、建设三分干渠、建设四分干渠以及下级渠道实施衬砌，完成投资 4.20 亿元。

完成 2016 年中央财政农田水利设施维修养护资金 100 万元，主要维修内容包括渠道整治、建筑物维修、启闭机及机电更换维修等。通过维修养护，有力保障工程运行安全和灌域农田的适时灌溉。

积极争取总局投资，新建局机关会议室 350 平方米，对局机关办公楼进行维修、装修，并更换办公设施。

【植树造林】 绿化植造重心以衬砌渠道树木砍伐后补植为主。通过精心组织，全体动员，严把质量关，抢抓春、冬造林适宜时机，全年共种植大杆杨树 3.60 万株，当年成活率达 85% 以上。

【征收水费】 截至 12 月 14 日，共收回水费 3400 万元，完成总任务的 91%。

（马 军）

农业综合开发

【县农业综合开发项目建设中心领导名录】

主任：温建军

副主任：汪守海

邓永光（蒙古族）

武建忠

【机构设置】 农业综合开发项目建设中心内设办公室、财务股、业务股 3 个股室。

【开发项目投资情况】 2016 年，磴口县农业综合开发项目总投资 6342 万元。其中，中央财政投资 3336 万元，自治区财政配套投资 1579 万元，市级财政配套投资 520 万元，县级财政配套投资 475 万元，自筹资金 432 万元。

【土地治理项目建设】 2016 年，进行高标准农田项目建设 5 万亩，项目总投资 5490 万元。其中中央财政投资 3036 万元，自治区财政配套 1471 万元，市级财政配套投资 508 万元，县级财政配套投资 475 万元。共完成各级渠道开挖 147.59 公里，修筑各级道路 215.19 公里，改良土壤 1.15 万亩，共完成土方 137.61 万立方米；衬砌斗、农两级渠道 33.36 公里；埋设管道 126 公里；修建各类水工建筑物 1090 座；营造农田防护林 0.18 万亩。

【产业化项目建设】 2016 年，产业化经营财政补助项目 4 个，投资 852 万元。完成磴口县 1 万头肉猪养殖基地扩建项目、磴口县 500 亩酿酒葡萄种植生态沙产业扩建项目、磴口县 10000 只肉羊养殖基地扩建项目和磴口县 4000 只肉羊养殖基地扩建项目建设，建育肥猪舍 2200 平方米，购母猪产床 200 台，定位栏 500 套。修农用作业路 0.64 公里，埋设滴灌主管道 7300 米，支管道 9700 米，毛管 178500 米；平整土地 350 亩。新建饲料加工间 800 平方米，建标准化棚圈 1000 平方米，运动场 1500 平方米，青贮窖 750 平方米，贮草棚 1000 平方米，建兽医防疫室 50 平方米，场区硬化 500 平方米，打机电井 8 眼，建自动饮水设备 22 套，TMR 饲料搅拌机 1 台，输送带 2 台。

【中低产田改造项目】 2016 年，磴口县通过水利、农业、林业、科技四大措施，实施 5 万亩高标准农田建设项目，分别是沙金苏木巴音宝力格项目区 1.20 万亩、包尔盖农场七分场项目区 0.90 万亩、隆盛合镇公地项目区 1.70 万亩、沙林中心一分场项目区 0.65 万亩、乌兰布和农场五分场项目区 0.55 万亩。

【产业化经营项目】 2016 年，磴口县实施四项产业化项目。全部为产业化财政补助项目，即 2016 年内蒙古自治区巴彦淖尔市磴口县 10000 头肉猪养殖基地扩建项目，2016 年内蒙古自治区巴彦淖尔市磴口县 500 亩酿酒葡萄种植生态沙产业扩建项目，2016 年内蒙古自治区巴彦淖尔市磴口县 4000 只肉羊养殖基地扩建项目，2016 年内蒙古自治区巴彦淖尔市磴口县 10000 只肉羊养殖基地扩建项目。

（宋立兵）

交 通

交通运输

【县交通运输局领导名录】

局长：杨海明（至 2016 年 5 月）

冯惠升（2016 年 5 月起）

纪检组长：柴玉虎

副局长：赵　耕

张广清

【概　况】 2016 年，紧紧围绕全县重点工作任务，不断加大交通基础设施建设力度。以高度负责的态度，全力做好县域公路建设、养护、管理及陆路、海上运输安全工作，圆满完成各项工作任务目标，确保为“十三五”规划时期全县交通运输工作开好头。

【机构设置】 交通运输局内设办公室、业务股、财务股、安监股、交通战备办公室、磴口县地方海事处、农村公路质量监督股、农村公路工程实验中心。

【重点项目和重点工程完成情况】 2016 年，累计投资 2.79 亿元，实施完成公路建设里程 814.60 公里。其中，投资 2.34 亿元，累计实施完成街巷硬化项目 425 公里；投资 0.38 亿元，实施计划外农村公路建设任务 32 公里；投资约 0.08 亿元，累计实施街巷砂石路 357.60 公里；临河至哈密高速公路主体工程完工。

【道路养护】 年内以打造“畅、洁、绿、美、安”的公路通行环境为目标，对全县 234 公里的公路进行彻底养护，确保道路畅通，全年道路优良路率达到 72% 以上。

【路产路权达到有效保护】 按要求完成行政权力清单编制，完善行政执法案件的统计汇报；按照县政府要求，将路政大队 15 名工作人员分流到不动产登记管理局工作，精简执法队伍；加强道路巡查工作，最大限度地排除道路安全隐患；强化治超管理，按照上级部门要求加强治超宣传力度。继续巩固治理公路“三乱”工作成果，不定期对公路“三乱”进行专项治理，巩固县乡道路无“三乱”成果。

【安全生产管理】 全程落实安全生产目标，严格落实责任，深化“平安工地”创建活动，确保全年安全生产无事故，全年共新增安全标识牌 35 块，发放宣传资料 5500 份，法律咨询 370 多人次，悬挂宣传标语 5 条幅。

【海事工作】 定期对县域内 8 处水域、31 艘船舶开展水上安全大检查，确保全年无重特大水上交通安全责任事故。

【宣传思想工作】 截至 2016 年年底，共上报信息简报 80 篇。其中，在自治区新闻媒体刊播稿件 45 篇条，在巴彦淖尔市新闻媒体及市交通运输局新闻网站刊播稿件 51 篇条，磴口县时事刊播稿件 12 篇条。安排兼职网评员，完成网评任务 91

条。组织完成党建、法治、安全生产等各项宣传任务。

【人大代表建议、政协委员提案办理情况】 全年交通运输局承办人大代表建议 7 件，政协委员提案 2 件，共 9 件。根据县人大、政协的要求，高度重视，精心组织，深入调研，积极协调，落实到位，保证质量，按期圆满完成人大代表、政协委员的各项提案、建议，对人大代表、政协委员建议、提案办复率达到 100%。

【二级单位领导名录】

磴口县地方道路路政管理大队

队长：张光义（至 2016 年 5 月）

高　风（2016 年 5 月起）

副队长：高　风（至 2016 年 5 月）

郅廷刚（至 2016 年 5 月）

公路段

段长：刘化杰

（聂　鑫　魏宇堂）

铁路运输

【县火车站领导名录】

站长：杨喜军

书记：杨彦新

副站长：王春超

杜伟民

【客　运】 2016 年，进站旅客列车 6 对。分别为 K1595（昌平北—乌海西）、K1596（乌海西—昌平北）；K7901(包头—乌海西)、K7902(乌海西—包头）；1133（天津—乌海西）、1134（乌海西—天津）；2635（呼和浩特—兰州西）、2636（兰州西—呼和浩特）；2701（呼和浩特—银川）、2702（银川—呼和浩特）；6851（包头东—乌海西）、6852（乌海西—包头东）。每日平均发送旅客 641 人次，最高日发送旅客 2800 人次，全年发送旅客 234150 人次。

【货　运】 2016 年，货运站货场占地面积 3000 多平方米，全年发货 73910 吨，装车 1916 车，货物发往全国各地。

（庞美仙）

公路运输

【县巴运磴口汽车站领导名录】

站长：刘迎春

【汽车站概况】 巴运磴口新汽车站位于巴彦高勒镇贺兰路西、利民北街、河套大市场南，占地面积 5.80 万平方米，是国家二级客运站。拥有发往临河、五原、前旗、呼市、东胜、陕坝、乌海、左旗、银川、大武口、鄂前旗等 16 条营运线路，进站营运客车 80 辆，日发班次 57 次，全年旅客发送量 17 万人。

【机构设置】 汽车站内设安检科、客运科和财务科 3 个科室，在职职工 12 人，中共党员 3 人。

（王文娟）

【磴口高速公路收费所领导名录】

所长：于　凯（至 2016 年 5 月）

史保平（2016 年 5 月起）

副所长：李　新

郑金玉（蒙古族）

王　星

【高速公路概况】 京藏高速公路收费所老爷庙——麻黄沟磴口段至巴拉贡段磴口互通匝道收费所，位于京藏高速公路 K935+630 处。该所共有 6 条通行车道（入口 2 条、出口 4 条），日平均收费额为 21.30 万元，出入口日平均车流量达到 4706 辆次左右。

【机构设置】 磴口高速公路收费所内下设办公室、财务室、监控室及 5 个收费班组（实行五班三运转）。

【收费情况】 截至2016年12月31日，磴口收费所共收取车辆通行费7778.94万元。其中，入口总流量为918686辆；出口总流量为799014辆，完成费收总额为7778.94万元，完成总任务的103.72%；减免“绿色通道”车辆15042辆，减免金额为381.14万元；发现假冒“绿通车”4辆，挽回经济损失2255元。

（李 洁）

城乡建设·环境保护

城乡建设

【县住房和城乡规划建设局领导名录】

局长：冯惠升（至2016年5月）

　　　刘海军（2016年5月）

纪检书记：梁　红（女，至2016年5月）

副局长：刘　英（女）

　　　　张　勇

　　　　庄彦青

　　　　高建军

【概　况】 2016年，磴口县城镇建设按照打造“生态宜居园林城市”为目标，重点实施城镇基本建设、城镇基础设施配套建设、棚户区改造、房地产开发及村镇集镇建设。截至年底，完成投资10.12亿元。

【道路工程】 计划投资2851.60万元，完成10条3.60公里道路新修、翻修，4.80公里排污管网铺设并配套路灯、人行道。其中：建筑东街向东延伸、电杆厂巷道、二运巷道、南开西街修复4项工程全部完工，结束城区多年存在断头路的历史。清河路新修、水城路向西延伸、承光路新修、东风街向西延伸、黄河西街直线延伸等5项工程完成三座桥涵建设，黄河街道路工程全部完工。黄河渔村南1街道路完成路基风积沙回填，完成投资280万元，整体工程计划于2017年8月20日完工。

【人行道及街巷硬化工程】 投资141万元，完成幸福街6650平方米人行道硬化和钢铁路4800平方米路肩硬化。

【街景改造工程】 投资734万元，完成朝霞路两侧22100平方米硬化和2650米排污管网及道路两侧约11500平方米房屋亮化。投资264万元，完成城区东风渠两侧防护栏安装和三盛公张拉膜新建工程。

【城镇集中供热供气工程】 供热计划投资2704.68万元。其中，投资600万元完成黄河街至城郊派出所1.40公里供热主管网及换热站建设，永进西街向西770米管网更新。贺兰路至东方伟业1.90公里供热主管网铺设及换热站建设，获政府批准，发改立项，计划于2017年实施。富源热力公司投资130万元完成供电局和粮油公司集中供热工程。全县热电联产集中供热面积达到210万平方米。下穿涵洞工程由于已过施工季节顺延至2017年实施。腾洁燃气公司投资36万元，完成天然气管道铺设0.60公里，小区入户1800户，天然气入户总户数达到8450户。

【养生养老产业园项目】 该项目占地面积约14.29万平方米，计划投资3亿元，位于东风西街南，人民路西，乌沈干渠东，黄河西街北，项目是集养老、养生、疗养、休闲、度假为一体的养老基地，建设内容主要是以养老住宅和酒店为主。项目顺应人口老龄化趋势，将为磴口县养老产业结构性改革，县城经济持续健康发展注入强劲动力。截至2016年年底，完成土方回填17.20万立方米。2017年开工实施房建工程。

【黄河渔村建设工程】 计划投资3.85亿元，全面启动黄河渔村土方、市政道路、广场、管线、景观绿化及房屋建设工程。截至2016年年底，完成土方工程、驳岸工程及3座平桥建设，完成投资1510万元，12月8日，与江苏宏大建设集团和天津宇达集团签订黄河渔村基础设施战略投资框架协议及黄河楼投资协议，为该项目的顺利推进注入新动力。

【既有建筑节能改造工程】 共争取到93473平方米改造任务指标，完成20个小区既有建筑节能改造，完成投资1002.31万元。

【棚户区改造】 计划投资3.18亿元，充分利用国家金融支持棚户区改造的有利政策，完成柳松园、秀水家苑、嘉德三期、新元小区、鑫盛家园、中央公园、龙盛丽都、得志小区、如意华庭等棚户区尾留工程，安置回迁户402户。年内共开复工9项工程，完成投资1.50亿元，建成回迁房8.10万平方米，第二批贷款4700万元全部到县财政账户，第三批贷款1.89亿元年底全部到位。已向6个棚改项目发放贷款1.20亿元。全年完成投资1.49亿元，实施溥德苑三期、中央公园二期、嘉泰三期一标段等12项建筑面积约20.30万平方米新建、续建任务。

【规范管理重点公建项目】 中蒙医院、档案馆、检察院、金雄商厦、万豪酒店、友谊宾馆改造装修、一中室内足球活动室、实验小学五人足球体育活动室、诚仁中学室内体育活动室、农村学校校办幼儿园园舍改造项目、供电分局职工公寓等新建项目全部开工，续建项目全部完工，完成投资6328.91万元。

【新农村建设工程】 各集镇基础设施、公共建筑、危房改造及绿化、产业小区等完成投资5.70亿元。危旧房改造项目，其中，农牧区完成1500户，完成投资9750万元；垦区开工1683户，完工1222户，完成投资7943万元，剩余461户因个人经济条件所限，列入跨年度完成任务。

（全　凤）

城乡规划

【县城乡规划局领导名录】

局长：周学文

副局长：王　浩（蒙古族）

王雪寒

【概　况】 2016年，紧紧围绕县委、县政府的中心工作，以构建生态富裕和谐美丽新磴口，全面优化规划服务环境，进一步强化城乡规划管理，有效推动城乡规划工作的新发展。

【机构设置】 城乡规划局内设办公室、用地股、规划工程股、规划设计室、村镇股、市政监察股、测绘队7个股室。

【县城总体规划评估】 磴口县城总体规划于2011年通过市政府审批。按照《中华人民共和国城乡规划法》有关规定，已委托巴彦淖尔市城市规划设计院进行总体规划的评估工作。截至2016年年底，基础资料的调查工作初步完成，正在编制评估报告。

【县域村镇体系规划编制】《磴口县县域村镇体系规划》委托内蒙古博大设计研究院编制完成，通过县人大审议，并上报市政府等待审批。

【苏木镇（农场）的自然村（分场）规划编制情况】 5个苏木镇的256个自然村"A+B+C模式"的村庄规划和5个农场的46个分场的村庄规划编制完成，并通过县政府审批，实现村庄规划编制的"全覆盖"。2016年5月底，又编制完成全县5个苏木镇、5个农场的324个自然村和分场

（有的分场分有若干个小队）的“新农村新牧区建设”村庄专项建设规划编制工作。

【建设用地规划审批工作实施】 共办理项目选址并出具内蒙古建设用地规划条件书70项，其中公建项目25项，村镇项目24项，商业项目共计2项，房地产项目共计10项，工业项目共计9项。建设用地规划许可证共办理18项。共办理建设工程规划许可证47项，总建筑面积约229639平方米，其中公建项目22项，商业项目11项，房地产开发项目8项，工业项目6项。组织并召开十一次城乡规划局专家会议，对蒙中医院、得志小区二期、嘉德学府三期等19个项目进行修建性详细规划的图纸审查。完成中央公园等11个项目的测量放线工作；完成三完小综合楼等7个项目的钉桩验线、南开西街，建筑东街等7条市政道路的放验线测绘工作。共办理公厕、巷道硬化等市政规划要点通知书38项，选址意见书6项，办理建设工程规划许可证（副证）15项。对全县建筑工地进行多次检查，对工地的规划公示栏和公示内容进行检查，防止项目违规建设。同时，对儒林府等3个项目进行规划竣工核实。

【信访工作情况】 2016年，规划局共接待信访11次52人次，召开听证会1次，妥善处理寓盛园、嘉德学府等信访矛盾。

【办理人大、政协议案提案】 转交规划局承办的人大、政协议案（建议）、提案共9件，其中，包括《关于在全县积极推广新能源汽车，加快充电桩等基础设施建设的建议》等4件人大代表建议,《关于加强磴口地下排污管网建设的提案》等5件政协委员提案。由专人和代表委员联系并进行认真答复，提出合理化的建议及实施方案。真正做到事事有回音、件件有结果，得到县人大和政协的认可。

【重点工作实施】 黄河渔村修建性详细规划及市政基础工程施工图设计已完成，已出具项目选址意见书，工程正在建设中。磴口县体育馆项目的选址、规划设计、施工图设计已完成。蒙中医院、档案馆项目的选址、规划设计、施工图设计。磴口县养老养生产业项目图纸设计已完成，已出具项目选址意见书，正在办理土地手续。

整村“易地搬迁”工程：渡口镇东地村北柳子社、补隆淖镇团结村一社、纳林套海四分场3个项目已办理乡村建设规划许可证；巴彦高勒镇旧地村一社、隆盛合镇公地村一社、金马渔村正在办理规划手续。帝泰公司的卢堡酒庄建设项目规划局已出具选址意见，建设工程基本完成。尧舜公司的酒庄建设项目规划局已出具选址意见，并已完成工程放线。诺民公司的唯美诗酒庄已出具选址意见，酒庄主体工程正在建设中。低空飞行机库、飞行员公寓、机场跑道及桥涵建设项目的工程设计已完成，已出具项目选址意见书及设计要点通知书，工程正在施工中。三盛公陵园搬迁、新建殡仪馆、看守所、拘留所项目的选址、规划设计，已完成规划选址，正在办理规划相关手续。磴口县看守所项目、行政拘留所项目已办理规划选址。磴口县检察院大楼选址、规划设计。项目已办理“两证一书”。内蒙古宇乐化工股份有限公司2×330兆瓦CFB热电项目，年产50万吨聚氯乙烯、50万吨烧碱项目已办理“两证一书”。在建棚户区改造项目有嘉德学府、寓盛园五期、泰聚华府二期、柳松园、如意华庭、秀水家苑、中央公园、和谐B区、国际丽城、新元小区、鑫盛小区、得志二期等12项。其中嘉德学府、柳松园、如意华庭、秀水家苑、中央公园、国际丽城、新元小区、鑫盛小区、得志二期办理建设工程规划许可证，寓盛园五期办理建设用地规划许可证，泰聚华府二期和和谐B区办理设计条件通知书。紫荆花园东侧4户危房居民自主改造工程有3户已办理建设工程规划许可证。

（王　浩）

房地产管理

【县房地产管理局领导名录】

局长：张雁冰

副局长：高明祥（至2015年5月）

梁　红（女，2016年5月起）

【概　况】 2016年，房管局在职职工34人，中共党员15人。2016年，在县委、县政府的领导下，全力推进“新农村新牧区建设”及精准扶贫攻坚、坚持依法行政、认真履职，圆满地完成各项任务。

【机构设置】 房管局内设办公室、住房保障中心、房地产市场监察与物业管理室、房屋权属登记交易中心、财务室、统计室、质量监督检查室。

【保障性住房建设】 2016年，全县主要以续建项目为主，共有项目4个，共计1160套6.80万平方米，计划发放租赁补贴160户，计划分配公租房130户。公租房续建1160套，分别是天然丽景二期廉租房项目，计划投资4014万元，建设廉租房396套，建筑面积1.90万平方米，截至12月，完成主体封顶。北海宇乐花园公租房一期项目，计划投资3272万元，建设公租房264套，建筑面积2万平方米，截至12月，主体已封顶，即将进行室内外装饰装修施工。东亿新天地公租房项目，计划投资2938万元，建设公租房236套，建筑面积1.40万平方米，截至12月，完成主体二层施工。北海宇乐花园二期公租房项目，计划投资3344万元，建设公租房264套，建筑面积1.40平方米，截至12月，1号楼已完成主体10层施工，2号楼完成主体封顶。

2016年度，廉租房租赁补贴的发放工作于11月底，完成审核并发放租赁补贴153户，剩余7户正在审核中，将于11月发放。公租房分配，按照《磴口县公共租赁住房管理暂行办法》的规定，完成对129户申请家庭的审核公示、摇号分配工作。同时，报请政府批准对汽修厂58户因年久失修属于危房的实行保障性住房置换，并进行审核，完成33户符合保障条件的分配摇号工作，正在办理入住手续。

【房地产市场监管】 截至2016年，全县共有房地产开发企业32家，其中二级资质企业1家，三级资质企业5家，四级资质企业3家，暂定资质企业23家（外来备案企业5个）。组织专人，对全县房地产开发市场进行摸底排查，检查结果表明全县所有的房地产开发企业均具有相应开发资质，不存在越级开发的行为。在加强管控的同时，分别为中央公园二期、三期，新元小区二期，盛隆小区，溥德苑三期，柳松园A段商铺，嘉泰华府三期共计7个小区办理预售许可证，总面积8万平方米，总户数为774户。

【物业服务管理】 制定《磴口县物业管理办法》，起草《关于加强物业管理促进物业服务业发展的意见》，在坚持提高物业服务企业综合服务能力和水平的基础上，鼓励物业服务企业将保洁、秩序维护、绿化、公共设施维修等服务事项委托给专业化公司管理，提升专业化服务水平。全县已建成住宅小区85个，总建筑面积169万平方米，已成立业主委员会小区13个；其中有委托物业管理的22个，自管小区63个。截至12月，在房管局登记备案的物业服务企业共计11家，本地三级资质4家，引进外来企业7家，从业人员100多人。住宅专项维修基金共计缴交2283多万元，共审批使用维修基金46万元。印发《2016年老旧住宅小区物业管理整改方案》，通过对小区物业管理及基础设施的整治改造，实现“八有”目标，即有物管用房、有公共保洁、有秩序维护、有停车管理、有设施维保、有绿化养护、有道路保养、有房屋维修。年内共完成3个老旧小区的物业管理整改工作。

【房屋权属登记】 截至2016年12月底，办理初始登记27件，存量房买卖437件，新建商品房403件，变更登记22件，遗失补证15件，档案查询1404件，抵押登记845件，预告登记377件，注销登记831件，法院查封69件，在建工程抵押2件。

【“美丽乡村”及脱贫攻坚任务】 按照县委、县政府统一安排部署，房管局于3月派出驻村工作队，到包尔盖农场九分场参与“新农村新牧区建设”及精准扶贫任务。截至年底，完成九分场“新农村新牧区建设”工程任务及12户贫困家庭的脱贫任务。

（宫再禧）

住房公积金

【县住房公积金管理部领导名录】

主任：霍喜平

【概　况】 2016年，磴口县管理部在市住房公积金管理中心的正确领导下，在县政府和建设银行的大力支持配合下，在管理部全体人员的共同努力下，按照年初市中心下达的目标任务及本年度的工作计划，突出工作重点，加大工作力度，各项工作运行良好并取得显著成绩。

【住房公积金归集】 2016年，全县共有225家单位9600多名职工和个体工商户、自由职业者建立公积金制度。累计归集住房公积金总额达到70072万元，其中当年新增单位11家，新增缴存人数736人（个体工商户、自由职业者122人）。2016年归集公积金11980万元，完成市中心年初下达任务的111%。

【住房公积金贷款和支取】 2016年，累计发放公积金贷款总额达到45736万元，贷款余额为20117万元。其中，当年发放公积金贷款339户8740.60万元，发放异地购房贷款5户121万元，完成市中心年初下达任务的181%。

2016年，共支取10096万元2000余人。其中购房支取270笔1790万元；偿还公积金贷款560笔2420万元；偿还银行贷款46笔234万元；从未使用装修自住住房支取331笔2370万元；房屋租赁支取15笔14.60万元；异地购房和偿还异地银行贷款支取80多笔260万元；离退休、解除劳动关系、转出、死亡等其他销户支取570多笔2790万元。

【住房公积金财政公补】 2016年，全县住房公积金公补预算3482万元，截至12月已拨付3510万元，多拨付28万元，抵顶以前年度的欠款，以前年度公补也全部补清，无拖欠。

【贷款逾期】 在加大贷款发放力度的同时，贷款量和余额不断加大，风险也越来越大，尤其自由职业者贷款风险较大。对有风险隐患的及时与律师和担保公司沟通进行电话和上门催收，截至12月，贷款逾期在6月以上的有1户，担保公司已代偿。

（何　刚）

市政环境卫生

【县市政环境卫生管理局领导名录】

局长：梁存贵

副局长：孟　翔

【概　况】 市政环境卫生管理局承担着巴彦高勒镇城镇规划范围内垃圾清运、厕所清掏、道路及路侧带、人行道等的清扫保洁、市政排污设施的管理维护和运行工作。

【机构设置】 市政环境卫生管理局内设办公室、财务室、市政站、排污站、清扫队、清运队、机电设备管理站、垃圾处理场、市政环境管理监察队、收费站、督查室11个队、站、室。

【市政管理】 2016年，一期投入资金343.10万元，将10座面积达734平方米、符合条件的旱厕改造为水厕。二期投入资金328.80万元，将10座符合条件的旱厕改造为水厕。一期工程全部完工并投入使用，二期工程正在进行项目验收，年底前全部投入使用。投入资金10万元对22座旱厕的危墙、塌陷的地面、蹲坑板、挡墙、尿碱风化墙体、顶部漏雨、破损屋面进行维修改造。

【巷道硬化】 一期工程分4个标段，投资1128万元，安装花岗岩路缘石4490米，安装绿化带水泥道牙3300米，铺设排污管道680米，硬化改造巷道16.90万平方米。

【油路灌缝】 投资11万元对团结路、东风街等城区主街道进行油路灌缝。维修、校正道牙1800延长米，修补破损油路路面670平方米。改造铺设杆厂立交桥排水管道，解决漏水问题。查处道路遗撒25起，私自破坏道路行为8起。

【环境卫生】 垃圾清运做到日产日清。主要承担着180个散装垃圾点、101个封闭式垃圾箱、110个垃圾桶、240个果皮箱的垃圾清运任务。为确保日产日清，严格执行奖惩制度，很大程度上调动职工的积极性。垃圾处理场平整场地近2万平方米，铺设绿化用浇水管道1500米，改善垃圾处理场的生态环境。积极进行垃圾处理场等级评定的申报，增设防飞散网950米。新购置18吨洒水车1台，夏季每天按时对主街道进行洒水除尘降温。购置高档次果皮箱120个、8平方米中转箱35个、圆桶50个、电动三轮保洁车14辆、3平方米垃圾箱96个，皮卡车2台、双臂式清运车1台、农用车2台。投资45万元为垃圾处理场新购置1台推土机。为乡镇购置转运车7辆、垃圾转运箱176个、果皮箱690个等环卫设施，共花费150万元。

【城镇排污】 出动车辆40多台，人员80多人，利用晚上11点以后对南开路、和平路、建筑路、黄河路、团结路、永进路等各个路段的破旧家具、石头、障碍物等进行集中清理，共清理20多车。共下发限期整改通知150余份，移走、拆除闲置、废弃电杆126根，清理街道地钉及高于路面的钢筋头、铁管等75处计225枚，校正歪斜、突出路面的各类检查井盖及检查井50多套。截至年底，抢修黄河路、和谐南门、财政局、房管局等处排污主管道22处，清淘排污泵站蓄水池9座，1#、2#、3#泵房蓄水池安装排风设备，10#泵站和污水处理厂各配备30千瓦泵1台；对3#、7#泵房室内刮腻子、室外铺设工字砖，围墙刮普通腻子及喷防水涂料。对4#泵站彩钢顶进行维修，对室内蓄水池进行安装防护栏。为确保值班人员人身安全，将5#、8#泵站蓄水池和值班室进行分离，对6#泵站值班室屋面进行防水处理，院落进行绿化、美化，整改6#泵房室外排水，7#泵站蓄水池上安装标准安全防护栏长55米，新建应急彩钢板发电机房1座，购买150千瓦发电机1台。人工配合机械清掏渡口立交桥和电杆厂立交桥泵房淤泥70立方米，改造电厂中水管道120米，逐步提高中水的利用率。清掏、疏通全县排污主管道35公里，更换排污管道检查井井圈、井盖75套，更换雨水篦子35套，更换收水口23个，确保全县排污主管道正常运行。

在排污泵站每个泵房、值班室悬挂排污泵站管理制度及个人岗位职责、安全标识、有毒有害气体危险等警示牌匾、举办安全用电、安全生产知识及安全操作规程培训17次，邀请疾控中心专家就氯化氢、一氧化碳等有毒、有害气体的防治进行培训。

（陆　龙）

园林管理

【县园林局领导名录】

局长：刘格礼（至2016年5月）
袁　彦（2016年5月起）

副局长：李卫忠
赵卫星
俞永胜
白亚希

纪检组长：卢利军

【概　况】2016年，全县城镇园林绿化工作的总体思路是以“创建自治区园林县城为目标”，按照“一年起步、两年完善、三年达标”的战略规划，以公园、广场、道路、水系、单位庭院、住宅小区、城区大环境绿化建设为重点，加快区域整体园林化、县城外围森林化、城区中心景观化、新城道路林荫化、机关庭院社会化、住宅小区花园化的“六化”建设步伐。扩总量、提质量，在过去的基础上继续提标、拓宽、补缺、延伸，使磴口地区绿化系统分布更均衡、结构更合理、功能更完善、景观更优美，力争将磴口早日建成“空气清新、环境优美、生态良好、人居和谐”的新县城。

【机构设置】园林局内设办公室、财务股、规划设计室、园林服务中心、园林养护队、公园广场管理所、园林监察队。

【重点绿化工程】投资570万元完成巴哈路5.55万平方米景观大道绿化工程；投资630万元完成金牛大道12.60万平方米宽林带绿化工程；投资240万元完成诚仁中学北侧、消防队西侧空地园林绿化工程；投资590万元完成贺兰路、巴音路绿化带升级改造工程。

【园林绿化完成情况】完成绿化面积35平方米，栽植各类乔木4.50万株，主要品种垂柳、香花槐、金叶榆、桧柏、桧柏球、樟子松等，栽植花灌木6000株、小榆树50万株、种草1.20万平方米。

组织机关干部职工2000人参加义务植树，义务植树2.40万株，3000人义务锄草劳动。

（李卫忠　白　洋）

环境保护

【县环保局领导名录】

局长：王晓东

纪检组长：武小强

副局长：杨　勇

马建东

马　清

李文军

【机构设置】环保局内设办公室、管理污防污控股、总量股。

【污染减排】2016年，全县共安排减排项目12项，既有项目4项（金牛煤电1#、2#机组、磴口污水处理厂、隆盛合镇污水处理厂），新建项目8项（3家农业源、5家35蒸吨以下锅炉提标改造）。全年计划削减量为二氧化硫2030.30吨、氮氧化物1638.80吨、化学需氧量（COD）274.29吨、氨氮30.69吨。8项新建减排项目全部完工，既有项目进展情况为金牛煤电有限公司2台机组综合脱硫效率及综合脱销效率分别为97.65%、87.20%；按照要求年底前完成超低排放项目可研和招标，2017、2018年各完成1台；磴口污水处理厂1—12月日均处理污水量为10428吨，运行负荷为70%，回用金牛煤电中水使用量为616429吨，绿化中水使用量为185356吨；隆盛合镇污水处理厂运行正常。

全年共完成削减量为二氧化硫2398吨、氮氧化物1712吨、化学需氧量（COD）312吨、氨氮31.60吨，超额完成目标任务。

【大气和水污染防治】按市大气防治办要求，制定《磴口县2016年大气污染防治工作计划》，包括工业粉尘治理项目1家、在用燃煤锅炉提标改造3家、加油站油气回收8家、重点行业清洁生产审核2家。

2016年，完成内蒙古中粮番茄制品公司防风抑尘网建设；泰顺食品有限公司35吨/小时锅炉、内蒙古圣牧奶业有限公司15吨/小时锅炉、上海佳格食品有限公司内蒙古分公司15吨/小时锅炉燃煤锅炉提标改造全部完工，并通过验收；磴口县正新盛等8家加油站全部完成油气回收改造工作并通过验收；内蒙古清源保生物科技有限公司清洁生产已通过自治区经信委和环保厅审核，华油天然气有限责任公司2016年停产，待恢复生产后开展清洁生产审核。

按要求将《磴口县2016年水污染防治工程项目清单》上报市局并按要求进行调度，内蒙古乌兰布和乳业有限公司污水处理改扩建工程已通过环保竣工验收，圣牧奶业污水处理扩建工程主体工程已完工，正在进行调试。在季节性生产企业生产前，提前谋划，合理安排，下达《关于番茄脱水菜等季节性生产企业提前做好环保各项工作的通知》。按照市环保局要求，对全县“十小”企业进行全面排查，对辖区内“十大”重点行业，制定《磴口县“十大”重点行业专项整治方案》。按要求开展化学品生产使用情况调查，并上报工作总结。对磴口县工业聚集区的工业废水预处理、污水集中处理、中水回用设施配套建设及自动在线装置安装情况进行全面的调查。

【环境空气质量】 2016年，巴彦高勒镇环境空气中颗粒物（PM10）年均值为0.19毫克/立方米，略高于国家《环境空气质量标准》中二级标准（年平均0.10毫克/立方米）；二氧化硫年平均值为0.04毫克/立方米，符合国家《环境空气质量标准》二级标准；二氧化氮年均值为0.03毫克/立方米，符合国家《环境空气质量标准》二级标准。

【水环境质量】 2016年，巴彦高勒镇新水源地水质除氟化物外，其他各项指标均符合《地下水环境质量标准》Ⅲ类水质要求；乡镇水源地包括沙金苏木水源井、渡口镇水源井、补隆淖镇水源井及乌兰布和农场水源井。沙金苏木水源井水质超标指标有氟化物、氨氮、总硬度；渡口镇水源井水质超标指标有氟化物、氨氮、铁；补隆淖镇水源井水质超标指标有氨氮、总硬度、硫酸盐、铁；乌兰布和农场水源井水质超标指标有氟化物、氨氮。2016年，磴口县境内自然湖泊（奈伦湖、冬青湖、万泉湖、纳林湖、金马湖）、巴彦高勒镇3个人工湖（北海、南湖、中心湖）、磴口县境内灌溉渠（总干渠、大滩渠、东风渠、乌审干）、巴彦高勒镇截渗沟（排干渠）水质均属《地表水环境质量标准》（GB 3838-2002）V类水体。

【声环境质量】 2016年，巴彦高勒镇各功能区噪声等效声级符合《声环境质量标准》（GB 3096-2008）；交通噪声等效声级符合《声环境质量标准》（GB 3096-2008）4a类。

【生态环境质量】 2016年，磴口县生态环境状况级别较差，与2015年相比无明显变化。植被覆盖指数与2015年相比无明显变化。

【建设项目环保审批】 巴彦淖尔市绿之源生物技术发展有限公司病死畜禽无害化处理厂建设项目等2个环境影响报告书、内蒙古巴彦淖尔市科河种业有限公司农作物生物育种研发生产销售网络信息化公共服务平台建设项目等15个环境影响报告表及隆盛合镇中心卫生院宿舍周转房用地建设项目环等64个环境影响登记表通过磴口县环保局审批。

【环境执法监管】 2016年，环境监察工作以环境保护大检查为契机，加大执法力度，重点解决社会关注的环境热点问题。全年，共检查大小企业47余家，建档47家，出动840余人车（次），检查中查出企业存在问题的12起，责令限期整改12起。成立环境保护大检查领导小组，制订2016年环境保护大检查工作方案，将任务细化分解，落实到相关部门，责任到人；对企业开展无死角检查；环保大检查工作与行政执法工作有机的结合。全年共查处各类违法案件8起，行政处罚77.39万元；按照监管类型划分，结合监测工作，加大监督力度。

2016年，利用新《中华人民共和国环境保护法》的实施和以“6·5”世界环境保护日为契机，大力宣传新环保法知识并积极做好环境信访工作，维护群众环境权益。始终把环境信访工作作为解决老百姓关心的问题来抓，选派业务能力强、工作责任心高的领导负责主抓环境信访工作，环境信访工作实行盯办制度，将目标任务层层分解落实到具体责任人和部门。全年共接待环境信访投诉80余起，按时回复办理动态、处理情况，并反馈投诉人，基本保证群众投诉"有报必接、违法必查"，全年无越级上访事件发生。特别是在中央环保巡视组督查自治区环保工作期间，将环境信访工作提到重要议事日程上来，全力做好环境信访工作。在中央环保巡视组督查期间，全县无一例环境信访，受到市政府和上级业务部门的表扬。

【环境监测】 2016年，环境监测工作完成9家重点企业废水、废气、厂界噪声例行监测及季节性生产企业例行监测工作；环境质量监测完成巴彦高勒镇大气、饮用水水源地水质、功能区噪声、交通噪声监测4次。完成铬盐周围及观测井地下水水质监测2次、磴口地区乡镇集中式饮用水水源地水质监测2次、磴口县八湖五渠地表水水质例行监测2次；委托监测完成污水处理厂废水监测23次、巴彦高勒电杆厂泵房和新饮用水水源地水质中六价铬监测9次、临时性委托监测废水15次、委托监测废气9次；配合监察大队监督监测废水22次、地表水3次、地下水5次，季节性生产企业废水监测9次、季节性生产企业废气监测2次；完成市监测站下达的应急二排干水质监测6次。

2016年5月，监测站8名监测人员通过市专家组组织的理论和实际操作上岗考试，监测人员全部持证上岗，同时完成化验室扩项认证工作，增加7个监测项目。

【二级单位领导名录】

环境监察大队队长：李　烨

环境监察大队指导员：孙强德

环境监测站站长：余　剑

（高　非　刘　冬　梅郭英　王　云）

城市管理

【城市管理行政执法局领导名录】

局　长：李　建（至2016年5月）

李国渊（2016年5月起）

副局长：袁小叶（女）

杜瑞忠

【概　况】 2016年，城市管理行政执法局在县委、县政府的正确领导下，在县人大、政协的大力支持和监督下，紧紧围绕全县中心工作和城市管理的总体要求，以深入开展"两学一做"学习教育为契机，始终坚持以市容市貌整治和城乡规划监管为重点，以转变作风、服务群众为根本，以依法行政、文明执法为基础，以转变城管理念、创新城管工作、提高城市管理水平为目标，以深入全面推进城市执法体制改革和精细化管理为动力，通过干部的共同努力，城市形象不断提升，城市管理工作成效显著。

【机构设置】 磴口县城市管理行政执法局内设办公室、一中队、二中队、三中队、综合中队、市容中队。

【市容市貌整治】 2016年，共取缔店外店经营1586次，清理流动摊贩占道经营1128个次，拆除违章设施6处，次干道拆除更换破旧广告牌匾336块，拆除有碍市容观瞻物41处。汇同县爱卫办、巴彦高勒镇和各经营门店签发"门前四包"责任书1350份。对新建楼群商业门店采取统一制作门牌框架的措施，确保楼体、楼群门牌字匾"两齐一平"，为全县城区统一门牌标准树立典范。多次组织人员逐门逐店宣传街景亮化相关政策及标准，完成147块门头牌匾的拆除、更新工作，147块门头牌匾严格按照县政府统一尺寸、统一框架、统一颜色、统一字样的要求及蒙文办蒙汉并用、蒙汉字大小比例标准更新悬挂。在朝霞路街景改造工程中，及时跟进，完成16户房屋改造监管工作。经政府研究规划，将原富源热力公司占地面积8000多平方米的院落改建成百家利创业集市。建设3×3米棚式摊位180个，露天临时摊位110个，可以解决500人就业、创业。并建设临时便民瓜果蔬菜销售点2处，棚式摊位30个。为净化城市环境，提升城市文明形象，推进“五城联创”工作，有效解决露天烧烤污染环境、影响市容、违规经营等问题，依据《中华人民共和国大气污染防治法》、《中华人民共和国食品安全法》、国务院《城市市容和环境卫生管理条例》、《无照经营查处取缔办法》及《内蒙古自治区城市市容和环境卫生违法行为处罚规定》等法律法规，在城区内开展露天烧烤及餐饮摊点专项整治行动。按照“烧烤进院、炉子进店、油烟进管”的三进原则，规范露天烧烤摊点59处，取缔流动烧烤摊点38处。

【规划监管逐步规范】 为有效制止违章建筑和私搭乱建行为，对大型工地开展经常性执法检查，确保“一书四证两图”齐全。截至2016年年底，共进入大型工地执法检查8次，规范工地物料堆放、进出口硬化9处。拆除违章建筑3处共268平方米，拆除临时建筑4处223平方米。

【渣土清运监管】 建立健全建筑垃圾管理台账，与复工、开工的开发商签订《磴口县城市建筑垃圾处置和建设工程施工围栏作业协议》12份，要求清运渣土车辆全部苫盖，按照指定线路、时间、地点处置。在城郊出口处设立四个建筑垃圾运输违法车辆查处岗，进行常态化监管，渣土、建筑垃圾运输车辆遗撒、扬尘污染现象得到有效控制。先后6次彻底清理城区周边散倒的渣土、建筑垃圾8187立方米，有效改善城区周边环境。

【扶贫帮困工作成效明显】 领导干部结对帮扶镇南社区困难家庭和老党员7户，慰问贫困家庭和老党员5户；为“博爱一日捐”捐款4950元；为帮扶联系点渡口镇城西村帮扶资金5000元；下乡工作队帮助纳林套海农场九分场高标准、高质量完成新农村新牧区建设及精准扶贫攻坚工作任务，受到县委、县政府和农场、分场及村民的一致好评。12月，为纳林套海农场帮扶户送去价值3500元的米、面、油。

（张存海）

旅　游

旅游概况

【县旅游局领导名录】

局长：郑　亮（2016 年 5 月起）

副局长：袁瑞琼（女）

　　　　李晓燕（女，2016 年 5 月起）

纪检书记：王　伟（2016 年 5 月起）

【概　况】 2016 年，是实施“十三五”旅游业发展规划的开局之年，也是全县旅游工作上档升级之年，认真落实国家旅游局提出的旅游业“515”发展战略、自治区关于旅游扶贫工作的指示精神和磴口县把旅游业作为立县产业的建设目标，充分运用国家、自治区以及巴彦淖尔市旅游业发展的重大政策措施，强力推进旅游业与新型农业化、工业化、城镇化和现代服务业等方面深度融合，树立大产业、大旅游的概念，在县委、县政府的统一领导下，全力打造品牌景区、创新工作举措、客源市场，不断提升磴口旅游的知名度和影响力，旅游产业保持较快的增长速度和良好的发展态势。

【机构设置】 旅游局内设办公室、宣传促进股、质量管理股，科级建制行政单位。

【旅游收入】 全县旅游接待游客 103.55 万人次，实现旅游综合收入 4.35 亿元，与 2015 年同期相比分别增长 17% 和 9%。

【项目建设】 2016 年，全县旅游景区共投资 9130 万元，黄河三盛公风景区、纳林湖、万泉湖、金马湖、阿贵庙等重点景区和乡村旅游建设进度加快，黄河三盛公风景区北岸码头和游客接待中心全面建成，穿沙越野基地投入使用，纳林湖试漂成功，低空飞行观光项目投入运营，北海冰上乐园对外试营。金马渔村一期建成，并对外接待；黄河渔村启动实施。纳林湖自驾车营地项目，获得自治区旅游发展资金 200 万元支持，三盛公和万泉湖景区分别获得市级旅游发展资金 25 万元和 10 万元，兵团文化基地旅游厕所获得市级旅游发展资金 3 万元奖励。

【产品开发】 引进低空飞行项目，4 月底在磴口县试飞成功，开通 4 条航线，成功实现安全试运营。

【旅游规划发展】 县政府下达决定事项，启动《磴口县全域旅游发展总体规划》编制工作。推进“旅游厕所革命”工作，按照年初计划新、改扩建旅游厕所 7 座。申请巴彦淖尔市地质公园标识系统项目，在县境内增设旅游交通牌 14 块。开展“自治区休闲农牧业与乡村旅游示范县”“自治区特色景观旅游名镇”“国家现代农业庄园”“中医药健康旅游示范县”和“中医药健康旅游示范基地”等项目申报创建工作。

【宣　传】 制作完成以“百湖之乡 · 魅力磴口”为主题的磴口县全域旅游自驾指南、旅游宣传手提袋、5分25秒的磴口县旅游宣传电子相册等旅游宣传资料。两次深入到银川、广州以及内蒙古自治区内周边盟市开展旅游宣传推介活动。刘拐沙头景点被中国国家地理杂志社评选为“寻找内蒙古最美观景拍摄点”。黄河风情旅游线路进入“中国一带一路”最美驿站评选活动全国总决赛。邀请内蒙古中国青年旅行社负责人、内蒙古众信旅行社负责人、内蒙古新世纪康辉国际旅行社负责人和天津景鹏国际旅行社负责人到磴口县参观考察，就旅游线路开发和产品设计进行对接。

【二级单位领导名录】

旅游服务中心

主任：赵星光

副主任：陶 敏（女）

（黄 蓉）

旅游资源

【鸡鹿塞】 鸡鹿塞位于磴口县沙金苏木哈隆乃山口。据史料记载，鸡鹿塞是秦汉时期屯垦戍边的重要军事要塞。鸡鹿塞呈正方形，边长68.50米，下基宽4.50米，现上基宽2.50米，残墙高约7—8米，占地面积4692.25平方米。鸡鹿塞由天然的花岗岩、砂、石块夹砌而成，城四角各有加固工事，城门向南，是中国最早的瓮城之一，易守难攻。在鸡鹿塞的左边有9座大体完好的烽火台。2006年被列为国家级重点保护文物。

【乌兰敖包】 乌兰敖包位于磴口县沙金苏木巴音乌拉嘎查阴山山脉狼山段苏木图沟隘口台地。乌兰敖包用石头人工堆砌，2009年春，磴口县将乌兰敖包重新修复。修复后的乌兰敖包共69座，中间建有主敖包1座，三阶构筑，直径33米、高13.90米，四周建有68座环拱小敖包，水、路、电、林、蒙古包全部配套。每年农历五月十三，蒙汉群众在乌兰敖包前举行大规模祭祀活动。

【阴山岩刻】 阴山岩刻集中分布在磴口县境内沙金套海苏木辖区内狼山山脉的格尔敖包沟和默勒赫图沟及其支沟，约有数千幅之多，最大的面积达400平方米。迄今发现保存较好的巨幅岩画首推格尔敖包沟中段的一幅，整个岩画画面高约15米，宽约5米，画面内有连续50个以上的个体图案。默勒赫图沟附近的浑迪沟内有一幅高1米、宽3.50米的岩画，刻有一列行进中的驼队，驼背上骑有人，驼队间尚有骑马者和步行者。阴山岩刻是人类在没有文字之前绘画或刻制在石头上的图画，是当时文化的最大载体，是世界性的一种古代文化现象。阴山岩刻是世界上最早、最大的岩画群之一。

【兵团文化红色旅游景区】 兵团文化红色旅游景区位于磴口县乌兰布和农场境内，2009年建立，是全国唯一一个在原址上利用原有建筑建立起来的兵团文化基地，也是内蒙古自治区第一个以兵团文化为主题的红色旅游景区。景区由三层建筑的内蒙古兵团博物馆、兵团战士雕像、石浮雕、大礼堂以及周边建筑群等几部分组成。兵团博物馆中收藏了毛主席语录、战士往来信函、纪念图文影像资料、生产生活用品、通信医疗设施等750余件展品。景区展示了兵团人在内蒙古“屯垦戍边，亦兵亦农”的奋斗过程中所树立的“艰苦奋斗，屯垦戍边，奉献青春，坚韧不拔”的兵团精神，成为引导和教育后人传承兵团精神的一块重要文化阵地，也是重要的爱国主义教育基地。

【乌兰布和沙漠】 乌兰布和沙漠位于磴口县城西南，南临黄河，是中国八大沙漠之一。乌兰布和蒙语意为“红色的公牛”，沙漠总面积近1万平方公里，在磴口县境内面积达2846平方公里，占全县总面积的68.30%，构成了磴口县主要的地貌特征。沙漠地势由南偏西倾斜，属平缓沙丘，有利引黄灌溉，海拔在1028—1054米之间。

【万泉湖】 万泉湖位于阿拉善盟阿拉善左旗敖伦布拉格产业园区与巴彦淖尔市磴口县两地交界

地段，主要项目有万泉明珠观光塔、敖包祈福地标、沟心庙宗教朝圣区、万马奔腾马术娱乐区、光伏农业生态大棚、沙生植物生态保育区、垂钓休闲区、观鱼岛、天然游泳吧等。景区总占地面积 3.33 万亩，水域面积 1.60 万亩，陆地面积 1.73 万亩。万泉湖景区 2016 年，被评为国家 AAA 级旅游景区。

【纳林湖】 纳林湖位于磴口县纳林套海农场境内，距磴口县城 40 公里，是一个由黄河故道加风蚀作用而形成的自然湖泊。纳林湖原名敖勒逊湖，因位于所纳林套海农场境内，后人们称其为纳林湖。“纳林”的蒙语意为“狭长”，因其外形像月亮，纳林湖也称“月亮湖”。南北宽 1.50—2.50 公里的 667 公顷水域，其中明水面积 335 公顷，约占 50%，最深处达 6 米，平均水深 2.50 米，纳林湖是乌兰布和沙漠中较大的淡水湖之一。2013 年，纳林湖被评为国家 AAAA 级旅游景区。

【蒙牛工业园区】 蒙牛工业园区位于磴口县巴彦高勒镇北，是国家 AAA 级旅游景区。景区色调以蓝、白、绿为主，给人以清新、洁净、舒适的感觉，透明开放式的观光走廊，零距离地感受现代工业流水生产线。

【黄河三盛公地质博物馆】 黄河三盛公地质博物馆位于磴口县巴彦高勒镇东，建筑面积约 1360 平方米，以磴口县境内黄河、沙漠、湖泊、山脉等地质特点为核心，辐射出巴彦淖尔国家地质公园各园区的地质特色。展厅有巴彦淖尔国家地质公园概况、巴音满都呼恐龙景观、乌兰布和沙漠湖泊景观、三盛公景区、地球科普知识、4D 影院等。

【南湖湿地】 南湖湿地位于磴口县巴彦高勒镇东南，靠近黄河总干渠南端，是黄河总干渠在南部流经城区的主要节点，总占地面积约 945 亩，其中水面约 567 亩。

【北海湿地】 北海湿地位于磴口县城北区，占地面积约 2150 亩，其中水面面积约 1448 亩，约占总面积的 67%，蓄水量达 261 万立方米。是磴口县防洪、防涝及居民节假日郊游、休闲娱乐的重要场所。

【狮子山　佛岭】 狮子山、佛岭是两座非常神奇的山峰，位于磴口县沙金套海苏木境内的狼山山脉之中。一座像一尊仰面朝天的卧佛，称佛岭；另一座像一头仰天长啸的雄狮，称狮子山。

【秦汉长城】 秦汉长城位于磴口县沙金套海苏木境内阴山西端的布都毛德沟口内 1 公里处，有一段保存较好的石长城秦汉长城为石砌长城，城长千余米，始筑于秦朝，重修于汉代，这段长城的南墙前，还有两个面积不一的土筑方城，城东有大小不等的 6 间房屋石基，城北的山峰上，有 3 座烽燧，用岩石和黏土组合，用草绳编织连接而成，经两千余年风雨剥蚀，残高仍有 3 米多。

【朔方郡与 3 座汉代古城遗址】 磴口县境内有 3 座汉代古城遗址，位于沙金套海苏木西南 3 公里处的窳浑县城、原哈腾套海苏木南 6 公里处的三封县城和补隆淖镇西南 3.50 公里处的临戎县城。3 座古城都处在乌兰布和沙漠之中，每一座古城周围数公里乃至十数公里处，都有大量的汉代古墓。古城和古墓群大量出土了汉代的陶器、铁器、青铜器和货币以及多种生活用品和农作物种子等，这些文物与中原地区出土的汉代器物的种类大体相同。

【天鹅湖】 天鹅湖位于磴口县沙金套海苏木境内的乌兰布和沙漠腹地，是一个由黄河改道而自然形成的湖泊，天鹅湖水域宽广，总面积约 800 亩。每年的 3 月中旬，成千上万的天鹅如约而至，一直到 5 月中旬，天鹅才成群结队飞离此地。10 月初，天鹅又如期返回，一直停歇到 12 月湖面结冰时起程，再飞向南方。

【京藏高速公路磴口黄河大桥】 京藏高速公路磴口黄河大桥位于磴口三盛公黄河水利枢纽工程北 3 公里，桥始建于 2002 年，2004 年竣工通车，属双向四车道高速公路大桥。该高速公路大桥是贯通华北与西北交通大动脉上的咽喉要塞。大桥在巴彦高勒镇东郊连跨包兰铁路、110 国道和黄河总干渠，横跨黄河的主桥长达 1772 米。

【三盛公黄河铁路大桥】 三盛公黄河铁路大桥位于磴口县巴彦高勒镇东南 2.50 公里处，是包兰铁路线上的重要桥梁。三盛公黄河铁路大桥为双线运行桥，南侧的钢架铁桥始建于 1959 年，1961 年竣工通车。大桥由 11 个巨型桥墩，把重达千万吨的桥梁托起。钢架在全长 700 余米的桥身上焊接成一条宽阔的钢铁巷道。整座桥梁巍峨壮观，成为华北通往西北之咽喉要道。大桥北侧的混凝土结构桥是包兰铁路复线营运的配套大桥。

（袁瑞琼）

财政·税务

财政

【县财政局领导名录】

局长：赵军伟（至2016年5月）

党组书记、局长：汪俐坪（2016年5月起）

党组副书记、副局长：石宏宇

党组成员、副局长：李爱军

李　健

白　芸

党组成员、纪检书记：李有德

党组成员、办公室主任：戴忠儒

【机构设置】 财政局内设办公室、预算股、国库股、行政政法股、社保股、教科文股、监督检查股、会计股、农财股、经建股、信息中心、乡财股、综合股、条法税政股、公共投资股、财政投资评审中心、工交经贸股。

下属二级单位有国资局、信贷担保中心、国库集中收付中心、巴彦高勒镇财政所、渡口财政所、补隆财政所、隆盛合财政所、沙金财政所。

【财政收入】 2016年，全县公共财政预算收入累计完成26994万元，同比增收2600万元，增长10.70%，完成年初预算的100.60%。其中税收收入完成20845万元，同比增收465万元，增长2.30%，占公共财政预算收入的77.20%；非税收收入完成6149万元，同比增收2135万元，增长53.20%，占公共财政预算收入的22.80%。

【财政支出】 2016年，全县公共财政预算支出完成146045万元，同比减支1479万元，下降1%。其中八项民生支出107908万元，占公共财政预算支出的73.90%。

【政府性基金收支情况】 2016年，全县政府基金收入完成3664万元，同比减少1680万元，降低31.40%。其中，国有土地使用权出让金收入3118万元，同比减少1924万元，降低38.20%；城市公用附加收入50万元，同比减少58万元，降低53.70%。

2016年，全县政府性基金支出15050万元，同比增加1026万元，增加7.30%。其中，国有土地使用权出让金支出6054万元，同比减少896万元，降低12.90%；新增建设用地有偿使用费安排的支出8065万元，同比增加2609万元，增长47.80%。

【财政管理】 2016年，共计争取到上级下达各类专项资金8.40亿元，地方政府债券资金6.80亿元。消化存量资金9531万元。市政建设方面投入14109万元，实施老旧小区节能改造、排污及硬化、黄河渔村、街景改造亮化、“旱改水”公厕、巷道硬化改造、城镇园林绿化等工程。交通建设方面投入11765万元，用于嘎查村街巷硬化、高速绕城至黄土档公路等工程。水利基础设施建设投入4734万元，实施节水灌溉、农牧区饮水及小型农田水利建设项目。落实居民养老、医疗、抚恤、救助等社会保障政策，改善居民消费预期。积极筹措资金，落实职务职级并行、乡镇工作补贴、边远地区津贴调标、警衔津贴晋级、机关事业单位工作人员基本工资调标和增加离退休费等政策。共计安排资金3739万元，重点支持工业园区产业升级、企业技术创新、节能环保和新兴产业发展，培育新的支柱产业和骨干财源，推动县域经济发展。

【“三农”投入】 2016年，农、牧、林、水事务支出31547万元，同比降低16%。共计安排资金5833万元，用于脱贫攻坚各项政策的落实，使4216名贫困人口脱贫。发放农业补贴2294万元，为8066户低收入农牧户发放“暖心煤”补贴484万元，为2.20万户玉米种植户发放玉米补贴4819万元，拨付农机具购置补贴资金2250万元，为1870户农牧户8个合作社补贴购置农机具2210台。投入19315万元用于农村牧区村庄综合整治；拨付土地整理资金6015万元，用于高标准基本农田整治；拨付农业综合开发资金3334万元，用于土地治理和农业产业化经营等项目。投入“一事一议”财政奖补资金1200万元，实施项目99个，项目覆盖5个苏木镇37个嘎查村、4个农场15个分场，受益人口5.88万人次。投入现代肉羊产业发展资金1808万元，建成标准化养殖场24个，肉羊饲养量达到2.40万只。向上级财政部门争取农牧业科技推广项目2个，农牧民专业合作社组织能力建设项目11个，争取上级财政项目补助资金340万元。

【预算管理制度改革】 完善政府预算体系，加大政府性基金与一般公共预算的统筹力度；部门预算编制进一步细化，预算编制质量不断提高；启动编制财政和部门2017—2019中期财政规划；全面推进预算公开，政府及部门预算支出全部细化公开到项级科目。推进预算绩效工作，编制2016年项目支出预算时，将项目支出预算安排与项目绩效考评结果相挂钩，使预算编制更加科学。强化债务管理，规范举债行为，严控债务风险，积极争取债券置换规模，严格政府债券使用管理。

【国库集中支付改革】 切实提高财政直接支付比例，直接支付率达到90%以上；全面推行公务卡结算制度，刷卡金额达到380万元。加强财政专户及预算单位银行账户管理，2016年，共审批、备案预算单位银行账户20个，清理撤销财政专户8个。全力推进权责发生制政府综合财务报告试点改革，完成2015年度权责发生制政府综合财务报告编报工作，对本级政府资产、负债、净资产进行一次较为全面完整的清理。

【政府采购管理】 2016年，完成采购金额52295万元，节约财政性资金3830万元，节约率6.80%。通过公开招标的方式确定2017年全县普通办公用品、现代办公设备及耗材、办公家具、车辆保险、公务印刷、电器、广告宣传制作及美工、车辆维修及保养项目定点供应商共49家，物业服务使用市财政局公开招标确定的定点服务商19家。

【国有资产监督管理】 推进国有资产运营工作，承接推进市农投公司和畅通公司惠农富民1亿元产业基金项目和街巷硬化邮储银行1.02亿元贷款项目，有效缓解政府投入压力。继续强化资产处置、配置环节的监管，严格履行资产评估、拍卖等国有资产处置程序。拍卖固定资产5宗，拍卖金额996万元；完成全县140家行政事业单位、5个国有农牧场固定资产清查工作；按照县公车改革领导小组办公室要求，对各公车改革参改单位处置车辆封停情况进行检查，检查单位74家、封停车辆54台；认真做好国有资产变价收入及各类国有资产收益的收缴工作，累计收缴国有资产变价收入及收益999.20万元。

【政府和社会资本合作新模式】 2016年，全县向上级部门申报PPP项目2个，总投资4.66亿元。磴口县湿地保护与恢复项目和磴口县县域医联体综合建设项目纳入PPP综合信息管理平台，并列入自治区第三批示范推介项目名单，项目处于准备阶段，积极寻求优质社会资本参与全县投资建设。同时，申请市财政局、市住建委联合向上级相关部门推荐磴口县湿地保护与恢复项目，助推项目实现融资和落地实施。

【惠农惠牧资金发放“一卡通”改革】 2016年，通过“一卡通”发放资金28480万元，涉及21大类64小项，惠及188889人次。为保证补贴正常发放，完成“一卡通”系统的基础信息联网核查工作。

【财政投资项目评审】 完成涉农资金结算项目评审17个，送审金额3741万元，其中财政投资410万元，为财政投资项目预算拨款提供依据，提高财政资金的使用效率。

【苏木镇财政所建设】 渡口镇等4个苏木镇财政所达到标准化财政所要求，巴彦高勒财政所正在筹建中。5个苏木镇全部安装财政内网专线光纤，“一卡通”“一事一议”“预算执行”等系统在财政所稳定运行。

【改善民生】 教育支出14163万元，同比增长4%。投入义务教育保障机制经费644万元，5946名中小学生全部纳入义务教育保障范围；投入“两免”资金631万元，1694名高中和中职学生受益；拨付资金365万元，支持部分中小学、学前教育校舍维修改建；拨付资金414万元，资助124名城乡低保家庭子女升入普通高校就读；拨付349万元，推动足球事业发展；投资1200万元，新建3个共5600平方米的室内体育活动室。

社会保障和就业支出28637万元。拨付城乡居民养老保险补贴1380万元，受益人数达10603人；拨付城镇低保资金2883万元，补贴标准提高到每人每月495元，4653人受益；拨付农村低保资金2028万元，补贴标准提高到每人每月295.50元，6522人受益；拨付五保及孤儿补助资金295万元，孤儿补助资金、五保集中供养和分散供养标准分别达到1310元/月、7323元/年和4158元/年；拨付长寿保健金180万元，1798名80周岁以上老年人受益；拨付就业补助1518万元，主要用于就业培训、社会保险补贴、职业技能鉴定等。

医疗卫生支出11791万元，同比增长21.80%。拨付公立医院资金3274万元，主要扶持综合性医院和蒙中医院等；拨付医疗保障资金4213万元，支持行政事业单位职工基本医疗保险、城镇居民基本医疗保险和新型农村合作医疗；拨付基层医疗卫生机构补助资金516万元，保障基层医疗卫生机构的正常运转和工作需要；拨付公共卫生资金1324万元，用于为城乡居民提供基本公共卫生服务及疾病预防等方面的支出。

住房保障支出12419万元，同比降低13.70%。拨付保障性住房资金13530万元，极大地推进公租房、农牧区危房改造、棚户区改造等保障性住房建设。

【二级单位名录】

国有资产监督管理局
局长：李　健
副局长：张奋民
政府国库集中收付中心
主任：韩永志
副主任：吴文君

（戴忠儒）

国有资产监督管理

【县国有资产监督管理局领导名录】

局长：李　健
副局长：张奋民

【概　况】 2016年，国有资产监管部门积极组织开展资产运营工作，及时申办资产经营公司注册资本的验资、审计、价格认定、各类证照年检审验及银行授信、抵押担保评估、信用等级评定申报等项工作。为切实规范全县国有资产产权交易行为，推进产权交易进入市场，结合工作实际，按规定认真履行国有资产处置申报程序，切实规范全县行政事业单位国有资产处置行为。认真贯彻执行国有资产管理法规、办法，严格国有资产产权检查登记、资产清查、划转并归、筹资变现、债务处理、产权出售、资产处置等项申报审批制度，切实规范国有资产监督管理基础工作。

【机构设置】 磴口县国有资产监督管理局属参照公务员管理单位，为正科级建制的独立核算事业单位，由县财政全额拨款。内设办公室、产权管理股、资产处置监审股。

【重点项目】 按县政府工作要求，积极承接推进市农投公司和畅通公司“新农村新牧区建设”惠农富民1亿元产业基金项目和街巷硬化邮储银行1.02亿元贷款项目，产业基金和街巷硬化邮储银行贷款项目全部申请到位，并按县政府决定事项和财政审批意见，支付交通局、苏木镇农场“新农村新牧区建设”工程款，及时缓解县政府对“新农村新牧区建设”工程项目资金投入的困难和压力，承接自治区易地扶贫搬迁项目，专项资金申请到位791.17万元。按时归还县政府向农业发展银行8年期4000万元补隆淖黄土档至巴阿交界农村公路改造工程项目中长期贷款本金和利息544.40万元。完成地债资金置换地方政府性债务政府借款3.75亿元。

【国有资产处置改革】 明确全县行政企事业单位凡涉及资产拍卖、产权出售，必须向国资监管部门申报，经县政府批准后，国有资产监管部门核准备案后，转交县公共资源交易中心按照规定程序进入产权交易市场进行公开拍卖，1—12月，进入产权交易市场公开拍卖国有资产项目5项，国有资产公开拍卖成交收益995.95万元，通过公开透明的资产拍卖交易方式，实现国有资产保值增值。

【国有资产基础管理及检查监督】 按照县政府的决定批复，依法对磴口县城镇发展投资有限公司注册资本及磴口县军粮供应中心、磴口县资产经营公司经营范围和磴口县沙业兴农业综合治理有限责任公司法定代表人、公司董事和公司住所按规定程序进行变更。按照市国资部门的要求，完成全县所属11家国家出资企业基本信息和经营信息统计汇总上报工作。按照巴彦淖尔市财政局关于转发《内蒙古自治区财政厅关于转发财政部〈行政事业单位资产清查核实管理办法〉的通知》（巴财国资〔2016〕227）号要求，印发《关于开展2016年全县行政事业单位国有资产清查工作方案》，组织资产清查培训班3期，对全县行政事业单位资产管理人员进行资产清查工作及国有资产管理信息系统培训，完成全县140家行政事业单位资产清查盘点，全县行政事业单位资产清查总额71268.84万元。其中，固定资产总额37581.90万元，无形资产总额1737.53万元，流动资产总额31949.41万元。负债总额11786.08万元，净资产总额59482.76万元；完成全县5个国有农牧场固定资产清查工作，全县5个国有农场固定资产清查净值3130.53万元。按照县公务用车制度改革领导小组办公室《关于磴口县公车改革处置车辆封停的通知》（磴公改办发〔2016〕2号）要求，配合县公车改革领导小组办公室对各公车改革参改单位处置车辆封停情况进行检查，检查车辆封停单位74家，封停车辆54台。按照县政府工作要求，全面开展对搬迁新址办公的4家单位原办公用房院落资产及管理使用情况进行调查核实，调查核实腾退办公用房面积1970.11平方米，为县政府在腾退使用办公用房决策方面提供依据。按照市国资部门的要求，完成全县行政事业单位国有资产网络系统基础数据的录入和数据库的建立，将全县行政事业单位国有资产存量及增减变动情况纳入资产管理信息系统，实行动态管理。认真做好国有资产变价收入及各类国有资产收益的收缴工作，截至2016年年底，累计收缴国有资产变价收入及收益995.60万元，并按规序时足额上缴财政专户。全力做好“脱贫攻坚”所包村社各项任务的推进落实。

（刘　娜）

国家税务

【县国家税务局领导名录】

局长：魏向东

副局长：张洪文

邬利清

杨　磊

纪检组长：杨智才

【概　况】2016年，面对严峻复杂的经济形势，大事难事交织的压力挑战，多项任务叠加的重重考验，磴口县国税局在县委、县政府的正确领导下，紧紧围绕各项工作部署，攻坚克难、敢于担当，扎实推进税收现代化建设，各项税收工作取得新突破，实现“十三五”规划的良好开局。

【机构设置】国税局内设办公室、监察室、人事教育股、政策法规股、税政管理股、征收管理股、办税服务厅、税源管理一股、税源管理二股。直属机构为稽查局。事业单位为信息中心。派出机构为城乡税务所。

【组织收入】2016年，国税局组织税收收入累计入库税款16887万元，较2015年同期的16018万元增加869万元，增幅为5.43%。一般性公共财政预算收入累计实现5381万元，较2015年同期3725万元增加1656万元，增幅为44.46%。

通过积极开展政策宣传辅导、强化核实把关、优化服务管理等举措，全面落实各项税收政策。全年累计减免企业所得税19119万元，减免增值税5359万元，为稳增长、促改革、调结构、惠民生提供有力支持。

【税制改革】2016年3月初，按照国务院“营业税改增值税”的税制工作部署，在“生活服务业、金融业、建筑业和房地产业”等四大行业开展“营改增”试点工作。在县委、县政府的正确领导下，磴口县国税局成立一把手负总责的领导小组，制定“营改增”日程表及路线图，确保“营改增”试点推行工作顺利完成。2016年5月1日对四大行业实施“营改增”后，截至12月31日累计入库税款5077万元。其中，建筑业入库税款3563万元，房地产业入库税款251万元，金融业入库税款296万元，生活服务业入库税款279万元，其他行业税款688万元。

【征管体制改革】2016年，成立由“一把手”任组长的征管改革领导小组，负责改革工作的相关工作。作为全省首批国地税合作县级示范区试点单位之一，磴口县国税局和磴口县地税局立足阶段工作实际，深入贯彻总局《国地税合作规范》，在实现双方资源共享、服务联合、征管互助、执法协同上迈出了新的步伐。以“共建、共享、共商、共创”为纲，搭建“协调沟通、综合治税和办税服务”3个平台，全面推进国地税联合办税服务，真正实现“进一家门，办两家事，方便三家”。

2016年，联合办理设立登记1644户，办理变更登记701户，实现同步办理注销登记224户，协同开展7次定额核定和调整工作。国税代征地税税款1307万元，增收1039万元，增幅387.69%。

【纳税服务】磴口县国税局设立地税服务窗口，试点业务运行。7月11日，磴口县国税、地税局联合办税服务厅正式挂牌成立。10月，联合办税业务全面开展，正式为纳税人服务，实现“进一家门、办两家事、服务三家人”的纳税服务目标。税收征管、纳税服务、出口退税、国地税合作4个规范，最大限度规范税务人、最大限度便利纳税人。推广网上办税业务，所辖企业的96%以上实现网上办税；推进邮政“双代”业务，“双代”业务延伸至乡镇一级，代办业务3674笔，代征税款合计229万元；对A级和B级一般纳税人取消发票认证，实现征纳“双向减负”；“三证合一”改革工作顺利启动实施和推进。

落实同城通办、全区通办、“二维码”一次性告知、简并征期、免填单、国地税联合办税等业务，投入使用发票自助申领、自助认证 2 台自助办税设备，开通 24 小时自助办税“橱窗”，安排副股以上干部全程进行导税服务。2016 年，磴口县国税局办税服务厅在区局组织的创先争优活动中，荣获全区国税系统“四星级办税服务厅”称号。

围绕“营改增”中遇到的实际问题、国地税合作、税收政策宣传和办税厅服务质量、纳税人权益保护等方面，召开专题税企座谈会，共邀请 22 名企业纳税人代表，其中人大代表 5 人，征求意见建议 2 条，发放纳税人满意度调查问卷 150 份，收集纳税人意见及建议 10 条，税法宣传资料 10000 余份，并将认真听取纳税人意见及建议分析，深化问题整改，以不断提升服务质效，增强纳税人的获得感。

（霍娅婷）

地方税务

【县地方税务局领导名录】

局长：樊新民（至 2016 年 1 月）

郭　军（2016 年 2 月起）

副局长：郭子琴（女，蒙古族）

米海山（至 2016 年 7 月）

王惠亭

张　哲（2016 年 8 月起）

纪检组长：曹永刚（至 2016 年 7 月）

专职纪检员：曹永刚（2016 年 8 月起）

【概　况】 磴口县地税局以“党建统领、突出中心、四轮驱动、整体推进”的发展思路为引领，以创建“六型机关”为抓手，强化征管改革，夯实征管基础，加强队伍建设，提升信息化管税水平，各项工作取得显著成效。

【机构设置】 2016 年，磴口县地税局按照市地税局征管改革工作要求，按照政务、党务、事务、业务和监督 5 类职能，将原有的 21 个部门调整为 18 个部门。其中，设置 9 个职能部门，3 个分局（社会保险费征收管理分局、纳税服务分局、税收风险管理分局），3 个税源管理所、1 个专业化税务所和 2 个农村税务所。

地税局内设办公室、人事教育培训科、监察室、绩效管理办公室、政策法规科、税政管理科、征管和科技发展科、收入规划核算科、电子税务中心。派出机构为社会保险费征收管理分局、纳税服务分局、税收风险管理分局、税源管理第一税务所、税源管理第二税务所、税源管理第三税务所、建安房地产管理税务所、隆盛合税务所、沙金税务所。

【组织收入】 磴口县地税局累计入库税费收入 40434 万元，同比增收 1499 万元，增长 3.85%。其中，税收收入入库 21944 万元，同比增收 373 万元，增长 1.73%。市局地方级税收收入完成 16802 万元，完成市局下达任务的 101.22%。公共财政预算收入完成 16092 万元，完成县政府下达任务的 100.58%。其他各费及基金完成 2083 万元。社保费完成 16407 万元，同比增收 832 万元，增长 5.34%。

【税务登记】 共管辖纳税户 6539 户，其中国有企业 27 户、集体企业 18 户、股份有限公司 26 户、私营企业 426 户、其他企业 705 户、外资企业 10 户、个体经营 5327 户。

【税收基础管理建设】 开展国地税管户信息比对情况。3 月，市局风险管理科推送 1064 户，经过税务所风险应对，非正常户状态 21 户，与地税信息比对成功户 106 户，地税注销 7 户，未办证催办 7 户，比对不成功户 923 户。6 月，市局管理科下发国地税管户匹配工作，共推送管户 3423

户，关联匹配成功管户167户，关联匹配不成功管户3256户。根据国地税管户不相匹配的情况，8—10月，地税局与国税局联合开展个体工商户生产经营情况普查，共检查出漏征漏管户303户，个体户的国税、地税税务登记与工商营业执照信息不一致的有487户，2016年年底办理变更登记的有428户。

【开展企业自查和风险评估检查】 为整顿和规范税收秩序，严厉打击和依法查处各类税收违法行为，防范和降低税收风险，促进组织收入，组织年纳税50万元重点税源企业对2015年的全部税费进行自查。通过企业自查工作，还责还权于纳税人，避免税务人员的主动干预，让纳税人真正承担起自主纳税的主体责任，规避税收执法风险，保护基层一线干部。全年企业完成自查查补税款812万元，入库税款87万元。

【"营改增"工作实施】 成立一把手负总责的领导小组，制定"营改增"日程表及路线图，加强对"营改增"纳税人"四清"（税款清缴、管户清查、欠税清理、发票清缴）工作的力度，清查营业税税款合计7832.24万元，入库1963万元，未入库5869.24万元，进金三营业税欠税766万元。实现"营改增"纳税人平稳无缝对接，强化"营改增"行业税源控管，堵塞征管漏洞，有效防止税款流失。

【"问需求、优服务、促改革"活动】 该活动与"两学一做"学习教育相结合，与全面推开营改增试点、落实《深化国税、地税征管体制改革方案》、"便民办税春风行动"等重点工作有效衔接。

【欠税清理】 清理欠税4168余万元，加收滞纳金114.21万元，该项工作仍在进行中。

【垃圾数据清理】 及时处理总局、区局推送的疑点数据，对总局推送的疑点数据77条，处理32条，1条报送问题平台，其余数据进行情况说明并报送市局。对区局推送的疑点数据3028条，处理2835条，其余数据进行情况说明并报送市局。

【国税、地税合作】 以《国地税合作工作规范3.0》为蓝本，磴口县地税局、国税局立足于纳税人的实际需求，精诚合作，积极探索国地税全方位合作的新路子、新模式，现已实现联合办理设立登记、变更登记、注销登记、联合大厅办税服务等30项合作项目，截至2016年12月31日，国税征收税款1309万元，地税代征增值税109万元、车辆购置税193万元。

【纳税服务】 地税服务窗口在国税局办税服务厅正式设立，试点业务运行。7月11日，磴口县国税、地税局联合办税服务厅正式挂牌成立。10月联合办税业务全面开展，正式为纳税人服务，实现"进一家门、办两家事、服务三家人"的纳税服务目标。

联合开展信用等级评价，其中A级纳税人5户，分别是内蒙古磴口县金牛煤电有限公司、内蒙古圣牧高科奶业有限公司、巴彦淖尔华油天然气有限责任公司、蒙牛乳业（磴口巴彦高勒）有限责任公司、上海佳格食品有限公司内蒙古分公司，B级纳税人107户，C级纳税人81户，评价为D级纳税人9户。

联合开展税法宣传、制作宣传展板，共发放宣传资料3000余份，宣传信息5000余条；开展"营改增"政策、所得税汇算清缴等23期辅导培训，参训纳税人1630户（次）。举办羽毛球、拔河比赛等文体活动，丰富职工的文化生活。举办"党员责任，家国情怀""绿色崛起，赛过江南"等主题论文征集活动，征集上报论文及散文3篇。举办演讲竞赛活动2次。征集上报廉政警句6条、廉政微小说1篇。参加县纪检委组织开展的廉政书法比赛活动，上报参赛作品5幅。

2016年5月1日，全市第一张"营改增"发票在地税局开具，标志着"营改增"工作迈出成功的第一步。

（米　清　赵含斌　汪　亮　杨海燕）

教育·科技

教育概况

【县教育局领导名录】

局长：田金龙（至2016年7月）

党委书记、局长：　田金龙（2016年7月起）

党委书记、副局长：　杜俊生（至2016年7月）

党委副书记、副局长：杜俊生（2016年7月起）

副局长：孟克吉雅（蒙古族，至2016年5月）

政府教育督导室主任：兰　斌

副局长：朱伯强

纪检组长：王　荣（2016年5月起）

【概　况】 2016年，全县在义务教育均衡发展过关的基础上，统筹整合项目资金，以现代化目标为依托，提升硬件创建水平。坚持不懈开展大课间活动，开展开门大教研活动。以“十五防”为抓手，加大师生安全教育和学校安保人员培训力度，不断提高人防、物防和技防水平。完善部门协同校园安全督查工作机制，突出校园欺凌、食品安全、消防安全等专项整治。青少年法制教育中心在诚仁中学建成，体系完整，教育效果好。坚持把“学为基础”和“作为关键”落到实处，认真开展“两学一做”活动。始终做到“带着问题学、针对问题改”，着力解决在党的群众路线教育实践活动和本次学习教育中查摆出的突出问题，切实做到以学促做，把做合格共产党员的要求落实到位。鼓励广大党员干部要在市教育局制定的《“好局长”“好校长”“好科长”“好教师”基本标准》中争先创优，在建党95周年之际开展以信仰的力量为主题的“两学一做”演讲比赛，进行“两优一先”评选表彰活动，引导广大党员学习先进、争当模范，严肃党内政治生活。

【机构设置】 教育局设督导室、办公室、人事股、计财股、普职教股、民教股、教育系统工会、安全办、学校后勤管理中心、研训信息中心、考试中心和学生资助管理中心。

【基础设施建设】 整合初中校舍改造工程项目资金440万元、足球特色学校项目资金200万元，共计640万元，新建一中2200平方米的室内足球体育活动室及配套设施和室外体育场地；投资440万元，新建诚仁中学2200平方米室内体育活动室；投资220万元，新建实验小学1100平方米室内体育活动室。继2015年三完小体育活动室建成使用后，城镇实验小学体育活动室将率先竣工使用。

投资160万元，在秀水嘉苑小区以公建民营的形式建成全县第一所标准化小区幼儿园；利用学前教育专项资金220万元，改造建设农村渡口、协成、公地、包尔盖4所校办园，园舍面积总计760平方米，2016年年底全部完工并投入使用。

投资170万元，为城镇5所中小学全部装备现代化录播教室，同频互动教学条件得到彻底改善。配套投资37.50万元，使得上海“真爱梦想”基金会建设的梦想课堂在城镇五所中小学全部落地，梦想课程启动实施。

【教学管理】 筹备召开全县中小学教育教学质量研讨会和“生本课堂”教改交流研讨会，对在推进课改工作中涌现出的先进集体和个人进行表彰奖励，聘任学科兼职教研员。组织中小学语文、艺术学科专兼职教研员，对四年级、八年级语文和艺术教育开展情况进行专项调研和指导；先后举办全县中小学校（园）长德育教育远程培训班和小学班主任德育教育专题远程培训班，共有24名校（园）长和30名小学班主任取得清华大学远程培训结业证。组织教研人员、校长及相关学科骨干等40人次赴全国教改先进地区陕西宝鸡对“生本课堂”教改模式进行考察学习，并主动与宝鸡市教育局领导协商洽谈，达成“两地互建双助高效课堂”的基本协议，并分“走出去”和“请进来”两个步骤及模式实验和展示、互建高效课堂、评价纠偏与促进三个阶段推进全县的教改工作，使课堂逐步实现“三转变”和“四为主”。2016年，宝鸡市教研室分三次派遣47名省级、市级骨干教师到磴口县指导引领高效课堂教学，基本达到各学科全覆盖，教师全参与。同时，组织相关股长及各中小学校长赴乌兰察布市卓资县和呼和浩特市赛罕区学习校园文化建设等相关工作。利用暑假，组织为期2周的清华大学2016年中外大学生暑期支教活动，有500多名中小学生参与此次活动。

【素质教育】 为推动实施素质教育，提升义务教育质量，引导社会树立正确的教育质量观，转变教育管理方式和改进学校教育教学提供参考。3月，磴口县被确立为2016年全国义务教育阶段学校语文和艺术学习质量监测样本县。本着“环环紧扣零差错，件件落实零失误”的要求，以统一思想有方向，建立网络有抓手，业务培训保质量，严格程序不走样的工作态度，顺利完成国家义务教育质量监测任务，并荣获国家级“县市优秀组织单位”荣誉称号。

【教师队伍建设】 完成2015年巴彦淖尔市事业单位为磴口县农村学校公开招聘教师10人，完成特岗教师招聘21人，完成巴彦淖尔市特岗教师招聘6人。

【教育惠民政策】 实施教育扶贫工程，坚持应帮尽帮、该补则补，精准帮扶，对贫困生进行实际入户调查。按照脱贫路径，实现74人建档立卡贫困人口教育脱贫目标。充分利用人民教育基金会和资助中心的政策，为贫困大学生和低保家庭户学生实施有效救助和生源地贷款。2016年，为审核通过的908名大学生发放助学贷款561.80万元；为57名大学生发放交通补贴3.80万元；为52名贫困学生发放人民教育基金10万元；为审核通过的110名低保家庭户学生发放资助资金369万元。

（李延华　马梅霞）

第一完全中学

【县第一完全中学领导名录】

校长、总支书记：王永恒
总支副书记：孙煜峰
纪检书记：魏雅婷（女）
副校长：张承军（女）
　　　　王巧娥（女）
　　　　董志勤

【概　况】 磴口县第一完全中学隶属巴彦淖尔市磴口县教育局，为全日制公办完全中学，初、高中学制均为三年。

【机构设置】 第一完全中学内设办公室、德育处、教务处、科研处、总务后勤处、工会、团委、信息中心、职教中心、督导室、膳食处11个股室。核定事业编制为217名，经费实行财政全额拨款。

【管理体制】 学校实行校长负责、党支部保障监督和教职工民主管理的体制。校长是学校的法人代表，全面负责学校的教育、教学、科研、财务后勤和其他行政管理工作。学校实行教职工聘用制，岗位责任制，奖惩考核制。

【教　学】 学校认真执行课程计划，按照国家要求开足开齐课程，配齐专任教师，严格执行市教育局规定的学生在校时间，保证教学工作的正常开展。

学校全面落实教学常规细则，教务处督查任课教师上课情况，细化考核机制，定期深入课堂了解教学状况，及时给任课教师反馈问题，提出整改建议。学校教改工作不断推进，在县教育局下发的《磴口县“优化教学模式，构建高效课堂”教改实验推进工作实施意见》《教改实施评估细则》《教改评价管理办法》等通知指导下，结合学校实际情况，制定磴口一中关于“优化教学模式，构建高效课堂”教改实验的实施办法，并有序组织本校教师培训、教改示范观摩活动。

围绕学校教学，突出教科研工作的先导性，指导教研组认真开展教研活动，强化教研活动的针对性，落实教育教学计划，深入开展课题研究。跟踪了解学校20多个课题的实施情况，切实做好指导监督和阶段性的总结工作，并能结合学校的大课题——“十六字”高效教学法的实施，进行课改经验交流或者是撰写课改实施成果论文，征集论文集、优秀学案集、优秀教学设计集，申报课题的负责人整理好课题结题必备的所有资料，12月底迎接市教研室对课题结题的检查工作。课改实验过程中收集第一手的过程性资料，并做好数据对比分析、实验总结等工作。

以课改为抓手，以教研组为依托，开发校本课程，并在部分年级中开设符合学校特色的校本课程；着力打造学校的“十六字”高效教学法之“3+6”有效教育教学模式、大课间、道德三部曲、模拟法庭等特色课程。

加强对名师带徒活动的监督与指导，充分发挥教科研及骨干教师的引领作用，继续强化目标意识和责任意识，加强对蓝青工程的指导作用，老教师、教研组长、名教师、骨干教师、教学能手等每人带一名年轻教师，按照学师和导师的工作要求充分发挥传帮带的作用。继续组织学校教师通过多种形式教师培训，远程培训学习形式，完成每位教师每学年72学时的培训学习。

加大录播室、音体美、书法、图书、计算机等多功能教室的使用力度，加大生理化实验的开出率，真正将九年义务教育均衡验收给学校的发展搭建的平台，发挥到教育教学中来，切实提高学校的教育教学水平。

加强校际交流与合作，磴口一中联手巴彦淖尔市中学共同开展同频互动活动，展示本校师生风采，两校教师相互交流教学经验，大力促进课堂教学水平提升。

完善学籍管理，健全学生档案管理制度。加强学校各块的档案建设，认真做好本部门的档案收集和整理工作。

【教育与教学】 优化教学管理，提升工作有效性。扎扎实实地加强学校各项管理，抓好每个细节。按照教育部课程设置方案和自治区课程计划有关要求，根据实际情况，制订课程实施方案，开齐全课程。在具体执行过程中努力做到保证课程设置的完整性，保证学年安排不随意变更，保证各类课程授课总时数。

制定并完善一系列制度，通过不定期抽查和分阶段普查相结合的形式，检查每位教师的教案、作业批阅、听课笔记、学生成绩考核等，将评比结果作为评优、晋级的重要依据。加强课堂教学的跟踪，坚持听课、评课制度，及时与教师交流，提出指导性意见，解决教与学中的各种问题与困难，促使教师改进和提高。

面向全体学生，因材施教，最大限度地激发学生学习的积极性、主动性。注重学生作业质量，统一规范作业格式，大力提倡分层练习。注重学生发展性评价及学生能力培养。

以活动为载体，强化师德师风建设，加大师德考评力度，完善师德考评机制。在学生中开展问卷调查，了解教师教育教学情况。注重在师德交流上下功夫，发挥身边先锋模范作用，使广大教师学有榜样、赶有目标，形成良好教风。倡导学习之风，实现“自我完善”。充分利用学校现有的教学资源，提倡教师主动学习。结合工作实际，学习教育专著杂志，提高驾驭教材、处理教材的能力，对教育工作进行总结提高自我反思。以校本培训为手段，促进师资水平提高。学校将教师培训纳入学校计划，采取“走出去”“请进来”，集体学习与个人自学相结合的办法，加强与专家对话和横向交流。

发挥骨干力量，起示范引领作用。骨干教师负责对所带教师的学习、备课、上课等进行具体指导。积极鼓励青年教师参加各级各类学科竞赛、评优课比赛、学术研讨活动，给青年教师提供更多的展示交流才华的机会，为青年教师的成长搭建平台。

以校为本，注重教研的内容和方式，从实践中不断发现问题，研究问题、解决问题。学校每周一组织一次教研活动，教研组长负责带头参与评课，解决学科重点问题，引领大家深层次地解读新课程标准，并以随笔、反思等多种形式提高自己的教学理论水平。

继续加强对大课间操的管理和改进，在提高身体素质、规范行为养成、加强集体观念的核心基础上，通过形式的变化，促进班主任的参与度和对班级的直接管理，提高大课间操的质量。

【德　育】 全面贯彻党的教育方针，认真践行社会主义核心价值观，以“立德树人”为教育的根本任务，以磴口一中的办学思想为指导，即“坚持以尊重教育、养成教育、全员教育和自主教育为导向，以德育、体育、美育和社会实践促智育，以培养健全人格、社会责任感、创新精神和实践能力为重点，为学生终身学习、幸福和发展奠基”的人本关爱办学思想；以“五会、五能”造就未来强者，为学生终身学习，幸福和发展奠基。切实落实“德育三部曲”教育活动和精细化管理，以主题教育活动为载体，深入开展行为规范教育、品德教育、纪律教育、感恩教育、安全教育、心理健康教育等，全校教师齐抓共管，树立“全员育人，全科育人”的教育理念，发展和培养学生的核心素养，持之以恒抓德育常规管理，促进学生养成良好的行为习惯，塑造学生形成真诚、善良、勤奋、整洁、秩序、节俭、有度、认真、果敢、仗义、冷静、礼义、仁慈、博爱、守信、自强不息、坚忍不拔等道德品质，力争使学校的德育工作有创新、有特色、有突破、有成效。

通过多渠道、多途径的班主任培训学习、自主学习、经验交流、组织各种活动等提高班主任的教育管理水平和班主任工作能力；通过认真落实“德育三部曲”，提高学生的思想道德素养，转变学生的学习态度、生活态度，提高学生的执行力、“五会”技能，帮助学生树立正确的世界观、人生观、价值观，提高学生自主教育、自主管理、自主发展的能力；通过丰富多彩的社会实践活动、针对性的序列化的主题教育活动、各种竞赛和评比活动，增强学生的集体荣誉感和责任感，增强班级凝聚力，锻炼和培养学生的综合能力；通过对学生常抓不懈的常规管理、以《磴口一中班主任量化管理考核细则》为依托，加强养成教育，行为习惯教育、品德教育、目标教育等，形成良好的班风和校风。

【电教实验】 为培养学生积极学习和探究信息技

术的兴趣，使用信息技术支持各种学习和解决各类问题的意识和能力，养成良好的信息意识和健康负责的信息技术使用习惯，树立与终身学习和现代社会生活相适应的信息意识，形成积极的信息技术学习态度，让学生在实践活动中，体验借助计算机和网络获取、处理、表达信息并用以解决实际问题、开展学科学习的过程；加深学生对信息技术在学科学习中的价值的理解，推动信息技术与其他学科、领域的整合，实现信息技术作为学习对象与学习工具的双重价值。

建设学生计算机专用教室3间，配备计算机155台，开设信息技术课程。全校任课教师每人配备电脑1台，满足教师备课要求。

【初中教育】 2016年，初中共有教学班14个，在校学生672人，教职工59人，适龄少年入学率100%，巩固率100%，合格率100%。

【高中教育】 2016年，高中共有教学班32个，在校学生1503人，教职工158人，适龄少年入学率100%，巩固率100%，合格率100%。

（刘光明）

诚仁中学

【县诚仁中学领导名录】

党委书记、校长：陈明彬

副书记：王永琴（女）

纪检书记：王世红

副校长：陶发成

邢晓东

李宏伟

【机构设置】 诚仁中学内设办公室、教务处、政教处、总务处、工会5个股室。

【基础设施建设】 学校标准化物理、化学和生物实验室、仪器室、准备室；教学仪器设备齐全，实验室设备、仪器配备符合国家标准。理化生实验开出率100%，为培养学生的动手操作能力和探索创新提供有力保障。为提升学校办学档次，学校先后装备电教设施，有图书室、师生阅览室、多功能报告厅、信息技术室、语言室、教师电子备课室、书法室、劳技教室、美术教室管乐教室、电子琴教室、声乐教室、舞蹈室、地理教室、科技活动室、团队活动室、安全教育室等12个专用教室，有校园广播系统、语音自动播放系统，同时全校开通10兆光纤宽带。充足完备的电教设施设备为教育教学提供有力保障。

【教　学】 学校按照各学科教学大纲，课程标准和教材的要求实施教学。学校参照《中小学管理规章》《中小学教学常规》等，制定《诚仁中学教学常规条例》从事学校教学管理。学校以教学为中心，狠抓科学管理，提高课堂教学质量。建立由“分管校长、教务处、教研组、备课组”的管理网络。设置“教研组长、备课组长”组织教学研讨。教研组、备课组定期开展教研活动，落实教学、教研计划，完成教学、教研任务。面向全体学生，执行各科学生学习规范，培养良好的学习习惯，掌握科学的学习方法。按照主管部门的规定规范考试，认真组织期中和期末教学质量监测和部分学科的毕业（结业）考试、考察，并按要求做好成绩统计和质量分析。坚持“科研兴校，持续发展”战略。积极营建学习型学校，推进教育手段现代化，全面提高教育、教学质量。努力构建高品位的校园文化氛围，创建绿色校园。积极贯彻《学校体育工作条例》和《学校艺术工作条例》，加强校园艺术、校园体育、心理健康教育，创设良好的校园环境，促进学生身心和谐发展。加强学籍管理，健全学生档案管理制度。加强档案资料建设，各部门要认真做好各类教学资料的收集与归档。

【教育与教学】 对七年级新生进行阳光分班，均衡分配各班的学生名额；安排教改活动，启动梦想课堂活动；组织毕业班教师分析上学年中考得失，参加全市中考研讨会；要求各教研组积极完成各自课题研究活动。2016年度县教育局在全县教育系统强力推行陕西宝鸡市的课改新模式：第一阶段，观摩学习，9月26—29日，观摩宝鸡课改专家的课堂展示，初步了解此种教学模式的步骤和方法；第二阶段，强化训练，10月22—24日，邀请宝鸡的课改专家们结合本校在教学实践中存在的问题和困惑，有针对性地进行专题讲座，介绍如何建立有效的小组合作机制，如何编制更加合理高效的导学案，开展同课异构教学，在比较互动中提升教师能力；第三阶段，观摩诊断，12月12—14日，学校经过认真推选，部分学科教师勇于承担，作为学校的课改尖兵，向大家展示一学期课改的成果。

2016年，先后组织30多名教师赴后旗、临河、额济纳、杭后、集宁进行多种形式的培训、学习。

认真组织开展全校的道德讲堂和书写人生教育活动。每天派专人早晨、中午督促检查各年级、各班对此项工作的开展情况，并做出记录，纳入班级量化考核；班级精心布置校园书写人生特色文化栏。

【电教实验】 诚仁中学建设有4个物流实验室、两个化学实验室、两个生物实验室、学生用计算机房2间（总面积135平方米，学生计算机120台，生机比10∶1）。

【初中教育】 2016年，共有教学班30个，在校学生1054人，教职工199人，适龄少年入学率100%，巩固率100%，合格率100%。

（王世红）

实验小学

【县实验小学领导名录】

书记：盛桂兰（女）

校长：张立忠

副校长：孟庆芳（女）

唐利清

【概　况】 2016年，共有教学班27个，在校学生1440人，适龄少年入学率100%，巩固率100%，合格率100%。教职工103人，其中，市级名教师1人、市级学科带头2人、市级先进教育工作者2人、市级优秀教师4人、县级优秀骨干教师2人。高级教师36人、中级教师51人。专任教师86人，专科及以上学历86人，占专任教师比例的100%，师资力量雄厚，教学水平精湛。2016年，成为全市“德育工作创新实验校”和“教学改革实验校”。

【机构设置】 实验小学内设教务处、工会、大队部、总务处4个职能管理部门。

【基础设施建设】 投资35万元建设录播教室并投入使用，实现在线同频互动教学、网络教研、在线学习。上海真爱梦想基金会与教育局协力建成“梦想中心”，学校梦想课程启动实施，效果良好。因夏季磴口县遭遇特大冰雹侵袭，造成部分校园建筑受损，暑假期间，教育局投资7万元粉刷校园教学楼、住宿楼，美化环境。

【特色教育】 开展“足球大课间”活动，校园自编两套足球操、一套花球操、一套国颁操、一套武术操田径队、足球队每天有参训人员一百余名，分中段、高段，梯队建设稳步推进。在全体师生中深入开展国学经典诵读活动，落实经典诵读进课程，经典诵读与各学科有机结合，注重学科教学的渗透，在语文、数学、思想品德、音乐、美术、体育等学科教学中融入中华经典内容。切实做到全员参与，全心投入。经典诵读呈现出“常态化”“系列化”“生活化”“课程化”等特点。学校开展第三届“校园读书节”活动、经典诵读展示比赛、诵读小明星评选、经典故事会大赛等活动。通过活动，激发学生阅读学习兴趣，帮助孩子养成良好的学习、行为和生活习惯。

【教育与教学】 实施读书工程，积极有效地开展教师读书活动，开展定期与不定期学习和交流，为教师创设外出学习、培训的机会，让更多的教师开阔眼界，不断进行新的尝试，提高教学水平。先后组织40名教师和领导外出到临河、杭后、五原、前旗、包头、呼市、北京等地听课考察学习。全面贯彻课程方案，开齐开足课程。按照《巴彦淖尔市中小学开展有效教学的实施意见》要求，从计划、备课、上课、作业、检测、辅导、教研多方面按要求执行，注重常态管理，强化过程管理，并完善学校常规管理检查和评价制度。

成立以校长为组长的课改实验领导小组和以骨干教师为主力的实验学科教研组，深入课堂，针对课改中存在的问题，认真剖析原因，积极商讨对策，建立管理、评价、研修、考核等多种制度，使教改实验有章可循。

3月初，学校成立国家义务教育质量监测实验小学监测点工作领导小组，按照测试要求安排好测试现场工作人员，明确各工作人员的主要职责，将《操作手册》相关人员各时间点工作要求印发到每位参与监测的教师手中，随后组织工作人员实地模拟操作演练和学生答题模拟演练，使所有学生都能做到正确填写。

3月28日，启动主题为“书香润泽心灵，阅读丰富人生”为主题的校园第三届读书节活动。确定4月为活动时间，充分发挥学校广播站的作用，开设“好书介绍、美文欣赏”等栏目，鼓励学生制作读书小报、“读书信息卡”“读书笔记”等，并开展现场作文竞赛及讲故事比赛，5月进行评比奖励。

5月26日，按照要求顺利完成义务教育监测工作。6月，市级课题“小学高段英语语音课堂教学探究”顺利结题。9—11月，教育局3次邀请宝鸡教育专家到全县进行“构建高效课堂教学模式”的培训指导工作。实验小学成为全县小学研修活动的主阵地，通过宝鸡优秀课改教师与本地教师同课异构及体验式培训等方式，让教师们看到课改名师在课堂上组织学生自主学习、合作探究，运用评价方式激励学生，进一步体会到“高效课堂”的魅力，进一步推进学校的“高效课堂”教学改革。

【电教实验】 2016年，学校投资35万元建设“同频互动教室”，实现在线同频互动教学、网络教研、在线学习，实现各地优质资源的共建共享共用，解决师资不足的问题。投资17.30万元建设“梦想”教室，四至六年级每周开设一节梦想课程，梦想课堂。

（孟庆芳）

第二完全小学

【县第二完全小学领导名录】

校长：杨介榜

党支部书记：汪克平

副校长：柴晓芳（女）

王秀玲（女，蒙古族）

陈金平

【概　况】 磴口县第二完全小学隶属磴口县教育局，为全日制公办完全小学，学制六年，经费财政全额拨款。学校实行校长负责、党支部保障监督和教职工民主管理的体制。

【机构设置】 第二完全小学内设教务处、总务处、工会、大队部4个室。

【建设情况】 学校有标准化图书馆、阅览室、书法室、美术室、音乐室、琴房、电脑室、实验室、仪器室、准备室、心理咨询室；教学仪器设备齐全，实验室设备、仪器配备符合国家标准。为培养学生的动手操作能力和探索创新能力提供有力保障。

学校在义务教育均衡验收的基础上，争取资

金50多万元建设真爱梦想教室和录播教室（同频互动室）及文印室；投资2万元，实现书法教学软件覆盖校园；造价250万元、面积878平方米的室内体育馆正在修建；核对仪器图书装备缺损情况，通过上级配备和自行采购的方式补齐。

【学校管理】 学校设校长1人，书记1人，副校长3人，学校设教导处、总务处、工会、少队部等组织机构。学校认真贯彻教育局提出的教育精勤管理思想，以“大课间、大教研、大学堂”为抓手，提高学校管理和教科研水平。学习魏书生等大教育家的办学思想，要求学生的“十二个良好”的学习习惯，每天要做到“七个一分钟”，做到常态化。完善各项管理制度，明确岗位责任，形成比较科学、完善的管理体系。

【德　育】 以构建阳光教育文化为目标，以生动活泼的主题活动，弘扬社会主义主旋律，丰富和活跃校园德育氛围。培育学生爱祖国、爱人民、爱家乡的民族情感和集体主义观念，激励学生树立起远大的理想和志向，为实现中国梦而努力。为落实“阳光体育一小时”，学校设计丰富多彩的大课间活动，保证学生每天一小时体育活动时间。大力开展校园足球活动，让学生在活动中强身健体，愉悦身心。为学生设置丰富多彩的课间十分钟活动，学校出资为每班购置各种棋类、跳绳、毽子等活动器材，为学生课间活动提供硬件设备。

【教育教学】 学校根据教育局的要求，结合学校实际，派多名教师外出调研学习、本校内集中培训、校际间观摩学习等方式提高教师的认识和能力。强力推进“学案导学、五步三查”的高效课堂课改工作，加强高效课堂研究，优化学习评价方式，提高学生自主、合作、探究学习的能力，创建具有特色的素质教育课堂。

认真落实推门听课工作，开展并完善集体备课制度。各教研组从实际出发，做到“四定”“四统”“三研究”。“四定”指定时间、定内容、定方式、定中心发言人，“四统”指教学目标统一、教学进度统一、教学重难点统一、作业布置统一，“三研究”指研究教材、研究学生、研究习题。

继续发挥教研室的引领作用，加强对教科研工作的指导，加强对教科研工作的管理、考核。

学校组织开展经典诵读比赛、作文比赛、写字比赛、优秀作文展评、乐曲演奏、书法绘画作品比赛等赛事，为全体学生提供展示自我的舞台，促进学生综合素质的全面提高。

【特色教育】 努力打造“中国儒家思想文化为主题的阳光教育”的办学特色。通过特色环境的布置、特色常规的确立、特色课程的研究以及特色活动的开展，培养学生健康的身心，打造阳光校园。在校园环境布置方面，从儒家文化知识入手，围墙、走廊、楼梯无不浸染着传统教育因素，特别是校园中心的立德园、崇礼园、桃李苑、花苑、儒园、惜时园、育人亭等，构成校园独特的风景线。精心打造绿化带，力争做到“春有花，夏有荫，秋有香，冬有绿”。在校园内多方式呈现学校办学思想，引领师生言行，彰显二校人的阳光教育品质。

学校确立以“乐器进课堂”为品牌的活动，选取葫芦丝、古筝、巴乌（簧管乐器）、口风琴器等乐器进入课堂，努力让学生掌握一门乐器，培养学生艺术情趣。学校以编撰的《诵读中华经典构建书香校园》为校本教材，通过课堂这个主渠道，使经典诵读教育落到实处。学校特色课程为写字课，低段以硬笔为主，中高段软硬笔书法兼修。每天下午第一节课前10分钟为学生练字时间，并成立写字兴趣小组，设置专门的书法教室。通过活动，使学生能够规范写字，规范做事，规矩做人。开展丰富多彩的兴趣小组和社团活动，开设有舞蹈、合唱、剪纸、绘画、田径、足球队等兴趣小组和社团，为培养孩子的兴趣特长提供平台。

（马永平）

第三完全小学

【县第三完全小学领导名录】

书记：孙志德
副书记：王红静
校长：王红静
副校长：丁晨光
吴清芳（女）
任丽霞（女）

【概　况】 第三完全小学占地面积43146.20平方米，生均占地面积34.46平方米，教学用房、辅助用房、生活用房合计建筑面积5242平方米（不含幼儿园综合楼），生均建筑面积4.19平方米，塑胶操场19203平方米，生均面积15.34平方米。学校2016年度有学生1301名、教学班26个，教职员工100名。适龄儿童入学率100%，巩固率100%，合格率100%。内设教导处、少先队大队部、总务处、财务室。

【基础设施建设】 录播教室建成并投入使用，并与市教育实现同频互动教学，在市电化教学能手比赛中，教师通过同频互动教学，取得优异成绩。上海真爱梦想基金会“梦想中心”在学校正式落地，梦想课程启动实施，效果良好。完善校舍安全工程、勤工俭学档案的建设和规范。对校内建筑物进行定期检查，发现隐患及时予以维修和加固，不存在建筑安全隐患。

【特色教育】 国学教育教学效果明显，开展“诵读古诗词，传承中华优秀文化”活动，每班每周一节国学课，学生通过读与背、演讲及辩论，达到故事新释，文学修养得到提高，知识面得到拓宽，达到文化熏陶、启智明理、提高审美情趣和人文底蕴的育人目的。继续通过以德育教育、智育教育、文体娱乐活动、劳技教育等为主要内容，以体验教育为基本途径，开展综合社会实践，积极组织学生参加社区服务、科技活动、社会调查等社会实践活动；鼓励和引导学生走向社会、接触社会、了解社会，提高适应社会的能力，让学生充分走进社会，贴近生活，通过亲身体验和经历，感受到家乡美，锻炼自身的意志力，了解家乡的文化底蕴，增强学生的环保意识，提高学生的综合素质，促进学生的全面发展。

继续加强少年交通警察学校广泛开展“小手拉大手，安全进万家”活动，起到良好的社会辐射作用，为打造“平安磴口”“平安校园”做出很大贡献，受到广泛关注和好评。

【教育教学】 认真落实各学科教学计划、教案检查工作，计划教案学科教学目标明确，严谨规范，没有无计划无教案上课现象。通过大练基本功，以“赛”促“练”，提升青年教师的综合素质。严把质量关，做好提优补差工作，学困生80%以上实现转化，全校各学科成绩合格率均达到95%以上。提高40分钟的课堂效益，减负增效，提高各年级各学科的合格率、优秀率和平均分。在教育局组织的质量统测中综合评价处于城镇小学前列。每月一次“家长开放日”活动，向社会开放所有课堂，让家长们及时了解自己孩子在学校的表现，并给教师的课堂教学留下宝贵的意见，赢得全社会的认可。

校领导参与指导教学活动，分年级进入班级听课，课后要及时和教师沟通交流、点评，对课堂中暴露出来的问题进行及时改进，不断提升教师的课堂教学水平。通过课改实验加快师资队伍建设，为教师提供专业发展的平台，通过课改，让广大教师通过课改实验积极探索课堂教学的新模式、新方法，并通过参加校本培训、校本教研、县市级以上教研活动和各种教学比赛，努力提高自身的业务素质和课堂教学水平，转变教育理念。教学改革“生本课堂”推进有力，在宝鸡市教育同人的帮助下，起步顺利，改革模式初见端倪，教改形式练就“三位一体”新局面。

【电教实验】 继续以“三通两平台一能力”建设

为重点，积极争取各级政府的大力支持，以教育理念创新为先导，以优质教育资源和信息化学习环境建设为基础，以学习方式和教育模式创新为核心，加快数字校园建设步伐，建立完善的数字校园应用平台，实现现代信息技术应用与学科教育的有效整合，班班共享优质的网络资源。加强教师信息技术的培训，使每名教师都能很熟练使用和运用现代教育技术，最后要求所有教师都要运用现代教育技术进行办公和管理，真正实现无纸化办公。加强现代教育技术的培训，采取校本培训与专家引领相结合的形式。所有教师掌握现代教育技术的基本知识与技能，熟练运用多媒体设备进行辅助教学，能自主制作简单而适用的课件。

（王红静　胡经伟）

学前教育

【县幼儿园领导名录】

园长兼党支部书记：陈丽珠（女）

副园长：高文忠

赵海燕（女）

【概　况】 县幼儿园位于巴彦高勒镇南开路，总占地面积4496平方米，建筑面积3400平方米；户外活动场地2397平方米；绿化面积776平方米；沙坑28平方米；库房69平方米。

2016年，有教职工60人，其中专任教师39人，获得本科学历的教师13人，其中大专以上学历达到90%以上，教师学历合格率100%。取得教师资格证的教师达到96%，专兼职保健医生2人，全部持有上岗证。园内设大中小班共12个班级，在园幼儿人数近400人。县幼儿园内设保教处、后勤处、人事处、工会。

【基础设施建设】 利用寒暑假重新装修幼儿园大厅及班内墙面，每班增添两块主题软木墙，使其整体色彩更适宜于幼儿的发展，重新改造幼儿园卫生间，每班配备多功能触控一体机，补充部分区域活动材料，增添县幼儿绘本图书1200册。加强师资培训，打造一流的管理水平，促进幼教工作与社会的协调发展。

【特色教育】 以体育游戏活动锻炼幼儿身体，发展幼儿的灵敏、速度、柔韧、耐力等技能，促进孩子之间的协作能力和社交能力，增强幼儿体质和团队意识，养成从小遵守规则的良好习惯，充分培养孩子的童趣童真，以增添孩子的无限快乐。

在区域活动中促进幼儿认知、情感、技能的全面发展。让幼儿根据自己的兴趣，去获得充分的活动机会，并体验成功的喜悦，发展社会性和健康的人格。通过操作和实践性活动，培养幼儿的动手动脑能力、独立思考能力。

通过艺术领域的活动启迪孩子对美的向往、陶冶孩子的情操、激发孩子的自信、锻炼孩子的意志。对孩子的艺术启蒙教育孩子、发展孩子各方面能力，使之健康、和谐、全面地成长。

【教育教学】 积极探索幼儿素质教育模式，以“会观察、会交流、会探究、会合作、会创造”为培养目标，通过幼儿一日常规的渗透，园本课程的实践、特色活动的开展、家园工作的有效配合来实现教育目标，逐步形成教育特色。

依据《纲要》《指南》精神结合本园的实际，对新课程与传统课程进行整合，形成以幼儿发展为本的多元化课程特色，即践行在大主题背景下区域性自主学习相结合课程的有效实施，充分体现促进每个幼儿富有个性的发展的教育理念。

通过“现场观摩”“专题讲座”“送课下乡”等活动，为全县的幼儿园建设提供样板。结合教育局幼教股的“区域联动”和“手拉手活动”的安排，创新工作形式，丰富活动内容，加强与各幼儿园的联动互助活动，在教学活动设计、师幼互动、是否突出重点、是否完成教学目标等方面传授教学方法和经验，不断提升幼教整体水平。

（温　燕）

科学技术

【县科学技术局领导名录】

局长：袁　彦（至2016年5月）
　　　张晓明（2016年5月起）
副局长：赵军元
　　　　张丽华（女，蒙古族）
　　　　李君霞（女，兼）

【概　况】 以中共十八届五中全会精神为指引，牢固树立“创新、绿色、协调、开放、共享”五大发展理念，紧紧围绕县委、县政府重点工作和上级科技部门工作要求，发挥科技创新在全面创新中的引领作用，深入实施创新驱动发展战略，落实各项工作任务，为促进磴口县全面建成小康社会做出积极贡献。科学技术局内设办公室、财务股、科学技术普及股、企业股。

【民生科技】 自治区选派6人到磴口县的“三区”开展奶牛饲养管理、牧场信息化建设，乌兰布和沙区生态水文研究与水资源高效利用，乌兰布和沙产业发展，酿酒葡萄种植，肉苁蓉嫁接及经济林栽培，引黄滴灌综合技术，田间精量化配水技术示范推广、保水剂推广应用，节水新技术推广等工作。

【科技特派员创业服务行动】 聘任12名科技特派员，形成“科技特派员＋公司＋农户”“科技特派员＋协会＋农户”“科技特派员＋合作社＋农户”“科技特派员＋金融＋合作社＋农户”“科技特派员＋协会＋党支部＋科技扶贫＋农户”“科技特派员＋新技术推广＋科技培训＋农户”等科技特派员服务模式，有效突破传统的农牧业科技推广模式。通过双向选择、供需对接，建立利益共享与风险共担的参与式服务新机制，引导科技特派员进入农牧业生产全过程，与企业或农户结成各种类型的利益共同体。

【“12396”科技服务热线】 选聘50名农牧民科技信息员，每名信息员带动30户农牧民安装“12396”科技信息移动服务平台（APP），带动服务平台用户1500户，挽回经济损失380万元。信息员每人免费配发一部智能手机，帮助农牧民及时了解农产品行情、气象信息、实用技术、农产品供销、政策法规、农情预警等咨询，并可在作物、牲畜出现问题时在最短时间内向专家求助。

【科技培训】 举办各类科技培训23场次，培训骨干120人次，普训农牧民1400人次，发放科技资料、技术手册等3100多册。

【重要活动】 以广播、电视、墙报、标语等为载体，利用科技活动周暨科普宣传周和全国节能宣传周、“12·4”国家宪法日、科技进社区、科技“三下乡”，在全县范围内开展不同层次、形式多样的科技法律法规和科学知识的宣传普及活动8场，发放科技知识资料1800多份。

【申报和实施各项科技项目】 通过积极申报，获得批准自治区级科技计划项目2项，分别为“乌兰布和沙漠资源综合利用技术研究与示范”“肉苁蓉产业技术创新战略联盟后补助”；获得批准市级科技计划项目3项，分别为“光伏农业科技大棚集约化栽培技术示范”“农业科技园区”“科技特派员—通汇农业专业合作社”。

【科技成果转化】 组织实施“华莱士蜜瓜育苗移栽三膜覆盖复套种技术成果推广”“肉苁蓉生态栽培技术集成及产业化示范”“中药肉苁蓉生态栽培技术集成与示范”等重大科技成果转化项目。

（焦志立）

气　象

【县气象局领导名录】

局长：胡新波
副局长：夏　成
纪检书记：岳　瑞（女）

【概　况】2016年，在市气象局党组和县委、县政府的正确领导下，认真贯彻落实2016年巴彦淖尔市气象局站长会议精神，紧紧围绕巴彦淖尔市局下达的目标管理任务，各项工作进展顺利，较好地完成全年工作任务。

【机构设置】气象局为正科级单位，内设综合管理科、防灾减灾科两个行政管理科室，气象台、气象灾害防御中心为直属事业单位。

【综合观测与保障】业务质量稳定，自动站、区域站维护保障及时，通讯传输及时率达99%以上。按要求完成观测场标准化改造，按照要求设立标志牌、警示牌等。

【预报服务及防灾减灾体系建设】完善乡镇预报工具：预报人员采用最小二乘法建立数学模型，对磴口国家站和各乡镇区域站历年气温资料统计分析，建立乡镇与本站气温的关联方程，通过本站预报得出各乡镇预报。全年预报准确率79%，最高温度预报准确率78.20%，最低温度预报准确率77.80%。

改版完善气象微信公众平台，关注度不断提升；建立磴口县气象防灾减灾微信群，将助理员、信息员、辅助观测员纳入微信群，同时服务人员加入到多个设施农业微信群，与专家、农户、信息员等开展经常性互动；全年共发布气象预警信息40条，接收达7万多人次，气象参考255期，手机短信接收达到30万人次。

5个国有农场均以文件形式成立气象防灾减灾领导小组，巴彦高勒镇所有街道办事处、社区责任人均纳入巴彦高勒镇防灾减灾领导小组。2016年，磴口县5个苏木镇、5个国有农场均建立防灾减灾组织体系，实现县—苏木镇（国有农场）—村（街道社区）三级防灾减灾组织体系全覆盖。

与安华保险公司联合举办两次信息员、辅助观测员集中培训。

完成全年的服务工作，共发布各类产品229期，与县农业局合作，共同制作农业气象服务产品，针对8个示范户、葡萄基地、圣牧高科全年共发布《农业气象服务专报》12期。

【决策服务个例】2016年6月12—13日，受强对流云团影响，磴口县多地出现雷电、大风、冰雹、强降水等强对流天气。全县共有5个苏木镇、4个农场（包尔盖农场未受灾）、65个嘎查村、分场受灾，受灾人口25003人，造成直接经济损失共计8312.10万元。此次过程由于预报准确，跟踪服务到位，得到地方党政领导的认可，社会反响良好。

2016年8月16日23点40分至8月17日7点30分，磴口县出现强降水过程，普降中到大雨，局部地区达到暴雨量级。此次暴雨造成磴口县巴彦高勒镇城区大部分街面内涝，街区水面及低洼地段积水严重，最深达到30—40厘米，部分居民家里进水达40—50厘米，部分危旧房有不同程度的漏雨受损，个别房屋倒塌。境内大面积农作物受灾，葵花、玉米倒伏严重，农田积水30厘米。暴雨造成沿山地区出现山洪。

【科技服务】一企一档，完善企业档案整理。细化服务流程，加强服务规范化管理。完成42家企业常规检测，光伏企业检测规模扩大190兆瓦。

【防雹高炮作业点标准化建设】按照《巴彦淖尔市人民政府办公厅关于进一步加强人工影响天气工作的通知》（巴政办〔2016〕74号）要求，结合磴口县高炮布设及防雹工作需要，认真制定标准化建设方案，并在公安、安监、各农场、乡镇的大力支持和配合下，调整部分位于航线上的高炮作业点。各农场、乡镇迅速行动，推进各自辖区人工防雹炮点的标准化建设。隆盛合、巴彦套海作业点完成土建工程任务，渡口、包尔盖作业点已完成前期准备工作及基础建设。全县4个标准化防雹高炮作业点预计在2017年5月底前全部完成建设和验收工作。

【突发事件预警信息发布平台对接】2016年年

底，由县应急办牵头，气象局承办的国家突发事件预警信息发布平台推广培训工作顺利完成，全县 18 个相关部门全部完成平台的对接工作。按照市政府要求，各单位、各部门均明确各自职责和任务，平台进入业务化运行。

（岳　瑞）

地震测报与防震

【县地震办领导名录】

主任：秦建华

副主任：王国红

【机构设置】 地震办内设办公室、业务组、财务室。

【业　务】 贯彻落实国家防震减灾工作的法律、法规。结合本县实际，组织拟订有关地方性管理规定。组织编制本行政区域的防震减灾规划和年度工作计划，并组织实施。

承担全县防震减灾监督管理的责任，指导、协调、监督全县防震减灾工作。负责建立地震监测预报工作体系。会同有关部门依法保护全县地震监测设施和地震观测环境。制订全县地震监测预测方案并组织实施。组织做好震情跟踪、流动观测和群测群防工作。

会同有关部门建立地震灾害预防工作体系。负责监督管理本行政区域内建设工程抗震设防要求。管理本行政区域内地震灾害预测。参与制订地震灾区重建规划和综合防御措施。

会同有关部门建立地震应急救援工作体系。组织拟定全县地震应急预案和本部门的地震应急预案。负责破坏性地震应急预案备案。监督检查本地区避难场所的设置管理、地震应急救援物资储备、应急救援队伍建设等工作。负责震情和灾情速报，会同有关部门组织地震灾害调查与损失评估。

组织开展防震减灾知识的宣传教育和地震应急救援演练等工作。规范学校、社区创建工作。

完善“三网一员”体系，加强宏观观测网店的建设和管理，加强助理员队伍培训，提高防震减灾助理员、宏观观测员、防震减灾宣传员的业务能力。

在诚仁中学建立青少年法制科普教育基地。抓住诚仁中学教学楼机遇，借鉴外地机遇，高标准、高起点、建立磴口县青少年防震减灾科普教育基地。

积极做好磴口县地震预警的管理工作。全面启动国家地震烈度速报与预警工程。检查和维护预警仪，确保每一台预警仪正常运行。

卫　生

卫生和计划生育

【县卫生和计划生育局领导名录】

局长：汪俐坪（女，至2016年5月）
　　　许晓东（女，2016年5月起）
副局长：张永胜
　　　　吴　静（女）
　　　　张　静（女）
纪检组长：谢永明

【机构设置】 卫生和计划生育局内设有办公室、财务规划与监审股、疾病预防控制与应急股、医政医管体制改革股、基层卫生股、妇幼健康服务股、政策法规与综合监督股、蒙中医药管理股、信息化建设与宣传股、计划生育基层指导与家庭发展股。

卫生和计划生育局下设事业单位为新型农村牧区合作医疗办公室、集中核算中心、计划生育协会、流动人口监控站。

【新型农村合作医疗】 2016年，参加新型农村牧区合作医疗的农牧民55331人，参合率达99%，享受合作医疗补助104512人次，补助金额3333.72万元。其中享受大病住院补偿8521人次，住院总费用6072.22万元，可报住院费用4960.03万元，补偿金额3084.38万元，次均住院费用7126.18元/人，次均补偿金额3619.74元/人，可报率81.68%，实报率50.79%。住院人次增长率达到16%，高于全市平均水平0.50个百分点，旗县级医疗机构次均住院费用达4590.90元，较同期增长6个百分点，居全市第三；享受门诊补偿95172人次，门诊总费用351.80万元，补偿金额147.32万元；享受特殊慢性病门诊补偿433人，门诊补偿人数增长75%，补助金额47.93万元。

【健康扶贫】 按照《内蒙古自治区健康扶贫工程实施意见》和《巴彦淖尔市健康扶贫工程实施方案》文件精神，制定出台全县健康扶贫工程实施方案，对全县建档立卡的4991名贫困户进行入户调查，全部建立个人健康档案并进行家庭医生签约，对2016年度的个人参合费用进行回补，补助金额9.06万元。2017年贫困人口的新农合个人参合费用全部由财政予以支付，同时为建档立卡贫困人口购买180元的大病保险和意外伤害保险，尽可能降低贫困人口因病、因伤致贫返贫的风险。健康扶贫"两升两降"政策稳步推开，集中分类救治工作有序实施。

【乡村一体化管理】 制定并印发《磴口县苏木镇嘎查村卫生服务一体化管理工作实施方案（试行）》《磴口县苏木镇卫生院两级卫生服务组织一体化管理办法》等文件，成立苏木镇嘎查村卫生服务一体化管理推进工作领导小组，将乡村卫生服务一体化管理工作的实施情况纳入苏木镇卫生院综合目标管理考核内容，作为年终目标考核奖惩兑现的依据，全县有44家标准化嘎查村卫生室纳入到一体化管理范围内。在2016年度考核中补隆卫生院、渡口卫生院被评为实绩突出卫生院。

【基本公共卫生服务】 依据《磴口县基本公共卫生服务项目实施方案》，明确年度工作目标，健全公共卫生专业指导团队，完善公共卫生专业机构与基层服务机构分工协作机制。举办乡村卫生计生人员共200多人次的培训班，同时妇幼保健院、疾控中心、监督所分别对妇幼保健、防疫、卫生监督协管人员进行集中培训。

每季度由公卫考核督导检查组对基层医疗卫生机构服务项目开展情况进行专项督导检查，对存在的问题进行及时整改。共为116624名城乡居民建立电子健康档案，档案合格率达96%，档案使用率达93.20%。其中65岁以上老年人建档14923人，健康管理12203人，管理率82%，对65岁以上老年人进行健康指导和免费体检12406人，中医药健康管理服务率达72.25%；应管理高血压患者人数11823人，高血压患者健康管理8659人，健康管理率73.20%，规范管理率90%；应管理糖尿病患者人数6100人，糖尿病患者健康管理2115人，健康管理率34.60%，规范管理率90%；将居家治疗重性精神疾病患者在知情同意的基础上全部纳入管理，健康管理的重性精神病患者276人；更新健康教育宣传栏240次，发放健教资料2.40万余份，举办健康知识讲座和公众咨询活动188多场次。家庭医生签约服务工作有序实施，2016年年底，已签约3万余人，正常人群签约率达47.20%，重点人群签约率达44%。

【卫生服务能力建设】 蒙中医医院7000平方米门诊综合楼主体工程完工，计划2017年投入使用，44个农牧区卫生室全部达到标准化建设要求，国有农场新增8个标准化分场卫生室。

【人才队伍建设】 组织系统内56人赴清华大学进行公共管理学培训学习。继续加强医学教育工作，组织464人参加继续医学教育；实施预防接种人员资格培训50人，全科医师转岗培训2人，儿科医师转岗培训1人，在职乡村医生中专学历毕业考试51人，用对口支援、外出培训进修、外聘专家带教等方式共培训专业技术人员50多人次。落实2016年2名订单定向医学毕业生的就业安置工作。组织基层医技人员进行岗位大练兵活动，并在全市基层岗位大练兵竞赛活动中，磴口县选派的代表有2人分别获得城市组和农村组个人第一的好成绩，并代表全市参加全区比赛，1人获得农村组第四的好成绩。

【健康扶助项目】 认真组织落实国家健康扶助项目，完成健康快车白内障复明项目，免费为72名白内障患者进行白内障复明手术，共为72名患者减免21.60万元费用。

【县级公立医院改革】 县直3家医院共用的“影像中心、检验中心、洗消中心”有序运行，医疗资源得到充分利用，依据五大核心管理体系（医院质量与安全管理指标体系、医院服务评价体系、三级质量与安全管理体系、三级培训体系、7S管理体系）医院的管理水平迈上新的台阶，县医院成功晋升为国家二级甲等综合医院，被中国医院协会评为“全国百姓放心示范医院”，县域内就诊率达到93%，住院人次由2013年的6346例提高到2016年的11163例，手术例数由2013年的763例提高到2016年的1423例，医疗服务水平和服务能力有极大提高，充分调动医务人员的积极性，有效解决老百姓看病难的问题。

全面完成县妇幼保健院和计划生育服务中心的整合工作，将县妇幼保健院与县计划生育服务站的人、财、物以及职能进行整合，组建磴口县妇幼保健计划生育服务中心（同时保留加挂磴口县妇幼保健院的牌子）。

顺利完成7所乡镇卫生院院长公开选拔竞聘工作，按期聘任履职。

【计划生育目标任务完成情况】 2016年，全县总人口100989人，已婚育龄妇女18897人。2015

年10月至2016年9月末出生人口685人（比2015年同期增加145人），出生率6.78‰。死亡人口429人，死亡率4.24‰，自增人口256人，自增率2.53‰，全面两孩政策实施以来，全县二孩及以上出生出现明显增长态势，全年二孩及以上出生240人，比2015年同期增加57人。符合政策生育率97.80%，非政策出生15人，婴儿出生性别比为121.60（正常范围103—107），近三年婴儿出生性别比116.40。

全县流动人口总数10719人，占全县总人口的10.61%；流动人口育龄妇女2418人，占全县总育龄妇女的12.80%。其中流入人口5506人，流入已婚育龄妇女1231人；流出人口5213人，流出已婚育龄妇女1188人。

【各项计生惠民政策】 2016年，各项计划生育奖励扶助政策全部落实到位，通过惠农“一卡通”兑现各种奖励扶助资金196.40万元。其中独生子女父母奖励费18.15万元、奖励扶助31.45万元、特别扶助48.30万元，“少生快富”工程扶助0.30万元，“圆梦女孩”工程扶助1.60万元，“幸福家庭示范（典型）户”工程扶助3.60万元，磴口县计划生育家庭困难救助3.51万元，独生子女伤残（死亡）家庭一次性扶助金78.87万元、离职计生村主任生活补贴10.14万元。涉及奖扶对象共计1845人。为特扶户家庭投保意外伤害保险，开展计划生育困难家庭、特殊家庭、留守老人、儿童以及基层计生工作者等困难群体帮扶救助工作。加强流动人口备案管理和动态监测工作，流动人口享受到与户籍人口同等的计生、公共卫生服务待遇，并在蒙牛磴口分公司和乌兰布和乳业公司设立两个流动人口服务中心。

【完善家庭健康服务体系】 组织开展科学育儿、青少年健康成长、计划生育家庭养老照护服务，在县妇幼保健院、社区服务中心及乡镇卫生院建立家庭健康服务指导中心。在诚仁中学建立青少年健康教育基地；在各社区设立青少年阅览室；在县妇幼保健院定期开展“妈妈课堂”，开展孕产妇保健和婴幼儿的保健教育讲座；在巴彦高勒镇南开社区开展家庭养老照护试点工作。

【疾病预防控制】 落实“重点地区重点预防，重点疾病重点防治，重点人群重点保护”的防控策略，广泛开展健康教育，普及卫生防病知识，逐步实现全民健康生活。完善应急预案，调整卫生应急队伍，储备应急物资，开展卫生应急知识培训，组织“不明原因发热疾病”卫生应急演练。2016年，对3318人进行布病监测，检出阳性84人，其中确诊病例60人，隐性感染24人；管理结核病病人50人；强化免疫规划接种工作，对全县0—6岁儿童进行“六苗”接种，接种率达98%以上，12月龄内儿童“六苗”接种率达98%以上，各项接种率均达到国家要求。

【妇幼保健】 切实加强妇幼保健机构对基层医疗卫生机构的指导作用，充分利用《母子保健手册》，有效提高基层孕产妇和儿童健康管理规范化、精细化服务水平。2016年，扎实做好儿童保健工作，提高儿童保健服务管理，重点加强对0—3岁儿童系统管理及儿童“四病”的防治及学龄前儿童体检工作。2016年，7岁以下儿童人数为3676人，系统管理率97.44%；3岁以下儿童人数为1870人，系统管理率94.81%；5岁以下儿童死亡数为7人（其中新生儿死亡数为6人），5岁以下儿童死亡率9.63‰，婴儿死亡率8.25‰；婚检人数为571对，婚检率为97.11%；免费孕前优生健康检查426对；免费为19716名苏木镇、农牧场育龄妇女进行“三查一治”，筛查宫颈癌3512人，筛查乳腺癌3963人；农村牧区孕产妇住院分娩补助303人，补助金额12.12万元。

【中蒙医药】 县蒙中医医院加强蒙中医特色专科、治未病科建设和蒙中医药人才培养，制定规范蒙、中医科等5个优势病种诊疗方案，把骨伤、脑病、肛肠、康复纳入重点科室建设，积极开展蒙中医特色治疗项目。遴选26名村医参加市卫计局举办的全市基层卫生人员蒙中医服务能力提升培训，学习蒙中医药知识和技能。国际蒙医医院每月派蒙中医专家到磴口县蒙中医医院坐诊。充分利用国家中医药管理局为磴口县开通的网络视频，切实加强全县蒙中医药理论及专业技术的学习培训，组织全县基层村医就近到卫生院参加远程中医适宜技术培训，提高基层蒙中医药人员的诊疗技能。开展为期一周的“健康中国行—蒙中医药进万家”活动，通过免费义诊、下乡巡诊、进社区讲座等活动对蒙中医药知识进行宣传。渡口卫生院、补隆卫生院分别于2015年、2016年申报基层“蒙医馆、中医馆”项目，已全部建设完成。补隆卫生院争取“中华慈善总会”“阳光医疗救助工程”项目，捐赠的60万元设备、车辆全部到位。全县3家县直医疗机构、7家卫生院、4个社区卫生服务机构、43所村卫生室、38家个体诊所均能开展中医药服务。促进全县基层蒙中医药服务能力提升，改善基层诊疗环境，提高技术水平。

【卫生监督执法】 成立磴口县依法行政工作领导小组，并制定完善《磴口县卫生和计划生育局全面推行行政执法责任制实施方案》等6项规范性规章制度。2016年，督办立案78件，已评查78件，执法处罚案卷78件。上报非政策生育15例，下达行政告知书9例，下达行政处罚决定书2例。

【卫计系统信用体系建设】 坚持运用法治思维和法治方式履行监管职能，严格执行有关法律法规，规范事中事后监管，落实监管责任，确保事中事后监管依法有序进行，制定磴口县卫计局权责清单共计98项和“双随机一公开”工作实施细则，并在磴口县政府门户网站公示。完成“双随机一公开”，制定“一单两库一细则”的工作方法即随机抽查事项清单82项，执法人员名录库26人，监管场所名录库389家，与市场监督管理局配合对行政许可，行政处罚案件在“内蒙古企业信用信息公示系统”及“信用内蒙古”进行公示，对2016年发放许可证的84家场所及2016年做出的8件行政处罚案件进行公示。

【卫生计生法治网络建设】 建成由县、乡、村三级卫生计生人员组成卫生计生监督网络体系，各苏木镇卫生院为卫生监督所分所，各苏木镇农场计生办和嘎查村卫生室负责人被聘任为卫生监督信息员，发现违法行为或异常情况及时报告所在地的卫生院，并积极配合上级调查处理。

【卫生信息化建设】 建成卫生管理、区域医疗、健康服务三大类应用系统，启动实施国家居民健康卡项目，发农村牧区居民健康卡56242张，县域内各基层医疗机构、村卫生室接入区域平台，实现互联互通一卡通应用。3家公立医院正在着手进行系统升级改造。后续发卡和普及应用工作还在有序推进。开展区域内远程会诊、双向转诊及预约挂号应用功能。基层医疗机构统一安装乡村一体化管理系统，升级合理用药临床决策功能，组织系统应用培训班2期，培训230人次。补隆淖卫生院利用卫生室信息系统对基本药物、医疗服务、村医业务收入、新农合报销、基本公共卫生进行信息化管理，提高工作效率、提升管理服务水平，在全县进行经验推广。全县扎实开展全员人口信息管理系统及全员流动人口信息管理系统的采集、录入、核查、上报工作，县、乡两级基本实现人口信息的“全覆盖”和“网络化”。2016年，被市卫计委评为“信息化建设工作先进旗县”。

【宣　传】 在磴口县电视台开办以反映磴口县卫生计生工作动态、普及健康科普知识为主要内容电视专栏《人口与健康》节目，继续在《磴口时事》栏目开办宣传专栏；将全县公交站牌作为街头宣传阵地，每两个月更换宣传内容；借助小游园大型宣传栏及周围的8块电子屏，进行“实施全面二孩”政策专项宣传。印制可读性强、适用性强、具有实用价值的“实施全面二孩”宣传品纸杯、盒抽纸、围裙、可缩小手提袋、小手提包等22000余个,《全面二孩生育政策解答》宣传折页10000份、宣传册10000份。发放免费婚前医学检查与免费孕前优生健康检查、危重孕产妇与新生儿急救指南、流动人口基本公共卫生计生均等化服务指南等生育健康服务内容的卫生计生便民系列服务卡共13种82000份。精心打造机关门户网站，利用微信、微博等新媒体及时发布卫生计生惠民政策。2016年，共编发工作信息143期，在市、县级报纸刊稿40余篇。

2016年，全年共举办计划生育有奖知识问答6场次，参与人数1000余人，发放小奖品500余份；设咨询台、展出卫生计生惠民政策、生殖保健、无烟生活等图片8场次，发放宣传折页12000余份，避孕药具2000余盒；计划生育流动服务车深入乡、村、社、企业10余次，举办科普知识讲座5场次，参与人数700多人次，为育龄群众解答疑难及问题咨询1000多条。

【二级单位领导名录】

磴口县人民医院
院长：杨志平
磴口县蒙中医医院
院长：李德亮
磴口县妇幼保健院
院长：吴文华
磴口县疾病预防控制中心
主任：李爱军
磴口县卫生监督所
所长：李晓燕（女，至2016年5月）
郝恒宇（2016年5月起）
磴口县计划生育宣传技术服务站
站长：樊翠梅（女，至2016年11月）
磴口县隆盛合镇中心卫生院
院长：马海军
磴口县沙金套海苏木中心卫生院
院长：吴文华
磴口县渡口镇卫生院
院长：薛亚军
磴口县补隆淖卫生院
院长：张建强
磴口县协成卫生院
院长：王建和
磴口县公地卫生院
院长：张立阳
磴口县沙金苏木包勒浩特卫生院
院长：袁晓亮

（吴冬青）

疾病控制

【县疾病控制中心领导名录】

主任：李爱军
书记：崔少军
副主任：杨绍雄
郝恒宇（至2016年5月）

【概　况】 2016年，疾控中心在县委、县政府和卫计局的正确领导下，在上级业务部门的指导和帮助下，以中共十八大精神为指导，认真贯彻中共中央“八项规定”，以科学发展观为统领，深入开展“两学一做”教育活动；严肃工作纪律，整顿工作作风，联系服务群众活动。认真落实党风廉政责任制，认真抓好安全管理。强化人才培养和中心服务能力质量的建设。突出重点地区、重点人群、重点疾病以及地方病的预防控制。

【机构设置】 疾控中心内设流病科、健教科、财务科、办公室、免疫规划科、结防所、公卫科、检验科。

【传染病管理】 网报法定传染病487例，发病率415.21/10万。无甲类传染病发生，乙类传染病发生419例，丙类传染病发生66例，无死亡报告病例。发病前三位的是乙肝（258例）、肺结核（69

例）、手足口病（44例）。及时完成月、季度的疫情动态分析工作。无零缺报现象，网络运行率、审核率、报告及时率达100%，重卡率为0。按照《传染病信息管理系统》的要求，传染病自动预警信息14例，其中麻疹6例、流行性腮腺炎5例、手足口病3例。在这14例中，有1例未在发出预警信号2小时之内填报异常信息卡，13例都正确填写异常卡信息。按照《传染病信息管理规范》的要求，5月底，完成疾控机构基本信息系统全部应填报项目。8月初，按照市卫计局文件要求完成全县传染病漏报调查工作。

【传染病防控宣传】 4月26日“全国疟疾日”，开展宣传语为“消除疟疾，谨防境外输入”的宣传活动，发放宣传材料500余份。7月28日“世界肝炎日”，开展宣传语为“爱肝护肝，共享健康”的宣传活动。督导各乡镇卫生院利用宣传栏或宣传标语、宣传单开展传染病防治的健康教育宣传。

【免疫规划及预防接种管理】 截至2016年11月底，全县适龄儿童建证建卡率达100%，免疫规划疫苗常规接种情况，基础免疫：全县卡介苗应种595人，实种595人，接种率100%。脊髓灰质炎疫苗应种683人，实种682人，接种率99.85%。百白破三联疫苗应种711人，实种710人，接种率99.86%。麻风疫苗应种574人，实种573人，接种率99.83%。乙肝疫苗应种677人，实种676人，接种率99.85%。A群流脑疫苗应种716人，实种714人，接种率99.86%。乙型脑炎疫苗应种606人，实种605人。接种率99.83%。加强免疫：百白破疫苗应种775人，实种774人，接种率99.87%。麻腮风疫苗应种682人，实种680人，接种率99.71%。A+C群流脑应种450人，实种449人，接种率99.78%。乙型脑炎疫苗应种705人，实种704人，接种率99.86%。脊髓灰质炎疫苗应种592人，实种591人，接种率99.83%。白破疫苗应种297人，实种296人，接种率99.66%。甲肝疫苗应种793人，实种792人，接种率99.87%。新生儿首剂乙肝疫苗及时接种率达到95%以上。扩大国家免疫规划疫苗常规免疫报告接种率以乡镇为单位全部达到95%以上。

【麻疹风疹监测】 2016年，麻疹监测病例数7例，其中排除病例3例，风疹排除病例3例。

【疑似疫苗接种异常反应（AEFI）监测管理】 截至2016年12月7日，共上报16例。其中，补隆淖卫生院上报1例，巴彦高勒镇社区卫生服务中心上报12例，沙金中心卫生院上报1例，渡口卫生院上报1例均为一般反应。48小时报告率、48小时调查率、报告填写完整率，规范处置率均达到95%以上。

【地方病防治】 碘缺乏病防治工作，4月底到6月初执行国家新的碘缺乏病防治方案，对磴口县5个苏木镇的100名孕妇进行尿碘和盐碘的检查，对7所小学的200名8—10岁的小学生进行尿碘、盐碘及甲状腺B超检查。按照《内蒙古自治区碘盐监测实施细则》（内卫发〔2004〕34号文件），开展碘盐监测工作。按照每月一次的要求，全年共采集盐样108份，盐样碘含量均符合标准。5月15日在富源广场开展“5·15”全国碘缺乏病宣传日活动，相关部门7名工作人员参加，宣传点悬挂“坚持科学补碘建设健康中国”横幅1条，摆放展板2块，散发宣传手册400余份，现场咨询100多人。

【布病防治】 根据巴彦淖尔市卫计委《关于进一步做好全市农牧区布病健康教育工作通知》的精神，2016年继续开展农牧区居民入户面对面进行布病防治知识的宣教，全县共入户16015户，覆盖人群45541人，发放宣传册16015份、宣传卡16015份，通过宣传，使农牧民对布病防治知识知晓率大幅度的提高，居民布病防治知识知晓率达89.70%，养殖人员知晓率达95.20%。

3月，举办布病防治培训班，全县各医疗机构医务人员、防保员、疾控中心相关工作人员共

61 人参加培训。5 月，组织养殖企业相关人员进行集中培训，有 23 个企业共 29 人参加培训。

2016 年，全县共监测布病高危人群 4236 人，检出阳性者 101 人，确诊病例 70 人，其中，网报 29 例，待报 41 例，隐性感染 36 人。治疗率 100%；经过治疗，有 44 名患者痊愈，其他患者正在治疗中，病情好转。

【慢性非传染性疾病、重性精神病防控工作】 按照严重精神障碍管理治疗工作要求，成立由财政、公安、民政、人社、残联等部门参与的精神卫生工作领导小组（磴政府办字〔2015〕12 号），明确部门责任，确保工作的落实。严重精神障碍信息管理系统报告管理患者 292 人。患者发现率 2.52‰，患者管理率 84.80%，应访患者随访率 100%，患者服药率 60.38%。2015 年，为 28 例贫困患者提供居家药物维持治疗药物，并进行专项化验和复诊补助。2016 年，提交贫困严重精神障碍患者抗精神病药物治疗补助申请 36 人。

【结核病防治】 接诊患者 119 例，确诊登记患者 55 例，其中涂阳患者 1 例、涂阴患者 45 例、复治涂阴患者 5 例、结核性胸膜炎 3 例、其他肺外结核 1 例。追踪病人 49 例，追踪率 100%；到位病人 48 例，到位率 98%，涂阳肺结核病人密切接触者筛查率 100%；病人系统管理率 100%。免费胸片检查 295 人次，免费痰检 148 人次，涂片 387 张，共免费治疗患者 55 人。

【控烟健康教育宣传】 成立控烟工作领导小组，结合“5 · 31”世界无烟日宣传主题，配合县爱卫办举办控烟专题宣传活动，通过督导检查，促使单位将控烟宣传工作纳入健康教育日常工作范围，完善控烟制度和管理。

【劳动卫生及职业病防治】 按照《中华人民共和国职业病防治法》，继续开展接尘接害企业职业性有害因素监测与评价工作，使监测与评价工作走向程序化、规范化轨道。继续开展辖区内企业职工的健康监护工作，对接触有毒有害工人进行年度职业病体检，对辖区内接触有毒有害的 275 名工人进行在岗期间职业健康检查。建立健全体检健康档案，建档率 100%，并在规定期限将体检结果报告工人所在单位。

【学校卫生】 认真贯彻执行《学校卫生工作条例》，积极开展在校学生的健康教育、健康体检，对学生多发病、常见病进行督导和检查。重点对中小学生视力低下、沙眼、龋齿、肠道蠕虫病进行干预。2016 年 3 月，开始陆续对辖区内的 13 所中小学的 7000 余名在校生进行健康体检，查出的常见病以视力不良、超重、肥胖、龋齿为主。完善学校健康档案，建档率 100%，体检率 90%。

【食品、公共场所卫生监测】 2016 年，对全县餐饮、公共场所预防性健康体检 4783 人。为企业、乡村从业人员提供方便，疾控中心组织人员下企业、下乡为从业人员办理健康体检手续。建立健全从业人员健康资料年度档案。档案做到规范化、程序化。加强部门间的协作，开展公共场所健康相关产品及场所的采样检验和卫生监测工作。公共场所卫生监测覆盖率达 85% 以上。

【卫生应急】 修订《磴口县疾病预防控制中心突发公共事件应急预案》《磴口县疾病预防控制中心重大传染病疫情应急预案》《磴口县疾病预防控制中心食物中毒应急预案》《磴口县疾病预防控制中心饮用水污染事故应急预案》。3 月 16 日，举办业务培训班，对基层工作人员开展公共卫生应急知识培训。疾控中心于 11 月 2 日，联合县卫生监督所、渡口镇卫生院、县医院，在县卫计局的统一指挥下，开展卫生应急主体单位突发公共卫生事件应急演练。

【健康教育】 开展健康教育宣传活动，提高公众的健康意识。扩大健康教育覆盖面，开展“3 · 15”消费者权益日宣传活动、“3 · 24”结核病宣传日、“4 · 25”计划免疫宣传日、科技卫生三下乡活动、“4 月职业病防治宣传周”、“5 · 15”碘缺乏病宣传日、“5 · 31”世界无烟“世界精神卫生日”等宣传活动，全年共举行宣传咨询活动21次，发放艾滋病、结核病、碘缺乏病、吸烟有害健康、预防接种、呼吸道及肠道传染病预防知识等宣传画、册、单21000余份，张贴活动条幅21条、展板10块。通过开展宣传咨询活动，向广大城乡居民普及传染病、慢性非传染性疾病防治知识，倡导健康文明的生活方式，活动共咨询群众6700余人次。

（何 楠）

卫生监督

【县卫生监督所领导名录】

所长：李晓燕（女，至2016年5月）

郝恒宇（2016年5月起）

【概 况】 2016年，卫生监督所以科学发展观为指导，依法行政，文明执法，全面加强医疗市场和公共场所的监管，各项工作发展势头良好，有力地保障全县广大人民群众的健康安全。在开展打击非法行医专项行动中，查处4家无证非法行医单位，同时加大曝光力度，及时将群众的举报投诉及有关案件的查处情况在磴口卫生监督微信平台公布，有力地震慑违法分子，全县人民的就医环境得到较大的改善。同时，加大对传染病防治、血液透析、血液安全和麻醉药品、疫苗预防接种等开展各类专项监督检查，医疗市场得到规范。全县各苏木镇、农场的卫生监督协管工作水平得到提高，积极开展法律法规的宣传活动，努力营造良好的卫生监督执法环境使广大群众卫生法律意识和卫生防控知识得到提高。

【机构设置】 卫生监督所内设监督一科、监督二科、稽查考核科、总务财务科、办公室。

【履行行政许可职责】 2016年，行政许可共办理办结公共场所卫生许可104件，其中复核80件，新申请24件，已全部办结，办结率为100%。在内蒙古自治区企业信用信息公示系统进行公示。并，对违反《公共场所管理条例》的8家宾馆进行相应处罚，罚款共计8600元。

【公共场所卫生监督】 对全县的公共场所经营单位进行建档，建档率100%，确保经营单位资料的完善，同时做好档案的日常管理，及时更新，有效做到档案的最新化，并及时地进行网络直报，规范资料的信息化管理。严格对全县214家公共场所经营单位进行监督管理，监督检查348户，监督覆盖率100%。

根据量化分级管理评分标准，对全县各公共场所进行量化分级管理，进行量化的美容美发场所共112家，其中A级2家，B级62家，C级48家。5月，集中开展游泳和沐浴场所消毒专项监督检查活动，在检查中对7家场所的违法行为给予行政处罚。

对新上岗的公共场所从业人员，进行上岗前的卫生知识、卫生规范和相关的法律法规培训，经考核合格后发给卫生知识培训合格证，培训人数为267人，提高经营者的法律意识和卫生知识。

【生活饮用水卫生监督】 对市政供水、农村集中式供水进行监督检查，监督检查县政府所在地市政供水单位2家，乡镇农村集中式供水16处，对检查中存在问题的单位，下达监督意见书，限期进行整改，确保全县生活饮用水的安全卫生。

【学校卫生监督】 根据自治区2016年学校卫生重点监督检查工作要求，组织开展对全县26所中小学校和托幼机构专项监督检查，帮助建立完整的卫生管理档案，重点检查学校的传染病防控工作、生活饮用水的管理、教学环境、教学设备设施、学生住宿环境、学校卫生综合评价、卫生管理制度落实等，针对每个学校存在的问题，提出整改意见，要求学校限期整改到位，消除安全隐患；深入到所有托幼机构，督促指导托幼机构做好各种防控工作，配合疾病预防控制中心开展疫苗接种。

【集中式餐饮具消毒卫生监督】 加强对磴口县磴

康餐具消毒中心消毒监管，每季度对消毒中心进行监督监测，委托县疾病预防控制中心对餐具消毒中心的产品进行抽检，重点检查餐具消毒工艺流程、使用的消毒产品的合格证明文件、生产记录、餐饮具检验报告、包装及标签等内容是否符合有关规定，从业人员的卫生状况是否符合要求。对检查中存在的问题，现场提出监督意见，要求限期整改。因磴康餐具消毒中心在规定期限整改不到位，不符合卫生规范，责令关停。

【医疗市场监督】 2016年，根据上级文件精神，对磴口县行政区域内的每个医疗机构进行不少于3次的常规监督检查，不断规范各级医疗机构的各项工作。开展打击非法行医专项行动工作，共出动执法车38辆，监督执法员156人，对112家医疗机构专项督查。共查处4家无证非法行医的机构，同时加大曝光力度，及时将群众的举报投诉及有关案件的查处情况在磴口卫生监督微信平台公布，不但震慑违法分子，而且提升人民群众的就医环境。

【传染病防控】 开展传染病防控监督检查工作，检查全面覆盖全县各级医疗机构109家，其中，县人民医院1家，蒙中医医院1家，妇幼保健院1家，县疾病预防控制中心1家，社区卫生服务中心1家，社区卫生服务站3家，医务室1家，民营专科3家，西医诊所19家，中医诊所11家，口腔诊所6家，苏木镇卫生院7家，卫生院门诊部2家，农场卫生所5家，村卫生室46家，对每个监督对象进行不少于2次的巡回监督检查，保证各项传染病防控工作的落实，有效地预防各类传染病的爆发流行。

【职业卫生、放射卫生监督】 贯彻执行《中华人民共和国职业病防治法》和《放射诊疗管理规定》，切实加强职业病防治，加强对放射性射线装置与放射防护的监督管理，控制职业病的发生，保障受检者和公众的身体健康权益，保护环境。本县开展放射诊疗的医疗机构3家，发放放射诊疗许可证的有3家。

【法律法规宣传活动】 针对社会普遍关注的饮水卫生、职业病危害、传染病管理及非法行医等热点问题和行政管理相对人的服务行为，共对全县公共场所的267名卫生管理人员和从业人员进行相关知识培训。结合“3·15”消费者权益保障日、生活饮用水宣传周、6月安全生产宣传月等活动，共印发7500多份简洁、通俗、易懂、实用的卫生法制宣传单，制作宣传展板，参加县政府、卫计局组织的《中华人民共和国职业病防治法》等宣传活动。通过开展形式多样宣传活动，使广大群众卫生法律意识和卫生知识得到提高。

（张　雷）

红十字会

【县红十字会领导名录】

常务副会长：李　昊（至2016年5月）
　　　　　　徐少军（2016年5月起）

副会长：杨根喜

【概　况】 磴口县红十字会是从事人道主义工作的社会救助团体。以弘扬“人道、博爱、奉献”的红十字精神，保护人的生命和健康，促进人类和平进步事业为宗旨。红十字会机构级别为正科级，内设办公室、业务科、财务科。

【主要工作】 对全县5个苏木镇、46个嘎查村、8个社区基层红十字会。全年募捐资金41万多元，对社会各界进行救助11.80万多元。同时建立“红十字博爱家园”项目投入资金25万多元。磴口县红十字会在全县各个社区学校及企业开展应急救护培训共计800余人。11月14日，与卫生局联合组织全县机关单位的干部职工在妇幼保健医院开展为期3天的义务献血活动，献血人数达900余人。

（刘永清）

文化·体育

文　化

【县文体广电局领导名录】

局长：王维清

副局长：董永峰

李浩宇

李凡敬（女）

【概　况】 2016年，在县委、县政府的正确领导下，紧紧围绕县委中心工作，以深入贯彻中共十八大和中共十八届三中、四中、五中全会精神为主线，全面落实县委十四届八次全委扩大会议精神，以全面提升文化软实力和竞争力为目标，以文化体制改革为动力，以文化队伍建设为保障，以文化项目争取为支撑，以文艺精品生产和文体活动为抓手，推进全县文化大繁荣大发展，圆满完成全年各项任务，文化体育工作取得新成效，为实现全县“赶超升位”的发展总目标发挥重要作用。

【机构设置】 磴口县文体广电局内设办公室、文化体育股、广播电影电视股。下设文化馆、图书馆、社会体育管理中心、文物管理所、乌兰牧骑5家股级建制事业单位，文化市场综合执法大队，属正科建制单位，隶属于文体广电局。

【公共文化基础设施建设】 新建文化活动室25个，文化健身广场68个，乡村小舞台8个。筹资6万余元，为全县30个嘎查村、农场分场购置配送“二人台”乐器、秧歌器材、广场舞音响设备76件。争取区、市体育局为农牧区配送价值210万元的体育器材60套864件。为县乌兰牧骑、百湖之声艺术团、夕阳红艺术团购置总价值10万元的乐器、服装道具等器材。投入2万余元购置开展非物质文化遗产项目保护普查照相器材1台、办公电脑2台。投资5万元改善文化市场综合执法大队的办公条件，争取市文化广电局为哈腾套海农场各分场配置电脑11台。加强公共文化服务平台建设，全县47个嘎查村、20个农场分场、6个社区，完成公共文化服务平台注册工作。

【群众文化活动】 2016年1月，组织并辅导银河之星艺术团的节目参加2016年巴彦淖尔市春节联欢晚会录制，并获三等奖。2月，组织全县部分书画家在磴口县博物馆，再次开展送祝福、送文化、送春联活动。组织参加元宵节群众社火文艺演出活动，共演出文艺节目3场，组织19支苏木镇、社区社火队伍在街头进行表演。6月，组织文化馆百湖之声艺术团参加“天衡杯”巴彦淖尔市河套“二人台”坐腔大赛中获优秀组织奖、表演唱二等奖、牌子曲二等奖、演出二等奖。7月，组织参加“亮丽巴彦淖尔”全市第五届社区文化节演出获组织奖、演出三等奖。8月，参加全市非物质文化遗产成果展系列作品展。9月，组织参加庆祝建国67周年暨“河套王杯”全市第二届广场舞大赛组获得一等奖；组织参加全国乐退族艺术节演出获得三等奖。10月，组织参加第二届中华民族歌舞大赛获最佳舞蹈作品奖。开展迎新春下基层送祝福、送春联活动，共送春联1500余副。组织开展由300人组成的16支元宵节社火活动队伍，举办正月十五歌舞专场、"二人台"专场、广场舞专场演出活动。开展12场次"深入生活、扎根人民"文化下基层、"庆'五一'情系敬老院""庆'五一'"广场消夏群众文艺演出主题实践活动。承办第二十四届华莱士节乌兰牧骑专场和歌舞专场、少儿才艺展示、戏剧曲艺、健身操展演、团委专场、老年大学专场6场群众专场演出活动。举办全县书画摄影展及非物质文化遗产成果展，共展出全县70余名作者书画、摄影、根雕、葫芦雕刻、土炉烤馍、剪纸等作品160（幅）件。举办第二届兵团文化艺术节，编排以"百湖之乡·魅力磴口"为主题文艺节目参加河套艺术节承办主题为中国河套文化艺术节专场晚会。

【阅读活动】 2016年，举办"4·23"世界读书日及全民阅读系列读书活动；开展图书馆服务宣传周活动、深入基层开展业务培训和社区、部队共建流动图书室；免费为全县47家草原书屋送去各类图书2000余册；举办老年人电脑知识培训。磴口县图书馆在"超星杯"比赛中被市文广新局评为优秀组织奖、在全市论文评比中被评为优秀组织奖，侯艳苹在全市论文评比中获二等奖、徐慧琴获优秀奖。

【文物普查及相关重点工作】 2016年，文物管理所贯彻宣传《中华人民共和国文物保护法》法律、法规，积极开展打击文物犯罪、文物破坏行为，广泛开展文物保护宣传教育活动。完成博物馆全年免费开放服务工作；启动鸡鹿塞维修保护工程；完成第一次全国可移动文物普查工作。2016年12月，结束为期5年的第一次全国可移动文物普查工作，全县共有5家单位参与普查，共普查可移动文物1200件（套）。同时逐步健全管理运营制度，逐步完善基础服务设施、设备，提升公共设施服务档次，为确保3处博物馆（县博物馆、冯玉祥西北军粮仓博物馆、内蒙古兵团博物馆）全年免费开放安全有序运营打下良好基础。鸡鹿塞维修保护工程招投标工作以及前期相关工作已完成，10月中旬动工开始进行维修工程。完成窳浑古城保护工程方案的前期勘察。举行"国际博物馆日"和"文化遗产日"宣传活动。经过5年的辛勤工作，完成第一次全国可移动文物普查工作。李建新荣获自治区第一次全国可移动文物普查工作先进个人。王浩荣获巴彦淖尔市第一次全国可移动文物普查工作先进个人。磴口县文物管理所荣获巴彦淖尔市第一次全国可移动文物普查工作先进集体。积极开展讲解员培训岗位练兵活动，年内参加自治区业务培训2次，全市各类业务培训5次，其中讲解员培训2次。在参加全市讲解员技能大赛中，莎日娜两次荣获第一名。

【文物挖掘保护】 2016年8—9月，自治区考古研究所配合国家高速公路项目基本建设工程，在磴口县境内窳浑县古城周边古墓区发掘墓葬20余座，出土文物100余件（套），磴口县文物管理所派出1名业务骨干参加发掘、资料整理、编辑发掘报告等工作。

【非物质文化遗产摄影巡展】 2016年，承办全市非物质文化遗产摄影巡展。8月，张振华参加全市非物质文化遗产成果展系列作品展，获个人三等奖。

【文化惠民活动】 全县城乡的公共文化服务阵地初具规模，实现县有公共图书馆、文化馆、博物馆，苏木镇有综合文化站、草原书屋、文化信息资源共享工程，嘎查村有文化室、草原书屋、文化健身广场的目标。公共图书馆、文化馆、博物馆全部实行免费开放，年接待人员达到15万人次。依托公共文化服务阵地，使更多的普通群众享受到公共文化带来的实惠。参加全国文化馆年会系列活动，参加全区首届文化产业博览会，银河之星艺术团节目《欢乐草原》参加全国乐退族艺术节，银河之星艺术团节目《美丽的村庄》参加2016年巴彦淖尔市春节联欢晚会，参加“奋进巴彦淖尔”庆祝新中国成立67周年“河套王杯”2016全市第二届广场舞大赛，承办全县廉政文化建设“六进”专场演出，深入苏木镇嘎查村、社区演出15场次。选派1名业务骨干参加2016年自治区中西部农村文化志愿者服务培训，5名书画爱好者参加全市美术书法培训学习，1名文艺辅导员参加全区广场舞培训。举办“乐理知识讲座”“二人台知识讲座”“二人台唱腔与演唱方法讲座”“二人台唱腔与歌曲发声方法的区别”，全县举办广场舞5期专业培训，参训人员近200人次。组织文艺辅导人员深入苏木镇、社区群众文艺团体下乡开展业务辅导65天，辅导人员达900人次。组织苏木镇文化站负责人积极开展“草原书屋”阅读和观看爱国主义影片活动，在雷达部队和巴彦高勒镇西环社区建立2个流动图书室，为社区送去200多册图书价值13000元，解决社区居民借阅图书难的问题。4月23日，组织全县6所书法美术培训班的65名小学生，围绕“书本启迪智慧、知识丰富人生”为主题，少儿书画展。同时，制作“全民阅读，书香磴口”展板12块，组织图书馆人员深入新农村新牧区建设包联的哈腾套海第九分场进行服务宣传。为九分场赠送图书100册、报纸杂志100多份，为新农村新牧区建设助力。围绕图书馆服务宣传周的活动主题，组织工作人员在富源广场大力宣传图书馆在倡导阅读、指导阅读、推动全面阅读方面的重要作用，印制新书介绍传单2000份，并现场免费办理借书证。为全县47家草原书屋送去各类图书265册共计18020元，订阅《巴彦淖尔日报》《农村金融时报》共计94份。丰富了草原书屋的藏书量。乌兰牧骑利用舞台车组织演出小分队，深入全县苏木镇行政村开展“演出走基层　文化全覆盖”草原文艺天天演等文化惠民演出活动113场次，收到良好的社会反响。完成自治区盟市旗县苏木镇嘎查村“七个一”项目基本情况调查填报工作，深入全县5个苏木镇、5个国有农场完成47个嘎查村，45个农场分场基层文化站（室）、文化广场、文化大院、文化户、文艺队摸底调查工作，并建立档案资料。完成全市戏曲剧种普查工作，上报团体信息资料、个人信息资料、图片信息资料43份，视频资料5个。

【惠民演出】 乌兰牧骑演员在补隆淖、渡口、隆盛合、沙金等全县所辖各乡镇、苏木的行政村范围内开展“演出走基层　文化全覆盖”草原文艺天天演等文化惠民演出活动50余场，在哈腾套海农场、巴彦套海农场、纳林套海农场等5个农场所辖各分场开展“文体广电局积极践行‘两学一做’为实现中国梦凝心聚力”暨“演出走基层　文化全覆盖　草原文艺天天演”乌兰牧骑惠民演出活动40余场。全年共演出113场，其中走基层、下农村、牧区、社区演出100场，其他演出13场。

【艺术创作成果】 创编群舞《春暖花开》《欢乐的节日》《迎宾舞》，伴舞《跟着太阳走》《再唱山歌给党听》等一批优秀舞蹈作品，创作改编二人台牌子曲《百湖之春》《欢天喜地》，小戏《梦圆新农村新牧区建设》《情满大后套》《梅开二度》《一份举报信》《铡美案》，器乐曲《欢乐的那达慕》，表演唱《逛磴口》，群口说唱《廉政文化六进活动就是好》，小品《任命书》《新农村新牧区建设暖人心》，书画摄影作品《阴山系列》《泉声》《家乡的味道》等一批优秀新剧目、书画摄影作品，极大地丰富演出内容，得到社会各界的赞誉。创作、改编小品《新农村里趣事多》《手机惹的祸》，歌曲《美丽的磴口》。首次组织报送现代小戏《卖驴》参加全区首届地方戏剧目展演暨第四节二人台艺术节，弥补磴口县在全区二人台艺术节上参赛的空白，为演职人员提供良好的学习平台与机会，并取得优秀组织奖与二等奖的优异成绩。推选歌曲《爱我的沙漠爱我的湖》《磴口我可爱的家乡》，小品《妈妈的家做鞋》申报国家艺术基金项目资助。小品《新农村里趣事多》、联唱《唱不尽的山曲二人台》、呱嘴《王婆夸覆盖》在参加中国河套文化艺术节分获一等奖、三等奖、优秀奖。组织银河之星艺术团参加全国乐退族艺术节节目《欢乐草原》获三等奖，在“奋进巴彦淖尔”庆祝新中国成立67周年“河套王杯”2016全市第二届广场舞大赛中，磴口县代表队获第一名，《美丽的村庄》参加巴彦淖尔市2016年春节联欢晚会，获三等奖，由文体局组织选送的节目牌子曲《百湖之春》、传统二人台表演唱《水刮西包头》、二人台新唱《新农村新牧区建设暖人心》，在全市河套二人台坐腔大赛中，获牌子曲、表演唱、综合类3个二等奖，县文化馆获优秀组织奖，刘三外获吹枚个人单项奖。在“靓丽巴彦淖尔”2016年全市第五届社区文化节中歌伴舞《磴口我可爱的家乡》、舞蹈《欢腾》获优秀节目展演三等奖，文化馆获组织奖。《土炉烤馍》《根雕》《葫芦雕刻》系列作品在全市非物质文化遗产成果摄影展中获三等奖。由文体局负责指导编排的全县大合唱队在参加纪念红军长征胜利80周年暨庆祝新中国成立67周年全市大合唱获旗县区一等奖。

【文化市场监管】 文化市场综合执法大队共组织开展各种执法检查196次，共出动执法人员543人次，车辆191次，检查各类经营场所759家次，查缴非法书报刊340册，非法音像制品、盗版软件1098盘，受理举报7起，立案查处14起。举办培训2期，培训经营业者84人次。

【二级单位领导名录】

图书馆

馆长：任玉明

文化馆

馆长：张振华

体育中心

主任：刘少雄

文管所

所长：李建新

乌兰牧骑

队长：张利军（女）

文化市场综合执法大队

队长：刘　荣（女）

体　育

【群众性体育活动及体育赛事】 举办磴口县“农信杯”乌兰布和沙漠全国汽车越野大赛。4月，组织举办干部职工穿越乌兰布和沙漠徒步行活动。6月，举办磴口县2016年全民健身季启动仪式暨第二届健身操（舞）大赛。7月，组织举办“金马湖杯”全区老年人垂钓大赛，共有区直机关、盟、市、县17支代表队参赛，为宣传磴口县、发展磴口县起到积极的宣传作用。第二十四届华莱士节开幕式当天，举办全县龙舟大赛，组织举办“泰康人寿杯”中国象棋赛、“绅雅杯”全区台球邀请赛、周边四城市“环保杯”羽毛球邀请赛、全民健身周键球大赛。完善老年人活动的组织机构，对全县城镇、农牧区老年人体育工作的发展，重新进行规划和部署，形成较为完善的网络，全县5个镇苏木和5个国有营农场都建有全民健身活动中心，47个行政村和各分场建有全民健身活动站，村、社建有全民健身活动点。各站、点、中心都配备健身路径，达到全覆盖。全县各单项体育协会达到16个，参与人数达到8000余人。认真推行《社会体育指导员技术等级制度》和《成年人体质测试标准》，加强对社会体育指导员的管理和培训。举办三级社会体育指导员培训班1期，新增培训人数50人，全县社会体育指导员发展到443人。组队参加巴彦淖尔市全民健身季启动仪式暨“多蓝湖杯”旅游文化冰雪节，磴口县获得团体总分第一名；参加巴彦淖尔市健身操和太极功夫扇健身交流活动，获第二名和第三名；少林武术学校，在参加2016年全区武术套路比赛中，获得4个第一名，4个第二名，3个第三名。

【竞技体育比赛】 少林武校参加全区武术套路获金牌4块、银牌4块、铜牌3块；车舞狂沙俱乐部参加全国摩托车越野锦标赛5项分站赛冠军、7项亚军、3项季军。参加全区“百县万人”乒乓球大赛获优秀组织奖，参加全球华人篮球赛邀请赛旗县区比赛获第三名。

广播电视报纸

【县广播电视服务中心领导名录】

主任：马喜翔

副主任：高俊丽

【概　况】 2016年，中心紧紧围绕县委、县政府中心工作，坚持正确舆论导向，弘扬主旋律，发挥“喉舌”功能，为全县经济社会又好又快发展营造良好的舆论环境。2016年，磴口县农牧区电影放映队被自治区宣传部、自治区广电局授予服务基层文化建设先进集体的荣誉称号。

【机构设置】 广电中心内设电台、电视台、包尔盖转播台、技术室、播出室、新闻中心、农村电影放映站、户户通管理中心和办公室。

【广播电视服务中心】 磴口县广播电视服务中心位于磴口县巴彦高勒镇贺兰管区西沙巷，设有2个广播电视转播台，分别是磴口县广播电视转播台和包尔盖广播电视转播台。

2015年5月，广电中心按照磴口县党政联席会议〔2015〕1号文件和磴口县人民政府决定事项通知〔2015〕62号文件要求，将县环保局旧办公区进行修缮改造，2016年5月，顺利搬迁至新址办公。电视机房设在磴口广电中心办公区，面积150平方米，发射塔高82米，发射机房共有1千瓦电视发射机4部，其中2部转播中央电视台12套节目；1部转播中央电视台1套、中央电视台7套、内蒙古汉语卫视、内蒙古蒙语卫视、巴彦淖尔市1套、磴口自办节目；1部转播内蒙古蒙汉语节目。广播电台机房设在磴口广电中心办公区，面积150平方米，有1千瓦调频广播发射机3部，分别转播内蒙蒙汉语和自办节目；300瓦调频广播发射机3部，1部转播《中国之声》广播节目，1部转播《内蒙古交通之声》广播节目，1部转播《中央蒙语》节目。

包尔盖广播电视发射台配备300瓦电视发射机3部，其中2部转播中央12套节目；1部转播内蒙古蒙汉语节目。电视转播台建立以来，为丰富少数民族地区文化生活，促进民族地区经济发展，推动乌兰布和沙区生态治理发挥积极的作用。

【新闻对内宣传】 电台、电视台《磴口新闻》栏目共播出392期，稿件2156多条，播出电视剧132部4620集。播出核心价值观及公益广告33条，播出总量1992次，时长1530分钟；消防安全宣传公益广告电视宣传片播出总量80次，时长80分钟；依法治国宣传标语24条；精准扶贫宣传标语24条；旅游宣传标语24条；“两学一做”学习教育宣传标语24条；食品安全宣传标语24条；创建卫生旗县宣传标语24条；安全生产宣传标语24条；禁毒宣传标语24条、保密法宣传标语18条，中共十八届六中全会精神宣传标语10条，内蒙古自治区第十次党代会精神宣传标语4条。

【对外宣传】 2016年，外宣工作结合县委、县政府重要工作和新闻热点，进行选题策划，准确掌握上级宣传风向标，做到对外宣传有的放矢，提高稿件播发率。协助区市电视台策划播出光伏产业园、精准扶贫和“绿色崛起”县长访谈等热点新闻。截至11月底，在内蒙古电视台播稿126条，在巴彦淖尔市电视台播发稿件425条。

【专题栏目宣传】 推出《“十三五”规划建议关键词解读》《十八届六中全会公报关键词解读》《迎庆创城我们在行动》《走千村万户讲精彩故

事》《百湖之乡　耕海牧渔》《前进中的民族特色村寨》《唱响现代农业主旋律　走好肉羊产业致富路》《脱贫攻坚进行时》《卫生与健康》《农村法治》《健康面对面》等专题栏目，突显广播电视媒体宣传的舆论导向作用。

【“户户通”“村村响”工程】 圆满完成“新农村新牧区建设”全县92个嘎查村分场的“户户通”和“村村响”任务。

【农村电影放映】 2016年，在纳林套海五分场增设室内放映厅，并增置数字放映机等设备。全年引进故事片、科教片、商业片共100余部，深入全县各农牧区、街道、社区、广场放映电影510余场。

【设备安装】 积极争取上级资金扶持，为包尔盖转播台和中心发射台安装专用变压器2台，更替数字发射机4部，增购电台发射机1部，全年新增设备价值约400多万元。

（金如海）

【《磴口时报》概况】 2016年《磴口时报》共出版45期，编辑220个版面，刊登稿件1608篇。

2016年，《磴口时事》加强传统节日活动的宣传报道，以“我们的节日”为主题，报道春节、元宵节、妇女节、清明节、劳动节、中秋节等节日期间开展的各类活动。

1—2月，策划编排1个版面，图文并茂地报道“百湖之乡·冰雪风情”2016冰雪民俗活动月系列活动；组织策划3个版面，重点报道春节期间各部门、各单位开展的走基层、送温暖活动，以及元宵节期间的社火、文艺演出活动。

3—4月，策划编排1个版面，报道磴口县举办的2016“农信杯”乌兰布和沙漠全国汽车越野大赛的盛况。

5—6月，组织编排4个版面，报道全县统筹推进“美丽乡村”工程取得的成绩；组织编排专版，报道全县各学校、单位在“六一”儿童节期间开展的活动。

7—8月，策划2个版的党建工作专题，庆祝中国共产党建党95周年；策划组织1个版多角度、全方位地报道第二届纳林湖消夏旅游节各项活动；策划组织4个彩版，图文并茂地展现县十四次党代会期间全县经济、社会发展取得的成绩，用8个版面报道县十五次党代会召开的内容；组织策划2个版，报道第24届华莱士节系列活动内容。组织策划“美丽乡村”工程走进各苏木镇农场的系列报道，连续三期用12个版面报道各地推进新农村建设取得的成果，展现各嘎查村、分场的新变化。组织策划3个版的全县关心下一代工作宣传内容。

9—10月，重点组织策划中秋节专题报道，多角度、图文并茂地报道各企事业单位在节日里开展的各项“暖心”活动；突出报道全县贯彻落实“四个全面”战略布局，推进经济社会发展情况，以及全县推进精准扶贫工作进展情况。组织策划一个版报道在金马湖举行的2016年乌兰布和沙漠“渔纳多”杯全国垂钓大赛及相关活动。

11—12月，连续4期报纸大规模报道各苏木镇、农场，县直各单位传达学习贯彻中共十八届六中全会精神情况；在第37期报纸上组织策划一个版，报道全县代表团参加市第四次党代会实况；42—43期报纸重点报道全县安排部署安全生产大检查工作及各部门贯彻落实情况；44期报纸组织策划8个版，全方位、多角度报道县委十五届二次全委扩大会议。

（王　瑞）

广电网络

【内蒙古广播电视网络集团有限公司磴口分公司领导名录】

总经理：杨润平

副总经理：武志军　陶　锐

【机构设置】 内蒙古广播电视网络集团有限公司

磴口分公司下设综合部、客户部、工程运维部3个部门。

【经营指标】 2016年，公司经营收入总金额为607万元，其中基本收视维护费收入271.70万元，安装费收入13.49万元，增值业务232.54万元，一体机销售收入82.77万元，大客户收入5.50万元，其他业务收入1万元。

【网络维护与建设情况】 2016年，城镇本地网络建设，在原有管道28公里的基础上建设干线10公里，引接管道80米。建设覆盖新建小区4个650户，增加4个288光交接箱。城区实现光纤到户小区21个，覆盖用户4000余户。农网建设是2016年公司工作重点，截至年底，完成城镇周边部分村社FTTH（光纤到户）光网覆盖，开通村社有城关村、黄土档村、坝楞新村，卫干校西、27栋平房区，累计架设各种芯数光缆15公里，发展光纤入户180户。磴口至渡口乡干线，协成村至隆盛合镇干线，已完成至渡口乡干线加挂建设，48芯光缆管道穿设4.80公里，4芯光缆支线建设35公里。已开通4个村社光信号，其中天星泉村、新地村、永胜新建社、渡口养老院、南尖子村实现全村覆盖。维护国家干网线路50公里，省级干网线路15公里。城网维护整改优化4个小区的同轴宽带，将大C跟换为小C并对整个小区的分配网调试检修，提升326户在网用户宽带体验度。更改城网主线路1150米，使分配网有效安全运行，受益用户3000户。全年完成4985次报修服务。

（陈　静）

新华书店

【县新华书店领导名录】

经理：呼　群（蒙古族）

【概　况】 磴口县新华书店现隶属于内蒙古新华发行集团股份有限公司，是内蒙古新华发行集团股份有限公司巴彦淖尔市新华书店有限公司旗下的一家分公司。

【经营情况】 2016年，全店主营业务销售397.30万元。其中，中小学教材销售142.70万元，幼儿教材销售0.80万元，教辅销售238.50万元，一般图书销售15.30万元。

【营销和征订工作】 为促进一般图书的销售。利用“世界图书日”、“五一”劳动节、“六一”儿童节、中秋节和国庆节等节假日进行形式多样的优惠促销活动，做好一般图书的销售工作。

为促进销售，制订个人推销任务和奖惩机制，鼓励员工走出去，通过推销增加收入。截至年底，新华书店推销《全面小康热点面对面》186册，码洋3348元；“两学一做”系列图书《党章、条例》518册，码洋5180元；《习近平总书记系列重要讲话读本》大字本195册、小字本1600册，码洋33010元。同时，及时和县组织部、宣传部联系协调下发学习征订文件，在取得好的经济效益的同时也圆满完成上级下达的任务指标。

（呼　群）

商 贸

工业园区

【县工业园区管委会领导名录】

主任：樊 文

副主任：袁海文 胡粹德 郝存柱

【概 况】 2016年，磴口工业园区管委会在市、县两级党委和政府的领导下，认真贯彻落实中共十八大和中共十八届四中、五中、六中全会精神，紧密结合“两学一做”学习教育，以《内蒙古自治区人民政府关于促进工业园区健康发展的指导意见》引领园区建设。按照“四个全面”战略布局，坚持转型、协调、统筹、持续的发展理念，不断优化园区发展环境，提升经济发展质量和效益，带动全县经济健康快速发展。

【经济运行情况】 园区工业总产值目标完成55.30亿元；规模以上企业实现工业增加18.40亿元，增速8.60%；产品销售收入50.30亿元，同比增长8.80%；上缴税金2.10亿元，固定资产投资17.54亿元。

【设施建设】 基本实现园区“九通一平一绿”和生态景观建设。2016年，完成投资13528万元。

投资2500万元建设的磴口工业园区4公里道路铺设、绿化工程，当年完成投资1500万元。

年内计划投资1000万元建设磴口工业园区6公里污水管网工程，当年实际完成投资500万元。

投资100万元进行园区生态植物园建设。完成80%植物栽种植，建成假山造型水冲式厕所1处。投资28万元光伏园区种植观赏经济林28000株。投资2600万元新建粉煤灰渣场一处13公顷。投资200万元完成建设前期手续，并开始招投标。

园区500千伏安变电站投资6000万元，输送电路建设完成投资5200万元。

【工业项目建设进展情况】 2016年，工业固定资产投资10项。其中，续建项目4项，完成投资15.40亿元；新建项目6项，完成投资1.54亿元。

续建项目4项：宇乐化工电厂项目，计划完成投资10亿元，截至年底，完成投资6.31亿元，完成主厂房、输煤通廊土建等基础工程。鑫盛光伏设施农业项目，计划完成投资4.50亿元，截至年底，完成投资5.53亿元，一期10兆瓦、二期10兆瓦光伏设施农业建设项目并网发电，三期10兆瓦已开工建设。蒙牛乳业技改项目，年内计划完成投资5000万元，截至年底，完成投资5500万元，生产线技改、辅料库已完成，污水处理厂开工建设。

新建项目6项，完成投资1.54亿元：内蒙古圣牧高科有限公司投资8000万元建成三期有机酸奶生产项目投产。圣牧高科生态食品有限公司生产4万吨豆饼及6000吨毛油项目，项目总投资7000万元，完成投资200万元。圣牧环保科技包装有限公司纸制品包装项目，项目总投资3500万元，完成投资440万元。内蒙古乌兰布和乳业有限责任公司冰淇淋奶杯系列产品技改项目，项目总投资2453万元，完成投资2453万元。内蒙古和瑞包装有限公司纸制品包装及印刷项目，项目总投资8675万元，已完成投资800万元。圣牧高科有限公司新增日产450吨常温酸奶生产线扩建项目，年内计划完成投资9800万元。截至年底，完成投资3500万元，已办理环评，并通过土地预审。

【规模以上企业】 内蒙古磴口金牛煤电有限公司实现产值81682.40万元，实现销售收入94321.10万元，盈利7538.70万元，上缴税金5587.60万元。

中电投磴口光伏有限责任公司实现产值11285.40万元，实现销售收入8938.40万元，盈利2770.40万元，上缴税金541.28万元。

巴彦淖尔市农垦神舟光伏电力有限公司实现产值4599.60万元，实现销售收入3931.40万元，盈利1586.20万元，上缴税金121.33万元。

内蒙古黄河铬盐股份有限公司实现产值7160万元，实现销售收入7327万元，亏损58.90万元。

巴彦淖尔华油天然气有限责任公司停产，实现销售收入6639万元，亏损197万元，上缴税金151.05万元。

巴彦淖尔市恒泰新能源有限责任公司实现产值7338.70万元，实现销售收入7410万元，亏损3500.60万元，上缴税金62.51万元。

磴口县德胜天然气有限公司实现产值2189.30万元，实现销售收入2004.10万元，亏损43.80万元；

内蒙古利川化工有限责任公司实现产值20746.90万元，实现销售收入11855.60万元，盈利154万元，上缴税金207.56万元。

内蒙古清源保生物科技有限公司实现产值18130.80万元，实现销售收入18036.60万元，盈利270.60万元，上缴税金107.39万元。

蒙牛乳业（磴口巴彦高勒）有限责任公司实现产值175289.20万元，实现销售收入136545.10万元，盈利6054.70万元，上缴税金1052.03万元。

内蒙古圣牧高科奶业有限公司实现产值235319.40万元，实现销售收入224056.70万元，盈利15685.90万元，上缴税金3029.75万元。

内蒙古乌兰布和乳业有限责任公司实现产值28095.10万元，实现销售收入25663.80万元，盈利231.70万元，上缴税金191.36万元。

泰顺兴业（内蒙古）食品有限公司实现产值14683.30万元，实现销售收入12376.70万元，盈利1302.30万元，上缴税金198.26万元。

巴彦淖尔电力山峰电杆厂实现产值9062.60万元，实现销售收入13741.40万元，盈利194.50万元，上缴税金217.08万元。

（任贵荣　美　东）

商　务

【县商务局领导名录】

局长：尹银才

副局长：刘　罡　张卫锋

【机构设置】 商务局内设办公室、市场运行监测股、商务综合执法队、外经外贸股、流通产业股、市场体系建设股。

【对外贸易】 2016年，新增对外贸易经营者备案出口企业4家，全县现通过对外贸易经营者备案的企业有28家，其中有出口业绩企业3家。全县外贸进出口累计1293万美元（预测数据），同比增长6%。

【利用外资】 全县共有外资企业3家，分别为泰顺公司、太阳生态科技股份有限公司和圣牧高科草业有限公司。2016年，利用外资为零，主要因为太阳生态科技股份有限公司在企业内部法人变更方面出现问题，所以公司基本没有运行，圣牧高科草业有限公司利用外资2000万美元集中在2015年，2016年的外资投入受到影响。

【争取资金支持】 为亘翔钰、德田公司争取到中小企业国际市场开拓项目资金近12.80万元。

【便民连锁超市建设】 2016年，磴口县“新农村新牧区建设”工程便民连锁超市建设任务为76家。加上2014年、2015年两年建的50家超市，总量达到126家。完成全县10个苏木镇农场的92个嘎查村、分场和66个中心村每村一店任务数（158家）的80%。项目于2016年10月全部完工，由正旭商贸有限公司建成82家便民连锁超市，经商务局对建成的便民连锁超市进行验收，符合规定建设要求的76家。

【电子商务发展】 按照市商务局部署，多次组织机关干部和相关企业赴浙江、广东、上海及周边旗县考察电子商务工作，多方洽谈引进新的电商运营企业进驻磴口县，重点推进电商产业园建设和电子商务进农村工作，取得一定成效。截至年底，开展电子商务的企业和个人共68户，其中，申请注册企业13家，有磴口县乐村淘、通汇农业合作社、聚实惠等6家企业通过第三方平台进行交易，其他7家没有开展电子商务，全年实现网上销售913万元，从业人员136人。

【商务执法】 依据《成品油市场管理办法》和《内蒙古自治区成品油市场管理细则》的要求，规范全县加油站设置和经营行为，强力推进油气回收改造工作，全县24家加油站，除1家因停业两年加油机拆除并上报关停无法改造外，其余全部完成。按照《酒类流通管理办法》的相关要求，依法对全县酒类市场进行监管，全县酒类备案登记599家，基本建立酒类产品购进、销售台账随附单使用管理制度，实现酒类产品流通安全可溯源。抓好二手车交易、单用途商业预付卡发放、再生资源回收市场、家庭服务业监管工作。抓好商务执法人员法律和业务知识培训，不断加强商务执法队伍建设，持续开展商务领域执法检查，提升商务综合执法能力。利用图片展示、资料发放等多种方式开展商务综合行政执法暨“12312”商务举报投诉热线的宣传活动，对商务领域的20多部法律法规进行广泛宣传，共计发放宣传资料2000余份，接受群众现场咨询100余次。全年累计出动执法人员50多人次，对成品油、酒类流通市场、商业预付卡、二手车市场等重点行业，开展日常监管和集中整治，为营造良好的市场环境起到积极作用。

【荣誉和人物】 县商务局干部彭加洪被评为2016年度全县党委系统信息调研工作优秀信息员。

（彭加洪）

国际贸易

【中国国际贸易促进会磴口县委员会领导名录】

会长：刘宏宝

副会长：李庆彦

李巧岚（女，至2016年6月）

【概　况】 2016年，紧紧围绕县委全委（扩大）会议确定的奋斗目标，把招商引资与优化县域经济结构、培育壮大特色产业、提升县域经济发展结合起来，强化招商引资工作力度，使招商引资取得一定成绩。

【机构设置】 中国国际贸易促进会磴口县委员会内设办公室、综合规划股、农业产业招商股、第三产业及能源招商股。

【任务完成情况】 市政府下达磴口县的招商引资目标任务是28亿元。其中，国内（区外）到位资金13亿元，区内（市外）到位资金15亿元。招商引资到位资金28亿元，其中国内（区外）到位资金9.09亿元、区内（市外）到位资金18.91亿元。累计发送招商动态22期，贸促之窗48期，接洽客商100多人次，签订框架协议6项。实施招商引资重点项目22项，其中续建项目15项、新建项目 7 项。

从投资领域看，实施的 31 项招商引资项目中，制造业、电力等项目占招商引资主导地位。其中，制造业实施项目 5 项，引资 4.94 亿元，占到位资金的 17%；电力、燃气及水供应业等实施项目 7 项，引资 15.85 亿元，占到位资金的 57%；房地产开发实施项目 9 项，引资 3.98 亿元，占到位资金的 14%；农牧业实施项目 6 项，引资 2.08 亿元，占到位资金的 7%；旅游业实施项目 4 项，引资 1.15 亿元，占到位资金的 5%。

【续建项目】 圣牧高科有限公司投资建设的有机奶深加工项目。2016 年，投资 1 亿元对二期酸奶车间进行扩建，新增 4 条大包酸奶生产线，日新增酸奶产能约 320 吨；投资 700 万元新增一条 250 毫升无菌利乐灌装生产线，日新增产能 100 吨；共完成投资 1.70 亿元。

蒙草公司投资 2 亿元建设的抗旱牧草基地项目。2016 年，计划投资 8000 万元，开发 3 万亩土地，种植牧草 1.40 万亩。可研、环评及大土方工程招标等手续已完成，流转土地 10 万亩。完成 56 公里围栏、500 亩网格封育、铺设电路 10 公里、打井 122 眼。

北京馥华联创投资有限公司投资 1.30 亿元建设肉羊养殖、玉米、苜蓿种植及肉联加工厂项目。2016 年，种植玉米、苜蓿 7000 亩，完成投资 3000 万元。

甘肃金塔县晟盛棉业有限公司投资 1 亿元建设的万亩文冠果育种育苗基地项目。2016 年，种植文冠果、黑枸杞 1300 亩，完成投资 700 万元。

西沃农牧股份有限公司投资 2500 万元建设的西沃肉牛养殖场项目。2016 年，种植饲草 1300 亩，办公楼基本完工，完成投资 900 万元。

内蒙古游牧一族生物科技有限公司建设的苁蓉文化产业园项目。2016 年，种植梭梭林 3000 亩，完成投资 800 万元。

磴口县诺民农林开发有限公司投资 5300 万元建设的 1000 亩酿酒葡萄生态产业基地及 300 吨酒庄项目。

巴彦淖尔市荣威养殖有限公司投资 2.40 亿元新建养殖基地项目。建成 20 栋猪舍并投入使用，投资 1000 万元建成展厅、观猪台、办公楼。公司有原种种猪 600 头，二元母猪 3000 头，年生产二元种猪 1 万头，出栏商品猪 5 万头，存栏 12000 头。2016 年，完成投资 1000 万元。

内蒙古晶烨农业开发公司投资 2800 万元建设的万只肉羊育繁基地及 300 吨冷库生态治理项目。

内蒙古山路能源集团有限责任公司投资 100 亿元建设的太阳能光伏发电、现代农牧业园区项目。2016 年，投资 1.20 亿元建设 10 兆瓦地面电站，5 兆瓦分布式电站。升压站基本完工，正在建设 11 公里输出线路的基座，太阳能支架完成 10 兆瓦安装，光伏板安装 2 兆瓦，预计 2016 年年底并网发电。完成投资 2500 万元，计划年底完成投资 8500 万元。

青岛昌盛日电太阳能科技有限公司投资 4 亿元建设的 20 兆瓦光伏农业示范园区项目，已建成并网发电。农业方面大棚建成约 60 个，分为自种和出租，有育苗、有机蔬菜、茶叶、蚯蚓养殖、菌菇等。二期计划投资 3.60 亿元建设 30 兆瓦光伏发电项目，已完成地勘，正在做场平等前期工作。完成投资 6000 万元。

磴口县宇乐化工公司投资 36 亿元建设的 2×330 兆瓦煤矸石发电项目及 70 万吨电石项目。热电项目空冷岛混凝土支柱、输煤系统、中控楼、材料库等土建结构已完工；电石主车间 1#—5# 基础及一、二层框架及控制室二层完成。2016 年度完成投资 1.60 亿元。

磴口县世外沙金旅游文化有限公司投资 4.94 亿元建设的万泉湖生态旅游度假区项目。投资 1300 万元，完成围墙和内部观光道路建设，12 座小蒙古包、三面观音像和成吉思汗像。

纳林湖生态旅游开发有限公司投资4亿元的纳林湖生态旅游开发建设项目。投资1600万元完善南北岸码头设施，新建沙雕12座；地质广场，湿地漂流项目、湿地展厅及观鸟亭基本完工，正在实施湿地科考园土方工程。

北京太阳石油化工公司投资7.20亿元建设的乌兰布和奈伦湖环湖生态风景旅游项目。正在做整体规划，2016年完成投资2600万元。

【新建项目】 弘吉新能源科技有限公司投资3亿元建设的30兆瓦光伏电站项目。计划投资1.20亿元建设20兆瓦光伏电站。已完成场平500亩，完成进场临时公路及围栏建设，征占用林地手续获得批复。完成投资1362万元。

圣牧高科有限公司投资6000万元建设的8000吨库存容量的全自动化立体库房及辅料库房项目。立体库房正在建设，12月底主体工程完工，2017年1月投入使用，完成投资5000万元。

圣牧高科生态食品有限公司总投资3600万元建设的年产4万吨豆饼粉及6000吨毛油项目。完成设备订购，在做厂房基础，2017年3月投产，完成投资600万元。

巴彦淖尔市荣威养殖有限公司投资2000万元建设的20万羽蛋鸡养殖项目。投资500万元完成饲草料基地建设及场平，2017年4月开工建设，2017年8月建成投产。

巴彦淖尔市荣威养殖有限公司投资8500万建设的畜禽粪资源化利用试点项。投资2000万元建成蓄粪池、料场、设备架构平台等，正在建发酵底池，焊接储气罐等，2017年11月建成投产。

经纬公司投资3亿元建设的养生养老产业园及投资3500万元建设的体育馆项目。产业园2016年已完成降水井、修路等工程。

河南大地通用航空公司投资6亿元建设的三类机场项目。4月，进行安全试运营低空飞行体验，8月初，开始正常运营。已完成“三通一平”、机场跑道、机库基础及飞行员公寓基槽开挖等工程。计划2017年4月中旬开工建设机库通道和桥涵。

（胡永莉）

供销合作

【县供销合作社联合社领导名录】

主任：郭　华（至2016年5月）
　　　李　建（2016年5月起）
副主任：谢秀艳

【概　况】 2016年，磴口县供销社在县委、县政府的正确领导下，在市供销合作社的支持下，深入贯彻落实区市两级关于深化供销合作社综合改革精神，紧紧围绕“三农三牧”工作大局，按照“改造自我、服务农民”的总要求和“盘存量、做增量，找回根据地，拓展新阵地”的工作总基调，深入推进供销社综合改革，不断创新发展新型基层组织，全力提升农村社会化服务水平。

【机构设置】 磴口县供销合作社联合社属参照公务员管理单位，为正科级建制的独立核算单位，由县财政全额拨款。内设办公室、财务室。

【基层合作经济组织】 全县共恢复改造重建基层社5家，分别是沙金基层社、渡口基层社、隆盛合基层社、补隆基层社、巴彦高勒镇基层社。其中，补隆淖基层社、隆盛合基层社年内被评为自治区级标杆社。同时，补隆淖基层社被培育推荐为总社级标杆社，5个苏木（镇）基层供销合作社经营服务网络实现全覆盖，较好地实现供销系统服务“三农”的宗旨。全县改造和恢复重建的5个基层供销合作社整体经营状况持续向好，服务带动能力和在县域流通网络建设中的作用增强。

年内培育申报总社级标准的示范社1个（补隆基层社），2家专业合作社（磴口县正丰农牧养殖农民专业合作社、磴口县晶烨农牧业农民专业合作社）被评为自治区级示范社。全系统基层合作经济组织通过入社、入会等方式联结带动农牧户达1.10万户，按照“社区建设到哪里，服务社就跟进到哪里”的要求，不断拓宽创建渠道，丰富服务内容，提高服务水平，扩大综合服务社覆盖，新建完善提标村级综合服务社21个，建成的93个村级综合服务社（包括农场分场），全部为正旭加盟连锁或直营店，已实现村级综合服务社连锁经营服务网点全覆盖。截至年末，有1家被评为五星级综合服务店，6家被评为三星级综合服务店，正在培育发展5个总社标准的村级综合服务社（便民连锁超市）“星级社”。

【重点项目】 抓住综合改革的契机，积极探索落实财政补助资金“以股代投”政策，按照中发〔2015〕11号和内党发〔2016〕6号文件精神，通过积极争取项目扶持，按照一定比例将项目资金作为供销社资产投入到供销社参股企业中，真正转变空白薄弱县现状，建立符合供销合作社特性的股份制企业运营机制，切实防止社有资产流失，确保社有资产保值增值。截至年底，有社有企业5家，均属参股企业。新建、升级改造日用消费品配送中心2个，建成连锁店93家；培育建设农畜产品批发交易市场1个，打造具有较强市场竞争力的社有龙头企业1个，有效带动系统联合发展。

2016年，全系统共组织供应各类化肥1.60万吨，种子20吨，地膜300吨，为全县农牧业生产提供质优价廉的农资产品，全县供销系统农资供应量占到全县农资使用总量的60%以上。

【现代流通服务网络初步形成】 2016年，结合全县供销合作社系统改革发展的实际，进一步实施“新农村新牧区现代流通服务网络工程”项目建设，重点推进县域农畜产品批发交易市场的建设，实现县有日用消费品配送中心、苏木镇有基层供销社综合超市、嘎查村有综合服务社的日用消费品和农副产品购销市场体系。

年内，供销社申报“新网工程”项目2个（磴口县正丰农牧养殖农民专业合作社公益性信息化服务项目，巴彦淖尔市大河套农贸有限公司农副、畜产品批发交易市场建设项目），共争取到项目资金72万元，已实施完成投入使用。

（丁 璐）

粮食购销

【县粮食局领导名录】

局长：叶德荣（至2016年5月）

马建伟（2016年5月起）

副局长：王绍君　宁建喜

纪检书记：赵立忠

【概　况】 2016年，在县委、县政府和上级业务部门的正确领导下，充分发挥职能，转变作风全力发展粮食经济工作，圆满完成各项工作任务，使全县粮食工作取得新进展。

【机构设置】 粮食局内设办公室、粮食监察大队、军粮供应中心。管辖磴口县粮油公司内设综合部、财务部、经营部。下辖5个粮库。

【粮油储备】 2016年，磴口县粮食局在储国家、自治区、市三级储备粮（玉米、小麦）11250吨，共储备商品粮1550吨，其中小麦1550吨。在粮食仓储工作中，县粮食局按照市粮食局《关于开展2016年粮食库存检查工作的通知》精神，遵循“有仓必到、有粮必查、有账必核、查必彻底”的原则，结合春秋两季粮食普查工作，组织相关业务人员共组成1个工作组，对全县5个粮库19个存粮仓进行逐仓逐卡清查，共检查国家、自治区、市三级储备粮11250吨，占检查数的100%，粮食质量各项指标达到国家标准，宜存率达100%。经查在储的各级储备粮食数量真实，达到“账账、账实、账卡、账簿”四相符。同时，对库区仓储设施进行全面的安全检查，对排查出的问题及时进行整改，一时解决不了的限期整改，以确保各级储备粮的安全储存。

【粮食生产和粮食支持政策】 全面落实粮食安全责任制，切实采取有效措施，坚持不懈抓好稳定粮食播种面积。2016年，全县粮食种植面积达到30万亩以上，确保粮食总产量水平，夯实粮食储备规模。2016年，争取到国家商品粮奖励资金100万元，建成烘干塔1座（200吨/日处理量），这些资金的投入极大地改善县粮油公司的仓储条件，为下一步的安全储粮奠定坚实的基础。

【“放心粮油”工程建设】 县粮食局以军粮供应中心为依托，在全县范围内开展“放心粮油”示范店建设工作，通过对相关硬件建设和粮油品种的评比抽检，到2016年年底，共为城区范围内的1家配送中心家和6家粮油店做出市级“放心粮油店”的认定工作，同时，还有1家“放心粮油配送中心”和1家“放心粮油店”在报批之中。

（王绍君）

金　融

中国人民银行

【中国人民银行磴口县支行领导名录】

行长：池慧楼

副行长：赵文利　蒙建民

纪检书记：耿利忠

【概　况】 中国人民银行磴口县支行是领导和管理磴口县金融业务活动的央行分支机构，行使中央银行宏观调控职能，受中国人民银行巴彦淖尔市中心支行直接领导。根据党和国家金融方针政策，有效履行人民银行各项职责：认真贯彻执行货币政策、人民币发行、经理国库，维护支付清算系统的正常运行，安排部署辖区金融业反洗钱、金融业的统计调查、分析和预测以及经征信体系建设工作。

【机构设置】 中国人民银行磴口县支行内设综合业务部、金融管理部、综合办公室、纪检监察审计室。

【执行货币政策】 通过对磴口县2016年春耕生产需求的调查，摸清2016年春耕生产特点和资金需求状况，适时发放支农再贷款。加强支农再贷款使用效果的考核，重点对支农信贷投放比例是否提高以及是否主要用于发放农户贷款进行考核。3月底，设立扶贫再贷款，专项用于支持贫困地区地方法人金融机构扩大涉农信贷投放，以有效发挥扶贫再贷款支持精准扶贫、精准脱贫的积极作用。截至2016年12月末，发放扶贫再贷款21500万元。其中，磴口县农村信用合作联社8000万元，磴口蒙银村镇银行13500万元（扶贫再贷款6500万元，支农再贷款7000万元）。磴口县农村信用合作联社累计发放涉农贷款158466万元，其中使用8000万元扶贫再贷款，占比为9.46%，发放精准扶贫贷款13.50万元。磴口县蒙银村镇银行累计发放涉农贷款15239万元，其中使用人民银行再贷款13500万元，占比为88.60%，发放精准扶贫贷款263万元。磴口县蒙银村镇银行金融扶贫贷款发放得到地方政府的支持，磴口县政府提供300万元风险补偿金，磴口县蒙银村镇银行按1∶10匹配再贷款资金组织发放农户扶贫贷款，300万元风险补偿金到位，磴口县蒙银村镇银行计划安排1800户农户贷款，贷款发放总额3000万元。贷款对象覆盖磴口县5个乡镇（苏木）的5个国有农场、35个村（分场），全部整村（分场）集中办理，发放360万元。此外还有设施农业贷款总额风险补偿金200万元，水产养殖专项贷款风险补偿金200万元正在协议中，磴口县蒙银村镇银行计划按1∶10匹配资金组织发放安排设施农业贷款400户贷款总额2000万元，水产养殖专项贷款160户贷款总额2000万元。

【征信管理】 使用支农支小再贷款开展金融精准扶贫项目。与蒙银村镇银行、县扶贫产业办协商拟启动使用支农、支小再贷款开展金融精准扶贫项目，同时取得政府的支持，争取贷款人的利差补贴（包括个人或法人机构、合作社、家庭农场）。4月开始摸调，开始拟定相关管理办法和操作规程。

【支付结算管理】 支行严格按照ACS（中央银行会计核算系统）业务规范流程，开展支付结算各项业务活动，确保业务办理成功率在98%以上。在业务处理过程中不断研究发现新的问题并向上级行反映，不断提高会计核算质量。共向上级行提出合理化建议5条，并被采纳。

【发行基金管理】 支行调入发行基金共计48760万元，投放货币85192万元，回笼货币43529.70万元，净投放货币41589.50万元，回笼上缴残损人民币14675.20万元；由支行组织牵头召开磴口地区反假货币协调联席会议，安排部署辖区反假货币工作，成立人民银行磴口县支行反假币宣传活动领导小组，开展“3·15”及“5·15”反假货币宣传活动。

【国库管理】 支库共办理各项业务95120笔，累计完成各级预算收入48558万元。其中，中央预算收入完成14155万元，地市预算收入完成10814万元，省级预算收入完成3000万元；区县级预算收入完成20589万元。财政预算支出累计完成223359万元。

【履行反洗钱职责】 推动辖区反洗钱工作的开展，提升反洗钱工作水平。4月13日，对磴口财险支公司反洗钱业务开展情况进行现场检查；11月24日，举办“磴口县金融机构2016年反洗钱业务培训班”，使辖区金融机构反洗钱工作人员掌握反洗钱工作重点，深入了解洗钱犯罪的辨别方式。

（郭鹏飞）

中国工商银行

【中国工商银行磴口县支行领导名录】

党支部书记、行长：班万山

党支部副书记、纪检书记、副行长兼工会主席：李永章

支部委员、副行长：郭　慧（女）

支部委员、副行长：赵长强

【概　况】 2016年，紧紧围绕全行的各项经营管理目标，全行上下团结一心，奋力拼搏，狠抓两大存款、贷款和中间业务收入，积极深入开展“两学一做”学习教育，内控案防、优质服务、渠道建设、党建和企业文化建设等工作的能力和水平显著增强，各项工作均取得良好的业绩，经营管理和各项业务步入健康持续发展的轨道。

【机构设置】 中国工商银行磴口县支行所辖1个网点东风支行，内设对公经营业务部、个人经营业务部和综合办公室。

【经营情况】 2016年年末，实现利息收入3714万元，中间业务收入511万元，实现拨备前利润1913.50万元，人民币各项存款余额56234万元，人民币各项贷款余额60728万元。对公存款时点增量市场占比第三，储蓄存款时点增量市场占比第三。

【金融服务】 不断提高服务质量，创新经营思路，加大贷款投放力度支持地方经济发展，积极支持配合地方政府改善民生环境。为加强和改进新形势下的群众关系，密切党群关系，磴口支行党支部建立“送温暖、献爱心”和走访慰问长效机制，制订《“帮扶共建、履行社会责任”活动实施方案》。在党支部的带动下，广大党员群众积极响应政府的结对扶贫和献爱心的号召，向沙金苏木温都尔嘎查扶贫捐款2000元，向“红十字会”捐款1870元，积极参与“新农村新牧区建设”和“精准扶贫工作”（沙金苏木哈业乌素）。

【荣　誉】 中国工商银行磴口县支行被巴彦淖尔分行评为“内控案防先进单位”“优秀党支部”等；班万山被内蒙古分行评为“优秀党支部书记”。

（孔祥瑞）

中国农业银行

【中国农业银行磴口县支行领导名录】

党总支书记、行长：马维平

党总支委员、副行长：周　勇

党总支委员、副行长：刘彦春

党总支委员、副行长：王军武

【概　况】 2016年，在上级行的领导下，在县委、县政府的大力支持下，全行上下认真贯彻落实年度工作会议精神，进一步优化全行业务结构，努力提高收益水平。继续加大市场营销力度，全面实施风险管控，严控经营风险，规范经营行为，稳步开展各项业务，使全行业务经营保持平稳健康发展的良好势头。各项存款稳步增长，贷款规模逐步扩大，结构得到进一步优化，经营效益明显提高，风险得到有效控制，有力地支持和促进磴口县经济建设发展。

【机构设置】 中国农业银行磴口县支行所辖3个营业网点分别为营业室、通达支行、金穗支行，内设客户部、财会运营管理部、综合管理部、风险管理部4个部室。

【经营情况】 中国农业银行磴口县支行一直坚持“以市场为导向，以客户为中心，以效益为目标”的经营理念，存款业务得到有效发展。截至2016年年末，各项存款余额72183万元，其中个人核心存款、时点存款当地市场份额排名分别为第二位、第一位；各项贷款余额达14966万元，实现中间业务收入376万元，当地市场份额排名第二位；实现拨备后利润740万元。

【贷款业务】 截至12月末，各项贷款余额14966万元。其中，个人类贷款12286万元（含农贷），公司类贷款2680万元。

【“三农”业务】 截至2016年12月末，累放金融扶贫富民工程贷款余额达到21123万元，覆盖5个乡镇、28个行政村。

（钟　霞）

中国建设银行

【中国建设银行磴口县支行领导名录】

行长、党支部书记：李继东

副行长：李　莉（女）

【概　况】 2016年，中国建设银行磴口县支行始终坚持深入践行“发展是第一要务，管控风险是发展的第一要务，合规是管控风险的第一要务”的理念，在巴彦淖尔市分行的正确领导下，紧盯市分行三年业务发展目标，以市分行年初制定的“降不良、推转型、抓存贷、创中收、提份额、拓客户”的方针为工作指导方向。

【存款情况】 截至2016年12月31日，全行一般性存款时点余额43063万元，比2016年年初增加13718万元，完成年计划的232%，增幅达到48%，排系统第四位，当地同业排第二位。日均余额33867万元，较2016年年初新增10088万元，完成年计划的196%，排系统第四位。其中，对公存款时点新增7994万元，完成年计划的291%，系统排名第5位，日均新增5827万元，完成年计划的285%，系统排第五位；个人存款时点新增5724万元，完成计划的181%，系统排第二位。日均新增4262万元，完成年计划的137%，系统排第五位。对公存款和个人存款大幅增加，存款增长速度创历史新高。

【贷款情况】 截至2016年年末，各项贷款余额14595万元，比2016年年初减少1580万元，其中个人住房贷款新增2586万元，个贷新增完成计划的60%，排系统第六位，当地同业排第一位，个人住房贷款新增额占当地同业的83%。

【中间业务】 中间业务净收入完成289万元，较

2015年增幅达到30%。主要增长点为2016年支行代理销售保险3565万元。

【电子银行业务】 移动金融柜面替代率57%，完成年计划的85%；手机银行客户净增3538户，完成计划的141%；企业网银客户净增74户，完成年计划的84%。

【资金结算业务】 单位人民币结算账户新增93户，完成计划的155%，账户新增在当地同业排名第一位。折算后账户净新增41户，完成计划的683%。

（李　莉）

中国农业发展银行

【中国农业发展银行磴口县支行领导名录】

党支部书记、行长：陈润田

党支部委员、副行长：杨尚忠

【概　况】 2016年，中国农业发展银行磴口县支行紧紧围绕上级行确定的“一个加强、两个突破、三个提升”的工作目标，按照上级行的统一部署，坚持“立足稳，突出严，务求实，弘扬廉”和“从严管党治行，抢抓发展机遇，提升经营绩效”的工作要求，大力开展信贷支农，加强内部管理，突出抓好制度流程建设和信贷风险防控工作，强化精细管理，努力提高金融服务水平，增强可持续发展能力，促进各项工作稳步有效发展。

【机构设置】 中国农业发展银行磴口县支行内设办公室、客户业务部和会计结算部。

【信贷支农情况】 截至2016年12月末，各项贷款余额为23719万元，比2016年年初增加9753万元，同比增加9753万元。各项存款余额为18071万元，各项存款比2016年年初增加11531万元，同比增加11531万元；各项存款日均余额为9909万元，比2016年年初增加5158万元，同比增加5158万元，完成存款任务数的182%。中间业务收入为5.85万元，各项业务收入749.74万元，成本收入比为87.86%；资产利润率为0.32%。

（冯亚红）

中国邮政

【县邮政局领导名录】

局长：魏宏斌

副局长：蒋志杰

【概　况】 2016年，在市公司的正确领导下，磴口县邮政分公司面对日趋激烈的市场竞争，深入贯彻巴彦淖尔市分公司邮政工作会议精神，继续发扬“亮剑”精神，“勇、韧、精、进”，加快转型促发展，深化改革增动力，精细管理提双效，加快建设强能力，以“转型发展全面推进年”推动各项工作创新转型，干事创业，持续推进磴口邮政科学发展，确保完成2016年各项工作目标，实现总产能提升。

【收入完成情况】 2016年，磴口县邮政分公司累计完成结算收入1396.72万元，完成全年预算目标1268万元的110.15%，较2015年增收264.77万元，同比增幅23.39%。其中，代理金融类业务收入完成1069.94万元，占比76.60%；邮务类业务收入完成254.18万元，占比18.19%；速递物流类业务收入完成58.86万元，占比4.21%，其他类业务收入完成13.73万元，占比0.98%。

【代理金融业务】 代金总资产达到5.93亿元，储蓄余额3.99亿元；理财保有量为1.94亿元。储蓄收入完成834.96万元，增幅20.30%，完成全年任务目标721万元的115.80%。

【保险业务】 保险实现收入229.07万元，同比增幅44.71%，完成全年任务目标155万元的147.78%。

【报刊发行】 完成收入66.37万元，完成年任务目标69万元的96.18%。6月，举办“倡导全民阅读、共建书香磴口”活动，在图书展销的同时，结合邮政理财、集邮、保险等业务进行宣传营销，共出售图书3万元，集邮册2万元，搜集客户信息45条。

【集邮业务】 实现收入68.22万元，完成全年任务目标80万元的85.27%。积极推进业务转型和市场开发，为充分调动职工的积极性，相继出台集邮业务竞赛办法，针对专业、支局分解任务目标。2016年，共组织20余场邮品展销活动。4月，以“磴口县庆书画摄影作品展”为契机，在博物馆大厅举办“邮展、商函暨余额沙龙”宣传营销活动，实现集邮收入4000余元，余额沙龙搜集客户信息35条，意向客户6户，揽收余额105万元。7月底，分别在广场、东风邮政支局门前举办以“方寸天地·传递邮情”为主题的邮展宣传活动，展期为2天，累计实现集邮收入4.1万余元。

【其他业务】 完成收入24.73万元，完成年任务目标42万元的58.88%。完成收入54.28万元，完成全年任务目标66万元的82.24%。

实现收入94.86万元，完成全年任务目标106万元的89.49%。实现收入4.58万元，完成全年任务目标11万元的41.63%。

（刘 霞）

农村信用合作联社

【县农村信用合作联社领导名录】

理事长：吴国平

监事长：郭树林

主任：菅 勇

副主任：贯文斌 王富军

主任助理：海学林 刘效廑

【概 况】 县农村信用合作联社全辖资产总额280969万元，比2016年年初增加43416万元，负债总额258756万元，比2016年年初增加39521万元；各项存款余额达234051万元，比2016年年初增加29772万元，增长14.57%；各项贷款余额191855万元，比2016年年初增加29722万元，增长18.33%，其中农牧业贷款余额161799万元，占各项贷款余额的84.33%。

【机构设置】 县农村信用合作联社内设营业部、北滩分社、联合分社、东分路分社、政务中心分社、粮台信用社、乌兰布和分社、坝楞信用社、渡口信用社、补隆信用社、协成信用社、哈腾套海信用社、隆盛合信用社、公地信用社、沙金信用社、包尔盖分社、纳林套海分社、巴彦套海分社、学府信用社、河套市场信用社。

【业务经营】 2016年，全县农村信用合作联社累计发放各项贷款162044万元，其中农牧业贷款累放142892万元，占全部贷款累放额的88.18%。不良贷款5988万元，占贷款总额的3.12%。12月末，累计收回各项贷款132322万元，固定资本比例为43.17%，上缴利税3015万元。全县20个网点平稳运行，未发生一起案件、群体性事件和重大责任性事故，守住不发生系统性、区域性金融风险和案件的底线。

【金融服务】 2016年，始终坚持“三支银行”的市场定位，围绕优势主导产业和县域特色产业，准确把握增量贷款投向，将信贷资源有效配置到农村信用社应当重点支持和发展的领域上，为全县经济社会发展提供强力金融支撑。以移动支付为切入点，充分利用“金牛卡”的各项电子功能，先后上线运行手机银行、网上银行、电话银行等业务，打造多元化的支付渠道。通过开发合作，研发运行“缴费宝”业务，农牧民足不出户就可实现水电费、电话费等生活费用的缴存。开通手机银行9838户、网上银行1020户，累计交易金额达到35.33亿元。布设ATM机30台、POS机116台、云POS机24台。设立助农金融服务点64个，基本实现行政村全覆盖。金牛卡总量达到23.72万张，柜面业务替代率达到60%，实现电子银行服务水平和科技支撑引领能力的“双提升”目标。

（苏虎娃）

中国人寿保险

【中国人寿保险股份有限公司磴口支公司领导名录】

经理：常　勇

副经理：张　勇

【概　况】 在市分公司党委的正确领导下，中国人寿保险股份有限公司磴口支公司始终坚持“团结、和谐、文化、创新、拼搏”的工作理念，以务实高效、富员强司为工作使命，紧紧围绕大局，致力加强自身建设，切实履行“领导”职责，带领全公司干部职工，做好公司的各项工作。

【机构设置】 中国人寿保险股份有限公司磴口支公司设有经理室、个险部、团险部、银保部、客服部、综合部。

【业务经营情况】 2016年，全年保费收入5768.35万元。其中，长险保费5469.50元，短险保费298.85万元，银行保险业务951.19万元，投保人数34679人，各类给付1651.28万元。

【银保渠道】 银保渠道首年保费完成834.07万元。其中，首年期交保费完成123.47万元，完成年计划任务108万元的114.32%；首年标准保费完成28.38万元，完成年计划任务21万元的135.14%；10年期保费完成27.62万元，完成年计划任务24万元的115.08%。

【团险渠道】 短期险完成308.52万元，完成年计划265万元的116.42%。其中，个险渠道完成138.99万元，完成年计划任务110万元的126.35%；团险渠道完成169.34万元，完成年计划任务155万元的109.25%；福寿嘉年完成614.10万元，完成年计划任务250万元的245.64%。

【个险渠道】 实现首年期交保费1063.65万元，完成市公司下达870万元年计划任务的122.26%。其中，完成10年期以上保费660.32万元，完成510万元年计划任务目标的129.47%；完成10年期以下保费401.45万元，完成年计划任务目标360万元的111.51%。完成标准保费576.42万元，完成年计划任务目标405万元的142.33%。完成短期意外险保费138.99万元，完成年计划任务目标105万元的132.37%。2016年，月均长险举绩人力预算89人，完成94人，完成比例105.61%；月均增员预算目标8%，完成8.52%，完成比例106.50%。各级主管34人，架构人力300人。出勤人力从2015年年初的平均42人达到120余人。截至2016年12月31日，磴口支公司年度总保费达5569万元，其中不含代理财险业务420万元、不含福寿嘉年572万元。加这两块业务总保费高达6561万元。

中国人民财产保险

【中国人民财产保险股份有限公司磴口支公司领导名录】

经理：王　宇

副经理：香兴福

【机构设置】 中国人民财产保险股份有限公司磴口支公司内设经理室、业务部、理赔部、财务部、银邮部、综合部。

【业务经营】 2016年，全年保费收入3095.25万元。其中，车险保费891.55万元，非车险保费251.72万元，农险保费1925.70万元，赔款支出

574.39万元。

（马 洪）

中华联合财产保险

【中华联合财产保险股份有限公司磴口县支公司领导名录】

经理：郭海燕（女）

【机构设置】 中华联合财产保险股份有限公司磴口县支公司内设经理室、理赔室、农险科、收付岗、签单岗、综合内勤岗。

2016年，中华联合财产保险股份有限公司磴口县支公司共收保费1787万元，赔款金额3878.88万元。业务范围为车辆保险、农业保险、人身保险、财产保险、保证保险。

（徐立翔）

安华农业保险

【安华农业保险股份有限公司磴口县支公司领导名录】

经理：何 庆

【机构设置】 安华农业保险股份有限公司磴口县支公司内设经理岗、业务综合岗、业务推动岗、查勘定损岗。

【经营状况】 2016年，共收取保费1751.87万元，赔款金额1648.84万元，向磴口县财政缴纳税金31.62万元。业务范围为农业保险、车辆保险、财产损失保险、责任保险、信用保险、保证保险、短期健康保险和意外伤害保险，经中国保险监督管理委员会批准的其他保险业务。

（侯京奋）

通 信

中国移动

【中国移动通信集团内蒙古有限公司磴口分公司领导名录】

总经理：李晓丽（女）

副总经理：彭智慧（女）

【概　况】 2016年，分公司在深入贯彻市公司工作会议精神的基础上，牢固树立和贯彻“转型变革”这一核心战略，紧扣全年运营目标，以科学的发展观引导企业的发展，以4G网络客户拓展战略为重点，兢兢业业做服务，认认真真拓渠道，扎扎实实固网络，树立以人为本的企业文化，抓住机遇，开拓进取，推动企业全面、协调、可持续发展，实现分公司发展的新跨越。

【机构设置】 公司内设综合部、市场部、网络部、集团客户部、财务组、业务组，2个自有营业厅，4个区域营销中心。

【设施建设】 1450余公里通信光缆、130个基站，优质的网络覆盖帮助广大客户实现“无时无刻、无处不在”的沟通与交流。便捷的电子渠道营业厅及城区乡镇的营业网点，便捷的服务举措，极大的方便客户。

【业务发展】 网上通信客户突破8.36万户；坚持客户为根、服务为本，不断推进业务创新。着力打造4G资费发展、“互联网+”业务、城乡区宽带业务发展，除提供基本话音业务外，还不断开发推广丰富多彩的增值业务，短信、彩信、彩铃、语音杂志、飞信等新业务，深刻影响和改变着人们的生活方式。手机支付、信息查询、音频视频以及音乐俱乐部、手机报等业务推动手机终端集合越来越多的功能，成为继互联网之后的第五媒体。在满足客户日益个性化、多样化通信需求的同时，构建以客户为导向的服务管理体系，搭建起密布全县的服务网络。

【业务统计】 2016年，用户数95021户，营业收入6287万元。

（李　慧）

中国联通

【中国联通巴彦淖尔分公司磴口分公司领导名录】

总经理：贯　胜

副总经理：王永生　杨立志

【概　况】 2016年，中国联通公司磴口分公司加快改革发展，以“抓发展、强服务、提效益、促管理”为目标，改革发展并重，以改革促发展，在市场经营、建设维护、客户服务等方面都取得新的突破和进步。在市公司的正确领导下，在广大用户和社会大众的关心支持下，磴口联通不断成长壮大企业核心竞争力和综合实力不断增强，磴口分公司全体干部职工面对日趋激烈的市场竞争，振奋精神，知难而上，紧紧盯住年初确定的各项工作目标，坚持以提质增效为中心，推进发展转型，提升服务质量，夯实管理基础，较好的完成各项工作目标。

【业务经营】 2016年，磴口分公司收入累计完成2130万元，完成全年收入预算2160.80万元的98.58%，旗县排名第四位。

渠道线收入累计完成679.30万元，完成磴口县渠道线全年收入预算672.20万元的101.05%，旗县排名第三位。

营业线收入累计完成162.50万元，完成磴口县营业线全年收入117.20万元的138.65%，旗县排名第三位。

驻地网线收入累计完成894万元，完成全年收入预算899.50万元的99.40%，旗县排名第四位。

集团线收入累计完成392万元，完成磴口县集团线全年收入459万元的85.40%，旗县排名第五位。

乡镇支局收入累计完成349.48万元，完成乡镇支局全年收入预算313.70万元的114%，旗县排名第二位。

【业务发展】 2016年，以持续提升市场份额和盈利水平为目标，突出4G、2G和宽带三项重点业务，组织灵活多样的且针对性较强的营销活动参与市场竞争，抢占市场份额，并且营销工作更加注重利润的提升。磴口分公司利用20万元乡镇渠道建设专项营销成本，完成8家合作厅（标杆厅3家，标准厅5家）的装修改造、33家MINI厅新建及宣传氛围布置，社会渠道形象大幅提升，布局更加完善，渠道效能逐步提升。截至12月底，磴口县乡镇渠道数量达到合作厅13家，自营厅5家，代理店8家，MINI厅66家。

以“插卡、登网、流量提升”环节为核心，做好用户获取和增量用户数据卡槽争夺，实现新增用户全面4G化。城区新增用户4G占比达到90%以上，农村新增用户占比50%以上。

通过“智慧巡检”行业应用，与林业局成功谈成给全县380户林业巡检人员办理4G本地套餐卡集团业务。下一步将通过“智慧政务”“智慧城管”“智慧园区”“移动OA”等行业应用，加强各行政事业单位及企业走访，在提升集团单位领导政绩的同时有效拓展集团业务。

2016年，城区4G人口覆盖率达到80%以上，较好地完成2G转4G工作。宽带视频网方面，有一张4K电视播放流畅、用户端到端感知满意的网络，全面推行组播和FTTH（光纤到户）覆盖。集团客户方面，农村IPR设备全部开通并能承接业务、本地环网全面形成、出口带宽增加，完全可以承接来自于大客户的网络需求。

（邬跃越 贾煜坤）

中国电信

【中国电信股份有限公司磴口分公司领导名录】

总经理：王浩（至2016年7月）

【概 况】 中国电信股份有限公司磴口分公司全面负责磴口县境内的国家公众移动电话网的发展规划、建设维护和经营服务。

【机构设置】 设有城区营销中心、政企、网络部、乡镇营销中心、财务、1个自有营业厅。

【业务发展】 发挥网络资源雄厚、业务丰富、用户覆盖广的优势，实施聚焦客户的信息化创新战略，在做好对用户语音通信、宽带数据、互联网及语音增值业务服务的同时，努力向IP通信（网络电话）、IT技术、信息内容及应用交融的信息服务领域拓展。面向各行各业以及家庭、个人信息化需求，针对性地提供信息化解决方案，为推进信息化与工业化融合、方便用户享受信息新生活做出新的贡献。

（陈雨坤）

苏木乡镇 · 农场

巴彦高勒镇

【巴彦高勒镇人民政府领导名录】

书记：任海韬

镇长：唐东年

人大主席：杨　森

书记：孟　乐

纪委书记：刘陆君

副镇长：董毅馨　刘培致（2016 年 6 月起）

人武部长：黄文韬

组宣统委员：贾飞雄（2016 年 6 月起）

【机构设置】 2016 年，辖 6 个社区居民委员会、5 个村民委员会和 1 个牧民嘎查，分别是镇南社区居民委员会、西环社区居民委员会、钢铁社区居民委员会、贺兰社区居民委员会、和平社区居民委员会、南开社区居民委员会；北粮台村民委员会、北滩村民委员会、城关村村民委员会、旧地村民委员会、南粮台村民委员会、沙拉毛道嘎查；下设 55 个居民小组、29 个村民小组。

【概　况】 2016 年，辖区总人口 52745 人，其中城镇常住人口 35748 人，城镇化率 67.78%；农业人口 16996 人，另有流动人口 1 人。总人口中，男性 28957 人，占 54.90%；女性 23788 人，占 45.10%；14 岁以下 13134 人，占 24.90%；15—64 岁 24051 人，占 45.60%；65 岁以上 15560 人，占 29.50%。总人口中汉族达 47612 人，占 90.26%；有蒙古族、回族、满族、朝鲜族、达斡尔族、壮族、苗族、维吾尔族、畲族、侗族、彝族、瑶族等 16 个少数民族，少数民族人口共 5133 人，占总人口 9.74%。超过千人的少数民族有回族，回族人口达 3550 人，占少数民族总人口的 69.15%。2016 年出生 318 人，出生率为 5.70‰，计划生育率 94%，人口自增率 2‰，流动人口办证率 95% 以上，全镇保持较好的人口控制水平。

辖区东西最大距离 65 公里，南北最大距离 32 公里，总面积 564 平方公里。其中陆地 538.70 平方公里，占 95.51%；水域 25.30 平方公里，占 4.49%，人口密度为每平方公里 93.52 人。

地貌明显分为两个部分，东北部为河套平原，地势平坦；西北部沙漠半沙漠，是乌兰布和沙漠的东北边缘。黄河流经东南边缘。最高海拔 1950 米，最低海拔 1030 米。

属中温带大陆性季风气候，其特点是季风明显，四季分明，春季干旱少雨，夏季炎热多雷阵雨，秋季凉爽干燥，冬季寒冷少雪。光照时间长，年日照时数 3186.30 小时以上，年平均降水 150.30 毫米左右，无霜期 144 天，年平均气温 9.0℃。

境内河道属黄河流域，从巴彦高勒镇南部二十里柳子至北粮台村，长 30 公里，流域面积 5.80 平方公里，年均流量 1090 立方米 / 秒，主要支流有东一支渠、乌审干渠等。

镇域内有广阔的沙漠资源，主要分布在沙拉毛道嘎查。镇域内有鱼池10座，主要分布镇内南部地区，年利用养殖水面6500亩。林地面积6.70万亩。镇内有野生动物28种，有野生种子植物105种。

【农牧业经济】 全镇新增播种面积1500亩，总播面积达到32152亩，新增大棚300亩，设施农业种植面积达到1700亩。其中，温室种植面积达到1000亩，大棚、拱棚种植700亩；建成百亩集中连片鲜食果蔬采摘园1处。建成牧泰、正丰2个万只肉羊规模化养殖场，规模化养殖场达到12个。全镇牲畜存栏达到19万头（只），全年牲畜饲养量达到20万头（只），出栏各类牲畜15万头（只），农牧民人均来自畜牧业的收入达到6400元，占总收入的45%。2016年，城镇居民人均可支配收入24234元，同比增长10%；农牧民人均纯收入达到14146元，同比增长11%。

【工　业】 全镇建筑公司（队）发展到10家，从业人员1986人，实现总产值98670亿元。

【商业外贸】 全镇共有商业、饮食业、服务业等各类服务网点4550户，从业人员21200人，实现营业收入3.44亿元。

【文化艺术】 全镇共有社区文化活动室9个，村级文化活动室15个，有线电视入户率100%。便民利民综合服务大厅一处。巴彦高勒镇有民间文化艺术团10个。

【医疗卫生】 2016年，全镇有社区卫生服务室8所，村卫生室13个，卫生技术人员280人，病床225张。农村安全饮用水普及率96.65%，农村卫生厕所普及率88.30%，新型农村合作医疗参保人数8205人，参保率98%以上，城镇居民医保参保人数达到25031人，参保率98%以上。

【广播电视】 全镇29个村民小组全部通有线电视，有线电视普及率达98%。有6个村安装远程教育平台。有8个社区居委会安装上远程教育平台和就业平台。

【扶贫攻坚】 脱贫攻坚取得阶段性胜利，全镇贫困户540户951人通过“五个一批”精准帮扶措施，共有460户795人实现脱贫目标，贫困人口发生率由9.80%降低到1.20%。

【社会保障】 加强社会保障体系建设，城镇低保达到3433户4663人，农牧区低保达到700户879人，新农合、新农保、居民医保基本实现应保尽保。全年下拨临时救助款65万元，救助610人，其中，精准贫困户临时救助28人助款3.58万元、自然灾害救1659户助款45.68万元，发放低收入农户“暖心煤”21344元；协调银信部门发放春耕贷款2580万元。认真落实各项惠农政策，通过一卡通为全镇农牧民发放各类补贴近3340万元。

【“新农村新牧区建设”工程】 拆除危旧房857处，棚圈1423处，清理柴草垃圾1785余吨；房屋立面改造20447平方米，房顶喷涂65000平方米，屋顶搬沿子9804米，新建院墙31819米；工字砖硬化20900平方米，街巷硬化23公里，铺设沙石路33公里，铺装道牙37800米，砖砌花墙5400米，新建公厕22个，垃圾池40座，安装绿化带木栅栏3.10公里。完成通道绿化及村庄绿化48公里，绿化面积达到256000平方米；栽植垂柳8万余株，新疆杨11万余株，栽植花卉、灌木35万余株，累计栽植苗木达到60余万株。同时，加大环境卫生及村容村貌整治力度，各嘎查村相继完善村规民约和建立环境卫生管理制度，彻底改变农牧区“脏、乱、差”现象。

（张家洁）

补隆淖镇

【补隆淖镇人民政府领导名录】

书记：王　毅

镇长：姜永智

人大主席：黄云龙（蒙古族）

纪检书记：王　君

武装部长：戈　明

副镇长：刘俊燕（女）　戈　明

组宣统委员：刘志才

【概　况】补隆淖镇域总面积70.70平方公里，辖7个行政村36个村民小组，总耕地面积35890亩，人口8405人，有汉族、回族、满族、蒙古族、藏族、朝鲜族、彝族7个民族。其中，少数民族以回族居多，回族人口1315人。2016年年底，农民人均纯收入达到15260元。

补隆淖镇种植业以小麦、玉米、葵花、蜜瓜、番茄种植为主，蜜瓜种植业为特色种植业，在补隆淖有悠久历史，曾被国务院特产办命名为“中国华莱士蜜瓜之乡”。设施农业发展迅速，有温室大棚221座，钢架大棚350栋。养殖业以肉羊、奶牛为主，有奶牛养殖场2个，肉羊养殖专业村3个，规模化养殖场共计12处。镇内交通便捷，京藏高速公路、包兰铁路、国道110线由北向南纵穿全境，乡、村小油路覆盖率达90%以上。全镇有卫生院1个，村卫生室7个，卫生技术人员10人，卫生服务体系健全；有小学1所，在校学生35人，适龄儿童入学率100%；拥有移动通信基站4座，联通基站2座，移动网络覆盖率100%；有乡级综合文化活动室1个，村文化室7个，社火文艺队伍4支；集镇建设已成规模，集镇有个体工业户38户，商户149家，占地10000平方米的农贸交易市场1个，其中，独具特色的清真餐饮食堂有36家；农产品销售网站与全国联网，发布信息、搜集信息迅速，电子政务畅通。

【农　业】全镇总播面积39050亩，种植优质小麦4500亩，粮饲兼用型玉米10700亩，葵花13600亩，番茄1300亩（其中早熟番茄1100亩），小拱棚蜜瓜套葵花8100亩，其中华莱士瓜380亩。在新河村新建集中连片钢架大棚113栋60亩，全镇钢架大棚面积达到1060亩。大棚蜜瓜和香瓜销售状况良好。发放良种补贴216620元，完成政策性农业保险32730亩113157元，并做好灾情的统计上报工作，累计发放各类惠农惠牧资金354万元；市、县、镇科技培训农民2300人次，发放宣传资料2300份。

【畜牧业】以肉羊专业村和规模化养殖场为重点，建成13500平方米金草原规模化养殖场。截至2016年年底，全镇牲畜总头数达4.90万头（只），羊存栏3.40万只，大小畜商品率达到75%，大小畜良种、改良种比例达到87%以上；春秋季防疫任务圆满完成，免疫率均达到100%。

【林　业】不断加大林业生态建设步伐，对各村重点通道、高速公路口、国道路口、集镇、各村委会广场等区域和线路进行绿化，绿化造林涉及7个行政村19个绿化区域。共整理、回填树沟17.40公里，土方量达46800立方米，共栽植各类苗木77358株，移植各类草花48000株，沙枣35200株，落实经济林4010亩，实现生态经济效益双赢。同时，加强森林草原防火和禁牧工作，加大对护林员队伍的考核管理力度，林木管护工作得到不断加强，开展防治光肩星天牛工作，打孔注药28000株。对沿线65公里林带进行化学除虫，在高速、国道、补协线两侧清理枯死树44600余株、生物除草2300亩。

【“美丽乡村”建设】以新村建设为示范引领，坚持建新与改旧相结合，把推进“美丽乡村”建设作为头等大事、政治任务抓实抓细，在7个行政村24个自然村全面展开。累计拆除危旧房和旧土圈舍1580个，清理柴草等各类垃圾138600吨；亮化改造房屋621户，硬化街巷14.50公里；完成户户通广播电视285户，安装村村响7处；新建文化活动室1个，新建农民文化活动广场4800平方米。“美丽乡村”建设工程多次接受区、市、县的各级观摩。

【基础设施配套完善】投资31万元，新建河壕村一社和友谊三社东一支桥；投资20万元，清淤开挖友谊村二排干1.20公里；投资12.50万元，自来水入户83户，安装自吸泵30台；投资203万元，实施财政“一事一议”奖补项目9个，受益农户1463户4385人。投资592万元，在团结一社开展集中“易地搬迁”项目工程，建设完成住户13户，完成自来水、排污、电力等基础设施，计划明春全部搬迁。

【社会民生持续改善】 全镇农村新型合作医疗参保人员6962人，常住人口参合率达到100%。计划生育工作常态化开展。义务教育“两免一补”政策得到进一步落实。农村养老保险稳步推进，为1421名60岁以上老人发放养老保险金168万元。集中精力开展脱贫攻坚工作，依照程序建档立卡405户647人，通过“五个一批”脱贫措施，退出贫困户366户577人，夹道、新河、河壕3个区贫村退出贫困村行列。全年累计发放救灾、救助、高龄津贴款共计398650元，救助贫困户200户，大病救助82人，高龄老人115人；发放冬季取暖补贴839户503400元，城乡低保户重新核定工作全部完成。人武工作圆满完成全年度征兵工作和民兵整组工作。以建设“平安补隆”为目标，维护社会稳定工作取得新的进展，中共十八届六中全会，自治区、市、县党代会等重大会议召开期间，未发生一例规模群体和个人信访事件。镇村便民服务中心共接访群众364人次，处理信访案件60余起，区、市、县交办案件全部办结，排查矛盾纠纷65件，化解63件。文明村镇创建工作深入推进，被评为全区卫生乡镇。工会、共青团、土地管理、民族宗教、档案、统计、残联、妇女儿童等各项工作和社会事业协调发展，都取得新的成绩。补隆淖镇多次代表磴口县接受自治区级的新农村新牧区建设考核、危房改造验收、统计达标、脱贫攻坚工作评估，均取得良好的成绩。

（刘　鹏）

渡口镇

【渡口镇人民政府领导名录】

书记：黄晓峰
镇长：梁志强
人大主席：李　哲（至2016年5月）
　　　　　赵兵元（2016年5月起）
党委副书记：李　军（2016年5月起）
副镇长：赵兵元（至2016年5月）
　　　　李　军（至2016年5月）
　　　　吕　慧（2016年5月起）
　　　　樊伶俐（2016年5月起）
纪检书记：张有政
人武部长：赵兵元（至2016年5月）
　　　　　樊伶俐（2016年5月起）
纪检副书记：杜建国（至2016年5月）
　　　　　　刘纪芳（2016年5月起）
组宣统委员：吕　慧（至2016年5月）
　　　　　　李　军（2016年5月起）
党委委员：胡海峰（2016年5月起）
　　　　　陈志恒（2016年5月起）

【农牧业经济】 2016年，渡口镇种植业呈现出“高效经济作物和套种比例加大”的特点，提高农民单位面积的种植收益，种植方式逐步由“粗”向“精”转变。有效提高农民种植效益。南滩村36座钢架大棚种植获得良好经济效益，亩均收益达到8000元，为全镇大棚产业发展起到很好的示范作用。粮食直补，良种补贴、农机补贴、玉米补贴等国家政策得到有效落实，农作物病虫害得到有效防控，调整种植结构，畅通流通渠道，从而实现农业生产的稳步提高。

【林业生态建设】 围绕全县“五线十点”绿化工程，全力推进生态文明建设，重点对沿黄、沿别磴线、“新农村新牧区建设”实施村社、村级阵地和基本农田防护林进行植树绿化。实施完成沿黄公路两侧乔木、灌木绿化，别磴线工程铺设管网24公里，“新农村新牧区建设”实施村社开沟换沙48公里，合计栽植各类树木318500株。植树造林形成“两线三中心”绿化格局，全镇绿化面积新增1900亩，森林覆盖率达到22%。

【基础设施建设】 投资620万元完成渡口渠6.50公里衬砌工程，投资30万元完成渡口渠和大滩渠清淤任务。投资90万元新修沙石路35公里，投资2300万元新修水泥路32公里。集镇建设工程商户门前工字砖硬化29000平方米，更换老旧路缘砖4400米，共为109户工商户进行门面亮化。全镇安装太阳能路灯71盏，新建公厕49座，垃圾池68座。

【精准扶贫】 深入贯彻习近平在扶贫调研会上的讲话精神，按照“精准识别、精准扶贫、精准脱贫”的基本方略，因地制宜、因户施策，不漏一户，不丢一人，确保完成脱贫攻坚任务。2016年，渡口镇在上级部门的指导下，严格按照评选程序，共识别出精准扶贫户544户901人。通过政策兜底、社会保障兜底、发展生产、教育帮扶、养老提标等措施2016年完成524户860人顺利实现脱贫，贫困发生率由2015年的7.20%下降到2016年的0.30%，8个村全部实现脱贫。建立长效帮扶机制，巩固脱贫攻坚成果。易地搬迁取得显著成效。投资892.20万元，实施整户搬迁工程，本项工程受益户32户。其中，贫困户7户11人，非贫困户25户68人，7户贫困户和7户孤寡老人都顺利入住，同步搬迁户年前全部入住。

【新农村建设】 2016年，渡口镇围绕“两线一中心”继续加大工程推进力度，即围绕别磴线，沿黄和集镇，完成39个自然村的“新农村新牧区建设”村庄改造工程，同时，投资600余万元对集镇进行综合改造。对已经完成改造的10个社继续提标和延伸，按照“镇不漏村、村不漏社、社不漏户”建设原则，通过拆危、改旧、建新、通路、增绿、添亮，打造一批亮点村庄，带动全镇56个自然村整体推进，7月底，全面完成“新农村新牧区建设”工程。

【社会事业】 开展各类科技培训23场次，培训农民骨干1900人，发放生产建议书8000余份，发放各类科技资料40000余份，协调县直涉农相关服务部门到渡口镇开展科技、创业、就业培训九期，转移劳动力430人。以创建“健康渡口”为目标，不断改善群众就诊环境。加强农村公共卫生工作，实行镇村一体化管理，老年人依据病理情况分类建档，实行免费体检，国家基本药物实现零差率销售。农村新型合作医疗工作稳步推进，全镇参保人员11022人，常住人口参合率达到100%。义务教育“两免一补”政策得到落实，教育质量不断提升，适龄儿童入学率达100%。农村养老保险稳步推进，60岁以下参保3547人，为2160名60岁以上老人发放养老保险金。人民武装工作再上台阶，圆满完成全年度征兵工作和民兵整组工作。民族宗教、档案等工作进一步加强。工会、共青团、土地管理、残联、妇女儿童等各项工作和社会事业协调发展，都取得新的成绩。

【民政救灾救助】 通过坚持强化领导，完善制度，各项惠农、强农政策落实到位，各类农业补贴全部采用“一卡通”的形式发放，积极开展民政优抚工作，发放救灾款1802户64万元。为农村最低生活保障1048户1182人发放保障金260.45万元。为城镇低保31户36人发放保障金14.90万元。为农村困难群体大病医疗救助符合条件的49人发放补助金17240元。对“三属”、在乡老复员军人、残疾军人等优抚对象中的困难户纳入农村低保，实行生活救助，全年发放27.05万元。为80岁以上老人242人发放长寿补助29.06万元。暖心煤补贴群众1354户，发放资金81.20万元。

【设施建设】 南尖子村、大滩村党员文化活动阵地投入使用，东地村委会新建党员活动阵地230平方米，新建农民文化活动广场900平方米，配套办公设备6套、桌椅26套。南滩村由帮扶单位筹建的农民文化活动广场、农民文化活动室建设工程已全部完工。发挥村集体经济的主导作用，在永胜村、城西村建成138平方米的党小组活动室。

（宋永强）

隆盛合镇

【隆盛合镇人民政府领导名录】

党委书记：陶奋山

党委副书记、镇长：赵晓锐

党委副书记：孟祥明（2016年5月起）

人大主席：马振兵（蒙古族）

副镇长：孟祥明（至2016年5月）

尹兆斌（2016年5月起）

杨　军（2016年5月起）

人武部长：杨　军

纪检副书记：李向军

组宣统委员：尹兆斌（至2016年5月）

孟祥明（2016年5月起）

【设施农业】 全镇设施农业面积10600亩，其中温室300亩，亩均收入达23000元；大棚4500亩，亩均收入达6500元；小拱棚5800亩，亩均收入达4000元。同时，加强农业科技培训，举办各类培训班112期，培训农民5400人次，引进大棚两茬瓜等新技术，为农民增收拓宽渠道。华莱士瓜的提纯复壮成效明显，蜜瓜种植面积达1.50万亩。其中，华莱士2200亩，亩均收入达3100元；香瓜8000亩，亩均收入达2900元；其他瓜类4800亩，亩均收入达3500元。番茄种植面积达6800亩，亩均收入达2700元；青椒种植面积达3500亩，亩均收入达2100元。辣椒种植面积达1700亩，亩均收入达4000元以上。引种红甜菜130亩，亩均收入达2700元。

【畜牧业】 新建3个肉羊规模化养殖场，其中，1万只以上的1个，5000只以上的1个，1000只以上的1个，新增养殖户150户，全镇肉羊存栏达12.80万只。奶牛存栏达1450头，日产鲜奶达32吨。

【水产养殖】 养殖水面达8000亩，新增精养池10个，年产鱼12.5万公斤，蟹1.25万公斤，鳜鱼、武昌鱼0.425万公斤。

【旅游业】 金马湖、金堂庙、金胡杨、“恒运”采摘园和茂欣生态农庄全面投入运行，“金马渔村”7月建成投入使用，5家“农家乐”投入运营，举办全县、全市、全区和全国垂钓大赛8次，金马湖知名度进一步提升。

【新农村新牧区建设】 对87个村庄实现全面整治，共投入资金1.45亿元，动用机械9860台（辆）次，清运柴草35300吨，清运垃圾2870吨，拆除破旧房屋315栋，棚圈1367个，院墙21.80公里。新建房屋66户，实施亮化工程89.90万平方米，新建院墙11.80万米，彩钢棚6951万平方米，羊圈4.30万米，铺设道牙2.10万米，安装路灯40盏，硬化广场及人行道6.50万平方米，新修砂石路89公里，水泥路51公里。栽植大杆10万株，果树3.50万株，全镇森林覆盖率达24%。完成玛迷图渠、三支渠、东一支六斗渠和同兴分干沟渡槽新建工程，黎明、同兴和公地14000亩农业综合开发项目完成工程总量的50%，完成“一事一议”项目18个，分别为海子沿新农村新牧区建设、桃来、新地、合同、西闸和公地等6个村村屯绿化，民兴和公地2个农民文化广场建设，同兴二三社和合同村三六社人行道硬化，协成农贸市场，新地和黎明2个公厕，公地路灯安装、合同排干衬砌工程。对建成的重点社完善保洁长效机制，雇佣专门环卫工人进行长期保洁。小城镇建设力度不断加大。合同新村社区中心投入运行，硬化合同新村集镇西道路两侧1.10万平方米，安装绿化防护围栏6780米。进一步强化集镇的管理工作，制定实施《隆盛合镇集镇管理办法》。合同村环境综合整治项目全面完成，购置垃圾清运车5辆，新增环卫工人6名，新增垃圾箱44个。

【民生事业】 脱贫攻坚取得阶段性胜利，产业扶贫31户79人，发放肉羊296只、入股大棚分红29万元。易地搬迁78户139人，新建住房78套。教育扶贫31人全面得到救助，社会保障兜底335户532人，全部按4000元标准兜底，全镇444户781名贫困人口实现精准脱贫。农村危房改造全面完成。转移富余劳动力785人。发放养老金310.10万元，低保金415万元，救助灾民1027户42.30万元，发放大病救助金31万元，“暖心煤”补贴102.10万元。发放农业支持保护补贴资金538.20万元，玉米补贴594.40万元，补贴农机462台256.20万元，农业保险收缴保费31.50万元，赔付81.90万元。3个信用社共发放贷款1.65亿元，为全镇产业发展提供资金保障。农村土地确权登记工作全面展开。卫生事业加快发展，疾病预防控制、医疗救治及农村医疗等公共卫生服务体系建设进一步加强，新型农村合作医疗取得明显成效，参合率达98%，为群众报销医药费、住院费185万元。发放计划生育奖励费31.80万元，人口自增率控制在-5.90‰。开展防雹作业2次，有效降低灾害损失。义务教育均衡发展，协成总校农村少年宫投入使用。群众性文体活动深入开展，新建文化活动室2个，农民文化广场18处，成功举办第六届农民文化节。

（贾国慧）

沙金套海苏木

【沙金套海苏木人民政府领导名录】

党委书记：王兴贵

苏木达：杨苏依拉（蒙古族）

人大主席：魏赤鸿

党委副书记、组宣统委员：额日和巴雅尔

（蒙古族，2016年4月起）

纪检书记：杨　军

副苏木达：李　斌

副苏木达、武装部长：巴特尔

（蒙古族，2016年4月起）

纪检副书记：陈建明

党委委员：李瑞文

【概　况】 2016年，下辖嘎查分别为包勒浩特嘎查、温都尔毛道嘎查、召滩嘎查、巴音乌拉嘎查、巴音毛道嘎查、那仁宝力格嘎查、巴音布日格嘎查、巴音温都尔嘎查、哈业乌素嘎查、巴彦套海嘎查、巴音宝力格嘎查、阿茨嘎查；下设52村民小组。

2016年年末，苏木总人口9714人，其中农业人口7700余人、牧业人口约2000余人、有流动人口约300余人。总人口中以汉族为主，达7383人，占76%；少数民族共有2331人。2016年，全苏木出生率保持在6.20‰，自然增长率2.50‰，计划生育率97%，保持较好的人口控制水平。

沙金套海苏木总面积2835平方公里。折合407万亩，占全县总面积的76.20%。沙区面积1394.03平方公里，占总面积的54%；山区面积1253.96平方公里，占总面积的46%。

地形可分为三带：北部山脉，中部沙地、丘陵，南部平原地带。最高海拔1057米，最低海拔1030米。属中温带大陆性季风气候，其特点是冬季漫长，夏季炎热，四季分明，无霜期短，昼温温差大。无霜期年平均220天。年平均日照时数3300小时，年平均降水量为187毫米。极端年最大降雨量231.70毫米（2006年），极端年最少降水量49.30毫米（2011年）。降雨集中在每年6—9月，7月最多。

属中温带大陆性季风气候，其特点是季风明显，四季分明，春季干旱少雨，夏季炎热多雷阵雨，秋季凉爽干燥，冬季寒冷少雪。

【经济建设及指标】 2016年，共完成地区生产总值7.80亿元，比2015年增长10.20%，其中第一产业完成6.80亿元、第二产业完成0.40亿元、第三产业完成0.60亿元。全社会固定资产投资达3亿元，农牧民人均纯收入1.29万元。

【社会事业】 2016年，沙金套海苏木通过坚持强化领导，完善制度，各项惠农、强农政策落实到位，各类农牧业补贴全部采用"一卡通"的形式发放；高度关注社会弱势群体生活，完善社会保障救助机制，对全苏木低保家庭实现应保尽保，并实行阳光评定、公开透明、动态管理。

【产业经济发展】 2016年，沙金套海苏木农作物播种面积突破50.20万亩，订单面积达到70%以上，牲畜存栏增长到27.40万头（只），农民人均年纯收入增长到1.29万元，绝对贫困人口（国家贫困底线是年收入2300元以下）下降到935人。土地确权登记、集体林权制度改革、土地草牧场流转等涉农涉牧领域改革卓有成效，草牧场确权工作接近尾声；土地确权工作有序开展。土地草牧场流转面积达50万余亩。

【农牧业结构】 学习借鉴先进地区温室大棚栽培技术，全苏木共建112个大棚，推广绿色有机反季节种植，增加科技投入力度，增加农民的经济收入。

【商业外贸】 2016年年末，全苏木共有商业、饮食业等各类服务网点60户，从业人员300余人。

【精准扶贫】 深入贯彻习近平在扶贫调研会上的讲话精神，按照"精准识别、精准扶贫、精准脱贫"的基本方略，因地制宜、因户施策，不漏一户，不丢一人，确保完成脱贫攻坚任务。2016年，苏木在上级部门的指导下，严格按照评选程序，共识别出精准扶贫户480户935人。通过社会保障兜底、发展生产、教育帮扶、生态补偿、雨露计划、光伏扶贫、养老提标等措施2016年完成345户645人的脱贫任务。建立长效帮扶机制，巩固脱贫攻坚成果。

【集镇建设】 大力实施危房改造项目，加大涉农项目和资金的整合捆绑力度，完善巴音毛道新村和巴音宝力格牧民新村的新农村、新牧区建设，逐步引导农牧民向新村集中入住。巴音毛道新村、"牧民新村"和原哈腾、原沙金的旧街改造同步推进，政府所在地的中心集镇规模快速增大，辐射面积1.50平方公里，集镇功能进一步完善，新农村新牧区建设成效显著，生产生活条件明显改善。广播、电视覆盖率达到100%，70%的农牧民住上砖瓦房。巴音宝力格嘎查"牧民新村"20户全部入住蒙古包，巴音毛道新村规划新建148户，建成的房屋门店搬迁入住80余户。

【交通建设】 2016年，全苏木新修建油路22.40公里，水泥路37.75公里，砂石路67公里，公路总里程增加到516公里，实现等级油路贯穿苏木全境、村村通砂石路目标。协助上级部门解决苏木境内40.40公里的京新高速公路及10公里引线的征地拆迁和矛盾纠纷排查化解。

【水利建设】 以人畜饮水、节水灌溉为重点，加大水利项目建设力度。在人畜饮水上，按照新建与改造相结合，集中与分散相结合的方式，基本完成农村安全用水工程建设。2016年，在节水灌溉上紧紧抓住"水权置换"项目有利时机，分别在巴音温都尔、包勒浩特、温都尔毛道嘎查衬砌渠道10条27.50公里；修筑各类水工建筑437座；在山区新打水源井2眼，维修管道23公里，维护人畜饮水工程2处，解决3个嘎查2176人的饮水困难问题，使农牧民都能吃上干净的放心水；维修更换机电井15眼，新打机电井23眼。加快发展高效节水农业，重点做好灌区续建配套与节水改造、末级渠系建设等工程。配合水务局完成境内各山洪沟口防洪摸底调查和设计预算。配合县水务局、国土局完成对阿贵庙矿泉水的开发利用的设计规划等工作。

【生态建设】 截至2016年，全苏木造林面积达到56万亩（退耕还林面积4.30万亩，人工造林51.70万亩），保存率为81.20%，森林覆盖率达到26.80%。以沙区、林区、水源地为重点的环境保护与治理工程有所加强，生态环境恶化趋势得到遏制。

【村庄环境整治】 2016年，苏木结合“四清三治”村庄整治工作进行整治，累计投入“四清三治”项目资金804万元。其中，动用人工6000余人次清理村庄、集镇和沿路垃圾；动用大中小型机械8000余台次、清理垃圾、柴草、土堆345万立方米；亮化全覆盖，拆除危房253处。

【文化体育活动】 2016年6月，沙金套海苏木成功举办祭祀“乌兰敖包”活动。苏木大力推进苏木文化站和嘎查文化阵地工程建设，有线电视、宽带网络、嘎查文化活动室和草原书屋实现嘎查全覆盖。

【医疗卫生】 2016年，沙金套海苏木加强计划生育综合治理，提供计生优质服务，稳定生育水平，提高人口出生素质，确保全苏木人口自然稳定增长。巩固和发展农村新型合作医保，群众参保率达到97.28%以上。城乡低收入居民基本实现应保尽保。

【社会保障】 2016年，沙金套海苏木加快建立覆盖城乡居民的社会保障体系，保障低收入居民的基本生活，落实城乡居民养老保险政策，居民养老保险参保率达到95%；基础养老金发放率达到100%；重新核定低保户1036人、抚养五保户63人，高龄补贴115人。城乡低收入居民基本实现应保尽保。

【旅游业】 建成阿贵庙景区观光索道和万佛峡谷，实施投资1200万元的鸡鹿塞恢复修缮工程，逐步将巴音乌拉打造成为集旅游观光、休闲娱乐、肉奶制品加工销售于一体的自治区西部重要旅游节点。注重挖掘蒙元特色旅游产业，更好地展现蒙古特色。

对乌兰敖包和祈福敖包进行重新规划设计，举办好敖包祭祀、那达慕、阿贵庙庙会等传统节日活动，加大宣传力度，提高蒙元文化品位，逐步使民俗风情特色游成为境内旅游产业的又一生力军。

完善万泉湖“世外沙金”景区接待、餐饮、住宿为一体的服务中心及其他休闲娱乐功能，依托境内浩瀚的沙漠和湖泊资源优势，打响世外沙金观光游品牌。继续推动召滩、包勒浩特、巴音毛道嘎查水产养殖形成规模，引进新品种组建水产养殖协会，打造休闲垂钓、农家乐等特色服务项目，带动境内水产养殖业健康快速发展，促进农旅相融。

采取新闻媒体、大型文化活动、制作大型户外广告牌、配合“一带一路”精品旅游线路走出去，广泛宣传沙金蒙元文化、特色旅游产业。

（魏赤鸿）

乌兰布和农场

【乌兰布和农场领导名录】

场长：徐卫国（至2016年5月）

县委派驻乌兰布和农场党委书记、

工作组组长：包嘎尔迪（蒙古族，2016年5月起）

县委派驻乌兰布和农场工作组副组长：

香明东（2016年5月起）

副书记：霍培清

副场长：林　云　杨建青

纪检书记：张有谱

工会主席：路建成

【概　况】 乌兰布和农场南与磴口县城相连，北与哈腾套海农场相望，西跨乌兰布和沙漠，东有国道110线、包兰铁路、磴青高速公路，巴哈公路穿场而过，交通便捷，通信方便。全场下辖8个农业分场，总人口4537人。农场土地资源丰富，极具开发潜力。昼夜温差大，无霜期长，发展绿色、特色、无公害食品具有无可比拟的优势，特别适宜发展纯天然、无污染的农产品生产加工工业。农场有天然湖泊20多个，发展旅游、水产、养殖业潜力巨大。

【机构设置】 乌兰布和农场机构设为“三科一办”，分别为生产经营管理科、财务科、政工科和办公室。8个分场分别为一、二、三、四、五、六、七、八分场。

【主要指标】 2016年，国民生产总值完成14983万元。其中，第一产业完成11915万元，第二产业完成40万元，第三产业完成3028万元。固定资产投资完成3004万元，人均年纯收入完成14983元。

【农　业】 2016年，全场总播面积62743亩。其中，小麦2982亩，玉米30390亩，花葵20490亩，油葵3620亩，瓜类1200亩；葫芦等其他作物4061亩。订单种植面积达到13000亩，占总播面积的21%。

农场协调信贷部门，解决农资贷款3200万元；加强农田水利建设，年内清淤9公里，维修口闸34个，新建桥涵、维修扬水站，共计投入22万元。完成土地整理1万亩，农业综合开发1万亩，水权置换渠道衬砌94公里。

组织科技培训4次，培训人数达1000人次，发放技术手册1500份。职工参保面积为31080亩，占总播面积的47.80%。

【畜牧业】 2016年，全场实现牲畜存栏37169头（只）。其中，羊35892只，牛119头，生猪1060头，大畜98头。在春秋两季对存栏畜全部强制注射“五号病”疫苗，防疫密度达100%；对其他畜按防疫规定进行免疫，做到村不漏户，户不漏畜。有规模以上养殖场3个。

【林　业】 投入资金75万元，组织职工义务工植树3600人次，村庄绿化植树2.14万株，通道绿化植树2.40万株。全场绿化植树完成4.81万株。

【整治村容村貌】 2016年，环境治理和村容村貌整治在全场8个分场，27个生产队全面实施。全年完成危旧房改造319户，街巷硬化道路总里程12公里，新建翻修砂石路43公里。村庄的“四清三治”工程，共计投入铲车5756小时、叉车4338小时、挖机4567小时、四轮车拉运31173台次。清治柴草垃圾等32173吨，总投入费用377.13万元。村庄亮化美化方面，砖墙砌筑15257米、彩钢墙建设9506米、墙面抹砂灰172274平方米、墙体喷涂料698272平方米、墙面抹白灰37064平方米、墙体砌筑砖檐14053米、彩钢房顶加固6382平方米、安装网围栏16519米，总投资2767万元。8个分场新建厕所19座、凉亭6座、设路标石9块。建木栅栏2300米，工字砖硬化2160平方米，总投资119.20万元。新建2个党群活动室，维修两个活动室，新建广场5处，总投资113万元。农场在各分场聘用卫生保洁员19名，进行环境卫生清扫工作。有3个分场通过自治区级卫生分场的考核验收，被自治区爱卫办命名为“自治区级卫生分场”。

【精准扶贫】 2016年，农场深入贯彻落实县委、县政府精准扶贫各项政策、措施，建档立卡贫困户共53户105人。通过各项扶持措施，2016年年底退出建档立卡贫困户29户57人。农场按照精准扶贫政策，有力有序推进“五个一批”行动计划，稳步提高贫困职工群众的收入水平。农场以发展养殖业（羊、鸡）产业促脱贫为主，实施产业扶贫政策。安排资金10万元，为6户贫困户共计发放55只基础带羔母羊和400只蛋鸡，建100平方米羊圈4座、34平方米鸡舍2座，扶持带动贫困群众增收。根据农场贫困人口的具体情况，对贫困人口中完全或部分丧失劳动能力者，由社会保障兜底，加强医疗保险和医疗救助，对新型农村合作医疗和大病保险政策的贫困人口进行补贴，充分发挥低保制度的兜底作用，确保贫困人口按期实现脱贫。同时，还通过转移就业、教育脱贫（实施“雨露计划”）帮助贫困户脱贫。在脱贫攻坚工作中大力开展易地搬迁工作。农场采取集中安置与分散安置相结合，全面推行易地搬迁与新农村建设、危旧土坯房改造相结合的工作模式。农场易地搬迁共8户17人。2016年，6户13人已完工。

【社会保障】 农场高度重视国家和政府各项惠农政策的落实，认真贯彻执行政府的各项富民惠民政策，全面落实新型农村社会养老保险。农场为职工配置社保田，抵顶个人的20%社保统筹费。2016年，农场配置社保田减免租赁费16万元，社保缴费个人补贴43万元，农场承担社保补贴总计59万元。2016年，因受冰雹、旱灾、涝灾的影响，使部分职工群众的农作物受到严重损失。农场情系受灾群众，帮助安置受灾群众越冬过节，认真落实上级各项民生政策，精心组织开展走访慰问、专项救助、送温暖等活动。2016年，农场受灾面积31600亩，共发放受灾款20万元。同时，农场积极联系金融信贷部门帮助受灾群众农资贷款，每户5万元，全场合计4000万元。

【金秋助学】 年内奖励考上大学本科者9人，发放奖金7400元，连续12年对职工群众子女高考考上大学本科者进行奖励。

【文化阵地建设】 全场共有群众文艺队伍6支，活动广场9个。随着基本公共文化服务标准化，文化基础设施的不断提高，符合职工群众口味的服务内容也不断丰富，职工群众在精神文化上的获得感也不断增强。农场的精神文明建设，有效地提高广大职工群众的思想道德和科学文化素质，为推动全面建设小康社会发挥积极作用。

【社会治安】 有磴口县公安局设置派出所常驻乌兰布和农场维护。

【公共设施建设】 农场境内县级公路有哈磴公路和磴额公路，这两条公路呈十字形穿过农场。农电由农垦供电局管理。

（侯晓琴）

巴彦套海农场

【巴彦套海农场领导名录】

农场党委书记、场长：马全生

（至2016年5月）

县委派驻巴彦套海农场党委书记、工作组组长：安凯恒（2016年5月起）

县委派驻巴彦套海农场工作组副组长：

张彦杰（2016年5月起）

农场党委、副书记：段　选

党委委员、副书记、纪检书记：郭秉全

党委委员、副场长：魏俊杰　刘建军　李建国

工会主席：刘永生

【概　况】 农场总面积7500公顷（11.25万亩），其中，已开发耕地42000亩，林地面积1.50万亩，现有湿地1.30万亩，其余为弃耕地及宜林沙荒地。2016年，全场总人口为2365人，总户数785户。

【机构设置】 巴彦套海农场机关设置“三科一办”，分别为政工科、财务科、经营管理科、办公室。下设一、二、三、四、五、六、七、八、九分场、机械队10个农业分场。

【生产经营】 全年完成国民生产总值4892万元，比2015年增长0.99%。其中，第一产业完成3432万元，比2015年下降0.88%；第二产业完成25万元，比2015年下降0.66%；第三产业完成143.50万元，比2015年增长24%。固定资产投资完成731万元。家庭农场利费回收率实际完成98%，农场人均纯收入完成10720元。农场总收入258万元，其中，土地租赁承包管理费收入133万元，磴口县补贴67.20万元，其他收入57.80万元。总支出408万元，其中，工资支出204.70万元，社会性和营业外支出25万元，三公经费支出19.35万元，其他支出158.95万元。新农村新牧区建设工程未付工程款2003.80万元。

【农　业】 全场总播面积37400亩。其中小麦2100亩、玉米16920亩、葵花7108亩、籽瓜198亩、葫芦6528亩、西瓜15亩，辣椒120亩，其他4411亩。农险参保面积41232亩，赔付金额373269元。玉米种植户补贴面积10811.80亩，每亩补贴173元，共计187044.14元。玉米种植大户补贴面积1261亩，每亩补贴25.69元，共计32395.09元。

【农业综合开发及土地整理项目】 四分场为农业综合开发项目区，开发面积10000亩，总投资1000万元。

【农田水利灌溉】 引黄灌域，全部由分场农户同意认可，承包给个人管理，既保证农户的用水，又保证水费收缴工作的顺利进行。全场有机电井112眼，其中，2016年新打机电井51眼。

【科技培训】 2016年，安排科技讲座3次，受训人数300多人次，发放宣传资料共计1200余册。

【畜牧业】 2016年年末存栏牛71头，羊7109只，猪208头。牲畜防疫做到春秋两次，应防尽防，不留死角，其中，免疫春防牛71头，羊7109只，猪208头。秋防牛71头，羊7109只，猪208头，抽检布病抽血156头（只），消毒灭源。

【林　业】 春季组织全场职工、驻村干部、护林员和机关工作人员栽植垂柳4500余株，高杆河北杨3800余株，榆树2000株，山杏、山桃、苹果、杜梨2000余株，栽植丁香等景观树2000余株。组织驻村干部、机关工作人员与护林人员涂白、平头、抹红，浇灌，确保树木成活，并安排完成林带管护、除草、浇水等工作。

【社会保障】 全场职工参加职工养老保险的有447人；已退休职工283人；参加居民养老保险的有355人；享受国家低保的有157户257人；参加居民医保456人；参加农村合作医疗1098人。除户口在场、人常年不在的人口及在校学生以外，全场参保率达98.40%，基本达到全覆盖；救助191户煤补，每户600元。

【公共设施建设】 完成砖墙砌筑8058米；水泥断块97771平方米；涂料177173平方米；铺设主街两侧工字砖7123平方米；铺红砖3176平方米；砌筑道牙6822米；彩钢顶10707平方米；棚圈建设6250平方米，文化墙9处316平方米；安装照明路灯179盏；新建（维修）厕所16座；栽植景观树2280株、经济林254亩；街巷硬化11.30公里。全场共9个分场，全部配齐文化活动室，并有8个分场新建文化活动广场，面积1329平方米。

【其他行业】 个体服务业5户6人，总产值38.60万元。批零贸易14户26人，营业额332万元。餐饮业8户13人，营业额64万元。个体工业4户6人，产值50.90万元。

（杨新义　韩彩凤）

哈腾套海农场

【哈腾套海农场领导名录】

党委书记、场长：郭卫林（至2016年5月）

县委派驻哈腾套海农场党委书记、工作组组长：杨海明（2016年5月起）

县委派驻哈腾套海农场工作组副组长：马　忠（2016年5月起）

党委副书记：窦永智

常务副场长：窦建评

副场长：李发明　王　勇

工会主席：潘　军

纪检书记：甄　旗

【农　业】 完成播种面积4.67万亩。其中，玉米1.32万亩，小麦0.23万亩，葵花2.63万亩，番茄0.03万亩，西瓜0.04万亩，甜瓜类0.21万亩，其他作物0.21亩。鼓励农工积极参加农业保险，当年全场593户3.60万亩土地参保，占播种面积的78%，农户自交保费10.90万元，农业保险赔付

34.38万元，参保意识增强；组织农户多次开展农业科技培训和现场观摩，培养出一批懂技术、会经营、带动力强的能充分发挥示范、带动作用的新型农民；组织土地丈量，核算、公示工作全部完成；大棚种植136亩，当年新建40亩，每亩毛收入约6000元。农业支持保护“三项补贴”（原粮补、综合补、良种补）1058户187万元；玉米补贴747户239.40万元；农机具补贴223台156万元。

【水利建设】 春季组织群众投工投劳清淤120公里，完成土方量2.40万立方米；按时按季做好农田水利灌溉，保障农民生产生活；宣传农业生产机械补贴政策和加强农机安全生产工作。

【林　业】 全场造林50056株。其中，垂柳11400株，新疆杨17000株，小美汉16700株，柏树956株，果树4000株，主要集中在油路两侧和居民区内。动用各类挖机、铲车等大型机械55台次，打绿化水源井1眼，清理树根320株，整理路边树沟16000米（场部南北通道长7600米，居民区内树沟长8400米），挖填土方约21347立方米。造林工程投入劳动力603人次，其中，驻场干部、包联单位出工120人次，农场干部职工及分场出工356人次，雇用127人次。水罐车昼夜不停灌溉，确保成活率，组织护林员修剪场部街道两侧树冠1次。

【畜牧业】 全场羊存栏49389只，猪297头，肉牛78头，奶牛389头，鸡6657只。年出栏育肥羊8万只。春秋防疫密度达到100%，耳标佩戴率达95%，动物户口本填写率100%。通过中央财政肉羊养殖补贴项目，新建五分场养羊小区1个。小区占地14亩，设置24户棚圈，可饲养750只肉羊，实现居住区和养殖区分离；五分场群众集资与山东临沂吕氏有限责任公司合作养鹅1万只，在积极探索特种养殖业的发展上开一个好头。

【精准扶贫】 按照精准扶贫、精准脱贫的要求，全场共有103个贫困户，235人被列入精准扶贫序列。其中，教育扶贫3户15人，产业扶贫28户84人，社会保障兜底72户136人。按照“一村（分场）一策、一户一法”扶贫方针，全面动员，迅速行动，深入贫困户走访调研，制订帮扶措施，狠抓工作落实，确保各项工作顺利开展、有序推进。在上级政策的有力支持和各帮扶单位、帮扶责任人艰苦努力下，采取有效的帮扶措施，完成易地搬迁6户，共99户228人达到脱贫标准，退出扶贫序列。剩余4户，计划2017年脱贫。2016年，全场共投入扶贫资金80.32万元。其中，易地搬迁58万元，购扶贫羊110只、投入资金7.10万元；牛6头，投入3.60万元；建温棚8个，投入资金7.40万元；建羊圈2处，投入资金1.92万元；猪圈1处，投入资金2.30万元。

【项目建设】 农业综合开发节水配套改造项目区总投资998万元，建成实施面积0.90万亩的三分场、五分场节水配套改造项目，年内完成衬砌渠道9.07公里，配套桥闸467座，修田间渠路42公里，土方工程完成率100%，剩余部分渠道建筑工程未完工。

总投资1000万元建成实施面积1万亩的四分场、十分场土地整理项目区。完成衬砌渠道1.97公里，配套桥闸285座，修田间渠路40公里，项目区条田化框架初步形成。

建设二分干水权置换项目，完成二分场、七分场、九分场渠道衬砌，包括支渠、斗渠、农渠共计40余公里。

滴灌节水项目，计划争取国家资金700万元，配套滴灌节水设施，改善调整种植结构，正在规划设计中。

争取到土壤深松项目4.50万亩。2016年春季实施0.50万亩，协助电力部门对未配套的机井进行配电设计。

通过“一事一议”项目申报，一分场新装路灯50盏，投资总计41.80万元。

【“美丽乡村”建设】 共动用各种机械4999台（次），拆除旧房661处，共计30864平方米，清理五堆55706吨。同时加强环境卫生日常管理，农场负责指导，各分场具体组织实施，坚持分级负责，并健全管理机制，场部街道继续实行“门前三包”责任制，签订“门前三包协议”45份，促进群管群治。建立12人保洁管护员队伍，配套工资3万余元，全场设置垃圾箱（池）54个，购置垃圾运输车2辆，配备专职司机1名，定期清运，保持长效。

全场房屋改造1459个户，总投资4600多万元。其中，新建砖院墙2.18万米，彩钢墙6378米，棚圈1387平方米，网围栏2.10万米，墙体抹灰13.20万平方米，刮腻子10.50万平方米，喷涂料42.90万平方米；路间铺红沙0.69万立方米，投资31万元；危房改造588户、落实343户，其中新建29户、改造314户，争取中央和自治区资金596.82万元。新装自来水31户，新增入户管道600米，维修自来水86处，改造管道2400米，维修改建阀门井11处，维修水泵4次，共计完成投资5.07万元。

完成场部至九分场油路和五分场至六分场油路2条，共计27公里；完成分场街巷硬化18.06公里；全场道路通行条件得到质的提升。

【文化建设】 新建分场活动阵地6个、完善2个，改建1个，配备办公桌椅，部分配置电脑、投影仪，共计完成投资382.30万元，至此，全场10个分场活动室全部建成。新建文化活动广场9个，完成投资230万元；新建公厕23座，投资96万元；10个分场“村村响”工程全部实施完成。建成村史馆1个，利用二分场百年红柳奇景，投资39.80万元打造村史馆1座，宣传农场发展历史和风土民情，为今后旅游业的发展创造条件。

【基础设施建设】 对场部主街道进行总体改造。其中，铺设雨污水管道2824米，建污水泵站1座，铺绿化给水管道3064米，街道两侧加宽硬化5354平方米，沥青混凝土硬化13447平方米，商铺门前及巷道铺工字砖硬化21883平方米，迎街两侧房屋喷涂亮化22848平方米，统一配置商铺牌匾1181延米，此外还新建大理石树池、配套交通标牌和标志线，共计完成投资980万元。

【社会保障】 2016年，全场干部结对帮扶贫困群众56户，慰问贫困党员2户；建立2166人786户民政救助台账；协助民政部门发放救助金（含临时救助、医疗救助）16.15万元；为224人发放低保金115万元；为45人发放残保金4.50万元；为7人发放优扶金8.20万元；为1人发放孤儿补助金1.57万元；为384人发放煤补23.40万元；为44人发放高龄补贴3.60万元；132户179人退出最低保障范围。

全场参加合作医疗1612人，完成筹资30.20万元；参加居民医保1277人，完成筹资25.50万元，农场配套7.66万元；参加职工养老保险163人，完成筹资181万元，农场配套34.70万元；参加城乡养老保险538人，完成筹资20.20万元。

【信　访】 全年受理案件6件，及时办结5件，1件正在办理，按期办结率达到85%以上。

【群　团】 团委和妇联为群众办实事，联合发动干部群众为六分场患有白血病的女大学生捐款人民币1.50万元、为十分场因车祸导致瘫痪的刘某捐款近3000元。

【荣　誉】 四分场代表农场参加全县龙舟赛，取得全县第一名，为农场获得荣誉。

（杨涵静）

包尔盖农场

【包尔盖农场领导名录】

农场党委书记、场长：燕海兵

（至2016年5月起）

县委派驻包尔盖农场党委书记、

工作组组长：薛　茂（2016年5月起）

县委派驻包尔盖农场工作组副组长：

黄金龙（2016年5月起）

副场长：裴光明　刘　勇　高学文

纪检书记：张锁成

工会主席：刘海荣

【概　况】 2016年，包尔盖农场在县委、县政府的正确领导下，以中共十八大、中共十八届六中全会精神和习近平系列重要讲话精神为指导，以推进农场改革发展为重点，求真务实，扎实工作，集中实施村庄综合整治工程，稳步扎实推进脱贫攻坚工作，深入贯彻落实科学发展观，深入开展“两学一做”专项教育活动，全面加强党的建设，较好地完成各项工作任务。

【机构设置】 包尔盖农场划分为9个农业分场和场部，分别为一、二、三、四、五、六、八、九、十分场和旧场部。农场机构设为“三科一办”，即经营管理科、计财科、政工科和综合办公室。

【生态自然环境】 农场属于沙漠干旱区，土质为沙质土、黏土和沙黏混合土壤结构，盐碱化程度比较严重，立地条件差，植被稀疏，辖地面积中耕地占约1/2，林草地占近1/4，沙丘占1/4，有极少的水面。农场有野生植物100多种，主要有碱草、芦苇、芷箕、稗子草等；有野生动物30多种，主要有麻雀、燕子、雉鸡、野兔等。农场年平均降水量118.50毫米，降水量分配极不均匀，6—9月降水占全年降水量的78%，当年11月至次年5月降水量少，只占全年总量的22%，历年平均蒸发量为2194.90毫米。农场年平均气温7.80℃，无霜期一般142天，最长195天，最短122天。农场每年的风沙气候分配极不均匀，主要集中在5月、9月、10月。

【产业经济发展情况】 农场以种植业为主体，畜牧养殖业、林业为辅助产业，相互协调发展。农场国民生产总值2016年实现5044万元，人均纯收入实现12642元。农场经济收入主要来源于土地费用收取，占农场总收入的95%，林业及其他收入仅占5%。家庭农场经济收入主要来源于种植业和打工服务业，其中种植业占65%、林牧业占15%、打工服务业占20%。种植作物主要以优质牧草、玉米、美葵、小麦等为主。

【农　业】 2016年，全场农作物总播面积5.10万亩。其中，粮食1.80万亩，经济作物1.70万亩，牧草种植1.60万亩。年内，订单种植面积0.60万亩，占总播面积的12%；培肥地力2.10万亩，占总播面积的41%；激光平地1.80万亩，占总播面积的35%；全部实施测土配方施肥。为农场3.70万亩农作物办理农业保险，入保农作物占总播面积的75%。通过农场扶持、农户协作参与，在2015年生产的基础上，分别由农户与甘肃牧草经销商、种植业大户与圣牧高科签订集中连片苜蓿生产承包合同。在一、五、六、十分场分别建成6500亩、1500亩、2000亩和1000亩的优质苜蓿生产基地。农户的生产经营经验逐年积累，先进的生产技术和优良品种逐年推广应用，生产技术逐年更新，生产条件明显改善，劳动强度大大降低，劳动生产率明显提高。规模化、机械化、节约化集中连片种植面积逐年增大，产业化发展速度明显加快，对土地的开发利用力度逐年增大。

【畜牧业】 农场畜牧业以私有羊为主，截至2016年年末，全场实现牲畜存栏14499头（只）。其中，羊13700只，牛56头，生猪675头，大畜68头。在春秋两季对存栏畜全部强制注射“五号病”疫苗，防疫密度达100%；对其他畜按防疫规定进行免疫。

【林　业】 农场林业属于集体所有，林业以人工造林为主，生有极少部分天然林。2016年，春季植树造林73500株，冬季植树11350株，完成林带浇水任务4次，彻底清理道路两侧林带枯死树木，并建立长效管护机制，聘请13名管护人员。

【水　利】 农场土地由原兵团挖建建设一干渠供

水灌溉，由黄灌总局乌兰布和灌域管理局统一管理，该渠从东南向西北斜穿农场全身，在场内开设3条支渠，浇灌全场土地。

【商　贸】 农场个体商铺逐年发展增大，依托巴哈公路，餐饮、商铺、修理等产业发展效益明显。截至2016年，发展到69处。

【社会保障】 按照国有企业职工社保政策，落实2016年农场参保职工294人。社会低保、新型农村养老保险、新型农村合作医疗以及城镇居民医疗保险实现全覆盖。为全场53名长寿老人发放长寿金。开展居民保障性住房业务办理。

【社会治安】 有磴口县公安局设置派出所常驻包尔盖农场，维护农场社会治安工作。在安全生产工作中，采取领导包片、属地管理等办法，明确安全生产检查的范围、责任，及时对商业店铺、营业场所、农户取暖、危房居住、流动餐厅等进行重点检查督查，对存在的问题限期整改，年内无安全生产事故发生。

【人民生活】 随着社会发展，国家精准扶贫工程和自治区“四清三治”工程的实施，居民生活条件明显改善，生活水平明显提高，公共服务设施逐步配套，如医疗卫生室、公共文化活动室、便民超市以及公共场所的建成，自来水安装使用、电器和液化气的使用和垃圾的集中处理，给居民生产和生活带来很大方便。手机和电脑的使用，大大提高居民生活质量。

【“一事一议”项目】 2016年，磴口县财政局批复“一事一议”财政奖补项目10项，均全部完工，项目总计投资356.90万元，其中村级资金117.78万元，申请上级资金239.12万元。

【困难救助】 2016年，冬季对全场416户特别严重困难户、一般困难户展开不同程度的救助。为低保户、残疾人、“三无”人员、孤儿发放燃煤补贴，并办理年检手续，使其生活得到保障。为残疾人办理人身意外伤害保险。2016年，按照上级工会要求，救助贫困职工家庭应届大学生。

【新农村及村容村貌】 在2016年实施的“四清三治”工程中，新建水泥路20公里、砂石路26公里，新建活动阵地3个、改建3个，广场7处，危房改造370户，街巷硬化28000平方米，新建厕所22处，院墙24000米，圈舍42000平方米，安装太阳能路灯35盏，垃圾池25处，各类建设总计投资4086万元，农场基础设施、环境面貌得到根本性的改善。

【脱贫攻坚】 通过精准识别，农场有建档立卡贫困户84户114人。其中，发展生产20户27人，社会保障64户87人。2016年实际脱贫76户104人。其中，发展生产12户17人，社会保障64户87人。2016年，实施易地搬迁7户11人，每人发放住房补贴20000元。为全场贫困户每人帮扶100元意外保险一份，50元大病保险一份，每户发放价值110元的爱心扶贫节能炉一个。有效保证脱贫人口人均纯收入达到4000元以上。为12户发展生产贫困户每人协调落实耕地5亩以上，每户发放500元的生产资料和500元的生活补贴，为9户有发展养殖意愿的贫困户发放基础母羊22只、仔猪21头。协调人寿保险公司为全场贫困户每人免费购买意外保险一份。

（李发胜　赵　虎）

纳林套海农场

【纳林套海农场领导名录】

农场党委书记、场长：武占国（至2016年5月）

县委派驻纳林套海农场党委书记、工作组组长：刘格礼（2016年5月起）

县委派驻纳林套海农场工作组副组长

白　磊（2016年5月起）

副书记：薛　峰

副场长：雷战忠　冯学明　刘　刚

纪检书记：张有聚

工会主席：李果桃

【概　况】2016年，在县委、县政府的坚强领导下，在人大依法监督政协的民主监督下，在县直部门大力支持和配合下，农场党委认真学习习近平系列重要讲话，特别是视察内蒙古时的讲话精神，认真学习贯彻中共十八大、中共十八届五中、六中全会精神，认真学习贯彻自治区第十次党代会、巴彦淖尔市第四次党代会、磴口县第十五次党代会精神，紧紧团结依靠全场广大干部职工，解放思想、振奋精神、开拓进取、奋力拼搏、扎实工作，农场的经济社会各项事业健康发展，人民生活明显改善，城乡面貌焕然一新，圆满完成县委、县政府交给的各项任务。

【机构设置】纳林套海农场内设办公室、财务科、政工科、经营管理科。下设9个分场，分别为一、二、三、四、五、六、七、九、十一分场。

【基本情况】农场总面积8333公顷（12.50万亩）。其中，已开发耕地3.90万亩，林地面积2.30万亩（其中果园120亩），有湿地3万亩，其余为弃耕地及宜林沙荒地。全场居住着蒙古族、汉族、回族、满族、壮族、土族、苗族、藏族等民族的1432户3837人（常住人口）。其中，户籍在农场的有1326户2968人（男1565人、女1403人）。场内残疾169人、低保户254户324人、五保户5户5人。

【生产经营】2016年，农场完成国内生产总值6329万元。其中，第一产业完成3937万元，第二产业完成192万元，第三产业完成2200万元，全农场第一、二、三产业比为62∶3∶35，人均可支配收入12219元。农场总收入468.76万元。其中，土地租赁承包管理费收入169.85万元，国家政策补贴35.79万元，磴口县补贴232万元，其他收入31.12万元。总支出407.74万元，其中，工资支出222.76万元，社会性和营业外支出65.37万元，三公经费支出47.87万元，其他支出71.74万元。“新农村新牧区建设”工程未付工程款4130万元。

【农　业】2016年，全场总播面积38970亩。其中，小麦87亩，玉米20826亩，葵花7091亩，甜瓜4939亩，籽瓜98亩，葫芦1582亩，西红柿120亩，其他4227亩。

2016年，农险参保面积29438.60亩，赔付金额388245元。

2016年，玉米种植户补贴面积10912.90亩，每亩补贴170元，共计1855193元。玉米种植大户补贴面积1455亩，每亩补贴25.69元，共计37378.95元。

【农业综合开发及土地整理项目】2016年，六、七、十一分场为农业综合开发项目区，开发面积10000亩，总投资1098万元。三、九分场为土地整理项目区。开发面积6000亩，总投资520万元。2016年还争取到水权转换项目，主要是衬砌渠道2.50公里。2016年已完成1公里，剩余1.50公里2017年完成。

【农田水利灌溉】现有引黄灌域全部由分场农户同意认可，承包给个人管理，既保证农户的用水，又保证水费收缴工作的顺利进行。全场现有机电井178眼，其中2016年新打机电井48眼，正在等待配电。

【科技培训】2016年，安排科技讲座3次，受训人数400多人次，发放宣传资料共计1500余册。

【畜牧业】2016年，完成京津风沙源项目牧草种植4000亩。2016年年末存栏牛188头，羊10094只，猪864头。牲畜防疫做到春秋2次，其中，免疫春防牛167头，羊12160只，猪340头。秋防牛181头，羊11620只，猪491头，狗390条（犬包虫驱虫），抽检布病抽血200头（只）。消毒圈舍120户16000平方米。

【林　业】春季组织全场职工、驻村干部、护林员和机关工作人员栽植垂柳、竹柳11280多株，高杆新疆杨21300多株，榆树2140株，山杏、山桃、苹果、杜梨16550多株。秋、冬季造林种植垂柳3100株。组织驻村干部、机关工作人员与护林人员涂白、平头、抹红、浇灌，确保树木成活，并安排完成林带管护、除草、浇水等工作。

【旅游服务业】 纳林湖旅游景区2016年完成投资2700万元。主要投资项目包括地质广场硬化2000平方米，建设湿地、地质博物馆200平方米，湿地界桩网围栏7公里，新建商贸中心、湿地漂流，续建景区大门，扩建国际沙雕园。成功举办第三届国际沙雕节，第二届消夏旅游文化节暨中国城市旅游小姐大赛等丰富多彩极具地方特色的旅游文化活动，扩大交流，促进往来，提高知名度。充分利用纳林湖国家AAAA级旅游景区的品牌优势，大力发展采摘、餐饮、住宿等服务业。截至2016年年底，农场有采摘园5家，农家饭店6家，农家乐5个，新建便民超市4家，为游客吃、住、行、购提供方便条件。当年接待旅游人数近10万人。

【其他行业】 个体服务业13户22人，总产值112.30万元。批零贸易46户84人，营业额687.50万元。餐饮业17户44人，营业额263万元。个体工业11户20人，产值122.60万元。个人新建房13户1175平方米，竣工价值140万元。个人生产性固定资产投资525万元。社会消费品零售总额1235.30万元。

（张友良）

驻县上三级单位

黄河工程管理

【内蒙古自治区黄河工程管理局领导名录】

局长：王继军

副局长：陈新忠　丁雅明　许　广

边海涛（2016 年 3 月起）

【机构设置】 黄河工程管理局内设 6 个职能科室，分别为办公室、党委办公室、人事科、计划财务科、工程建设管理科、水政保卫科。设有 3 个管理所（站）：水文实验站、沈乌管理所、枢纽管理所。设有 6 个综合经营管理单位，分别为枢纽一期水力发电站、枢纽通行收费站、黄河三盛公水利景区办、枢纽维修养护站、枢纽综合服务站、水土保持站。

【供　水】 2016 年，三盛公水利枢纽向各灌区供水 50.13 亿立方米。其中，南岸干渠引水 2.10 亿立方米，沈乌干渠引水 4 亿立方米，北总干渠引水 44.03 亿立方米。由于上游来水较往年大幅减少，供水期间沈乌渠、南干渠多次断流。

【河套灌区续建配套与节水改造工程（2015 年项目）】 内蒙古自治区水利厅 2015 年 6 月 23 日，以内水农〔2015〕86 号文件对内蒙古河套灌区续建配套与节水改造工程实施方案进行批复。2015 年冬至 2016 年春为工程主要建设实施期。

9 月 21 日，水利部水利建设工程质量第 11 考核工作组，对管理局为项目法人的内蒙古河套灌区总干渠续建配套与节水改造工程进行建设质量考核。

11—12 月，建设单位就内蒙古河套灌区总干渠续建配套与节水改造工程项目补充设计批复、招投标、工程建设费用支付等手续前往水利厅办理。

【黄河二期防洪工程】 2 月 14 日，黄河内蒙古二期防洪工程开工，施工期间水利部督查组、水利厅领导、自治区黄河防洪工程建管局对工程进行督查、检查。巴彦淖尔市黄河防洪工程建管处组织相关技术人员到宁夏回族自治区参观学习，为工程的实施积累经验。2 月 24 日，拦河闸闸下左岸防洪堤背水侧压渗工程开工。12 月 5 日，黄河防洪二期工程（黄管局段）闸下险工 6 个分部工程开展预验收。

【三盛公水电站增效扩容改造工程】 3 月 31 日，各方开会讨论布置启动试运行各项工作，之后进行机组空转调试。4 月 26 日，巴彦淖尔市电业局对项目电力接入系统进行初验。8 月 19 日，由内蒙古自治区水利厅农牧处主持，水电站增效扩容工程通过机组启动暨项目完工验收。

【发　电】 2016 年，一期水电站累计发电 482.75 万千瓦时；二期水电站累计发电 4145.31 万千瓦时，较 2015 年同期减少 686.60 万千瓦时。

【旅游景区建设】 黄河三盛公国家水利风景区以

三盛公水利枢纽为依托，以枢纽工程辖区水土资源、风景资源、人文资源为基础确立，总规划面积 129.30 平方公里，其中核心景区面积 8.30 平方公里。

2 月，按照内蒙古自治区旅游局《内蒙古自治区旅游局公告（〔2016〕年第 1 号）》，黄河三盛公水利风景区顺利通过内蒙古自治区 A 级旅游景区评定委员会的审核评定，成功晋升为国家 AAAA 级旅游景区。

6 月 7 日，巴彦淖尔市发改委价格管理所和磴口县发改委一行 10 人到风景区检查景区游乐项目定价情况。

9 月 27 日，内蒙古旅游局质检处一行对三盛公景区进行旅游服务质量检查，巴彦淖尔市和磴口县两级旅游局相关人员陪同检查。

【荣　誉】 10 月 17—18 日，黄管局通过国家级水管单位考核验收，成功创建国家一级水管单位，是全自治区首家。黄管局荣获 2016 年全区水利系统实绩考核先进单位。2016 年，被授予“全国绿化模范单位荣誉称号”。

（杨保军）

林科院沙漠林业实验

【中国林业科学研究院沙漠林业实验中心领导名录】

主任：章尧想

书记：褚卫东

副主任：贾玉奎　郝玉光

【机构设置】 沙漠林业实验中心（以下简称“沙林中心”）下设 9 个职能科室、4 个实验场。分别为办公室、党委办公室、科技处、计财处、基建处、资管处、荒漠化防治技术研究室、荒漠生态监测研究室、沙旱生植物资源研究室和第一实验场、第二实验场、第三实验场、第四实验场。

【科研课题】 2016 年，沙林中心在研项目共计 32 项。其中，主持 18 项，协作 14 项。中心主持的有“十三五”规划专题 2 项，“十二五”规划科技支撑计划专题、国家级林业推广项目、国家林业局防沙治沙专题、林业生态站等监测运行补助项目、林业公益性行业专项各 1 项，院基本科研业务费专项课题 11 项；协作课题有国家自然基金 7 项、林业公益性行业专项子课题 2 项、国家林业局“十三五”规划专题、林木资源平台、财政部项目各 1 项，其他项目 2 项。

【发表论文】 2016 年，沙林中心科技人员共发表论文 34 篇，第一作者发表科技论文 15 篇。

【5 个沙棘新品种通过审查】 在沙林中心栽植的 5 个沙棘优良新品种通过专家实质审查。

7 月 24 日，受国家林业局植物新品种保护办公室委托，中国林业科学院负责植物新品种实质审查的高级工程师郭文英，组织有关专家在沙林中心对林业所和沙林中心联合申报的 5 个沙棘优良新品种进行实质审查。专家组由北京林业大学教授马履一、内蒙古农业大学教授蓝登明和西北农林科技大学教授康永祥组成。

专家组一行到沙林中心沙棘繁育基地实地考察本次申报的 5 个新品种——“红棘 1 号”“红棘 2 号”“中棘 1 号”“中棘 2 号”和“中棘 3 号”的栽培繁育情况，并细致地比较申报新品种与其亲本、相似品种的特征。在野外实地考察的基础上，专家组听取林业所段爱国研究员的汇报。

【入选国家林木种质资源库】 2016 年，沙林中心申报的沙棘国家林木种质资源库，入选第二批国家林木种质资源库。在国家林业局公布的 86 处第二批国家级林木种质资源保存库名单中，中国林科院推荐申报的 10 个林木种质资源库全部入选，约占全国总数的 12%。

【荣　誉】 2016 年，沙林中心荣“全国生态建设突出贡献先进集体”称号。

（宗　队）

供　电

【县供电分局领导名录】

局长：贺士明

党总支书记兼工会主席：徐　龙

（蒙古族，至2016年6月）

副局长：徐俊平　段晓斌　王　东

营销部部长：闫玉杰

【概　况】 磴口县供电分局是隶属于巴彦淖尔电业局管理的直属供电企业，供电区域4617平方公里，担负着全县4个镇、1个苏木、47个自然村（嘎查）和阿拉善盟阿左旗敖伦布拉格镇，约13万人口的供电任务。磴口供电分局营业区内有220千伏变电站1座，主变2台，容量330兆伏安；110千伏变电站2座，主变4台，主变容量137.5兆伏安；35千伏变电站7座，主变共13台，容量105.1兆伏安。代维护用户变电站2座。其中，35千伏变电站1座，容量10兆伏安；110千伏变电站1座，容量10兆伏安。管辖线路58条，总长1397.987公里。35千伏输电线路8条，总长183.737公里；10千伏配电线路50条，总长1214.25公里。10千伏配电变压器1429台，总容量275613千伏安。其中，专变767台，容量198787千伏安；公变662台，容量76826千伏安。

2016年年底，有职工189人，其中正式工133人、派遣农村电工38人、派遣司机2人、派遣抄表工16人。下设26个生产班组和一个独立核算的多经企业。正式工中有研究生学历3人，本科学历37人，大专学历59人，中专学历12人；有高级职称4人，中级职称7人，初级职称76人；职业技能鉴定中有高级技师3人，技师7人，高级工程师29人。

【机构设置】 磴口供电分局下设综合室、生产技术室。

石　油

【中国石油内蒙古巴彦淖尔磴口县经营部领导名录】

经理：苏　勇

副经理：高海斌

【概　况】 2016年，磴口片区认真落实分公司的各项工作部署，清晰思路，明确目标导向，经受住激烈的市场竞争和需求下降的考验，强化市场研判，深化全员开口营销，狠抓客户开发，努力扩销上量。

【机构设置】 机关内设综合办公室、财务室、业务室。下设加油站10座，分别为东升路加油站、东风路加油站、朝霞路加油站、富强加油站、南绕城加油站、补隆加油站、隆盛合加油站、五团加油站、沙金加油站、巴音乌拉加油站。

【业绩指标】 轻油：1—12月累计销售24760吨，较2015年同期21712吨增加3048吨，增幅14.04%。其中，汽油销售7903吨，较2015年同期的6648吨增加1255吨，增幅18.88%，柴油销售16857吨，较2015年同期的15064吨增加1793吨，增幅11.90%，完成年计划的92.66%。

非油：非油销售累计完成131.84万元，同比124.20万元增加7.64万元，增幅6.15%。其中，润滑油累计销售55.65万元，减幅20.76%，完成全年计划的34.69%；小商品累计销售76.19万元，同比增幅41.17%。

直销：直销量完成3980吨，较2015年同期的2908吨增加1072吨，增幅36.86%，完成计划的99.50%。

（杨佳丽）